LE GUERRIER

Michel Roy

LE GUERRIER

Biographie

Libre Expression
QUEBECOR MEDIA

Catalogage avant publication de Bibliothèque et Archives nationales du Québec et Bibliothèque et Archives Canada

Roy, Michel, 1942 10 août-

    Le guerrier

    ISBN 978-2-7648-0286-1

    1. Roy, Patrick, 1965- . 2. Hockey – Gardiens de but – Québec (Province) – Biographies. I. Titre.

GV848.5.R69R69 2007   796.962092   C2007-941520-2

Direction littéraire : ANDRÉ BASTIEN
Conseillère à l'édition : ROMY SNAUWAERT
Maquette de la couverture et cahiers photos : CHANTAL BOYER
Infographie et mise en pages : Luc JACQUES

Remerciements

Les Éditions Libre Expression reconnaissent l'aide financière du gouvernement du Canada par l'entremise du Programme d'aide au développement de l'industrie de l'édition (PADIÉ) pour ses activités d'édition. Nous remercions le Conseil des Arts du Canada et la Société de développement des entreprises culturelles du Québec (SODEC) du soutien accordé à notre programme de publication. Gouvernement du Québec – Programme de crédit d'impôt pour l'édition de livres – gestion SODEC.

Les Éditions Libre Expression
Groupe Librex inc.
La Tourelle
1055, boul. René-Lévesque Est
Bureau 800
Montréal (Québec) H2L 4S5
Tél. : 514 849-5259
Téléc. : 514 849-1388

Dépôt légal – Bibliothèque et Archives nationales du Québec et Bibliothèque et Archives Canada, 2007

ISBN : 978-2-7648-0286-1

Diffusion au Canada
Messageries ADP
2315, rue de la Province
Longueuil (Québec) J4G 1G4
Téléphone : 450 640-1234
Sans frais : 1 800 771-3022

Diffusion hors Canada
Interforum

À Jana,
Jonathan
et Frédérick

SATISFECIT

Guy Carbonneau s'empara de la rondelle au centre de la patinoire, sous les yeux du défenseur Paul Baxter qui lui asséna un violent coup de bâton à deux mains sur une cheville. Carbonneau poursuivit néanmoins sa course jusqu'au filet de Mike Vernon, où il fut fauché cette fois par Jamie Macoun, et il glissa jusqu'au fond du but, heurtant le gardien au passage. « Carbo » se releva lentement. Aucune punition ne fut décernée. Il est vrai qu'on était en finale pour l'obtention de la coupe Stanley et qu'il ne restait qu'à peine deux minutes à un match sans lendemain pour les Flames de Calgary, menés trois parties à une dans la série.

Au même instant, dans des milliers de brasseries partout au Canada, en passant par celles des légendaires Yvan Cournoyer et Henri Richard, des dizaines de milliers de partisans des Canadiens frappaient du poing sur la table ou se levaient en hurlant leur indignation, les bras en l'air, chope à la main, faisant culbuter du même coup leur chaise, renversant de la bière sur le voisin qui ne s'apercevait de rien, totalement envoûté qu'il était par les images transmises sur d'immenses écrans de télé. Ce soir-là, des millions de Canadiens, à Montréal et à Calgary bien sûr, mais aussi dans les petits villages de pêcheurs des Maritimes et de la Gaspésie, jusque de l'autre côté des Rocheuses, sur les rives du Pacifique, en passant par les endroits les plus reculés du Grand Nord, avaient les yeux rivés sur leur téléviseur. Pour la première fois depuis dix-neuf ans, soit depuis 1967, l'année où le berceau du hockey avait fêté son centième anniversaire, deux équipes canadiennes s'affrontaient en finale de la coupe Stanley.

Les Flames demandèrent un temps d'arrêt. Leurs partisans s'envoyèrent derrière la cravate une bonne lampée de houblon en guise de soulagement. Patrick Roy, lui, se rendit au banc de son équipe pour prendre une gorgée d'eau, l'air étonnamment calme malgré l'importance de l'enjeu. Il rabattit son lourd masque sur un visage ruisselant de sueur et reprit place devant son but. Pendant un bon moment, les Canadiens se replièrent en défensive, choisissant de protéger leur avance précaire de deux buts. Ils menaient par 4 à 2. Les Flames, eux, n'avaient plus rien à perdre. Ils attaquaient comme des déchaînés.

Avec 1 min 16 s à jouer, ce fut au tour des Canadiens de demander un temps d'arrêt, question de se regrouper, de faire reposer leurs meilleurs éléments et de calmer un peu l'ardeur de l'adversaire. Alors que, dans les brasseries, on pouvait voir Patrick dodeliner de la tête sur six écrans à la fois, et que les analystes de la télé Gilles et Mario Tremblay amorçaient un commentaire, Richard Garneau les interrompit brusquement : « Voici le gagnant du Conn Smythe ! Il fallait s'y attendre. Il y a plusieurs joueurs qui l'auraient mérité, mais je pense qu'avec une moyenne d'à peu près 1,80, c'est difficile de ne pas le lui accorder. Il a été sensationnel tout au long des séries. »

Dès la reprise du jeu dans la zone des Canadiens, alors que tous les spectateurs s'étaient levés et applaudissaient pour encourager les Flames, Joel Otto décocha un dangereux tir que Patrick repoussa. Mais l'attaque se poursuivit frénétiquement. Le gardien des Canadiens dut à nouveau se surpasser devant Dan Quinn qui avait tiré à bout portant. Mais celui-ci prit son propre retour derrière le but et passa la rondelle à Joe Mullen, bien posté dans l'enclave, qui ne rata pas cette occasion de réduire l'avance des Canadiens à un seul but.

Il ne restait maintenant plus que quarante-six secondes, quarante-six très longues secondes. Le champagne était déjà sur la glace sous les gradins du Saddledome et des techniciens s'affairaient à préparer l'équipement nécessaire aux entrevues d'après-match dans les vestiaires des deux équipes.

Se pouvait-il que le vent tourne sournoisement? Que les Flames égalisent pour se sauver avec la victoire, remporter ensuite le sixième match à Montréal et revenir à Calgary pour une ultime rencontre où tout pourrait arriver? Se pouvait-il que les joueurs de la plus prestigieuse et la plus primée de toutes les équipes dans l'histoire du hockey professionnel échappent le flambeau que leur tendaient les bras meurtris des Richard, Béliveau, Lafleur?

Cette perspective pouvait très bien hanter les pensées des partisans des Canadiens, de leurs dirigeants, et même de quelques-uns de leurs porte-couleurs. Rien n'est plus tentant pour l'infortune qu'une équipe qui joue nerveusement, sur les talons. Rien ne peut davantage inviter la fatalité à brasser à sa guise les cartes du destin. Mais il n'y avait pas de place pour de telles pensées négatives dans la tête de Patrick. Il les avait évacuées. On pouvait lire dans ses yeux, à travers le grillage de son masque, la même détermination, la même intensité qui habitaient jadis ceux du « Rocket ». Toute son attention était centrée sur le jeu. Non sur l'enjeu.

Le jeu, justement, reprit. Mike McPhee obtint une chance inouïe de mettre fin au suspense quand il intercepta une rondelle au centre de la glace et fila seul en direction du but des Flames. Nerveux et indécis, au lieu de s'approcher davantage et de tenter un jeu – il en avait amplement le temps –, il décocha un tir de loin que Vernon n'eut aucun mal à stopper.

Alors vint l'assaut final des Flames, une charge furieuse et désespérée. Paul Reinhart récupéra la rondelle de son gardien, s'amena au centre et l'expédia près du but de Patrick. Celui-ci l'intercepta et la projeta dans le coin. Les Flames se déployèrent alors autour du but des Glorieux. C'est Al MacInnis qui devança les joueurs des Canadiens, s'empara du disque et décocha un puissant tir que Patrick bloqua, sans toutefois pouvoir éviter de donner un retour qui dévia à sa droite, directement sur la palette du bâton de Macoun qui tira dans le filet ouvert. Derrière lui, John Tonelli leva les bras au ciel pour acclamer le but égalisateur. Le juge de but n'avait cependant pas allumé la lumière rouge, comme il doit le faire quand un joueur a marqué. Macoun s'avança, incrédule, examina le fond du filet et, sidéré, n'y vit pas de rondelle. Miraculeusement, Patrick avait plongé, bloqué le tir de son bâton et immobilisé le disque sous lui. Du banc des Glorieux, Bobby Smith hurlait : « Roo-wah ! Roo-wah ! »

À moins de quatorze secondes de la fin de la période, Carbonneau gagna une mise en jeu capitale dans le territoire des Canadiens. Chelios récupéra le disque et, pourchassé par trois joueurs des Flames – il restait sept secondes –, le remit à Rick Green qui parvint à le projeter hors de la zone. Mario Tremblay, n'en pouvant plus, oubliant momentanément qu'il était derrière un micro, poussa un cri de guerrier.

Les Canadiens, contre toute attente, avec huit recrues dans leur formation, remportaient leur vingt-troisième coupe Stanley.

Il était près de 23 heures à Calgary ; près de 1 heure à Cap-Rouge. Je fermai la télé.

⌣

On sonna à la porte. C'étaient deux journalistes, un francophone et un anglophone, qui avaient attendu patiemment devant notre résidence, chacun dans sa voiture, que le match soit terminé pour venir m'interviewer. Plus tôt, en après-midi, l'un d'eux avait suggéré de passer la soirée avec nous, accompagné d'un caméraman qui aurait capté, en vue d'un reportage télévisé, toutes nos réactions pendant le match. J'avais refusé. Je n'ai jamais aimé ce genre de voyeurisme. Nous allions assister à des moments de très forte intensité et je voulais que cela se passe dans la plus stricte intimité afin d'en apprécier tous les instants et de les partager avec les membres les plus immédiats de la famille.

Quand un athlète se distingue de façon importante et qu'il émerge comme une vedette, le public veut tout savoir de lui, la marque de sa voiture, son mets préféré, jusqu'à la couleur de son chat. Puis les médias s'empressent de lui présenter ses parents, béatement heureux. Mais autant le public aime savoir qui sont les parents de son idole, autant ai-je l'impression qu'il n'a aucun véritable intérêt pour ce qu'ils ont à dire, au-delà de certaines banalités. Pas plus que l'on s'attend à ce que la voiture, le mets ou le chat émettent des réflexions substantielles, s'attend-on à ce que les parents formulent des commentaires très significatifs. Au-delà de certaines platitudes, on se fout de ce qu'ils pensent. On a pour eux le même intérêt que pour l'ensemble des objets qui entourent la vedette dans son quotidien. D'autre part, si l'un des deux laisse couler une larme, alors là, attention! Ça devient du grand reportage.

J'accueillis les deux journalistes.

Sur la glace du Saddledome, les joueurs des Canadiens sautaient de joie, s'étreignaient, gesticulaient, s'embrassaient, libéraient la pression qui les étouffait depuis près de deux mois d'une intense compétition, celle des séries éliminatoires. Mais après une telle victoire, baume analgésique s'il en est un, ils ne sentaient plus la fatigue, la douleur, ni même l'odeur fétide de la sueur dont leur équipement était imbibé.

On se serait cru sur un plancher de danse : Claude Lemieux valsait avec Bob Gainey, Larry Robinson avec Rick Green. Doug Soetaert donna une émouvante accolade à Patrick – dire qu'en début de saison les deux se battaient férocement pour le poste d'auxiliaire de Steve Penney! Penney, lui, n'était pas sur les lieux. On n'avait pas trouvé de place pour lui dans l'avion nolisé qui avait transporté le personnel de l'équipe auquel s'étaient joints de nombreux amis de la direction et les conjointes de plusieurs joueurs. Pas de place pour Sergio Mommesso ou Tom Kurvers non plus, eux aussi restés à Montréal. Une bourde de l'organisation.

Peu à peu, les joueurs qui n'étaient pas en uniforme, comme Chris Nilan, Stéphane Richer, Petr Svoboda et Kjell Dahlin, les soigneurs, les entraîneurs et les amis se mêlèrent aux valseurs en uniforme qui n'en finissaient plus de s'embrasser. Les photographes formèrent un cordon autour d'eux pour ne rien rater de ces effusions.

Probablement sous l'effet de l'inertie, la foule, un peu hébétée, continuait de scander à retardement « Go Flames go ! Go Flames go ! », avec le support de l'organiste qui laissait échapper ses derniers accords de la saison.

Les perdants, eux, bien alignés au centre de la patinoire, attendaient patiemment, défaite oblige, que les nouveaux champions s'approchent pour échanger la traditionnelle poignée de main. Finalement, les joueurs des Canadiens les remarquèrent, et les deux équipes échangèrent chaleureusement des mots de félicitations, des paroles d'encouragement et des tapes amicales. La guerre était finie, les armes étaient rendues et les couleurs contrastantes des chandails qui, l'instant d'avant, faisaient de ces joueurs des ennemis acharnés, des adversaires féroces, étaient désormais sans effet dans cette période d'accalmie qui plutôt les unissait dans leur confrérie de hockeyeurs, complices d'un métier commun et d'une même passion.

La clameur de la foule se changea en applaudissements, marquant par là son appréciation pour la bataille que les Flames avaient livrée durant les séries, surtout après avoir éliminé précédemment, dans ce qu'il est convenu d'appeler la « bataille de l'Alberta », les grands favoris, les Oilers d'Edmonton, familièrement appelés la « bande à Gretzky ». Mais elle voulait aussi saluer respectueusement les nouveaux champions.

Larry Robinson fut le premier à se détacher du groupe et à se rendre féliciter l'état-major de l'équipe de Calgary, pendant que les joueurs de cette dernière, un à un, la tête basse et les traits tirés, empruntaient le couloir les menant à leur vestiaire pour la dernière fois de la saison.

Au centre de la patinoire, John Ziegler, président de la Ligue nationale de hockey (LNH), présenta ensuite la coupe tant convoitée au capitaine des Canadiens, Bob Gainey, après que ce dernier se fut assuré que Robinson, le vétéran défenseur, était tout près pour la lui remettre aussitôt, au cas où cette sixième coupe qu'il remportait serait la dernière de sa carrière.

Massivement, les autres joueurs s'agglutinèrent autour des deux leaders pour toucher au précieux trophée, en poussant des cris de guerriers. Lentement, l'essaim se mit à bouger sous les acclamations de la foule, faisant le tour de la patinoire en s'échangeant le précieux trophée à tour de rôle : de Patrick à « Carbo », de Mats Naslund à Bobby Smith, de Chris Chelios à Ryan Walter, de Mike McPhee à Gaston Gingras, de John Kordic à Mike Lalor, de Claude Lemieux à Serge Boisvert, de Brian Skrudland à David Maley, etc. Enfin, la coupe revint à Bob Gainey qui, d'abord, la souleva à bout de bras sous le crépitement des appareils photo, pour ensuite la remettre dans les mains de Jean Perron, l'entraîneur recrue, et de Serge Savard, le directeur général, qui posèrent avec elle pour les photographes. Pendant ce temps, les autres joueurs de l'équipe étaient rentrés au vestiaire. À la télé anglophone, Dave Hodge commenta : « Je voudrais revenir à une déclaration que Dick Irvin a faite à la veille des séries selon laquelle le gros problème du Canadien, sa plus importante faiblesse, était devant le but. Il a dit cela, nous l'avons dit et tous ceux qui ont suivi l'équipe en deuxième moitié de saison l'ont pensé. Je me demande s'il y a déjà eu, dans l'histoire de ce sport, un revirement de situation plus dramatique que celui qu'a accompli Patrick Roy ! »

Dans le vestiaire des vainqueurs, pendant que les magnums pissaient le champagne, agités par les fêtards à la manière de bombes aérosol, John Ziegler présenta officiellement à Patrick le trophée Conn Smythe, récompense que mérite le joueur ayant été jugé le plus utile à son équipe durant les séries éliminatoires. À vingt ans, il devenait le plus jeune joueur de l'histoire de la Ligue nationale à se voir attribuer cet honneur, doublant Bobby Orr, qui avait vingt-deux ans, en 1970, quand il avait mis la main sur le précieux trophée la première fois. Patrick en profita pour rendre hommage à ses coéquipiers :

« Pour moi, l'important c'était de gagner la coupe Stanley. On pourrait mettre le nom de tous mes coéquipiers dans un chapeau et en tirer un au hasard, et le choix serait bon… Quant à ce trophée, ce sont mes coéquipiers qui l'ont gagné pour moi. »

D'aucuns pourraient être portés à croire que cette déclaration masquait une fausse modestie. Mais Patrick n'a jamais joué au hockey pour l'argent que cela lui rapportait ou pour les trophées associés à ses succès. Il n'y a qu'une seule chose qui l'ait vraiment motivé tout au long de sa carrière : GAGNER! Rien d'autre. Pour lui, tout le reste n'était qu'accessoire.

On avait installé une plate-forme au milieu de la pièce afin que les animateurs de la télé puissent réaliser leurs entrevues. Mais comme le champagne coulait sur eux comme l'eau d'une douche, on dut se déplacer à l'écart, vers un coin plus tranquille.

Mieux protégé dans son nouveau studio improvisé, Lionel Duval réalisait des entrevues avec joueurs, entraîneurs et dirigeants. « Ce soir, dit Perron, Patrick a encore une fois été fantastique. Qu'il remporte le trophée Conn Smythe me réjouit beaucoup. Patrick représente parfaitement ce que sont les jeunes joueurs de notre équipe. Que ce soit une recrue qui arrache ce trophée me fait bien plaisir. »

Quand vint le tour de Ronald Corey, bien coiffé et bien mis comme de coutume, Claude Lemieux s'approcha bruyamment, fit gicler le champagne et arrosa copieusement son patron. Le président ne put que sourire avec indulgence. Rappelé de Sherbrooke où il avait passé toute la saison dans la Ligue américaine, ayant presque cédé au découragement et étant venu bien près de tout lâcher quelques mois plus tôt, Lemieux avait marqué pas moins de quatre buts vainqueurs dans les séries, dont deux en prolongation – il faut se rappeler cette victoire in extremis contre Hartford dans le septième et décisif match des quarts de finale –, pour procurer à son équipe autant de victoires.

Il arrive que des événements aient une telle force, une telle intensité qu'ils dépassent l'homme et lui font perdre momentanément le sens des valeurs, toute inhibition et parfois la raison. Au même moment, à Montréal, des fêtards, passablement moins méritants ceux-là, fracassaient les vitrines des boutiques de la rue Sainte-Catherine, les vidaient de leur contenu, renversaient des voitures, y mettaient le feu, s'emparaient d'un autobus de la Commission de transport de la Communauté urbaine de Montréal et saccageaient tout sur leur passage, protégés par cette immense foule de plusieurs milliers de partisans inconditionnels des Canadiens qui avaient envahi le secteur du vieux Forum et qui, de par leur nombre, leur servaient de boucliers en empêchant, bien involontairement, les cent vingt-cinq policiers dépêchés de s'approcher de l'œil de l'ouragan avant qu'il soit trop tard.

Petit à petit, les réserves de mousseux diminuèrent et l'ardeur des libations suivit la même courbe. Un à un les joueurs se retirèrent sous la douche pour y laisser couler copieusement l'eau chaude sur leurs muscles endoloris et laver ce qui semblait être la sueur de toute une saison, mêlée de champagne. Par la même occasion, en ce premier instant de solitude depuis la fin dramatique du match, chacun commença à réaliser et à savourer intérieurement ce qui venait de lui arriver. Les plus extravertis extériorisent leurs émotions de manière plus exubérante. D'autres sont plus réservés. Patrick, lui, est resté longtemps assis, immobile, livide, sur un petit banc rouge, avant d'entrer sous la douche. Il avait concentré son attention sur une série à la fois, une partie à la fois, voire une période à la fois. Il venait juste de gagner la dernière période. C'est la pression qui commençait à tomber et la fatigue qui commençait à s'installer.

Un autobus attendait les champions pour les mener à l'aéroport de Calgary. L'arrivée à Dorval avait été prévue vers 6 heures du matin et des milliers de joyeux partisans se préparaient déjà à y affluer.

Dans l'autre vestiaire, Lanny McDonald pleurait.

∪

Les entrevues terminées, je remerciai les deux représentants des médias. Le temps de préparer quelques bagages, nous prîmes l'autoroute 40, baptisée depuis autoroute Félix-Leclerc, direction Montréal.

La nuit était noire et froide. Sans lune et sans étoiles. Une nuit de fin de printemps qui se prend pour une nuit de début d'automne. Mais pas une brise ne soufflait, le pavé était sec et désert, la visibilité était bonne et… la vie était belle. Sur la gauche, nous sentions qu'il y avait le fleuve. Nous ne le voyions pas, mais nous le sentions à cause du chapelet de lumières qui scintillaient sur l'autre rive et du gouffre noir qui nous en séparait. À la radio, Félix chantait *Le sentier près du ruisseau…* Sur le siège du passager, ma femme Barbara ne disait pas un mot. Elle avait hâte d'étreindre son fils. Derrière, Alexandra commença à s'assoupir en appuyant la tête sur l'épaule de Sophie, une amie que Patrick avait rencontrée quelques jours plus tôt. Quant à Stéphane, il était resté à Granby où il s'était trouvé un emploi d'été en attendant de compléter son stage junior avec les Bisons de l'endroit.

Après quelques kilomètres, juste avant que mon esprit se mette à errer dans le passé, je murmurai :

« Un vrai temps d'automne! »

2

LE COMMENCEMENT

C'était une journée d'octobre. Le genre de journée où tout meurt. Les arbres, les fleurs, le gazon. Les lacs, les rivières figent. Le genre de journée faite de grisaille et de vent. Où tout se passe sur fond d'ardoise. Où les jours n'ont plus la force de lutter contre les nuits. Ils perdent la partie. Ils agonisent. On passe du gris au noir. Un peu de gris et beaucoup de noir.

C'était une journée d'octobre où tout meurt. Tout meurt sauf le hockey. Lui, il renaît. Comme s'il prenait la mort à contre-pied. Comme s'il offrait un pont au-dessus de cet abîme, jusqu'à la belle saison. Le hockey renaît et les espoirs aussi. Et les illusions. Les camps d'entraînement s'amorcent. Ceux des grands, et ceux des petits. Les enfants s'agitent, les parents stressent, les entraîneurs se préparent et les autos chauffent. C'est une autre forme de vie qui reprend.

On se demande parfois comment la carrière d'un athlète a pu commencer. En fait, il y a autant de commencements qu'il y a de moments où cette carrière aurait pu s'éteindre. Avec le recul des années, je retiendrais cette journée d'octobre où tout meurt comme le véritable commencement de la carrière de Patrick.

Octobre 1974. Le camp de sélection du Québec-Centre-Haute-Ville (QCHV), division moustique « AA », battait son plein depuis déjà deux semaines. Un entrefilet dans la section des sports d'un quotidien local nous l'avait appris. Patrick voulait jouer au hockey. Il voulait être gardien de but. Tout l'été il s'était préparé en participant à une école de hockey. Il était prêt. Mais il hésitait. Il avait peur. Peur de quoi? Je ne sais trop. Peur de ne pas faire l'équipe? Peut-être. Peur de l'inconnu? Certainement.

Il n'osait pas l'expliquer :

— ...

— Écoute, Patrick, si tu veux jouer au hockey, c'est à Québec-Centre que tu dois t'adresser, même avec deux semaines de retard, lui dis-je pour tenter de le convaincre. Tu t'es entraîné tout l'été, t'as fait face à une compétition relevée, à des adversaires qui ont joué chez les moustiques « AA » l'an passé et tu t'en es bien tiré. T'as aucune raison d'avoir peur. Le pire qui puisse arriver, c'est que tu ne fasses pas l'équipe. Alors, on verra. Mais en attendant, donne-toi au moins une chance...

— ...

Je ne voulais pas créer de mauvaises habitudes mais, compte tenu des circonstances, je l'ai aidé à préparer son sac... ou plutôt j'ai préparé son sac. Puis ce fut le départ pour l'aréna.

Une demi-heure de route, une demi-heure de silence. En cette journée d'octobre où tout meurt, Patrick, du moins l'athlète en lui, hésitait entre « mourir » comme tout le reste ou renaître avec le hockey.

À cette époque, la première chose qui frappait en entrant dans un aréna, ce n'était pas ce que l'on voyait mais ce que l'on sentait. Cette odeur mélangée de vinaigre, de friture et de fumée de cigarette était particulière aux antichambres des arénas.

Rapidement, on nous indiqua le local où les joueurs passaient leur uniforme. Nous y accédâmes au bout d'un long couloir sombre et étroit. Là, s'offrit à nous un véritable rituel. Derrière ces sacs d'équipement éventrés qui jonchaient pêle-mêle le plancher, sous un éclairage jauni, en travers de bâtons entrecroisés, des enfants s'affairaient, dans un silence religieux, qui à enfiler ses bas, qui à lacer ses patins, qui à ajuster ses jambières. Deux adultes leur venaient en aide. Abordant l'un de ceux-ci :

— Êtes-vous M. Lafond?

— Non, moi c'est McNicoll. M. Lafond, il est plus loin là-bas.

On ne réalise pas à quel point des gestes aussi banals que ceux d'un père qui conduit son fils à la patinoire et l'aide à lacer ses patins, ou d'une mère qui lui ajuste le chandail peuvent amorcer les plus grandes carrières. Mais il est difficile de mesurer la portée réelle de ces gestes au moment où ils sont faits. Des décisions en apparence insignifiantes peuvent tout aussi bien, sans qu'on puisse jamais en vérifier les conséquences, interrompre l'élan d'un grand destin.

Nous fîmes quelques enjambées à travers ce champ de bataille et, tendant une main vers l'homme qui laçait les patins d'un joueur, je dis :

— Bonjour monsieur Lafond, je suis Michel Roy. Je vous présente mon fils, Patrick. Il est gardien de but et aimerait tenter sa chance avec votre équipe cette année.

L'homme leva la tête et me tendit la main à son tour. D'âge mûr, au début de la quarantaine, il était droit comme une barre et plutôt direct :

— Gardien de but, hein!... C'est que... on a déjà notre « première année »...

— Pouvez-vous lui accorder un essai?

— Oui... bien sûr... on peut le tester.

— Un essai... objectif?

— Oui, oui... bien sûr!

Et, posant une main bienveillante sur l'épaule de Patrick, il enchaîna :

— Tiens, prends place là et commence à enfiler ton équipement. On va t'aider.

Je passai ma main dans les cheveux de Patrick et, non sans m'être assuré qu'il n'avait plus besoin de quoi que ce soit, je quittai le vestiaire.

∪

Je l'ignorais encore, mais je venais de recevoir ma première leçon comme apprenti père de gardien de but lorsque M. Lafond avait mentionné qu'il avait déjà son « première année ».

C'est qu'à l'encontre des autres joueurs, il n'y a que deux gardiens par équipe. Cela va de soi. Mais comme chaque enfant joue deux ans dans chaque catégorie d'âge, c'est une pratique répandue et fort compréhensible chez les entraîneurs de hockey de choisir un gardien qui en est à sa première année et de le jumeler à un gardien qui en est à sa deuxième année. Cela permet de compter sur les services d'un gardien d'« expérience », celui qui devrait jouer dans la plupart des matchs, et d'en préparer un autre, le « première année », pour la saison suivante.

Cela revenait à dire que, pour Patrick, c'était maintenant ou jamais. S'il ne se taillait pas une place dans l'équipe à sa première année, comment pourrait-il espérer réussir l'exploit l'année d'après ?

Café en main, je pris place dans l'enceinte, un peu nerveux.

Un à un les joueurs, pas beaucoup plus hauts que larges, sautèrent sur la patinoire. Je n'étais pas peu fier de mon Patrick. Il portait un chandail vert, à l'effigie de Mickey Mouse. Ma femme l'avait acheté pour elle-même la veille, mais nous avions convenu que l'inspiration de la vedette de Disney serait davantage utile à Patrick. Sa tête et son visage étaient entièrement recouverts d'un masque ou plus exactement d'une armure de tête, arborant de chaque côté deux dragons fluo, gracieuseté d'un ami, Pierre Mourey, graphiste de métier.

Toute cette marmaille, suivie des deux entraîneurs, se mit à patiner lentement en rond, question de se réchauffer les muscles. Au coup de sifflet, les jeunes entreprirent de s'étirer les membres en imitant les gestes de M. Lafond.

Suivirent les exercices de patinage d'accélération entre les lignes bleues et rouge, de maniement de rondelle entre les cônes et de jeux de passes à deux contre un ou à trois contre deux. Seuls les coups de sifflet marquant la fin d'un exercice et le début d'un autre, suivis de quelques mots d'explication, brisaient le silence du rituel.

Non loin de moi dans les gradins, quelques pères avaient entrepris une discussion agitée qui allait sans doute régler pour des années à venir le sort des Nordiques, des Canadiens, et, tant qu'à y être, du reste des équipes de la LNH et de tout le hockey en général. Comme certains d'entre eux portaient le blouson rouge et blanc du QCHV « AA » de la saison précédente, j'en conclus qu'il s'agissait de parents de joueurs de « deuxième année ».

Puis M. Lafond s'installa à un bout de la patinoire pour travailler avec les avants et Martin, le gardien d'« expérience », tandis qu'à l'autre bout M. McNicoll s'occupait des défenseurs, de même que d'Éric et de Patrick, les deux candidats au poste de gardien de « première année ». Cela dura un bon moment et j'étais sur le point de désespérer quand M. Lafond changea de place avec son adjoint. Il regroupa les défenseurs deux par deux et leur demanda de se passer la rondelle en alternant de la droite et du revers. Cela lui permit de se dégager et d'accorder toute son attention aux deux gardiens de « première année ». Je sentis que quelque chose d'important allait se passer et mon cœur se mit à battre plus fort.

Je m'éloignai du groupe de commentateurs de la « ligue du vieux poêle », qui se lançaient maintenant, avec beaucoup d'animation, dans une analyse en profondeur des forces et faiblesses de l'équipe pour la saison à venir et dans une évaluation « objective » des nouvelles recrues. J'allai me placer directement derrière le but d'où aucun détail ne m'échapperait.

Éric fut le premier à subir le test. Un barrage de 10 lancers. Je les ai bien comptés. Il en stoppa 6. Puis ce fut au tour de Patrick. Il les arrêta tous, sauf le dernier sur lequel M. Lafond avait mis pas mal de *zip*, question de tester ses limites. Ce fut tout. Aucune réaction. Le sifflet annonça la fin de l'exercice et les joueurs se retirèrent dans leur vestiaire. La Zamboni leur succéda. Pendant quelques instants, mes yeux demeurèrent fixés sur les reflets envoûtants des projecteurs dans la mince couche d'eau laissée sur la glace. Puis je me dirigeai vers le casse-croûte pour y attendre Patrick.

⌣

À travers l'agitation du casse-croûte, tout à fait à l'opposé de la pièce mais directement dans mon champ de vision, je ne pus m'empêcher de remarquer, du coin de l'œil, une femme au rire vulgaire et gras, comme son corps informe, une frites-sauce à la main, une cigarette dans l'autre. Sous l'éclairage cru, quelques enfants, les cheveux encore mouillés, attendaient d'être servis en faisant rouler des pièces de vingt-cinq cents, les bras appuyés sur le comptoir. Je plongeai les yeux dans mon journal.

Un à un les joueurs sortirent pour être accueillis par ceux qui les attendaient. Je dus patienter longtemps. Au milieu de ce va-et-vient de parents et de joueurs qui partent et qui arrivent, qui poussent brutalement la porte d'entrée comme s'ils se préparaient à mettre en échec un adversaire sur la patinoire, en heurtant le chambranle de leur sac et de leur bâton, j'essayais, sans pouvoir y mettre toute mon attention, de relire pour une troisième fois le même foutu paragraphe de cette même foutue page de journal.

Patrick apparut enfin, sac sur le dos et bâton en main. Je vis tout de suite à son allure de sourire-fendu-jusqu'aux-oreilles et à ses petits yeux rieurs qu'il était content de lui.

— C'est beau, Patrick, t'as bien travaillé. Est-ce qu'on t'a dit quelque chose?

— Non, rien. Mais ç'a bien été.

⌣

Quelques jours plus tard, alors que nous nous apprêtions à souper, un amateur de sports se défoulait à la radio.

« Les temps ont changé, disait-il. Pas pour le mieux, pas pour le pire, mais changé. Ce n'est plus pareil.

« De nos jours, le hockey des jeunes se pratique comme celui des professionnels, à l'intérieur, sur une surface "zambonisée" de soixante et un mètres de longueur sur vingt-six mètres de largeur, avec des lignes et des cercles bleus et rouges, un livre de règlements, un arbitre, des juges de ligne et des juges de but pour les appliquer. La partie dure un temps limité et chronométré entre deux équipes qui portent des chandails aux couleurs différentes, pour ne pas qu'on les confonde, et qui n'envoient sur la patinoire que six joueurs à la fois, incluant le gardien. Le match se termine par un pointage qui est minutieusement consigné dans ses moindres détails dans un registre – buts, passes, mises en échec, etc. C'est mené comme les affaires. C'est une affaire. Une affaire qui étouffe.

« Dans mon temps, le hockey des jeunes se pratiquait à l'extérieur, sur une surface dont la superficie n'avait aucune espèce d'importance pourvu qu'elle fût gelée, sans lignes ni cercles d'aucune couleur, sans règlements ni arbitre, ni juges de ligne, ni juges de but. La partie durait ce qu'elle durait, toute la journée s'il le fallait, jusqu'à ce qu'il reste des combattants dont le nombre n'avait aucune importance non plus, pas plus que la couleur du chandail. Aucun registre n'était nécessaire pour consigner des résultats dont personne ne voulait se souvenir de toute façon. C'était un jeu. Enlevez-moi ces lignes, rugissait-il, ces cercles rouges !

« Chez les professionnels, démasquez l'usurpation de ces faux amateurs blasés qui occupent des sièges payés par des corporations, ce qui crée l'illusion qu'ils se vendent au prix du marché. Aucun chrétien de père de famille de classe moyenne n'a désormais les moyens d'emmener ses enfants à un match de hockey de la Ligue nationale. Sauf qu'il paie son siège sans l'occuper et sans s'en rendre compte en achetant les produits des commanditaires. Et quand bien même il aurait les moyens, est-ce que l'investissement en vaut le coup ? L'industrialisation du sport a dénaturé le sport. C'est la même chose pour le baseball. À l'origine, aller au baseball signifiait passer une soirée en plein air, dans un parc, à humer l'odeur du vrai gazon fraîchement coupé et à apprécier un spectacle sous le firmament comme toiture. Aujourd'hui, on joue dans des enceintes fermées, climatisées, sur du gazon de caoutchouc. Il n'y a rien d'autre à faire que de regarder la partie. Dans ce contexte, le baseball est un jeu ennuyeux. Pas étonnant que l'amateur se désintéresse de ces sports professionnels ! Pas étonnant non plus qu'il y ait de moins en moins de jeunes dans les arénas !

« Laissez les enfants jouer, s'enflammait-il, redonnez au hockey sa substance, sa vraie nature, le jeu... »

Sa diatribe fut interrompue par la sonnerie du téléphone.
— Oui, allô !
— Monsieur Roy ?
— Oui, c'est moi.
Tandis que mon interlocuteur continuait de parler, je fis signe à Barbara de baisser le volume de la radio.
— Je m'appelle Maranda, je suis le gérant des moustiques « AA » de Québec-Centre. Le coach, M. Lafond, a bien aimé la performance de votre fils hier. Aussi, nous serions très heureux qu'il se joigne à l'équipe. Seulement...
— Ah ! C'est une bonne nouvelle...
— ... seulement, je dois vous dire que c'est pas mal exigeant. Il y a au moins une partie, parfois deux, les soirs de semaine et deux pratiques tôt le matin, le samedi ou le dimanche. Sans compter les trois ou quatre tournois auxquels nous avons l'intention de participer pendant la saison.
— Bien, écoutez, on s'attendait un peu à ça ; il ne devrait pas y avoir de problèmes. Laissez-moi le numéro où on peut vous joindre et je vais vous rappeler pour confirmer.
Il insista.
— On aimerait bien que Patrick fasse partie de l'équipe. Vous savez, avec le noyau de joueurs qu'on a, on peut se rendre

loin cette année. Ah oui! j'allais oublier, vous pouvez verser un premier montant de trente dollars par chèque à l'ordre de la Corporation de hockey mineur du Cap Diamant.

Patrick venait de remporter sa première victoire au hockey.

⌣

Je mis beaucoup de temps à m'endormir. Toutes sortes d'idées me traversaient l'esprit à deux cents kilomètres à l'heure. Je me rappelai les dernières paroles enflammées de l'habitué des tribunes téléphoniques : « Laissez les enfants jouer… »

Facile à dire! De nos jours, les enfants éprouvent beaucoup de difficulté à jouer seuls. Ils ont pris le pli de l'encadrement. Ils ne peuvent plus s'en passer. C'est devenu une culture. Jetez la rondelle au milieu de la meute et « l'yâble pogne ». Dans un tel contexte, le hockey mineur semblait une bonne avenue.

Notre situation n'était pas celle de parents déjà organisés pour skier ou pratiquer d'autres activités en famille les week-ends. Ceux-là doivent se poser des questions. Avons-nous le droit, comme parents, d'imposer une activité à un enfant par solidarité avec ses frères ou sœurs? Bien sûr que nous avons le droit. Mais ce n'est pas une question de droit. C'est une question de gros bon sens. Au fond, ce que nous voulons, c'est le bonheur de la famille et de chacun des membres qui la compose. L'éternel problème du bien commun et du bien individuel! Où commence le bonheur de l'un et où s'arrête celui de l'autre? Dans notre cas, nous n'avions pas à nous poser ces questions. Stéphane jouait aussi au hockey et Alexandra n'avait qu'un mois.

Restait le débat, toujours actuel, opposant le sport d'élite et le sport de participation. Des théories à la mode fournissaient une convaincante argumentation tant pour l'un que pour l'autre. Pour ma part, je n'ai jamais pensé qu'il était sage d'appliquer indifféremment l'une ou l'autre de ces théories à tous les enfants. Certains aiment, par le sport, se mesurer aux autres et ils en sentent constamment le besoin, ne serait-ce que pour grandir ; d'autres n'aiment pas sentir la pression peser sur eux et pratiquent le sport pour la détente qu'il leur apporte, à leur rythme, dans un contexte décontracté. À eux de choisir. Quant à Patrick, il ne tarderait pas à démontrer jusqu'à quel point il aimait se mesurer… et gagner.

À défaut de compter les moutons pour m'endormir, je me mis à penser à ma propre enfance, quand je passais, avec ma mère, les vacances d'été à Notre-Dame-du-Portage, dans le Bas-Saint-Laurent. Rien n'était organisé. Nous nous organisions. Nous étions une douzaine dont l'âge variait de six à douze ans. Nous avions un nom, la « *gang* à Bouboule ». À l'instar des Canadiens, qui ont déjà eu deux capitaines en même temps, un anglophone et un francophone, nous avions deux chefs, les deux plus vieux de la bande : Simone et Paul. Pas de sexisme. Nous étions purs.

Sitôt arrivés fin juin, nous allions sur le pouce au club de golf de Saint-Patrice servir de cadets et cueillir des balles perdues que nous revendions pour amasser des fonds. Je me souviens que nous nous bousculions pour servir de cadet à Louis Saint-Laurent, alors premier ministre du Canada. Celui-ci avait une résidence estivale à Saint-Patrice de Rivière-du-Loup. Après quelques semaines de ce régime, nous avions recueilli suffisamment de fonds pour mettre en chantier le projet de l'été : la construction d'un camp dans le bois.

Avec le fruit de nos efforts, nous nous rendions à Rivière-du-Loup, toujours sur le pouce, acheter des outils, des clous, du ciment – ça prenait évidemment un foyer dans le camp –, de la broche, etc. Puis nous allions en délégation demander à Henri, le fermier, la permission d'abattre des arbres et de construire notre camp sur sa terre. En échange, nous lui promettions de l'aider à faire ses foins en août.

L'anglophone du groupe avait la bosse de l'électronique. Le genre de petit blond à lunettes qui passe tout l'été à lire des *Popular Mechanics*, un fer à souder à la main et un gros chandail de laine marine sur le dos. Nous avions confié à Dennis la tâche, plutôt fastidieuse et ennuyeuse – nous étions peut-être affectés d'un soupçon de racisme –, de dénicher et ramasser les clous que nous échappions sur l'emplacement du camp et qui s'enlisaient sous l'épais lit d'aiguilles de sapin. Dennis s'était donc présenté un bon matin au pied de la côte où nous nous donnions rendez-vous pour le départ dans le bois, près de la chaumière d'Henri, un mystérieux sac brun à la main. Sitôt arrivé au chantier, il avait sorti de son sac une espèce de fer à cheval aimanté, retenu par une broche, qu'il s'était mis à agiter au-dessus du sol en se promenant de long en large, un peu à la manière du professeur Tournesol qui agite son pendule. Au bout de dix minutes, il avait récupéré tous les clous perdus.

C'était simple. Nous nous amusions. Nous développions notre imagination et apprenions une foule de choses : l'entraide, le respect, le partage du travail, bref, à travailler en équipe, par nous-mêmes, sans supervision. Nous jouions, nous courions, nous sautions mais nous ne nous mesurions pas. Nous ne mesurions jamais rien. C'était la liberté.

Une autre façon de vivre son enfance.

⌣

Soudain, une lumière éblouissante envahit brutalement la chambre et me tira de mon rêve. Je dus secouer la tête avant de réaliser que c'était plutôt l'habitacle du véhicule au volant duquel j'étais toujours qui avait été pris d'assaut par le gyrophare d'un policier qui me suivait et me signifiait de me ranger sur l'accotement. En arrivant à la hauteur de Donnacona, perdu dans mes rêveries, j'avais dépassé de quelques kilomètres la limite de sa tolérance.

— Vos papiers, s'il vous plaît !
— Voici.

Il ne s'en doutait pas, mais à 2 heures du matin, il venait d'intercepter le père le plus heureux de la terre, doublé d'un vice-président à la Société de l'assurance automobile du Québec, responsable par surcroît du Code de la sécurité routière. Comme aucun de ces deux états n'aurait pu plaider ma cause, je gardai le silence.

Quelques années plus tard, Patrick s'en tirera mieux que moi dans des circonstances similaires. L'agent qui l'avait intercepté pour excès de vitesse le reconnut et lui proposa de le laisser filer en échange d'un bidule sans grande valeur que Patrick s'était vu remettre le matin même et que l'officier avait remarqué sur la banquette arrière.

Celui qui s'occupait de moi cette nuit-là était plus consciencieux. Il travaillait proprement et efficacement. Après quelques minutes, il me rendit mes papiers et me remit le constat d'infraction. Je repris la route ; la vie était toujours aussi belle. Quelques kilomètres plus tard, l'hypnose de la conduite fit encore son œuvre et me ramena à nouveau dans le passé.

3

LES RACINES

De vieux érables magnifiques bordaient chaque côté de la rue et se rejoignaient en son milieu pour former une tonnelle. Quand, en plein été, le soleil du matin se frayait un chemin à travers les feuilles pour venir sécher le pavé que l'arroseuse municipale venait de laver, et lécher les briques rougeâtres des façades des maisons, nous n'avions pas envie d'être ailleurs. En 1974, nous habitions rue de Montmorency (rue Barrin), maintenant dans le quartier Saint-Sacrement à Québec. C'était un quartier bien tranquille de gens ni riches, ni pauvres, plutôt âgés. Un véritable microcosme de classe moyenne.

Cette année-là fut un grand cru pour moi. D'abord, en septembre, Alexandra vint au monde, la première fille du côté des Roy depuis au moins trois générations. Puis j'obtins mon diplôme de maîtrise en administration publique. Enfin, j'achetai ma première maison, un imposant cottage que je pus acquérir dans un contexte que je vais prendre le temps d'expliquer parce qu'il n'est pas étranger au patrimoine génétique de Patrick.

Tous ont entendu parler de la Révolution tranquille au Québec, celle qui s'est amorcée en 1960 par l'élection des libéraux de Jean Lesage. Or, Bona Arsenault, élu dans Matapédia cette année-là, fut invité par Lesage à faire partie de son « équipe du tonnerre » en raison de ses qualités d'organisateur politique. Les deux se connaissaient déjà bien, ayant été députés conservateurs ensemble à Ottawa. Arsenault a donc détenu quelques portefeuilles pendant cette période qui a marqué l'éveil du Québec, de 1960 jusqu'à la défaite des libéraux en 1966. Malgré ses prenantes occupations de ministre, il trouva le moyen de publier un ouvrage considérable en 1965, *Histoire et Généalogie des Acadiens*, réédité en six tomes après sa carrière politique qui prit fin en 1976 lors de l'accession au pouvoir du Parti québécois. En raison de ses origines acadiennes et de ses importants travaux sur l'histoire de ce peuple, l'Université de Moncton lui a décerné un doctorat honorifique, et la rue qui mène au Musée acadien de Bonaventure porte désormais son nom.

Bona Arsenault était aussi un ami de la famille. Un ami de longue date. Tout jeune, je me souviens qu'une voix grave appelait souvent à la maison pour demander Lisette. Lisette, c'était ma mère; la voix, c'était la sienne. Plus tard, alors que j'étais dans la jeune vingtaine, j'eus une longue conversation avec lui dans son bureau de l'édifice du Parlement. Il aimait prendre un verre après le travail. Il buvait du gin Beefeater, comme Jean Lesage, et fumait des Embassy… comme Jean Lesage. C'était un doux soir d'été. Lisette, comme elle le faisait tous les ans, passait la semaine sur la côte du Maine. Bona s'ennuyait et avait envie de se confier. C'est alors qu'il me fit un aveu émouvant :

— Ta mère t'a-t-elle déjà dit que tu étais mon fils ?
— Votre fils…
— Oui, je suis ton père. Ton père biologique.

Je fus passablement ému mais pas surpris. Des signes avant-coureurs s'étaient manifestés quelques années auparavant, mais je n'y avais pas prêté attention. Mes sentiments étaient confus. J'avais l'impression de recommencer quelque chose à neuf. Du neuf avec du vieux.

— Et l'autre, lui, est-il au courant ?

L'autre, c'était Armand « Serge » Roy, celui dont je portais le nom. Il était fils unique, journaliste et écrivain. Lui et Bona s'étaient connus à l'époque où ce dernier dirigeait *L'Événement,* un quotidien de Québec. Serge était son prénom d'auteur et celui par lequel il préférait qu'on l'appelle. En plus d'être journaliste à *L'Événement,* il avait écrit trois romans : *Tête forte, Grisaille* et *Impasse,* ce dernier en deux tomes. Il était bel homme, écrivait brillamment, menait une vie très mouvementée, avait beaucoup voyagé en Amérique et en

Europe, et aimait les femmes. Comme c'était l'usage dans une certaine société de l'époque, il fréquentait les prostituées. Lisette l'ignorait. Mais quand il lui transmit une maladie vénérienne lors de leur voyage de noces en France, Lisette Fortier, jeune fille de bonne famille, naïve et pure, ne le trouva pas drôle. Au retour, elle déclara son mariage non consommé et terminé ; en langage d'avocat, nul et non avenu. Comme les us et coutumes de ce temps-là n'autorisaient pas d'envisager le divorce, d'un commun accord ils décidèrent de rester mariés mais de vivre séparément sous le même toit, c'est-à-dire librement.

Quand Lisette s'en confia à Bona, ce dernier tomba en amour avec elle et les trois devinrent complices de cet amour qui me donna la vie à l'été 1942, de même qu'à mon frère Jacques, neuf ans plus tard. Quel trio ! Le secret fut bien gardé, jusqu'au décès de Bona en 1993. Patrick avait alors loué un avion pour assister aux obsèques de son grand-père à Bonaventure, ce qui excita évidemment la curiosité des journalistes, dont Réjean Tremblay qui, malgré de vives réserves de ma part – ma mère vivait toujours –, révéla toute la saga dans un article de *La Presse*.

D'aussi loin que je puisse me souvenir, je me suis toujours représenté Serge cigare à la bouche, qu'il fumait d'un bout et mâchouillait de l'autre, assis devant sa machine à écrire, la faisant crépiter comme une mitraillette. Un vrai virtuose du clavigraphe, qui aurait pu battre de vitesse bien des secrétaires avec leur technologie moderne ! Je l'ai même déjà vu soutenir une conversation pendant qu'il continuait de marteler sa vieille Remington à une vitesse folle. Il pouvait être génial mais il n'était pas facile à vivre ; il avait parfois un comportement imprévisible. C'était un original, un peu hâbleur, un « personnage » qui aimait se moquer, provoquer et parfois choquer, ce qui me rendait souvent mal à l'aise.

Je me rappelle l'époque où on organisait tous les ans, en soirée, soixante jours après Pâques, ce qui s'appelait la procession de la Fête-Dieu. Pendant qu'à la radio le père Lelièvre en faisait une vibrante description, entrecoupée de

Je vous salue Marie et de *Notre Père*, des milliers de fidèles formaient un cortège et priaient en chœur, déambulant dans les rues de diverses paroisses, selon un itinéraire que les journaux avaient annoncé et tenant dans leurs mains une espèce de cornet de carton qui protégeait du vent un cierge allumé, comme un lampion. En empruntant la rue Marguerite-Bourgeoys où nous habitions, à Sillery, quel ne fut pas leur étonnement, en cette chaude soirée de juin 1950, proclamée Année sainte par Rome, de voir les lumières de Noël multicolores que Serge avait installées dans le grand sapin qui s'élevait devant notre résidence ! Cette vision provoqua un fou rire général et contagieux, propre à distraire ces pieuses âmes de leur ferveur religieuse.

Au milieu de cette décennie, Serge fonda et établit à Montréal Serge Roy Productions, une firme cinématographique qui exploitait un studio sur le boulevard Henri-Bourassa, à Montréal-Nord, et une salle de montage au centre-ville, sur la rue Guy, entre Sainte-Catherine et René-Lévesque – alors Dorchester. J'adorais ce milieu ; je côtoyais quotidiennement des artistes comme Olivier Guimond et Guy l'Écuyer. C'est aussi là que j'ai appris le métier de monteur de films, le premier que j'exerçai. C'était les débuts de la télévision, et un grand nombre d'émissions étaient tournées sur film, en seize millimètres. En 1961, je montai, à un rythme infernal, une quarantaine d'émissions pour la Société Radio-Canada : des épisodes de *Premier Plan, Express Vingt Ans, Les Uns Les Autres, Opinion*, etc. Quand, l'année d'après, physiquement épuisé, je quittai Serge Roy Productions pour revenir à Québec faire de la musique avec Les Mégatones, Serge ne me le pardonna pas et nos rapports commencèrent à se détériorer. Quelques années plus tard, il fonda, pour le compte de Pierre Péladeau, *Le Journal de Québec* dont il devint le premier éditeur.

Or, ce qui suit montre que la réalité étonne parfois davantage que la fiction. En 1970, Serge décéda. L'année suivante, ce fut autour de Blandine, l'épouse de Bona. Puis, en janvier 1973, Bona et Lisette unirent ce qui restait de leurs destinées dans l'église de Bonaventure, en Gaspésie. C'est Gérard D. Lévesque, ministre dans le Cabinet libéral de Robert Bourassa et vice-premier ministre du Québec, qui servit de témoin à Bona. Quant à moi, je servis de témoin à ma mère, en lieu et place de son père, et la donnai en mariage à… mon père. Tout rentrait dans l'ordre.

Une fois mariée, il n'était pas question que Lisette aille habiter la maison où Bona avait élevé sa famille de huit enfants, mes demi-sœurs et demi-frères. Ils allaient s'installer dans la maison sur Marguerite-Bourgeoys dont mon frère et moi avions hérité à parts égales au décès de Serge, mais dont Lisette avait l'usufruit. Je fis donc un échange avec Bona : la moitié de maison dont j'étais propriétaire contre une mise de fonds sur l'achat de la sienne. J'hypothéquai le reste. C'est ainsi que je devins propriétaire du cottage de la rue de Montmorency, familièrement appelé le « 1330 ».

Je serais bien embêté de dire qui, de Serge ou de Bona, je considère comme mon père. Pendant toute mon enfance et mon adolescence, j'ai cru que Serge était mon père et j'ai vécu de bons moments avec lui ; mais ce n'est pas son sang qui coule dans mes veines. Quant à Bona, je ne l'ai connu un peu mieux que beaucoup plus tard ; il n'a jamais été vraiment présent et, quand il l'était, je me sentais toujours en présence d'un étranger. Tout compte fait, c'est peut-être mon grand-père Roy, Horace, qui s'est le plus comporté avec moi comme un véritable père. Il faut dire que, compte tenu du contexte familial peu orthodoxe dans lequel je grandissais, avec des parents qui avaient une vie sociale assez bien remplie, je passais, enfant, le plus clair de mon temps chez mes grands-parents.

De son côté, Patrick a très peu connu Serge ; il n'avait que cinq ans quand il est décédé. Pour lui, son grand-père paternel est donc Bona, celui qui avait fait planter les majestueux érables, des deux côtés de la rue, lors de la construction du « 1330 » en 1936.

Horace vivait avec Blanche, ma grand-mère, et ses deux sœurs, Mathilde et Laura, dans un logement au coin de la rue de Bougainville et du boulevard René-Lévesque – alors Saint-Cyrille. À cette époque, l'État occupait moins de place qu'aujourd'hui dans la vie des citoyens, et les familles assumaient la responsabilité de leurs économiquement faibles en les logeant et les nourrissant. Jusqu'à l'âge de sept ans, on ne me permit pas souvent de jouer seul dans la rue. On avait peur qu'il m'arrive un malheur. Ainsi, du début de septembre à la fin de juin, je passais la majeure partie de mon temps, quand je n'étais pas à l'école, à jouer sur un petit balcon qui devait faire quatre mètres sur cinq, à regarder passer les autos et à essayer d'imiter leurs déplacements avec celles qui me servaient de jouets. C'est comme ça que j'apprivoisai la solitude et développai un penchant pour l'observation et l'analyse.

Puis nous emménageâmes à Sillery, rue Marguerite-Bourgeoys. Après tant d'années de petit balcon, j'étais d'une nature passablement sauvage. Je n'étais pas porté à aller vers les autres. Nous habitions en face des Bourgault. Léo Bourgault avait joué au hockey dans la LNH, surtout avec les Rangers de New York, mais aussi avec les Canadiens. Il avait fait l'expérience du sport de compétition et voulait en inculquer les principes à ses enfants, particulièrement à ses deux fils, Léo jr et Jean. L'hiver, il aménageait une patinoire sur le côté de sa résidence, juste en face de la nôtre, et, après l'école, sous un puissant projecteur, les enfants du voisinage venaient y jouer jusqu'à l'heure du souper. Alors, on éteignait le projecteur et chacun rentrait chez soi. Trop timide et farouche pour me joindre à eux, je les observais avec envie pendant des heures, de la fenêtre du salon. Puis, quand ils s'étaient tous dispersés et que l'éclairage était éteint, je chaussais mes patins, traversais la rue en catimini et allais m'ébattre sur la patinoire, seul, dans la pénombre.

L'été suivant, quand enfin j'osai les aborder, Léo jr et Jean m'invitèrent chez eux. En entrant dans le sous-sol, j'eus un choc. Soigneusement accrochées sur des cintres, étaient suspendues deux séries complètes des chandails des six équipes de la LNH, taille enfant. *Wow*! Quand on pense que je n'avais demandé pour Noël qu'un chandail, celui des Canadiens, et que le père Noël m'avait apporté celui des Maple Leafs, exactement comme dans *Le Chandail* de Roch Carrier! Je restai pantois.

Remarquant ma surprise, Léo jr risqua, pour me mettre à l'aise : « Te souviens-tu, l'hiver dernier, quand tu venais patiner tout seul le soir? Eh bien! On fermait les lumières dans la cuisine et on te regardait tous par la fenêtre. » Il venait de m'achever.

C'est pourtant son père, par son exemple, qui m'a inculqué le goût de la culture sportive. Je pense qu'il m'aimait bien, qu'il sentait mon intérêt pour les sports et qu'il appréciait mon acharnement à vouloir m'améliorer. Il comprenait que la répétition inlassable des gestes, peut-être encore davantage dans la solitude, était indispensable au développement des aptitudes. Il saisissait toute l'importance d'encourager un jeune à exploiter ses talents dans les sports s'il en avait le goût.

C'est un père comme ça que j'aurais voulu avoir.

Je n'aimais pas l'école. Pour moi, c'était un passage obligé. Pourtant j'étais doué. À treize ans, en 1955, j'entrepris mes études classiques au Collège des Jésuites avec des notes qui frisaient les quatre-vingt-dix pour cent. Serge et Lisette étaient fiers. Mais les jésuites ne nous lâchaient jamais. Versions et thèmes, latins et grecs, des congés les mardis et jeudis après-midi plutôt que toute la journée du samedi comme dans les autres écoles, la messe obligatoire au collège un dimanche sur deux… Sur une période de deux semaines, nous passions treize jours au collège. Je ne comprenais pas. Aucune motivation. Le sport et la musique étaient tout ce qui m'intéressait. Je ne saisissais pas pourquoi on devait nous imposer un tel régime. Je n'étudiais pas. Deux ans plus tard, en « méthode », l'équivalent de la troisième secondaire dans les collèges classiques, j'avais grand-peine à me maintenir au-dessus de la note de passage.

Je sentais que le titulaire de la classe, le père Bourassa, un enseignant dévoué, m'aimait bien, mais il ne pouvait expliquer mon comportement rebelle et insouciant.

Souvent il nous faisait écrire, à l'improviste, ce qu'il appelait des « aubades » dans un cahier. Il inscrivait un sujet au tableau et, pendant cinq minutes, il fallait écrire ce qui nous passait par la tête sur ce sujet. Il ramassait ensuite les cahiers et, le lendemain, nous les remettait avec ses commentaires écrits. C'était pour mieux nous connaître et nous passer des messages qu'il jugeait importants. J'ai conservé ce cahier. Voici l'avertissement qu'il me servit un jour :

Mon cher Michel, vous me laissez l'impression d'un gars qui se laisse vivre, qui s'encrasse un peu plus de jour en jour. Il n'y a rien qui vous intéresse à part le sport ? Vos phrases, votre style en général et, plus en général encore, votre talent même, pourraient bien se passer de conseils, puisque tout cela vous l'avez assez facilement. Ce qui vous manque le plus, et vous le savez déjà, c'est ce dynamisme qui vous pousserait au travail, comme malgré vous. Malheureusement, un tel dynamisme qui agirait à votre insu n'est pas dans le domaine de la réalité, mais de l'illusion, du rêve. Rien de neuf pour vous jusqu'ici.

Mais voici peut-être du neuf. Si vous continuez de vous laisser vivre plutôt que de vivre votre vie, vous allez prendre votre rang parmi les déclassés, les insatisfaits, les gens qui auraient pu se tailler une belle profession et qui ont flanché à un moment donné. C'est sérieux.

Pas de volonté, pas de goût, si ce n'est que pour le baseball. Voyons ! À moins que vous vouliez devenir un second Mantle ! Y a-t-il quelque chose qui pourrait vous sortir de l'ornière de médiocrité où vous vous tenez peut-être malgré vous ? Quoi faire ? Désespérer ? Vous accepter comme vous êtes ? C'est votre affaire. Mais j'ai l'impression qu'en plus de gâcher votre talent réel, vous risquez de gâcher votre avenir. Votre place, c'est entre 80 % et 90 %. Vous vivez en deçà de vos capacités.

Pensez-y. Ne soyez pas victime des circonstances. Dominez-les, utilisez-les pour votre avancement, pour la préparation lointaine de votre avenir. Si vous ne bougez pas, si vous ne prenez aucune initiative, je ne sais trop ce qui vous attend pour l'avenir.

Il avait raison. Je réussis quand même mon année, tout juste, mais avant d'avoir terminé ma « versification », en avril suivant, j'abandonnai le cours classique. C'est l'un des épisodes de ma vie dont je suis le moins fier, que je regrette encore amèrement. On me donnait la chance de suivre ce qu'il y avait de mieux comme programme d'éducation. Je l'écartais du revers de la main, insouciant, irresponsable, bête. Je ne voyais que mon petit monde, pas ce qu'il y avait autour ; que la pointe de mes pieds, non où ils me conduisaient. Une vision de petit balcon.

Serge me fit une crise. Lui aussi avait raison. Et quand je l'informai qu'un recruteur des Dodgers de Brooklyn s'était intéressé à moi lors d'un stage de baseball, il m'envoya : « Mon p'tit crisse de bum, tu iras pas jouer à la pelote aux États-Unis ! »

Cette citation bien nette, claire et précise de la part d'un intellectuel pour qui « la vie ne devait se gagner qu'à la sueur de son front » et pour qui le sport était bien pour autant qu'il ne soit qu'accessoire, marqua la fin de ma carrière de baseball. Je me tournai vers le tennis ; c'était plus simple, on n'avait pas besoin de s'y mettre à dix-huit et la balle était moins dure.

Oh ! Je m'en suis quand même remis. J'ai atteint, quelques années plus tard, après plusieurs détours inutiles, le niveau de la maîtrise universitaire et j'ai mené une carrière dont je suis fier dans la fonction publique. J'ai eu beaucoup de chance. Mais c'est beaucoup trop tard que j'ai pris conscience que, dans la poursuite du bonheur personnel, rien ne remplace le savoir. Pas même l'argent, et encore moins le jeu et les plaisirs faciles !

⌣

Madison est un petit bourg de moins de trois mille âmes, entre Jackman et Skowhegan, le long de la route 201 qui mène chaque été plusieurs Québécois à la côte du Maine et à tous ses plaisirs. Je suis passé bien près, au début des années quatre-vingt-dix, avec Patrick et Stéphane, en route pour un voyage de gars au Samoset, un club de golf spectaculaire qui fait face à l'océan près de Rockport. Mais ce n'est pas cela qui m'amène à parler de Madison maintenant. C'est plutôt parce qu'Edward Ambrose Miller, qu'on appelait familièrement Eddy, le grand-père maternel de Patrick, y est né en 1910. Un Américain donc, issu d'une famille de Canadiens du Nouveau-Brunswick qui avait traversé la frontière pour y trouver du travail dans les papeteries. C'est pour cette raison aussi qu'ils se sont amenés au Québec, dans la région des Bois-Francs, alors qu'Eddy était encore en bas âge.

Eddy était un philosophe-né, un véritable sage qui a toujours su se contenter de ce qu'il avait et d'en être satisfait. Il était le maître du bonheur simple. Il a mené une vie saine. Il a toujours fait attention à son alimentation. La farine blanche et le sucre raffiné n'étaient pas à son menu. De ce point de vue, il devançait les us et coutumes de son époque. Il aimait beaucoup marcher et pouvait parcourir de cinq à dix kilomètres quotidiennement. Ainsi, il conserva une silhouette svelte sa vie durant.

Quand je l'ai rencontré, il avait cinquante ans et en paraissait soixante ; à quatre-vingts, il en paraissait encore soixante. Il m'arrivait d'aller souper chez les Miller les dimanches soirs pendant mes fréquentations avec Barbara, de même qu'au début de notre mariage. Pendant qu'Anna complétait la préparation du repas, je jouais aux dames avec Eddy, toujours bien mis pour la circonstance. Il portait souvent une chemise blanche avec rayures grises sous un pull de laine marine, un pantalon de flanelle grise bien repassé et des souliers noirs bien cirés et soigneusement brossés. Aux dames, c'était un adversaire redoutable.

Il pouvait déchiffrer le morse et le traduire en anglais. C'est un emploi de télégraphiste au Canadien Pacifique, devenu plus tard le Canadien National, qui l'avait attiré à Québec un peu avant la Deuxième Guerre. Il y rencontra Anna Peacock, qu'il épousa. Ils s'installèrent d'abord sur la rue Fraser, dans le quartier Montcalm, où Barbara vit le jour en 1941. Il n'avait pas de voiture et, chaque jour, il effectuait à pied le trajet qui le séparait de son lieu de travail dans le Vieux-Québec. Le long du chemin, il s'attardait à bavarder avec les connaissances qu'il croisait. Eddy était d'un tempérament sociable. Il aimait les gens et adorait capter leur attention en leur racontant toutes sortes d'histoires, parfois grivoises, dont il riait exagérément. Il lisait beaucoup de revues et de magazines sur différents sujets, avait une mémoire phénoménale, et quand il se mettait à nous entretenir, nous en avions pour longtemps. J'ai toujours cru qu'il aimait mettre notre patience à l'épreuve et le faisait un peu exprès pour nous ensevelir sous des montagnes de menus détails.

« *Oh! Eddy, that's enough now, stop that!* » C'est ainsi qu'Anna, sourire en coin, le rappelait souvent à l'ordre. Et quand il sortait son violon et le faisait grincer pour nous « sérénader », alors là!

Il vécut jusqu'à quatre-vingt-treize ans, et le moment le plus émouvant de ses obsèques survint lorsque Patrick lui rendit hommage en ces termes :

« Mon grand-père est né à Madison, Maine, le 10 juin 1910. L'aîné de trois enfants, il a passé son enfance au Cap-de-la-Madeleine avec son frère John et sa sœur Margaret. Ses amis l'appelaient familièrement "Ed" ou "Eddy", mais ses parents préféraient l'appeler "Deb".

« Il a fait ses premiers pas sur le marché du travail avec le Canadien Pacifique à Montréal, Grand-Mère, puis à Québec, où il a rencontré et marié ma grand-mère Anna. Leur union a donné naissance à deux filles, ma mère Barbara et ma tante Patsy, à cinq petits-enfants, dont mon frère Stéphane, ma sœur Alexandra, Tim et Tom Fisher, les fils de Patsy et de Harold Fisher, ainsi qu'à sept arrière-petits-enfants.

« Son attachement au transport par chemin de fer ne s'est jamais démenti. Bénéficiant des privilèges propres aux employés retraités de sa compagnie ferroviaire, devenue le Canadien National, il voyageait fréquemment par train dans le corridor Québec-Montréal-Toronto pour aller visiter des amis et des parents. Pour son simple plaisir, il pouvait passer des heures à étudier les horaires et itinéraires des trains, et il lui arrivait souvent d'amuser ses petits-enfants avec un train miniature qu'il gardait, semble-t-il, rien que pour eux.

« Il aimait marcher à travers les rues de Québec jusqu'au Château Frontenac. Il aimait tout autant parler et rappeler des événements du passé dans leurs moindres détails, sans oublier les dates précises. Il racontait ses voyages en donnant les noms des gares ou les numéros des routes qu'il avait croisées. Il était plein d'esprit, écrivait souvent des lettres et aimait plaisanter avec ses parents et ses amis.

« Dans un monde agité, compétitif et parfois cruellement injuste où on a peine à reconnaître les vraies valeurs, il avait un cœur d'enfant qui s'émerveillait devant les choses toutes simples de la vie : la famille, un modeste repas, une bonne marche en plein air, un appel téléphonique, une carte postale.

« Mon grand-père était profondément aimé et apprécié par ses petits-enfants, moi le premier. À ses yeux, je ne faisais jamais d'erreur. Ce que je faisais était toujours parfait. Il était mon "fan" numéro un. Mon grand-père était un homme humble et c'est pourquoi je l'ai tant aimé.

« Adieu, grand-père ! »

Barbara fréquentait le St. Patrick's High School. Tous les jours de la semaine, après l'école, de même que le samedi, elle descendait la Grande-Allée, passait devant l'édifice du Parlement, traversait la porte Saint-Louis et la rue d'Auteuil, jetait un coup d'œil rapide sur la patinoire de l'Esplanade, se faufilait dans la rue Saint-Louis et tournait sur Sainte-Ursule, jusqu'à la hauteur de Sainte-Anne où se trouvait le YWCA.

Elle faisait partie de l'équipe de nage synchronisée du « Y » avec pas moins de trois autres Barbara : Malenfant, Monaghan et Lamontagne – plusieurs jeunes filles anglophones au début des années quarante avaient hérité de ce prénom en l'honneur de Barbara Ann Scott, la championne de patinage artistique. Sandra Marks et Denise Courteau complétaient cette célèbre équipe.

Je dis célèbre parce que l'équipe du « Y » était quelque chose d'unique. La nage synchronisée n'était pas une discipline sportive très connue à la fin des années cinquante. Malgré tout, plusieurs équipes américaines, mexicaines et canadiennes pouvaient présenter des compétitions de haut niveau. C'est dans un tel contexte que l'équipe du « Y » avait remporté plusieurs championnats canadiens et aurait sans doute obtenu quelques médailles si la nage synchronisée avait alors été une discipline olympique.

L'entraînement était intense et discipliné sous la direction de Suzanne Éon, personne visionnaire, exigeante, rigoureuse et l'âme fondatrice de ce groupe. Pendant plus d'une décennie, inlassablement, quotidiennement et à longueur d'année, Barbara s'est initiée aux rudiments du sport de compétition. Seules des vacances estivales de trois semaines à Dalhousie, au Nouveau-Brunswick, auprès de son grand-père Miller et de son oncle John, l'éloignaient annuellement de la piscine.

Tous ses efforts furent récompensés lorsque, à l'été de 1959, l'équipe du « Y » fit une tournée en Europe afin d'y promouvoir la nage synchronisée. Pendant six semaines, les nageuses présentèrent des numéros de démonstration dans pas moins de cinq pays : en France, à Paris et Nice, en Angleterre, à Londres, de même qu'en Allemagne, aux Pays-Bas et en Autriche.

En 1961, deux membres de l'équipe du « Y » posèrent leur candidature pour représenter leur duché respectif dans le cadre du VIIᵉ Carnaval d'hiver de Québec. Elles franchirent avec succès toutes les étapes que leur avait imposées le comité de sélection. C'étaient deux Barbara : Lamontagne qui fut désignée duchesse de Laval, et Miller, duchesse de Champlain.

Or, le Carnaval d'hiver de Québec est la plus grande fête de l'hiver au monde et le troisième carnaval en importance, suivant de près ceux de Rio et de La Nouvelle-Orléans, une manifestation incontournable pour les Québécois et le moteur de l'activité hivernale de leur ville.

Manifestation grandiose, le couronnement de sa reine eut lieu, cette année-là, au Colisée de Québec où s'étaient entassées environ 15 000 personnes. Le contrôleur du Carnaval, Louis-Philippe Bouchard, s'avança pour expliquer à l'auditoire la formule adoptée pour l'élection de la reine : « Chacune des sept duchesses peut obtenir une chance par deux moyens : la vente des bougies et celle des billets pour le spectacle du couronnement. Après compilation, les chances sont réparties ainsi entre les duchés : Cartier, 23 capsules ; Champlain, 21 ; Frontenac, 17 ; Laval, 22 ; Lévis, 11 ; Montcalm, 15 ; Montmorency, 18 capsules. »

Sous les clameurs d'une foule fébrile, les intendants des sept duchés déposèrent, dans un baril en treillis, 127 capsules. M. Bouchard poursuivit : « Pour être élue reine, le nom d'une duchesse devra être pigé à trois reprises. »

Après l'entrée des duchesses, escortées de leur cour, Johanne Delisle se dirigea vers le baril chanceux. La foule retint son souffle. Elle remit la première capsule au président du Carnaval, Maurice D'Amours, qui annonça le nom de Barbara Ann Miller, duchesse de Champlain. Cette dernière, aux applaudissements de la foule, s'avança sur le tapis rouge.

À la seconde pige, ce fut au tour de Monique Laroche, duchesse de Montcalm, de rejoindre la duchesse de Champlain sur le tapis rouge.

La troisième pige amena Barbara Lamontagne, la duchesse de Laval, à rejoindre les deux autres, tandis que la quatrième capsule portait de nouveau le nom de la duchesse de Montcalm, Monique Laroche, ce qui lui donnait le privilège d'avancer sur le tapis bleu, au pied du trône.

À partir de ce moment, le jeu se corsait, chaque choix de capsule pouvant désormais élire la reine du Carnaval.

Silence de mort dans l'enceinte.

La pige suivante désigna la duchesse de Cartier, Louise Gagnon. Une autre pige était donc nécessaire et ce fut la duchesse de Champlain qui alla rejoindre sa compagne, la duchesse de Montcalm, sur le tapis bleu.

Puis, en ouvrant la capsule suivante, M. D'Amours reconnut solennellement la reine du VIIe Carnaval d'hiver de Québec, Barbara Ann Miller, duchesse de Champlain.

L'enceinte du Colisée trembla sous les hurlements et les applaudissements de la foule.

Sous les clameurs, la reine élue fut conduite par son intendant, Roger Falardeau, jusqu'aux marches du trône où l'attendait Bonhomme Carnaval. Après avoir revêtu le manteau de velours bleu, bordé d'hermine, Sa Majesté fut couronnée par Bonhomme, sous les vivats de ses sujets et aux accords de la chanson du Carnaval. Le Carnaval avait sa reine : Barbara Ann 1re.

Il me fallait aussi une reine. Nous arrêtâmes la date du mariage au 26 septembre 1964. La cérémonie aurait lieu à l'église Saint Patrick, mais je tenais à ce qu'une partie se déroule en français. Aussi, je me rendis voir un vieil ami d'Horace et de Blanche, le chanoine Ouellet, alors curé de la paroisse Saint-Joseph, pour lui demander de dire la messe, et prendre avec lui les arrangements nécessaires. Comme il y avait eu une période de mon enfance où tous les amis de mes parents étaient des « mon oncle » et des « ma tante », je l'appelais « mon oncle Aurèle ». Or, au cours de la conversation, du reste fort amicale, tenue dans ses modestes appartements du presbytère, mon oncle Aurèle, celui qui m'avait baptisé vingt-deux ans plus tôt, me fit cette étrange proposition :

— Aurais-tu objection à ce que je te baptise ?

— Quoi ?

— J'aimerais te rebaptiser.

— Euh ! non… je n'ai pas d'objection, mais est-ce que je peux vous demander pourquoi ?

— Lorsque je t'ai baptisé la première fois, c'était à l'église des Saints-Martyrs Canadiens, et je n'étais pas très familier avec les instruments. Quand est venu le moment de verser l'eau sur ton front, je n'ai pas voulu trop t'asperger et j'ai peut-être un peu péché par retenue. Une goutte s'est échappée de l'aiguière, est tombée sur ton front et est restée là, comme une perle. Par timidité et par excès de précaution, je n'ai pas voulu en ajouter davantage. Or, il est dit dans les saints Évangiles que pour que le baptême soit valide, « l'eau doit couler sur le front ». Alors, si tu n'as pas objection…

— Avez-vous pensé à ça souvent depuis ce temps-là… pas au point d'en avoir des remords toujours?

— Je dirais pas que ça m'a empêché de dormir, mais j'y ai pensé souvent… C'est comme une idée qui m'habitait, me hantait; j'avais des doutes. Mais là, comme l'occasion se présente…

Pendant qu'il allait chercher un pichet d'eau bénite à l'arrière, je desserrai mon collet de chemise. Il ne rata pas son coup. Je sortis du presbytère tout mouillé… mais pur, comme un ange. Et c'est ainsi que, quelques semaines plus tard, je liai ma destinée à celle de Barbara.

L'ange et la reine.

L'ENFANCE

— **Réveille-toi, la poche des eaux a crevé.**
   — Quoi ?
   — Je vais accoucher. Faut aller à l'hôpital.
   — Es-tu sûre ?
   — Ben oui, j'te dis !
   — Quelle heure est-il ?
   — De bonne heure.
   — Allons-y ! Vite !

Nous nous habillâmes rapidement mais en silence, un peu nerveux et fébriles. C'est toujours plus énervant la première fois.

C'était encore une journée d'octobre, la cinquième, en 1965, à l'aube. Nous habitions alors un trois pièces et demie aux Appartements du Jardin, à Sainte-Foy, en banlieue de Québec, un complexe de quatre immeubles en brique rouge, relativement moderne, sur Place Mackay, un cul-de-sac auquel on accédait par le chemin Sainte-Foy – la rue Chapdelaine n'existait pas encore –, près de l'avenue du Séminaire, l'entrée de l'Université Laval.

À peine quinze minutes nous séparaient de l'hôpital Jeffery Hale. Nous y arrivâmes un peu avant 7 heures. Quelques heures plus tard, à 11 h 07 précises, Patrick voyait le jour aux mains du gynécologue Jean-Paul Roy. Déjà on commença à consigner des statistiques à son sujet dans un registre. Nom de l'enfant : Patrick-Edward-Armand Roy ; poids à la naissance : 3,2 kilos ; taille : 53,4 centimètres.

Je ne puis m'empêcher de penser aux Lemieux qui, à Montréal, la même journée, presque en même temps donc, donnaient naissance à Mario. Deux des plus grands joueurs de l'histoire du hockey venaient de naître le même jour.

Voici ce que *La Presse* disait dans sa chronique d'astrologie :

> Les enfants nés ce jour auront une nature ardente qui les exposera à de multiples aventures. Ils s'y complairont comme dans leur milieu naturel et sauront toujours retomber sur leurs pieds. Ils posséderont un savoir-faire qui les aidera fréquemment à réaliser leurs désirs.

Admettons que, dans les cas de Patrick et de Mario Lemieux, c'était particulièrement prémonitoire.

En cette même année 1965, dans le monde du hockey, Terry Sawchuk devenait le premier gardien de but à atteindre le plateau des 400 victoires en saison régulière et Jean Béliveau remportait le tout premier trophée Conn Smythe attribué par la Ligue nationale de hockey. Nos deux nouveau-nés étaient déjà à leur poursuite.

Pour ne rien manquer de l'évolution de Patrick, nous avons d'abord placé son lit dans notre chambre et, au moindre son ou geste de sa part, nous accourions en nous demandant ce qui n'allait pas.

— Penses-tu qu'il a froid ?

— Non, je pense plutôt qu'il a un peu chaud.

— Peut-être a-t-il faim ?

— Je peux essayer de le nourrir un peu.

Au début, Barbara essaya de l'allaiter, mais les résultats ne furent pas très concluants. Il fallait se réveiller plusieurs fois par nuit et la faim du petit ne semblait pas s'apaiser. Dès que nous eûmes recours au biberon, le problème fut réglé.

Quelques mois plus tard, nous déménageâmes du 2206 au 2208, toujours sur Place Mackay, dans un quatre et demi. Là, il occupa seul une chambre, jusqu'à la naissance de Stéphane, de vingt mois son cadet.

Patrick a eu une enfance sans histoire, c'est-à-dire heureuse. C'était un beau bébé avec des cheveux blonds, presque blancs, et de beaux yeux bleus ; comme ceux de Bona. Tout jeune, il démontrait des signes précoces de ses qualités athlétiques. Il était le champion du *Jolly Jumper,* une espèce d'attelage qui le retenait, fixé au chambranle de la porte de cuisine par un élastique et qui lui permettait de sauter sur place, ce qu'il adorait faire pendant des heures. Pas étonnant qu'il marchât déjà à dix mois !

Il était plutôt turbulent et déterminé. Petit à petit, pour se donner une plus grande marge de manœuvre, il réussit à décoller un à un les barreaux de bois qui l'empêchaient de tomber de son lit. Or, par un beau dimanche matin, pendant que nous faisions la grasse matinée après une dure nuit, il usa de cette liberté et abusa de la profondeur de notre sommeil pour repeindre à son goût, discrètement et silencieusement, la commode de notre chambre à coucher, miroir compris, avec de la peinture à l'huile qu'il avait trouvée sous le comptoir de la cuisine.

Nous installâmes une barrière à la porte de sa chambre.

J'ai retrouvé une note que je m'étais senti obligé de laisser à une gardienne d'enfants dont nous avions retenu les services pour le surveiller en notre absence. Il n'avait pas encore deux ans.

1- L'amener jouer dehors jusqu'à midi.

2- À midi, lui donner son repas tout en vous assurant qu'il ne se lève pas debout dans sa chaise haute.

3- Après le dîner, le coucher avec sa bouteille. Fermer la porte et fermer la clôture.
S'il joue,
dans la maison : mettre la chaîne de sécurité pour ne pas qu'il se sauve dans le corridor ;
derrière sur la galerie : bien le surveiller pour ne pas qu'il traverse chez le voisin ou qu'il jette des jouets en bas ;
dehors : attention constante pour ne pas qu'il se sauve dans la rue ou qu'il se bagarre avec d'autres enfants.

BONNE CHANCE.

N.-B. Il est très agité et demande une surveillance très étroite.

Sous une frimousse « croquable » d'ange aux yeux bleus sommeillait un volcan prêt à faire éruption à tout instant. Il faisait un peu penser à *Dennis the Menace*, la petite peste à l'air inoffensif d'une série télévisée de l'époque.

Nous n'étions pas riches mais nous ne manquions de rien. J'étais, à l'époque, directeur des relations publiques au Conseil des œuvres et du bien-être de Québec, l'ancêtre de Centraide, et Barbara enseignait la natation au cégep de Sainte-Foy. Pour arrondir les fins de mois, je donnais parfois des leçons de guitare le samedi. Il y avait plusieurs couples avec de jeunes enfants aux Appartements du Jardin et, pendant le jour, ces derniers pouvaient jouer dehors en toute quiétude puisque la rue était un cul-de-sac et que le secteur était tranquille. Idéal pour élever des enfants.

L'été, nous nous rassemblions sur l'aire gazonnée autour de l'immense piscine du complexe, bien plus grande que ce que l'on retrouve habituellement dans un tel ensemble. C'était la vie de couples avec enfants. Plusieurs avaient des filles qu'ils avaient appelées Nathalie, probablement influencés par le titre d'une chanson à la mode de Gilbert Bécaud ; c'était le modèle de l'année. Chez les garçons, c'était un peu plus varié, mais plusieurs noms se terminaient en « ic », comme Éric, Frédérick… et Patrick.

Quelques années plus tard, Barbara devint entraîneuse de l'équipe de natation de la Ville de Québec et initia les deux frères à la compétition. Patrick excellait à la brasse et, vers l'âge de six ans, il figurait parmi les meilleurs du Québec dans son groupe d'âge. Stéphane en fit autant au dos crawlé.

« J'ai dépassé Pellerin ! » s'exclama Patrick un soir en venant me rejoindre au travail avec sa mère. Mais son enthousiasme fut de courte durée. S'il aimait se mesurer à d'autres, il ne raffolait pas de la natation. « On gèle à la piscine, c'est au hockey que je veux jouer », disait-il.

Un jour, l'équipe de la Ville devait participer à une compétition à Philadelphie et Barbara ne pouvait être du voyage. Pensant que le manque d'intérêt de Patrick pour la natation était peut-être attribuable au fait que c'était elle, sa mère, qui était en charge de l'équipe, elle demanda à l'entraîneur qu'elle avait délégué pour accompagner les nageurs d'y emmener Patrick. Au retour, elle s'empressa évidemment de recueillir ses commentaires :

— Et puis, comment s'est passé le voyage ?

— Fantastique !

— Non ! Dis-moi pas que tu commences à aimer la natation ?

— Non non, mais on est passé devant le Spectrum !

La seule chose dont Patrick se souvenait, c'était d'être passé devant le domicile des Flyers de Philadelphie, après qu'il eut harcelé le chauffeur de l'autobus jusqu'à l'épuisement, pendant tout le séjour, pour le convaincre de faire un détour et passer devant le Spectrum.

Je ne cacherai pas que son peu d'intérêt pour la natation m'arrangeait. Je me rappelle ce beau dimanche de mai que nous avions passé dans les gradins d'une piscine intérieure à Tracy, humide et sombre, qui exhalait l'odeur du chlore, sans compter les quatre heures de voiture que nous avait imposées l'aller-retour, tout cela pour assister à une course qui n'avait duré que quelques secondes. Une légère distraction et nous aurions tout raté.

Il se débrouillait pas mal au tennis aussi. Il a participé à quelques compétitions avec l'équipe de développement du professionnel Jacques « Jack » Hérisset. Le regretté Jean Marois, qui faisait partie du même club de tennis que nous, l'aimait bien. Marois était un ancien gardien de but chez les As de Québec de la Ligue senior, au début des années cinquante, du temps où Jean Béliveau jouait à Québec. Il aimait son esprit de compétition, sa combativité et sa fougue. Mais là encore, ça ne dura pas. Je pense que Patrick, peut-être sans le réaliser encore pleinement, avait déjà une préférence pour les sports d'équipe. Nous allions respecter son choix.

⌣

Comme Patrick était né en octobre, il n'avait pas encore six ans quand il entra en première année du primaire, à l'école Saint-Joseph, un établissement privé sous la direction des Missionnaires Oblates. Nous pensions de la sorte lui faire gagner une année. Quelle erreur! Il n'était pas prêt, n'était pas attentif en classe, et il éprouva toutes les misères du monde à suivre les autres. Un bien mauvais départ. Lorsqu'il fut appelé à faire un dessin dans lequel devait figurer un serpent, il lui dessina des lunettes. Alors là, ce fut le comble! Une psychologue, appelée à expliquer cette bizarrerie, y vit un serpent de mauvais augure. Quant à nous, nous préférions simplement en conclure que, comme il passait beaucoup de temps à la piscine où les nageurs portaient des lunettes pour se protéger les yeux, il en avait déduit que son serpent, qui était aussi dans l'eau, devait faire de même.

À l'automne 1972, nous déménageâmes dans la rue de Montmorency. Pendant une période de deux ans, je fus locataire du « 1330 » avant de finalement pouvoir l'acquérir. C'est cette année-là que Patrick donna ses premiers coups de patin dans une équipe organisée, comme joueur d'avant, à l'âge de sept ans. C'était au club Belvédère, une patinoire extérieure sur la rue Calixa-Lavallée dont le responsable était Robert « Bob » Chevalier, devant le logement des Miller, dans la paroisse des Saints-Martyrs Canadiens.

L'année suivante, Barbara l'inscrivit, à sa demande, comme gardien de but à l'aréna du parc Victoria, à Québec, où il joua pour les Cléopâtres, une équipe de hockey de participation dans la division novice. Cette année-là, question de sonder les goûts et les aptitudes de ses deux gardiens, l'entraîneur, Jean-Guy Moisan, décida de les faire alterner entre le but et l'avant durant la première moitié de la saison. À la veille des

Fêtes, Patrick ne voulait plus qu'être devant le filet et quand il s'éveilla, bien tôt en ce matin de Noël 1973, il trouva un équipement de gardien de but flambant neuf au pied de l'arbre.

De la même façon que certains deviennent écrivains parce qu'ils aiment tenir un stylo dans leur main, ou musiciens parce qu'ils aiment la touche d'une guitare ou d'un piano, Patrick développa une fascination pour les jambières de gardien de but. Je l'avais emmené voir un match des Canadiens au Forum de Montréal. Ce soir-là, les Kings de Los Angeles étaient les adversaires, avec Rogatien Vachon devant le but. Je crois que cette sortie l'a marqué. Ses deux modèles devinrent Vachon et Daniel Bouchard, deux gardiens aux styles très différents.

« C'est ça que je veux faire dans la vie : gardien de but », annonça-t-il aussitôt. Peut-on croire qu'un enfant de huit ans sache déjà ce qu'il veut faire dans la vie ? Combien d'entre nous avons déjà voulu être policier ou pompier ? Dans son cas, nous pouvions pressentir que ce n'était pas qu'une chimère d'enfant. Il termina la saison, anticipant fébrilement son tour de garder le but.

L'été venu, il fréquenta l'École estivale de hockey de Sainte-Foy. Là, il en arracha, sous la direction de Michel Lachance, un ancien joueur des Remparts de Québec, de la Ligue de hockey junior majeur du Québec (LHJMQ). Il était en bonne santé mais n'était pas encore très grand ni très costaud pour son âge. La compétition était très relevée et la marche était bien haute pour lui. Plusieurs joueurs présents avaient déjà complété une année chez les moustiques « AA ». Ils étaient plus grands, plus gros, plus forts et plus rapides. Leurs tirs étaient aussi plus puissants que ce que Patrick avait connu chez les novices. Bref, ses débuts furent difficiles. Mais comme l'avait prédit l'astrologue de *La Presse*, il retomba sur ses pieds et sut s'adapter à ce niveau de compétition. Surtout, comme il avait la passion du hockey, il adora relever ce défi. Il saurait bientôt s'il était prêt pour les moustiques « AA ».

5

L'APPRENTISSAGE

Au début de la saison 1974-1975, la Ligue de hockey Inter-Cités, en activité depuis 1969, rassemblait, dans la classe « AA », les meilleurs joueurs de hockey de compétition de la région de Québec, regroupés selon leur âge dans les divisions moustique (9 et 10 ans), pee-wee (11 et 12 ans), bantam (13 et 14 ans) et midget (15 et 16 ans). Seule la Ligue de développement du hockey midget « AAA » présentait un calibre supérieur, mais chez les midgets seulement, et elle regroupait des équipes venant de tous les coins du Québec.

Sept franchises formaient ce que l'on se plaisait à appeler le « circuit majeur du hockey mineur », chacune représentant un regroupement de municipalités ou de quartiers de la région de Québec ayant des densités de population à peu près équivalentes : Beauport (zone Orléans), Charlesbourg (zone Jean-Talon), DSNCO (Duberger, Les Saules, Neufchâtel et Charlesbourg-Ouest), Lévis-Lauzon (Rive-Sud), QCHV (Québec-Centre-Haute-Ville), Québec-Limoilou et Sainte-Foy (Sainte-Foy, Sillery et Cap-Rouge).

Québec-Centre misait sur Claude Lefebvre, un joueur d'avant rapide et costaud qui pouvait en imposer physiquement, atout non négligeable puisque, à cette époque, la mise en échec était permise dans toutes les divisions. Michel « Michou » Maranda, le fils du gérant de l'équipe, un « p'tit vite », revêtait également l'uniforme rouge et blanc du QCHV. En début d'année, le gardien de confiance de l'entraîneur Guy Lafond était Martin Matte, qui avait déjà une année d'expérience dans la division moustique « AA » et qui devait garder le but de l'équipe dans la plupart des matchs. Patrick, ni très grand ni très robuste à l'aube de ses neuf ans, lui servirait d'auxiliaire.

Patrick ne le savait pas encore, mais il venait de faire son entrée dans la grande famille du hockey de compétition pour longtemps. Quant à Barbara et moi, nous venions de lier l'essentiel de notre vie sociale, pour plusieurs années à venir, au « merveilleux » monde des arénas. Comme nous étions tous les deux imprégnés de culture sportive, nous tenions à ce que nos enfants développent leurs aptitudes dans ce domaine, mais s'ils en avaient d'abord le désir et, ensuite, le talent. Cette notion est importante : ce sont les parents qui doivent aider les enfants à réaliser leur rêve et non l'inverse. Dans le cas de Patrick et Stéphane, c'était leur choix ; nous allions les soutenir. Avaient-ils le talent ? La meilleure façon de le savoir était de les mettre à l'épreuve et de leur donner les meilleures chances possible de le développer. Jusque-là, en tout cas, tout se passait bien. Aussi longtemps qu'ils appartiendraient à la classe « AA », ils seraient parmi les meilleurs de leur groupe d'âge.

Tôt en ce début de saison, j'obtins de Guy Lafond la permission de sauter sur la glace lors d'un entraînement. Je pensais avoir mis au point une façon imagée d'inculquer à Patrick le principe de la couverture des angles par un gardien. Muni d'une corde d'une dizaine de mètres, j'y enfilai un anneau normalement destiné à supporter un rideau de douche, puis attachai chacune des extrémités de la corde, à environ un mètre de hauteur, à chacun des poteaux du but. En tendant la corde par l'anneau et en m'éloignant du but directement devant celui-ci, la corde se trouvait dédoublée et formait un triangle avec le but comme base.

Je demandai à Patrick de se tenir à l'intérieur des deux cordes qui formaient désormais l'angle devant le but et qui illustraient les trajectoires possibles qu'une rondelle pouvait suivre en direction du but. Cela lui permit de constater que plus il demeurait profondément dans le but, plus l'espace qui le séparait des cordes était grand et plus les rondelles suivant cette trajectoire avaient par conséquent des chances de le déjouer. En sortant de son but et en se dirigeant vers la pointe du triangle (l'anneau), il arrivait presque à toucher aux cordes, ce qui signifiait que les rondelles le frapperaient plutôt que de pénétrer dans le but. Si je me déplaçais de gauche à droite en laissant glisser la corde dans l'anneau, Patrick devait me suivre pour rester à une égale distance des deux cordes, mais il constata alors que l'angle se refermait et qu'il n'avait plus besoin de sortir aussi loin de son but pour le bloquer parfaitement.

Durant ses premières années d'apprentissage, on se contenta d'insister inlassablement sur trois points techniques : garder le bâton sur la glace, rester debout et fermer l'angle.

Mais s'il avait encore beaucoup à apprendre sur le plan technique, il possédait déjà, de manière innée, toutes les dispositions de caractère d'un véritable champion : la passion du jeu, le désir et le plaisir de gagner, et une capacité étonnante de pouvoir concentrer son attention sur ce qu'il avait à faire, dans le moment présent, en faisant totalement abstraction de son entourage ou des conséquences de ses gestes. En d'autres termes, devant la charge d'un adversaire, son esprit ne se mettait pas à vagabonder pour se demander ce qu'il arriverait s'il n'effectuait pas l'arrêt ou encore ce que les spectateurs, son entraîneur, ses coéquipiers penseraient ou quelles en seraient les conséquences sur le résultat final. Non. Il avait déjà, sans que personne lui ait montré ou même lui en ait parlé, cette capacité de rentrer dans sa bulle, de se voir de l'intérieur plutôt que de l'extérieur, c'est-à-dire de concentrer toute son attention sur le geste à faire au moment où il devait le faire, faculté qui, j'en suis convaincu, lui aura permis, tout au long de sa carrière, d'être à son meilleur dans les moments où la pression était la plus écrasante.

Il fit sa première apparition officielle dans le hockey de compétition le dimanche 12 octobre 1974, à l'aréna du parc Victoria, une semaine après avoir fêté ses neuf ans. Il avait été appelé en relève de Martin Matte, malmené en début de rencontre. Beauport gagna le match par 11 à 6. J'y avais assisté en compagnie de Pierre Mourey, qui ne connaissait rien au hockey mais qui avait dessiné les dragons fluo sur le masque que Patrick portait. De toute évidence, ce ne fut pas une rencontre où le rôle des gardiens de but fut déterminant.

Petit à petit, une routine s'installa. Nous assistions à tous les matchs de Patrick, mais aussi à ceux de Stéphane qui jouait pour le Panoramix dans la division novice. Souvent nous y emmenions Alexandra, qui fut ainsi initiée à l'ambiance des arénas dès les premiers mois de sa vie. Les moustiques jouaient une à deux parties par semaine entrecoupées d'autant de séances d'entraînement, mais la charge de travail des novices était nettement moins exigeante avec une seule joute et un seul entraînement. Nous nous relayions pour le transport. Barbara était surtout à pied d'œuvre sur semaine, alors que je me chargeais des week-ends.

Nous inscrivîmes nos deux garçons à l'École permanente de hockey mise sur pied à Sillery par Claude Malenfant, le père de deux joueurs du Québec-Limoilou, Dany et Luc. Patrick et Stéphane purent ainsi bénéficier d'un entraînement additionnel, les vendredis soir, très profitable pour leur progression. Michel Morin, qui excellait à enseigner le patinage et le hockey, dirigeait cette école et était assisté de Michel Després, cet homme qui, plusieurs années plus tard, devint ministre du Travail dans le Cabinet libéral de Jean Charest en 2003, puis ministre des Transports en 2005.

Plus tard dans l'année, à l'occasion de la visite des Cougars de Chicago, de la défunte Association mondiale de hockey (AMH), contre les Nordiques de Québec, on invita Claude, « Michou » et Patrick à faire une démonstration de tirs de barrage entre les périodes. Ne se laissant aucunement distraire par l'ambiance intimidante du Colisée, Patrick stoppa quatre échappées sur six, ne concédant qu'un but chacun à Claude et à « Michou ». Soit dit en passant, l'assistant du joueur-entraîneur Pat Stapleton, derrière le banc des Cougars, n'était nul autre que… Jacques Demers.

Avant la fin de la saison, fort des enseignements qu'il avait reçus, Patrick avait déjà comblé l'écart qui le séparait du gardien de « deuxième année », écrivant ainsi un scénario qui allait se reproduire à maintes reprises dans sa carrière.

Québec-Centre termina au quatrième rang de la ligue, un résultat fort acceptable compte tenu des forces en présence.

C'est donc sans difficulté que Patrick s'empara du poste de premier gardien la saison suivante. On avait cependant changé quelques règlements. D'abord, la division moustique prit le nom d'atome. Puis on bannit la mise en échec dans les divisions inférieures à bantam. Mais le changement qui nous arrangea le plus concernait Stéphane : bien que d'âge novice, il fut jugé apte à jouer chez les atomes en raison de son fort gabarit et de son puissant coup de patin. Non seulement cela lui permit-il de bénéficier d'une compétition plus relevée, mais comme les deux frères jouèrent cette saison-là dans la même équipe, cela diminua considérablement notre charge de chauffeur de taxi.

La grande vedette de la division moustique était Sylvain Côté, du DSNCO, un défenseur affichant un coup de patin et un tir puissants, rappelant un peu le style de Bobby Orr. Sylvain allait d'ailleurs s'illustrer plus tard dans la LNH, surtout avec les Whalers de Hartford et les Capitals de Washington, mais aussi avec Toronto, Chicago et Dallas. Quant à Patrick, il fut à l'œuvre dans la plupart des matchs de la saison 1975-1976, de même que dans les tournois auxquels l'équipe participa, notamment à Montréal-Nord et à Richmond.

Même si Patrick s'améliorait constamment, bénéficiant d'un enseignement de qualité dans les diverses écoles de hockey auxquelles nous l'avions inscrit, hiver comme été, cette édition ne fut pas un grand cru pour Québec-Centre. La relève faisait cruellement défaut. La densité de population était sensiblement la même que pour les autres franchises, mais le centre-ville de Québec comptait moins d'enfants, en proportion de sa population vieillissante, que les municipalités de banlieue. Ainsi le réservoir de joueurs s'épuisait-il d'année en année. L'équipe ne remporta que deux victoires durant toute la saison, terminant bonne dernière au classement, et Patrick afficha une moyenne de près de huit buts par partie. Malgré tout, quelqu'un avait dû remarquer quelque chose chez lui puisqu'il fut invité à participer au match des étoiles de la ligue en janvier. Mais on ne bâtit pas un avenir là-dessus!

Peu importe. Nous n'entretenions aucune attente à son endroit en matière de hockey. Patrick était heureux de jouer, c'est tout ce qui comptait. Et Dieu qu'il aimait ça! Il ne pensait qu'à ça, ne respirait, ne mangeait et ne vivait que pour ça! Aussitôt de retour d'un entraînement, il était déjà dans la rue ou dans le stationnement de la Banque de Montréal à jouer au hockey-balle avec Stéphane, Sylvain Doyon – qu'ils appelaient « Ti-Pote » – et leurs amis du quartier. Et quand le temps ne le permettait pas, Patrick simulait des parties dans le corridor, à l'étage, où il était à la fois le commentateur, le joueur et le gardien. Comme René Lecavalier, le réputé commentateur des parties des Canadiens à la télévision, il décrivait une action sortie droit de son imagination tout en la mimant avec un mini-bâton, une balle de caoutchouc et des coussins enrubannés sur le devant des jambes : « Lafleur s'empare de la rondelle, traverse le centre de la patinoire, la remet à Shutt qui la passe ensuite à Lemaire qui traverse la ligne bleue et laisse le disque derrière lui pour Lafleur qui décoche un foudroyant lancer… mais Vachon fait l'arrêt, un arrêt FORMIDABLE! **ÉPOUSTOUFLANT!!!** »

Ça pouvait durer des heures. De fait, ça durerait des années…

Il suffisait de franchir la ruelle derrière le « 1330 », en diagonale, pour se retrouver dans la cour arrière des Doyon. Nos deux résidences se tournaient le dos. Les Doyon constituaient une famille considérée comme nombreuse pour l'époque : trois filles et autant de garçons. Le regretté monsieur Doyon, que les enfants appelaient familièrement « Ti-Guy », était chauffeur d'autobus à la Commission de transport de la Communauté urbaine de Québec, doublé d'un farouche partisan des Nordiques, au point qu'il en détestait les Canadiens.

Sylvain était le cadet de la famille, d'où son surnom de « Ti-Pote ». Les trois frères s'inventaient toutes sortes de jeux dans la cour arrière de leur résidence. Leurs cris et l'atmosphère grouillante avaient attiré l'attention de Patrick et Stéphane, qui se lièrent rapidement d'amitié avec eux. « Ti-Pote » était un peu plus vieux que Patrick et plus grand. Il était aussi plutôt grassouillet, avec des petits yeux rieurs et fuyants, et un sourire un peu figé, tel un garçon timide mais bien élevé. Il était passionné de sports, mais en amateur, sans avoir le goût de la compétition.

Petit à petit, d'autres enfants du quartier se joignirent à eux pour former la « *gang* de Saint-Sacrement ». Claude Lefebvre, qui n'habitait qu'à trois rues, s'ajouta au groupe. L'hiver et les entre-saisons, c'était le hockey-balle dans la rue ; l'été, le baseball derrière l'école Holland ou au parc municipal. Pour Patrick, Stéphane et Claude, ces activités représentaient une détente et un jeu après la compétition, car l'été ils s'alignaient aussi pour Québec-Centre dans la Ligue de baseball Inter-Cités où ils retrouvaient plusieurs des adversaires auxquels ils se mesuraient l'hiver au hockey. Pour Sylvain et les autres, c'était là tout le sport qu'ils pratiquaient.

Patrick avait toujours des projets en tête. Il ne s'arrêtait jamais. Quand, le dimanche matin, le téléphone sonnait chez les Lefebvre à 7 heures, tout le monde dans la maison savait qui appelait. Patrick venait d'avoir une idée. Il fallait organiser pour 9 heures un tournoi de hockey-balle dans la rue, une coupe Canada. On devait appeler tout le monde, et ça pressait.

Quand ce n'était pas du sport, c'étaient des activités tournant autour du sport. Par temps maussade, on retrouvait la petite bande dans le sous-sol des Doyon à jouer à ce qu'ils appelaient le « petit baseball », un jeu qu'un des frères aînés de Sylvain avait reçu en cadeau. Grand comme une table à cartes, il représentait, sur une armature de bois, de tôle et de plastique, un stade de baseball, avec une toiture recouvrant les gradins bleu, blanc et rouge du champ extérieur, un tableau électronique pour marquer les points après chaque manche, un système d'éclairage, bien sûr un losange, enfin tout ce qu'on peut retrouver dans un stade de baseball. On y jouait avec une espèce de bille de plastique, imitant l'aspect d'une balle de baseball miniaturisée, qui allait, quand on l'avait frappée avec une sorte de petit bâton mû par une manette, se loger dans des cavités qui indiquaient quel coup venait d'être cogné, simple, double, triple, etc. Ils y passaient des soirées entières.

Il leur arrivait parfois d'aller au cinéma. Un jour, ils étaient allés voir un épisode de *Rocky*, à Place Québec. Ils avaient été tellement stimulés et inspirés de voir Rocky Balboa gravir au pas de course les marches du Musée d'art de Philadelphie qu'au retour ils étaient descendus de l'autobus à la rue Belvédère, un bon deux kilomètres avant d'arriver à destination, pour franchir le reste du trajet au pas de course.

Il y avait aussi les échanges de cartes de joueurs de hockey ou de baseball, ainsi que les jeux qu'ils s'inventaient avec ces cartes. J'avais donné de l'argent à Patrick pour qu'il fasse une course chez Pomerleau, le dépanneur du coin. Il lui était revenu 2,25 dollars qu'il s'était bien gardé de me remettre. Le lendemain, en sortant de l'école, il avait utilisé cet argent pour acheter ses premières cartes de hockey. De retour à la maison, Anna, sa grand-mère maternelle, le disputa :

— Où as-tu pris l'argent pour te procurer toutes ces cartes ?

— C'est le change qui m'est revenu d'une course que j'ai faite pour mon père, avoua Patrick, mal à l'aise.

— C'est pas bien ça, *cherrr*, le gronda-t-elle avec son accent anglais. Écoute-moi bien, tu vas faire le ménage dans le garage, récupérer toutes les bouteilles vides qui y traînent et aller les vendre au dépanneur. Comme ça, tu pourras rembourser ton père !

Je n'en ai jamais entendu parler. Mais c'est de cette façon que s'amorça une nouvelle passion : la collection de cartes de hockey.

Ils étaient des partisans des Nordiques, avant même que ceux-ci fassent leur entrée dans la Ligue nationale, quand ils faisaient partie de l'AMH. Par un matin pluvieux, ils avaient rédigé des lettres en anglais, en s'aidant d'un dictionnaire, et les avaient expédiées à trois équipes de l'AMH, réclamant des rondelles à l'effigie de chacune : les Stingers de Cincinnati, les Racers d'Indianapolis et les Bulls de Birmingham. Enfants, ils s'étaient juré de garder ces trophées le restant de leurs jours. Enfants, ils se mirent à jouer avec ces rondelles dans la rue aussitôt qu'ils les eurent reçues, à l'automne.

Cette routine estivale était entrecoupée par quelques jours de vacances que nous passions en famille sur le bord de la mer, à Bonaventure en Gaspésie, dans la Villa Acadia de Bona, où Patrick et Stéphane apprenaient à connaître leurs demi-cousins et demi-cousines.

Bien sûr, il n'y avait pas que le jeu. Il y avait aussi l'école. Mais comme ce n'était pas un jeu, Patrick y accordait pas mal moins d'intérêt et d'attention. Beaucoup moins d'attention ! En fait, il n'était pas bon élève. Distrait et hyperactif, son esprit vagabondait pendant la classe, et comme il était dissipé, on le plaçait dans la première rangée pour l'avoir à l'œil. Heureusement qu'il y eut Mme Bélanger, sa maîtresse de troisième année, qui le prit sous son aile, sans doute attendrie par sa frimousse et son air espiègle. Elle réussit à le récupérer, du moins pour un temps. Patrick l'aimait bien aussi ; elle devait probablement lui rappeler sa grand-mère Anna qui l'accueillait tous les jours au retour de l'école, puisque Barbara et moi étions retenus à l'extérieur par notre travail durant le jour. Barbara était alors employée par le Service des loisirs de la Ville de Québec pour surveiller la baignade à la piscine du Palais Montcalm et y donner des cours. Elle entraînait aussi l'équipe de compétition de natation de la Ville. Pour ma part, je venais tout juste d'obtenir, par suite d'un concours, le poste de directeur du marketing au ministère québécois du Tourisme, et nous étions à mettre au point le premier plan de marketing de toute l'histoire du Québec touristique.

Le soir, Patrick répétait sa lecture et on essayait de lui faire résoudre des problèmes de mathématiques. Ça aussi pouvait durer des heures.

6

COMME LES GRANDS

Après une autre saison de baseball et quelques jours de vacances à Bonaventure, la fin de l'été marqua pour Patrick le début de ses années pee-wees. Ce sont les plus belles en ce qui me concerne. Les plus belles parce qu'à onze et douze ans les enfants sont encore… des enfants, capables d'émerveillement sans pudeur. Ils n'ont pas encore acquis les travers des adultes et sont plus faciles à diriger. Les plus belles parce qu'à ce stade de développement, les joueurs sont des copies de joueurs professionnels, en format miniature, mais avec toute la passion, la sincérité, la spontanéité et la naïveté de leur âge. Les plus belles parce que la division pee-wee est sans doute celle qui jouit de la plus grande notoriété de tout le hockey mineur, le prestigieux Tournoi international de hockey pee-wee du Carnaval de Québec lui ayant donné ses lettres de noblesse et l'ayant fait connaître partout dans le monde.

Il faut dire que plusieurs, parmi les plus grandes vedettes de la LNH, y ont participé. Qu'il suffise de penser à Wayne Gretzky, Mario Lemieux, Guy Lafleur, Mike Bossy, Steve Yzerman, Gilbert Perreault, Marcel Dionne, Paul Coffey, Ron Francis, Brad Park, Daniel Bouchard, Steve Shutt, Adam Oates, Doug Gilmour, Scott Stevens, Pat LaFontaine, Sean Burke, Jeremy Roenick, Brendan Shanahan et bien sûr Patrick, pour ne nommer que ceux-là. D'autres, plus vieux, y ont introduit leur progéniture comme Maurice Richard avec Normand, Gordie Howe avec Mark et Marty, Bobby Hull avec Brett, jusqu'au regretté Valery Kharlamov qui, n'eût été son tragique accident de voiture en 1981, aurait sans doute traversé l'Atlantique pour y accompagner son fils Alexandr qui faisait partie de la formation soviétique de 1989.

Imaginez ce que représente pour un enfant de patiner dans les sillons de ces grandes vedettes, sur la même glace qui leur appartient pour une dizaine de jours, dans la même enceinte chargée de souvenirs de tant d'exploits, devant des foules pouvant dépasser 10 000 personnes bruyantes et tapageuses qui manifestent leurs émotions à la moindre occasion, sous l'éclairage cru qui ne cache rien aux caméras de télévision ni aux journalistes dont il pourra lire le compte rendu dans le journal du lendemain ou qu'il se fera interpréter par les membres admiratifs de la famille chez qui il loge s'il ne lit pas le français. Il faut voir le visage des gamins quand ils se pointent aux abords du Colisée pour la première fois. On voit dans leurs yeux un rêve dont ils ne peuvent pas s'extirper qui les fige sur place et les enveloppe tout entiers. Mais pour participer au Tournoi international de hockey pee-wee de Québec, encore faut-il faire partie d'une équipe !

⌣

Pour Patrick, ce ne fut qu'une formalité. Ses progrès constants lui permirent, dès sa première année, de « faire » l'équipe « AA » de Québec-Centre, où il retrouva l'entraîneur de sa première année atome, Guy Lafond, et ses « vieux » coéquipiers, Claude Lefebvre et « Michou » Maranda.

De son côté, Stéphane jouait chez les atomes « AA ». Cet hiver-là, c'est moi qui allais en « baver ». Les entraînements se tenaient en alternance entre atomes et pee-wees tous les samedis et dimanches matin, et les joueurs devaient être à l'aréna pour 6 heures. Avec un joueur dans chaque division, j'avais gagné le gros lot.

Les deux jours du week-end donc, à 5 h 30 du matin, la petite Renault 12 gris argent quittait la rue de Montmorency, prenait Holland, descendait la côte Saint-Sacrement, virait à droite sur le boulevard Charest et faisait un détour par la rue Anna pour cueillir « Coco » au passage, une espèce de gavroche de Saint-Sauveur qui ne parlait jamais beaucoup, probablement parce qu'il manquait de sommeil, mais qui se révélait un défenseur fort efficace sur la glace. Elle traversait ensuite Marie-de-l'Incarnation et s'engageait sur des Oblats, bifurquait sur Saint-Ambroise et empruntait Parent jusqu'à l'aréna du parc Victoria.

Au retour, nous revenions par le même chemin, hormis un arrêt obligé au Royaume de la Tarte, coin des Oblats et Durocher, où nous faisions provision pour la semaine des meilleures tartes maison en ville.

Heureusement que la Renault connaissait le chemin par cœur. Je jouais à cette époque dans la Ligue métropolitaine de tennis les vendredis soir, et il arrivait souvent que l'après-tennis se terminât très tard dans la nuit, assez tard pour que j'aie à décider s'il valait mieux dormir ou pas, avant de réveiller Patrick ou Stéphane à 5 heures. Si je choisissais de veiller, quelques joyeux comparses se dévouaient parfois pour me tenir compagnie.

C'est encore à moitié endormis que nous arrivions à l'aréna, en pleine noirceur. Mais nous n'étions pas les seuls. L'aréna aussi était endormi. Le système d'éclairage de la patinoire n'était pleinement allumé qu'au moment où les joueurs sautaient sur la glace. Une heure à attendre dans l'obscurité et le froid, pendant que les joueurs revêtaient leur équipement et recevaient les instructions de M. Lafond. Certains parents qui n'habitaient pas trop loin retournaient à la maison ou cherchaient un restaurant de lève-tôt pour y prendre le petit déjeuner. D'autres préféraient se rendormir dans leur voiture, laissant tourner le moteur pour se chauffer, une fenêtre entrouverte pour ne pas s'asphyxier. Parfois j'allais m'asseoir dans les gradins qui surplombaient la patinoire, seul dans la pénombre, envoûté par la quiétude de l'enceinte, habituellement si agitée et si bruyante, théâtre de tant de défoulements et de libérations d'émotions de toutes sortes. J'éprouvais alors la sensation d'être dans un lieu de recueillement, comme dans une église vide.

L'aréna du parc Victoria était un bâtiment vétuste, avec ses planchers et escaliers en bois, ses protecteurs de broche qui tenaient lieu de baies vitrées, son horloge à aiguilles et son revêtement extérieur en bardeaux d'amiante. Il était cependant plein d'histoire. Il avait d'abord été construit, avec glace naturelle, en 1913, pour une capacité de 4 500 sièges. Des parties de la LNH, fondée en 1917, y furent disputées, alors que les Bulldogs de Québec, qui avaient gagné la coupe Stanley en 1912 au sein de la National Hockey Association, représentaient la ville de Québec. Un système de réfrigération de la glace y avait été installé en 1933. Cela en faisait alors un des rares amphithéâtres avec glace artificielle au pays, les deux premiers ayant été construits en 1911 à Vancouver et à Victoria par les deux frères Patrick, Frank et Lester. Rasé par le feu en 1942, l'aréna de Québec fut reconstruit dix ans plus tard.

Il fut, jusqu'au boom de la construction des arénas à la fin des années soixante, un des seuls endroits dans la région de Québec où, moyennant location, des amateurs de hockey pouvaient se produire. Le Colisée, construit en 1949, était réservé aux équipes professionnelles ou de calibre junior qui attiraient des foules payantes. Soit dit en passant, Bona Arsenault ne fut pas étranger à cette explosion de la construction d'arénas au Québec. Au milieu des années soixante, les gouvernements d'Ottawa et de Québec mirent plusieurs millions à la disposition des municipalités pour construire des immeubles à vocation communautaire et culturelle, afin de marquer les célébrations du centenaire de la Confédération canadienne de 1967. Bien sûr, les arénas n'étaient pas admissibles, mais le ministre québécois chargé d'administrer le programme, le grand-père paternel de Patrick, avait trouvé une brèche dans la réglementation. Ainsi, plusieurs municipalités du Québec profitèrent de l'astuce de Bona pour se doter d'arénas sous le vocable de « centres communautaires polyvalents ». Un nouveau réseau de temples à la mode prenait alors naissance.

Le rituel des entraînements était toujours le même. D'abord du patinage en rond pour s'échauffer, quelques exercices d'assouplissement et d'étirement, une accélération d'une ligne bleue à l'autre au coup de sifflet de l'entraîneur, du patinage avec rondelle entre les cônes et des tirs sur le gardien. Les joueurs avaient baptisé mon exercice préféré « la banane ». Ils se partageaient en deux groupes qui s'alignaient le long de la clôture, en diagonale, à chaque extrémité de la patinoire. Au signal, ils détalaient un à un à toute vitesse pour capter une passe au centre de la patinoire et s'amener ensuite en échappée devant le gardien. La séquence créait du mouvement et, pour le spectateur matinal, elle réchauffait un peu l'atmosphère. À peu de choses près, ces exercices allaient constituer le lot de Patrick au cours des vingt-sept années suivantes de sa vie de hockeyeur, ses coéquipiers le bombardant de dizaines de milliers de rondelles.

À la fin de l'exercice, pendant que les joueurs se débarrassaient de leurs uniformes, j'observais souvent le début de l'entraînement suivant. Celui de la division bantam suivait l'atome, et le midget succédait au pee-wee. Dieu que je trouvais les joueurs grands, gros et forts ! J'avais beaucoup de difficulté à imaginer mes fils à ce niveau. J'allais découvrir, lors des années subséquentes, jusqu'à quel point on s'adapte. Lorsque son fils accède à une division supérieure, le parent constate à sa grande surprise que la taille de ses coéquipiers et adversaires lui semble normale ; c'est pourtant la même division dont les joueurs lui paraissaient si monstrueux la saison précédente. Inversement, ceux de la division à laquelle le garçon appartenait l'année d'avant paraissent plutôt chétifs. Il en est de même d'une division à l'autre, jusqu'à la Ligue nationale.

Mais nous étions encore bien loin de la LNH.

Malgré tout le dévouement de M. Lafond, le soutien des parents, la rigueur des entraînements, la bonne volonté des joueurs et quelques bons éléments en attaque, comme Claude, « Michou » et Yves « Boubou » Boulanger, un bon « fabricant de jeux », il était évident, dès ce début de saison 1976-1977, que Québec-Centre manquait toujours de profondeur et n'arriverait pas à s'extraire des bas-fonds du classement. Certes, en redoublant d'efforts et avec des performances hors de l'ordinaire de Patrick, l'équipe parvenait parfois à disputer de bons matchs et à nous tenir en haleine, mais tôt ou tard, des puissances comme Sainte-Foy, Beauport et DSNCO finissaient par avoir le dernier mot.

Fin janvier, juste avant le début du dix-huitième Tournoi international de hockey pee-wee, Québec-Centre était en avant-dernière place. Guy Lafond était chez lui à élaborer des stratégies pour son équipe quand un appel téléphonique lui apprit une bien mauvaise nouvelle, à peine trois jours avant la compétition :

— Monsieur Lafond, ici Guy Lefebvre, le père de Claude.

— Ah! Bonsoir, monsieur Lefebvre.

— Écoutez, j'ai une bien mauvaise nouvelle pour vous, monsieur Lafond. Claude est entré d'urgence à l'hôpital. Vous allez devoir vous passer de lui pour tout le tournoi et peut-être même plus.

L'entraîneur était atterré.

— Mais... que lui est-il arrivé ?

— Ah! Parlez-m'en pas, il a attrapé un mauvais rhume qui a été mal soigné, qui s'est d'abord transformé en grippe et qui, à son tour, a dégénéré en pleurésie. Le médecin est venu l'examiner ce matin et il a ordonné son transport immédiat à l'hôpital.

De fait, Claude sera hospitalisé pendant plus de trois semaines, et sa convalescence durera pas moins de cinq mois. Sa saison de hockey était terminée. Lafond ne put que balbutier :

— Écoutez, souhaitez-lui de ma part les meilleures chances de récupération et assurez-le du soutien de tous ses coéquipiers.

— Merci, monsieur Lafond. Je vais lui transmettre votre message.

En raccrochant, ce dernier était sonné. Un coup de madrier en plein front, une tonne de briques sur la tête n'auraient pas eu un effet plus dévastateur. Non seulement Claude était-il son meilleur buteur, mais il était aussi le capitaine de l'équipe, son leader, son inspiration. Il fallait quand même se relever et puiser à même cette désastreuse épreuve le moyen de stimuler et de motiver les joueurs. Quand vint le moment pour le photographe officiel du tournoi de prendre la photo de l'équipe, on prit soin d'étendre le chandail numéro 7 de Claude à la place inoccupée du capitaine.

C'est ainsi diminué que Québec-Centre amorça les hostilités contre une équipe de Havering, une petite localité près de Philadelphie. Ce premier match ne fut qu'une formalité. Les joueurs de Québec-Centre marquèrent pas moins de 15 buts, et Patrick réalisa un blanchissage dès sa première participation. Mais ce match n'était pas très révélateur, l'opposition n'étant pas très forte. On dit qu'à se comparer on se console !

Ça ne serait pas aussi facile lors de la deuxième ronde de la catégorie « AA ». Les adversaires étaient les redoutables Raiders de Nepean, une banlieue d'Ottawa. Peu de connaisseurs accordaient la moindre chance de victoire à Québec-Centre. Mais contre toute attente, le duo « Michou-Boubou » prit les choses en main, le premier marquant pas moins de cinq buts, chaque fois sur des passes du second. De son côté, Patrick, qui avait vécu le suspense jusqu'à la dernière minute avant d'apprendre qu'il serait le gardien partant pour un deuxième match d'affilée, exécuta l'une des meilleures performances de gardien depuis le début du tournoi, repoussant plusieurs bons assauts des Raiders. Son équipe l'emporta par le compte de 6 à 4.

Québec-Centre disputa son troisième match devant un Colisée bondé. Non pas que les 10 000 spectateurs s'étaient amenés pour voir évoluer une équipe locale d'avant-dernière place, mais plutôt pour voir à l'œuvre Brett Hull, qui se produisait pour l'équipe de Winnipeg juste avant.

À cette époque, les Jets de Winnipeg étaient les plus farouches adversaires des Nordiques dans l'AMH. Bobby Hull, qui avait mené une glorieuse carrière avec les Blackhawks de Chicago de la LNH, était leur joueur étoile et Bobby Kromm en était l'entraîneur. Or, leurs fils respectifs, Brett et Richard, jouaient tous les deux pour les Jets pee-wees de Winnipeg. Les organisateurs du Tournoi de Québec craignaient des réactions déplacées de la part de certains parents ou d'autres spectateurs, chauds partisans des Nordiques.

La plupart des parents adoptent un comportement tout à fait respectable quand ils assistent aux matchs de leurs enfants, mais il faut bien admettre que certains d'entre eux ne font pas toujours les spectateurs les plus réfléchis. Au fil des ans, je me suis amusé à en identifier quelques espèces.

Il y a le parent justicier, qui ne regarde pas le match mais qui ne surveille que l'arbitre pour signaler promptement et bruyamment ses erreurs aussitôt qu'il pense qu'il en a commis une : « Aie, l'arbitre, tu manques une belle *game* ! »

Le parent criard qui passe son temps à crier après tout ce qui bouge : le jeu, l'arbitre, les juges de ligne, les adversaires, les entraîneurs, l'horloge, etc.

Le parent bagarreur qui cherche à provoquer les parents des enfants de l'équipe adverse, invective les joueurs rivaux et incite son fils à la violence en des termes subtils comme « Écrase-le ! Frappe-le ! Tue-le ! »

Le parent poule qui n'a d'yeux que pour son fils et a peur que quelque chose de terrible lui arrive.

Le parent *loser* qui pousse son fils à la limite de ses capacités en espérant que ce dernier réalise, par procuration, son rêve d'enfance inaccompli.

Le parent stoïque qui regarde le match, impassible, comme s'il s'agissait d'une partie de poker.

Le parent analyste qui commente le match au fur et à mesure qu'il se déroule, pour la plus grande exaspération de son voisin.

Le parent spécialiste, aussi connu sous le nom de « gérant d'estrade », qui a tout vu, qui connaît tout et qui a toujours une solution ou une explication à tout.

Le parent comptable qui passe toute la partie à chronométrer le temps de glace de son fils.

Enfin, le parent fanatique qui ne voit le match que du petit bout de la lorgnette, les punitions décernées à son équipe n'étant jamais méritées et les infractions de l'adversaire, jamais punies.

Fort heureusement, l'accueil réservé à Brett Hull et à Richard Kromm fut plutôt correct, exception faite de quelques imbéciles qui trouvèrent le moyen de huer ces enfants de douze ans. Patrick profita de la pause entre les deux parties pour se faire photographier avec Hull, ne se doutant pas qu'il retrouverait ce dernier, comme adversaire, quelque dix ans plus tard.

Après la victoire du Winnipeg, la plupart des spectateurs demeurèrent à leur siège pour voir la rencontre qui opposait Québec-Centre à Oshawa, une localité située sur les bords du lac Ontario, près de Toronto. Ils n'eurent pas à le regretter. Ce fut une partie excitante où l'équipe locale, soulevée par cette foule inespérée, se donna une avance de 3 à 0 en début de match. Malheureusement, l'état de grâce l'abandonna en fin de deuxième période et Oshawa nivela le pointage pour finalement l'emporter par 5 à 3. Dans toute son histoire, Québec-Centre n'avait atteint la troisième ronde de ce tournoi qu'une seule autre fois auparavant, lors de l'édition 1973. Pas si mal pour une équipe d'avant-dernière position privée de son meilleur joueur !

Il est évident que le tournoi pee-wee fut le haut fait d'armes de l'année. Le reste de la saison, étant donné l'absence de Lefebvre, s'écoula sans histoire et guère plus de victoires. Québec-Centre n'arrivait pas à améliorer sa position au classement. Tout un contraste avec les Canadiens de Montréal qui devenaient, cette saison-là, la première équipe de l'histoire de la LNH à remporter 60 victoires au cours d'une campagne.

Mais il n'est pas nécessairement mauvais pour un gardien de jouer dans une équipe faible. Pour Patrick, chaque partie représentait un défi, et le grand nombre de tirs qu'il recevait constituait un bon moyen de développer son talent. Pourvu que l'accumulation des défaites ne le décourage pas!

À l'occasion d'une modeste réception marquant la fin de la saison, les dirigeants de l'équipe remirent à chaque joueur une lettre contenant un commentaire personnel. Voici ce que celui de Patrick disait :

> Patrick, un fier compétiteur qui n'aime pas la défaite. Boute-en-train, il lui arrive de manquer de concentration en certaines occasions. Valeur sûre pour les prochaines années, il sera intéressant de le voir graduer dans les divisions supérieures.

Pour quelqu'un qui n'aime pas la défaite, il allait être bien servi l'année suivante, lors de la saison 1977-1978. Sous la direction de Jocelyn Belleau, l'équipe ne remporta qu'une seule victoire en trente-six parties. Avec une partie nulle, elle ne récolta que trois maigres points sur une possibilité de soixante-douze. Elle ne fit qu'acte de présence au tournoi pee-wee de Québec, gagnant le premier match 4 à 2 contre une équipe de San Jose en Californie, où le hockey n'est certainement pas la première activité des enfants, et perdant le second 5 à 1 contre Beaconsfield, municipalité de la banlieue de Montréal. Malgré tout, Patrick fut encore invité à participer au match des étoiles. Sa progression était constante.

Québec-Centre n'était plus de taille pour la Ligue Inter-Cités. Des changements se devaient d'être effectués.

7

LE DÉMÉNAGEMENT

J'ai toujours pensé que la division bantam était une catégorie de transition. Il est vrai qu'à treize et quatorze ans on change. On passe de l'enfance à l'adolescence, en route vers le monde adulte. À l'école, on passe du primaire au secondaire. Les amitiés se consolident. On commence à s'affranchir de sa famille. On sent le besoin de s'émanciper, de se libérer. Patrick ne faisait pas exception.

Sur le plan de la croissance physique, des transformations s'opèrent aussi, mais pas au même rythme pour tous. Certains peuvent atteindre rapidement 1,80 mètre, alors que d'autres dépassent à peine 1,50 mètre. Quelques-uns deviennent costauds très tôt, comme des adultes, alors que d'autres demeurent longtemps frêles comme des enfants.

Cette division provoque une certaine sélection naturelle. Elle marque le début de la mise en échec, en classe de compétition. Certains, désavantagés physiquement, renoncent. D'autres, qui ne s'étaient adonnés qu'au hockey de participation jusque-là, démontrent subitement des aptitudes et un goût pour la compétition. Ils les remplacent. Enfin, il y a ceux qui développent un intérêt pour d'autres activités et abandonnent tout simplement le hockey. Pour Patrick, tout changeait aussi, sauf sa passion du hockey de compétition qui, elle, demeurait bien palpable.

À la veille de la saison 1978-1979, afin de rééquilibrer son circuit, la ligue Inter-Cités approuva la fusion des franchises de Québec-Centre et Québec-Limoilou. Les équipes de la nouvelle franchise arboreraient l'uniforme bleu des Islanders de New York de la LNH et porteraient le nom de Citadelles de Québec, comme la célèbre équipe de la défunte Ligue junior

« A » du Québec qui, à la fin des années quarante, comptait dans ses rangs Jean Béliveau à ses débuts dans le hockey junior à Québec. Les matchs locaux des Citadelles, de même que les entraînements, se tiendraient tantôt à l'aréna du parc Victoria, tantôt à celui du parc Bardy, dans Limoilou. Sur le plan du hockey, c'était une bonne nouvelle. Les meilleurs éléments des deux franchises survivraient pour présenter un calibre de jeu plus compétitif. Mais pour notre famille, cela représentait plusieurs changements auxquels elle devrait s'adapter.

Pour Patrick, ce renouveau représentait un défi plus grand. Il en était à sa première année bantam et se devait de faire sa niche dès sa première tentative s'il voulait poursuivre son ascension dans le calibre « AA ». Il est évident que, en raison de la fusion, la compétition pour les deux postes de gardien serait plus chaudement disputée. Sur le plan scolaire, Patrick passait du primaire au secondaire, et il quittait l'école Saint-Sacrement où il rejoignait tous les jours les amis de son quartier après une marche d'à peine quelques minutes, pour fréquenter l'Académie Saint-Louis où il aurait à se familiariser avec de nouveaux confrères et consœurs. Nous avions arrêté notre choix sur cette école parce qu'elle avait la réputation d'avoir du succès avec les sujets disons… moins studieux. Je le savais, j'étais passé par là quelque vingt ans plus tôt. Enfin, Patrick aurait à prendre l'autobus et devrait prévoir plus de temps pour se rendre à cet établissement, situé à l'angle de l'avenue des Érables et du chemin Sainte-Foy.

De mon côté, j'étais en pleine ascension de carrière et mon travail m'absorbait totalement. L'année précédente, à l'automne 1977, j'avais accédé au poste de sous-ministre adjoint, responsable du secteur touristique, et, avec une équipe de valeureux pionniers, nous étions à mettre en place le réseau des associations touristiques régionales.

De son côté, Barbara était toujours aussi prise par sa double tâche d'entraîneuse de l'équipe de Québec et de monitrice de natation.

Or, un certain nombre de séances d'entraînement et de parties locales au parc Bardy, en plein cœur du quartier

Limoilou, passablement plus éloigné de notre domicile que le parc Victoria, allaient gruger davantage le peu de temps dont nous disposions pour le transport. De plus, il y avait toujours Stéphane qui jouait maintenant pour l'équipe pee-wee des Citadelles et qui fréquentait l'école primaire Saint-Joseph-de-Saint-Vallier, et Alexandra à la maternelle. Joli programme quotidien de va-et-vient en perspective !

À la fin de l'été 1978, juste avant le début du camp d'entraînement et de sélection des Citadelles, l'équipe pee-wee de baseball de Québec-Centre, dont Patrick était l'arrêt-court, s'était qualifiée pour le championnat provincial. Il aimait le baseball et, tout l'été, il avait aidé ses coéquipiers à mériter cette sélection. La perspective de participer à un championnat provincial l'excitait, surtout qu'il n'avait encore rien gagné au hockey. D'un autre côté, en participant à cette compétition, en raison d'un conflit de dates, il raterait la première semaine du camp et mettrait en péril ses chances de jouer pour les Citadelles dans le bantam « AA ». Le choix était déchirant. Après une longue discussion, il décida de sacrifier le championnat de baseball. Ce ne fut pas une décision facile. Mais si Patrick savait déjà ce qu'il voulait faire dans la vie à huit ans, il le savait encore tout autant à douze ans. Il demeurait centré sur son objectif et était prêt à tout pour l'atteindre. Grand bien lui fît ! Non seulement il réussit à « faire l'équipe », mais il s'empara, dès le camp d'entraînement, du poste de gardien numéro un.

Résultant de la fusion de deux équipes moribondes, les Citadelles n'allaient cependant pas tout renverser sur leur passage. Loin de là. De fait, la prévision optimiste des parents et des supporters fut la seule chose que l'équipe réussit à renverser. Plus de « Michou », plus de « Boubou » ni de « Coco ». Claude Lefebvre et Patrick étaient parmi les rares joueurs de Québec-Centre à avoir franchi la barrière de transition du bantam. Le reste de l'équipe était formé d'un noyau venant surtout de Limoilou. Tout au long de la saison, les Citadelles furent confinées à l'avant-dernier rang. En séries de fin de saison, Sainte-Foy les lessiva par 6 à 1 et 8 à 1 dans une première ronde deux de trois.

Patrick n'était pas trop dépaysé.

Le club de golf de Cap-Rouge, haut perché sur une colline surplombant le Saint-Laurent, large de deux kilomètres à cet endroit, apparaît comme une véritable échancrure de verdure à travers les îlots de maisons relativement neuves qui forment cette banlieue de Québec. Il n'en fut pas toujours ainsi. Il y a soixante ans, c'était la campagne. Serge, l'autre grand-père paternel de Patrick, y avait fait construire une modeste maison, aujourd'hui retapée et voisine immédiate du club de golf, lequel n'existait pas encore. Lisette n'y allait pas souvent. Elle trouvait l'endroit trop loin de la ville, trop isolé. Mais c'était, et c'est toujours, un site magnifique. C'est là que furent prises mes premières photos, à peine âgé de quelques jours, dans les bras de ma mère. Francesco Iacurto, un célèbre peintre de Québec et ami de mes parents, venait fréquemment y peindre des huiles, inspiré par les paysages verdoyants que l'on pouvait voir à perte de vue, jusqu'aux Appalaches, interrompus seulement par le passage bleuté du Saint-Laurent coulant langoureusement entre les falaises rougeâtres de Cap-Rouge et de Saint-Nicolas.

Depuis le début des années soixante-dix, nous étions membres du club, pas pour le golf, nous n'en avions pas les moyens, mais pour le tennis et la piscine, un forfait qui était à la portée de notre bourse. C'était l'idéal. Pendant que les uns jouaient sur les quatre courts bien protégés du vent, les autres pouvaient profiter de la piscine ou s'allonger sur l'immense pelouse qui l'entourait. Les week-ends, quand Patrick et Stéphane consentaient à prendre congé de la « *gang* de Saint-Sacrement », nous y allions en famille. C'était un véritable déménagement chaque fois : les jouets d'Alexandra, son parc, les maillots de bain, les serviettes, les raquettes de tennis, les vêtements de rechange, les couches, etc. Je me souviens même d'avoir vu Patrick revêtir son équipement de gardien de but sur les bords de la piscine pendant qu'on l'attendait pour le conduire à l'école de hockey de Sainte-Foy. Ce qui me crevait le cœur, c'était les fins d'après-midi du dimanche où il fallait remballer tout le bataclan et rentrer en ville, au lieu de profiter du plus beau moment de la journée, dans le calme et la sérénité de ce décor champêtre et bucolique. C'est là que l'idée germa.

Quand le cœur a envie de quelque chose, la raison s'emploie à le justifier. Juste devant le club de golf, entre celui-ci et la falaise qui domine le fleuve, un promoteur avait loti un domaine dont il vendait les terrains. J'avais toujours rêvé d'un emplacement avec vue sur le fleuve. Quelle coïncidence ! Soudainement, le « 1330 » ne faisait plus l'affaire. Trop grand, trop sombre, trop vieux, il n'offrait d'horizon que la maison du voisin d'en face, nécessitait constamment des réparations coûteuses, et les taxes municipales étaient trop élevées. En contrepartie, tous les avantages semblaient du côté de Cap-Rouge. Une ligne d'horizon, une vue panoramique du fleuve, les tennis et la piscine juste en face, à quelques dizaines de mètres, une maison que l'on se ferait construire à notre goût et selon nos besoins du moment, et surtout, Patrick et Stéphane résideraient désormais dans le territoire de la franchise de Sainte-Foy que l'on considérait comme l'une des meilleures organisations de hockey de l'Inter-Cités. En prime, on y trouvait le domicile des Gouverneurs de Sainte-Foy, de la Ligue de développement du hockey midget « AAA ». Enfin, la proximité de l'aréna de Sainte-Foy allégerait notre fardeau de transport. Fini les équipes moribondes ! À nous la vie de banlieue !

Les choses se précipitèrent. En juin 1979, nous achetâmes le terrain. En août, nous vendîmes le « 1330 » et, le même mois, nous entreprîmes la construction de notre nouvelle résidence, qui nous serait livrée à la fin d'octobre. Cette date de livraison présentait cependant un léger inconvénient : un règlement de la Ligue Inter-Cités stipulait que c'était le lieu de résidence au 1er septembre qui déterminait la franchise à laquelle le joueur appartiendrait dans l'année. Qu'à cela ne tienne! Nous louâmes un quatre pièces et demie à Sainte-Foy, sur la rue Grand-Jean, que nous occupâmes du 28 août jusqu'à notre déménagement à Cap-Rouge, après avoir placé la majeure partie de notre mobilier en entreposage. Nous étions en règle et prêts pour la nouvelle saison.

Juste avant de quitter Saint-Sacrement, connaissant son attachement pour les cartes de hockey, j'avais remis à Patrick ma collection de la saison 1950-1951 des joueurs de la LNH, que j'avais retrouvée en faisant le ménage dans mes vieilles affaires. Elle ne comptait qu'une cinquantaine de cartes, mais je me souvenais qu'à neuf ans j'avais dû mastiquer une centaine de paquets de gomme à mâcher et négocier âprement plusieurs échanges avec des camarades de classe pour pouvoir réunir la série au complet.

Pendant tout ce remue-ménage estival, Patrick participa à l'École de hockey de la Capitale, dont les directeurs étaient Andy Dépatie, Marc Tardif et Charles Thiffault. Durant ce dernier stage, tenu au PEPS de l'Université Laval, il profita des conseils de Richard Brodeur, gardien de but des Nordiques, lesquels, soit dit en passant, faisaient leur entrée dans la LNH. Patrick m'avoua, beaucoup plus tard, que son inscription à ces écoles estivales de hockey ne l'emballait pas plus que ça. Il avait l'impression d'en apprendre davantage en surveillant à la télévision ses idoles de l'époque, les Bouchard et Vachon. Il préférait nettement jouer à la balle avec « Ti-Pote » et la « gang de Saint-Sacrement ». Mais il se pliait sans rechigner à ces exigences, comme si c'étaient des sacrifices qu'il devait s'imposer pour atteindre son but.

Après tous ces efforts, aurions-nous droit à une meilleure saison? Eh bien non! Sainte-Foy termina la campagne 1979-1980, tenez-vous bien, en dernière place, avec une fiche identique à celle des... Citadelles de Québec, l'ancienne équipe de Patrick : 8 victoires, 21 défaites et 1 match nul. Plus ça changeait, plus c'était pareil. Encore une saison marquée par les défaites. Toujours rien pour bâtir un avenir !

Était-ce la malchance, l'effet du hasard, les caprices du destin ? Ou bien était-ce Patrick, le problème... ou un mélange de tout ça ? J'ai joint Robert Fiset, son entraîneur de l'époque, pour recueillir ses commentaires : « Quand je pense à cette saison, me raconta-t-il, la première chose qui me remonte à la mémoire est cette partie que nous avions perdue par le compte de 1 à 0, mais au cours de laquelle Patrick avait reçu pas moins de 70 lancers. Je m'étais dit : ce p'tit gars-là va aller loin, s'il peut seulement grandir un peu ! »

De fait, à 1,67 mètre, Patrick était dans la moyenne pour un adolescent de quatorze ans. Mais à 51,4 kilos, il était plutôt maigrichon. Cette année-là, notre consolation vint de Stéphane, qui remporta le championnat des compteurs dans la division pee-wee. Autre consolation, le passage du primaire au secondaire réussissait de mieux en mieux à Patrick, non pas qu'il se découvrît un intérêt nouveau pour l'école, mais il étudiait davantage. Pour la première fois, il affichait des résultats supérieurs à la moyenne. C'est tout à l'honneur des enseignants de l'Académie Saint-Louis. Nous avions choisi le bon établissement.

Globalement, avec le recul, je dois reconnaître que, pour Patrick et Stéphane, le déménagement à Cap-Rouge fut un véritable fiasco. J'avais complètement sous-estimé leur attachement au « 1330 » et à son environnement. On ne déracine pas des ados impunément. Les amitiés qu'ils cultivent à cet âge sont scellées pour la vie. Ce ne fut pas évident tout de suite, à cause de leur calendrier hivernal chargé d'entraînements et de parties de hockey, qui, avec l'école, leur laissait peu de temps libre. Mais l'été venu, nous eûmes tôt fait de nous rendre compte que le parc Saint-Sacrement, la poussière de son champ de baseball et le point de rassemblement de la *gang* qu'était devenue la résidence des Doyon exerçaient une attraction bien plus forte que les tennis, la piscine et la verdure de Cap-Rouge. Une certaine forme d'éloignement, une distance agaçante et difficile à gérer, commença à s'établir. Sur le plan du hockey, les bénéfices anticipés ne s'étaient pas matérialisés non plus et la situation de Patrick n'avait pas progressé d'un iota. Quant à Stéphane, il aurait vraisemblablement pu gagner le championnat des compteurs avec n'importe quelle autre équipe de la Ligue Inter-Cités.

Mais le pire restait à venir. Au cours de l'été 1980, un désastre se préparait qui allait ajouter au passif déjà lourd du déménagement.

8

LE BOURBIER

Robert « Bob » Chevalier, aujourd'hui retraité, est un personnage qui a marqué le monde du hockey dans la région de Québec. Doté d'une forte personnalité, d'une carrure imposante et d'un regard perçant à travers d'épais sourcils en broussaille, il aimait mâchouiller un éternel cigare de ses maxillaires volontaires. Un vrai gars de hockey. Un homme tout d'un bloc. Il est né dans un quartier de Québec reconnu comme dur, appelé le Cap Blanc, près des quais, d'où venaient la plupart des débardeurs et autres travailleurs maritimes. Quand le Cap Blanc allait jouer contre la paroisse Saint-Pie X, les invocations à Sa Sainteté avaient moins de succès que les appels à la force policière pour ramener à la raison ceux qui se battaient, aussi bien sur la glace que dans la neige autour de la patinoire. Un témoin m'a raconté que, lors d'un match auquel il avait assisté, pas moins de quatorze voitures de police avaient été nécessaires pour rétablir l'ordre. Plus tard, Chevalier a joué son hockey junior avec le Frontenac de Québec, dont il était le capitaine, puis, après un essai infructueux au camp des Rangers de New York, il a terminé sa carrière de hockeyeur dans différentes ligues seniors à Chicoutimi, à Victoriaville et en Ontario. Il était un défenseur robuste qui avait la réputation de ne pas avoir froid aux yeux.

Quand il fut revenu au Québec, on le retrouva au club Belvédère, dans la paroisse des Saints-Martyrs Canadiens, sur la rue Calixa-Lavallée, où on lui confia la charge de la patinoire extérieure l'hiver et des terrains de tennis l'été. C'est là que Patrick a donné ses premiers coups de patin. Moi aussi, vingt ans plus tôt. C'était un endroit populaire, dans un quartier tranquille, où les jeunes aimaient se rassembler.

Le soir venu, on y allait pour patiner et zieuter les filles, nu-tête jusqu'à –18 degrés Celsius, question de ne pas diminuer l'effet de notre charme sous l'éclairage jaunâtre des lumières qui se balançaient au bout de leur fil. On pouvait entendre les puissants haut-parleurs cracher *It's Only Make Believe*, le succès du temps de Conway Twitty, une bonne dizaine de rues avant d'arriver à la patinoire. Paul Anka, les Everly Brothers, Fats Domino, Elvis et les autres envahissaient aussi tout le quartier Belvédère. Mais ce n'étaient pas eux qui étaient dangereux. La popularité de ce lieu avait aussi attiré quelques indésirables qui venaient y semer le trouble, quelques prédateurs qui se cherchaient une proie et terrorisaient tout le quartier. Le mandat de Chevalier était de mettre de l'ordre. Il mit de l'ordre.

Mais avec les jeunes qui voulaient apprendre, sa sensibilité était inversement proportionnelle à l'image de dur qu'il projetait. Il n'était pas rare de le voir s'approcher d'un joueur sur la patinoire et, se penchant sur lui : « Tu tiens mal ton bâton. Regarde, c'est comme ça que tu devrais le tenir. Redresse les épaules un peu. Maintenant, fais deux ou trois tours de patinoire afin de t'habituer à cette nouvelle position. » Ou bien siffler et arrêter le jeu pendant qu'il arbitrait un match et dire : « Ça n'a pas de bon sens, les gars, vous êtes tout éparpillés ! Toi, qu'est-ce que tu fais là ? Tu n'auras jamais une passe si tu restes là ! Et si jamais tu prends la rondelle, que vas-tu en faire ? Et toi, tu joues au centre, c'est devant le but qu'on doit te retrouver, à moins que tu ailles, quand la situation l'exige, prêter main-forte à un de tes ailiers dans le coin ! » Et tout cela était dit sur un ton presque monocorde. Chevalier n'élevait jamais la voix. Il n'avait pas besoin de ça pour convaincre.

À l'intérieur du chalet, une bicoque modeste mais bien tenue, qui servait d'abri pour chausser les patins, il était impressionnant. Il va sans dire que personne n'osait faire du trouble ; un seul regard de Chevalier suffisait à calmer les plus audacieux. Il exigeait des jeunes qu'ils ne laissent rien traîner, aucun papier par terre. Ils étaient accueillis par leur nom, mais, sitôt entrés, Chevalier leur demandait d'essuyer leurs bottes pour ne pas salir le plancher. De ces jeunes il cherchait à faire des hommes, à les éduquer, à sa manière, à les former en leur inculquant des principes de civisme, de politesse, de gentillesse et de respect, selon les valeurs qui lui avaient été transmises par les cadets de la marine dont il avait été membre pendant plusieurs années. C'était un « bon cœur d'homme » qui avait grandi dans un milieu où la bagarre était une deuxième nature.

Son efficacité lui valut, quelques années plus tard, le poste de superviseur du hockey et des arénas de la ville de Sainte-Foy. À ce titre, il gérait les deux glaces intérieures de l'aréna, familièrement appelées la « Bleue » et la « Rouge », de même que l'anneau de glace Gaétan-Boucher pour le patinage extérieur. Depuis, les deux glaces ont été baptisées : la « Bleue » est devenue la patinoire Robert-Chevalier, et la « Rouge », la patinoire Roland-Couillard, en l'honneur d'un bienfaiteur de l'aréna, important entrepreneur en construction et propriétaire de plusieurs immeubles à Sainte-Foy.

Chevalier représentait la Ville de Sainte-Foy dans toutes les ligues où elle avait des équipes, et il gérait les ligues de hockey de récréation ou de compétition des différentes paroisses de la municipalité. En 1976, il avait joué un rôle de pionnier dans la fondation de la Ligue de développement du hockey midget « AAA » et il en était fier. Avec raison. Au début, cinq équipes formèrent cette ligue, et celle de Sainte-Foy prit le nom de Couillard pour souligner la commandite de Roland Couillard. Au décès de ce dernier, Chevalier sollicita Roland Dubeau, membre du conseil d'administration de l'Auberge des Gouverneurs, qui prit la relève. C'est ainsi que pour la saison 1979-1980, toutes les équipes représentant la Ville de Sainte-Foy dans les différentes ligues prirent le nom de Gouverneurs. Cette année-là, le midget « AAA » comptait déjà huit équipes, et il s'en ajouta une autre la saison suivante.

L'équipe des Gouverneurs de Sainte-Foy dans le midget « AAA » constituait une organisation modèle et avant-gardiste. Déjà, l'entraîneur-chef était secondé par deux adjoints derrière le banc. De plus, elle comptait sur les services d'un spécialiste des gardiens de but qui participait à tous les entraînements et était présent dans les gradins à tous les matchs. À cette époque, peu d'équipes étaient dotées d'un tel état-major, même dans la LNH. C'est venu plus tard. Les Gouverneurs avaient pour domicile l'aréna de Sainte-Foy où un vestiaire leur était assigné en permanence. Un camp d'excellence de huit semaines avait lieu durant l'été où les entraîneurs pouvaient évaluer, trier et former les joueurs susceptibles de faire partie de l'équipe pour l'année à venir.

La saison commencée, les joueurs étaient astreints à quatre séances d'entraînement par semaine, du mardi au vendredi, et à deux parties régulières les samedis et dimanches, une à Sainte-Foy, l'autre dans la localité d'une équipe de l'extérieur, où un chauffeur les conduisait dans l'autobus de l'équipe, un Bluebird. Les jeunes étaient donc sur la glace six jours sur sept. Si la division bantam marque une transition sur le plan personnel, le midget en marque une tout aussi importante sur le plan du hockey. Le hockey reste un jeu, mais ça devient un jeu sérieux. Plusieurs recruteurs de la Ligue de hockey junior majeur du Québec, et même de la LNH, assistent aux parties du « AAA » pour repérer de bons joueurs en devenir. Dans la région de Québec, pour tout jeune aspirant à faire carrière dans le hockey, les Gouverneurs constituaient un passage obligé autant que convoité.

À l'été 1980, à l'occasion d'une assemblée ordinaire de la Ligue Inter-Cités, Chevalier voulut proposer l'agrandissement du territoire de Sainte-Foy, ce qui lui aurait permis de recruter au moins trois joueurs dans le comté de Portneuf pour chacune de ses équipes du « AA ». La Ville de Québec avait fait le même genre de demande deux ans plus tôt et avait obtenu gain de cause avec la fusion de Québec-Centre et Québec-Limoilou. Mais pour qu'une proposition soit débattue par l'assemblée, elle devait être appuyée par le représentant d'une autre franchise, et Chevalier avait préalablement avisé tout le monde que si on n'acceptait pas de l'entendre, il se retirerait de la ligue. On a pensé qu'il bluffait. Il ne bluffait pas. Comme personne ne daigna soutenir sa proposition et lancer la discussion, il se leva sur-le-champ et claqua la porte, suivi par son fidèle lieutenant, Florent Boily. Sainte-Foy venait de se retirer de la Ligue Inter-Cités.

Pour tous les joueurs de calibre « AA » de Sainte-Foy, cet incident constituait un désastre. Dans un territoire où l'on ne formait qu'une seule équipe dans chacune des quatre divisions, on allait maintenant en former huit. Il est facile d'imaginer à quel point la compétition serait diluée. Facile aussi d'imaginer que la compétence des entraîneurs, le nombre de parties, les heures de glace pour les entraînements, de même que la qualité et l'intensité de ceux-ci, tout serait à la baisse. À quinze ans, à sa première année midget, il n'y avait qu'un espoir pour Patrick : porter le chandail rouge et blanc des Gouverneurs « AAA ».

⌣

Patrick se présenta au camp des Gouverneurs après quelques semaines de vacances à Bonaventure. Il avait grandi beaucoup lors de la dernière année. Il approchait maintenant 1,82 mètre. Deux traditions guidaient alors le choix des gardiens de but chez les Gouverneurs. La première avait trait à leur âge et rappelait la situation que Guy Lafond m'avait enseignée chez les atomes : on choisissait un « seize ans », un gardien d'expérience qui participerait à l'action dans la plupart des matchs, et un « quinze ans » que l'on préparerait pour l'année suivante. Stéphane Fortin était ce gardien de seize ans, déjà assuré de son poste dès le début du camp. La seconde tradition se rapportait au style recherché : on voulait un gardien compact, pas nécessairement très grand mais plutôt large, qui demeure debout le plus possible et qui se déplace rapidement, soit un style s'apparentant à celui de Rogatien Vachon. Stéphane Fortin était fait dans ce moule.

Le camp d'entraînement et de sélection des Gouverneurs s'ouvrit en août, sous la direction de Fred Dixon, l'entraîneur-chef. C'était un gros camp. Plus de quatre-vingt-dix joueurs, dont une douzaine de gardiens, venant surtout de la région immédiate de Québec, mais aussi de l'extérieur. Les premiers jours furent surtout consacrés au conditionnement physique, au patinage, à quelques exercices de base et à beaucoup d'observation de la part de l'équipe des entraîneurs afin d'éliminer, le plus rapidement possible, ceux qui présentaient des carences trop évidentes. Jacques Naud, qui s'occupait des gardiens de but, se concentrait surtout sur les positions de base dans les différentes phases de jeu, la position du bâton et de la mitaine, les déplacements latéraux, le harponnage, le travail derrière le but, enfin tous ces menus détails techniques qui sont le lot des gardiens de but. Quelques-uns d'entre eux furent éliminés assez tôt, pour ne laisser place qu'à ceux qui lutteraient pour le poste de gardien substitut.

D'emblée, deux choses apparurent évidentes. D'abord, le choix se ferait entre Patrick et un dénommé Yves Martel, qui venait d'Alma, au Lac-Saint-Jean. Ensuite, le style de Martel semblait beaucoup plus conventionnel aux yeux des entraîneurs, beaucoup plus proche de ce qu'ils recherchaient.

Patrick, en raison de sa taille, avait commencé à emprunter au style « papillon », se jetant à genoux et étendant les jambes de chaque côté. De fait, il tentait d'amalgamer les styles très différents de ses deux héros, appelons-les le style « debout » de Rogatien Vachon et le « papillon » de Daniel Bouchard. Bouchard n'était pas l'inventeur de cette technique. Glenn Hall, dans les années cinquante et soixante employait déjà ce style et, plus tard, Tony Esposito s'en était inspiré lorsqu'il jouait pour les Blackhawks de Chicago, après un bref séjour à Montréal avec les Canadiens. Mais Bouchard s'en servait à profusion, à la moindre occasion. Il était constamment à genoux, ce qui était contraire au credo de l'époque selon lequel un bon gardien devait rester debout le plus possible et, surtout, ne pas faire le premier geste.

De son côté, Jacques Naud n'avait rien contre le « papillon », ou toute autre technique, pourvu que certains éléments fondamentaux soient respectés et, surtout, que le gardien arrête la rondelle. Or, au camp, Patrick arrêtait les rondelles autant que Martel. Mais sa taille, sa minceur, sa démarche dégingandée et désarticulée, son allure d'ado pas encore synchronisé dans ses mouvements, et son style de gardien peu orthodoxe inquiétaient.

Des impératifs d'ordre pratique précipitèrent la décision. Comme Martel venait de l'extérieur et qu'on était déjà en septembre, on devait lui donner une réponse pour qu'il trouve une pension, organise son déménagement et s'inscrive à l'école. Les entraîneurs étaient dans un dilemme, leur choix n'était pas arrêté, mais ils devaient décider. À la toute dernière minute, ils tranchèrent en faveur de Martel. Pour le style, mais aussi pour une raison plus stratégique. Martel venait du Lac-Saint-Jean, une région considérée comme ouverte par la ligue de développement, et il aurait pu, une fois retranché, offrir ses services à toute autre équipe de la ligue et venir ensuite hanter celle qui l'avait rejeté. Quant à Patrick, comme il était de Cap-Rouge, il ne pouvait jouer pour aucune autre équipe que les Gouverneurs dans le « AAA » et ces derniers pouvaient le réclamer en tout temps. Il leur appartenait pour les deux prochaines saisons.

La réalité frappait dur. Pour la première fois, Patrick se voyait retranché du camp d'une équipe. Comme il résidait dans le territoire de Sainte-Foy, lequel s'était retiré de l'Inter-Cités, il ne pouvait offrir ses services à aucune des équipes du « AA ». Il devait se présenter à l'équipe de Sillery/Cap-Rouge, dans le « CC », la ligue de paroisses formée par Bob Chevalier. Nous n'étions pas au bout de nos peines.

Barbara emmena Patrick à l'aréna Jacques-Côté où Sillery/Cap-Rouge s'entraînait. C'était le 10 septembre, un mercredi. Réjean McCann était l'entraîneur de l'équipe, un « coach de paroisse » qui ignorait ce qui s'était déroulé au camp des Gouverneurs et qui ne suivait pas non plus le hockey de calibre « AA ». En conséquence, il ne connaissait rien de la feuille de route de Patrick. Il ne savait pas qui il était, ni ce qu'il avait fait jusque-là dans le hockey. De plus, son camp d'entraînement arrivait à son terme et son équipe était déjà formée. L'année précédente, il avait dirigé l'équipe de Sillery/Cap-Rouge dans la division bantam et avait tout simplement décidé de faire monter ses deux gardiens avec lui dans la division supérieure. Patrick fit quelques tours de patinoire, quelques joueurs s'exercèrent à effectuer des tirs dans sa direction, mais aucun entraîneur ne s'en occupa véritablement. À la fin de l'entraînement, on lui annonça qu'il était retranché et qu'il devait se présenter à l'équipe de niveau « B ». Deux fois retranché dans la même semaine ! Il ne pouvait descendre plus bas. Du « AAA » au « B » où l'on pratiquait du hockey de participation, juste pour tenir les jeunes occupés. À toutes fins utiles, il pouvait oublier son ambition de faire carrière dans le hockey. C'était la fin. La fin du rêve auquel il se consacrait depuis plus de sept ans.

Huguette Scallon était la gérante de l'équipe qui représentait le Quartier-Laurentien dans la ligue de paroisses « CC ». Elle connaissait bien Patrick pour l'avoir vu jouer dans le bantam « AA », à Sainte-Foy, et elle avait aussi suivi assidûment le camp de sélection des Gouverneurs. Elle nous avait d'ailleurs confié qu'elle s'expliquait fort mal son renvoi de cette équipe, étant donné ses performances au camp. Le Quartier-Laurentien avait déjà un gardien, mais quand Huguette apprit que Patrick avait été rejeté aussi par Sillery/Cap-Rouge, connaissant la valeur de celui-ci, elle entra en communication avec nous pour nous faire savoir qu'elle aimerait bien l'accueillir dans son équipe.

Renseignements pris quant à la démarche à suivre, je m'adressai à Marcel Bergeron, vice-président du Comité du hockey mineur de Sillery/Cap-Rouge, pour demander la libération de Patrick. Je croyais qu'il ne s'agissait que d'une formalité puisque, d'une part, son équipe n'avait pas voulu de

Patrick et que, d'autre part, il ne s'agissait que de jeunes de quinze ans jouant du hockey de calibre « CC ». Voici la lettre que je lui fis parvenir :

Cher monsieur,

Le 10 septembre courant, l'entraîneur-chef de l'équipe de hockey Sillery/Cap-Rouge, de division midget « CC », a signifié à Patrick Roy qu'il était éliminé de son équipe.

Conséquemment, je vous demande par la présente la libération de ce joueur de telle sorte que, dans son intérêt, il puisse jouer dans une autre équipe de classe « CC » faisant partie de la même ligue.

Advenant un refus de votre part, j'apprécierais que vous m'exposiez par écrit les motifs à l'appui de ce refus.

Vous remerciant à l'avance de votre bienveillante attention, je vous prie de croire, monsieur le vice-président, à l'expression de ma considération distinguée.

La réponse me parvint cinq jours plus tard, par l'entremise d'une lettre signée par Édouard Lacroix, secrétaire du comité, et dont voici le texte intégral :

Monsieur,

La présente a pour but de vous informer de la décision prise par le Comité du hockey mineur Sillery/Cap-Rouge sur la demande de libération de votre fils.

Afin d'être fidèle à l'un de ses règlements adoptés [sic] l'an dernier et reconduit cette année, cette demande de libération est refusée par le Comité.

En effet, il faut comprendre qu'une telle demande n'est aucunement acceptable par une organisation sérieuse de hockey. Si votre fils n'a pu se qualifier dans le premier groupe de la catégorie midget, il devrait normalement être bien accueilli dans le second en autant qu'il démontre le talent et le cœur nécessaire pour s'y maintenir.

Notre organisation ne peut de plus laisser partir ses joueurs pour une autre organisation. Imaginez-vous ce qui pourrait arriver si c'était permis : tous ceux déçus de ne pas avoir été sélectionnés dans le « gros club » iraient tenté [sic] leur chance dans un autre, patronné par une organisation rivale ? Qu'adviendrait-il des clubs de calibre inférieur ?

Souhaitant le tout à votre satisfaction, veuillez agréer, monsieur, l'expression de nos sentiments les meilleurs.

J'allai voir Chevalier. Après tout, c'est lui qui avait retiré Sainte-Foy de l'Inter-Cités. Il avait donc sa part de responsabilité dans ce merdier, et comme premier dirigeant et fondateur de la ligue « CC », il avait certainement le pouvoir de régler le problème. Sa réponse ? « Faut que les enfants s'amusent ; dis à Huguette de le faire jouer. » C'est ainsi que Patrick se joignit au Quartier-Laurentien.

Entre-temps, Barbara téléphona à Fred Dixon pour lui laisser savoir, sur un ton empreint de politesse, qu'il avait fait une erreur en ne retenant pas Patrick. Ce n'était pas la chose à faire et elle le savait. Surtout qu'elle était elle-même entraîneuse de natation et qu'elle avait à gérer quotidiennement la relation parent-coach. Nous avions tous deux adopté pour principe de ne jamais entretenir un entraîneur du sort qu'il réservait à nos enfants. Mais cette fois, c'était le cri du cœur d'une mère désespérée. Peut-être aussi se sentait-elle davantage autorisée à faire la démarche étant donné qu'il s'agissait d'une conversation d'entraîneur à entraîneur. Dixon lui répondit – nous connaissions d'avance sa réponse – qu'elle avait droit à son opinion, mais qu'il avait pris sa décision de bonne foi, en consultation avec ses adjoints et dans le meilleur intérêt de son équipe. Plusieurs années plus tard, Dixon m'avoua cependant avoir eu l'impression que Bob Chevalier n'avait jamais été heureux de leur choix de gardiens cette année-là, quand ils avaient rejeté Patrick. Ce n'est qu'une impression, car Chevalier, qui ne se mêlait pas des décisions de ses entraîneurs, n'a jamais abordé ce sujet avec Dixon. Il ne nous en a jamais parlé non plus, pas plus qu'en aucun moment il ne nous a fait sentir qu'il avait un préjugé favorable ou défavorable à l'endroit de Patrick.

L'ironie du sort voulut que le premier match de la saison opposât le Quartier-Laurentien à Sillery/Cap-Rouge, à l'aréna de Sillery. Avant même que la partie débute, les responsables de Sillery/Cap-Rouge déposèrent un protêt pour signifier à la ligue que le Quartier-Laurentien utilisait un gardien inadmissible. Mais Chevalier avait dû tirer quelques ficelles, car aussitôt le match commencé, un de leurs dirigeants, André Rémillard, s'approcha de Scallon pour amorcer une négociation. Il consentait à lui prêter les services de Patrick, mais pour la saison en cours seulement. En retour, il exigeait que le responsable du hockey pour le Quartier-Laurentien lui confirme par écrit que le contrat dûment libéré de Patrick lui soit retourné pour la saison 1981-1982. Peut-être croyait-il pouvoir l'intégrer dans sa formation la saison suivante ? Scallon s'empressa d'acquiescer, et le protêt fut retiré quelques jours plus tard, lorsque cette entente fut confirmée par écrit. Patrick pouvait au moins jouer dans le « CC ».

⌣

Il arrivait que « Ti-Guy » Doyon fût au volant de l'autobus numéro 15. Quand cela se produisait, son horaire l'amenait à quitter la place d'Youville à 15 h 20. Il prenait alors bien son temps afin de mettre au moins dix minutes pour se rendre au coin de l'avenue des Érables. À la même heure, une sonnerie annonçait la fin de la classe de troisième secondaire à l'Académie Saint-Louis. Dix minutes, c'était juste le temps qu'il fallait à Patrick pour ramasser ses livres, descendre au rez-de-chaussée, revêtir son manteau, mettre ses bottes et courir jusqu'à l'arrêt d'autobus. Là, il montait dans le véhicule et prenait place sur le tout premier siège afin de piquer un bout de jasette avec « Ti-Guy » pendant toute l'heure que durerait le trajet jusqu'à Cap-Rouge. Ils parlaient de tout et de rien, de la pluie et du beau temps, des Canadiens et des Nordiques.

L'école n'intéressait toujours pas Patrick ; même dans le « CC », le hockey passait bien avant. Pour se faire un peu d'argent de poche, il lui arrivait souvent de travailler comme marqueur, le soir ou les fins de semaine, lors de rencontres disputées à l'aréna de Sainte-Foy. On lui versait deux dollars par partie. Malgré tout, ses résultats scolaires se maintenaient toujours légèrement au-dessus de la moyenne, ce que je considérais comme acceptable dans les circonstances. Mais comment faire pour stimuler son intérêt pour les études ? J'aurais aimé passer plus de temps avec lui pour discuter et aborder d'autres sujets que le hockey. Mais ses temps libres étaient rares et, le cas échéant, il préférait les passer à Saint-Sacrement, auprès des amis auxquels il était resté fidèle. Je n'avais pas beaucoup de loisirs non plus. J'étais alors occupé à écrire, avec l'aide du regretté Jean Labonté, le projet de loi qui donnerait naissance à la Société du Palais des Congrès de Montréal.

Cette année-là, Patrick et le Quartier-Laurentien balayèrent presque tout sur leur chemin, raflant au passage le championnat de la saison régulière et celui du tournoi midget de Beauport, où Patrick fut choisi comme le meilleur gardien du tournoi. Ils ne furent battus qu'en finale des séries de fin de saison. Toute une amélioration sur les résultats des années précédentes ! Mais ces exploits étaient réalisés dans du hockey de calibre « CC », où on ne jouait qu'une partie par semaine avec une séance d'entraînement, alors que Martel chaussait les patins six fois par semaine sous l'étroite surveillance d'entraîneurs autrement plus qualifiés que ceux qui s'occupaient du « CC ». Tout ce qui pouvait jouer en faveur de Patrick se résumait au fait qu'il avait gardé le but à tous les matchs de son équipe cette année-là, alors que Martel, à titre de gardien auxiliaire, n'en avait joué que six, en gagnant quatre. Mince consolation, question de l'avoir à l'œil mais aussi pour se rendre compte de sa progression, les Gouverneurs avaient invité Patrick à s'entraîner avec eux, à l'approche de Noël, alors que les joueurs venant de l'extérieur étaient retournés dans leurs familles pour la période des Fêtes. Enfin, à la fin de la saison, il fut convié à participer au camp d'excellence des Gouverneurs, un stage de huit semaines axé sur l'enseignement et l'évaluation, ce qui lui permit de réaliser que si son objectif de faire partie de cette équipe l'année suivante constituait un énorme défi, il n'était pas pour autant impossible à réaliser, avec beaucoup de travail et... tout autant de chance.

9

LE DEUXIÈME COMMENCEMENT

C'était une journée d'août. Le genre de journée où tout vit. Les arbres, les fleurs, le gazon. Les lacs, les rivières paressent. Le genre de journée faite de ciel bleu et de verdure. La palette de Monet. Où tout se passe sur fond d'azur. Où les jours empiètent encore sur les nuits. Ils mènent toujours la partie. Ils s'accrochent. Avec le recul du temps, je retiendrais cette journée d'août où tout vit encore comme le deuxième commencement de la carrière de Patrick.

Août 1981 marque la rentrée au camp des Gouverneurs ; le deuxième pour Patrick, celui de la dernière chance. Encore un gros camp. Toujours quatre-vingt-dix joueurs. Plusieurs gardiens de but, dont Yves Martel, évidemment. De nombreuses questions hantent Patrick : « Martel est-il assuré de son poste ? Sinon, puis-je le supplanter ? Si oui, la direction peut-elle changer la tradition et choisir deux gardiens de seize ans ? Mais ce n'est pas le moment de penser à ça. Fixe ton attention sur ce que tu peux maîtriser et donne tout ce que tu as dans le ventre ! Il ne faut pas que tu leur donnes le choix de t'éliminer. Tu dois les obliger à te garder dans l'équipe. »

Patrick avait grandi encore, toujours mince et souvent à genoux, plus à l'aise en « papillon » pour arrêter les rondelles, surtout depuis que son modèle, Daniel Bouchard, était débarqué à Québec, cédé aux Nordiques par Calgary. Tout le contraire de ce que les Gouverneurs recherchaient, sauf Jacques Naud qui n'accordait pas autant d'importance au style mais davantage à la performance. Dès le début du camp, il parla favorablement de Patrick à Fred Dixon. Ce dernier lui lança : « Celui-là, tu vas avoir de la misère à me le vendre ! »

Des trois enfants, c'est Alexandra qui s'adaptait le mieux à son nouvel environnement carougeois. On l'avait inscrite à l'école primaire St. Vincent, de Sainte-Foy, et elle s'était déjà fait plusieurs amies.

Stéphane, lui, fréquentait le Séminaire Saint-François, à Cap-Rouge, mais aussitôt qu'il en avait la chance, il rejoignait Patrick à Saint-Sacrement. Au hockey, il jouait dans l'équipe bantam « CC » de Sillery/Cap-Rouge. Un véritable désastre. Un jour, j'étais allé le cueillir après un entraînement. Je l'attendais dans le hall de l'aréna. De la banquette sur laquelle j'avais pris place, je pouvais voir la porte du vestiaire des joueurs que l'on avait laissée entrouverte et d'où il me semblait s'échapper une épaisse fumée de cigarette. M'approchant pour voir quel abruti d'entraîneur osait fumer dans un vestiaire de joueurs de treize et quatorze ans après un entraînement, je constatai que les volutes émanaient d'une bonne partie des joueurs eux-mêmes. Cela ne cadrait pas exactement avec l'idée que je me faisais d'une démarche d'athlète d'élite. Pauvre Stéphane ! Une Ferrari dans une course de tacots !

De son côté, Barbara avait quitté l'enseignement de la natation à la Ville de Québec pour entreprendre une brillante carrière d'abord d'agent immobilier, puis de courtier en immeubles. Cela lui donnait plus de liberté dans la gestion de son temps, non pas qu'elle travaillait moins, bien au contraire, mais son horaire était plus flexible et le défi était emballant.

Pour ma part, on m'avait offert le poste de délégué du Québec à Los Angeles, mais, la Californie étant moins propice à l'épanouissement d'un joueur de hockey, je déclinai l'offre pour ne pas mettre un terme au cheminement de Patrick.

Dans leur évaluation de l'équipe en vue de la saison 1981-1982, les entraîneurs voyaient l'attaque comme la principale force, une attaque explosive bâtie autour de Patrick Émond et Claude Gosselin, deux prolifiques marqueurs de seize ans invités au camp d'entraînement des Draveurs de Trois-Rivières de la LHJMQ. Ces derniers avaient laissé entendre qu'ils se présenteraient aux Gouverneurs à l'issue du camp junior pour poursuivre leurs études dans la région de Québec. À la ligne bleue, mis à part le capitaine Mario Carrier, tous les autres défenseurs étaient âgés de quinze ans et ne possédaient aucune expérience du midget « AAA ». Même avec Sylvain Côté, l'étoile de l'Inter-Cités, les entraîneurs auraient à composer avec une défensive montrant beaucoup de potentiel mais instable, et, surtout, inexpérimentée. Devant le but, c'était un point d'interrogation. Bien qu'Yves Martel eût passé toute l'année précédente avec les Gouverneurs, il avait participé à très peu de matchs et sa progression n'était pas à la hauteur des attentes. Néanmoins, comme il avait bénéficié des conseils de Jacques Naud pendant tous les entraînements de l'équipe et qu'il avait suivi celle-ci tout au long de la saison, il était considéré comme le gardien numéro un de l'équipe et c'est sur lui qu'elle allait s'appuyer pour commencer l'année.

Jacques Naud n'avait jamais été un chaud partisan de la politique consistant à garder un gardien de but de quinze ans en vue de la saison suivante, surtout si ce dernier n'était utilisé que comme substitut. Pour lui, un jeune devait jouer des parties pour progresser et pas seulement participer à des entraînements. Dès les premiers jours, il élimina quelques gardiens nettement trop faibles. Avec d'autres, il travailla certains détails techniques. Par exemple, il invita Patrick à tenir sa mitaine plus haut et à tenir son coude plus près de la hanche de façon à fermer l'espace sous le bras. Il répétait : « Une rondelle qui touche un gardien ne devrait jamais pénétrer dans le but. »

Barbara et moi assistions à la plupart des séances d'entraînement et des matchs intra-équipe, et plus le camp de sélection avançait, plus Patrick progressait et impressionnait. Il nous semblait qu'il éclipsait tous les autres gardiens, y compris Martel. Mais la décision ne nous revenait pas…

Fred Dixon et ses adjoints, Simon Robitaille et Jean-Louis Létourneau, s'occupaient surtout des joueurs, tout en jetant de temps à autre un coup d'œil sur les gardiens. Jacques Naud, de son côté, concentrait toute son attention sur les cerbères. Il portait toujours sur lui un petit calepin noir dans lequel il inscrivait les moindres détails qui pourraient lui être utiles en temps voulu.

Lors des réunions des entraîneurs, après les exercices, il était question de l'évaluation des gardiens. Naud, grâce à ses notes, pouvait dire combien de tirs chaque gardien avait reçus et combien d'arrêts il avait effectués. Or, jour après jour, Patrick se démarquait. Peut-être n'avait-il pas le style orthodoxe que Dixon aurait souhaité, mais les statistiques consignées dans le petit carnet de Naud montraient qu'il arrêtait les rondelles plus que tous les autres. C'était un argument irréfutable et déterminant. Il pouvait parfois passer jusqu'à quatre sessions de jeu simulé sans accorder un seul but. Que peut-on exiger de plus d'un gardien ? Finalement, ils n'eurent d'autre choix que de le garder. Pour la première fois, ils dérogeaient à la tradition et commenceraient la saison avec deux gardiens de seize ans. Par ailleurs, comme Martel n'avait encore rien prouvé comme premier gardien, ils se ménageaient une position de repli confortable.

Pour Patrick, c'était une deuxième chance de poursuivre son cheminement, un deuxième commencement. Il revenait de loin. Il colla une carte de Daniel Bouchard dans son casier dans le vestiaire des Gouverneurs, un peu comme le faisaient les séminaristes d'autrefois qui, croyant avoir la vocation, trouvaient leur inspiration dans les images pieuses représentant de saints modèles.

ᴗ

Une tuile tomba sur la tête des Gouverneurs à la veille de la saison. Émond et Gosselin ne revenaient plus. Contre toute attente, ils avaient décidé de rester à Trois-Rivières avec les Draveurs. Toute une gifle pour l'équipe. Elle venait de perdre ses deux meilleurs joueurs.

Malgré tout, les Gouverneurs connurent un bon début de saison, alignant cinq victoires d'affilée. Trois de celles-ci furent inscrites à la fiche de Martel, des victoires plutôt faciles de 9 à 2, 9 à 7 et 5 à 3, mais celles remportées par Patrick furent particulièrement éclatantes : deux victoires par la marque identique de 5 à 1 contre Claude Lemieux et les Éclaireurs du Richelieu, qui avaient dirigé pas moins de 43 tirs contre son filet dans le premier match et 32 dans le second. Deux maigres buts en 75 lancers : pas mal pour un gardien substitut ! Et ça ne s'arrêta pas là : deux parties nulles contre l'équipe à battre du circuit, les Lions du Lac-Saint-Louis, qui avait déclassé les Gouverneurs par 49 lancers contre 37 dans le premier match et 53 contre 31 dans le second, un blanchissage contre les Cantonniers de l'Estrie, et une grosse victoire de 4 à 1 contre ces mêmes Lions du Lac-Saint-Louis, les meneurs au classement. De son côté, Martel perdit les cinq matchs suivants dont il avait pris le départ, y compris une cuisante défaite de 11 à 1 contre Montréal-Concordia.

Deux mois après le début de la saison, à la mi-novembre, les entraîneurs durent faire le constat suivant : ils se retrouvaient avec une équipe qui n'était pas du tout celle à laquelle ils s'étaient attendus. C'était même tout le contraire. Alors qu'ils avaient cru qu'elle constituerait une force offensive majeure avec Émond et Gosselin, en l'absence de ceux-ci, l'attaque, moyenne sans plus, reposait sur un bon système de jeu d'ensemble et des joueurs à peu près d'égales forces, exception faite de Martin Bouliane dont les qualités de marqueur l'amenaient à sortir légèrement du peloton. En contrepartie, les Gouverneurs montraient la meilleure fiche défensive de tout le circuit, en grande partie à cause des performances de Patrick. C'était lui qui se démarquait et qui s'érigeait peu à peu en pilier de l'équipe. Ses dirigeants n'avaient donc d'autre choix que de l'utiliser le plus souvent possible. Voyant qu'il serait relégué au rôle d'auxiliaire, Yves Martel décida de rentrer chez lui, à Alma. Étant donné qu'il en coûtait passablement cher à ses parents pour le garder à Québec, ceux-ci lui avaient conseillé de revenir à la maison.

⌣

André Blanchet, un avocat de Québec et le beau-frère d'une collègue de travail de Barbara, connaissait bien Daniel Bouchard. C'était son deuxième voisin à Sainte-Foy. Un soir, juste après le souper, on appela Patrick pour lui dire que Daniel Bouchard était prêt à le rencontrer chez maître Blanchet. Patrick sauta dans le premier autobus et se rendit faire la connaissance de celui qu'il n'avait pu voir qu'à la télévision jusque-là et qui lui servait de modèle et d'inspiration. Ils passèrent près de deux heures ensemble à discuter de choses et d'autres concernant l'art de garder le but.

Bouchard a toujours été affable et volubile. Et Patrick voulait tout savoir. Comment il se préparait pour les matchs, quels étaient ses exercices d'étirement préférés, comment il les exécutait, comment il en était arrivé à faire le grand écart, comment il tenait son bâton, sa mitaine, comment il réagissait dans telle situation de jeu, comment, comment, comment…

Au cours de leur conversation, Bouchard souligna à Patrick qu'il pouvait être très profitable pour le développement d'un gardien de jouer dans des équipes plus faibles et d'être bombardé de lancers, ce qui avait été son cas dans les rangs mineurs. Puis, tout en prédisant une belle carrière à Patrick, il autographia un de ses bâtons Louiseville, peint aux couleurs des Nordiques, et le lui remit. Patrick repartit comme il était venu, emportant le précieux bâton, volant jusqu'à l'arrêt d'autobus, flottant entre la stratosphère et l'ionosphère. Il le conserva précieusement, jusqu'au jour où il ne put résister à la tentation de l'utiliser lors des matchs.

⌣

Comme il n'y avait pas de joueur assez dominant chez les Gouverneurs autour duquel on aurait pu bâtir l'équipe, il fut relativement facile d'implanter un système de jeu collectif respecté par tous. Et quand une erreur était commise, on faisait confiance à Patrick pour la réparer. C'est de cette manière que les Gouverneurs ne connurent aucune défaite pendant plus de vingt-deux parties d'affilée, s'emparant de la tête du classement à la toute fin du calendrier régulier, un point devant les Lions du Lac-Saint-Louis, les champions de l'année précédente. C'est là que Patrick saisit à quel point un gardien peut faire la différence dans une équipe et à quel point il est important qu'il joue ce rôle.

Pendant cette période, il devint le leader incontesté de l'équipe, celui qui inspirait confiance à tous les autres et leur donnait une chance de gagner à chaque match. Comme les échappées d'un joueur seul contre le gardien étaient monnaie courante dans cette ligue, on s'exerçait à cette phase de jeu durant les entraînements. Il arrivait fréquemment à Patrick de faire face, l'un après l'autre, à ses dix-sept coéquipiers sans que l'un de ceux-ci réussisse à le déjouer. Et quand cela se produisait, celui qui avait réalisé ce tour de force levait les bras au ciel, comme s'il avait réalisé un exploit très important.

Les prouesses de Patrick ne passèrent pas inaperçues aux yeux des dirigeants du circuit, tant et si bien que, le 18 janvier, un lundi soir, il fut invité à participer au match des étoiles de la ligue midget « AAA », tenu au Forum de Montréal devant 6 000 spectateurs, parmi lesquels se trouvaient plusieurs recruteurs de la LHJMQ et même de la LNH. Ça devenait sérieux. Toujours un jeu, mais un jeu de plus en plus sérieux.

C'était une journée de tempête, une journée de neige et de poudrerie où on ne voyait que du blanc sur l'autoroute Jean-Lesage. Nous avions mis plus de quatre heures pour franchir les deux cent cinquante kilomètres qui séparent Québec de Montréal. Mais rien n'aurait pu nous empêcher de nous rendre au Forum cette journée-là. Pourtant, la prestation de Patrick ne fut pas sa meilleure. Loin de là! Normalement solide devant ses filets, il parut nerveux et mal à l'aise dans cette vitrine. Comme Guy Lafleur quelques années plus tôt, il aurait sans doute préféré l'ombre à la lumière pour s'exécuter. Faisant partie de la formation de départ de l'équipe d'étoiles, il fut remplacé à mi-match, comme le veut l'usage dans ce genre de rencontre, par Alain Raymond, des Cantonniers de l'Estrie, après avoir accordé trois buts. Ç'est Raymond qui, en raison d'une brillante performance, fut choisi comme le meilleur gardien de la rencontre.

Tout comme ses six coéquipiers des Gouverneurs nommés au sein des deux équipes d'étoiles, Patrick reçut une lettre de félicitations de la part du Comité du hockey mineur de Sainte-Foy. La missive était signée par le président du comité, Marcel Bergeron, celui-là même à qui je m'en étais vainement remis l'année précédente, alors qu'il était vice-président du Comité du hockey mineur de Sillery/Cap-Rouge, pour demander la libération de Patrick que l'on voulait injustement faire jouer dans le « B ».

> Le choix judicieux qui a été fait, disait la lettre, démontre que vous rencontrez les critères établis par la Ligue de développement midget "AAA" et que vous pouvez être cités en exemple aux jeunes du hockey mineur. Je suis certain que dans le futur, vous continuerez de mettre en application les principes qui vous sont inculqués et qu'à juste titre nous serons fiers de vous et de vos actions.

Avait-il fait le lien avec Patrick?

Les Gouverneurs durent attendre le dernier match de la saison régulière, le quarante-huitième, pour être finalement sacrés champions de la ligue, devançant les Lions du Lac-Saint-Louis par un seul point au classement général. Chemin faisant, ils n'avaient accordé que 152 buts à leurs adversaires, établissant ainsi un nouveau record du circuit. Avec 27 victoires et 10 parties nulles, Patrick aussi inscrivait son nom dans le registre des records de la ligue. Il avait maintenu une excellente moyenne de 2,63 buts alloués par match. Il va sans dire que cela lui apportait beaucoup de satisfaction, mais ce n'était pas le but qu'il visait. Ce but, c'était la coupe Air Canada, emblème du championnat canadien de hockey midget, disputée en avril à Victoria, en Colombie-Britannique. Mais pour participer à ce prestigieux tournoi, un dernier obstacle se dressait devant les Gouverneurs : les Lions du Lac-Saint-Louis, qu'il fallait battre dans une série quatre de sept, qualifiée de finale provinciale.

Le premier match eut lieu à Sainte-Foy. Une victoire par blanchissage de 3 à 0 des Gouverneurs où Patrick, ayant bloqué les 27 lancers des Lions, en mit plein la vue aux 1 000 spectateurs, la plus grosse foule à avoir jamais assisté à un match de hockey midget « AAA » jusque-là.

Au cours de la seconde rencontre, le lendemain à Valleyfield, un incident aussi fâcheux que nébuleux vint semer la consternation chez les Gouverneurs. Ces derniers menaient par le compte de 2 à 1 alors qu'il ne restait que six minutes au troisième tiers d'un match d'une rare intensité, où les équipes se disputaient âprement chaque centimètre de glace au moyen de mises en échec aussi percutantes que spectaculaires. Au milieu d'une bousculade devant le filet, un joueur des Lions réussit à pousser la rondelle derrière Patrick après avoir reçu une passe faite avec la main. Comme l'arbitre, Réal Travers, signala qu'il y avait but, Patrick, avec toute sa fougue habituelle, se dirigea vers lui en trombe pour contester la décision et faire valoir que le jeu aurait dû être arrêté dès que la passe non réglementaire avait été exécutée. Le voyant venir à toute vitesse, Travers eut un mouvement de recul, perdit pied et tomba à la renverse. Patrick avait-il bousculé l'officiel ? Lui avait-il seulement touché ? Dans le feu de l'action, certains, dont Travers, le prétendirent. D'autres, non. Quoi qu'il en soit, c'est toujours l'arbitre qui a le dernier mot dans ces circonstances. Patrick fut expulsé du match.

Les conséquences risquaient d'être désastreuses. Dans l'immédiat, les Gouverneurs devaient terminer l'affrontement, alors que le score était à égalité, avec un gardien réserviste de quinze ans qui n'avait entamé aucun match durant la saison régulière et qui n'avait que quarante-deux minutes d'expérience dans le midget « AAA ». À la suite du départ de Martel, les Gouverneurs étaient allés chercher Alain Couture que ses coéquipiers avaient ironiquement baptisé « Colosse » pour se moquer gentiment de son physique frêle et délicat. Ce n'était pas nécessairement le meilleur gardien après Martel, mais c'était le seul qui était disponible. Or, en raison des performances de Patrick et du peu d'impact offensif de l'équipe, « Colosse » n'avait été utilisé que dans les rares occasions où l'équipe était déjà assurée de la victoire.

Quand les joueurs revinrent au banc, la tête basse, conscients de la gravité de la situation, le capitaine Mario Carrier, qui faisait face à son entraîneur, lui jeta un regard qui voulait dire : « Quel lapin vas-tu maintenant tirer de ton chapeau ? » On aurait dit que le vent s'apprêtait à tourner. Le compte était égal 2 à 2 et les Gouverneurs devaient jouer les sept minutes suivantes en désavantage numérique d'un joueur, avec un gardien jeune, inexpérimenté et qui n'avait jamais connu une telle pression. Tous les joueurs changèrent leur façon de jouer : les défenseurs se jetaient devant les tirs et les avants se repliaient dans leur territoire, tandis que « Colosse » faisait preuve d'un calme étonnant. C'est ainsi qu'ils tinrent bon jusqu'à la fin du troisième tiers, forçant la tenue d'une période supplémentaire. La première minute de prolongation s'amorça de la même façon. Puis, lorsque les forces revinrent à égalité, les Gouverneurs se battirent comme des lions, avec la hargne du désespoir, jusqu'à ce que Donald Deschênes leur procure le gain avec un but à 8 :32. Ouf! Ils s'en étaient bien tirés et menaient maintenant par deux parties à zéro dans la série.

Mais dans l'autobus qui ramenait l'équipe vers Sainte-Foy après le match, malgré la victoire, les visages affichaient des mines plus inquiètes que réjouies. Il fallait gagner deux autres parties pour mériter une participation à la coupe Air Canada, et les Lions du Lac-Saint-Louis ne faisaient pas de quartier. Les deux premières victoires avaient été arrachées par la peau des dents alors que les Gouverneurs comptaient sur le meilleur gardien de la ligue; mais qu'en serait-il maintenant?

Les spéculations allaient bon train. En raison de son expulsion, Patrick manquerait au moins le match suivant. C'était un règlement de la ligue. Mais comme l'incident impliquait un arbitre, l'affaire serait traitée, non par la ligue mais par le comité de discipline de la Fédération québécoise de hockey sur glace (FQHG), qui pourrait rendre une sentence beaucoup plus sévère. Un précédent survenu plus tôt dans la saison, où un officiel avait été molesté par un joueur, avait valu à celui-ci une suspension de trois parties. Mais ce joueur était reconnu pour sa rudesse, étant le plus puni de son équipe avec 128 minutes, ce qui n'était pas le cas de Patrick, qui n'avait jamais été puni pour inconduite de toute sa carrière et à qui on n'avait décerné que cinq punitions mineures dans toute la saison. De plus, il n'était même pas certain que Patrick eût touché à l'officiel; encore moins avait-il eu l'intention de le molester! Dans la pire des hypothèses, si on jugeait qu'il lui avait touché, c'était par accident. Mais qu'écrirait Travers dans son rapport? Qui appellerait-on pour témoigner? Que diraient ces témoins de l'événement? Que déciderait la FQHG?

⌣

Deux jours plus tard, Fred Dixon et Normand Pruneau, le gérant de l'équipe, reprenaient l'autoroute 20 en direction de Montréal pour accompagner Patrick lors de son audition devant le comité de discipline de la FQHG. Ils ne discutèrent pas beaucoup de l'incident dans la voiture. Ils ne voyaient pas la nécessité de se préparer de façon particulière puisque Patrick maintenait qu'il n'avait jamais touché à l'officiel. Jacques Naud, qui lors des matchs était toujours assis près du but de Patrick dans les gradins, avait bien vu toute la scène et il corroborait sa version. Il était certain que Patrick n'avait jamais poussé l'arbitre et que ce dernier était tombé de lui-même. Il suffirait de dire la vérité, ce qu'on avait vu et entendu, et le tour serait joué. Dixon, pas plus que Pruneau, n'avait vécu antérieurement ce genre d'audition. Ils ne connaissaient rien non plus du comité de discipline de la FQHG.

Arrivés à l'adresse qu'on leur avait indiquée, un immeuble à bureaux du centre-ville de Montréal qui abritait les locaux de la FQHG, les trois repérèrent la salle où devait avoir lieu la comparution. Avant d'entrer, Dixon demanda si lui et Pruneau pourraient assister à l'audition. Sèchement, on leur dit de s'asseoir à côté de Patrick mais que seul ce dernier serait autorisé à répondre aux questions. Pas un sourire, un accueil froid, à peine une poignée de main machinale et protocolaire, du bout des doigts.

C'était une salle de conférence avec une grande table au centre. D'un côté, trônaient les membres du comité de discipline, un véritable tribunal de cinq hommes d'âge mûr, aux tempes grisonnantes, l'air sérieux, sévère et grave. Le comité était présidé par Henri Neckebroeck, un nom prédestiné pour ce genre de boulot; l'homme n'entendait visiblement pas à rire. Ses collègues non plus. L'atmosphère était lourde et aucun des membres du comité n'allait faire d'effort pour la détendre. Les deux entraîneurs comprirent bien vite qu'il ne leur appartenait pas davantage de faire des tentatives pour alléger le climat. Patrick était laissé à lui-même dans cet enfer étouffant.

L'audition commença, ou plutôt l'interrogatoire, parce que c'était bien d'un interrogatoire qu'il s'agissait. Les membres avaient visiblement pris connaissance du rapport de l'arbitre qui affirmait que Patrick l'avait bousculé. Ils n'avaient donc aucune raison de croire qu'un arbitre de leur fédération était dans l'erreur ou, pire, avait menti. On ne peut parler ici de présomption d'innocence. Ce fut tout le contraire. Le tsunami de questions qui déferla sur Patrick n'avait qu'un but : lui soutirer un aveu pour appuyer la thèse de la bousculade, soutenue par l'arbitre.

On commença par lui demander ce qu'il avait vu. Au grand étonnement de Dixon et de Pruneau, Patrick donna, avec la plus grande précision, la position exacte sur la glace de tous les joueurs, de l'arbitre, des juges de ligne et de la rondelle au moment de l'incident.

J'ai toujours pensé qu'il avait une espèce de radar qui lui indiquait la position des adversaires sur la patinoire et l'aidait à anticiper les jeux, mais je ne savais pas qu'en plus, sa mémoire était dotée d'un appareil photo pour figer ces images dans le temps.

Il prit soin de terminer son exposé en ajoutant qu'il n'avait pas touché à l'arbitre. Sous des formes, des perspectives et des angles différents, les questions qui suivirent revenaient toutes au même :

— Es-tu bien certain de ne pas avoir bousculé l'officiel ?

— Oui, je suis certain.

— Mais comment se fait-il que l'arbitre prétend avoir été poussé ?

— Je ne sais pas... il a trébuché.

— Pourquoi a-t-il trébuché alors ?

— Je ne sais pas.

— Étais-tu en colère contre l'arbitre ?

— J'étais en colère parce que le but n'aurait pas dû être alloué, mais pas contre l'arbitre.

— Mais tu n'étais pas d'accord avec sa décision ?

— Non.

— Alors tu devais être un peu en colère contre lui, non ?

— Un peu, oui... mais surtout contre sa décision.

— Mais ces choses-là arrivent vite dans le feu de l'action, est-il possible que tu l'aies bousculé sans t'en rendre compte ?

Le ton demeura cassant et agressif pendant plus d'une heure. Pendant tout ce temps, un feu nourri de questions s'abattit sur Patrick, essayant de le piéger, de le coincer, d'ébranler sa version des faits, jusqu'à ce qu'on obtienne des aveux. On le cuisinait. Même à la fin, fatigué, épuisé mentalement, vidé et dégoûté, il n'avoua jamais :

— Je sais ce que vous voulez me faire dire, mais je ne peux pas le dire pour la simple raison que ce n'est pas ce qui est arrivé. Ce n'est pas moi qui ai fait tomber l'arbitre.

— Mais se peut-il que tu l'aies touché sans t'en rendre compte?

Voyant que cela ne menait nulle part, réalisant que la partie était inégale, il finit par laisser tomber, du bout des lèvres, comme s'il fallait qu'il donne aux membres du comité ce qu'ils attendaient pour que cesse cette véritable inquisition :

— …Peut-être que je l'ai touché… mais je ne l'ai pas fait tomber…

Ce fut fini. Les membres du comité poussèrent un profond soupir. En guise de salutations, ce fut un sec : « Notre décision vous sera communiquée dans les meilleurs délais. » Tout adultes qu'ils étaient, Dixon et Pruneau venaient de vivre une expérience pour le moins pénible, troublante et intimidante. À plus forte raison Patrick, un adolescent de seize ans. Les trois ramassèrent leurs manteaux, récupérèrent la voiture et revinrent à Québec sans parler beaucoup. Dixon était indigné :

« Je ne veux plus jamais revivre une telle expérience. On n'a pas besoin de ça. Le hockey n'a pas besoin de ça. Pourquoi des adultes infligent-ils un tel supplice à un ado, pendant une heure? Ce n'est pas moins pire que ce que la police fait subir à des prévenus d'actes criminels! Lui, non seulement n'a-t-il blessé personne, mais on ne sait même pas s'il a touché à l'arbitre. En tout cas, ce n'est pas lui qui l'a fait tomber. Et si jamais il l'a touché, ce fut par accident, en réagissant dans le feu de l'action, sous l'intensité du moment, durant une finale provinciale de hockey midget. Ce n'est pas correct! »

Ils étaient sonnés. Abattus.

Le lendemain, la sanction tomba. Cinglante. Cinq matchs de suspension pour « molestation d'officiel ». Patrick ne pourrait prendre part à aucun des autres matchs de la finale provinciale, et advenant que les Gouverneurs l'emportent avant la limite de sept parties, il ne pourrait davantage représenter le Québec lors des premières rencontres du championnat canadien Air Canada.

⌣

Ses coéquipiers se retroussèrent les manches et, lors du match suivant, devant 1 200 spectateurs fidéens gonflés à bloc, ils ne permirent que 17 lancers aux Lions dans une victoire de 4 à 2 où « Colosse », qui commençait le premier match de sa vie dans le midget « AAA », se débrouilla fort honorablement. Le lendemain, à Valleyfield, les Lions remportèrent leur première victoire de la série dans un match serré, si bien que les Gouverneurs durent patienter encore une semaine, jusqu'au 26 mars, avant de remporter leur laissez-passer pour Victoria. Et c'est devant une foule record de 1 300 supporters, à Sainte-Foy, que les Gouverneurs l'emportèrent 5 à 4, à la faveur d'un but dramatique en première période de prolongation. « Colosse » avait fait le travail. Un autre duel âprement disputé à l'issue duquel les Gouverneurs devenaient les représentants du Québec au championnat canadien de hockey midget Air Canada, disputé à Victoria, du 12 au 18 avril 1982. Ce fut l'heure de gloire de « Colosse », qui devait malheureusement perdre la vie, quelques années plus tard, dans un tragique accident de motocyclette.

Les Gouverneurs en appelèrent de la sévérité de la suspension imposée à Patrick auprès de la FQHG et obtinrent gain de cause. La sanction fut réduite à trois matchs, ce qui lui permettait de participer au championnat canadien midget dès la première rencontre. Mais les Gouverneurs avaient laissé beaucoup d'énergie dans leur quête du championnat de la ligue d'abord, puis dans leur série contre les Lions ensuite, en l'absence de Patrick. Au point de craindre qu'ils aient atteint le sommet de leur excellence physique et émotive lors de cette dernière série.

⌣

Victoria est une ville superbe et très *british* située à l'extrémité sud de l'île de Vancouver. Mais ce n'est pas tant ses autobus à impériale, ses demeures victoriennes, ses *afternoon teas* à l'hôtel Empress, surplombant la marina, ni même les édifices du Parlement de la Colombie-Britannique qui retinrent l'attention des joueurs des Gouverneurs lorsqu'ils y débarquèrent le dimanche 11 avril, mais plutôt le Victoria Memorial Arena, un amphithéâtre de 5 000 sièges, où les attendait leur premier duel dès le lendemain. Plus de deux semaines s'étaient écoulées depuis leur dernier match, près d'un mois dans le cas de Patrick, et ils avaient tous bien hâte de se mesurer à un adversaire. Même s'ils s'étaient rondement entraînés on se demandait comment ils allaient réagir après une si longue période sans compétition.

Les Gouverneurs, qui arboraient à cette occasion les couleurs bleu, blanc et rouge des Canadiens de Montréal pour représenter le Québec, faisaient partie de la division DC-8, de loin la plus forte, avec les représentants de la Saskatchewan, du Manitoba, de l'Ontario, de l'Alberta et de la Nouvelle-Écosse. La division DC-9 opposait l'Île-du-Prince-Édouard, Terre-Neuve, le Nouveau-Brunswick, le district d'Ottawa, Thunder Bay et l'équipe représentant la province d'accueil, le Winter Club de Burnaby.

Ce fut une semaine un peu bizarre. Les Gouverneurs se comportèrent comme un moteur que l'on essaie de redémarrer après une longue période d'inactivité. Il démarre, crache, tousse, s'emballe un temps, s'étouffe, repart, n'arrive jamais à tourner rond de façon constante.

Après deux victoires sans lustre contre la Nouvelle-Écosse et l'Alberta, le temps de s'adapter au décalage horaire, les Gouverneurs l'emportèrent de façon routinière contre le Manitoba. C'est au cours de ce match qu'un entraîneur d'une équipe adverse vint demander à Jacques Naud si son gardien était sourd et muet. C'est que Naud, toujours placé près du filet de Patrick, dans les gradins, avait convenu avec lui d'une série de signaux qu'il lui transmettait lors de certaines phases de jeu, à la manière d'un entraîneur au baseball. Par exemple, pour lui signifier de rester davantage debout, il lui montrait le pouce en haut ; s'il pointait son index vers un œil et se tenait ensuite le lobe de l'oreille gauche, à la manière de la « Sorcière bien-aimée » de la série télévisée, cela voulait dire de surveiller l'ailier gauche ; ou l'oreille droite pour l'ailier droit ; s'il pointait vers son nez, Patrick devait surveiller le joueur de centre ; pour lui faire penser de se calmer et de prendre de profondes respirations, il étendait les mains devant lui ; et ainsi de suite. On avait eu recours avec succès à ce petit manège hors de l'ordinaire pendant toute la saison.

Le jeudi 15 avril, un bon test attendait les Gouverneurs. Ils allaient affronter les favoris du tournoi, selon plusieurs experts, les Hounds de Notre-Dame, représentants de la Saskatchewan, qui, à l'encontre des autres équipes, avaient la particularité de recruter leurs joueurs partout au Canada. Certains observateurs allaient même jusqu'à remettre en question leur admissibilité à ce tournoi.

Eh bien ! Ce soir-là, on revit les Gouverneurs qui avaient défait le Lac-Saint-Louis. Le moteur s'emballa et ils pulvérisèrent les Hounds 4 à 1, les bombardant de 48 lancers contre 13. Ils demeuraient ainsi la seule équipe invaincue du tournoi après quatre matchs. Ils venaient de vaincre facilement l'équipe à battre et étaient partis pour la gloire. Soudainement, il leur sembla que tout serait facile, quelques joueurs allant même jusqu'à déclarer qu'ils étaient peu impressionnés par le niveau de compétition. Même s'il pressent le danger, il est très difficile pour un entraîneur de ramener ses joueurs sur terre dans de telles circonstances, surtout s'ils ne sont âgés que de quinze et seize ans.

C'est dans cet état d'esprit qu'ils abordèrent le match du vendredi contre l'Ontario, une défaite sans conséquence de 3 à 2. Il faut dire que l'Ontario devait absolument gagner pour se qualifier pour la ronde éliminatoire, tandis que les Gouverneurs étaient déjà assurés de terminer premiers dans leur division. La motivation n'était pas la même. D'ailleurs, le lendemain, lors de la ronde quart de finale, les Gouverneurs prirent leur revanche contre la même équipe par le compte de 7 à 4. Puis, quelques heures plus tard, le même jour, ils disposèrent difficilement, en demi-finale, de l'équipe du district d'Ottawa par 4 à 3, n'obtenant la victoire qu'en période supplémentaire.

La table était mise pour la grande finale du dimanche, télévisée au Québec sur le réseau TVA. Elle opposerait le Québec aux représentants de la province d'accueil, le Winter Club de Burnaby, une espèce de carte cachée qui avait joué toute la semaine dans une division beaucoup moins forte.

Les Gouverneurs amorcèrent la rencontre avec force, lançant à 18 reprises en première période vers Dave Roach, le gardien du Burnaby, sans pouvoir le déjouer. Même chose en deuxième, encore 18 lancers et un seul but cette fois, celui de Joël Guimont. Pendant que Roach se dressait tel un mur face aux Gouverneurs, Cliff Ronning prenait les choses en main offensivement. Il avait préparé le but de Pretzer en première période et allait se charger du reste lui-même. En deuxième période, il réussit une superbe pièce de jeu, marquant d'un vif lancer dans le haut du filet après avoir subtilisé la rondelle à Sylvain Côté, puis au début du troisième tiers, il marqua le but qui assommait les Gouverneurs pour de bon.

Ronning fut nommé le joueur le plus utile du tournoi de hockey midget Air Canada. Il avait battu presque à lui seul les Gouverneurs en marquant deux buts et en participant au troisième dans un gain de 3 à 1. Appelé à commenter sa performance, Fred Dixon avoua qu'il était dans une classe à part : « Lors d'un camp de sélection, l'été dernier, Ronning a été classé comme le meilleur joueur midget au Canada et, dans ce tournoi, on a vu que c'était vrai. Cette saison, c'est sans doute ce que j'ai vu de mieux. » Quatre joueurs des Gouverneurs rejoignirent Ronning sur la première équipe d'étoiles du tournoi : les défenseurs Mario Carrier et Sylvain Côté, de même que les avants Donald Deschênes et Martin Bouliane.

Pour Patrick, cette défaite était amère. Tout gagneur qu'il était, la victoire venait de lui échapper encore une fois. Bien sûr, il avait mené son équipe au championnat de la Ligue de développement midget « AAA », mais en raison de ses trois matchs de suspension, il n'était pas en uniforme pour participer à la victoire et aux réjouissances sur la glace lors du match ultime. Et aujourd'hui, ayant dominé 45 à 31 dans les lancers au but, les Gouverneurs auraient dû gagner. D'autres que lui avaient fait la différence : Roach et Ronning.

Malgré tout, il avait toutes les raisons d'être satisfait de sa saison. Alors qu'au début on lui concédait très peu de chances de jouer chez les Gouverneurs, que l'on évaluait comme une « bonne petite équipe » dans la Ligue de développement midget « AAA », voilà qu'il avait mené cette « bonne petite équipe » à la finale du championnat canadien de hockey midget, en plus d'avoir été reconnu comme le meilleur gardien de la ligue.

On ne bâtit pas un avenir là-dessus, mais on peut commencer à y penser.

⌣

À bord du traversier qui nous ramenait de Victoria à Vancouver, je sortis sur le pont, question de prendre un peu l'air. Là, je reconnus Cliff Ronning, appuyé sur la rambarde, seul, ses longs cheveux blonds lissés par le vent, les yeux fixés sur le sillage que laissait le navire derrière lui. Le jeune homme rentrait chez lui, à Burnaby. Il semblait absorbé dans de profondes réflexions, savourant certainement tous les honneurs qu'il avait brillamment mérités lors du tournoi, mais tentant peut-être aussi de deviner, par-delà la ligne d'horizon sur la mer, quel avenir le hockey lui réservait. J'ai eu, à cet instant, le pressentiment que Patrick le croiserait de nouveau sur son chemin.

⌣

Le mois suivant, le 29 mai précisément, la Ligue de hockey junior majeur du Québec procéda, à l'aréna Maurice-Richard de Montréal, à sa séance de sélection annuelle. Les onze formations du circuit mirent quatre heures pour repêcher deux cent quatorze joueurs, dont cent six de la Ligue de développement du hockey midget « AAA ».

Même s'il était considéré comme le meilleur gardien de but disponible, Patrick ne fut pas choisi le premier. Au huitième rang du deuxième tour, les Olympiques de Hull (maintenant Gatineau) jetèrent plutôt leur dévolu sur Alain Raymond, des Cantonniers de l'Estrie, celui-là même qui avait si bien fait lors du match des étoiles de la ligue au Forum de Montréal. Quant à Patrick, il fut choisi deux rangs plus loin par les Bisons de Granby. Il rejoignait ainsi ses coéquipiers des Gouverneurs Martin Bouliane, Carl Vermette et Bernard Carrier. Sa quête se poursuivait.

Mais qu'en était-il du hockey junior majeur ? Qu'en était-il de Granby et de ses Bisons ?

10

LE PURGATOIRE

Je me souviens de cette journée du 17 août 1982 où nous avons conduit Patrick au camp des Bisons. Nous avions été frappés par l'immensité des champs de maïs, à perte de vue, qui bordent la route tortueuse entre Saint-Hyacinthe et Granby, la 137.

J'aurais préféré que Patrick demeure à Québec. Il aurait bientôt dix-sept ans, l'âge où la relation père-fils prend tout son sens, où les deux peuvent aborder des sujets qui les rapprochent, où le père peut mettre une dernière touche à l'éducation de son enfant. Mais aussi, l'âge où l'adolescent cherche naturellement à s'affranchir, à prendre ses distances avec sa famille, à vivre ses propres expériences. Et puis, il s'engageait dans une aventure d'une rare intensité où il aurait à subir la pression de son entraîneur, de ses professeurs, de ses coéquipiers, des adversaires, des amateurs, des médias. Il allait être assujetti à la loi du milieu, celle de jeunes d'à peine vingt ans, dans un contexte où l'encadrement hors glace serait à peu près inexistant.

Même si elles sont bien intentionnées, on ne doit pas s'attendre à ce que les familles ou les personnes qui accueillent les joueurs en pension assurent la relève des parents et voient à ce que le jeune exécute ses tâches scolaires, qu'il soit assidu en classe, qu'il s'alimente correctement, qu'il s'entoure bien, etc. Ce n'est pas leur rôle. La plupart d'entre elles, pour toutes sortes de raisons, tiennent trop aux avantages que leur confère la pension du joueur pour contrarier leur hôte de quelque façon. Elles vont tout faire pour lui être agréables.

Désormais, durant la saison de hockey, l'essentiel de nos rapports se passerait au téléphone ou par correspondance, alors que j'aurais tant préféré accompagner mon fils de plus près.

Au hockey junior canadien, trois circuits occupent toute la place et regroupent les meilleurs joueurs juniors de seize à vingt ans. La Ligue de l'Ouest, qui compte aussi une division comprenant cinq équipes américaines, la Ligue de l'Ontario, qui inclut également trois équipes aux États-Unis, et la Ligue de hockey junior majeur du Québec, à laquelle se sont jointes, avec le temps, des équipes représentant chacune des provinces de l'Atlantique de même que l'État du Maine.

Ces équipes sont des PME, la plupart à but lucratif. Si elles sont soucieuses du développement de leurs joueurs, elles doivent aussi assurer leur survie. La quasi-totalité de leurs revenus proviennent de la vente des billets aux guichets. Ces revenus servent au bon fonctionnement de l'entreprise, à payer ses employés, joueurs, entraîneurs, personnel d'encadrement et de soutien, de même que la location des heures de glace, des bureaux, ainsi que les dépenses de promotion, de transport, d'administration, etc. Leur survie dépend essentiellement de l'assistance aux matchs, laquelle, en retour, repose sur la qualité du spectacle offert par l'équipe.

Pour offrir son spectacle, l'équipe s'appuie sur des joueurs, dont une grande partie est encore d'âge mineur. Dans une autre industrie, ceux-ci seraient considérés comme des stagiaires en formation. Ces joueurs sont logés dans des familles d'accueil à qui l'équipe verse une centaine de dollars par semaine, en guise de pension, pour leur subsistance. Ils reçoivent de plus, sur une base hebdomadaire, un montant qui peut varier de 40 à 60 dollars, selon leur âge, pour leurs menues dépenses. Chaque équipe a droit à trois joueurs de vingt ans, dont le salaire est négociable, pourvu qu'il ne soit pas inférieur à 150 dollars par semaine. Sauf exception, tout cela ne représente pas une rémunération très importante, mais les joueurs y trouvent leur compte en se développant, en se formant et en se faisant remarquer pour atteindre leur but : la LNH.

Dans ce contexte, la mission fondamentale de l'équipe junior devrait être le développement de ses joueurs. Il va de soi que, pour mériter d'exploiter une main-d'œuvre à des conditions aussi avantageuses, le développement de celle-ci devrait être la priorité de l'équipe. D'un autre côté, il lui faut survivre. Pas d'équipe, pas de développement! Et pour survivre, elle doit viser la rentabilité, c'est-à-dire remplir les gradins le plus souvent possible en offrant aux amateurs de hockey un spectacle excitant et une équipe qui a des chances de victoire. Or, cette préoccupation de rentabilité, théoriquement accessoire au développement des joueurs, n'est pas toujours compatible avec la mission fondamentale de l'équipe. On comprendra que, dans le tourbillon du quotidien, la frontière entre le rôle de formateur et la nécessité d'atteindre un seuil de rentabilité crée une ambivalence qui brouille la raison d'être de l'équipe. D'autant plus que ses revenus proviennent presque entièrement des recettes du spectacle plutôt que du développement des joueurs, exception faite de quelques milliers de dollars qu'elle peut recevoir de la LNH lorsque certains de ses porte-couleurs sont sélectionnés.

En ce qui concerne le recrutement des joueurs, ils sont choisis à tour de rôle par les équipes lors de la séance annuelle de sélection de la ligue, pareille à celle en vigueur dans la LNH. Ils ne peuvent donc pas se joindre à l'équipe de leur choix. Cas extrême, un joueur résidant à Rouyn-Noranda peut fort bien se retrouver à St. John's, Terre-Neuve, et vice versa.

Compte tenu de leur âge, il est fortement souhaitable que les joueurs poursuivent aussi leurs études, générales ou spécialisées, en plus de développer leurs aptitudes au hockey. À ce chapitre, des progrès immenses ont été réalisés ces quinze dernières années dans la LHJMQ, grâce aux programmes sport-études qu'elle a elle-même suscités et au soutien de tuteurs que certaines équipes mettent à la disposition de leurs joueurs.

Mais l'intérêt pour les études n'est pas le même pour toutes les équipes, ni pour tous les joueurs, et un calendrier de 72 matchs avec les entraînements et les nombreux déplacements, sur de grandes distances parcourues en autobus, ajoutent un fardeau très lourd sur les épaules de celui qui veut concilier sport et études. De fait, on essaie volontairement de reproduire le plus possible les conditions de travail, salaires en moins évidemment, qui prévalent dans la LNH. De cette manière, les joueurs jouent dans le même contexte que les professionnels, dans une LNH miniature, font face aux mêmes pressions et aux mêmes situations, et les recruteurs peuvent ainsi voir comment ils peuvent résister à un régime d'une telle exigence. C'est pourquoi il ne fait aucun doute que le hockey junior canadien est le chemin le plus rapide, pour celui qui en a le talent, d'accéder à la LNH.

En contrepartie, les équipes de la LNH statuent très tôt sur l'avenir réservé aux joueurs juniors qu'elles ont repêchés. Ceux-ci peuvent être sélectionnés dans l'année où ils atteindront, avant le 15 septembre, leur dix-huitième anniversaire, c'est-à-dire leur majorité. Un règlement oblige les équipes à conclure une entente avec eux dans un délai de deux ans, sinon ils deviennent à nouveau admissibles à la sélection. Des jugements hâtifs sont donc portés sur leur potentiel, et des décisions sont prises quant à leur avenir avant même qu'ils aient atteint l'âge de vingt ans, c'est-à-dire avant que la plupart d'entre eux aient fini leur développement physique et atteint leur pleine maturité intellectuelle ; bien avant, en tout cas, qu'ils aient pu compléter des études universitaires. Celui qui échoue dans sa quête pourra toujours rattraper le temps perdu dans ses études, pour autant qu'il ait gardé un contact avec le milieu scolaire. De plus, pourvu qu'il ait joué un minimum d'années dans la LHJMQ, la ligue l'aidera financièrement à payer certaines dépenses inhérentes à des études universitaires.

Bobby Smith, propriétaire des Mooseheads de Halifax de la LHJMQ et ancien joueur étoile des North Stars du Minnesota et des Canadiens de la LNH, qui a fait une maîtrise en administration des affaires après avoir pris sa retraite comme joueur actif en 1993, soutient : « Deux défis attendent un hockeyeur de seize ans au cours des années qui suivent. S'il parvient à jouer dans la Ligue nationale, il a de très bonnes chances de réussir dans la vie. Et s'il a une éducation de qualité, il a d'excellentes chances d'avoir du succès. Mais je pense qu'il est impossible de faire les deux en même temps. [...] Mon fils de seize ans est un bon étudiant et il va jouer dans le junior et donner tout ce qu'il a dans le meilleur environnement possible pour se tailler une place dans la Ligue nationale. S'il n'y parvient pas, il deviendra un étudiant à temps plein à vingt ou vingt et un ans. [...] Il y a sept cent trente joueurs de hockey universitaires au Canada, dont cinq cents sont des boursiers de leur ancienne équipe junior. »

Dans ce contexte, l'équipe junior a le devoir de s'assurer que ses joueurs ne perdent pas le contact avec le milieu scolaire.

En 1982, quand Patrick a amorcé sa carrière dans le hockey junior, le système canadien fournissait à la LNH 63,5 % des deux cents premiers joueurs sélectionnés, contre 23 % pour les Américains et 13,5 % pour les Européens. En 2005, année où Sidney Crosby fut sélectionné, ces proportions étaient passées à 54,5 %, 24 % et 21,5 % respectivement. Cela signifie que les Européens ont amélioré leur position au détriment des ligues de l'Ouest et de l'Ontario, puisque la LHJMQ a légèrement progressé, passant de 8,5 % à 11,5 %.

Les Bisons en étaient encore à leurs débuts, n'entamant que leur deuxième saison. L'année précédente, un groupe de gens d'affaires avait acquis l'excellente concession des Éperviers de Sorel et l'avait déménagée à Granby sous les couleurs noir, jaune et blanc des Penguins de Pittsburgh. Mais l'équipe n'était plus qu'un pâle reflet de ce qu'elle avait déjà été. Pour faire baisser le coût d'acquisition, le groupe d'acheteurs avait laissé partir plusieurs bons éléments. Après avoir choisi les deux meilleurs joueurs des Éperviers, ils avaient dû abandonner les huit suivants que s'étaient partagés les huit autres équipes de la ligue.

C'est donc avec un carrosse à trois roues, après une séance de sélection de joueurs bâclée où des employés de la ligue avaient agi au nom de la nouvelle équipe, que les Bisons avaient entrepris leur première saison, sous la direction de Gaston Drapeau, un entraîneur de Québec qui avait passé les deux saisons précédentes à la barre des Remparts, où il avait connu sa part de difficultés. Pour justifier le choix des Bisons, leur directeur général avait déclaré : « C'est un meneur d'hommes qui adore les défis et qui a beaucoup de potentiel. Mais c'est surtout son style agressif pour la victoire qui le rend sympathique à notre cause. »

Dans la course au poste d'entraîneur, les dirigeants de l'équipe avaient préféré Drapeau à Claude St-Sauveur et à un certain Jacques Martin, celui-là même qui allait plus tard connaître une éblouissante carrière dans la LNH, notamment à la direction des Sénateurs d'Ottawa et des Panthers de la Floride, après avoir été l'un des rares entraîneurs à gagner la coupe Memorial, emblème de la suprématie du hockey junior au Canada, dès sa première saison dans la Ligue junior de l'Ontario avec les Platers de Guelph en 1986.

Après une première saison qui se solda par une fiche peu reluisante de 14 victoires au long d'un calendrier de 64 matchs, les Bisons réclamèrent pas moins de quatre joueurs des Gouverneurs de Sainte-Foy parmi leurs cinq premiers choix à la séance de sélection annuelle de la LHJMQ, tenue à l'aréna Maurice-Richard de Montréal, en mai 1982. Espérant ainsi créer un climat positif en ajoutant des gagneurs à leur formation, les Bisons entamèrent la saison 1982-1983 avec optimisme. Comme il se doit.

Mais l'organisation ne baignait pas dans l'huile. Un bureau de direction pour l'équipe, un conseil d'administration pour les actionnaires, cela faisait beaucoup de monde avec peu d'expérience du hockey junior majeur pour s'occuper des Bisons, s'inquiéter de boucler le budget, partager la hantise des défaites et se tourmenter avec les bancs vides dans les gradins. Cela ne pouvait faire autrement que de causer certaines tensions, discordes et turbulences qui affecteraient la quiétude du camp d'entraînement. Ajoutons à cela le va-et-vient de quelques vétérans de l'équipe, qui à Winnipeg au camp des recrues d'Équipe Canada junior, qui au camp d'une équipe de la LNH avec laquelle il avait signé un contrat professionnel, ainsi que le « cas » Sylvestre, et toutes les conditions étaient réunies pour distraire les joueurs dans leur préparation mentale et physique pour la saison.

Jacques Sylvestre, le meilleur joueur des Bisons au camp, avait été le seul rayon de soleil de la saison précédente avec une production de 120 points, dont 50 buts. De plus, il était un étudiant modèle qui avait réussi à terminer ses études collégiales à dix-huit ans. La ligue lui avait attribué le trophée Marcel-Robert, décerné au joueur ayant le mieux concilié études et hockey. Sylvestre s'était inscrit en droit à l'Université de Montréal et hésitait à signer son contrat avec les Bisons tant que ceux-ci ne s'engageraient pas à lui garantir certaines indemnités pour ses nombreux déplacements entre Granby et Montréal. Il ne voulait tout simplement pas qu'il lui en coûte plus cher de jouer à Granby que s'il avait joué pour une équipe de la région de Montréal. Les dirigeants des Bisons auraient dû être fiers de compter dans leur équipe un joueur aussi brillant à tous les points de vue. À la place, ils en ont fait un « cas » qui a traîné pendant plusieurs semaines, de peur de créer un dangereux précédent en accordant à Sylvestre un statut particulier.

Or, après les congédiements du personnel de la billetterie, de l'entraîneur des gardiens de but et du recruteur en chef, voilà que le conseiller pédagogique remit sa démission, qu'il expliqua en partie de la façon suivante : « Je n'accepte pas qu'on me dise d'inscrire les étudiants à un minimum de cours au niveau collégial pour ne pas retrouver d'autres cas comme celui de Jacques Sylvestre. » Le message était assez clair. Assez en tout cas pour que les Bisons reçoivent la visite de Jean Rougeau et de Jean Trottier, respectivement président et conseiller pédagogique de la LHJMQ, et se voient pressés de retenir les services d'un nouveau conseiller pédagogique dans les plus brefs délais.

À travers tout ce tumulte, Patrick parvint à supplanter Claude Kirouac, le gardien substitut de l'année précédente, et Ron Montaruli, l'ancien gardien des Lions du Lac-Saint-Louis du midget « AAA », pour s'emparer du poste de premier gardien avant le début de la saison. Dès le 2 septembre, il était confiant : « Je considère que c'est moi qui ai le mieux fait jusqu'ici. On s'entend bien les trois gardiens ensemble, mais nous savons bien qu'il n'y a que deux places et que l'un de nous devra partir. » Pas entièrement remis d'une blessure à une cheville, c'est Kirouac qui dut s'en aller.

La première rencontre du calendrier, le 18 septembre 1982, constituait quelque chose de bien particulier pour Patrick. D'abord, il s'agissait de son premier match officiel dans la LHJMQ. Puis les Bisons jouaient à Québec, contre les Remparts, maintenant dirigés par Fred Dixon et Jacques Naud, ses entraîneurs de l'année précédente chez les Gouverneurs de Sainte-Foy, qui avaient fait le saut dans le hockey junior. Enfin, le match avait lieu au Colisée, le domicile des Nordiques de la LNH, son équipe favorite, devant plusieurs de ses amis, dont « Ti-Pote » et les autres, qui auraient à partager leurs encouragements entre Claude Lefebvre, qui jouait pour l'équipe locale, et Patrick, un ami cher mais néanmoins adversaire cette journée-là.

Je dirais que ce premier match donna le ton à toute la carrière de Patrick dans le hockey junior. Il s'illustra dans la défaite après avoir reçu un barrage d'une quarantaine de lancers. De fait, au cours des trois saisons qui allaient suivre, les parties où il devrait bloquer de 40 à 60 lancers s'inscrivirent à son ordinaire. Les défaites aussi.

Certaines furent plus remarquables que d'autres. Une en particulier me fit m'interroger sur les signes que nous envoie parfois le destin. J'ai déjà mentionné que Patrick était né le 5 octobre 1965. Or, la journée de son dix-septième anniversaire, dans un match à Longueuil contre les Chevaliers, équipe dirigée par Jacques Lemaire, qui amorçait alors une carrière d'entraîneur, Patrick accorda 5 buts sur 65 lancers dans une défaite de 5 à 3 des Bisons. À l'issue de la rencontre, il obtint une ovation debout de la part des 1 065 spectateurs (nombre qu'on peut lire aussi comme le dixième mois de 1965), pourtant des partisans de l'équipe adverse, sans que ceux-ci se doutent de l'étonnante coïncidence numérique qui venait de se produire.

La saison n'était vieille que de quelques semaines lorsque l'entraîneur Gaston Drapeau fut limogé et remplacé par Roger Picard, un robuste policier de la Communauté urbaine de Montréal, membre d'une illustre famille de hockeyeurs de la région de Montréal. Il avait lui-même eu la distinction saugrenue d'être un joueur recrue chez les Blues de Saint Louis à l'âge vénérable de trente-quatre ans. Eût-il mérité le titre de recrue de l'année, son exploit aurait sans doute été gravé à tout jamais dans le livre des records de la LNH. Mais il ne joua qu'une vingtaine de matchs dans la grande ligue. Parmi ses frères, Noël avait également joué pour les Blues et Gilles était le père de Robert, des Canadiens de Montréal.

Selon son appréciation, les joueurs des Bisons n'étaient pas en bonne condition physique, leur exécution était trop lente, leur jeu d'ensemble était déficient et plusieurs vétérans se traînaient les pieds. Mais il en avait vu d'autres et les choses allaient changer sous sa direction. Il soutenait que l'équipe avait le potentiel pour terminer la saison en milieu de peloton. Après 13 défaites en 14 matchs, il commença à manquer d'arguments. La route des Bisons semblait aussi tortueuse que la route 137, et le chemin vers la victoire aussi encombré qu'un épais champ de maïs.

⌣

Il nous arrivait assez souvent, à ma femme Barbara et à moi, d'aller voir les matchs du vendredi soir au Palais des sports. C'était pénible. Se taper deux heures et demie de voiture après une dure semaine de travail pour aller voir son fils se faire bombarder par un adversaire sans pitié, dans une atmosphère partisane et survoltée où l'un crie et l'autre chahute, représentait toute une corvée. Notre récompense venait après le match quand enfin nous pouvions passer quelque temps avec Patrick, que nous aimions retrouver le plus souvent possible. Après un repas au restaurant, parfois nous revenions à Québec tard dans la nuit, parfois nous logions dans un motel à Granby jusqu'au lendemain.

J'ai encore en mémoire cette journée de novembre où nous l'avions trouvé particulièrement nerveux, agité, fatigué et amaigri. Il avait du mal à assumer sa charge de travail : une quarantaine d'heures consacrées au hockey, incluant entraînements, voyages et parties, et une vingtaine d'heures de cours. Cela faisait déjà soixante heures par semaine, et il n'avait pas encore étudié. Il lui arrivait de se réveiller la nuit en se demandant s'il avait fait son travail d'anglais ou de mathématiques pour la journée d'école du lendemain. À cause de sa date de naissance, le 5 octobre, il avait presque une année de retard à l'école par rapport à son âge, si bien qu'il n'avait pu terminer sa cinquième secondaire avant d'amorcer son stage junior. Il faut se rappeler que le programme du secondaire n'offre pas la même flexibilité que celui du cégep.

De plus, les responsables de son école l'obligeaient à s'inscrire à des cours totalisant douze unités de cinquième secondaire, alors que huit unités auraient été suffisantes pour lui permettre d'accéder au cégep l'année suivante, où il aurait pu avoir une charge de cours réduite et poursuivre ses études. Le comble, c'est qu'on lui imposait l'éducation physique alors qu'il consacrait la majeure partie de son temps au hockey. Sachant que des joueurs jouant dans d'autres villes bénéficiaient d'un allègement, je sollicitai une rencontre avec le directeur de cinquième secondaire à la Polyvalente Joseph-Hermas-Leclerc. Ce fut un véritable dialogue de sourds. L'accueil fut poli mais plutôt froid. Il m'attendait, les deux mains posées devant lui sur son bureau :

— Que puis-je faire pour vous ?

— Oh, vous savez ! pour moi, pas grand-chose, mais pour un de vos élèves... je pense qu'on peut faire beaucoup pour l'aider.

— De qui s'agit-il ?

Je lui expliquai la situation en détail en prenant bien soin de lui dire que Patrick n'avait besoin que de huit unités de cinquième secondaire pour être admis au cégep et que je connaissais quelques joueurs de la LHJMQ, dans d'autres villes du Québec, qui, dans la même situation, bénéficiaient d'un allègement de cours.

— Écoutez, monsieur Roy, il y a plus de cinq cents élèves qui fréquentent notre école. Si nous commençons à faire des exceptions…

— Mais dites-moi, monsieur le directeur, de vos cinq cents élèves, combien y en a-t-il qui savent déjà ce qu'ils veulent faire dans la vie ?

— Oh ! Il y en a très peu. Vous savez, à cet âge, il est un peu tôt.

— Mais justement, Patrick, lui, sait déjà ce qu'il veut faire dans la vie. Il veut être hockeyeur professionnel, gardien de but. Peut-être ce choix est-il audacieux, certains pourraient peut-être même le qualifier de prétentieux, peut-être a-t-il de quoi nous étonner, même nous rendre sceptiques, mais c'est son ambition, sa vie. Et comme lui aussi bien que moi aimerions qu'il poursuive ses études tout en évoluant pour les Bisons à Granby, nous apprécierions que vous l'aidiez un peu. Je pense que c'est possible.

— Monsieur Roy, c'est donc dommage qu'il n'y ait pas d'équipe de hockey à la polyvalente, n'est-ce pas ? Comme ça, Patrick pourrait jouer ici. Ça serait tellement plus simple !

— Monsieur le directeur, je pense qu'on ne se comprend pas.

Il n'y avait rien à faire. Aucune ouverture. J'essayai en vain pendant presque une heure. Quelques années plus tard, certains joueurs des Bisons purent bénéficier d'un horaire de cours moins exigeant. La voie était tracée pour l'implantation du programme sport-études dont les dirigeants de la LHJMQ se firent les défenseurs et les plus ardents promoteurs. Mais pour l'instant, Patrick n'aurait qu'à faire son possible. Je sentais bien que ses études étaient sur une pente glissante.

Ce qui mettait Patrick en rogne, c'était le compte des lancers quand l'équipe jouait à domicile. Souvent, le statisticien enlevait une vingtaine de lancers à l'équipe adverse et en ajoutait quelques-uns aux Bisons, question de faire la preuve statistique que l'équipe locale n'était pas si mauvaise après tout. Mais ces manigances ne fonctionnaient pas quand les Bisons se produisaient sur la glace de l'adversaire. Ainsi, lorsque le Junior de Verdun enregistra une victoire à domicile, sur un but de Pat LaFontaine en prolongation, après avoir dominé 62 à 29 dans le compte des lancers, Serge Savard, alors directeur général des Canadiens et spectateur attentif au match, prit des notes.

D'autres aussi prirent des notes puisque, malgré ses dix-sept ans, à sa première saison dans la ligue, Patrick fut invité à participer au match des étoiles du 16 janvier 1983 au Forum de Montréal, devant plus de 6 000 spectateurs. Ce fut un programme double, car la Ligue de développement du hockey midget « AAA » y présentait également son match des étoiles, juste avant celui de la LHJMQ.

Ce fut aussi un programme double pour Barbara et moi. Stéphane, alors avec les Gouverneurs de Sainte-Foy, faisait partie de la formation des joueurs étoiles du midget « AAA ». De fait, à quinze ans seulement, il était alors considéré comme le meilleur joueur midget du Québec, selon le système de recrutement central de la LHJMQ. Vincent Damphousse venait au second rang et Stéphane Richer au quatrième.

Je dis programme double, mais on pourrait quasiment parler de programme triple puisqu'une surprise nous attendait. Patrick, qui avait toujours eu les cheveux aussi droits que les poteaux de son but, nous présenta une tête toute frisée. C'était la mode. Gary Carter, des Expos, « Boom Boom » Geoffrion et combien d'autres faisaient de même ? Dans le cas de Patrick, ce ne fut qu'une expérience éphémère.

Intimidé par le milieu ambiant et, qui sait, peut-être aussi par les « fantômes du Forum » ou la nouvelle tête de son frère,

Stéphane, comme Patrick avant lui, n'arriva pas à se faire justice. Quant à Patrick, il vengea de façon nette sa déception de l'année précédente avec une performance éclatante qui lui valut d'être choisi comme le meilleur gardien du match. « Il y a longtemps que je me préparais pour cette rencontre, confia-t-il au représentant du *Journal de Montréal*. Ma concentration était à point. Je voulais me racheter, car l'an dernier, dans le match des étoiles du midget « AAA », je n'avais pas été à la hauteur. Je connais aussi une dure saison avec les Bisons de Granby. Nous sommes jeunes, mais nous serons à surveiller l'an prochain. »

À l'occasion du retour des Bisons au Colisée de Québec à la fin de janvier, les Rem-pops, le club des partisans des Remparts, avaient organisé une promotion spéciale en collaboration avec le Manoir du Spaghetti, un « deux pour un » offert à tout détenteur d'un billet d'entrée au match des Remparts, advenant une victoire de ceux-ci. Tout y était. Une foule enthousiaste de 4 435 aspirants à un deuxième plat de spaghetti, un trompettiste plus bruyant qu'harmonieux, et Charlie, la mascotte du restaurant participant, qui multipliait les pitreries. Et pour compléter la table, les faibles Bisons. Bref, toutes les conditions étaient réunies pour faire de cet événement un immense succès promotionnel. On n'avait omis qu'un seul petit détail : Patrick. Les promoteurs avaient oublié, ou peut-être ne savaient-ils pas encore, que cette orgie de spaghetti annoncée que l'on tenait pratiquement pour acquise avait tout pour inviter Patrick à réécrire lui-même leur destin. C'est ce qu'il fit. Il bloqua 43 des 47 tirs que les Remparts dirigèrent vers son but, et ces derniers durent s'avouer vaincus par le compte de 6 à 4. Il aurait bien mérité un plat de pâtes du Manoir du Spaghetti à qui il venait d'épargner plusieurs repas gratuits.

Fred Dixon, l'entraîneur des Remparts, ne put que déplorer : « Nous avons mené le match du début à la fin, mais il n'y avait rien à faire avec Roy et je ne m'attendais pas à ce qu'il se relâche au dernier tiers. Je le connais trop bien pour savoir qu'il serait encore plus coriace dans les vingt dernières minutes. C'est pas compliqué, ses arrêts miracles à chacune des périodes nous ont cassé les reins. Mais il aurait pu choisir une autre journée pour offrir cette performance ; je me serais bien passé de ça ! » De son côté, Jacques Naud, qui avait travaillé à polir le jeu de Patrick l'année précédente chez les Gouverneurs, ajouta : « Patrick Roy, c'est un gardien qui est à son meilleur lorsque la pression est forte. Plus il y a de spectateurs dans les gradins, plus il aime travailler et plus il est efficace. Je redoutais ce genre de performance de Roy. »

Patrick y alla aussi de ses commentaires aux journalistes et j'en profitai, dans les jours qui suivirent, pour lui transmettre quelques observations dans une lettre.

Le 1ᵉʳ février 1983

Bonjour Patrick,

Voici l'article qui a paru dans Le Soleil et qui s'ajoute à celui du Journal de Québec que je t'ai fait parvenir hier.

Je t'avoue avoir préféré de beaucoup les déclarations que tu as faites au Journal (un petit velours, etc.)

Il importe de demeurer modeste dans la victoire, surtout de ne pas chercher à humilier davantage un adversaire que la défaite humilie déjà bien assez. Que tu sois heureux que les Bisons aient gagné et que tu manifestes ta joie, même de façon exubérante, cela est très bien ; mais alors tu te réjouis de ta victoire et non pas de la défaite de ton adversaire… tu saisis la nuance ? Elle est importante.

Au fond, tu ne voulais pas « faire mal aux Remparts à l'occasion de leur journée du spaghetti », mais plutôt que les Bisons se fassent plaisir devant une grosse foule. Tu ne voulais pas que les Remparts perdent, mais que les Bisons gagnent. C'est cet esprit que tu devrais t'appliquer à traduire dans tes déclarations d'après-match, dans la victoire comme dans la défaite. Le monde du sport, et plus particulièrement celui d'un gardien de but, est tellement fait de hauts et de bas qu'il est important de ménager tes relations avec tout le monde, y compris tes adversaires. En ce sens, tes déclarations au Journal étaient parfaites. On doit garder son agressivité et sa hargne pour le match. Lorsqu'il est terminé, les sentiments humains doivent reprendre le dessus, surtout le respect pour autrui.

Dans un autre ordre d'idées, j'ai parlé à Gabriel Gagnon ce matin au sujet de ton retour à l'Académie Saint-Louis en avril. Ce dernier ne voit pas de problème en principe. Je le rencontre demain pour arrêter les détails de cette décision. Je te ferai part des résultats aussitôt que je les connaîtrai.

Entre-temps, ne néglige pas tes études pour autant; fais ton possible. Je sais qu'il est difficile pour toi de réaliser, du moins pour l'instant, combien il est important que tu réussisses dans tes études quoi qu'il advienne de ta carrière de hockey. Mais prends ma parole, tu n'auras jamais à le regretter.

Quand tu recevras cette lettre, j'espère que vous aurez triomphé des Chevaliers (Longueuil) et que vous vous apprêterez à en faire autant avec les Voltigeurs (Drummondville). Cela te donnera l'occasion de pratiquer tes relations de presse. Salut et bonne chance.

À bientôt,

Papa

Les Bisons ne triomphèrent pas des Chevaliers. De fait, malgré toutes les bonnes intentions de Roger Picard et quelques autres performances exceptionnelles de Patrick, ils ne gagnèrent pas souvent. Seulement 20 victoires en 70 parties. Ils terminèrent au dixième rang sur onze équipes et furent exclus des séries éliminatoires. Patrick persista à poursuivre ses études, mais il n'assistait qu'aux cours qui lui étaient essentiels pour accéder au cégep.

De retour à Québec après la saison, il fréquenta l'Académie Saint-Louis quelque temps, puis voyant qu'il avait pris trop de retard, il tenta de reprendre sa cinquième secondaire l'année suivante. Malgré des résultats excellents dans les matières qui lui étaient essentielles, les autorités de la Polyvalente Joseph-Hermas-Leclerc s'obstinèrent encore à ne pas lui consentir d'assouplissement de programme. On ne daignait pas tenir

L'ENFANCE

(Collection de Barbara Miller-Roy.)

À deux ans, derrière des cheveux blonds, presque blancs, et de beaux yeux bleus sommeille un volcan prêt à entrer en éruption à tout instant.

(Collection de l'auteur.)

Patrick, trois ans, et Stéphane, un an et demi.

(Collection de Barbara Miller-Roy.)

À six ans, Patrick prend déjà la pose du gardien de but.

(Collection de Barbara Miller-Roy.)

Tôt en ce matin de Noël 1973, Patrick trouve un équipement de gardien de but flambant neuf au pied de l'arbre.

(Collection de l'auteur.)

Un départ matinal pour l'aréna, à neuf ans.

(Collection de l'auteur.)

Le « 1330 », où Patrick
demeure entre sept et
quatorze ans. Quand, en plein
été, le soleil du matin se fraie
un chemin à travers les feuilles
pour lécher les briques
rougeâtres des façades des
maisons, personne ne souhaite
être ailleurs.

(Photo de Pierre Mourey – collection de l'auteur.)

Patrick, un samedi matin
de 1974, de retour d'une séance
d'entraînement avec Stéphane
et ses parents.

(Collection de l'auteur.)

Patrick est distrait
en classe de troisième
année. On voit bien
ce qui retient
son attention.

(Collection de l'auteur.)

Entraîneuse de l'équipe de natation de la Ville de Québec, Barbara initie Patrick et
Stéphane à la compétition. Patrick excelle à la brasse et, vers l'âge de sept ans, il figure parmi les meilleurs du Québec dans son groupe d'âge. Stéphane en fait autant
au dos crawlé.

(Collection de Barbara Miller-Roy.)

Patrick à douze ans, tel qu'il se présente au Tournoi international de hockey pee-wee du Carnaval de Québec, dans l'uniforme du Québec-Centre-Haute-Ville.

L'aréna du parc Victoria, à Québec, un bâtiment vétuste – aujourd'hui disparu – où Patrick donne ses premiers coups de patin en hockey de compétition.

À l'été 1975, Patrick fréquente l'École estivale de hockey de Sainte-Foy sous la direction de Michel Lachance, un ancien joueur des Remparts de Québec. Stéphane, juste derrière Patrick, à gauche, est le capitaine de l'équipe.

(Collection de l'auteur.)

L'équipe de Québec-Centre participe au tournoi atome de Montréal-Nord en 1976. Patrick est juste à côté de l'entraîneur Alain Samson. Stéphane est debout dans la deuxième rangée, le quatrième à partir de la droite.

(Collection de Barbara Miller-Roy.)

L'équipe d'étoiles pee-wee de la Ligue de hockey Inter-Cités en 1978. On reconnaît Sylvain Côté, le septième à partir de la gauche dans la seconde rangée.

(Collection de l'auteur.)

En 1981-1982, Patrick mène les Gouverneurs de Sainte-Foy au championnat de la Ligue midget « AAA » du Québec et à la grande finale de la coupe Air Canada, emblème du championnat canadien de hockey midget, disputée à Victoria, en Colombie-Britannique.

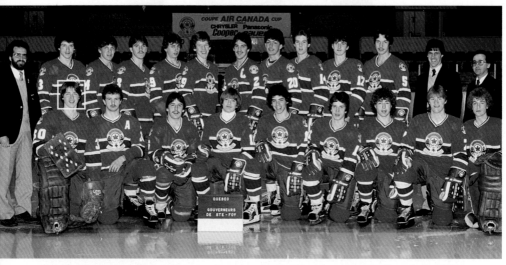

Les Gouverneurs de Sainte-Foy, représentants du Québec à la coupe Air Canada de 1982. Sylvain Côté, qui connaîtra aussi une brillante carrière comme défenseur dans la Ligue nationale de hockey, est le deuxième à partir de la gauche dans la seconde rangée.

De 1982 à 1985, juste avant de devenir professionnel, Patrick fait son stage junior avec les Bisons de
Granby, où les parties de quarante à soixante lancers s'inscrivent à son ordinaire.

(Collection de Barbara Miller-Roy.)

compte de sa particularité. Patrick avait un but. Il avait établi ses priorités, fait ses choix, mais il voulait aussi accéder au cégep. L'école ne l'entendait pas ainsi. Elle a refusé de l'aider en tenant compte de ses besoins particuliers.

Il se vit forcé de quitter le programme régulier pour s'inscrire à celui de l'éducation des adultes. Mais comme il n'y avait pas de tuteur pour faire un suivi assidu, aussi bien dire qu'il venait d'abandonner les études.

⌣

Le 8 août 1983, après un bref séjour en famille à Wells Beach, dans le Maine, nous conduisîmes Patrick à Granby pour le début de son deuxième camp d'entraînement avec les Bisons. Encore une fois les dirigeants des Bisons se montrèrent confiants en vue de la saison à venir. Ils avaient fait de Stéphane Richer leur premier choix à la séance de sélection et Roger Picard prédisait le quatrième rang à son équipe. Mais après un début de saison qui sembla lui donner raison, un départ canon de quatre victoires en autant de matchs, l'équipe retomba vite dans ses ornières des saisons précédentes. À la mi-octobre, elle affichait un dossier de 7 victoires et 7 défaites, 8-13 au début de novembre et 11-17 à la mi-novembre.

Pourtant, sur papier, les Bisons ne constituaient pas une mauvaise équipe ; ils n'avaient pas de profondeur mais réunissaient de très bons éléments à toutes les positions. Outre l'inexpérience des directeurs, deux raisons peuvent expliquer les piètres résultats. D'abord, Picard n'était pas entraîneur à temps plein. Il résidait toujours à Montréal où il exerçait son travail de policier, et faisait quotidiennement la navette entre Montréal et Granby pour diriger les entraînements et les parties locales. Lors des parties à l'extérieur, il ne voyageait pas dans l'autobus avec ses joueurs, mais se rendait directement au lieu du match, à partir de son domicile. Il ne pouvait donc savoir ce qui se passait dans son équipe hors de la patinoire ; il ne vivait pas avec elle. Or, dans le hockey junior, compte tenu du jeune âge des joueurs, il est indispensable qu'un entraîneur soit présent auprès de ceux-ci le plus souvent possible. Picard n'était pas présent ; il n'était pas en contrôle de son équipe. Ensuite, et comme conséquence directe de l'absence de Picard, c'était la loi du milieu qui régnait, celle qu'imposait un vulgaire *bully* parmi les joueurs plus âgés, grossier et irréfléchi, une pomme pourrie, un véritable cancer qui rongeait l'esprit d'équipe en empoisonnant l'atmosphère des plus jeunes. Il les terrorisait et leur rendait la vie misérable.

Il y a dans le hockey junior, de même que chez les professionnels, une tradition taboue : l'initiation des recrues. Ce rite donne parfois lieu à des actes vulgaires et déplacés dont la gravité dépend du niveau de décence de ceux qui en prennent l'initiative. On obligera par exemple des jeunes à pousser avec le pénis un raisin sur la surface du plancher, en attente de celui qui parviendra au mur le premier, on leur rasera le poil du pubis, on introduira un joueur complètement nu dans l'ascenseur d'un hôtel en prenant soin de presser les boutons pour que celui-ci s'arrête à tous les étages, etc. Rien de trop reluisant ! Habituellement, une recrue n'a à subir ces sévices qu'une fois en début de saison. Après, on considère qu'elle a mérité de faire partie du groupe et tout est terminé. Mais cette année-là, à Granby, ce fut pire que jamais. Ça ne s'arrêtait pas. Le *bully*, sous le regard complice et amusé de quelques vétérans, trop moutons et pas suffisamment mûrs pour intervenir, forçait des jeunes à la fellation, à la masturbation, les traitait comme si leur initiation était quelque chose de continu, comme s'ils devaient être soumis en permanence à ses desseins pervers. Inutile de dire que cela créa des tensions dans l'équipe. Les plus jeunes se dépêchaient de prendre leur douche avant que le *bully* prenne la sienne et les oblige à lui laver le dos... et les fesses, ou encore ils se hâtaient d'en sortir aussitôt qu'il se présentait. C'était un climat de terreur. Les recrues n'osaient pas se révolter par crainte de quelques vétérans qui semblaient, sinon apprécier, du moins tolérer ces inepties. Elles ne se plaignaient pas non plus. Les joueurs de hockey appartiennent à une race qui ne se plaint jamais, ç'est bien connu ! Patrick, qui n'était plus une recrue mais ne faisait pas encore partie du cercle des vétérans qui influençait le groupe, allait à son affaire comme si de rien n'était.

Dans un tel contexte, il ne pouvait pas y avoir d'équipe ; seulement une vingtaine d'individus qui essayaient de jouer au hockey et pour qui se présenter à l'aréna devenait de plus en plus désagréable, détestable, et pénible. À tel point que Patrick évoqua le désir d'être échangé pour rejoindre son frère Stéphane qui jouait maintenant avec les Saguenéens de Chicoutimi, également dans la LHJMQ.

C'est Picard qui écopa. Les absents ont toujours tort. Ça aussi c'est bien connu ! Lors de son congédiement, il désigna publiquement le fauteur de troubles, celui qui nuisait à l'esprit d'équipe. « Tous les joueurs en ont peur, principalement les jeunes, et il nuit à l'esprit d'équipe, dit-il. J'aurais dû le remplacer depuis longtemps, mais je n'avais pas le choix, j'avais besoin d'un défenseur robuste. »

Claude St-Sauveur succéda à Picard. Comme joueur, celui-là avait roulé sa bosse pendant plus de huit saisons dans l'Association mondiale de hockey, sans oublier un séjour d'un an chez les Flames d'Atlanta de la LNH en 1975-1976, avec lesquels il avait marqué 24 buts, pour une saison respectable de 48 points. Les Bisons en étaient à leur troisième entraîneur en un peu plus de deux ans et, au niveau de la direction, à leur cinquième président. Pas tout à fait l'image de la stabilité. Mais St-Sauveur avait un avantage non négligeable sur Picard : il habitait Granby et serait entraîneur à temps plein.

Pendant ce temps, après une première saison avec les Gouverneurs de Sainte-Foy – ceux-ci s'étaient inclinés en finale de la coupe Air Canada, comme l'année précédente –, Stéphane avait été le premier choix des Saguenéens de Chicoutimi, au septième rang du premier tour de sélection. Il était en bonne compagnie. Quelques joueurs qui ont connu une brillante carrière dans la LNH avaient également été sélectionnés au cours de ce même tour : Stéphane Richer au deuxième rang par les Bisons, Luc Robitaille au quatrième rang par les Olympiques de Hull et Vincent Damphousse au onzième rang par les Voisins de Laval.

Le frère de Patrick était également courtisé par l'Université Colgate, près de Syracuse, dans l'État de New York. La décision ne fut pas facile à prendre. Colgate constituait une avenue intéressante qui lui permettrait d'étudier dans un encadrement idéal, tout en se développant comme joueur de hockey. Mais cette option comportait aussi un inconvénient. Comme il était encore d'âge midget et qu'il lui restait sa cinquième secondaire à terminer, il lui aurait fallu jouer un an de plus à Sainte-Foy avant de s'expatrier. Compte tenu que Stéphane était parmi les meilleurs de son groupe d'âge au Québec, qu'il avait déjà attiré l'attention des recruteurs d'équipes professionnelles et que les experts le jugeaient prêt pour le hockey junior majeur, nous craignions, à ce moment, qu'une autre année chez les midgets ne marquât un recul dans sa progression de carrière.

Michel Parizeau, un ancien joueur des Nordiques de Québec, était l'entraîneur à Chicoutimi. Plusieurs années auparavant, il avait accompli l'exploit peu banal, et plutôt rare, de faire des études classiques en même temps qu'il menait sa carrière de joueur junior à Drummondville. Il avait une bonne tête et nous inspirait confiance. De plus, comme les Saguenéens était l'équipe de la ligue qui passait le plus de temps à voyager, ses dirigeants avaient pris entente avec une école secondaire pour que les joueurs de ce niveau scolaire puissent s'inscrire au programme d'éducation des adultes et profiter d'un régime d'apprentissage individualisé avec l'aide d'un tuteur. Cela leur donnait plus de flexibilité et permettait à tous ceux qui en avaient la volonté de poursuivre leurs études adéquatement malgré un horaire de hockey chargé. Stéphane opta pour Chicoutimi. Nous appuyâmes sa décision.

Le hockey devenait une sérieuse possibilité de carrière pour les deux frères. Patrick serait admissible à la prochaine séance de sélection de la LNH et l'avenir de Stéphane semblait prometteur. Le temps était venu de leur suggérer un agent, un conseiller compétent qui les représenterait, les dirigerait, les orienterait et veillerait sur leurs intérêts d'ici la fin de leur stage junior, et qui, le moment venu, serait en mesure de les conseiller dans la négociation de leurs contrats de joueur, de relations publiques ou de publicité, en plus de leur fournir tout le soutien voulu en matière de gestion financière et de conseils juridiques.

Après avoir jaugé les ressources disponibles dans le milieu, je rencontrai et demandai à deux firmes de nous transmettre une proposition de service. À la fin du processus d'analyse, je recommandai à Patrick et à Stéphane le groupe Jandec, dirigé par Pierre Lacroix. Ce dernier avait ainsi nommé son entreprise pour montrer qu'il était disponible trois cent soixante-cinq jours par année, de janvier à décembre.

Trois choses en particulier avaient retenu mon attention chez Jandec. D'abord, les qualités personnelles de Pierre Lacroix. En plus d'être dynamique, empressé et compétent, il ne touchait jamais à l'alcool, ni au tabac, et il menait une vie familiale exemplaire avec sa femme Colombe et leurs deux fils, Martin et Éric. Ensuite, la stratégie d'affaires de Jandec me plaisait bien. Lacroix se faisait un point d'honneur de s'occuper de tous ses clients personnellement et, pour ce faire, il en limitait volontairement le nombre. Aussi, j'insistai pour ajouter une clause à l'entente, qui disait que celle-ci ne serait valide que si Pierre Lacroix continuait à s'occuper personnellement des intérêts de Patrick et de Stéphane ; ceux-ci pourraient y mettre fin par un simple avis écrit, advenant qu'il en soit autrement. Enfin, le patron de Jandec était l'un des agents les mieux considérés dans le monde du hockey professionnel. Il conseillait notamment Robert Sauvé, Mike Bossy, Normand Rochefort, Richard Sévigny, et c'était lui qui avait rendu possible la mise sous contrat des frères Stastny dans l'uniforme des Nordiques.

Patrick signa son contrat avec Jandec le 19 février 1984, sans se douter que ce pacte serait en vigueur jusqu'à la fin de sa carrière.

La venue de Claude St-Sauveur ne changea pas grand-chose au sort malheureux des Bisons. Comme un vieux disque usé, l'histoire se répétait. Les défaites s'alignaient malgré des performances parfois hors de l'ordinaire de Patrick, comme cette défaite de 5 à 4 à Laval, devant plusieurs recruteurs de la LNH, alors que les Voisins et Mario Lemieux dominèrent 62 à 18 dans le chiffre des tirs au but. Avant le match, Patrick avait parlé à « Charlotte » – c'est ainsi qu'il surnommait sa mitaine – et celle-ci avait fait des miracles. Puis, à une autre occasion, à Verdun, devant Serge Savard et tout son état-major, les Bisons trouvèrent le moyen de vaincre le Junior de Montréal par le compte de 4 à 2, tout en étant déclassés par 42 lancers contre 32. Soit dit en passant, le gardien de dix-sept ans qui faisait face à Patrick ce soir-là était Troy Crosby, qui allait, quelques années plus tard mais pas beaucoup plus tard, engendrer le désormais célèbre Sydney Crosby.

Malgré les exploits individuels de Patrick, les experts, les recruteurs, les journalistes et même les amateurs commençaient à en avoir ras-le-bol de la médiocrité chronique des Bisons, et la morosité ambiante commençait à déteindre sur l'évaluation de son travail. La chance au coureur avait atteint ses limites et faisait maintenant place à l'intolérance. Ainsi, Patrick ne fut pas invité au match des étoiles de la ligue et son nom recula considérablement sur la liste des meilleurs espoirs québécois pour la LNH, alors que la séance de sélection approchait. En langage de sport, le *timing* n'était pas bon.

Les Bisons, de l'avis de tous une équipe qui avait le potentiel pour se classer au cinquième ou sixième rang, terminèrent de justesse en huitième place, un point devant Chicoutimi, le dernier échelon donnant accès aux séries éliminatoires de fin de saison. Cette piètre performance leur valut de se mesurer dès la première ronde aux champions de la saison régulière, les puissants Voisins de Laval et leur grande vedette, Mario Lemieux. Ces derniers les dévorèrent sans pitié en quatre parties d'affilée.

Malgré cette saison décevante, Patrick parvint à obtenir la troisième meilleure moyenne de buts alloués par partie dans la ligue chez les portiers réguliers, juste derrière Tony Haladuick, des Voisins de Laval, et Dave Quigley, des Cataractes de Shawinigan. Un exploit en soi, compte tenu de la défensive poreuse des Bisons. Mais une moyenne de 4,44 buts par partie n'était pas une statistique qui impressionnerait les recruteurs. Il ne restait qu'à se croiser les doigts et à attendre la séance de sélection de la LNH, prévue pour le 9 juin.

11

LA LUMIÈRE AU BOUT DU CHAMP DE MAÏS

En avril, peu après le décès d'Anna, la mère de Barbara à laquelle les enfants étaient bien attachés, nous entreprîmes un voyage d'une quinzaine de jours en famille. Patrick et Stéphane étaient disponibles, leurs équipes ayant été éliminées. Compte tenu de leur âge, nous étions à peu près certains qu'il s'agissait de la dernière occasion où nous pourrions vivre une telle expérience. Bona et Lisette avaient loué un appartement à Clearwater Beach, sur la côte ouest de la Floride. Je pourrais y partager une chambre avec Barbara et Alexandra. Quant aux deux frères, nous les avions logés pas très loin, au motel Golden Beach, sur le boulevard Gulfview.

Inutile de préciser qu'en Plymouth Reliant K, ce fut une longue randonnée. Nous mîmes plus d'une trentaine d'heures, en deux jours, pour franchir les deux mille huit cents kilomètres qui relient Cap-Rouge au golfe du Mexique. À l'aller comme au retour, Alexandra était coincée sur la banquette arrière, entre ses frères, à endurer leurs taquineries, pendant que ceux-ci tentaient tant bien que mal de s'accaparer tout l'espace qu'ils pouvaient pour faire de la place à leurs longues jambes. Entre autres, Patrick avait essayé de faire croire à sa sœur qu'elle était une enfant adoptée, ou encore, faisant mine de lire savamment dans les lignes de sa main, il lui avait dit, sur un ton plein de gravité, qu'elle mourrait à vingt-six ans. Encore aujourd'hui, Alexandra nous avoue s'être sentie soulagée le jour de son vingt-septième anniversaire. Autant Patrick pouvait faire preuve d'intensité et de détermination en compétition, autant, hors de celle-ci, il pouvait être léger et aimer jouer des tours.

Ce fut un séjour fort agréable. En famille. Les bains à la mer, le jogging sur la plage, les parties de *shuffleboard* autour de la piscine, les matchs de tennis, les couchers de soleil sur le golfe du Mexique, etc. Après le souper, nous jouions à l'horloge avec Lisette. Je l'entends encore dire à Stéphane qui mettait une éternité à abattre ses cartes : « Ce soir, Stéphane ! C'est ce soir qu'on joue ! » Patrick ne parlait pas encore très bien l'anglais mais il arrivait à obtenir ce qu'il voulait. Ça ne le gênait aucunement, par exemple, de commander à une serveuse du McDonald's qui devait se retenir pour ne pas éclater de rire :

— *One big frritts, please !*
— *You mean one large fries, dear ?*
— *That's it ! With a soda, please.*

Il y eut cette partie de football des Bandits de Tampa Bay à laquelle nous assistâmes avec les Léger. Gilles Léger, alors directeur du développement des joueurs chez les Nordiques, séjournait avec sa famille à Indian Shores, quelques kilomètres plus au sud, et nous nous étions joints à eux pour la circonstance. Il y eut aussi cette visite incontournable au Epcot Center et au Magic Kingdom de Walt Disney World, à Orlando, où je donnai l'occasion à la famille de se bidonner à mes dépens. J'avais été choisi au hasard dans la foule par une troupe de théâtre qui, sur-le-champ, m'avait fait jouer un rôle dans un épisode de *Roméo et Juliette,* improvisé en plein air.

Un dimanche midi, après le brunch à un restaurant appelé The Bank, nous aperçûmes un appareil de divertissement qui avait la prétention de pouvoir indiquer à celui qui voulait bien l'interroger son chiffre chanceux pour n'importe quel jour de l'année. Nous nous empressâmes d'y glisser une pièce de vingt-cinq cents pour connaître quel serait le numéro chanceux de Patrick le 9 juin 1984. Réponse : 51.

La séance de sélection de la LNH est un spectacle en soi ; elle est d'ailleurs télévisée en majeure partie. En 1984, elle avait lieu au vieux Forum de Montréal, un des temples les plus prestigieux du monde du hockey qui appartient aujourd'hui au passé. Là où l'on retrouve habituellement la glace, faisant face à une large estrade, étaient alignées des tables occupées par les représentants de chacune des vingt et une équipes de la LNH. Parmi ces représentants, et c'est ce qui a le pouvoir de transformer une simple séance de travail en spectacle, on reconnaissait plusieurs visages que la télévision, au fil des années, nous avait rendus familiers, soit comme joueurs, soit comme entraîneurs : les Scotty Bowman, Serge Savard, Jacques Lemaire, le regretté John Ferguson, Rogatien Vachon, pour ne nommer que ceux-là. Ces derniers étaient entourés de leur équipe de recruteurs et autres administrateurs. Tantôt ils consultaient d'épaisses liasses de documents et discutaient avec leur entourage de façon animée, tantôt ils se levaient et se faufilaient entre les tables pour aller rencontrer un homologue d'une autre équipe et entamer une négociation. C'est de cette façon que Serge Savard avait échangé un de ses gardiens de but réguliers, Rick Wamsley, aux Blues de Saint Louis, contre leur choix de première ronde, juste avant que la séance débute.

Tout cela devant les caméras, les journalistes et plusieurs centaines de spectateurs qui s'étaient déplacés pour assister à l'événement sur place, et tous ceux, bien plus nombreux, qui, les yeux rivés sur leur téléviseur, attendaient avec anxiété de connaître les joueurs d'avenir dont « leur » équipe s'emparerait. Il est toujours fascinant de voir à quel point les supporters d'une équipe considèrent celle-ci comme « leur » équipe, alors que, dans les faits, ils n'exercent sur elle aucun autre contrôle que leur présence ou leur absence aux matchs. Cette séance de sélection en était un bon exemple. Les partisans, impuissants, ne pouvaient que regarder.

Dans les gradins, on retrouvait quelques amateurs curieux, mais surtout des joueurs, le plus souvent entourés des membres de leur famille et de leur agent, cachant mal leur nervosité, dans l'attente que le directeur général d'une formation quelconque appelle leur nom au micro et les invite à sa table joindre leur destin à celui de son équipe.

Cette année-là, le tout premier choix fut celui de Pittsburgh, qui fit de Mario Lemieux le plus célèbre des « pingouins » de l'histoire, même si celui-ci refusa momentanément d'endosser son nouveau chandail, en guise de protestation contre la lenteur de ses négociations avec cette équipe. Le deuxième choix fut Kirk Muller, repêché par New Jersey. Les Canadiens usèrent de leurs deux choix de première ronde pour s'approprier Petr Svoboda, cinquième, et Shayne Corson, huitième. Puis l'ancien coéquipier de Patrick chez les Gouverneurs de Sainte-Foy et également client de Pierre Lacroix, Sylvain Côté, de Québec, fut choisi onzième par les Whalers de Hartford – maintenant devenus les Hurricanes de la Caroline. Stéphane Richer, le coéquipier de Patrick chez les Bisons, fut réclamé au vingt-neuvième rang par les Canadiens. Déjà deux gardiens de but avaient été sélectionnés : Craig Billington, le vingt-troisième choix, celui des Devils du New Jersey, et Daryl Reaugh, la quarante-deuxième sélection, par les Oilers d'Edmonton.

Patrick ne manifestait aucune impatience. Il n'était considéré que comme le quatorzième gardien, le quatrième au Québec, par le système de recrutement central de la LNH et ne s'attendait pas à être sélectionné avant la quatrième ou cinquième ronde. Assez curieusement, pour quelqu'un qui poursuivait un but avec tellement d'acharnement depuis si longtemps, on aurait dit qu'il ne réalisait pas à quel point il s'en approchait. Comme si la réalité allait maintenant plus vite que son rêve, il ne pouvait croire qu'il pourrait bientôt jouer avec ceux qu'il voyait s'exécuter la veille au petit écran, à *La Soirée du hockey* de Radio-Canada. Il faut dire que la télévision a le don de montrer les personnages plus grands que nature, de les magnifier, de les mythifier. Patrick se voyait encore très loin de ce monde magique qu'il tenait encore pour irréel et inaccessible. C'est tout juste s'il croyait être sélectionné par une équipe de la LNH. Inutile d'ajouter qu'il n'avait aucune préférence quant à celle qui en ferait son choix.

Soudain, voici le moment du cinquante et unième choix, celui des Canadiens, obtenu grâce à un échange avec Winnipeg contre Robert Picard, ironiquement le neveu de Roger Picard, l'ancien entraîneur de Patrick à Granby. À cet instant, nous ne pûmes nous empêcher de penser à l'appareil de divertissement du restaurant de Clearwater Beach deux mois plus tôt, et nos cœurs se mirent à palpiter. « Non ! Dites-moi que ce n'est pas vrai ! Pincez-moi quelqu'un, je dois rêver ! » De sa table, Serge Savard s'empare du micro et lance, d'une voix grave et monocorde : « Les Canadiens de Montréal sont heureux de sélectionner, des Bisons de Granby, **Patrick Roy** ! »

Quelle extraordinaire surprise ! Quel fantastique rendez-vous avec le destin ! Je serrai la main de Patrick, Barbara l'embrassa, et il se faufila jusqu'à la table des Glorieux, où il revêtit fièrement le chandail de sa nouvelle équipe, sous le crépitement des flashs des appareils photo. Pendant qu'il se drapait de la « sainte flanelle », il ne put s'empêcher d'analyser rapidement d'où viendrait la compétition pour le poste de second gardien. Il n'y avait que Steve Penney qui était assuré de son poste et la lutte semblait ouverte pour le choix du gardien auxiliaire, la principale concurrence venant de Richard Sévigny, Mark Holden et Greg Moffett. Il essayait en rêve de rejoindre la réalité. Il avoua candidement : « J'ai beaucoup d'admiration pour Steve Penney, un gars de Québec comme moi, qui a gagné son poste avec le Canadien. Ça va être drôle de compétitionner contre lui, car il a déjà été mon professeur lors d'une école de hockey à Sainte-Foy. Je suis heureux et comblé et je donnerai le maximum au camp d'entraînement du Canadien. [...] S'il faut que je retourne compléter mon stage junior avec les Bisons, ce ne sera pas si grave car c'est une excellente ville de hockey. »

Longtemps après que Patrick eut répondu aux questions des journalistes, eut posé pour les photographes, eut accepté les félicitations d'usage, pendant que nous étions attablés à une terrasse du Vieux-Montréal sous une chaleur de 31 degrés Celsius, avant de reprendre la route pour Québec, dans un Forum aux gradins presque déserts, d'autres joueurs commençaient à désespérer que la réalité rejoigne leur rêve. Luc Robitaille, par exemple, qui allait devenir le plus prolifique ailier gauche de toute l'histoire de la LNH, dut attendre jusqu'au cent soixante et onzième rang, un choix des Kings de Los Angeles, pour être certain que sa quête se poursuivrait. Comme quoi le talent n'est pas toujours facile à détecter à cet âge, même par ceux qui se voudraient les meilleurs experts au monde !

‿

Comme les Canadiens n'avaient pas fait d'offre à Richard Sévigny avant le 1er juillet, il était devenu joueur autonome sans compensation et libre d'offrir ses services à n'importe quelle autre équipe. Le mois suivant, les Nordiques le mettaient sous contrat. Patrick venait de faire un autre pas vers Montréal. Il ne restait que Holden et Moffett pour lui barrer la route du poste de deuxième gardien.

À peine Sévigny largué, les Canadiens présentèrent une proposition à Patrick. Dans le jargon du métier, on lui offrait un « trois plus un », c'est-à-dire un contrat de trois ans fermes plus une année d'option, le salaire de base atteignant pour chacune des années 75 000 dollars, 85 000 dollars, 95 000 dollars et 100 000 dollars. L'entente prévoyait un salaire annuel de base de 30 000 dollars pour un séjour dans la Ligue américaine et de 5 000 dollars dans le junior. Un addenda comportait une prime de signature de 35 000 dollars, de même que plusieurs primes liées à la performance du joueur et à celle de l'équipe.

La négociation ne fut pas très longue, ni très ardue. Les montants proposés s'inscrivaient dans des barèmes déjà établis et liés à la ronde au cours de laquelle le joueur avait été sélectionné. À cette époque, le gardien de but le mieux rémunéré dans la LNH touchait 325 000 dollars, et seulement quatre joueurs dans toute la ligue avaient un salaire supérieur à 400 000 dollars. Patrick n'avait que dix-huit ans et il n'avait jamais vu autant d'argent. Par comparaison, je venais d'être nommé vice-président aux opérations régionales et à la gestion du Code de la sécurité routière à la Société de l'assurance automobile du Québec, et malgré des responsabilités relativement importantes, plus de mille trois cents employés à gérer et une vingtaine d'années d'états de service sur le marché du travail, on me versait un salaire annuel de moins de 68 000 dollars.

Patrick signa l'entente, son premier contrat professionnel, le 26 juillet 1984.

⌣

Quelques jours plus tard, accompagné de Claude Lefebvre, Patrick entrait chez un concessionnaire Honda, sur le boulevard Charest, à Québec. Il avait remarqué une Honda Prélude gris *charcoal* dans la salle de montre. Un représentant, d'âge plutôt mûr, les remarqua, mais peu impressionné par l'allure de nos deux ados, il détourna la tête et préféra se diriger vers la machine à café. Un autre, plus jeune et surtout moins indépendant, les rejoignit alors qu'ils étaient déjà autour de l'objet de leur convoitise :

— Est-ce que je peux vous aider ?

— Oui, je viens acheter une automobile.

— Avez-vous visité notre parc de voitures usagées ?

— Non, j'ai fait mon choix, c'est celle-ci que je veux.

— Ah ! Mais c'est une voiture de près de 15 000 dollars, êtes-vous sûr que…

— Oui, oui, c'est bien celle-là.

— Mais qui va payer pour ça ?

— Moi !

— Passez dans mon bureau.

Patrick et Claude suivirent le vendeur et prirent place dans son bureau.

— Laissez-moi vous expliquer notre plan de financement…

— Ce ne sera pas nécessaire. Je vais vous payer comptant, par chèque.

— Ah !… Très bien… Mais auparavant, je vais devoir vérifier auprès de votre banque pour m'assurer que vous avez les fonds suffisants.

— Oui, bien sûr !

Le représentant avait déjà fait des transactions plus difficiles. Son collègue plus âgé n'avait pas encore terminé son café que la vente était déjà conclue. Aussitôt les vérifications d'usage complétées, il indiqua à Patrick que la voiture serait prête le lendemain.

À l'heure convenue, Patrick se présenta chez le concessionnaire et prit possession de sa Prélude flambant neuve. Il était tellement excité à l'idée d'aller la faire admirer aux Doyon et à la « *gang* du parc Saint-Sacrement » qu'il en oublia de vérifier la jauge d'essence qui indiquait un réservoir presque vide. En montant la côte Saint-Sacrement, tout près du but, le bolide se mit à tousser et à avoir des ratés. Patrick eut tout juste le temps de virer à droite sur le chemin Sainte-Foy et de se laisser aller par la seule force de l'inertie, le moteur ayant calé, pour parvenir de peine et de misère à la station d'essence dont seul l'à-propos de l'emplacement allait sauver son honneur.

C'est aussi au volant de sa nouvelle voiture qu'il se présenta à son dernier camp des Bisons à la mi-août.

Au cours de la saison précédente, à Granby, Patrick se tenait souvent avec Carl Vermette, son ancien coéquipier chez les Gouverneurs de Sainte-Foy, jusqu'à ce que celui-ci soit échangé aux Castors de Saint-Jean, juste avant les Fêtes. Puis il se tourna vers Stéphane Richer, qu'il chercha à encourager et avec qui il passait le plus clair de son temps hors de la patinoire. Ils allaient faire route commune quelque temps encore.

Le 10 septembre 1984, les deux jeunes hommes quittèrent Granby pour se présenter au Manoir Lemoyne du boulevard de Maisonneuve, à quelques pas du Forum. Les Canadiens leur avaient réservé une chambre, après les avoir invités au camp des recrues qui commencerait le lendemain. Cette semaine était en quelque sorte une façon pour eux de se préparer pour le « vrai » camp de l'équipe, qui s'ouvrirait au Forum sept jours plus tard. Entre-temps, le 14, ils furent libérés pour aller disputer la première partie du calendrier des Bisons contre Chicoutimi, au Palais des Sports de Granby.

C'est en assistant à ce match que je compris à quel point le fanatisme sportif n'était qu'une question de couleur de chandail et que le fait d'être gardien de but créait une dynamique particulière. Patrick gardait le but des Bisons et Stéphane, son frère, jouait à l'avant pour les Saguenéens. J'aurais voulu que le premier arrête tout et que l'autre marque. Quel terrible dilemme! Quelle que soit l'issue, elle comporterait toujours un résultat regrettable. Quelle attitude devais-je adopter? Devais-je me réjouir si Patrick arrêtait les tirs de Stéphane? Ce dernier ne me l'aurait pas pardonné. Et si Stéphane comptait, que devais-je faire? J'étais dans une situation fort inconfortable, tout cela parce que l'un des deux était gardien de but. Au fond, je n'avais aucun parti pris pour une équipe ou une autre. Si les deux avaient joué à l'avant, je n'aurais pas ressenti d'inconfort. « Allez-y les gars, marquez tant que vous le pouvez! » Mais quand on est le père d'un gardien, les matchs paraissent toujours trop longs. On voudrait que ça ne dure que cinq minutes. Un blanchissage et hop, on rentre à la maison! Quand on est le père d'un autre joueur, c'est tout le contraire. Le match n'est jamais assez long, on n'en a jamais assez. On voudrait qu'il marque le plus de buts possible. Je choisis de rester neutre et de ne pas montrer d'émotion; je venais de perdre ma naïveté de partisan.

La pire des hypothèses aurait été que Patrick cède sur plusieurs tirs sans que Stéphane marque. Heureusement, elle ne s'est pas réalisée. Les Bisons l'emportèrent en prolongation par le compte de 2 à 1, sur un but de Stéphane Richer, et Patrick fut la première étoile du match, ayant stoppé 32 des 33 lancers des Saguenéens. À dix-sept ans, l'autre Stéphane, le mien, aurait bien le temps de se reprendre.

Le camp d'entraînement des joueurs réguliers des Canadiens, le vrai celui-là, s'amorça le 18 septembre. Patrick était vraiment ému de prendre place dans ce vestiaire où tant de porte-couleurs légendaires du Tricolore l'avaient précédé. Il médita quelques instants devant leurs portraits, au-dessus desquels était inscrit cet extrait du poème de John McCrae, intitulé *In Flanders Field* : « Nos bras meurtris vous tendent le flambeau ; à vous de le porter bien haut. » Il était également impressionné d'être sur la même patinoire que les Guy Lafleur, Steve Shutt, Larry Robinson, Bob Gainey, tous ces joueurs qu'il ne connaissait que par la télévision hier encore. C'était son rêve qu'il vivait et il se laissait bercer par l'ambiance. En dépit d'une déclaration publique de Serge Savard qui lui était favorable, il ne se faisait pas d'illusions sur ses chances de rester avec le club dès sa première tentative. Aussi avait-il décidé de savourer chaque instant et de s'amuser.

À vrai dire, les dirigeants des Canadiens n'avaient pas l'intention de le garder à Montréal. L'équipe n'avait pas beaucoup de profondeur devant le but. Son premier gardien, Steve Penney, avait connu d'excellentes séries le printemps précédent, mais c'était à la surprise de tous. Lorsqu'il avait été rappelé des Voyageurs de Halifax en fin de saison – c'est là que se trouvait le club-école des Canadiens avant son déménagement à Sherbrooke –, c'était pour laisser Holden et Moffett travailler en toute quiétude avec l'équipe de la Ligue américaine, car ceux-ci le précédaient dans la hiérarchie. Mais à Montréal, on avait eu une décision à prendre quant au gardien à utiliser à l'aube de la première ronde des séries éliminatoires de 1984, contre les Bruins de Boston. Jacques Lemaire, qui avait pris la relève de Bob Berry en février comme entraîneur des Canadiens, avait sondé Savard :

— Qu'est-ce que tu penses de Sévigny ?

— On ne peut pas gagner contre les Bruins avec Sévigny.

— Wamsley ?

— Wamsley ? On ne sait pas.

— Tant qu'à pas être sûrs de gagner avec aucun des deux, sais-tu qu'on serait aussi bien d'essayer Penney, qu'est-ce que t'en penses ?

— Pourquoi pas ?... On n'a rien à perdre, essayons Penney.

C'est de cette façon que la décision « risque-tout » fut prise. Et Penney fut à la hauteur, connaissant de bonnes séries, bien au-delà de toutes les attentes, aidant son équipe à éliminer les Bruins et les Nordiques avant de frapper le mur contre les puissants Islanders de New York. Mais ce n'est que par la constance et la persévérance qu'un gardien établit sa valeur, et Penney ne comptait que 19 parties d'expérience dans la LNH. Aux yeux de Savard et de Lemaire, s'il avait mérité le poste de premier gardien par ses performances dans les séries, il n'avait pas suffisamment fait ses preuves pour qu'on lui confie un junior sans expérience comme adjoint pendant toute une saison, si talentueux ce dernier puisse-t-il être.

Malgré tout, on décida de faire passer un bon test à Patrick en lui confiant quelques matchs hors concours. On voulait savoir ce qu'il avait sous le capot et à quel stade de développement il en était. De fait, les choses se passaient plutôt bien pour lui. Dès le début du camp des recrues, il avait aligné trois jeux blancs de suite lors des matchs intra-équipe, stoppant notamment son « coloc » Richer lors d'une échappée, ce qui avait fait dire à ce dernier : « Patrick et "Charlotte" m'ont volé. Il est superbe. » Puis au camp des joueurs réguliers, il continua d'impressionner. Ce n'était plus seulement les boulets de Richer qu'il arrêtait. Dans un concours où les joueurs arrivaient devant lui en fusillade, il épata en repoussant Lafleur et Carbonneau. Puis, au cours d'un match simulé, il se montra aussi inébranlable devant Steve Shutt qui était arrivé seul devant lui en échappée. Plusieurs vétérans, dont Larry Robinson, faisaient son éloge. Petit à petit, il prenait confiance en ses moyens, il commençait à y croire : « Le jeu est plus rapide et les lancers plus puissants et précis que dans le junior. Je dois être alerte et agressif. Mais ça va mieux que prévu. J'aurais cru que l'adaptation aurait été plus difficile, car j'étais un peu intimidé par tous ces vétérans. »

Il n'en fallait pas plus pour que les médias se mettent à spéculer sur ses chances de se tailler un poste au sein de l'équipe dès sa première tentative. Savard ne démentit rien, bien au contraire. Quel intérêt aurait-il eu à priver Patrick de sa principale motivation ? Même qu'il en remit : « Personne ne conteste que Steve Penney est le numéro un. Le poste numéro deux est ouvert et Roy est dans la compétition, d'autant plus que nous conserverons possiblement trois gardiens avec le club. [...] C'est sûr qu'on va l'essayer pour voir sa réaction face à des équipes professionnelles. » Et Lemaire ne contredit pas son patron : « Si Wamsley et Sévigny sont partis, c'est parce qu'ils ne faisaient pas le travail. Nous avions l'habitude de concéder au moins deux mauvais buts par match. [...] Je préfère qu'on développe un gardien de dix-huit ans comme Patrick Roy. Si Roy commettait deux erreurs coûteuses par partie, nous serions dans la même situation que l'an dernier. Pas mieux, pas pires. »

Mais il y avait un hic. Il n'y avait aucun spécialiste des gardiens de but au camp des Canadiens. Ce n'était pas encore l'usage. Et en matière de gardiens de but, Savard et Lemaire étaient de la vieille école. « Un gardien doit rester debout et couvrir ses angles ; s'il se jette sur la glace, c'est qu'il est mal pris », pensaient-ils. Comme cela avait été le cas quatre ans auparavant avec Fred Dixon, le style « papillon » de Patrick ne plaisait pas à Lemaire. C'était une note négative et ce dernier s'en ouvrit aux médias.

Patrick lui répondit par la même voie, non pas pour être frondeur face à l'autorité, mais il sentait intuitivement qu'il était sur la bonne voie. Il employait une technique qui lui venait naturellement et les résultats étaient plutôt positifs. Entêté, il commençait à afficher cette confiance qui l'habiterait tout au long de sa carrière : « Je me jette peut-être un peu vite sur la glace mais j'arrête les rondelles. »

Lemaire ne pouvait pas être en désaccord, concédant que « Charlotte » était très rapide et habile à saisir les rondelles.

C'est pourquoi Patrick et son ami Richer furent du premier voyage du camp d'entraînement, une randonnée dans l'Ouest à Edmonton et à Winnipeg. Mais auparavant, on lui remit, pour qu'il l'étudie, une vidéocassette de Pelle Lindbergh, le gardien des Flyers de Philadelphie au style « debout ».

Patrick n'avait pris l'avion qu'une seule fois dans sa vie, pour se rendre à Victoria y disputer la coupe Air Canada avec les Gouverneurs de Sainte-Foy. Mais alors, le personnel d'encadrement avait pris charge de tout. Pour Richer, c'était la première fois. Les préposés des Canadiens s'occupaient de l'équipement de hockey pour tous les joueurs, mais ceux-ci devaient évidemment veiller à leurs effets personnels que chacun transportait dans une petite valise. En franchissant le poste de contrôle pour l'inspection des bagages, Patrick et Richer laissèrent leurs valises derrière et se rendirent directement à la barrière d'embarquement, croyant que celles-ci les suivraient automatiquement à bord de l'appareil. C'est Claude Quenneville, le commentateur de Radio-Canada, qui intervint :

— Hé, les gars ! Si vous voulez des vêtements de rechange pour le voyage, vous feriez mieux de retourner chercher vos valises !

— Oups !!!

Essayant tant bien que mal de dissimuler un petit sourire embarrassé, ils rebroussèrent chemin pour récupérer leurs effets personnels. On appelle ça prendre de l'expérience.

On confia le premier match hors concours à Patrick contre les Oilers d'Edmonton. Intimidé de se retrouver devant les chandails des champions de la coupe Stanley, même si aucune de leurs grandes vedettes n'était présente – il en était de même pour les Canadiens –, et impressionné de se produire devant une foule de 13 000 personnes au Colisée d'Edmonton, Patrick ne parvint pas à jouer le match qu'il aurait souhaité, à faire les gros arrêts qui auraient pu changer une défaite de 6 à 5 en victoire. Sans être mauvais, il n'était pas parvenu à faire la différence, à s'imposer, à causer une surprise que personne n'attendait de toute façon. Déjoué à six reprises sur 26 lancers, il s'était comporté comme une recrue de dix-huit ans dont on n'attendait pas davantage. C'est encore une fois l'agilité de « Charlotte » qui impressionna le plus et qui, en quelque sorte, racheta sa première sortie.

Lemaire fut plutôt rassurant dans ses commentaires aux journalistes : « Il était nerveux et je n'arriverai pas à une conclusion définitive après un seul match. C'est en le faisant jouer que nous saurons s'il est prêt ou non pour la Ligue nationale. » Le lendemain, Greg Moffett fit pire dans une défaite de 7 à 2 contre les Jets de Winnipeg. Ironiquement, c'est Mark Holden, resté bien sage à Montréal, qui au cours de ce week-end marqua le plus de points dans la succession au poste de Sévigny.

Cependant, Charlie Hodge, alors recruteur pour le compte des Jets mais aussi un ancien gardien de but des Canadiens qui avait brillamment assuré la transition entre Jacques Plante et Rogatien Vachon, rendit un bel hommage à Patrick : « Nous avions aussi placé le nom de Patrick Roy sur notre liste parce qu'à mes yeux, il fut le meilleur junior au Canada en 1983-1984. Ce jeune homme-là va connaître une belle carrière. Il est vif comme un chat et il ne se jette jamais sur la patinoire pour rien. Je le considère comme le meilleur junior qu'il m'ait été donné de voir depuis Grant Fuhr. » On sait aujourd'hui que Hodge avait vu juste et que son évaluation était prémonitoire, mais à l'époque, sa déclaration avait paru un peu excessive, surtout après la contre-performance de la veille.

Lemaire tint parole. Le samedi suivant, les puissants Oilers débarquèrent au Forum de Montréal. Ils permettaient une revanche aux Canadiens, mais à des conditions qu'ils doutaient que ceux-ci puissent remplir. Ils se présentaient en effet avec leur grosse machine, celle qui venait de remporter la coupe Stanley la saison précédente : les Wayne Gretzky, Mark Messier, Jari Kurri, Glenn Anderson, Paul Coffey, Kevin Lowe, sans compter Grant Fuhr devant le but. On annonça que Patrick et Greg Moffett se partageraient la tâche devant le filet des Canadiens. Comme il s'agissait toujours d'un match hors concours, l'enjeu n'était important pour aucune des deux équipes. Mais il l'était drôlement pour Patrick. Même à dix-huit ans, s'il se faisait défoncer dans ses trente premières minutes de présence, sa progression de carrière pourrait souffrir un sérieux recul. Il savait tout cela.

Le matin du match, lors de l'entraînement des Oilers, posté derrière une baie vitrée, il confia à Richard Hétu, de *La Presse* : « J'espère que Gretzky va jouer ce soir. » Il voulait affronter les meilleurs pour que sa performance ne laisse aucun doute. Prudemment, il ajouta cependant : « Mais je ne suis pas à l'abri d'une mauvaise soirée. »

Pendant qu'il observait Grant Fuhr stopper les tirs de ses coéquipiers, il poursuivit distraitement la conversation avec le journaliste :

— Savais-tu que Charlie Hodge a dit de Fuhr qu'il a été le meilleur gardien junior du pays?

— Ah oui? répondit le journaliste, feignant de ne pas savoir. Et le deuxième, c'est qui?

— Le deuxième, c'est moi, répliqua Patrick avec un petit sourire en coin en pointant fièrement le doigt vers son thorax.

— Sais-tu au moins qui est Charlie Hodge?

— Non... mais c'est pas grave.

Son attention était déjà ailleurs : sur Fuhr. « Ce gars-là a percé à dix-neuf ans et il est déjà dans la ligue depuis trois ans. » C'est tout ce qui lui importait.

À 17 h 30, Patrick avait déjà revêtu une partie de son équipement et il ne tenait plus en place. Il voulait être prêt. Il voulait gagner. Il savait ce que ce match signifiait.

Moi non plus je ne tenais plus en place. J'assistai à cette partie avec Barbara. C'est drôle à dire, mais, de toute la carrière de Patrick, et Dieu sait s'il s'est trouvé dans des situations dont l'enjeu était autrement important, jamais un match de hockey ne m'aura autant énervé, ne m'aura donné autant de palpitations. Un phénomène étrange et inattendu se produisit ce soir-là. J'ai mentionné que l'enjeu n'était pas important pour les deux formations, mais c'était sans compter la fierté d'une équipe qui venait de gagner la coupe Stanley et qui présentait sa meilleure formation, et celle d'une autre qui en avait gagné vingt-deux avant elle.

Pourtant, la rencontre débuta comme tout match hors concours. Les deux équipes se mesuraient, elles s'échangèrent chacune deux buts en première période. Puis Deblois marqua pour les Canadiens tôt en début de deuxième et Kurri répliqua pour Edmonton moins d'une minute plus tard. Les Oilers décidèrent alors de peser sur l'accélérateur, de déployer toute leur puissance et d'établir leur supériorité. Mais c'est Patrick qui s'y opposa. La « bande à Gretzky » eut beau obtenir 12 lancers en deuxième période contre 6 pour le Tricolore, c'est celui-ci qui marqua deux fois contre une, pour mener par 4 à 3 au terme de cet engagement où Lemaire avait oublié de lancer Moffett dans la mêlée à mi-chemin. L'enjeu devenait trop important et Patrick se débrouillait trop bien. Mon supplice se poursuivait.

Au troisième engagement, tout le monde dans le Forum, joueurs comme spectateurs, oublia qu'on n'était qu'en septembre. Sur la glace, on pouvait sentir l'intensité d'un match des séries éliminatoires. Quinze mille trois cent quatre-vingt-six spectateurs se trouvaient transportés en avril, sur le bout de leur siège. Ce n'était plus l'évaluation des forces en place qui importait mais la victoire. Seulement la victoire. Et chaque équipe la recherchait âprement. Patrick se sentait alors dans son élément; il entra dans sa bulle. Les Oilers lancèrent encore 12 fois contre la forteresse qu'il défendait, mais seul Kurri réussit à le déjouer en marquant son deuxième but de la soirée. Après les soixante minutes de jeu réglementaire, c'était l'impasse : 4 à 4. On allait en prolongation. J'allai chercher une bière.

Je revins à mon siège à temps pour le début de la supplémentaire. Heureusement, car celle-ci n'était vieille que de quarante-huit secondes lorsque Mario Tremblay s'empara d'une rondelle perdue dans le territoire des Oilers et laissa partir un boulet que Grant Fuhr fut incapable de parer. Les Canadiens venaient de gagner. Quelle douce folie! Ce fut l'euphorie dans l'enceinte. Le « Bleuet bionique » se laissa glisser sur les genoux, comme s'il venait de compter le but le plus important de sa carrière. Ses coéquipiers se jetèrent sur lui et sur Patrick pour les embrasser et leur servir des accolades comme celles que les joueurs ne se réservent habituellement que tard au printemps, grisés par la fièvre des séries éliminatoires. Patrick avait stoppé 30 des 34 lancers dirigés contre lui par une des plus puissantes machines offensives du hockey moderne. Il avait été remarquable.

Il venait de se prouver à lui-même qu'il pouvait faire la différence, même dans la LNH : « J'étais très nerveux en début de partie, mais lorsque j'ai constaté que je pouvais arrêter Gretzky, je me suis dit que je pouvais arrêter tout le monde. » Il faisait allusion à un tir à bout portant que « La Merveille » lui avait servi en début de match. « Vous ne pouvez pas savoir à quel point cet arrêt m'a donné confiance. Le public a réagi, je le sentais derrière moi, ça m'a *boosté*. » Peu après, il avait arrêté de façon aussi brillante des tirs à bout portant de Messier et d'Anderson. Chose certaine, il venait, à tout le moins, de reporter à plus tard son renvoi de l'équipe : « On m'a donné un gros test avec beaucoup de pression, un samedi soir au Forum. Je pense que ma position est meilleure qu'elle ne l'était. »

La griserie dura au moins jusqu'au lendemain, un beau dimanche matin où les rayons de soleil filtraient à travers le feuillage des grands arbres du boulevard de Maisonneuve, lui donnant l'allure de la rue de Montmorency dans un quartier anglophone. Nous avons pris le petit déjeuner dans un restaurant typique de ce quartier près de l'hôtel, entourés des quotidiens du matin qui relataient tous la victoire des Canadiens et ne tarissaient pas d'éloges sur la performance de Patrick, particulièrement le *Sunday Express* qui le montrait en pleine action, à la une, après qu'il eut réalisé un arrêt aux dépens de Wayne Gretzky. Le *Dimanche-Matin* titrait : « ROY ET TREMBLAY battent les Oilers. »

Après le retour de Richer à Granby et un match sans signification à Boston où Penney et Patrick accordèrent chacun trois buts, celui-ci eut un autre rendez-vous important, au Colisée de Québec cette fois. C'était une rencontre qui prenait l'aspect d'un défi personnel puisque les Nordiques avaient décidé de lui opposer Richard Sévigny, celui-là même qui, il y a quelques mois à peine, était assuré du poste que Patrick convoitait à Montréal auprès de Steve Penney. Il devait à tout prix se montrer supérieur à Sévigny pour indiquer à ses patrons qu'il pourrait s'acquitter du rôle d'adjoint à Montréal, et aussi pour donner raison à Serge Savard à qui plusieurs avaient reproché d'avoir laissé filer un gardien d'expérience. Ironiquement, on donna à Patrick le chandail numéro 33, celui que portait Sévigny à Montréal. Ce soir-là, les deux gardiens reçurent chacun 23 lancers et les Canadiens l'emportèrent par le compte de 4 à 3. Au terme de la rencontre, Patrick leva les bras au ciel : « Pour moi, c'était LE match. J'étais opposé à Richard Sévigny et je ne voulais pas laisser tomber Serge Savard. »

Juste au moment où Patrick semblait avoir distancé les autres prétendants au poste convoité, Savard prit une initiative indiquant qu'il n'avait pas l'intention de changer de plan de match. Il se rendait bien compte des capacités de Patrick, mais il le voyait toujours comme celui qui assurerait la relève plus tard. Pas maintenant. Il échangea à Winnipeg Mark Holden contre le gardien Doug Soetaert, qu'il avait très bien connu dans cette ville où il avait joué pendant un an et demi à la fin de sa carrière. Son grand ami John Ferguson, directeur général des Jets et ancien coéquipier à Montréal, avait réussi à le convaincre d'y terminer sa carrière en 1981. Soetaert était alors l'un des deux gardiens des Jets. Sans pouvoir jouer un rôle de premier plan, c'était néanmoins un gardien fiable, un bon réserviste, sur qui Savard pourrait compter. Sa présence le rassurait, lui qui n'était pas assez sûr de Penney et qui trouvait Patrick trop jeune. Soetaert apportait un bagage de huit ans d'expérience dans la LNH, ce que les deux autres ne possédaient pas encore. Il était maintenant certain que Penney et Soetaert passeraient l'année à Montréal. Mais qu'adviendrait-il de Patrick? Allait-on vivre un ménage à trois gardiens? Son sort dépendrait surtout de la tenue des deux autres en début de saison.

Celle-ci s'amorça le 12 octobre par une défaite de 4 à 3 aux mains des Sabres à Buffalo. Penney avait gardé le filet, avec Patrick comme auxiliaire. Puis Penney fut victime d'une élongation musculaire à un genou et Patrick devint l'adjoint de Soetaert pour quelques parties. Bien sûr que cette expérience lui était profitable. Il s'entraînait tous les jours avec des joueurs de la LNH et pouvait observer de près les situations de jeu : « Regarder un match du bout du banc est beaucoup plus intéressant que de le regarder des estrades ou à la télévision, disait-il. Sur le banc, on sait que l'entraîneur peut nous faire signe à n'importe quel moment. On est beaucoup plus attentif. » Mais il s'impatientait, il voulait jouer : « Je voudrais avoir une chance. Je sais que ça pourrait jouer contre moi et qu'une contre-performance pourrait signifier mon renvoi à Granby. Mais je me sens prêt à rencontrer n'importe quelle équipe. »

Après deux semaines de ce régime, Patrick n'en pouvait plus. Aussi se sentit-il autant soulagé que déçu quand, le 24 octobre, Lemaire lui annonça, après un entraînement, qu'on le retournait à Granby, sans qu'on lui eût permis de disputer un seul match régulier. Concédant à Patrick le troisième rang dans la hiérarchie des gardiens de l'organisation, Lemaire expliqua : « J'aurais aimé lui donner la chance de commencer une partie avant de le céder à Granby. Mais Steve Penney et Doug Soetaert ont bien fait. [...] L'équipe va très bien depuis le début de la saison. Nous gagnons et je ne vois pas pourquoi nous aurions pris des risques avec un gardien sans expérience. [...] Comme Patrick a d'abord besoin de compétition, nous ne pouvions plus nous permettre de le garder ici. »

Il avait hâte de jouer. À peine quelques minutes lui suffirent pour entasser son lourd équipement de hockey, ses bâtons et ses effets personnels dans la Prélude. Après avoir fait le tour du vestiaire pour remercier chacun de ses coéquipiers, la gorge étranglée par la déception, il se mit en route pour Granby, où, le soir même, il conduisit les Bisons à une victoire de 10 à 4 contre les Remparts de Québec.

⌣

La dernière saison à Granby n'aurait pas mérité qu'on s'y arrête, tellement elle ressembla aux deux premières. Mais elle fut ponctuée de quelques événements qui vinrent pimenter l'ordinaire.

Le 10 décembre, Patrick et Richer furent invités au camp préparatoire d'Équipe Canada, à Belleville en Ontario, en prévision du championnat mondial de hockey junior qui aurait lieu à Helsinki, en Finlande, à la fin du mois. Terry Simpson et le regretté Ron Lapointe avaient été nommés entraîneurs par Hockey Canada.

Trois jours plus tard, avant même d'avoir disputé un seul match hors concours, Patrick était déjà retranché de l'équipe, au lendemain d'une séance de jeu simulé intra-équipe où un gardien n'avait accordé aucun but, deux autres portiers, dont Patrick, avaient été déjoués à trois reprises, et un dernier avait cédé sur six buts. Voici comment Lapointe justifia la décision : « Patrick Roy est très bon mais il est trop souvent par terre. Les trois autres portiers à l'entraînement n'ont pas mieux fait que lui, mais ils demeurent debout et ils conviennent mieux au style d'équipe que nous voulons bâtir. » On s'en prenait encore à son style « papillon ». Il est certain que, dans un contexte où des entraîneurs doivent éliminer des joueurs précipitamment, tout peut servir de prétexte. Mais c'est pourtant avec ce « papillon » que Patrick avait battu les Oilers d'Edmonton en septembre. Combien d'autres gardiens au camp de Belleville pouvaient se vanter d'un pareil exploit ?

Patrick, lui, ne voyait pas les choses de la même manière : « Je pense que je viens de comprendre les raisons qui ont poussé Mario Lemieux à bouder Équipe Canada junior l'an passé. Je le comprends et je partage son opinion. Je partais

155

avec l'esprit que tout le monde était égal, mais j'ai compris que les Québécois devaient sortir de l'ordinaire pour retenir l'attention des dirigeants anglophones. Je m'étais fait des illusions. Je suis déçu parce qu'on ne m'a pas accordé ma chance. Les responsables m'ont donné de mauvaises raisons, des excuses faciles, par exemple que je manquais d'intensité et que c'était peut-être à cause de mon séjour chez les Bisons. J'en ai discuté avec le recruteur du Canadien, Claude Ruel, et il me considérait comme le deuxième gardien. Pourquoi moi plutôt qu'un Ontarien qui accorde six buts? La logique parle d'elle-même. Nous sommes moins considérés en tant que francophones. Je pensais que Ron Lapointe pourrait tenir son bout, mais d'un autre côté, il est seul, et plus on avançait, plus on voyait que les patineurs de l'Ouest et de l'Ontario avaient l'avantage. »

Ce n'était pas la première fois que l'on entendait ce genre de déclaration de la part d'un athlète québécois qui venait d'être retranché d'une équipe canadienne, ou encore dont la candidature n'avait pas été retenue. Ce ne serait pas la dernière non plus.

À peine quelques mois plus tard, en 1985, le résultat d'une étude intitulée « Les francophones dans la Ligue nationale de hockey : une analyse économique de la discrimination », publiée dans le numéro 61 de la très sérieuse revue *L'Actualité économique*, apporta un éclairage sur cette question. Les auteurs, Serge Coulombe et Marc Lavoie, professeurs au département de science économique à l'Université d'Ottawa, voulaient établir un parallèle entre la situation des francophones dans la LNH et celle des Noirs au baseball, et démontrer que l'existence de barrières à l'entrée impliquait que les francophones devaient être meilleurs que les anglophones pour pouvoir se tailler une place dans la LNH. Remarquez que cette étude a été réalisée il y a quelque vingt ans et que les choses ont évolué depuis, surtout avec la venue de tous ces joueurs talentueux d'Europe et, en particulier, des pays de l'Est. Néanmoins, quelques passages méritent d'être cités.

La question de la discrimination contre les francophones dans les activités sportives n'est évidemment pas nouvelle. Pour ce qui est des sports amateurs, le cas du handball olympique, dont l'équipe nationale est presque exclusivement composée de Québécois et que Sports Canada se refusait à subventionner (jusqu'en 1984), était l'exemple le plus flagrant et le plus fréquemment cité. Lors des derniers Jeux olympiques d'hiver, à Sarajevo, seulement deux Québécois faisaient partie de l'équipe canadienne de hockey. À cette occasion, le mot racisme a été prononcé à maintes reprises. À chaque séance du repêchage amateur annuel de la LNH, la question est mentionnée à mots plus ou moins couverts par les journalistes.

Une analyse des résultats de ce repêchage sur un certain nombre d'années révéla aux auteurs que « les Québécois francophones constituent moins de 13 % des joueurs canadiens de la LNH de 1950 à 1978 et seulement 12,9 % des joueurs canadiens repêchés dans les deux premières rondes de 1969 à 1977, tandis qu'ils représentent 40 % des vingt premiers compteurs de tous les temps ».

L'étude démontrait ensuite que les barrières à l'entrée étaient inversement proportionnelles à l'objectivité des critères pour mesurer la performance selon les positions. Autrement dit, plus la performance de l'athlète est démontrable de façon évidente, plus il devient difficile d'exercer une discrimination contre lui. Ainsi, comme le poste de défenseur est le plus difficile à évaluer, les auteurs concluaient :

Nos résultats statistiques suggèrent qu'il est plus difficile pour un francophone d'évoluer à une position où la productivité se mesure de façon subjective, comme c'est le cas pour le poste de défenseur. Seules les vedettes francophones réussiraient ainsi à se tailler une place à cette position au sein des équipes de la LNH. [...] Les francophones sont bien les nègres blancs du hockey !

En d'autres termes, et c'est le titre qui coiffait l'article d'Yvon Pedneault dans Le Journal de Montréal au lendemain du rejet de Patrick : « À talent égal, le francophone n'a aucune chance. » Même Jean Perron, qui s'était fait le complice de Dave King l'année précédente lorsque celui-ci avait rejeté la candidature de Mario Lemieux, se sentait mal à l'aise : « Écoute, c'est toujours la même chose. Personnellement, j'ai été imposé à l'équipe du Canada par [le regretté] Sam Pollock. Dave King ne voulait pas de moi et c'est lui qui m'a dit qu'il avait dû accepter la demande de M. Pollock. »

Patrick n'avait peut-être pas tort !

L'étude de Coulombe et Lavoie s'appliquait à la LNH, mais comme nous avons vu que le hockey junior canadien se voulait une reproduction en miniature de la Ligue nationale et que des cas de discrimination avaient également été observés au niveau des équipes nationales canadiennes, on peut présumer que le même comportement pouvait s'étendre au hockey en général. Dans les années qui suivirent, Jean Perron, Terry Simpson et Ron Lapointe ont tous fait le saut dans la LNH. Quant à l'équipe canadienne junior, elle remporta la médaille d'or à Helsinki avec Craig Billington devant le but. Hockey Canada évitait ainsi toute critique.

En janvier, les Bisons conclurent une transaction avec les Saguenéens qui amena le frère de Patrick à Granby. Stéphane Richer, qui avait demandé à quelques reprises qu'on l'échange, et Greg Choules partaient pour Chicoutimi en contrepartie de Stéphane Roy, Marc Bureau et René L'Écuyer. Même s'il devait se séparer momentanément de son bon ami Richer, Patrick trouvait qu'il s'agissait d'une bonne transaction pour les Bisons. Stéphane et Bureau jouaient bien, et L'Écuyer était un robuste défenseur. Plus important, les Bisons obtenaient trois joueurs qui pouvaient jouer régulièrement dans le circuit, ce qui constituait un avantage non négligeable pour une équipe qui manquait de profondeur. Les sentiments de Stéphane étaient davantage partagés. Content de retrouver son frère, il était par ailleurs moins heureux de quitter une équipe de tête, où tout allait bien pour lui, pour se retrouver avec une formation moribonde.

L'effet positif de l'échange ne dura pas longtemps. L'esprit défaitiste des Bisons était ancré trop profondément dans leur culture. À peine quelques jours après son déménagement, Stéphane dit : « L'esprit d'équipe est bon. Il faudrait maintenant introduire un esprit gagnant à travers l'équipe. Il faudrait surtout que tous les joueurs se mettent à détester la défaite. » Deux semaines plus tard, Marc Bureau fit une sortie, révélant que quelques joueurs des Bisons ne voulaient rien savoir et souhaitaient seulement que la saison se termine, tout en ne se souciant pas de participer aux séries éliminatoires.

Patrick en remit : « Les joueurs sont trop bien ici et n'ont pas le cœur à la bonne place. […] Ce n'est pas tellement le *party* à l'extérieur de la glace mais le manque de discipline et d'agressivité qui fait défaut. » Commentant l'effet de la transaction avec Chicoutimi, alors qu'il s'attendait à ce qu'elle modifie l'atmosphère dans le vestiaire, il ajouta : « Plusieurs joueurs des Bisons ne l'ont pas pris comme ça, et ce sont eux qui ont tenté d'endormir les nouveaux venus dans la facilité. On ne va nulle part et ce sera difficile d'en sortir. »

Il avait raison. Parfois, la situation frisait le ridicule. Au cours d'un match contre les Olympiques de Hull, alors dirigés par Pat Burns, Patrick fut bombardé de 82 lancers. Par dépit, alors qu'il venait d'arrêter un adversaire qui s'était amené seul en échappée, il lui remit de nouveau la rondelle en criant : « Allez, lance encore ! » Un arrêt de plus ou de moins !

La saison se termina en queue de poisson et dans l'indifférence la plus totale. Au début de février, Claude St-Sauveur, tout en conservant le poste de directeur-gérant, se fit remplacer par Yves Robert derrière le banc. À la mi-mars, Renald Gagné succéda à Robert. Puis, la saison terminée, on annonça que Georges Larivière serait l'entraîneur des Bisons la saison suivante.

Entre-temps, le 23 février 1985, Patrick obtint sa première victoire à vie dans la LNH, un gain de 6 à 4 des Canadiens sur les Jets de Winnipeg. Steve Penney blessé, on lui avait demandé de revêtir le chandail numéro 33 et d'être l'auxiliaire de Doug Soetaert. Mais ce dernier accorda quatre buts sur seulement 11 lancers dans les deux premières périodes. Juste avant le troisième tiers, Jacques Lemaire entra dans le vestiaire et lança, à la surprise générale : « *Roy, you take the net !* » Puis il claqua la porte. Patrick, dont l'anglais était rudimentaire, se tourna vers Carbonneau :

— Est-ce que j'ai bien compris ?

— Ben oui, c'est toi qui prends le *net*.

Comme le compte était égal 4 à 4, dès qu'il y aurait but, la victoire ou la défaite irait à la fiche de Patrick.

Soetaert était furieux. Il fulminait sur le banc. Erronément, Gilles Tremblay annonça d'abord aux téléspectateurs qu'il avait été victime d'une commotion cérébrale. Quelques minutes plus tard, il corrigea : « Une autre correction, René [René Lecavalier], on s'en excuse, on me dit que c'est un remplacement naturel, Lemaire a décidé de faire jouer Patrick Roy. C'est Flockhart, on s'est trompé de nom, c'est Flockhart qui souffre d'une légère commotion cérébrale. »

Seulement deux lancers furent dirigés contre le but de Patrick, dont un qui n'était pas commode. En retour, les Canadiens en expédièrent 15 sur Bryan Hayward, qui ne put stopper ceux de Kurvers, le but gagnant, et le deuxième du match de Chris Nilan. Ce dernier récolta la première étoile de la rencontre, et Patrick, sa première victoire dans la LNH, un samedi soir. Il ne regardait plus *La Soirée du hockey* à Radio-Canada. Il y était.

Il s'attendait à jouer le match du lendemain contre les puissants Islanders de New York, mais il n'en fut rien. Il dut se contenter de la période d'échauffement d'avant-match, où il trouva tout de même le moyen de s'illustrer. Ayant effectué un superbe arrêt pour bloquer le tir d'un de ses coéquipiers, il fut encouragé par les quelque 5 000 spectateurs qui commençaient à prendre place dans les gradins et n'avaient pu retenir leurs applaudissements. Néanmoins, il était déçu. Avec le recul, il comprend aujourd'hui la décision de Lemaire, qui ne visait qu'à aiguillonner Soetaert. Après un voyage d'une dizaine de jours dans l'Ouest sans avoir été utilisé à nouveau au cours d'un match régulier, puisque Penney était de retour, on le renvoya à Granby.

Un soir, après un match suivi d'un bon repas, alors que le sommeil ne venait pas, Patrick et Stéphane décidèrent de partir pour Québec. Le lendemain était jour de congé et ils avaient prévu faire le voyage de toute façon. En partant plus tôt, ils pourraient passer plus de temps à la maison… ou à Saint-Sacrement. Ils réveillèrent Éric Castonguay, leur coéquipier de Sainte-Foy, qui fut d'accord pour les accompagner. Ce fut une mauvaise décision.

En pleine nuit, il commença à neiger, de plus en plus abondamment, et le vent se leva, causant de la poudrerie et réduisant la visibilité. Sur l'autoroute 20, à la hauteur de la sortie qui conduit à Victoriaville, la route apparut subitement glacée, comme une vraie patinoire. La Prélude devint alors incontrôlable, fit un tête-à-queue et heurta, l'arrière en premier, une congère qui bordait la route et contre laquelle elle s'arrêta net. Sous la force de l'impact, l'avant se souleva dans les airs et la voiture fit un tonneau. Les trois garçons se retrouvèrent sens dessus dessous, la tête en bas, coincés dans l'habitacle. En la forçant un peu, ils réussirent à ouvrir une portière et à s'extirper du véhicule. Heureusement, personne n'était blessé. Plus de peur que de mal ! Ils secouaient la neige de leurs vêtements et allaient se diriger vers la route pour demander de l'aide quand Stéphane lança :

— Hé ! mon frère ! le moteur tourne encore, on n'est pas pour partir comme ça !

— Moi, je ne retourne pas là-dedans.

— Attendez-moi un peu.

Calmement, comme si rien ne s'était passé, Stéphane se glissa de nouveau dans la voiture, coupa le contact et récupéra les clefs.

— Tiens, mon frère, voilà tes clefs.

À 5 heures du matin, en plein cœur d'une tempête de neige, ils furent chanceux qu'un bon samaritain s'arrête. Ce dernier les conduisit jusqu'à Québec. Il consentit même une halte à Laurier Station pour permettre à Patrick de rapporter l'accident aux policiers de la Sûreté du Québec, qui s'occupèrent plus tard de faire remorquer la Prélude jusqu'à un garage de Victoriaville.

Chemin faisant, leur bienfaiteur leur confia qu'il avait jadis perdu un fils dans des circonstances similaires.

⌣

Le 19 mars, les Canadiens rappelèrent Patrick pour lui faire terminer la saison à Sherbrooke, dans la Ligue américaine. Les Bisons avaient encore deux matchs à disputer avant la fin du calendrier, mais comme ils étaient assurés de terminer en dernière place du classement général quoi qu'il advienne, personne ne s'y opposa. Patrick quittait Granby pour de bon. Il faisait sa véritable entrée chez les professionnels.

Ce tournant marquait aussi la fin de son stage dans le hockey mineur, qui n'avait constitué pour l'essentiel qu'un chapelet de défaites et un bombardement de rondelles au sein d'équipes perdantes, match après match, saison après saison, à partir de l'atome jusqu'au junior inclusivement. Après onze ans dans le hockey, il n'avait encore rien gagné, si l'on fait exception de l'année passée à Sainte-Foy avec les Gouverneurs. Et même là, une suspension l'avait privé de participer à la finale provinciale, et l'équipe avait été vaincue en finale du championnat canadien. C'est à se demander comment il a fait pour ne pas se décourager et tout abandonner. Patrick est aujourd'hui perçu comme un gagneur et quelqu'un qui méprise la défaite. À juste titre. Mais le connaît-on vraiment ? Il faut savoir que, bien longtemps avant d'apprendre à gagner, il a appris à perdre. Vue sous cet angle, sa sélection à la séance du repêchage de l'été 1984 revêt l'allure d'un impossible pari.

12

L'INNOVATEUR, LE MACHO ET LE GOUROU

Au cours d'un match de hockey, une équipe utilise une douzaine de joueurs d'avant, plus de six défenseurs, mais un seul gardien. Ce dernier est seul à remplir ce rôle exigeant, c'est-à-dire encaisser les tirs adverses en provenance de tous les angles pour éviter qu'ils pénètrent dans le but, lequel fait 1,22 mètre de hauteur sur 1,83 de largeur. D'une certaine manière, cette tâche ingrate l'isole du jeu, l'isole des autres joueurs. Ceux-ci font le jeu. Lui, il réagit. Eux sont en action, lui, en réaction.

Il ne fait pas partie du jeu. Il est à une extrémité de la patinoire et tout se déroule devant lui. Il est spectateur jusqu'au moment où le danger le sollicite. De fait, c'est sur lui que le jeu s'arrête. Ou bien il y a but, ou bien il fait l'arrêt et la rondelle repart dans l'autre direction. Il ne fait tellement pas partie du jeu qu'à la limite on pourrait le remplacer par un panneau troué. Son rôle est accessoire, mais ô combien important !

Il est vulnérable, fragile et souvent laissé à lui-même. Il est le dernier rempart contre les charges de l'adversaire et, très souvent, on lui imputera, injustement et bien malgré lui, la responsabilité d'une défaite, du simple fait que ce qui est perçu comme une erreur ou une faiblesse, en l'occurrence la sienne, est toujours irréparable.

En plus, chaque erreur est consignée à sa fiche. À vie. Un avant peut rater un but, un défenseur peut rater une mise en échec, ils peuvent se reprendre. Ça ne paraît nulle part. Mais aussitôt que le gardien se fait marquer un but, celui-ci est inscrit à sa fiche et affecte sa moyenne ou son pourcentage d'efficacité à tout jamais. Cependant, même s'il ne fait pas partie du jeu, le gardien est le joueur dont la fiche personnelle est le plus intimement liée à celle de l'équipe. Il est en effet étonnant de constater que les principaux indicateurs de mesure auxquels on a recours pour l'évaluer, alors que l'on dit de lui qu'il travaille individuellement, reposent sur des données se rapportant davantage au rendement de l'équipe, comme les parties gagnées et la moyenne de buts accordés par partie. Inversement, pour mesurer le rendement des autres joueurs, dont on dit qu'ils travaillent collectivement, on compilera leurs points, leurs mises en échec, les mises en jeu gagnées, toute une ribambelle de données individuelles indépendantes du rendement de l'équipe.

Jusqu'au début des années quatre-vingt, les gardiens de but étaient les laissés-pour-compte du hockey. Souvent, chez les jeunes, on désignait celui qui avait le moins de dispositions athlétiques pour garder le but. Le moins rapide, le moins fort, le plus petit. Puisque dans le filet il serait isolé de l'action, on ne l'aurait pas dans les jambes. Chez les plus grands, dans le hockey organisé, on ne prévoyait rien de particulier pour les gardiens durant les entraînements. Pour tout exercice de patinage, ils devaient suivre leurs coéquipiers, souvent maladroitement en raison de leur lourd équipement, en parcourant les mêmes tracés, d'une ligne à l'autre et autour des cercles de mise en jeu ou des cônes. Le reste de l'entraînement n'était pour eux qu'un bombardement en règle, de tous les angles et de tous les côtés. Cette attitude montre le peu de considération que l'on accordait au rôle du gardien, en dépit de toute l'influence qu'il pouvait avoir sur le résultat d'un match. Pourtant, au cours de l'histoire, certains gardiens de but ont réussi à s'illustrer, même très tôt.

L'histoire, justement, nous raconte que le premier match de hockey officiel avec gardiens de but a été joué en 1875 au Victoria Skating Rink de Montréal, à partir de règlements préparés par des étudiants de l'Université McGill. Comme buts, on utilisait de simples poteaux, et il en fut de même jusqu'en 1900 où les cages ont fait leur apparition. Il faut dire qu'à cette époque, les bâtons utilisés par les joueurs ne leur permettaient guère de soulever la rondelle. C'est pourquoi on infligeait une punition de deux minutes au gardien qui se jetait sur la glace pour faire l'arrêt. Il lui était interdit de s'asseoir, de s'agenouiller ou de se coucher sur la glace. On comprendra que s'il s'étendait de tout son long, aucun but n'aurait pu être marqué. Le gardien avait le droit d'arrêter la rondelle avec ses mains, mais il était puni s'il l'immobilisait ou la lançait vers un joueur. Ces punitions étaient coûteuses puisque les cerbères punis devaient, et cela jusqu'en 1940, quitter le jeu et servir leur punition eux-mêmes. Cependant, à compter de 1917, on leur permit de se jeter sur la glace pour bloquer les lancers – ceux-ci avaient dû s'améliorer – et, à compter de 1922, d'immobiliser la rondelle pour arrêter le jeu.

Les règlements ne permettaient pas au gardien de porter un équipement qui différait de celui des autres joueurs. Mais progressivement, ils se mirent à porter des jambières normalement utilisées pour le jeu de cricket, un casque de fourrure fixé devant leur pantalon en guise de coquille (support athlétique) et des gants mieux rembourrés que ceux des joueurs pour attraper les rondelles. En 1918, on permit au gardien d'utiliser un bâton dont la hauteur de la palette pouvait atteindre 8,89 centimètres. Puis en 1924, un gardien du nom d'Emil « Pop » Kenesky modifia ses jambières de cricket en les élargissant à 30 centimètres. Il venait de créer le modèle qu'utiliseraient les gardiens pour des décennies à venir.

C'est Frederick Arthur Lord Stanley of Preston, alors gouverneur général du Canada, qui, en 1893, mit à l'enjeu un trophée portant son nom pour être remis à la meilleure équipe de hockey du pays. Ces formations étaient évidemment composées de joueurs amateurs puisque la première ligue professionnelle ne fut mise sur pied qu'en 1907, en Ontario. Aujourd'hui, ce sont les équipes de la LNH qui se disputent cette même coupe Stanley, au printemps.

Parmi les grandes vedettes du premier quart de siècle chez les gardiens, on doit mentionner Clint Benedict, des Sénateurs d'Ottawa et des Maroons de Montréal, et Georges Vézina. Celui-ci, né à Chicoutimi, garda le filet des Canadiens de 1910 jusqu'à ce qu'il soit emporté par la tuberculose en 1926. Il avait alors trente-neuf ans. Dès la saison suivante, pour rendre hommage à sa volonté, à son courage et à son excellence, on mit à l'enjeu un trophée portant son nom, destiné à récompenser le meilleur gardien de la LNH. George Hainsworth, le successeur de Vézina avec les Canadiens, fut le premier récipiendaire du nouveau trophée, grâce à une moyenne de buts alloués de 1,52 par partie, contre 1,54 pour Benedict. Il le gagna trois ans de suite.

Jusqu'au début des années quatre-vingt, le trophée Vézina était accordé au gardien ayant conservé la meilleure moyenne de buts alloués, mais depuis lors, c'est le vote des directeurs généraux des équipes qui en détermine le récipiendaire. Cette méthode d'attribution semble plus équitable. La meilleure moyenne de buts alloués est en effet le résultat d'un effort collectif en défensive de tous les joueurs d'une équipe, y compris le gardien, alors que le trophée Vézina vise plutôt à récompenser la performance individuelle de celui-ci. Comme on n'a pas toujours connu la parité d'aujourd'hui entre les équipes de la LNH, il est évident que les gardiens des équipes les plus fortes, même s'ils ne faisaient pas toujours la différence, avaient plus de chances de s'approprier le précieux trophée.

Pensons seulement aux formations des Canadiens des années cinquante, soixante et soixante-dix. Avant 1960, le système de repêchage universel des joueurs n'avait pas encore été institué dans la LNH. Les équipes commanditaient alors des formations juniors, appelées clubs-écoles, qui leur fournissaient et développaient la plupart de leurs joueurs. Ainsi, les Canadiens pouvaient-ils s'approprier tous les meilleurs joueurs du Québec : les Richard, Béliveau, Geoffrion, Moore, Harvey, Plante, etc. Dans la décennie qui a suivi l'instauration du système annuel de repêchage, encore là les Canadiens avaient le privilège de protéger les deux meilleurs joueurs québécois avant de procéder à la séance de sélection. Juste pour se faire une idée de l'immense avantage de ce privilège, s'il avait été maintenu au-delà de 1970, Guy Lafleur aurait pu jouer, pendant sa carrière chez les Canadiens, avec

Gilbert Perreault, Marcel Dionne, Richard Martin, Denis Potvin, Mike Bossy, Raymond Bourque, Denis Savard et Mario Lemieux. Le genre de formation qui fait bien paraître les gardiens et les entraîneurs. Et quand ce privilège a enfin été aboli, le rusé Sam Pollock, le regretté directeur général des Glorieux, avait accumulé suffisamment de joueurs pour échanger, sans affaiblir son club, des valeurs séduisantes aux nouvelles équipes de l'expansion contre des choix avantageux au repêchage. C'est ainsi qu'il mit la main sur Guy Lafleur en 1971, ayant échangé aux Golden Seals de la Californie deux joueurs dont il pouvait se passer contre leur choix de première ronde. Ce n'est qu'au début des années quatre-vingt que l'effet de cette situation privilégiée s'est enfin amenuisé et que les Canadiens, en dépit d'un passé glorieux, durent s'aligner sur la même ligne de départ que leurs concurrents.

Sans rien enlever au talent des Jacques Plante et Ken Dryden, que l'on compte parmi les meilleurs de leur métier, disons qu'ils partaient avec une longueur d'avance sur les Al Rollins, des Blackhawks de Chicago, Ed Giacomin, des Rangers de New York, ou Denis Herron, des Golden Seals de la Californie, dans la course au trophée Vézina. Dryden l'a d'ailleurs reconnu dans le livre qu'il a écrit et qu'il a intitulé *The Game*, publié en 1983 et traduit en français sous le titre *L'Enjeu* :

> Ma tâche ne peut donc pas se comparer à celle des autres gardiens de la LNH. J'arrête moins de tirs, moins de durs lancers. [...] À la longue, il m'est de plus en plus difficile d'établir un lien entre une victoire du Canadien et ma propre contribution à ce succès. [...] À mesure que se sont avérés et la supériorité de notre équipe et un écart appréciable, presque stable et permanent, entre nos adversaires et nous, tout arrêt que j'aie à faire m'apparaît dénué d'urgence, être laissé à ma discrétion, être tenu comme petit boni si je l'effectue ou comme inconvénient mineur vite oublié si je l'ai manqué.

En fait, le pourcentage d'efficacité, c'est-à-dire le nombre d'arrêts effectués par rapport au nombre de lancers reçus, aurait été une mesure plus équitable pour évaluer le rendement individuel d'un gardien de but en vue d'octroyer le trophée Vézina. C'est aujourd'hui le meilleur indicateur, pourvu cependant que le nombre de lancers enregistré corresponde à la réalité, ce qui n'était pas toujours le cas comme on l'a vu à Granby. D'aucuns pourront opposer que la difficulté des lancers n'est pas toujours la même. C'est vrai. Mais c'est la même chose pour la moyenne des frappeurs au baseball. À la fin d'une saison, les écarts d'un coefficient de difficulté à l'autre s'aplanissent sous le nombre.

De 1942, première année de l'ère moderne de la LNH avec ses six équipes, jusqu'en 1980 où l'on en comptait alors vingt et une, on ne peut pas dire que l'art de garder le but a beaucoup évolué. Jacques Plante est celui qui a le plus innové pendant cette période. Il avait des idées originales et ne craignait pas de les exploiter. Il était authentique. Quand il jouait pour les Royaux de Montréal de la Ligue senior du Québec, juste avant qu'il se joigne aux Canadiens, il portait durant les matchs une tuque qu'il aimait tricoter lui-même pendant les voyages de l'équipe. On ne lui a pas permis de poursuivre cette excentricité dans la grande ligue, mais certaines de ses innovations ont eu des conséquences importantes sur les gardiens de son époque.

D'abord, il a été le premier gardien à patiner hors de son territoire pour arrêter la rondelle derrière son but et permettre à ses défenseurs de relancer l'attaque plus facilement. C'était sa façon de participer au jeu. Ensuite, c'est lui qui a popularisé le port du masque, qu'il a lui-même perfectionné. Avant lui, Clint Benedict, alors avec les Maroons de Montréal, avait porté un masque de cuir lors des cinq derniers matchs de la saison 1929-1930, après avoir subi des fractures au nez et à la mâchoire. Mais comme cette pièce d'équipement ne lui permettait pas de bien voir la rondelle lorsqu'elle était à ses pieds, il n'avait pas persisté à en faire usage.

Les deux grandes innovations de Plante, bien que parfaitement justifiées, causaient des crises d'urticaire à son entraîneur Toe Blake. Ce dernier n'aimait pas que son gardien s'aventure hors de sa cage, et il n'aimait pas qu'il porte un masque, même si ce n'était que durant les entraînements. Bref, il n'aimait pas Plante. Les deux étaient constamment à couteaux tirés.

Il faut vraiment être obtus et macho pour refuser à son gardien le port d'un masque destiné à protéger le visage contre des rondelles gelées dur qui volent à près de cent cinquante kilomètres à l'heure et qui peuvent, à tout moment, dévier sur un bâton ou sur un joueur devant un cerbère dont la vue est souvent obstruée. Mais le 1er novembre 1959, au Madison Square Garden de New York, Plante fut atteint au nez par un puissant tir d'Andy Bathgate, des Rangers. Il s'écroula, le visage ensanglanté, et fut transporté par des coéquipiers jusqu'à l'infirmerie où une dizaine de points de suture furent nécessaires pour refermer l'entaille.

Ce soir-là, Plante refusa catégoriquement de revenir au jeu sans porter son masque. Comme les Canadiens n'avaient pas de gardien auxiliaire, Blake n'eut d'autre choix que d'acquiescer. Plante revint et contribua à la victoire de son équipe. Il se jura alors de porter le masque en tout temps. Blake s'obstina : « Il pourra le porter tant qu'il ne sera pas complètement guéri et devra l'enlever par la suite. » Mais Plante tint son bout. Devant les victoires de son équipe, l'excellence et la popularité de son gardien étoile, Blake, après un certain temps, ne put que s'incliner. C'était la période où les Canadiens remportèrent cinq coupes Stanley consécutives, de 1956 à 1960.

Le port du masque se généralisa, non seulement dans la LNH, mais dans tout le hockey. Andy Brown, des Penguins de Pittsburgh, et Lorne « Gump » Worsley, alors avec les North Stars du Minnesota, résistèrent jusqu'à la saison 1973-1974 et furent les deux derniers gardiens à jouer sans masque. Il faut dire cependant que Worsley était réticent à jouer au vieux Chicago Stadium où il devait affronter les tirs de Stan Mikita et de Bobby Hull. Ceux-ci, après Andy Bathgate, furent parmi les premiers à utiliser une lame de bâton courbée qui propulsait la rondelle à une vitesse encore plus foudroyante et lui donnait une trajectoire parfois imprévisible. Il était devenu impensable pour un gardien de jouer sans masque. Avec l'amélioration de l'équipement et des méthodes d'enseignement, le jeu changeait, évoluait.

Le hockey étant un sport rude mais aussi imprégné d'une culture machiste, la résistance à accepter de bien se protéger ne date pas d'hier. Mais il y a une limite à défier le destin. En 1968, le joueur de centre Bill Masterton, des North Stars, est décédé après que sa tête eut violemment heurté la glace. Le port du casque protecteur s'est répandu de plus en plus dans la Ligue nationale, mais pour vaincre la résistance de plusieurs irréductibles, il fallut qu'un règlement, en 1979, oblige tous les nouveaux joueurs à le porter. Avant ce règlement, celui qui portait le casque volontairement risquait de se faire traiter de « moumoune » par ses pairs. Les anciens, c'est-à-dire ceux qui jouaient dans la ligue avant 1979, bénéficièrent du droit acquis de jouer tête nue. Craig Mactavish, des Blues de Saint Louis, fut le dernier joueur à jouer sans casque lorsqu'il prit sa retraite en 1997.

Pour les professionnels dont c'est le métier de jouer au hockey, on peut comprendre, sans qu'ils nous convainquent pour autant, certains arguments selon lesquels le casque ou la visière peut nuire à leurs performances. Mais quand il en va de même chez les amateurs, dans les ligues de « croulants » ou de « garage », qui gagnent leur vie autrement et n'ont rien à tirer du hockey sauf de passer une soirée à jouer avec les *boys* et de garder la forme, on peut se questionner sur la justesse de leur raisonnement. La plupart se protègent bien mais il y en a encore trop, les *toughs*, qui ne portent pas de visière et qui maugréent parce que le règlement les oblige à porter le casque, même s'il n'est pas rare que des blessures au visage et près des yeux surviennent. Pourtant, aucun d'entre eux n'oserait jouer un match sans coquille pour se protéger les couilles, qu'ils jugent probablement plus importantes que le cerveau.

La culture machiste refait souvent surface dans les propos tenus dans le vestiaire des joueurs. Il y a, bien sûr, ces inepties et ces histoires que plusieurs aiment raconter pour détendre l'atmosphère avant le match ou pour mieux faire couler la bière après. Mais aussi, il y a ceux, relativement nombreux, qui aiment entretenir les autres menus détails de tous leurs bobos et des innombrables embûches qu'ils ont dû surmonter, de façon presque héroïque, en cours de match. Comme mon ami Jean-Guy aimait ironiser : « Un homme ordinaire ne passerait pas à travers ! »

J'espère que mes pairs « croulants » ne m'en voudront pas d'avoir soulevé une partie du voile sur ce qui se passe dans ce sanctuaire que l'on appelle toujours la « chambre des joueurs », dernier repaire exclusif du mâle depuis la disparition des tavernes où les femmes n'étaient pas admises et depuis que la Charte canadienne des droits et libertés a ramené à l'ordre certains clubs de golf qui pratiquaient encore une forme insidieuse de discrimination. Cela dit, l'accès au vestiaire des « croulants » n'est pas interdit aux femmes mais je n'en ai jamais vu une s'y aventurer. Le spectacle qui y est offert, avec ces chairs tombantes, ces corps vieillissants et souvent bedonnants, trempés de sueur fétide, et ce discours qui souvent s'élève à peine au-dessus de la taille, n'en vaut probablement pas la peine.

Au cours des années quarante à quatre-vingt, les gardiens de but n'étaient généralement pas très grands, entre 1,68 mètre et 1,78 mètre. Des principales vedettes répondant à ce gabarit, on peut nommer Johnny Bower, Lorne Worsley, Rogatien Vachon, Roger Crozier et Bernard Parent. À quelques variantes près, ils avaient à peu près tous le même style. Ils demeuraient debout le plus possible pour bien protéger le haut du filet – on comprend pourquoi – et ils essayaient d'en couvrir le plus large possible en s'avançant vers le porteur de la rondelle, la lame du bâton bien à plat sur la glace, pour cacher les angles. Terry Sawchuk (1,80 m), Jacques Plante (1,83 m) et surtout Ken Dryden (1,93 m) étaient beaucoup plus grands, mais ils recouraient pour l'essentiel à la même technique de base, quoique Sawchuk aimât être un peu plus accroupi pour suivre la rondelle entre les jambes des joueurs.

D'autres gardiens, en raison de leur taille et de leurs capacités athlétiques, ont connu beaucoup de succès avec un style qui s'apparentait à celui du « papillon » : Glenn Hall, que l'on reconnaît comme le créateur de ce style, Tony Esposito et Daniel Bouchard. Mais leur technique, à laquelle ils eurent recours à des périodes différentes, ne se propagea pas. Elle ne fit pas beaucoup d'adeptes. On disait d'eux que c'étaient leurs dispositions acrobatiques et leur grande souplesse qui leur valaient ce style particulier que l'on qualifiait de très personnel. Quant à Ken Dryden, tous sont d'accord qu'il fut un excellent gardien. Mais avec son gabarit, peut-on seulement imaginer ce qu'il aurait pu faire avec la technique employée par les gardiens d'aujourd'hui ?

Justement, cette technique n'existait pas encore à l'époque. Les gardiens demeuraient prisonniers du modèle classique de la LNH. Même si certains, comme Hall, Esposito et, plus tard, Bouchard et Patrick, tentaient d'instinct de s'en écarter, ils étaient, à la moindre défaillance, ramenés à l'ordre vers ce style que l'on percevait comme la vérité : debout, bâton sur la glace et couverture des angles. C'était le credo qui faisait loi depuis des décennies.

Pendant ce temps, à mesure que l'équipement et la technique des joueurs progressaient, les lancers devenaient de plus en plus puissants et précis. C'est Jacques Plante lui-même qui, dans son livre intitulé *Devant le filet*, faisait remarquer :

> À mes débuts, un ou deux joueurs seulement par équipe possédaient des lancers puissants. Aujourd'hui, près de 50 pour cent des joueurs de la Ligue nationale peuvent marquer avec un lancer d'une cinquantaine de pieds si le gardien n'est pas très prudent.

Et ces mots ont été écrits en 1972 !

À la veille des années quatre-vingt, la technique de base des gardiens et les méthodes d'entraînement avaient besoin de prendre un sérieux virage, et vite.

François Allaire est grand, mince, porte les cheveux courts et bien taillés autour des oreilles, lesquelles supportent des montures de petites lunettes rondes qui lui donnent un air d'intello universitaire, devant des yeux, bleus comme glace, qui laissent passer le regard déterminé de celui qui sait ce qu'il veut et où il va.

Il est né en 1955 à Mirabel, au nord-ouest de Montréal, et c'est là, dans l'organisation du hockey mineur de cette municipalité, qu'il a fait ses débuts comme gardien de but. Il a ensuite joué au Collège de Saint-Jérôme où, à l'âge de dix-sept ans, il a constaté que l'encadrement technique des gardiens de but faisait cruellement défaut. Lui-même n'avait pratiquement jamais reçu d'enseignement, et quand ça avait été le cas, ce n'étaient pas toujours de bons conseils. On lui faisait faire des trucs qui, à ses yeux, n'avaient pas de sens. L'unique référence qui lui servait de modèle était le livre que Jacques Plante venait de publier. C'était alors le seul ouvrage disponible en français sur la question, un ouvrage qu'il trouvait avant-gardiste pour son époque.

Il a lu et relu ce livre plusieurs fois. Jacques Plante était, bien sûr, issu d'une époque où les gardiens de but étaient laissés à eux-mêmes. Il avait donc appris sur le tas, d'instinct, par lui-même. Mais il était doté d'un esprit d'analyse qui lui permettait de savoir pourquoi, dans une situation donnée, il importait que le gardien fasse tel geste plutôt que tel autre. Il y avait des principes de fonctionnement derrière l'action. Son livre constituait une sorte d'entrée en matière sur la question, mais pour Allaire, ça ne suffisait pas. D'ailleurs, au rythme où l'enseignement du hockey et le jeu lui-même évoluèrent après le célèbre affrontement de 1972 entre le Canada et l'Union soviétique, les théories de Plante, à maints égards, devinrent rapidement dépassées. Ses méthodes aussi. Lorsque Roger Picard le fit venir à Granby pour superviser Patrick lors d'un entraînement à l'automne 1983, ce fut un désastre. Plante vivait alors en Suisse et ne venait à Montréal que quelques jours par année pour appuyer le travail des gardiens des Canadiens. Mais le jeu évoluait trop rapidement et Plante avait perdu contact avec les plus récents progrès. « Il voulait, raconte Patrick, que je fasse des choses qui pour moi n'avaient pas de sens. Je lui ai dit : "J'ai beaucoup de respect pour vous, vous êtes l'un des meilleurs gardiens de tous les temps, mais je ne crois pas que ce que vous me demandez de faire soit correct." Ça l'a contrarié, et après l'entraînement, il a dit à M. Picard que je ne jouerais jamais dans la Ligue nationale. »

Au moment même où Patrick, à sept ans, décidait qu'il serait gardien de but, François Allaire, de dix ans son aîné, décidait de consacrer le reste de son existence à la formation et au développement des gardiens de but. C'était réglé, clair dans sa tête.

En 1975, il s'inscrivit en éducation physique à l'Université de Sherbrooke dont l'équipe de hockey jouait dans une ligue réunissant plusieurs formations des Cantons-de-l'Est. Il en fut le cerbère. Mais l'année suivante, l'établissement se retira du programme de hockey et il dut jouer dans la ligue intra-murale. Pour lui, ce recul n'avait pas d'importance puisque, de toute façon, il n'ambitionnait pas de faire carrière au hockey comme joueur. Il s'était inscrit à l'université dans le seul et unique but de devenir entraîneur de gardiens de but.

Tout au long de son cours universitaire, la plupart des travaux ou recherches qu'il entreprenait, dans quelque domaine que ce soit, qu'il s'agisse d'éducation, de psychologie ou d'autres champs d'intérêt, portaient sur les gardiens de but. Depuis l'âge de quinze ans, il observait et prenait des notes aussi souvent qu'il le jugeait utile, même lorsqu'il regardait les matchs à la télé. Il consignait ces observations dans un cahier, sans trop savoir où cela le conduirait. Mais il analysait, décortiquait et réfléchissait à la meilleure manière possible de bloquer les rondelles.

Au terme de son stage universitaire, en 1978, il entreprit une tournée de plusieurs pays européens pour visiter différentes écoles de hockey. Il ne faisait qu'assister aux entraînements, observer, prendre des notes, analyser les différentes méthodes d'enseignement, rencontrer, discuter avec les instructeurs et recueillir de la documentation. De retour au Québec, avec le concours de la Bibliothèque nationale du Canada, il passa en revue toute la littérature disponible dans le monde sur l'art de garder le but. Pendant deux ans, il consulta et étudia quelque deux cents ouvrages venant d'Amérique, d'Europe, et même du Japon.

Ses recherches lui permirent de constater que les méthodes d'enseignement et d'entraînement dans de nombreux pays, sans nécessairement être plus efficaces que ce que l'on pratiquait au Canada, étaient fort différentes. Il en vint donc à la conclusion que le credo de la LNH n'était pas le seul courant d'idées, ni la seule façon de former et de développer des gardiens de but. Cela l'encouragea à développer sa propre thèse, ses propres méthodes d'entraînement et son propre prototype de gardien de but.

À Mirabel, en même temps qu'il occupait le poste d'animateur sportif de la Ville, il commença à entraîner des équipes de hockey mineur et à diriger des écoles de gardiens de but pour mettre ses théories à l'essai.

Il avait notamment constaté qu'il était plus facile pour un gardien de se déplacer, de pousser, de freiner et de se retrouver face à la rondelle que de rester immobile et de devoir s'étirer ou faire l'écart pour arrêter le disque avec le bout de la jambière ou de la mitaine. C'était moins spectaculaire mais plus efficace. C'était là un constat de base à partir duquel il échafauda une bonne partie de sa thèse. Aussi, dès qu'il eut la chance de travailler avec de jeunes gardiens, il mit l'accent sur le patinage : pousser, freiner, reculer, pousser, freiner, reculer. Puis, alors que traditionnellement on affûtait peu les patins des gardiens ou que l'on s'efforçait de donner à la lame une forme convexe pour qu'elle glisse mieux latéralement, il entreprit de les faire affûter jusqu'à ce qu'ils soient tranchants comme des lames de rasoir, pour faciliter les départs et les arrêts. Comme le style « papillon » exige des gardiens une certaine taille et beaucoup d'agilité physique, très peu de jeunes pouvaient cependant être performants en ayant recours à cette technique. Dans un premier temps, Allaire opta donc pour un style plutôt hybride entre le style « debout » et le « papillon ».

En peu de temps, les gardiens de but sous la direction d'Allaire se mirent à donner un rendement supérieur aux autres et à se démarquer. Il rendit public le résultat de ses recherches et de ses expériences en 1983, dans un premier livre intitulé *Devenir gardien de but au hockey*. Ce livre proposait un plan de développement pour une période de quatre ans dans lequel on retrouvait tout ce qu'un entraîneur doit enseigner : les techniques de base et les techniques de patinage ; les méthodes d'entraînement sur glace et hors glace ; l'évaluation et la correction des gardiens de but ; les rôles de l'entraîneur ; le choix de l'équipement.

Cette publication lui valut l'attention de Pierre Creamer, l'entraîneur du Junior de Verdun de la LHJMQ, dont les Canadiens de Montréal étaient propriétaires. Creamer l'invita à se joindre à son équipe pour s'occuper des gardiens. L'année suivante, les Canadiens transférèrent leur club-école de la Ligue américaine de Halifax, en Nouvelle-Écosse, à Sherbrooke, et Creamer devint le premier entraîneur des Canadiens de Sherbrooke. Il invita Allaire à le suivre. Ce dernier obtint un congé sans solde de la Ville de Mirabel et accepta l'invitation pour mettre à l'épreuve ses méthodes d'entraînement auprès de gardiens professionnels.

Il faut bien reconnaître toute l'audace dont Allaire devait faire preuve pour persister à imposer, au niveau professionnel, un modèle de gardien qui allait à l'encontre de ce que la majorité des entraîneurs dans le hockey de l'époque préconisaient. Bien que ses travaux l'aient convaincu, il lui restait à faire la démonstration et à prouver, hors de tout doute, que son prototype de gardien était le meilleur. Or, le gabarit des gardiens à Sherbrooke ne lui permettait pas de mettre en application son modèle. Paul Pageau était de petite taille et Greg Moffett n'était pas suffisamment grand pour adopter le « papillon ». Les deux s'inspiraient d'un style traditionnel, n'étaient pas très flexibles, pas très bons patineurs non plus, et ils aimaient rester debout.

Bien que Pierre Creamer lui donnât toute la latitude voulue et lui accordât toute sa confiance, Allaire, comme entraîneur recrue, dut faire preuve de mesure dans les changements techniques suggérés aux deux gardiens, percevant une certaine résistance de leur part. C'est dans ce contexte qu'il établit un *modus vivendi*, une forme de compromis qui lui permit tout de même de faire ses débuts avec des gardiens professionnels et de tester certaines théories auprès d'eux.

Mais au printemps 1985, à la veille des séries éliminatoires de la Ligue américaine, tout changea. On lui amena de Granby un grand ado de dix-neuf ans qui faisait près de 1,87 mètre, qui aimait se jeter à genoux, en « papillon », pour faire les arrêts, qui était rapide et, surtout, ouvert à tout essayer ce qu'on lui proposait pour s'améliorer. Allaire le connaissait déjà pour l'avoir vu jouer dans la LHJMQ contre son équipe du Junior de Verdun, alors qu'il avait offert quelques performances exceptionnelles. Creamer le tenait pour le meilleur gardien dans le junior. C'est ce qu'il avait confié à l'organisation des Canadiens lors d'une réunion.

Après seulement deux jours d'entraînement à Sherbrooke, Allaire dit à Creamer : « Pierre, on vient de changer de niveau de gardien. On vient de monter d'une marche. » Déjà il se rendait compte que Patrick était meilleur que les deux autres. Il avait des jambes dynamiques, de bonnes mains, il était rapide, souple, pouvait pousser, freiner, et dès qu'il était en bonne position, il arrêtait la rondelle. De toutes les façons. C'était la première fois qu'Allaire se trouvait en présence d'un gardien présentant toutes les dispositions, mentales et physiques pour épouser son modèle virtuel. Il avait trouvé le spécimen d'athlète qu'il cherchait depuis des années. Mais Creamer avait d'autres préoccupations : « Peut-être, François, mais écoute, on arrive dans les séries, on ne peut tout de même pas les amorcer avec une recrue de dix-neuf ans dans le but ! Il faut préparer les deux autres gardiens pour les éliminatoires. »

Creamer avait raison. Peut-on imaginer les critiques dont il aurait été l'objet si l'équipe avait flanché avec un ado devant le filet, lequel, par surcroît, n'avait même pas encore joué un match à Sherbrooke ? Allaire n'insista pas. À sa première année comme entraîneur de gardiens professionnels, comment pouvait-il être si sûr de son coup ? Ne pouvait-il pas être dans l'erreur ?

Mais plus les entraînements progressaient, plus il devenait évident qu'il avait vu juste. Sur 100 lancers, Patrick en bloquait deux fois plus que les deux autres gardiens. Le gourou venait vraiment de trouver son disciple. Dès le départ, non seulement Allaire ne lui interdit-il pas de se jeter à genoux pour arrêter les rondelles, mais au contraire il l'incita à le faire. Il libérait ainsi Patrick des contraintes qu'on lui avait jusque-là imposées et, par le fait même, l'encourageait à adopter un style qui lui était naturel, à aller là où son instinct le guidait. Inversement, Patrick permettait à Allaire toute la liberté de tester ses théories. À volonté. Ainsi prenait forme une complicité qui allait révolutionner l'art de garder le but et lui faire prendre le virage indispensable pour qu'il rejoigne le niveau technique des autres aspects du jeu.

Dès le départ, Allaire prescrivit à Patrick des exercices spécifiques pendant les entraînements. Il n'avait plus à suivre ses coéquipiers dans les sessions de patinage ou à essuyer bêtement leurs tirs. Creamer mettait même à sa disposition quelques joueurs pour lui permettre de simuler des situations de jeu contre lesquelles il devait apprendre à se défendre. Ils travaillèrent les déplacements dans son rectangle, de manière que Patrick soit toujours en avant du jeu, peu importe la vitesse des joueurs et de leurs passes. C'était le fondement de la thèse d'Allaire. Si le gardien ne fait pas partie du jeu, aussi bien qu'il soit en avant de celui-ci pour l'arrêter. On affûta les patins de Patrick pour qu'ils mordent mieux dans la glace lors des poussées et des freinages brusques.

Puis, petit à petit, s'établit un processus d'essais et erreurs qui devint leur façon de travailler et allait leur permettre d'évoluer ensemble et de développer le nouvel « évangile » des gardiens de but. On décelait un problème, on trouvait une solution. Le défi d'Allaire était de proposer une solution, celui de Patrick, de la mettre en pratique. Si celui-ci n'était pas à l'aise avec le correctif, il appartenait à Allaire de proposer autre chose, une nouvelle manière de faire, jusqu'à ce que le problème soit résolu à la satisfaction des deux. Ils travaillèrent de cette manière jusqu'à la fin des séries éliminatoires à Sherbrooke.

L'année suivante, lors de la saison 1985-1986, Patrick demeura à Montréal, Allaire à Sherbrooke. Occasionnellement, Allaire se pointait au Forum pour jeter un œil sur son protégé et le faire profiter de quelques conseils, notamment lorsque Patrick devait regarder les matchs du haut de la galerie de la presse. Même si, après la retraite de Jacques Plante, on avait annoncé qu'on aurait parfois recours aux services d'Allaire pour conseiller les gardiens à Montréal, en réalité ces derniers se débrouillaient seuls. Cette annonce avait été faite du bout des lèvres par Jacques Lemaire en octobre 1984. Elle était surtout destinée à calmer l'ardeur de quelques journalistes qui reprochaient à la direction des Canadiens de ne pas avoir recours à un tel spécialiste, surtout pour conseiller Steve Penney qui ne jouissait pas d'une grande expérience de la Ligue nationale. Mais Lemaire n'appréciait pas tellement qu'un surplus d'attention à l'endroit de ses gardiens de but vienne déranger la routine de ses entraînements, conçus pour le reste de l'équipe. Aussi, ce n'est qu'en de très rares occasions qu'Allaire avait pu s'entretenir avec Penney et Soetaert.

Mais trois semaines avant la fin de la saison, en 1986, Allaire reçut un appel de Jean Perron, alors entraîneur des Canadiens : « François, tu t'en viens à Montréal, et le seul gardien à qui tu parles, le seul dont tu t'occupes, c'est Patrick Roy. » Allaire s'amena à Montréal.

Patrick et son entraîneur privé visionnaient les images des matchs pour identifier les problèmes que le premier avait pu connaître et tenter de les résoudre. Lors des entraînements, ils ne travaillaient qu'à tester les solutions proposées, puis ils retournaient à la vidéothèque. Une semaine avant la fin de la saison, Perron annonça à Allaire : « On va commencer les séries avec Patrick dans le but. Tu n'en souffles mot à personne. Tu ne dis rien. »

François Allaire était en mission : préparer le gardien de but de l'équipe la plus prestigieuse de toute l'histoire de la Ligue nationale de hockey pour les séries éliminatoires de la coupe Stanley.

13

UNE PREMIÈRE COUPE

Patrick stationna sa Prélude derrière le motel Le Baron, adossé à la rivière Magog, à Sherbrooke. En ce 19 mars 1985, après une saison pitoyable de 16 victoires, 23 défaites, 1 match nul et une moyenne de 5,48 buts alloués par partie à Granby, il venait d'être rappelé par les Canadiens qui, après un bref entraînement, l'avaient envoyé à leur club-école afin qu'il prenne de l'expérience chez les professionnels. Les dirigeants des Canadiens l'entrevoyaient, avec un peu d'optimisme, comme le gardien régulier de leur équipe de la Ligue américaine la saison suivante. Ce stage lui permettrait de se familiariser avec le calibre du jeu et de prendre contact avec ses nouveaux entraîneurs et coéquipiers. Le président des Canadiens de Sherbrooke était Georges Guilbault, un homme d'affaires bien connu dans la région. J'avais connu Guilbault plusieurs années auparavant quand il jouait son hockey junior avec les Bruins de Victoriaville. C'était un fameux joueur, une vedette dans cette petite ville. Il venait parfois faire son tour à l'Hôtel Central pour danser au rythme des Mégatones quand ceux-ci s'y produisaient.

Après son inscription au motel et avoir laissé ses effets personnels à sa chambre, Patrick fila vers le Palais des sports de la rue du Parc où il rencontra Pierre Creamer. Celui-ci lui souhaita la bienvenue, lui présenta quelques membres du personnel, lui indiqua sa place dans le vestiaire et lui demanda d'enfiler son équipement pour l'entraînement.

Dans le vestiaire, Patrick reconnut quelques coéquipiers qui lui étaient familiers, soit pour avoir joué contre eux dans le junior, comme Bobby Dollas, des Voisins de Laval, soit pour les avoir croisés au camp d'entraînement des Canadiens, comme Serge Boisvert, Claude Larose, Thomas Rundqvist, Brian Skrudland, Ric Nattress, Gaston Gingras, Mike Lalor et Michel Therrien.

Sur la glace, après quelques exercices d'échauffement et d'étirement, il fit la rencontre de François Allaire qui lui demanda de prendre place devant le but. Allaire l'observa pendant qu'il bloquait les tirs de routine de ses coéquipiers. Puis il s'approcha. Patrick s'attendait à ce qu'Allaire lui demande de rester davantage debout. C'est tout le contraire qui se produisit. Non seulement l'encouragea-t-il à se jeter à genoux en « papillon », mais bien plus, il lui suggéra d'éliminer les glissades de côté avec les deux jambières et les écarts avec les jambes. Ces gestes furent remplacés par des glissades en « papillon » d'un côté à l'autre du but. Allaire le faisait pousser et se déplacer pour qu'il demeure constamment en avant du jeu, face au tireur. Ensuite, il ne lui restait qu'à se jeter à genoux sur la glace, en position pour arrêter la rondelle. Quel soulagement ! Depuis que Jacques Lemaire lui avait dit qu'il se jetait trop rapidement sur la glace, ses idées n'étaient plus claires. Il avait bien essayé de modifier son style, mais les résultats avaient été décevants. Sa confiance s'érodait. C'était la première fois, depuis Jacques Naud dans le midget, que Patrick trouvait sur son chemin un entraîneur qui l'encourageait à faire des gestes qui lui semblaient naturels, conformes à son instinct. Déjà il se sentait à l'aise. Ça lui plaisait.

⌣

Ça plaisait moins à Greg Moffett. Ce dernier n'était déjà pas content du temps de glace qu'il devait partager avec Paul Pageau, et il accueillit très mal l'arrivée de Patrick à Sherbrooke. Il se vida le cœur dans les médias écrits et parlés, et ses déclarations fracassantes firent la une de *La Tribune* : « Que voulez-vous que je vous dise ? C'est de la merde ! Non, je ne suis pas heureux, parce que la présence de Patrick Roy n'est pas nécessaire ici. Moi, je ne suis pas content. »

Puis il s'en prit directement à Serge Savard : « S'il lance la serviette à propos d'un joueur, pourquoi ne lui dit-il pas en pleine face au lieu de se servir des journaux, comme ce fut le cas avec Ric Nattress ? Ça fait quatre ans que je joue dans l'organisation du Canadien et, encore aujourd'hui, je ne sais même pas à quoi m'en tenir. S'il pense que je ne suis pas assez bon pour jouer dans la Ligue nationale, j'aimerais que Savard me le dise. »

Il faut dire que l'Américain de Bath, dans le Maine, diplômé en journalisme de l'Université du New Hampshire, s'était marié l'été précédent. À vingt-six ans, il avait sans doute hâte d'être fixé quant à son avenir. Ses critiques à l'endroit de Serge Savard étaient peut-être une façon de précipiter les choses. Mais avec un pourcentage d'efficacité de 86,0 – il arrêtait 86 % des lancers qu'il recevait – en saison régulière, elles le rapprochaient probablement davantage d'une carrière en journalisme que d'un poste devant le but d'une équipe de la Ligue nationale. La réplique du patron du Tricolore ne tarda d'ailleurs pas : « Moffett est payé pour arrêter des rondelles, et moi, pour administrer l'équipe. Qu'il s'en tienne donc à son travail ! »

De son côté, Pageau fut plus diplomate : « Nous aurons besoin de repos en prévision des séries éliminatoires. Dans le fond, ce n'est pas une si mauvaise chose qu'il soit ici. »

Pendant douze jours, Patrick ne fit que s'entraîner avec François Allaire. Entre-temps, son copain Stéphane Richer vint se joindre à l'équipe, après l'élimination des Saguenéens dans la LHJMQ. Puis, avant d'entreprendre un voyage de quelques rencontres à l'étranger, on confia à Patrick le dernier match de la saison à Sherbrooke, une victoire de 7 à 4 contre les Nighthawks de New Haven. Pierre Creamer dut expliquer cette décision, car les Canadiens étaient engagés dans une âpre lutte pour accéder aux séries éliminatoires : « On l'a amené à Sherbrooke pour le faire jouer. Il fait partie de l'organisation et on voulait voir ce qu'il pouvait faire, au cas où l'on devrait faire appel à ses services. »

Les Canadiens de Sherbrooke amorcèrent les séries de fin de saison le jeudi 11 avril contre l'Express de Fredericton, le club-école des Nordiques de Québec et des Canucks de Vancouver. Il est intéressant de noter qu'au moins trois joueurs engagés dans cette série allaient plus tard devenir entraîneurs dans la LNH. Du côté des Canadiens, c'est le défenseur Michel Therrien qui se ferait plus tard connaître, davantage comme entraîneur que comme joueur. On en comptait deux du côté de l'Express : Claude Julien et Marc Crawford. Ce dernier, quand il était joueur, était une véritable petite peste – celui qui part la chicane mais qui se sauve quand elle arrive –, le joueur le plus détesté de ses adversaires. C'est lui qui, le 23 octobre 1982, alors qu'il jouait pour les Canucks de Vancouver, avait mis fin à la carrière de Normand Léveillé, des Bruins de Boston, à la suite d'une mise en échec. Ce n'était cependant pas une charge vicieuse, et Crawford n'eut jamais à endosser la responsabilité des conséquences de cette mise en échec robuste mais parfaitement régulière. D'ailleurs, Léveillé avait fait une ou deux autres présences sur la patinoire en fin de première période, après l'incident. Ce n'est qu'à la pause qu'il s'était subitement écroulé, victime d'une hémorragie cérébrale. On découvrit par la suite que Léveillé avait toujours été affecté d'une malformation congénitale, le rendant vulnérable à ce genre de secousse.

Les deux premiers matchs furent disputés au Aitken Center, au Nouveau-Brunswick, et se soldèrent par autant de victoires des Canadiens. Moffett, impeccable devant le but avec Paul Pageau comme adjoint, était opposé à Clint Malarchuk. De retour à Sherbrooke pour la troisième rencontre, le vent tourna brusquement. Une décisive victoire de 6 à 2 de l'Express vint refroidir l'ardeur de tout le monde dans le Palais des sports. Moffett n'avait pourtant rien à se reprocher. Il avait fait face à 34 lancers contre seulement 18 pour Malarchuk.

À l'issue du match, François Allaire y alla d'une déclaration surprenante mais prémonitoire. Tout en reconnaissant que

Moffett avait très bien travaillé jusque-là et qu'il avait tout le talent pour faire carrière dans la Ligue nationale, il dit d'abord ceci : « Je me demande toutefois si c'est son objectif. Je sais qu'il aimerait embrasser une carrière journalistique. Alors, il devra probablement prendre une décision un jour ou l'autre. » Puis, à l'étonnement de tous, il ajouta, de façon enthousiaste : « Patrick a tous les atouts pour devenir le gardien de la prochaine décennie. Il devra polir son style et sa technique, mais pour ce qui est du reste, il a toutes les qualités pour s'affirmer dans la Ligue nationale. J'aime notamment son agressivité et sa vitesse d'exécution. » N'oublions pas que nous étions en 1985. Patrick n'avait encore gardé qu'une seule période dans la Ligue nationale et un seul match, plutôt banal, dans la Ligue américaine. Allaire avait-il un don de clairvoyance ? Pouvait-il être aussi sûr de son évaluation et de son jugement ?

Le quatrième affrontement fut le théâtre d'un événement qui changea peut-être le cours des séries pour les Canadiens. À coup sûr, il rapprocha Patrick de son destin. On lui avait demandé de servir d'adjoint à Greg Moffett. Dans la journée, Carol, la femme de Paul Pageau, avait donné naissance à une fille. Pageau avait passé la journée à l'hôpital et n'avait pas la tête à jouer au hockey. Il avait l'esprit ailleurs.

À mi-chemin du match, poursuivant son élan, l'Express s'était déjà donné une avance de 3 à 0. Soudain, Moffett s'amena au banc. Une lanière qui retenait sa jambière avait cédé. Voilà la chance que Patrick attendait. Il prit la place de Moffett devant le but. La foule l'accueillit par une ovation qui l'encouragea. En l'espace de quelques minutes, l'ambiance du Palais des sports changea et le vent tourna encore, mais à l'avantage des Canadiens cette fois. Les joueurs de l'Express tentèrent d'accélérer le rythme pour profiter de la situation, mais Patrick résista et multiplia les arrêts, tant et si bien que ce furent les Canadiens qui marquèrent. Deux fois plutôt qu'une.

Avec un compte de 3 à 2, Moffett ressortit du vestiaire. La courroie avait été réparée et il était prêt à revenir au jeu.

Creamer interrogea du regard Jean Hamel, son adjoint derrière le banc, puis s'adressa à François Allaire dans ses écouteurs : « Qu'est-ce qu'on fait, François ? Moffett est prêt à revenir. » Ce n'était pas la première fois que Moffett était victime d'un bris d'équipement opportun quand les choses allaient mal. C'était arrivé à quelques reprises durant la saison. Allaire se souvenait. Il savait aussi que c'était une occasion inespérée d'introduire dans les séries celui qu'il considérait comme le meilleur gardien de l'équipe, en dépit de son inexpérience et de son jeune âge, sans que personne puisse reprocher quoi que ce soit aux entraîneurs : « On garde le jeune. Il n'a pas donné un but, il arrête la rondelle, il va bien, on garde le jeune. » Ce fut un point tournant, non seulement dans le match mais dans les séries. On ne revit plus Moffett devant le but.

En troisième période, non content de multiplier les arrêts spectaculaires, Patrick fit tout pour que les joueurs de l'Express méritent des punitions. Il agaça tout d'abord le colosse Yvon Vautour. Puis, Grant Martin, exaspéré par ses tactiques, lui donna un coup de bâton sous les yeux de l'arbitre et fut envoyé au cachot. À la faveur de son absence, les Canadiens égalisèrent. Avant la fin du temps réglementaire, les deux équipes s'étaient échangé chacune un but. C'était l'impasse. Il fallut 31 minutes et 20 secondes de temps supplémentaire pour que les Canadiens, dont trois des cinq buts avaient été marqués en avantage numérique, marquent à nouveau et s'emparent de la victoire, leur troisième de la série quatre de sept. Dans le vestiaire des gagnants, Patrick rayonnait : « La foule m'a applaudi à mon entrée dans le match et ça m'a donné confiance. En troisième, j'ai voulu leur faire prendre des pénalités pour les sortir du match et je pense que j'ai réussi. » L'Express était acculé au mur et tout le monde était content. Pageau, le visage éclairé d'un large sourire, distribuait les cigares.

Il fallut deux autres matchs aux Canadiens pour éliminer l'Express : une défaite de 3 à 1 à Fredericton et la victoire finale, arrachée en prolongation au compte de 4 à 3, le 22 avril à Sherbrooke.

Le premier mai, la demi-finale s'amorça entre les Canadiens de Sherbrooke et les Mariners du Maine. Patrick ne put participer à la première rencontre, ayant été rappelé par le grand club de Montréal, alors engagé dans une série contre les Nordiques de Québec. Cette mesure de précaution avait été rendue nécessaire en raison de l'état de santé incertain de Steve Penney qui souffrait de spasmes au dos.

Bénéficiant d'une journée de congé après l'élimination de l'Express, Patrick s'était rendu au Centre des loisirs Saint-Sacrement, à Québec, pour assister à un spectacle de copains qui faisaient des imitations de Ding et Dong. Il nous avait fait savoir comment communiquer avec lui au cas où la direction des Canadiens chercherait à le joindre, ce qui fut fait vers 23 h 30. Il se sentait prêt : « Je me sens en mesure d'aider l'équipe si on fait appel à mes services, avait-il dit. Je suis prêt à donner cent pour cent. J'ai beaucoup progressé au cours du dernier mois à Sherbrooke, plus que durant toute la saison. On vient de vaincre les p'tits Nordiques, il suffit de faire la même chose contre les grands ! »

Finalement, Penney étant de retour, Patrick ne fut pas utilisé. Il quitta Montréal précipitamment, mais rejoignit le club-école trop tard pour être à l'œuvre dans le premier match de la série au Civic Center de Portland. C'est Paul Pageau qui le remplaça dans une défaite de 5 à 2.

Les deuxième et troisième matchs furent cependant l'affaire de Patrick, qui mérita la première étoile à chaque occasion. Bien qu'il eût reçu près de deux fois le nombre de lancers de son vis-à-vis, Sam St-Laurent, les Canadiens l'emportèrent décisivement par des comptes de 9 à 2 et 7 à 3. À un journaliste qui lui faisait remarquer qu'il avait été habitué à recevoir beaucoup de lancers devant le but des Bisons, Patrick répliqua : « Il n'y a rien de semblable. À Granby, il s'agissait de bombardements et de jeux où je n'avais aucune chance. Ici, ce sont des lancers en angle ou qui viennent de l'enclave. Je fais le premier arrêt et les défenseurs sautent sur les retours. C'est plus facile ainsi. »

D'autres eurent moins de retenue dans leurs commentaires : « Lui, y *goale* en "tabarnak" ! » lança John Ferguson dans son franglais coloré en pointant du doigt Patrick qui prenait place devant son filet. Ferguson était alors directeur général des Jets de Winnipeg de la LNH, lesquels partageaient la gestion du club-école de Sherbrooke avec les Canadiens. Il était venu voir jouer quelques-uns de ses joueurs pour se rendre compte de leur évolution. Pauvre « Fergie » ! Il aurait bien voulu mettre la main sur Patrick au dernier encan amateur, mais il avait échangé son choix de troisième ronde, le cinquante et unième, à son ami Serge Savard. Il n'avait qu'à s'en prendre à lui-même : « Je savais qu'il y avait juste le Canadien qui pouvait le repêcher avant moi et il l'a fait… Moi, j'aurais bien aimé pouvoir le repêcher. Nous l'avions surveillé étroitement à Granby. » Il poursuivit en affirmant que les gens de Sherbrooke feraient mieux de profiter de la présence de Patrick pendant les séries actuelles parce que, l'année suivante, ils pourraient bien devoir se contenter de le regarder à la télé.

Même l'entraîneur des Mariners, Tom McVie, fut élogieux à l'endroit de Patrick. Après un match perdu 7 à 3 par son équipe, mais où elle avait dominé 51 à 19 dans les tirs au but – 23 à 5 en première période seulement –, il concéda : « Je dois avouer que ce jeune Roy est extraordinaire. On appelait Ken Dryden "La Pieuvre", mais je n'ai jamais vu un gars arrêter les rondelles comme lui. Si on avait échangé nos gardiens, on aurait gagné 15 à 1. » Quant à Greg Moffett, qui s'était fait chiper son poste de premier gardien par Patrick, même après avoir excellé au début de la série contre l'Express, il avoua modestement : « Patrick joue du hockey prodigieux. Il m'a obligé à reconnaître son talent et à ravaler mes paroles. C'est un peu difficile à accepter, mais quand tu le vois jouer, tu dois admettre qu'il mérite d'être là où il est actuellement. Il n'y a plus de doute pour moi. C'est tout un gardien de but. Il faut voir tout le talent qu'il possède à dix-neuf ans, alors que moi, je commençais mes années de collège à cet âge… il y a déjà quelques années. […] Tant qu'il continuera à jouer de cette façon, je ne pourrai être mécontent. »

Au cours de la quatrième rencontre, à Sherbrooke, les Mariners jouèrent la carte de l'intimidation : Alan Stewart tenta de blesser Patrick derrière son but au moyen d'une charge vicieuse ; l'intention bien évidente était de le sortir du match. Mais la stratégie ne fonctionna pas et les Mariners s'inclinèrent pour une troisième fois d'affilée. Ils avaient tout essayé. En vain. La série se termina à l'avantage des Canadiens par une victoire de 6 à 5 à Portland, le 8 mai.

Pendant ce temps, Peter Stastny, des Nordiques, à l'aide d'un but en prolongation dans le filet de Steve Penney, éliminait les Canadiens de Montréal au Colisée de Québec.

⌣

Contre toute attente, les Canadiens de Sherbrooke se retrouvaient en grande finale pour l'obtention de la coupe Calder contre les puissants Skipjacks de Baltimore. Je dis « contre toute attente » parce qu'en saison régulière, les Canadiens n'avaient terminé qu'au sixième rang de la ligue, plus de 19 points derrière eux.

Les Skipjacks avaient de quoi intimider. D'abord, ils venaient d'éliminer en quatre « petites » parties les Whalers de Binghampton, qui avaient pourtant terminé premiers au classement général, plus de 33 points devant les Canadiens. Puis ils comptaient quelques joueurs capables de brasser la cage. Leur capitaine, pour donner le ton à l'ambiance, était nul autre que Steve Carlson, qui avait joué le rôle d'un des « subtils » frères Hanson dans le film *Slapshot*, aux côtés de Paul Newman. Carlson avait pour camarades de combat Bennett Wolf, avec ses 285 minutes de punition, Marty McSorley, Phil Bourque, Dean De Fazio et Ted Bulley, tous pas mal moins délicats que Newman. Les Skipkacks étaient également solides devant le filet. Jon Casey, prêté par les North Stars du Minnesota, avait conservé la meilleure moyenne de l'année dans la Ligue américaine et un excellent pourcentage d'efficacité de 90,8. Il était secondé par l'expérimenté Michel Dion, né à Granby, qui avait joué quelques années dans la LNH avec les Nordiques de Québec et les Penguins de Pittsburgh. Les Skipjacks portaient les couleurs des Penguins dont ils étaient le club-école : ironiquement, c'était le même uniforme que celui que portaient les Bisons de Granby.

Avant le début de la finale, conformément à l'image arrogante de son équipe, l'entraîneur Gene Ubriaco déclara : « Je ne serais pas surpris que nous ayons besoin de plus de quatre matchs pour les vaincre. » Son analyse, vraisemblablement « minutieuse » et « profonde », sous-estimait la présence de Stéphane Richer et de Patrick, qui, tout en renforçant la formation, avait donné un regain de vie aux vétérans. Ce n'était plus la même équipe. Ubriaco n'eut pas à attendre très longtemps pour que son évaluation soit invalidée. Les Canadiens remportèrent les deux premiers matchs, à Baltimore, par des comptes identiques de 4 à 3. C'était la première fois en deux ans que Sherbrooke remportait la victoire au Civic Center. Ubriaco aurait pu invoquer le règlement qui interdit à un gardien rappelé du junior de jouer, à moins qu'un cerbère régulier n'en soit empêché pour cause de maladie ou de blessure. Il ne l'a pas fait. Il était tellement confiant ! Que pouvaient faire les Canadiens contre sa puissante équipe, surtout avec un gardien recrue devant le but ?

La recrue frôla la catastrophe dans le premier match, à la suite d'une erreur de... recrue. La veille, à Sherbrooke, après l'entraînement du matin, sa mitaine et son bloqueur avaient été placés dans un endroit inhabituel – derrière la sécheuse – pour sécher plus rapidement et complètement. Le lendemain, à Baltimore, Pierre Gervais, le préposé à l'équipement, s'approcha de Patrick, l'air embarrassé :

— Pat, il faut que je te parle.

— Qu'est-ce qu'il y a ?

— Tes mitaines sont restées à Sherbrooke.

— Quoi ?

— Ben oui, celui qui a emballé ton équipement avant le départ ne savait pas que tes mitaines avaient été placées derrière la sécheuse. On a oublié d'aller les chercher avant de partir.

— Qu'est-ce que tu suggères ?

— Écoute, j'ai obtenu des Skipjacks qu'ils nous prêtent de vieilles mitaines appartenant à Michel Dion. Veux-tu les essayer à l'entraînement ce matin ?

Patrick prit les mitaines dans ses mains, les examina, les palpa. Elles ressemblaient à de vieux chaussons usés et poussiéreux provenant tout droit d'une « vente de garage ». Finalement, il préféra s'arranger avec Greg Moffett qui lui prêta les siennes.

Il fallait voir Patrick et Moffett, pendant l'entraînement et même lors de l'échauffement d'avant-match, se passer les mitaines à tour de rôle en entrant et en sortant du but pour recevoir les lancers. Pour un match de finale de la Ligue américaine, ça tenait du surréalisme. Imaginez, Patrick à Baltimore sans « Charlotte » ! Elle ne lui pardonna que parce qu'il fit presque aussi bien avec la mitaine de Moffett, méritant la première étoile du match. Mais « Charlotte » alla le rejoindre aussitôt par le vol suivant.

Au cours de ce premier match, un autre désastre aurait bien pu se produire. L'« élégant » ailier des Skipjacks, Dean De Fazio, vint bien près de mettre fin à l'excellent duel de gardiens que se livraient alors Casey et Patrick lorsqu'il chargea à pleine vitesse ce dernier qui avait dû s'accroupir devant son but. Sous la force de l'impact, Patrick s'écroula tel un sac de sable et en perdit son casque. En tombant, sa tête heurta un poteau du but, et il resta étendu de tout son long, inerte, un long moment. Puis, au grand soulagement de ses coéquipiers, il se releva enfin pour poursuivre. Il avait vu des étoiles.

Les Canadiens de Montréal éliminés, plusieurs membres de la haute direction avaient fait le voyage à Baltimore : le président Ronald Corey, le directeur général Serge Savard, l'entraîneur Jacques Lemaire et ses adjoints, Jean Perron et Jacques Laperrière. À un certain moment, sur la passerelle d'où ils regardaient le match, Perron laissa échapper, en parlant de Patrick : « Ça va être notre gardien l'an prochain. Il est prêt pour la Ligue nationale, c'est lui qu'il nous faut. »

Mais une solide formation comme les Skipjacks n'allait pas lancer la serviette aussi facilement. Dès le premier match à Sherbrooke, ils se redressèrent pour l'emporter par 5 à 3, à la faveur d'une performance éblouissante de Michel Dion, venu en relève de Jon Casey. Mais lors de la deuxième rencontre, Stéphane Richer prit les choses en mains pour renverser la vapeur et conduire les Canadiens à une victoire de 6 à 1.

Les Skipjacks étaient adossés aux câbles. Réalisant que le championnat lui glissait entre les doigts, Ubriaco signala qu'en vertu du règlement, seule une blessure dont auraient pu être victimes Moffett ou Pageau pouvait permettre la présence de Patrick dans l'uniforme des Canadiens : « Nous avons vérifié, et ni Pageau ni Moffett ne sont blessés. On dit que Moffett est blessé au dos, mais nous l'avons vu faire des haltères. Se permet-on de tels exercices quand on est blessé au dos ? » Il s'adressa même au vice-président de la Ligue américaine, Gordon Anziano, pour lui demander d'attester que les deux gardiens réguliers des Canadiens étaient blessés. Le docteur Farrar, des Canadiens, confirma que Moffett souffrait bien d'un mal de dos.

La panique s'emparait d'Ubriaco. Néanmoins, son équipe parvint à remporter le match suivant à Baltimore, par le compte de 6 à 2.

La table était mise pour les Canadiens de Sherbrooke. En avant par trois victoires à deux dans la série, ils avaient la chance d'y mettre un terme en ce vendredi 24 mai, à domicile, au Palais des sports. Pas question de risquer le championnat dans un ultime match à Baltimore. C'était maintenant qu'il fallait en finir. Maintenant ou jamais.

Les deux premières périodes ne firent qu'entretenir le suspense. Malgré quelques bonnes chances de part et d'autre, Patrick eut à bloquer 18 lancers et Dion 13, aucune des deux équipes, à la fois nerveuses et prudentes, ne réussissant à s'inscrire au pointage. Michel Dion – Ubriaco avait décidé d'y aller avec l'expérience – et Patrick se montrèrent intraitables.

Le début de la troisième période fut tout à l'avantage des Skipjacks. Ils forçaient le jeu, étaient plus affamés que les Canadiens, se battaient pour leur survie. Leurs efforts furent récompensés. Tim Tookey déborda à l'aile droite, puis bifurqua brusquement vers la gauche devant Gaston Gingras, qui ne put l'empêcher de pénétrer dans l'enclave et de décocher un tir sec qui passa à la droite de Patrick sans que celui-ci y pût quoi que ce soit. C'était un but important, le premier de la rencontre, tard dans la partie, à 2 :29 du troisième tiers. La foule en demeura stupéfaite.

Les Canadiens n'avaient plus le choix. Ils devaient forcer le jeu. Ce faisant, ils prirent des chances et négligèrent leur défensive. Patrick dut alors se signaler de façon magistrale contre Dan McCarthy, Bob Errey et Arto Javanainen, qui à tour de rôle étaient parvenus à s'échapper seuls devant lui. Ces arrêts semblèrent stimuler ses coéquipiers et, à mi-chemin de la période, les chances de compter furent mieux partagées. À 11 :49, Brian Skrudland fit dévier un lancer de Ric Nattress provenant de la pointe. Le compte était égal. Puis, à 16 :28, Stéphane Richer s'empara d'une rondelle libre en zone neutre, s'amena en zone adverse, pivota sur lui-même devant le défenseur Bryan Maxwell, revint sur ses pas à la rencontre de Tim Tookey qu'il déjoua habilement et laissa partir un puissant tir frappé qui trompa Michel Dion à sa droite, dans le haut du filet.

À un peu plus de trois minutes de la fin du match, ce fut l'euphorie dans l'amphithéâtre. Serge Savard, qui assistait à la rencontre avec toute la haute direction des Canadiens, tira une bonne bouffée de son cigare. À ses côtés, Georges Guilbaut poussa également un profond soupir de soulagement. Celui-ci n'avait pas ménagé les efforts et avait fait preuve de beaucoup d'audace pour doter les amateurs de la région d'une équipe professionnelle.

Il restait trois secondes à jouer quand Mike Lalor tira de sa zone dans le but abandonné par les Skipjacks à la faveur d'un sixième attaquant. C'en était fait pour eux. Les Canadiens venaient de remporter la coupe Calder et devenaient, par le fait même, la première équipe du Québec à gagner le championnat de la Ligue américaine en quarante-neuf ans d'histoire.

Les trois secondes qui restaient à jouer n'étaient que symboliques. Elles s'écouleraient avec toutes sortes d'objets jonchant la patinoire. Guilbault se tourna vers Savard et lui tendit la main pour avoir accepté de déménager la franchise à Sherbrooke : « Merci, Serge. » Ce dernier eut du mal à l'entendre. Déjà cette espèce d'hymne aux vainqueurs qu'était devenu le grand succès de Queen emplissait l'enceinte, craché à tue-tête par les puissants haut-parleurs.

We are the Champions my friend
And we'll keep on fighting till the end
We are the Champions, we are the Champions…

À cet instant, tous les joueurs sautèrent sur la glace et se précipitèrent vers Patrick pour le féliciter. Plusieurs spectateurs firent de même. C'était le désordre le plus total sur la patinoire. Parmi les joueurs qui s'embrassaient et se congratulaient, des jeunes tentaient de s'emparer, qui d'un bâton, qui d'un gant, qui d'un casque, pour les garder en souvenir. Tous ceux qui étaient restés dans les gradins s'étaient levés, criaient, chantaient, chahutaient, sautaient, trépignaient. Momentanément, Patrick se retira dans le vestiaire pour mettre « Charlotte » et son bloqueur à l'abri de la convoitise des jeunes fêtards. Puis il revint rejoindre ses coéquipiers qui avaient entrepris un tour d'honneur autour de la patinoire. À un journaliste lui faisant remarquer que la saison qui se terminait lui avait fait vivre plusieurs périodes de tension, il répliqua : « Oui, c'est vrai, mais en même temps, la coupe Calder remplace pour moi la coupe Memorial que je n'ai pas eu la chance de gagner avec les Bisons. Ça rachète en quelque sorte les trois saisons que j'ai passées à Granby. »

J'ai assisté à ce match en compagnie d'Alexandra. Barbara avait fait le voyage à Sherbrooke, mais une terrible migraine l'avait empêchée de nous accompagner au Palais des sports. Elle était restée au motel. J'ai toujours été vivement impressionné par celui qui triomphe en se dépassant, en repoussant ses limites, surtout quand son cheminement a été parsemé d'embûches. Mais quand il s'agit d'un athlète, c'est quelque chose d'encore plus dramatique, de plus touchant, de plus émouvant. Surtout quand il est votre fils. Une boule d'émotion me monta dans la gorge. Elle devait contenir toutes ces défaites auxquelles j'avais assisté depuis onze ans, toutes ces déceptions que j'avais partagées avec Patrick, tous ces espoirs que j'avais entretenus, toutes ces heures à geler dans les arénas, ces week-ends où j'avais dû me lever au chant du coq, ces tournois de hockey, de baseball, etc. Seul l'orgueil fit en sorte qu'elle ne montât pas plus haut. Je me tournai vers Alexandra qui me serrait le bras et se blottissait contre moi. De grosses larmes coulaient sur ses joues. Elle pleurait.

À ce moment précis, nous aurions souhaité un signe de la part de Patrick. N'importe lequel. Un regard, un clin d'œil, un geste de la main, n'importe quoi qui aurait reconnu cette complicité qui nous liait à lui depuis que cette longue quête avait commencé. Bien sûr, ce n'était pas notre victoire, mais « en quelque part », nous avions l'impression d'avoir laissé un peu de nous-mêmes le long du chemin parcouru, que nous avions quelque chose à y voir.

Rien. Peut-être Patrick ne nous avait-il pas repérés dans les gradins. Peut-être était-il trop occupé à libérer ses propres émotions auprès de ses coéquipiers, à répondre aux journalistes qui le pourchassaient ou à se dégager de ces spectateurs qui l'envahissaient et qui, sans rien à voir avec lui, le prenaient par le cou, lui tapaient les épaules, lui passaient la main dans les cheveux. Nous nous sentions seuls. Cruellement seuls, au milieu d'une foule de 5 125 partisans des Canadiens qui exultaient, hurlaient leur joie. Seuls à ressentir une émotion que nous ne pouvions pas partager avec eux, qu'ils ne pouvaient pas comprendre, que nous ne pouvions pas libérer, pendant que Queen continuait :

No time for losin' 'cause we are the Champions
Of the world.

195

Dans tout ce tohu-bohu, on réussit à dérouler un tapis rouge jusqu'au centre de la patinoire. C'est là que le vice-président Anziano présenta la coupe Calder au capitaine des Canadiens, Brian Skrudland. Juste auparavant, Jack Butterfield, le président de la Ligue américaine, lui avait remis le trophée portant son nom, attribué au joueur le plus utile dans les séries. À titre de capitaine de l'équipe et de valeureux guerrier qui avait passé toute la saison à Sherbrooke, Skrudland méritait sans doute cet honneur. Cependant, François Allaire savait, les joueurs savaient, et plusieurs autres savaient que c'était lui, Patrick, qui avait fait la différence.

Mais, n'eût été un accouchement et une lanière brisée...

14

LE VRAI DÉFI

Après un été de farniente et de balle molle dans l'uniforme de l'Auberge Caroussel de Val-Bélair, et à se faire taquiner par les Doyon – Ti-Guy avait scotché sur le réfrigérateur une affiche de Mario Gosselin, le gardien des Nordiques –, Patrick se présenta au camp des recrues des Canadiens. L'heure de vérité allait bientôt sonner. Il annonça ses couleurs : « Je m'en vais à Montréal avec l'idée bien arrêtée d'obtenir un poste dans le grand club dès cette saison. » L'obstacle qui se dressait devant lui était Doug Soetaert, qu'il devait supplanter lors du camp d'entraînement régulier pour s'emparer du poste d'adjoint de Steve Penney.

En septembre 1985, la situation chez les gardiens de but de l'équipe se présentait comme suit : Steve Penney était considéré comme le premier gardien de l'organisation et était assuré de son poste à court terme. Peu d'attention lui serait accordée lors du camp d'entraînement. On savait ce qu'il pouvait faire. Quelques dirigeants lui reconnaissaient cependant des limites et ne s'aventureraient pas à se prononcer au-delà du court terme dans son cas. François Allaire n'avait-il pas présenté Patrick comme « le gardien de la prochaine décennie » quelques mois plus tôt ?

Doug Soetaert venait de renouveler son entente avec les Canadiens. Il constituait une police d'assurance, celui dont la vaste expérience rassurait, au cas où Penney flancherait et où Patrick ne pourrait justifier tous les espoirs que l'on mettait en lui. Il avait servi d'auxiliaire à Penney la saison précédente, montrant par là qu'il pouvait s'acquitter de cette tâche à la satisfaction de ses patrons.

De son côté, Patrick jouissait d'un préjugé favorable. Il avait montré de belles aptitudes au camp précédent en battant les Oilers et les Nordiques, et il avait grandement impressionné durant les séries de la coupe Calder avec les Canadiens de Sherbrooke. Il représentait l'avenir devant le but des Canadiens. Mais l'évaluation d'un jeune gardien ne dépasse guère le rendement offert lors de sa dernière performance. Au match suivant, tout est à recommencer. Patrick connaissait bien cette règle. « C'est au camp d'entraînement que ça va se décider », disait-il.

Il ne croyait pas si bien dire. Pour ajouter à la pression, Serge Savard et Jean Perron, le nouvel entraîneur-chef, s'étaient tour à tour publiquement prononcés contre un ménage à trois chez les gardiens. Perron avait même insisté à plusieurs reprises : « Il n'est pas question de garder trois gardiens à Montréal. L'expérience démontre clairement que ça n'a jamais été une bonne formule. Le troisième gardien ne peut garder la forme et ne peut être efficace quand on a vraiment besoin de lui. » Le message était clair : le troisième gardien serait envoyé à Sherbrooke, dans la Ligue américaine. Patrick était donc engagé dans une lutte sans merci avec Doug Soetaert pour le poste de gardien auxiliaire et le droit de demeurer à Montréal. Et cette lutte devrait se faire en l'absence de François Allaire, retourné à Sherbrooke dès la fin du camp des recrues.

Même en sachant très bien que c'était leur rendement sur la patinoire qui trancherait le débat, les deux aspirants ne purent résister à la tentation de minimiser les avantages de l'autre dans des déclarations aux médias.

Soetaert affirma : « J'ai entendu dire que Roy avait connu une excellente fin de saison dans la Ligue américaine l'année dernière. Il s'agit maintenant de savoir ce qu'il peut faire chez les pros. Chose certaine, ce n'est ni le calibre junior ou celui de la Ligue américaine. »

Patrick rétorqua sur-le-champ : « L'an dernier, Penney avait besoin d'être secondé par un gardien d'expérience, alors que cette saison, ce n'est plus une nécessité. Penney a prouvé qu'on pouvait lui faire pleinement confiance. »

La guerre était ouverte, même que Perron en fixa lui-même quelques paramètres. D'entrée, il tint à signifier que la jeunesse de Patrick ne constituait pas un handicap à ses yeux : « À une certaine époque, on prétendait que les gardiens prenaient plus de temps que les autres joueurs à se développer. Mais cette perception tend à changer. Aujourd'hui, les lancers viennent de partout, avec plus de mouvements de rondelle et aussi avec plus de puissance. Dans ces circonstances, un jeune qui n'est pas nerveux peut très bien se débrouiller. » Puis il déballa ce qu'il attendait d'abord et avant tout du portier auxiliaire : « Je veux un deuxième gardien qui va *challenger* le premier. Je pense que Penney va être meilleur dans ces conditions. »

Soetaert et Patrick disposaient donc de trois semaines, la durée du camp d'entraînement, du 19 septembre au 10 octobre, pour démontrer qu'ils étaient ce challenger que Perron recherchait.

L'équipe se préparait pour un premier match présaison à l'étranger. Patrick fit son entrée dans le vestiaire. Il venait d'aller magasiner. L'année précédente, il lui arrivait parfois d'être un peu serré dans ses finances. À Sherbrooke, il avait même dû emprunter de l'argent à Pierre Gervais pour aller voir sa blonde à Québec. Il avait mis tout son argent sur l'achat de sa Prélude et il ne lui en restait plus pour la faire rouler.

Là, il venait de toucher sa paie des Canadiens et avait décidé de se gâter un peu en s'achetant quelques vêtements. Il avait magasiné seul mais avait néanmoins fait de bons choix : veston marine, pantalon gris fer, chemise blanche, cravate rouge. C'était l'uniforme que je portais au Collège des Jésuites trente ans plus tôt. Sauf que, dans le vestiaire des Canadiens, en présence de tous ces vétérans, il s'écartait un peu de la norme avec cet air d'étudiant-docile-qui-porte-l'uniforme-pour-la-première-fois. Surtout qu'il avait choisi un veston d'une taille ou deux trop grand pour lui.

Quand Gaétan Lefebvre, le soigneur de l'équipe, vit apparaître ce grand maigrichon accoutré de la sorte, qui se balançait les épaules de gauche à droite en marchant, il ne put réprimer un fou rire : « Il a l'air d'un "casseau" », dit-il à Larry Robinson qui éclata à son tour. Petit à petit, quelques joueurs, francophones d'abord, anglophones ensuite, l'appelèrent « Casseau » dans le vestiaire. Certains prétendirent plus tard que ce surnom avait quelque chose à voir avec son alimentation et les « casseaux » de patates frites qu'il aimait bien. Ce n'était pas le cas. Gaétan Lefebvre avait utilisé le terme en référence à un grand gringalet qui a une démarche « cassée ». Le surnom lui resta.

Soetaert fut désigné pour passer le premier test, à Edmonton, sa ville natale, contre les puissants Oilers. Même en accordant six buts, il s'en tira très bien. Il fut bombardé de 42 tirs, et c'est grâce à son brio en fin de match que les Canadiens réussirent à arracher la victoire au compte de 7 à 6. Le surlendemain, ce fut au tour de Patrick, contre les Jets, à Winnipeg. Le jour du match, Perron fit une déclaration qui traduisait bien son état d'esprit : « J'ai très hâte de voir comment Patrick va s'en sortir. Il fera face à une forte équipe en offensive, un club qui aligne l'un des meilleurs joueurs de la Ligue nationale, Dale Hawerchuk. Je suis anxieux de voir Patrick parce qu'il m'a tellement épaté en finale de la Ligue américaine, au printemps dernier. Est-ce que je vais revoir les mêmes aptitudes, le même brio ? » Il les revit. Dans un match nul de 3 à 3, Patrick reçut le même nombre de lancers que Soetaert l'avant-veille : 42, dont 17 dans le seul troisième tiers, y compris un lancer de punition accordé à Dale Hawerchuk, qu'il stoppa. Une performance rassurante pour Perron… et pour Patrick. Néanmoins, le voyage dans l'Ouest ne réglait rien. Les deux gardiens avaient passé leur premier examen avec succès.

Comme la tradition chez les Canadiens voulait que les gardiens partagent la même chambre d'hôtel à l'étranger,

Soetaert et Patrick s'étaient croisés souvent au cours du week-end. Drôle de situation quand on songe que ces deux-là n'étaient pas de simples coéquipiers, mais plutôt des adversaires luttant désespérément pour le même poste. Pour les deux gardiens, les Oilers ou les Jets ne représentaient pas l'ennemi, mais plutôt l'instrument, le moyen qui leur permettrait de vaincre le véritable rival, en l'occurrence leur compagnon de chambre. Aux journalistes que la situation amusait, Patrick confia : « Nous nous respectons et avons chacun comme objectif de faire de notre mieux. Dans la chambre, on ne parle pas de hockey. On ne parle pas de notre situation, on ne fait allusion à rien. Aucune taquinerie. Rien. C'est sur la glace que ça se passe cette affaire-là. Un de nous devra aller à Sherbrooke et je ne veux pas que ce soit moi. »

À peine une semaine après l'ouverture du camp, la situation des gardiens évoluait. Peut-être dans l'intention de stimuler lui-même son gardien numéro un qui, étant dispensé de lutter pour son poste, travaillait à l'abri des médias, sans inquiétude ni stress, Perron fit une déclaration-choc : « Penney était le gardien numéro un avant le camp d'entraînement. C'est fini tout cela. Il lui faut maintenant batailler pour mériter ce vote de confiance et Steve le sait. Le poste de tout le monde est maintenant en jeu. » Il ajouta : « Je ne veux pas d'un gardien numéro deux qui va se contenter d'être le numéro deux. Le vrai numéro un, vous le connaîtrez à Pittsburgh, lors du premier match de la saison. C'est lui qui commencera la rencontre. » Paf! Il devenait clair que, selon la stratégie de Perron, aucun de ses gardiens ne pourrait dormir tranquille. Tous les trois auraient à se distinguer dans un climat de compétition constante.

À chaque rencontre, Soetaert et Patrick jouaient presque à quitte ou double. La moindre défaillance pouvait leur être fatale. Par contre, une performance étincelante et la confiance s'installait. On avait réservé à Soetaert le prochain défi : un rendez-vous au Colisée de Québec contre les Nordiques. Même en match hors concours, les affrontements entre ces deux équipes soulevaient les plus vives passions. Les journalistes noircissaient plus de papier que de coutume. Les amateurs de hockey des deux villes étaient fébriles ; ils voulaient tout savoir des deux équipes et « se crinquaient » contre l'adversaire. La tension atteignait un sommet. La pression sur les joueurs aussi ; à plus forte raison sur les gardiens. Une bonne performance de Soetaert pourrait lui éviter une rétrogradation à Sherbrooke.

Conscient de l'enjeu, il était à se préparer minutieusement lors de l'entraînement de la veille lorsque Brian Skrudland laissa partir un dur lancer. Soetaert leva légèrement la tête, la rondelle se fraya un chemin sous le protecteur fixé au bas de son masque et l'atteignit en pleine gorge. Il s'écrasa sur la patinoire, se tordant de douleur. Se relevant de lui-même après quelques minutes, il paraissait véritablement sonné et dut se retirer au vestiaire. Au pied levé, c'est Patrick qui affronterait les Nordiques : « Je suis plus confiant cette saison, dit-il. Pour moi, cette rencontre représente une chance de démontrer mon talent et d'impressionner ceux qui décideront de mon sort. »

Il ne rata pas son coup. Déclassés par 33 lancers contre 24, les Canadiens quittèrent néanmoins Québec avec une victoire de 6 à 1. Patrick, la première étoile du match, signa une performance éblouissante et ne perdit son blanchissage que quatre secondes avant la fin. Craig Ludwig, le robuste défenseur du Tricolore, ne put s'empêcher de remarquer : « Pour quelqu'un qui tente de mériter un poste, il s'y prend sûrement de la bonne manière. Sa performance ne fut certes pas ordinaire. À chaque match qu'il joue, on devient davantage confiant devant lui. On sait qu'il fera le premier arrêt. »

De son côté, Jean Perron ne cachait pas son enthousiasme. Quand un journaliste lui demanda s'il aurait le culot de confier le filet à un jeune de vingt ans, il répondit sans hésitation : « Tu peux en être certain. S'il me prouve qu'il est le meilleur, il aura de la glace, crois-moi. » Emballé de revoir chez Patrick le niveau d'excellence qui l'avait tant impressionné lors des séries éliminatoires de la coupe Calder, il ajouta : « Je me fous éperdument de ce que les autres peuvent dire. Le gars qui a mené le Canadien de Sherbrooke au championnat, c'est Patrick. Il a du talent, beaucoup de talent. » Puis Perron raconta qu'avant le match contre les Nordiques, il avait donné quelques conseils à Patrick sur la façon de se défendre contre les frères Stastny pendant les supériorités numériques. Quelques minutes plus tard, Patrick était retourné dans son bureau pour lui dire qu'il n'avait pas tout à fait saisi ce que l'entraîneur avait voulu dire. Perron avait apprécié : « C'est ça un joueur qui veut s'améliorer. Il ne se gêne pas pour demander des conseils. Je l'ai bien observé pendant la rencontre. Il a mis en pratique tout ce que nous lui avons demandé. »

Patrick, lui, ne considérait pas que la partie était gagnée : « M. Perron veut un challenger, un gars qui veut garder les buts. J'ai compris le message. Ce qui m'intéresse, ce n'est pas nécessairement d'être le numéro un ou le numéro deux, mais de faire partie de l'édition 1985-1986 du Canadien. Je ne me considère pas comme un gardien au talent exceptionnel. Le succès que j'obtiens est la conséquence directe de mon travail durant les exercices. Si je m'entraîne avec ardeur, il est logique d'espérer bien faire pendant les matchs. Je veux prouver que je peux jouer dans cette équipe. »

Pour les gardiens de but, le camp se poursuivit sur le même ton jusqu'à la fin. Sauf une mauvaise sortie au Forum contre Boston où il concéda cinq buts en moins de vingt-neuf minutes, Soetaert offrit généralement de bonnes performances. Mais chaque fois, Patrick trouvait le moyen de faire encore mieux tout de suite après. De fait, c'est Steve Penney, celui sur qui pesait le moins de pression, qui connut le moins bon camp. Cela amena Perron à changer sa stratégie. Il apparaissait de moins en moins sûr qu'un des trois portiers serait rétrogradé à Sherbrooke avant le début de la saison.

Le samedi 5 octobre, le jour de ses vingt ans, certaines déclarations médiatiques eurent sur Patrick l'effet d'un cadeau d'anniversaire. D'abord, son entraîneur, faisant volte-face, laissa planer l'idée que l'équipe pourrait commencer la saison régulière avec trois gardiens de but : « Pour moi, le début de la saison, ça peut s'éterniser… » Ensuite, son grand rival, Doug Soetaert, espérant qu'une partie du courant favorable qui portait Patrick rejaillisse un peu sur lui, déclara : « Je suis très content que Patrick ait connu un bon camp. Pas plus que moi, il ne mérite d'être cédé à Sherbrooke. » Enfin, le réputé journaliste et éditeur sportif du journal *The Gazette*, Red Fisher, y alla d'un commentaire plus qu'élogieux dans son compte rendu quotidien : « Un camp d'entraînement ne fait pas une saison mais celui-ci nous donne une bonne raison de croire que les Canadiens vont jouir de leur meilleure protection devant les buts depuis les années de championnat de Ken Dryden : Patrick Roy. » Fisher était-il simplement un fin analyste ou avait-il, comme François Allaire avant lui, un don de clairvoyance ?

Il ne restait qu'une rencontre à disputer avant que débute la saison régulière. Un match au Forum de Montréal, le dimanche 6 octobre, contre les Nordiques, match que Jean Perron voulait gagner à tout prix pour lancer un message à ses principaux rivaux. Dans une victoire de 4 à 3, Patrick assura la défense du but pendant toute la rencontre, alors qu'il avait été prévu que Soetaert le relèverait à mi-chemin. Perron expliqua : « Quand j'ai vu que les Nordiques s'étaient emparés du *momentum* après leur deuxième but, j'ai décidé de continuer avec Roy. C'est un match que je voulais gagner. » Il faut dire que Patrick s'était surpassé, méritant une fois de plus la première étoile, après avoir écarté 27 lancers contre seulement 19 stoppés par ses vis-à-vis, Richard Sévigny et Mario Gosselin, dont l'affiche ornait toujours le réfrigérateur des Doyon.

Le lendemain, Perron procéda aux dernières coupures du camp. Quatre joueurs, soit Claude Lemieux, John Kordic, Dominic Campedelli et Alfie Turcotte, prirent le chemin de Sherbrooke. Patrick n'était pas du nombre. Il avait brillamment franchi la première étape vers l'objectif qu'il s'était fixé. Il amorcerait la saison 1985-1986 parmi les joueurs réguliers des Canadiens de Montréal. Mais pour combien de temps ? Lorsqu'on est un jeune gardien, un gardien recrue, rien n'est jamais réglé. À la moindre défaillance, ses patrons pouvaient le retourner à Sherbrooke, quitte à le rappeler au besoin. Ils avaient tous les droits sur lui. Seules de bonnes performances, et de manière constante, lui permettraient d'éviter ce mauvais sort. Mais pour l'instant, tout allait bien.

⌣

Les Canadiens amorcèrent leur saison le 10 octobre à Pittsburgh, contre les Penguins de Mario Lemieux. La veille, au terme du dernier exercice au Forum avant le départ de l'équipe, Patrick s'était approché de son entraîneur pour lui demander :

— Monsieur Perron, qui est-ce qui va être dans le but à Pittsburgh ?

— Mon idée n'est pas encore faite, lui avait répondu l'entraîneur.

Mais dans la soirée, lors du repas de l'équipe, on confirma à Patrick qu'il commencerait le match du lendemain. Plus tard, Perron fit remarquer, au sujet de l'attitude de Patrick lors de l'annonce : « Il n'a pas eu de réaction. Il s'y attendait. Depuis le début du camp, j'ai répété que je commencerais l'année avec mon meilleur gardien et il a été le meilleur. Je savais que c'est ce qu'il sentait quand il m'a demandé qui serait dans le but. Les deux autres n'ont rien demandé. »

J'ai toujours pensé qu'il était important pour un gardien de savoir à l'avance s'il jouerait ou pas. Bien plus que n'importe quel autre joueur, le gardien doit s'astreindre à une longue préparation pour un match. Un peu à la façon d'un boxeur, il doit analyser minutieusement les forces et les faiblesses de l'adversaire, étudier sur vidéo les modèles de jeu des quatre trios auxquels il aura à faire face, les habitudes de leurs meilleurs joueurs, chercher à savoir à quelle sorte de lancers s'attendre de la part des défenseurs. Il est important que cette analyse se fasse la veille d'un match plutôt que la journée même. De cette façon, le cerveau a le temps de digérer et d'assimiler toutes les données, et, le lendemain, le gardien peut concentrer toute son attention sur le jeu.

Quand il était jeune, j'avais enseigné à Patrick cette technique de visualisation consistant à alimenter son subconscient pour que celui-ci poursuive le travail de préparation pendant la nuit. Cela l'avait amené à étonner un journaliste à qui il avait raconté : « Le soir, dans ma chambre, avant de m'endormir, je repasse les différentes séquences de jeu de l'adversaire et visualise sa réaction. Je me vois devant le tir, je réagis devant la feinte de l'adversaire, je devine ses intentions, je me déplace, je couvre mes angles... comme si je jouais le match. Parfois, dans ma tête, j'accorde un but. Je veux me voir réagir, sortir calmement la rondelle du but pour montrer à mes coéquipiers que je ne suis pas ébranlé et que je reviens plus fort. Je veux que du positif ressorte de chaque situation négative. Et bien réagir après avoir accordé un but peut avoir un effet positif pour une équipe de hockey. » Le lendemain, sur la glace, il n'y aurait pas de surprises. Tout aurait un petit côté familier, un petit air de déjà-vu.

Le choix de Patrick pour la rencontre d'ouverture n'était pas une décision banale, surtout que Perron avait précédemment déclaré que le gardien qui serait à l'œuvre dans le premier match de la saison pourrait être considéré comme le numéro un. C'était un dur coup à encaisser pour Steve Penney, même s'il avait connu un camp ordinaire et qu'il était affecté par un léger malaise à un genou. Il s'en fallut cependant de peu pour que le plan de Perron ne prenne une autre tournure.

Il y eut mésentente sur l'heure de l'entraînement du matin. L'horaire remis aux joueurs montrait bien que celui-ci devait se tenir à 11 h 30, alors que Perron, à l'arrivée de l'équipe à Pittsburgh, les avait enjoints d'être à l'aréna pour 10 h 30. Quelques-uns, dont Patrick, n'avaient pas entendu leur entraîneur. Il était encore dans sa chambre, après avoir pris son petit déjeuner, et il savourait pleinement quelques instants de solitude au début de cette journée où, pour la première fois, il commencerait un match officiel dans la LNH.

— Où est donc Patrick Roy? questionna Perron en arrivant à l'aréna.

— Nous l'avons joint à l'hôtel, il sera sur la glace dans quelques minutes, répondit André Boudrias.

C'était la première fois que Patrick allait à Pittsburgh. Le Civic Center n'était qu'à une quinzaine de minutes de marche de l'hôtel où logeaient les joueurs, mais personne ne lui avait indiqué dans quelle direction. Comme il était seul dans sa chambre, personne ne l'accompagnait non plus. Un peu affolé, son premier réflexe fut de descendre dans la rue et de chercher, en espérant trouver quelques indications au premier coup d'œil. Sa connaissance superficielle de l'anglais faisait de la demande de renseignements un moyen de dernier recours. Heureusement, il repéra immédiatement Craig Ludwig et Chris Chelios qui, pas plus que lui, n'avaient entendu l'entraîneur annoncer le changement d'horaire. Les trois coéquipiers arrivèrent en retard et durent s'expliquer auprès de Serge Savard. L'incident fut qualifié de manque de communication et demeura sans conséquence.

Perron n'eut pas à regretter sa décision. Patrick fit la différence dans une victoire de 5 à 3 des Canadiens. Il venait de remporter sa première partie complète dans la Ligue nationale. Soit dit en passant, le premier joueur à le déjouer fut Mike Bullard, suivi de Mario Lemieux. La saison commençait du bon pied, mais elle était encore bien jeune... comme l'équipe d'ailleurs.

Serge Savard avait pris en charge les Canadiens, à titre de directeur général, en 1983. À la demande de Ronald Corey, le président, il avait succédé à Irving Grundman. Il se donnait cinq ans pour bâtir une formation qui ramènerait la coupe Stanley à Montréal. La saison 1985-1986 était donc la troisième année de ce plan de cinq ans. Avec un nouvel entraîneur et sept recrues dans la formation, on peut dire que l'équipe était en reconstruction. Personne dans sa haute direction n'avait d'autres attentes que d'évaluer les progrès et l'évolution du club. La victoire ultime viendrait plus tard.

Une tuile était tombée sur la tête de Savard quand, à la surprise de tous, l'entraîneur Jacques Lemaire avait remis sa démission en juillet 1985. Lui-même avait suggéré Jean Perron pour lui succéder, en affirmant qu'il était prêt.

Ce choix ne faisait pas l'unanimité chez les joueurs, chez les vétérans en particulier. Ils vouaient à Lemaire un respect sans bornes, une confiance illimitée. Il est vrai qu'il avait une feuille de route des plus impressionnantes comme joueur et qu'il était revenu de ses stages d'entraîneur en Europe avec des méthodes modernes de *coaching*, qu'il avait pris le temps de mettre à l'épreuve chez les Chevaliers de Longueuil de la LHJMQ et qui plaisaient bien aux joueurs. Avec sa démission, tout était à recommencer.

Perron, lui, n'avait jamais joué dans la Ligue nationale. Il venait de la filière universitaire où il avait dirigé les Aigles Bleus de l'Université de Moncton. Il avait aussi été l'adjoint de Dave King au sein du programme olympique canadien. Ses deux championnats nationaux universitaires n'avaient cependant rien pour impressionner les vétérans de l'équipe. On l'aimait bien comme assistant, comme technicien, mais comme entraîneur-chef, c'était une autre paire de manches. On avait des réserves ; Perron aurait beaucoup de mal à se faire accepter.

Qui plus est, il introduisait dans la formation sept nouvelles recrues à des postes réguliers. De quoi inquiéter les vétérans davantage. Il était évident qu'il faudrait à cette équipe beaucoup de temps pour que la mayonnaise prenne, que la chimie appropriée cimente l'esprit d'équipe entre les joueurs et que l'équipe se stabilise.

C'est dans ce contexte à hauts risques que Patrick aurait à lutter pour éviter la rétrogradation à Sherbrooke. Il devrait offrir de bonnes performances de manière constante. La moindre défaillance, le moindre faux pas pouvaient dramatiquement modifier le cours de sa saison.

Or, il essuya des revers à ses trois sorties suivantes, dont un de 7 à 2 contre les Bruins à Boston. Il ne l'avoua que plus tard, mais cette cuisante défaite avait ébranlé sa confiance. Nerveux, il avait recommencé à se jeter trop tôt sur la glace. Perron lui en fit le reproche.

Comme s'il n'en avait pas suffisamment sur les épaules, Denis Herron, l'expérimenté gardien de trente-trois ans en disgrâce chez les Penguins – ces derniers cherchaient à l'échanger –, s'en prit publiquement à Patrick sans raison aucune : « Je ne comprends pas pourquoi Perron fait tant confiance à Roy. Il se retrouve souvent sur la glace et on décèle plusieurs erreurs techniques dans son jeu. » Outré, Patrick lui répondit : « Je ne sais vraiment pas où il veut en venir avec de tels commentaires. De toute façon, on ne peut pas plaire à tout le monde. J'en suis à ma première saison dans la Ligue nationale et je ne suis pas un surhomme. J'ai des faiblesses, je travaille à les corriger. Pendant ce temps, j'ai un pilote qui m'encourage. »

Patrick trouva aussi des paroles encourageantes chez Ken Dryden. De passage à Montréal pour le dévoilement d'une statue à son effigie au centre commercial Place Vertu, Dryden évoqua la situation en cours chez les gardiens de son ancienne équipe : « Plus les années passent, meilleure est ma réputation. Les gens et les journalistes ont oublié les nombreux mauvais buts que j'ai accordés. Il faudrait tenter d'en faire autant avec les gardiens actuels. Il ne faut pas oublier que j'avais tout un club devant moi. »

Penney et Soetaert ne faisaient guère mieux que Patrick à ce stade de la saison. Les trois gardiens, utilisés en rotation, accordèrent pas moins de 55 buts en 11 rencontres, une moyenne de cinq buts par match. Une catastrophe à Montréal. Perron dut forcer la main de Savard pour que Patrick demeure avec la formation :

— Moi, je veux garder Patrick. Il doit rester ici, dit Perron fermement.

— Écoute Jean, on n'est pas chez les amateurs ici, c'est du hockey professionnel ; tu ne peux pas vivre avec trois gardiens de but, ça ne s'est jamais fait dans la Ligue nationale, répliqua Savard, un peu incrédule.

— On va faire venir François Allaire de temps en temps pour s'occuper de lui…

— Oui, mais… il ne sera pas utilisé assez souvent.

— Combien de matchs faudrait-il qu'il joue pour demeurer à Montréal?

— Bien, ça lui en prendrait au moins trente-cinq…

— OK. Je vais lui trouver trente-cinq matchs.

Comme le hasard fait parfois bien les choses, il se trouva souvent que Penney ou Soetaert fussent blessés ou indisposés lorsque Perron voulait recourir à Patrick, comme au premier match de la saison à Pittsburgh. Avant la fin de la saison, Patrick aurait commencé quarante-sept matchs.

Au début de novembre, la veille d'un voyage où l'équipe jouerait cinq matchs en dix jours sur des patinoires étrangères, Perron s'impatienta : « Guy Carbonneau a raison quand il dit qu'à la moindre erreur, c'est le but. Les gardiens devront faire les arrêts importants, les arrêts dont nous avons besoin pour relancer l'équipe. C'est aussi simple que ça. Après ce voyage, je saurai qui est le gardien numéro un, le numéro deux et le numéro trois. Ça presse. On travaille comme des enragés et ça n'aboutit nulle part. Il faut donc que ça débouche. Ça ne peut continuer ainsi. »

Mais Perron ne pouvait prévoir que le voyage se passerait aussi bien, que les trois gardiens excelleraient et que l'équipe reviendrait avec une excellente fiche de sept points sur une possibilité de dix. Patrick signa des victoires à Hartford et Long Island; Soetaert, un blanchissage à Los Angeles; et Penney, malgré une partie nulle au Minnesota et une défaite à New York (Rangers), offrit de solides performances.

La victoire de Patrick contre les Islanders, en particulier, fut déterminante. La veille du match, Pierre Lacroix – son agent – lui avait téléphoné pour lui dire : « Si tu as à sortir un gros match, demain serait le bon temps. » Patrick avait interprété ces paroles comme si une performance médiocre de sa part à Long Island signifierait son renvoi à Sherbrooke. Plusieurs dans l'entourage de l'équipe voyaient d'ailleurs la situation de cette manière. Il n'en fallait pas plus pour le motiver. Les Canadiens n'avaient pas gagné au Colisée de Nassau depuis des lustres et les Islanders constituaient toujours une force offensive redoutable, avec notamment Mike Bossy, Pat LaFontaine et Bryan Trottier. Perron l'avait d'ailleurs reconnu : « Nous faisons face à un plus gros challenge contre les Islanders. Ce sera plus difficile que ça ne l'a été lors des trois premiers matchs du voyage. Les Islanders forment une équipe aguerrie qui est très difficile à battre à domicile. »

Patrick y alla d'une grande performance dans une victoire de 3 à 2. Il multiplia les arrêts miraculeux – « Charlotte » était toujours à ses côtés –, bloqua 30 tirs et mérita la première étoile. Il venait de contrer toute velléité de rétrogradation à Sherbrooke. Mais pour combien de temps ?

Penney et Soetaert, compagnons de chambre pendant tout le voyage, avaient également connu une bonne séquence. Assez pour faire pression afin que la direction mette fin au ménage à trois chez les gardiens. Après son blanchissage à Los Angeles, Soetaert révéla que lui et Penney avaient longuement discuté du rôle qu'ils pouvaient jouer au sein de l'équipe : « On a parlé de l'an dernier quand on a terminé au quatrième rang pour le nombre de buts alloués, on a parlé de la situation de cette année… de plusieurs choses. En résumé, on est plus proches comme coéquipiers qu'on ne l'a jamais été. » De son côté, Penney, plus direct, laissa tomber : « Ce n'est pas moi le patron, je joue quand on me dit de jouer, mais quand tu ne joues qu'une fois par semaine, tu perds le rythme. Autre chose, il n'y a pas assez de travail pour trois gardiens de but lors des entraînements. »

Seul dans sa chambre, Patrick n'avait eu d'autre emploi du temps que sa préparation pour les matchs.

⌣

Pendant que se déroulaient ces événements, un autre, bien plus grave encore, se produisit. Le 12 novembre, le gardien au style « debout » des Flyers de Philadelphie, celui dont on avait remis une vidéocassette à Patrick pour qu'il s'inspire de sa technique, Pelle Lindbergh, mourait des suites d'un accident avec sa rutilante Porsche 930. Trop d'alcool, trop de vitesse, et une courbe qui vient trop vite. Il avait vingt-six ans.

Chez les Canadiens, personne ne fut plus secoué que Mats Naslund, son compatriote qui, à l'âge de seize ans, avait été son coéquipier au sein de l'équipe nationale de Suède.

De retour à Montréal, Perron confirma que le rendement de Patrick justifiait pleinement sa présence au sein de l'équipe : « Je serais malhonnête d'envoyer Roy à Sherbrooke. Je ne peux pas faire ça. Par contre, il y a un point sur lequel j'ai pris une décision. Finie la rotation. À partir de maintenant, je veux qu'un des trois gardiens se voie confier plus de responsabilités. »

Larry Robinson frappa à la porte de Perron : « Aie, coach ! Le "Kid" est vraiment bon ! J'ai l'habitude de compter plusieurs buts lors des exercices. Contre lui, je n'y arrive pas. Même dans les entraînements, il ne veut rien laisser passer. » Ce commentaire de son vétéran défenseur conforta Perron dans sa décision d'utiliser le « Kid » plus souvent.

On avisa Patrick qu'il pouvait quitter le Manoir Lemoyne et se trouver un logement. Son coéquipier Lucien Deblois lui proposa un trois pièces et demie à Rosemont, dans le sous-sol du triplex dont il était propriétaire et qu'il occupait avec sa femme Lise et leurs trois enfants. C'était l'idéal. L'appartement était moderne et propre. Et il était réconfortant pour Patrick, seul à Montréal, de vivre dans l'entourage d'une famille et d'un vétéran de l'équipe.

Deblois l'aimait beaucoup : « Patrick est comme un frère, disait-il. Un bon p'tit gars. Je lui ai montré les airs du quartier et l'ai présenté à mon gérant de banque. Il va souvent magasiner avec ma femme. Il prend ses repas avec ma famille plus souvent qu'autrement. Il adore les pâtes et Lise excelle dans la préparation de ces mets. Les enfants raffolent de Patrick. Il joue au hockey avec eux dans la maison et les jumeaux sont fous de joie. Je suis persuadé qu'il deviendra un bon père de famille éventuellement. »

Mario Tremblay, revenu au jeu à la suite d'une opération à l'épaule, fut désigné pour cohabiter avec Patrick lors des déplacements de l'équipe à l'étranger. C'était un peu par défaut parce que peu de joueurs voulaient cohabiter avec ce gros fumeur. Mais en dépit de cette mauvaise habitude, Patrick appréciait beaucoup la compagnie de ce vétéran qui lui racontait toutes sortes d'histoires et d'anecdotes, ce qui avait pour effet de le détendre le jour des matchs. Les deux s'entendaient comme larrons en foire et Tremblay avait pris le gardien recrue sous son aile. Patrick était maintenant bien entouré, à Montréal comme à l'étranger.

Avant la fin de décembre, il remporta huit autres matchs, ce qui lui faisait une fiche de 11 victoires contre seulement 3 défaites depuis que l'entraîneur avait senti le besoin de lui adresser quelques reproches en début de saison. Lentement, il s'imposait comme le gardien de confiance de Perron.

En l'absence d'Allaire, Patrick acceptait les conseils de tous ceux qui voulaient bien lui en donner, prenait de l'expérience et s'améliorait : « M. Lemaire [Jacques Lemaire était toujours dans l'entourage de l'équipe] m'a expliqué que les joueurs ne tenaient pas leur bâton de la même façon quand ils tiraient et quand ils effectuaient une passe. Ça me rend service quand je me retrouve dans une situation de deux contre un ou de trois contre deux et que je me demande si le joueur va tirer ou passer le disque. C'est ce qui est arrivé à Toronto quand trois Maple Leafs se sont présentés devant moi. J'ai pu faire l'arrêt parce que j'ai constaté que Frycer allait tirer, en raison de la position de ses mains. »

Parfois, Perron envoyait des vidéocassettes de matchs de Patrick à François Allaire pour que celui-ci puisse les étudier et suggérer des corrections à sa technique à l'occasion d'un prochain passage à Montréal. Ou encore Perron transmettait ses commentaires à Patrick. Celui-ci se préparait pour chaque match avec la plus grande minutie. La veille, avec son entraîneur, il passait en revue tous les joueurs de l'équipe adverse pour déceler leurs forces et leurs faiblesses. En visionnant des vidéos, non seulement Patrick en apprenait-il sur ses adversaires, mais aussi sur les lieux où il jouerait – le genre de bond que la rondelle ferait en frappant la clôture ou les baies vitrées, l'attitude de la foule, le tableau indicateur, etc. Ainsi, quand le match commençait, il était prêt.

Son adaptation à la Ligue nationale se faisait bien. Les principaux changements avec lesquels il avait dû composer avaient trait à la puissance et à la précision des lancers, à la vitesse d'exécution des jeux et à la dimension des foules, qui avaient décuplé, ce qui rendait parfois la concentration au jeu plus fragile.

Lors des entraînements, il demeurait intense. « Je suis convaincu qu'un hockeyeur joue de la même façon qu'il s'entraîne. Je dois donner un effort complet à chaque jour. Au moment où un athlète commence à prendre les choses aisément, il risque de sombrer dans la médiocrité. Pour réussir, il faut être régulier. Et pour afficher cette régularité, il faut donner son maximum. Constamment. »

À la fin de 1985, le bulletin de fin d'année de Red Fisher dans *The Gazette* comportait une note et des commentaires élogieux à l'endroit de Patrick :

> Patrick Roy (A) – Il fut le meilleur des trois gardiens durant le camp d'entraînement et il demeure le meilleur en saison régulière. Il lui arrive de commettre des erreurs de recrue mais comme il était à l'œuvre pour 11 des 16 victoires de l'équipe, la direction des Canadiens peut bien vivre avec ses erreurs. En d'autres termes, il occupe le poste de gardien numéro un parce qu'il a joué comme un gardien numéro un.

À Doug Soetaert, Fisher accordait un « B », rappelant qu'il n'avait pas beaucoup joué mais qu'il s'était montré prêt chaque fois qu'on avait fait appel à ses services.

Steve Penney se voyait accorder un « C » : « Il est arrivé au camp d'entraînement comme le gardien numéro un de l'équipe. Il l'a terminé comme le numéro trois. Le poste était le sien ; il l'a perdu. »

Un bon matin, une dizaine de joueurs s'attardèrent dans le vestiaire de l'équipe après un entraînement. Parmi eux, Penney et Soetaert. Soudain, la musique qu'ils écoutaient distraitement sur la chaîne d'une radio locale fut interrompue par une annonce commerciale. « Des cours de hockey pour gardiens de but seront donnés la semaine prochaine, disait la réclame. Pour vous inscrire, composez le numéro de téléphone suivant... »

Évidemment, tout le monde pouffa de rire. Surtout quand Penney fit semblant de chercher un stylo pour prendre en note le numéro de téléphone...

Bien sûr, il se moquait. Mais sa raillerie masquait un fond de vérité puisque, à peine quelques semaines plus tôt, démoralisé par son jeu, il avait joint Jacques Plante, en Suisse. Il avait tellement confiance en son ancien entraîneur et était tellement découragé qu'il était prêt à le faire venir à Montréal à ses frais si la situation ne se replaçait pas. Pourtant, il avait François Allaire à sa disposition, tout près de lui, à quatre-vingt-dix minutes d'autoroute 10. Et celui-ci ne demandait pas mieux que de l'aider, aux frais de l'équipe. Mais c'était probablement une question de confiance. Allaire n'avait pas encore fait ses preuves...

On était déjà en janvier et les trois gardiens étaient toujours à Montréal. Pour Patrick, c'était comme si le camp de sélection se poursuivait. Une bonne performance, on le louangeait. Une mauvaise, on pouvait l'expédier à Sherbrooke. Ce n'était pas plus rassurant pour Penney et Soetaert, qui ne savaient guère davantage à quoi s'en tenir.

Puis Patrick commit une bourde. Retenu un peu plus longtemps que prévu par le tournage d'un reportage télévisé sur sa vie d'athlète – les médias commençaient à s'intéresser à lui –, il arriva en retard de trois à quatre minutes à l'entraînement du matin, alors qu'il devait garder le filet le soir même contre les Bruins de Boston. Perron ne la laissa pas passer. Il décida de remplacer Patrick par Penney. Quelques vétérans commentèrent : « Il vient de faire 150 dollars à la télé et ça va lui coûter une amende de 200 dollars. » Commentaire plutôt mesquin, car ce n'était pas l'amende qui causait l'amère déception de Patrick, mais plutôt d'avoir à céder sa place devant le but. Il avait l'impression de laisser tomber l'équipe, lui qui avait gardé presque la moitié des matchs jusque-là. « J'ai fait une erreur, je le sais. On ne m'y prendra plus. Je comprends très bien la décision de M. Perron. Il se montre très sévère, mais je n'ai aucune excuse. Inutile de mentionner que je suis très mal à l'aise, mais j'imagine que j'en ai encore beaucoup à apprendre, n'est-ce pas ? »

La grogne montait dans l'équipe. Perron sentit le besoin de réunir un triumvirat de sages, formé du capitaine Bob Gainey et de ses assistants, Mario Tremblay et Larry Robinson. Il apprit que les joueurs, surtout les défenseurs, trouvaient difficile de s'habituer à trois gardiens, chacun ayant un style et des habitudes de jeu différents. Il rencontra ensuite chacun des gardiens pour bien leur expliquer ce qu'il attendait d'eux.

Le résultat de ces conciliabules fit que Patrick obtint l'assurance qu'il ne serait pas cédé à Sherbrooke, que Penney verrait suffisamment d'action pour racheter son mauvais début de saison et que Soetaert jouerait le rôle de troisième violon, mais que, en contrepartie, on modifierait son contrat pour lui verser une indemnité et ainsi acheter la paix. De fort belle humeur, Perron annonça aux médias que le « cas » des gardiens de but était réglé : « Il n'y a plus de problème. N'en parlons plus. » Pour l'instant…

Le soir même, le 15 janvier, Patrick signait son premier jeu blanc dans la Ligue nationale, à la faveur d'une victoire de 4 à 0 contre les Jets de Winnipeg. Le destin, parfois cruel, voulut que cet exploit fût réalisé aux dépens de Daniel Bouchard, le gardien des Jets, le modèle de Patrick dans sa jeunesse, celui dont la photo, placée dans son casier, alors qu'il jouait pour les Gouverneurs de Sainte-Foy, lui servait d'inspiration, celui qui lui avait remis un de ses bâtons, si précieux pour l'ado plein d'admiration et rempli d'espoir qu'il était alors, en lui prédisant – probablement plus un vœu pour la forme qu'une prédiction – une belle carrière. Patrick ne vit là qu'un simple hasard : « Il s'agit de mon premier blanchissage depuis quatre ans. Le dernier est survenu dans les rangs midgets. Voilà qui rend ce match spécial à mes yeux. »

Il avait fait son possible, ça avait bien fonctionné, ses coéquipiers l'avaient bien protégé, il avait mérité le blanchissage. Contre Bouchard ? Tant pis. Celui-ci, même s'il aimait bien Patrick, n'avait pas cherché à communiquer avec lui, par signes ou autrement, une fois le match terminé. Il n'y a pas d'amis sur la patinoire. Il avait perdu, il était déçu. C'est tout.

L'élève surpassait le maître.

Jusqu'au début de mars, le rendement des Canadiens connut des hauts et des bas. Celui de Patrick également. Mais chaque fois qu'il s'enfargeait dans une performance embarrassante, il savait rebondir la fois suivante de façon exceptionnelle et parfois spectaculaire. C'est ainsi qu'il avait évité le couperet.

Mais mars marque un tournant dans une saison de hockey. C'est le moment où l'on sent venir la fin de la saison régulière et se pointer les séries éliminatoires. La pression sur les joueurs, et à plus forte raison sur les gardiens, devient de plus en plus grande à mesure que la course au championnat s'intensifie. Et les équipes qui n'ont pas de chance de remporter un championnat de division se battent pour terminer le plus haut possible dans le classement afin d'être avantagées dans les séries éliminatoires en disputant les premiers matchs chez elles, à domicile. D'autres, enfin, luttent pour simplement se faire une place dans les séries d'après-saison.

C'est la période où les amateurs s'inquiètent davantage du sort de leur équipe, s'intéressent aux moindres développements qui la concernent, deviennent des experts virtuels et y vont de leurs prédictions. C'est aussi la période où leur réserve d'indulgence est épuisée. Surtout à Montréal où, pendant des années, des équipes « paquetées » les ont grisés de victoires, comme si le triomphe faisait partie de l'ordinaire. Finis les essais ; c'est le temps de remplir ses engagements. Ça passe ou ça casse !

Or, au début de mars 1986, la situation des Canadiens était plus que douteuse. Surtout devant le but. Patrick connaissait une bonne saison – pour une recrue –, mais il n'avait encore convaincu personne que son rendement pourrait être assez constant pour donner une chance de victoire à son équipe pendant de longues séries. On disait qu'il accordait un mauvais but par match, qu'il faisait de mauvaises sorties autour de son filet, qu'il n'avait pas assez d'endurance pour jouer deux soirs de suite. On se fichait qu'il n'eût que vingt ans, qu'il ne fût qu'une recrue en apprentissage, que toute la saison on lui eût confié les missions les plus difficiles et que ce fût sur lui que Perron misait pour affronter les meilleures formations du circuit.

Avec le recul, je pense que ces critiques étaient liées au style de Patrick. On n'était pas encore habitué au style « papillon » à Montréal. Or, un gardien au style « debout » se fera rarement déjouer entre les jambières ou dans le haut de sa cage. Par contre, il sera vulnérable sur les lancers bas qui rasent les poteaux. La foule de Montréal avait l'habitude d'assister à ce genre de but et ne le reprochait généralement pas aux gardiens, donnant alors tout le crédit au tireur. Par contre, un gardien au style « papillon » sera presque invincible sur les lancers bas, mais plus vulnérable entre les jambières ou dans le haut du filet, même si les lancers doivent être parfaits pour le battre. Malheureusement, des buts marqués à ces endroits étaient généralement considérés comme des mauvais buts à l'époque et la foule n'hésitait pas à manifester son insatisfaction, le cas échéant. Or, c'est précisément parce que Patrick avait constaté que plus de la moitié des buts étaient marqués sur des lancers bas qu'il avait adopté le style « papillon ». Les statistiques lui donnaient raison.

Perron devait, de toute urgence, préparer deux gardiens de but pour les séries. Doug Soetaert étant à l'écart du jeu depuis la mi-février en raison d'une blessure à un genou qui tardait à guérir, on demanda à Steve Penney de commencer un match au Forum, contre les Blues de Saint Louis. Les Blues, sans être une mauvaise équipe, n'étaient pas une formation dominante dans le circuit. On espérait ainsi revoir les gestes du même gardien qui avait fait sensation dans les séries au cours des deux années précédentes, revoir le même cerbère qui, contre toute attente, s'était dressé contre les pires bourrasques. Penney aurait pu ainsi racheter sa saison, reprendre progressivement confiance en ses moyens et s'emparer du poste de gardien numéro un à la veille des séries éliminatoires. Il se fit plutôt trouer comme un gruyère : six buts en quarante minutes de jeu, dans une défaite de 7 à 4. Les Blues marquèrent leur dernier but contre Patrick, venu en relève en troisième période.

On accorda ensuite six départs à Patrick en dix jours, au cours desquels l'équipe ne remporta que deux victoires. Il n'était pas habitué à ce genre de régime. Il était exténué. La dernière partie, au Forum contre les Nordiques, s'avéra un point tournant dans la saison des Canadiens en ce qu'elle permit de déceler plusieurs problèmes qui minaient l'esprit d'équipe et de crever l'abcès. Battus par le compte de 8 à 6 dans leur propre fief, aux mains de leur impitoyable rival de Québec, les Canadiens encaissaient un échec qui prenait l'allure d'une insupportable humiliation. À lui seul, Michel Goulet avait marqué quatre buts, dont son cinquante-deuxième de la saison. Les Nordiques jubilaient. C'était leur sixième victoire de la saison en huit rencontres aux dépens des Canadiens. Chez les Doyon, on était déchiré.

Pourtant les Canadiens, gonflés à bloc en début de rencontre, s'étaient emparés d'une avance de 3 à 0 dès les huit premières minutes de jeu. Puis Michel Bergeron, l'entraîneur des Nordiques, avait demandé un temps d'arrêt réglementaire de trente secondes. Après cette pause, ce fut un tout autre match. Celui des Nordiques. Ils marquèrent pas moins de huit buts contre trois pour les Canadiens. À douze minutes de la fin, Soetaert releva Patrick.

Le genou de Soetaert tint le coup. Mais pas l'équipe. Le Tricolore avait atteint son niveau le plus bas de la saison. Le fond du baril. Les joueurs étaient déprimés, frustrés, impuissants. Personne n'échappa aux critiques. Quelques vétérans blâmèrent le jeu de Patrick. D'autres, celui des recrues. D'autres encore s'en prirent à Perron. Bref, chacun avait une bonne excuse : l'autre. Même Serge Savard ne fut pas épargné, les amateurs et les médias lui reprochant de ne pas avoir fait de transactions qui auraient pu améliorer son équipe à la veille des séries. Et comme un malheur n'arrive jamais seul, Mario Tremblay avait été victime, au cours de ce match, d'une fracture de la clavicule qui devait mettre fin à sa carrière de joueur.

Patrick essayait d'y voir clair : « C'était peut-être un match de trop pour moi. J'ai joué très souvent dernièrement. Je ne suis pas habitué de garder les buts dans autant de rencontres d'affilée. Je suis un peu tendu présentement. J'ai peur de commettre des erreurs. J'ai l'impression qu'en accordant des mauvais buts, je vais décourager mes coéquipiers. Je ne m'attendais pas à ce genre de scénario. J'ai commis des erreurs et j'en suis fort conscient. De tels matchs font partie de mon apprentissage. J'apprends des choses chaque jour. Je connais mes possibilités. Il suffit que je me reprenne en main. Je sais que je vais me relever. Je l'ai déjà fait et je le ferai encore. » Il se disait optimiste mais il était ébranlé. Il avait besoin d'aide, à trois semaines des séries.

Il me téléphona pour en discuter. Je n'avais jamais été gardien de but, mais j'observais attentivement Patrick devant le filet depuis plus d'une douzaine d'années, assez pour pouvoir déceler les mauvaises habitudes techniques qu'il pouvait avoir développées dans le feu de l'action. Il me faisait confiance. J'avais notamment remarqué sa tendance, quand il devenait nerveux, à se jeter trop tôt sur la glace en position de « papillon », ce qui donnait le temps au tireur d'ajuster son lancer. Aussi, je trouvais qu'il tenait « Charlotte » un peu trop bas lorsqu'il prenait sa position de base. Je lui fis part de ces observations et il s'appliqua à travailler sur ces points dans les entraînements qui suivirent.

Perron reconnut que l'ambiance n'était pas très saine au sein du club : « Il faut que l'on devienne une équipe. Actuellement, mon club est divisé en deux : les vétérans et les jeunes. Les vétérans devront apprendre que les jeunes ont une nouvelle mentalité aujourd'hui, qu'ils ne sont plus comme autrefois, qu'ils voient les choses d'une autre façon. Je ne peux comprendre que des vétérans critiquent continuellement le travail des recrues par le biais des journaux ou de la radio. C'est incroyable. Il y a des joueurs au sein de cette équipe qui n'ont pas épargné Roy et je trouve ça dommage. Parce que, justement, c'est très facile de blâmer les autres quand ça va mal. Est-ce à dire que certains joueurs devraient se regarder dans un miroir ? Je présume que l'on pourrait dire ça. »

Heureusement, l'équipe partait pour quelques matchs à l'étranger, loin des médias et des amateurs de Montréal. Bonne occasion pour se parler dans le blanc des yeux. Perron décida de réunir huit joueurs, huit caractères forts sur lesquels il comptait pour cimenter l'esprit d'équipe. À sa suite de l'hôtel Westin de Winnipeg, il convoqua Bob Gainey, Guy Carbonneau, Larry Robinson, Mats Naslund, Ryan Walter, Bobby Smith, Craig Ludwig et Chris Nilan.

Il fut évidemment question du travail des gardiens de but. Mais Perron tenta également de faire comprendre à ces leaders que les recrues avaient davantage besoin d'aide que de se faire critiquer sur la place publique. La discussion lui permit également d'expliquer certaines de ses décisions des récentes semaines et d'aborder le manque d'intensité de certains joueurs, y compris certains vétérans. Bref, on se vida le cœur.

Quatre jours plus tard, à Saint Louis, quelques-uns de ces leaders rencontrèrent Serge Savard pour demander la tête de Perron. Ils prétendaient que l'entraîneur n'avait pas suffisamment d'autorité sur l'équipe – en langage de hockey, qu'il avait « perdu le banc ». Savard leur ferma la porte en leur disant qu'il n'était pas question pour lui de changer d'entraîneur à ce moment. Il faut dire qu'il avait précédemment sondé Jacques Lemaire lors d'une rencontre dans son bureau. Direct, il lui avait dit : « Je remplace Perron, tu reprends le club. » Lemaire avait refusé. Il croyait toujours que l'équipe était entre bonnes mains avec Perron pourvu qu'il soit adéquatement appuyé. La marge de manœuvre de Savard était plutôt mince. Il dit aux joueurs : « Écoutez, on est au mois de mars, je ne mets pas mon coach dehors, il va finir l'année. C'est à vous autres de décider si vous voulez jouer ou pas. »

Ils décidèrent de jouer.

Patrick relaxait dans le sauna après un entraînement au Forum. Larry Robinson se pointa. Comme il venait tout juste de prendre une douche, Patrick devina qu'il n'était pas là pour suer. Robinson le regarda droit dans les yeux et lui dit : « *No more bad goals !* » Puis, aussi vite qu'il était entré, il sortit, sans rien ajouter.

C'est à ce moment que Perron fit venir François Allaire à Montréal pour s'occuper de Patrick, que l'on garda à l'écart des matchs pendant neuf jours, le temps qu'il repolisse sa technique et rebâtisse sa confiance. Puis on lui donna deux départs en deux soirs, les deux à l'étranger. Il se tira bien d'affaire, malgré une défaite à Hartford et une nulle à Boston.

Mais un autre ingrédient venait de s'ajouter au groupe, peut-être la pièce manquante jusque-là, qui allait donner à cette formation la fougue, la hargne dont une équipe a besoin pour gagner : Claude Lemieux. À Boston, il bouscula tout sur son passage. Il fut l'inspiration des siens.

Retranché du camp d'entraînement avant que la saison démarre, il s'était joint aux Canadiens de Sherbrooke. Souvent découragé, désabusé, il était venu bien près de tout abandonner en cours de saison. Encouragé par Pierre Creamer, il avait persisté. Maintenant, de retour à Montréal, il avait faim. Il voulait tout arracher. Avec son arrivée, c'étaient maintenant les recrues qui montraient le chemin aux vétérans, qui leur communiquaient leur détermination, leur enthousiasme, leur fougue, leur désir de vaincre.

Le vent tourna.

Perron décida que c'était sur Patrick qu'il compterait pour amorcer les séries. Il en avisa Allaire. Patrick remporta la victoire à ses trois dernières sorties de la saison régulière.

Puis les Canadiens reçurent un cadeau non négligeable de la part des Whalers de Hartford. Ceux-ci jouaient le dernier match de la saison contre les Bruins, à Boston. Une victoire des Bruins et ces derniers terminaient la saison un point devant les Canadiens, leur donnant l'avantage de la glace dans leur série contre Montréal. Les Whalers l'emportèrent. La série contre Boston, là où les Canadiens avaient eu du mal à gagner toute l'année, débuterait à Montréal.

À écouter les amateurs dans les tribunes téléphoniques à la radio et les commentaires des analystes, la saison des Canadiens avait été médiocre et ils ne pourraient aller bien loin dans les séries avec un gardien qui donnait un mauvais but par partie.

Pourtant, l'équipe avait terminé au deuxième rang de la division Adams, juste derrière les Nordiques, et Patrick, de quelque façon, devait faire des arrêts qui compensaient ce mauvais but puisque sa fiche de 3,35 était l'une des meilleures dans la ligue. De fait, cette année-là, un seul gardien, Bob Froese, des Flyers de Philadelphie, avait réussi à maintenir une moyenne sous la barre des trois buts par partie et seulement trois équipes avaient accordé moins de buts que les Canadiens. D'ailleurs, on disait de certains gardiens qui avaient une moyenne de buts alloués équivalente à la sienne, comme Clint Malarchuk, des Nordiques, qu'ils avaient connu une saison exceptionnelle. Alors! Patrick constituait plutôt une belle surprise pour les dirigeants des Canadiens. Il avait remporté 23 des 40 victoires de l'équipe, Penney et Soetaert se partageant les autres avec 6 et 11 respectivement. Il fut nommé sur l'équipe d'étoiles des recrues de la LNH.

À la veille des séries, il était optimiste : « Je sais que j'ai connu de mauvaises passes et ça m'a inquiété un peu d'avoir accordé trop de mauvais buts. Mais tous les gardiens, y compris les bons, en font autant. La différence, c'est que les meilleurs trouvent le moyen d'être mentalement plus coriaces et de jouer mieux l'instant d'après. J'ai montré que j'avais du caractère cette saison. Toute l'année, j'ai dû me bagarrer au sein d'un ménage à trois pour éviter d'être envoyé à Sherbrooke. Maintenant, on m'a confirmé que j'étais le gardien numéro un ; c'est la chance que j'attendais. Ne vous inquiétez pas, je vais faire le travail. »

Ils n'étaient pas nombreux à le croire… mais ils espéraient.

15

LA COUPE DE L'INNOCENCE

« **Aie! attention!** Les Canadiens n'ont plus Dryden, Vachon, Larocque. Nous avons de meilleurs gardiens qu'eux. Et où les séries se jouent-elles? Devant le filet. Voilà! C'est tout. Penses-tu vraiment qu'ils vont aller bien loin sans gardien de but? Penses-tu qu'une équipe a déjà réalisé le tour de force de gagner une série sans un super gardien? Non, monsieur! »

Ces commentaires étaient ceux de Harry Sinden, le directeur général des Bruins de Boston, alors que ceux-ci s'amenaient à Montréal pour disputer une courte série trois de cinq aux Canadiens. Habituellement, les dirigeants d'équipe évitent de faire ce genre de déclaration qui risque de piquer l'adversaire au vif et de le gonfler à bloc. Mais cette fois, Sinden était tellement sûr de son coup qu'il n'avait pu se retenir. Ou peut-être voulait-il jouer la carte de l'intimidation pour déconcentrer Patrick? Il n'y voyait aucun risque. L'entraîneur Butch Goring avait été plus prudent que son patron dans ses déclarations, mais on sentait bien qu'il était du même avis.

Goring avait connu une belle carrière comme joueur dans la Ligue nationale, d'abord avec les Kings de Los Angeles chez qui il avait passé onze saisons avant d'être échangé aux Islanders de New York pour les cinq années suivantes. Il avait terminé sa carrière avec les Bruins. Il était facilement reconnaissable sur la glace au casque protecteur qu'il portait et qui lui donnait une allure bizarre. Je me souviens qu'il était un coéquipier de Rogatien Vachon le soir où j'avais emmené Patrick enfant au Forum, douze ans plus tôt.

Néanmoins, on voyait bien que les déclarations des deux dirigeants de Boston, même si Sinden en avait un peu trop mis, rejoignaient le point de vue de la majorité, y compris les amateurs et les journalistes de Montréal. Avec Pat Riggin devant le filet, les Bruins étaient supérieurs à leur rival à cette position, et ils allaient s'en défaire rapidement dans cette huitième de finale.

⌣

« Billets pour ce soir! *Tickets for the game!* »

En fin d'après-midi, le vieux Forum reprenait vie. Les revendeurs de billets étaient les premiers à s'installer sur le parvis de l'édifice et sollicitaient déjà les passants pour la vente de billets au double et même au triple – sinon davantage – du prix normal.

Les joueurs des Bruins, les uns en veston, les autres en complet, mais tous cravatés, franchissaient à pied les quelques mètres qui séparent le Manoir Lemoyne de l'amphithéâtre de la rue Atwater. On pouvait les reconnaître le long du boulevard de Maisonneuve à leur haute stature et à leur imposante carrure. Ils allaient en petits groupes, comme des collégiens qui retournent en classe après la récréation.

De leur côté, les porte-couleurs des Canadiens arrivaient en autobus, du Sheraton de l'île Charron où la direction avait choisi de les écarter du monde, à cet endroit désert, afin qu'ils vivent en communauté pendant les séries, sans distractions, comme au pensionnat. Ils avaient ironiquement rebaptisé l'hôtel du nom d'« Alcatraz ».

Les joueurs se dirigeaient immédiatement vers le vestiaire de leur équipe pour préparer leur équipement, enrubanner leurs bâtons, les limer, en courber ou redresser la lame à l'aide d'un chalumeau, affûter leurs patins, faire traiter leurs raideurs par le thérapeute, exécuter des exercices d'assouplissement, parler du match à venir, commencer à revêtir leur uniforme.

Peu après, c'était au tour des agents de sécurité, des préposés aux stands à souvenirs et aux vendeurs de programmes de faire leur apparition et de recevoir leurs instructions pour la soirée. Puis surgissaient les placiers et les hôtesses qui allaient accueillir les quelque 18 000 spectateurs et les aider à accéder à leurs sièges, les employés des restaurants qui allaient leur servir les hot-dogs, frites, boissons gazeuses, bières, etc. Les membres des médias écrits et parlés prenaient place dans l'espace ou le studio qui leur étaient réservés, testaient l'équipement et analysaient les pochettes de presse mises à leur disposition, contenant moult renseignements et statistiques sur les deux équipes qui allaient s'affronter et leur personnel. C'est à partir de ces renseignements que les uns rédigeraient les préambules de leurs articles et que les autres prépareraient analyses, entrevues et commentaires présentés à la télé ou à la radio lors de la diffusion du match à des millions de téléspectateurs. Enfin, les nombreux photographes dont les clichés feraient le tour de l'Amérique du Nord s'installaient le long des baies vitrées.

Le Forum était comme une véritable fourmilière où chacun vaquait à ses occupations. Curieusement la glace, que la surfaceuse avait soigneusement polie après les entraînements du matin, était le seul endroit inoccupé affichant un calme contrastant sous le puissant éclairage halogène qui brillait déjà de tous ses feux, en attendant d'être le seul endroit où l'essentiel de l'action se déroulerait.

Déjà quelque 1 800 spectateurs hâtifs, ceux qui s'étaient procuré des billets leur permettant de regarder le match debout, derrière les rangées de sièges, se promenaient dans l'enceinte, les uns allant se sustenter aux restaurants ou visiter les stands, les autres se choisissant une place qu'ils ne quitteraient plus de la soirée, appuyés à la rambarde, en feuilletant le programme et en admirant avec un brin de nostalgie les banderoles perchées dans les hauteurs de ce sanctuaire du hockey, rappelant les vingt-deux coupes Stanley précédemment méritées par la Sainte Flanelle.

Tout était en place. Le spectacle pouvait commencer.

Patrick ne sentait pas plus de nervosité que de coutume. Mais il était fébrile, anxieux. Il avait hâte que la rondelle soit mise en jeu. « Je sais que je joue gros et que mon entraîneur joue gros aussi parce qu'il me fait confiance. Mais je veux prouver bien des choses dans ces séries. Je veux prouver que j'ai du culot, que je n'ai pas peur des défis. Mais j'aurai besoin du septième joueur, le public. Tout ce que j'espère, c'est que le public m'appuie, même si je me fais prendre en début de rencontre. »

Il commença à revêtir son lourd équipement pour la période d'échauffement. Toujours le même rituel, le patin gauche en premier, la jambière gauche en premier. Ce n'est pas tant une superstition qu'une routine qui lui permet de se concentrer sur l'essentiel. Il entre alors dans ce qu'il appelle sa « zone de confort ». Quoi de mieux que se vautrer dans la routine, faire le plein de gestes prévus avant de vivre soixante minutes d'imprévus. Quel rempart contre le stress, l'anxiété, l'énervement et l'agitation !

Après l'échauffement d'une vingtaine de minutes sur la patinoire, de retour au vestiaire, le rituel se poursuit. Il n'enlève que son chandail et ses mitaines. Puis, au moyen des écouteurs de son baladeur, il se laisse distraire par les rythmes de Whitney Houston. Enfin, à un moment bien précis, il jongle avec une rondelle, la même depuis le début de la saison, la lançant d'une main sur le plancher et la rattrapant de l'autre, pour ensuite la placer par terre, dans le coin le plus rapproché de la salle des préposés à l'équipement. Exactement sept minutes avant le début du match, il cesse ce cérémonial, enfile son chandail et ses mitaines, et se concentre sur le match. Quand Claude Mouton annonce enfin « Et maintenant, voici VOS CANADIENS ! », il est prêt.

Ce qu'il y a d'excitant dans la compétition sportive, c'est qu'on n'en connaît pas le résultat à l'avance, surtout quand les forces en présence s'équivalent. On s'amuse avec le destin. On essaie de le deviner, de le déjouer. Quand on entend un partisan claironner « Les Canadiens en trois, c'est sûr ! », ce n'est pas une certitude qu'il exprime mais un souhait, ce qu'il espère, même s'il ne fait pas toujours la distinction. Il ne sait pas. Personne ne sait.

Il suffit qu'une équipe remporte la victoire pour se rapprocher de la défaite, et subisse la défaite pour nourrir des espoirs de victoire. On exagère l'écart entre le gagnant et le perdant. On porte le premier aux nues et relègue l'autre aux oubliettes, alors qu'au fond un rien – parfois un peu de chance – les sépare. La compétition terminée, tout est remis en question. On efface tout et on recommence. Tout est à refaire.

Quand l'arbitre laissa tomber le disque de caoutchouc gelé entre les centres Ken Linseman et Guy Carbonneau, le passé ne comptait plus. On ne pensait qu'au présent, en souhaitant que le futur ait un avenir. Avant de s'amener au centre pour la mise en jeu, Carbonneau était allé s'entretenir avec Patrick quelques secondes, question de s'assurer qu'il était bien prêt et qu'il s'efforcerait de ne pas accorder de mauvais but en tout début de match, comme ça lui était arrivé à quelques reprises pendant la saison régulière.

Une équipe qui n'a pas la conviction d'avoir un gardien de but à sa hauteur pour protéger son filet est une équipe qui croit que ses efforts ne seront pas récompensés et qui joue alors avec nervosité, sans… conviction. C'est ce qui arriva aux Canadiens durant la première période de ce premier match. Les joueurs, y compris des vétérans comme Bobby Smith et Larry Robinson, multiplièrent les mauvais jeux et les passes imprécises.

Puis vint la bourde de la recrue John Kordic qui, croyant bien faire, invita au combat le sbire des Bruins Jay Miller. Ce dernier refusa et Kordic se retrouva au cachot. Pendant sa punition, Patrick stoppa de la mitaine un puissant boulet décoché de l'enclave par Reed Larson, un des meilleurs tireurs de la ligue. N'eût été cet arrêt spectaculaire, les Bruins auraient pris les devants.

Les Canadiens continuèrent de jouer si mal qu'à moins de six minutes de la fin de cette première période, le chiffre des tirs au but montrait un avantage de 11 à 1 en faveur de Boston. Il leur fallut 18 minutes et demie avant de menacer sérieusement Pat Riggin, le gardien des Bruins. Les vétérans cafouillaient, jouaient « sur les talons », alors que Patrick était celui qui montrait le plus d'aplomb. Aucun but ne fut marqué, bien que le Tricolore eût été outrageusement dominé.

Le jeu sûr et confiant de Patrick dut faire réfléchir quelques-uns de ses coéquipiers pendant la première pause parce que la deuxième période présenta un scénario fort différent. L'équipe locale domina à tous les points de vue et s'empara d'une avance de 3 à 0, deux de ces buts étant l'œuvre de Bobby Smith.

En dernière période, les élans furent mieux partagés, les deux formations obtenant sensiblement le même nombre de lancers. Mais les Bruins cherchèrent par tous les moyens à briser la concentration de Patrick. Alors que Gaston Gingras venait de mériter une punition pour avoir fait trébucher un adversaire, ils demandèrent à l'arbitre Brian Lewis de mesurer la lame du bâton de Patrick, espérant ainsi profiter d'un avantage numérique de deux hommes. Un « espion » les avait peut-être informés que la hauteur de la palette des bâtons livrés à Patrick était contraire au règlement. C'était vrai, de presque deux centimètres. Mais l'informateur ne devait pas savoir que Patrick lui-même, avant chaque match, préparait trois bâtons en les redressant et en les limant minutieusement afin de les conformer au règlement. De plus, Eddy Palchak, le gérant de l'équipement des Canadiens, mesurait les bâtons de chaque joueur avant le début de chaque rencontre afin de s'assurer qu'ils étaient conformes. Résultat, ce sont les Bruins qui écopèrent de la pénalité mineure, se privant de l'avantage que l'infraction de Gingras leur avait donné.

Presque à mi-chemin de la période, un dur lancer de Raymond Bourque s'infiltra sous l'armure de Patrick, près de la clavicule, et celui-ci fut ébranlé. Comme si ce n'était pas assez, dans la même séquence le bâton de Chris Chelios le frappa accidentellement de plein fouet à la tête, alors que le défenseur tentait de neutraliser un rival devant le but. Patrick mit beaucoup de temps à se relever, après avoir été examiné et aidé par le soigneur, Gaétan Lefebvre. Peu de temps après, Gord Klusak marqua le premier but des Bruins dans la série, en prenant le retour de son propre lancer.

Flairant que Patrick était ébranlé et voulant sans doute lui asséner le coup final, Louis Sleigher se rua vicieusement sur lui alors qu'il ne s'y attendait pas, venant de quérir une rondelle derrière son but qu'il cherchait à réintégrer. Son masque vola haut dans les airs et il s'écroula sur la patinoire. Encore une fois le soigneur vint lui prêter assistance, pendant que Larry Robinson corrigeait Sleigher, comme il se doit en de telles circonstances.

Patrick put cependant poursuivre la lutte, et malgré les tactiques d'intimidation des Bruins, rien ne passa plus. Il demeura intraitable tout le restant du match et les Canadiens prirent les devants dans la série à la faveur de cette victoire de 3 à 1. Grande vedette de cette rencontre, on lui décerna la première étoile, la deuxième allant à Bobby Smith qui, pour expliquer que la performance de son gardien avait sonné le réveil de toute l'équipe, déclara : « Nous ne faisions rien de bon. Nous avions des problèmes et il arrêtait tout. Il nous a donné du temps pour nous regrouper. » Patrick avait su rallier ses coéquipiers, de même que la foule. Pour la première fois de l'année, les Canadiens formaient une équipe, et la guerre de tranchées dans laquelle les joueurs étaient engagés soudait des liens, même entre vétérans et recrues. Chacun découvrait qu'il pouvait compter sur l'autre. C'est alors qu'une équipe se métamorphose, devient redoutable, que sa capacité d'ensemble devient plus grande que la somme de ses capacités individuelles.

Le deuxième affrontement avait lieu dès le lendemain soir, toujours sur la glace du Forum de Montréal. Pendant la saison régulière, on avait souvent accusé Patrick de ne pas avoir une force de récupération suffisante pour jouer deux matchs en vingt-quatre heures. On disait qu'il s'alimentait mal et que c'était là la principale raison de cette faiblesse.

Je crois qu'on abusait de cette explication. Bien sûr, à 75 kilos répartis sur un squelette de 1,88 mètre, il n'était pas des plus costauds. Et il lui arrivait de perdre jusqu'à trois kilos par rencontre, compte tenu qu'il fait plus chaud dans les amphithéâtres de la LNH que dans les arénas du hockey junior. En buvant davantage d'eau durant les matchs, ce problème de déshydratation fut rapidement réglé. Une autre raison me semblait plus significative encore. Patrick, à sa première année dans le circuit, n'avait pas encore rencontré toutes les formations rivales, ni joué dans tous les amphithéâtres. C'est pourquoi il préparait chaque match avec tant de minutie, notamment en étudiant des vidéos de ses adversaires. Deux matchs en vingt-quatre heures contre deux équipes différentes, dans deux villes distinctes, ne lui donnaient pas le temps de se livrer à cette analyse. Sa préparation ne pouvait donc pas être aussi bonne pour la deuxième rencontre et, en conséquence, son rendement en était affecté ; surtout qu'il n'avait pu compter, en saison régulière, sur la présence de François Allaire pour faire un premier travail de débroussaillage. Il faut ajouter qu'il n'était pas seul sur la patinoire et que certains de ses coéquipiers n'avaient peut-être pas, eux non plus, autant d'énergie le second soir. Mais dans le cas qui nous occupe, le problème ne se posait pas puisque la deuxième rencontre avait lieu dans un endroit qui lui était familier, contre la même équipe que la veille.

Ce fut un bon duel de gardiens. La recrue Bill Ranford, que Goring avait choisi d'envoyer dans la mêlée, et Patrick excellèrent. Mais ce fut Claude Lemieux qui se signala le plus en marquant deux buts dont celui de la victoire, alors que le compte était égal 2 à 2, tard en troisième période. À deux reprises, Lemieux profita des tentatives d'intimidation des Bruins pour marquer ses buts. D'abord en deuxième période quand Jay Miller fut puni pour avoir agressé John Kordic, et en troisième quand il marqua le but gagnant en avantage numérique après que Kraig Nienhuis lui eut servi un double échec. Avec ce gain, la série se transportait le surlendemain au Boston Garden, le domicile des Bruins, lesquels faisaient maintenant face à l'élimination.

De savoir que l'équipe n'avait pas remporté une seule victoire de la saison à cet endroit n'inquiétait pas les joueurs. Les Canadiens étaient une équipe transformée, et Carbonneau en fournit une bonne explication : « On a toujours dit qu'il fallait vingt joueurs pour gagner, mais dans une équipe, les jeunes ont toujours tendance à se fier aux vétérans. Le fait que les jeunes, dans la foulée de Roy et de Lemieux, se soient pris en main, enlève pas mal de pression aux vétérans. On se sent encouragés par leur jeu et on se dit en même temps qu'on n'a pas le choix : il faut les suivre. » Carbonneau avait raison. Les leaders du Tricolore avaient désormais à peine vingt ans. Ils en étaient à leur première année dans la LNH. Comme leur entraîneur.

Le lendemain matin, Patrick fut l'un des deux joueurs dispensés de l'entraînement, l'autre étant Mats Naslund. Non seulement avait-on donné congé à Patrick, mais on lui avait interdit de sauter sur la patinoire. On voulait qu'il se repose. Les temps avaient bien changé. Il y a quelques semaines à peine, les vétérans auraient grogné si une recrue avait obtenu un congé d'entraînement ou ne s'était pas présentée à un exercice optionnel...

Malgré un attroupement, au centre de la patinoire du Garden, des joueurs des deux équipes qui tentaient de s'intimider pendant la période d'échauffement précédant la troisième rencontre, ceux-ci s'en tinrent au hockey dès que la rondelle fut mise en jeu. Encore une fois, Goring avait fait confiance à Ranford pour garder le filet. Décision surprenante, non pas que Ranford ait mal fait dans le second match, mais les Bruins avaient tellement claironné leur avantage devant le but à cause de l'expérience de Riggin ! Et là, ils utilisaient une recrue de dix-neuf ans qui venait de se joindre à eux, débarquée directement des Bruins de Westminster de la Ligue junior de l'Ouest, plus jeune que Patrick de quelques mois, et qui n'avait jamais disputé un seul match dans la Ligue nationale avant celui à Montréal.

Ce fut un bon match, le moins robuste de la série. Les deux entraîneurs ne firent pas appel à leurs fiers-à-bras. C'est la victoire qui importait avant toute chose. Surtout pour les Bruins, pour qui une défaite aurait été sans lendemain.

Ils se battirent avec l'énergie du désespoir, tant et si bien qu'après quarante minutes de jeu, ils avaient déjà lancé à 26 reprises contre le filet défendu par Patrick, alors que son vis-à-vis n'avait été mis à l'épreuve qu'en 12 occasions. Pourtant, les Bruins ne menaient que par le compte de 3 à 2. Patrick avait multiplié les arrêts importants et avait tenu le coup.

En troisième période, le capitaine Bob Gainey prit les choses en main. Bien qu'il ne fût pas le compteur le plus habile – il était surtout connu pour ses prouesses défensives –, il trouva le moyen de marquer à deux reprises et contribua ainsi à l'élimination des Bruins.

Mais c'était Patrick qui avait incontestablement été la grande vedette de cette série, avec Lemieux et Richer. Butch Goring le reconnut : « Il nous a volé des buts au cours des premières périodes de chaque partie. Nos gardiens ont été bons mais Roy n'a commis aucune erreur. » Puis Mats Naslund raconta que si Patrick n'avait pas été aussi formidable dans les dix premières minutes du premier match, les Canadiens auraient subi l'élimination en trois rencontres contre les Bruins : « Au début de la série, rappela-t-il, nous n'étions pas convaincus à cent pour cent de nos possibilités. Les arrêts de Patrick nous ont permis de reprendre confiance. »

Dans la logique de Harry Sinden, ou bien les Canadiens venaient de réaliser le tour de force de gagner une série sans un super gardien, ou bien Patrick était devenu un super gardien.

En saison régulière, les Nordiques avaient triomphé des Canadiens à six reprises en huit rencontres. Les Whalers de Hartford offrirent donc un deuxième cadeau à l'équipe montréalaise. À la surprise de tous, ils éliminèrent les Nordiques, les champions de la division Adams, en trois matchs d'affilée. Mais c'était le dernier cadeau qu'ils faisaient au Tricolore et ils s'amenaient à Montréal comme l'équipe de l'heure dans la ligue, n'ayant subi que quatre revers en vingt-deux rencontres depuis le début du mois de mars, et bien déterminés à poursuivre sur cette lancée.

Cette succession de matchs contre les Whalers n'était pas ce que les amateurs du Québec attendaient. Il est évident qu'une série contre les Nordiques aurait davantage soulevé les passions des amateurs à chaque bout de l'autoroute 20. Les Whalers constituaient certes une bonne équipe de hockey. Une très bonne équipe même, solide à toutes les positions : dans le but avec l'expérimenté Mike Liut, un des meilleurs gardiens de la ligue, à la défense avec Wayne Babych et à l'avant avec Ron Francis, Kevin Dineen, Sylvain Turgeon, Ray Ferraro, John Anderson et Doug Jarvis – le Bob Gainey ou le Guy Carbonneau des Whalers. Une équipe de joueurs rapides, talentueux et élégants, de force à peu près équivalente à celle des Canadiens. Pas de gros bras belliqueux comme à Boston, et pas de joueurs flamboyants, mais plutôt disciplinés, méthodiques et bien organisés. Une équipe à l'image de Hartford, une ville tranquille, propre, une ville de cols blancs, le berceau de l'assurance aux États-Unis.

Mais malgré tous ces attributs, les Whalers étaient une équipe sans panache, pratiquant un style de jeu terne et peu inspiré, un jeu de corridor très conservateur, dont l'obstruction et l'accrochage constituaient l'ordinaire. Ils étaient dirigés par Jack Evans, un ancien joueur de la Ligue nationale, l'aîné des entraîneurs de la ligue, qui ne souriait jamais et qui avait lui-même l'air tout aussi ennuyant que le type de jeu qu'il préconisait. Enfin, ce qui n'arrangeait rien, l'équipe arborait un uniforme vert piscine et blanc, non moins ennuyant que tout le reste. Seul son logo était génial. En centrant son attention sur le blanc, on ne voyait que le « W » surplombé d'une queue de baleine. En ne regardant que le vert, on ne pouvait voir que le « H ». Impossible de distinguer les deux à la fois.

Les seuls éléments pouvant susciter une certaine excitation dans cette série quart de finale viendraient plutôt de l'équilibre des formations en présence et du pointage conséquemment serré des rencontres, et, pour ceux qui regarderaient les matchs à la télé francophone, de la présence de Mario Tremblay comme analyste, dont la candeur et la spontanéité ajouteraient un peu de vie et de piquant aux propos des Richard Garneau et Gilles Tremblay, un peu figés dans leur veston bleu « poudre » de *La Soirée du hockey*, et dont les commentaires, bien que judicieux, n'étaient pas faits sur un ton qui témoignait d'un enthousiasme délirant.

Sans être eux-mêmes frénétiques, les Whalers avaient le vent en poupe et cela parut dès le premier soir, à Montréal, alors qu'ils l'emportèrent par le compte de 4 à 1. Liut fut la grande étoile du match, après avoir stoppé 26 tirs des Canadiens, dont 14 dans la seule première période.

La reprise des hostilités, toujours au Forum, vit le Tricolore renverser la vapeur et s'en sortir avec une victoire de 3 à 1. Les Canadiens venaient de prouver qu'ils pouvaient battre Mike Liut, dont c'était le premier revers depuis le début des séries, lesquelles se déplaçaient maintenant au Connecticut.

Le Civic Center de Hartford est un endroit très agréable pour un visiteur qui veut assister à une partie de hockey. C'est un complexe multidisciplinaire qui comprend l'amphithéâtre pour le hockey, un centre commercial avec boutiques, restaurants et cinémas, de même qu'un hôtel, le Sheraton. On pouvait donc quitter sa chambre sans manteau ni couvre-chaussures, aller au restaurant, assister aux matchs des Whalers, confortablement installé dans un siège bien rembourré, avec accoudoirs, comme au cinéma, et revenir à sa chambre, aussi simplement que si on était allé chercher un journal dans le hall de l'hôtel.

Là, les deux équipes se rendirent la politesse : une victoire de 3 à 1 des Canadiens dans le premier match et une réplique de 2 à 1, sur un but de Kevin Dineen en prolongation, dans le second. Soit dit en passant, Dineen était natif de Québec, où son père, Bill, avait joué pour les As au temps où ils représentaient cette ville dans la Ligue américaine. Intéressant aussi de noter que la mise en jeu initiale de cette dernière partie avait opposé les centres Guy Carbonneau et Doug Jarvis, qui allaient, vingt ans plus tard, travailler ensemble derrière le banc des Canadiens.

Les Whalers ne furent pas épargnés par les blessures lors de ces deux affrontements. Après seulement douze minutes de jeu dans la première rencontre, Mike Liut avait dû céder sa place au réserviste Kevin Weeks en raison d'une vive douleur à un genou. Puis leur meilleur défenseur, Wayne Babych, blessé à l'aine, était venu rejoindre Liut sur la liste des éclopés et n'avait pu répondre à l'appel pour le second match, que les Whalers étaient parvenus tout de même à remporter à l'arraché.

Les deux équipes revinrent à Montréal au coude à coude, avec deux victoires chacune. Ne restait plus que l'équivalent d'une série deux de trois, dont le premier match serait disputé à Montréal, le second à Hartford et le troisième, si nécessaire, à Montréal.

Jusque-là Patrick continuait de briller, et pas un seul instant Perron ne pensa à le remplacer par Soetaert, son adjoint pendant les séries. L'entraîneur ne songeait pas à remplacer Lemieux non plus, ni Richer, ni Skrudland. Et les vétérans étaient bien d'accord. Claude Lemieux résuma ainsi le changement qui s'était opéré au sein de la formation : « La contribution des jeunes a rapproché tout le monde. Maintenant, on ne parle plus de recrues et de vétérans. On parle d'une équipe. »

Tout un revirement pour un groupe de joueurs qui, il y a à peine un mois, n'arrivait même pas à former une équipe. Au cours d'un exercice, Nilan avait frappé Richer avec son bâton. Le lendemain, il avait cherché à se justifier en affirmant que c'était pour réveiller les recrues qu'il avait commis cette agression. Ce fut peut-être à ce moment que les vétérans commencèrent à réaliser qu'ils en exigeaient trop des jeunes, que ce n'était pas en leur faisant peur qu'ils allaient les rendre productifs. Patrick n'en était pas sûr. Il s'en était confié au journaliste Bertrand Raymond :

« L'incident a peut-être fait crever un abcès, mais les choses ne se sont pas replacées d'elles-mêmes. Nous étions en première place quand c'est arrivé ; nous avons glissé en troisième. Ce n'est que beaucoup plus tard qu'on s'est finalement remis en marche. En somme, le hockey a subi de profonds changements au fil des ans, et l'entrée massive des recrues, cette année, a permis de le réaliser. C'est fini le temps où les recrues se faisaient botter le derrière. De nos jours, elles ont d'abord besoin d'être comprises et appuyées. »

Il est vrai que les vétérans eurent bien du mal à accepter que les recrues puissent bénéficier de certains passe-droits qui ne leur avaient jamais été consentis au début de leur carrière – comme être exemptées de se présenter à certains entraînements optionnels. Mais maintenant, tout était rentré dans l'ordre. Vétérans et recrues devaient se donner la main pour triompher, surtout que cette dernière victoire des Whalers, sans Liut ni Babych, leur donnait des ailes. On aurait besoin de tout le monde.

Quand les journalistes demandèrent à Larry Robinson s'il était surpris de l'excellence du travail de Patrick, il répondit par la négative. Pourtant, il avait été l'un de ceux qui l'avaient vertement critiqué en fin de saison régulière. Et quand Yvon Pedneault lui fit remarquer que Patrick n'avait jamais collé sept bonnes performances de suite sans bavure au cours de la saison, Robinson répliqua : « Nous non plus ! »

Dans les deux matchs suivants, la loi de l'avantage de la glace fut respectée. Une victoire par la marque de 5 à 3 des Canadiens au Forum et une par le compte de 1 à 0 des Whalers le surlendemain au Civic Center. Dans la première rencontre, les joueurs des Canadiens jouèrent mollement et ce fut Patrick qui sauva les meubles. Le second affrontement marqua le retour de Babych et de Liut. Celui-ci fut la grande vedette de ce duel de gardiens, stoppant les 32 lancers de ses rivaux. Kevin Dineen – encore lui – marqua l'unique but des Whalers. Patrick reconnut tout le mérite de son opposant : « Quand on accorde seulement un but sur la route, on espère gagner. Mais Liut a été très bon. Je n'aurais pas cru qu'il puisse offrir une si belle performance après avoir raté deux matchs à cause d'une blessure au genou. » Puis, à un journaliste qui lui demandait ce qui surviendrait lors du septième match, il répondit, plein d'assurance : « On va compter plus de buts et on va gagner. C'est tout ! »

Le sort en était jeté. Le résultat de cette série allait être déterminé par une ultime rencontre, au Forum de Montréal, sans lendemain pour l'une des deux équipes.

On pouvait sentir la nervosité au sein des deux clans. Du côté des Whalers, on disait, pour s'encourager, que l'avantage de la glace n'avait plus d'importance. Pour les Canadiens, la foule serait derrière son équipe et jouerait un rôle important. Aux deux dernières occasions qu'ils avaient eues de disputer un septième match en séries, l'issue leur avait été défavorable.

« Il faut voir cela comme n'importe quel autre match et tout donner », affirma Patrick, qui devait composer avec de plus en plus de micros devant lui. « Chaque arrêt-clé, poursuivit-il, sera un pas en avant pour l'équipe. » De son côté, le capitaine Bob Gainey, appelé à décrire l'état d'esprit de Patrick, ajouta : « Il affiche une confiance tranquille en ses moyens, et je pense qu'il affectionne ces moments de tension et de défis que procurent les séries éliminatoires. »

Ce fut une rencontre marquée par la prudence dans les deux camps, et un duel épique de gardiens de but. En première période, Mike McPhee réussit à déjouer Liut après un bel effort individuel en désavantage numérique. En deuxième, aucun but, même si Guy Carbonneau parvint seul devant Liut, comme au premier engagement d'ailleurs. Mais celui-ci lui ferma brillamment la porte à chaque occasion. Vers la fin de l'engagement final, Wayne Babych nivela le pointage à l'aide d'un lancer dévié. Peu de temps après, Stéphane Richer quittait la patinoire sur une civière, résultat d'une blessure à un genou qui paraissait sérieuse. Claude Lemieux, qui tirait le brancard, lui promit de compter le but victorieux en prolongation.

Ce n'était plus un match qui déciderait du sort des deux équipes mais un mince petit but en période supplémentaire. Étonnamment, les joueurs des Canadiens, lesquels ne comptaient qu'une seule victoire en quinze participations à des périodes de prolongation depuis le début de la saison, semblaient très positifs. C'est alors que Patrick leur fit remarquer que Liut se tenait au fond de son rectangle quand le jeu se déroulait derrière son but et qu'on pouvait peut-être le surprendre avec un tir haut. Se souvenant de sa promesse à Richer, Lemieux prit bonne note de cette observation.

La période de prolongation n'était vieille que d'un peu plus de cinq minutes lorsque Lemieux fut sauvagement attaqué par Ulf Samuelson dans le territoire des Whalers, un double échec par-derrière, dans le dos, qui l'envoya choir, cul par-dessus tête, dans la bande. L'arbitre ignora l'infraction, à la grande indignation de la foule qui manifesta son mécontentement. Mais Lemieux se releva comme un taureau furieux, bouscula lui-même un adversaire, passa devant le but adverse, puis derrière, disputa âprement la rondelle à Tim Bothwell, et, sans trop savoir comment, trouva le moyen de la ramener devant le but, laissa partir un lancer du revers bien haut qui se faufila au-dessus de l'épaule de Liut, à sa gauche. C'en était fait des Whalers.

Sous les hurlements de Mario Tremblay qui ne se souciait pas d'être derrière un micro, Lemieux patina quelques instants sans destination connue, les bras en l'air, et se projeta sur la glace comme s'il plongeait dans une piscine. Ses coéquipiers le rejoignirent et se jetèrent sur lui pour le féliciter et manifester leur allégresse. Il venait de marquer le but le plus important de sa jeune carrière – son sixième des séries –, et il en vivait maintenant l'exaltation.

Une fois le calme revenu, les poignées de main échangées, Robinson rendit à Patrick un hommage étonnant : « À mon avis, pas un gardien, ou presque, au cours de mes quatorze années chez le Canadien, n'a offert un rendement comme celui de Patrick depuis le début des éliminatoires. » Venant d'un défenseur d'expérience qui en avait vu bien d'autres au cours de sa carrière et qui avait gagné plusieurs coupes Stanley au sein des puissantes formations des années soixante-dix avec Ken Dryden devant le filet, le compliment n'était pas banal.

Le capitaine Bob Gainey ajouta, avec le flegme et la retenue qu'on lui connaît : « Nous devons un gros merci à Roy. Il a vraiment été exceptionnel contre les Whalers. »

De son côté, c'est avec une certaine timidité que Patrick accepta les compliments : « C'est certain que je suis fier de mon travail, mais il faut reconnaître que les défenseurs ont accompli un boulot extraordinaire, de même que les avants qui se sont constamment repliés pour leur prêter main-forte. Je voudrais aussi remercier la foule qui, en nous supportant, nous a donné l'énergie qu'il fallait alors que nous étions très épuisés en période de surtemps. » Puis il rendit hommage à Mike Liut et à Kevin Dineen, qui l'avaient tous deux impressionné tout au long de la série.

Dineen, écrasé dans le vestiaire des perdants, acceptait mal le revers des siens : « Le Canadien n'a pas été meilleur que nous. Il a simplement eu une chance à la fin de la rencontre. » Malgré la douleur qui pouvait se lire sur son visage, il tint à souligner le travail de Patrick : « Toute la saison il a excellé contre nous. Ses performances nous ont fait mal. »

Quant à Claude Lemieux, auteur du but victorieux et troisième étoile de la rencontre derrière Patrick et Liut, c'est la larme à l'œil qu'il tint à parler de son frère Serge qui souffrait de paralysie cérébrale : « Quand j'ai marqué le but, c'est à lui que j'ai d'abord pensé. Je ne le connais pas beaucoup. Il est dans une institution et nous ne pouvons pas le visiter plus d'une fois par année. Il semble que ça serait trop dur pour lui de nous voir plus souvent. Mais c'est mon frère et il est toujours présent dans mes pensées. »

Chacun, ayant épuisé ses dernières réserves d'énergie, avait trouvé l'inspiration à sa manière.

Les Rangers de New York que les Canadiens devaient affronter en demi-finale étaient tout le contraire des Whalers. Brouillons, imprévisibles et flamboyants dans leur uniforme bleu, rouge et blanc – un des plus beaux de la LNH –, ils pouvaient se faire écraser 8 à 1 un soir et gagner un match serré en prolongation le surlendemain. Ils avaient terminé au quatorzième rang du classement général, dix-neuvièmes en défensive, vingtièmes en offensive, mais avaient trouvé le moyen d'éliminer successivement les puissants Flyers de Philadelphie (deuxièmes) et les Capitals de Washington (troisièmes). On aurait pu les baptiser les *Bad News Blue Shirts* : ceux qui prennent plaisir à gâcher la vie d'autres plus méritants.

Ils s'amenaient maintenant à Montréal disputer aux Canadiens le championnat de la conférence Prince de Galles ou, encore plus important pour tout le monde, la demi-finale de la coupe Stanley. Leurs atouts pouvaient se résumer en un excellent jeune gardien de but, John « Beezer » Vanbiesbrouck, et un marqueur naturel, Pierre « Lucky Pete » Larouche.

Ce dernier, dont l'indiscipline en avait fait le mal-aimé de l'organisation, avait passé la moitié de la saison dans la Ligue américaine où il avait disputé 32 matchs avec les Bears de Hershey. Mais comme il était le seul marqueur naturel sur lequel les dirigeants des Rangers pouvaient compter, il avait été rappelé juste avant les séries de fin de saison. Lors des 28 parties qu'il avait disputées à New York cette année-là, il avait marqué 20 buts, alors que les seuls à le devancer à ce chapitre, Tomas Sandstrom, Bob Brooke et Mike Ridley, avec respectivement 25, 24 et 22 buts, avaient obtenu ces résultats en 73, 79 et 80 parties respectivement. Larouche était un produit de la Ligue junior majeur du Québec où il s'était illustré avec les Éperviers de Sorel avant que ceux-ci déménagent à Granby. Il comptait déjà deux saisons de 50 buts ou plus dans la LNH, une avec Pittsburgh (53) en 1975-1976 et l'autre avec les Canadiens (50) en 1979-1980, avant d'être échangé d'abord à Hartford, puis à New York.

En avance pour leur époque, les Rangers comptaient plusieurs Européens, ce qui les amenait à préconiser un jeu ouvert, rapide, où les chassés-croisés et l'improvisation abondaient : quatre Suédois, deux Finlandais et un Allemand de l'Ouest. Tous les autres étaient des Canadiens, à l'exception de Vanbiesbrouck qui était né à Detroit.

En saison régulière, le Tricolore n'avait remporté aucune victoire en trois affrontements contre les Rangers : deux défaites et une nulle. Mais Patrick, qui affichait depuis le début des séries une moyenne de 1,78 but par partie, la meilleure de la ligue, n'avait pris part à aucun de ces matchs. Et les deux équipes avaient, depuis, ajouté de nouveaux éléments qui pouvaient faire une différence : Claude Lemieux du côté des Canadiens ; Pierre Larouche et le robuste Wilfrid Paiement du côté des Rangers.

Le premier match, à Montréal, se solda par une victoire des Canadiens par le compte de 2 à 1. Une rencontre qui fit un peu penser à un premier round de boxe où, prudemment, les adversaires s'étudient et essaient de trouver des failles dans l'armure de l'autre. Il faut dire que les joueurs du Tricolore ressentaient encore les effets de leur dure et longue lutte contre Hartford. Ce fut cependant un bon duel de gardiens, Patrick se voyant octroyer la première étoile et Vanbiesbrouck, la troisième. Mais il était évident qu'il y avait plus d'espace sur la patinoire – moins d'accrochage et d'obstruction – que dans la série contre les Whalers et qu'on ne tarderait pas à assister à du jeu excitant, rapide et axé sur l'offensive. Ça se produisit dans le deuxième affrontement où, en deuxième période, les Canadiens éclatèrent enfin, marquant quatre buts sans riposte, sur le chemin d'un gain de 6 à 2.

Les Rangers tiraient alors de l'arrière deux à zéro dans la série. Le temps d'étudier le jeu du rival et d'analyser ses stratégies était désormais révolu. Il fallait passer à l'action avec tous les moyens possibles. De ce point de vue, les Rangers n'étaient pas démunis. Leur entraîneur, Ted Sator, issu du milieu universitaire comme Jean Perron, parlait de physiologie, de psychologie du sport, de nutrition, d'éthique du travail, etc. Si l'on ajoute Bob Johnson avec les Flames de Calgary qui affrontaient les Blues de Saint Louis dans l'autre demi-finale, le dernier carré d'as comprenait trois entraîneurs sur quatre que d'aucuns qualifiaient d'« intellectuels du hockey ». Accro de la vidéocassette, Sator n'avait pas son pareil pour détecter les faiblesses d'un rival et amener son équipe à les exploiter. C'est de cette manière que les Rangers avaient surpris tout le monde du hockey en battant tour à tour les Flyers et les Capitals.

Mais il y avait plus.

New York n'est pas Hartford. C'est la plus grande ville de l'Amérique du Nord, la plus populeuse, la plus grande concentration de musées, de restaurants, de théâtres et de boutiques du continent, la capitale mondiale du divertissement, un marché gigantesque pour un athlète. Et la presse de New York n'est pas non plus la presse de Hartford. La presse sportive, en particulier, habituée à traiter avec les plus grandes vedettes du baseball, du football, du basketball, de la boxe, de voir ses textes repris par les médias de plusieurs dizaines de pays, sait être élogieuse comme impitoyable. Au hockey, elle couvre jusqu'à trois équipes de la LNH : les Rangers à Manhattan, les Islanders à Long Island, et les Devils à East Rutherford, au New Jersey. Enfin, la foule du Madison Square Garden n'a rien à voir avec la foule de Hartford. C'est la plus bruyante, la moins disciplinée, la plus effrontée et la plus partisane de tout le circuit, capable d'intimider n'importe quel athlète parmi les plus coriaces, les plus expérimentés et les plus tenaces. Le jeunot de vingt ans n'avait qu'à bien se tenir !

Avant même le second match à Montréal, une horde de journalistes de la Grosse Pomme s'était mise à l'œuvre :

— Dis-moi, Patrick, juste après la fin des hymnes nationaux, quand tu t'avances vers la ligne bleue, à une vingtaine de pieds [six mètres] devant ton but, et que tu te tournes vers lui pour y faire face pendant quelques secondes, à quoi penses-tu ?

— Je parle à mes poteaux.

— Pardon ?

— Je parle à mes poteaux.

— Ah !... Et (affichant un petit sourire narquois et triomphant) est-ce qu'ils te répondent ?

— Des fois...

— Ah oui ! Qu'est-ce qu'ils te disent ?

— Des fois, ils disent ping ! quand ils arrêtent les rondelles à ma place...

Les journalistes de Manhattan se croyaient alors en face d'un jeune hurluberlu excentrique, comme Mark Fidrych, le lanceur de baseball des Tigers de Detroit, surnommé « The Bird », qui parlait à sa balle avant de la lancer. Toujours à l'affût de l'originalité et de l'inédit, inutile de dire que la presse new-yorkaise allait se délecter et que les propos de Patrick feraient vite le tour de l'Amérique du Nord.

Mais ce dernier s'amusait. La vraie réponse à cette question résidait dans un exercice de visualisation. Ce manège avait commencé vers la fin de la saison régulière, lors d'un match à Hartford. Comme les drapeaux du Canada et des État-Unis étaient placés derrière son but, il avait dû se tourner pendant l'interprétation des hymnes nationaux. Il s'était alors mis à observer son but de face et à l'imaginer plus petit que nature, au point de croire qu'il lui serait facile de le protéger et de ne laisser aucune rondelle y pénétrer. Ça le rassurait, ça lui donnait confiance.

Les membres de la presse, c'est sûr, essayaient de le décontenancer. Mais comme dans le but, il ne céda pas un pouce, donnant patiemment la réplique à toutes les questions. Une seule fois haussa-t-il le ton quand un scribe lui rapporta les propos de Jack Birch, un des adjoints de Sator, selon lequel sa technique était mauvaise : « Qui c'est ça, Jack Birch, demanda-t-il avec une pointe d'impatience ? Je ne connais pas ce gars-là et je ne veux pas le connaître. Je ne suis pas pour commencer à écouter n'importe qui. Je ne veux rien savoir de ses opinions. Moi, je travaille avec François Allaire et il sait ce qu'il fait. » Il montrait bien par là qu'il était prêt à répondre à toutes les questions de ceux qui voulaient tout savoir sur lui. Mais avec une moyenne de 1,71 jusque-là en séries, après avoir connu trois matchs consécutifs de seulement un but, il ne laisserait pas passer n'importe quoi mettant en doute ses qualités de gardien et sa technique, surtout pas de la part du premier scribouilleur venu.

Il saisit même l'occasion pour leur demander de prononcer son nom correctement. Partout où il passait, sauf à Québec et à Montréal, bien entendu, les annonceurs maison prononçaient son nom à l'anglaise : « Rrroye », comme le prénom du célèbre cowboy Roy Rogers, qui devait leur servir de modèle. Il fallait voir Patrick montrer à la presse new-yorkaise comment prononcer son nom de manière correcte, lui donner une leçon de phonétique : « Vous devez prononcer mon nom comme s'il s'écrivait Roo-Wah ! » Pas banal dans un contexte où on entendait parfois des joueurs francophones, interviewés en anglais, prononcer à l'anglaise les noms d'autres hockeyeurs francophones : « Morris Rrisharde », « Guy Laflourr », « Mario Lemiew », etc.

Mais il n'était pas le seul à faire des choses qui étonnaient. Pierre Larouche, lors d'un exercice matinal des Rangers, s'était assis quelques instants sur le banc réservé aux joueurs des Canadiens. Lui aussi faisait de la visualisation : « Si je vais m'asseoir sur leur banc, c'est parce que je veux savoir quel champ de vision ils ont. En vertu de l'emplacement différent des bancs, je suis convaincu qu'ils ont un coup d'œil différent du nôtre », dit-il le plus sérieusement du monde, cherchant peut-être à découvrir où se cachaient les fantômes. Il avait ajouté, comparant le Forum à la fosse aux lions du Colisée de Rome où jadis les chrétiens faisaient les frais du spectacle : « On y ressent une drôle de sensation. C'est l'édifice le mieux éclairé de la ligue. Comme tous les spectateurs ont une vue en plongée sur la patinoire, le club visiteur a l'étrange impression d'être offert en pâture à l'équipe locale. Je ne sais pas si on s'est déjà donné la peine d'étudier le phénomène du Forum, mais je vous jure que c'est quelque chose. »

Le lendemain de la deuxième défaite des Rangers, Wilfrid Paiement soutint qu'il était facile pour un gardien d'arrêter une vingtaine de lancers par match : « Mais voyons comment il réagira quand il en recevra une trentaine, une quarantaine. »

Patrick n'avait jamais joué à New York. Parlant de fosse aux lions, un bon dix minutes avant que les porte-couleurs des deux équipes ne sautent sur la patinoire, la foule se mit à scander bruyamment : « Go! Rangers go! Go! Rangers go! » Puis l'annonceur maison, John F. X. Condon – s'il avait joué pour une équipe rivale au Forum de Montréal, Claude Mouton n'aurait certainement pas osé prononcer son nom à la française – présenta un à un chacun des joueurs, en commençant par ceux des Canadiens. Les Go! Rangers go! se changèrent alors en huées, du numéro 1, Doug Soetaert, le premier joueur présenté, jusqu'au numéro 44, Stéphane Richer, en passant par « Number 33, Patrick Roo-Wah », que peu de gens entendirent de toute façon en raison du tohu-bohu assourdissant.

Dès qu'un joueur des Rangers apparut, les huées redevinrent des Go! Rangers go! et se poursuivirent, mêlés aux applaudissements, non seulement jusqu'à la fin de la présentation des joueurs new-yorkais, mais jusqu'à la conclusion de l'interprétation des hymnes nationaux, s'intensifiant encore davantage et enterrant complètement la majeure partie du Star Spangled Banner.

Aussitôt que l'arbitre mit la rondelle en jeu, la foule se mit à hurler des « Roo-Wah! Roo-Wah! Roo-Wah! », qui clignotaient en grosses lettres au tableau indicateur, avec l'intention bien évidente de déranger Patrick, de détourner son attention du jeu et de briser sa concentration. Le manège échoua. Les hurlements devinrent pour Patrick un stimulant, un défi de plus à surmonter. Il récupéra toute cette énergie à son avantage. Il entra dans sa bulle. Il ne voyait plus que la rondelle se promener d'un bâton à un autre, il n'entendait plus que le bruit sec qu'elle faisait lorsqu'elle était frappée et qu'elle allait heurter la bande, que le crissement des patins qui mordaient dans la glace, qui glissaient et freinaient brusquement, que le bruit sourd des mises en échec. En dehors de l'essentiel, il n'entendait plus rien. Plus rien n'existait. Rien que le jeu.

Quand je dis que le manège échoua, ce n'est pas tout à fait exact. De fait, il atteignit un but bien plus noble que celui qui était visé. C'est à partir de ce moment que le nom de tous les francophones appelés Roy – et Dieu sait qu'ils sont nombreux, au Québec notamment, – commença à être prononcé correctement à la grandeur de toute l'Amérique anglophone.

Fouettés par cette foule en délire, les Rangers dominèrent complètement la première période, prenant d'assaut le filet de Patrick à 16 reprises contre 7, mais ne réussirent à marquer qu'une seule fois, tout comme les Canadiens. Au deuxième engagement, ce fut au tour du Tricolore de mener le jeu, mais les Rangers marquèrent le seul but, prenant les devants 2 à 1. Les New-Yorkais dominèrent également les vingt dernières minutes réglementaires, ne marquant cependant qu'un seul but en douze tentatives, contre deux par leurs rivaux dont les réserves d'énergie semblaient toutefois fondre sous la chaleur du Garden, n'ayant obtenu que quatre tirs au but.

C'était l'impasse. On allait en prolongation.

Alors, la tension changea de camp. L'excitation que la foule avait manifestée jusque-là se mua en stress qui eut sur elle un effet paralysant. L'enjeu devenait plus important que le déroulement. Les Rangers ne pouvaient pas perdre, auquel cas ils se retrouveraient le dos dans les câbles.

Inversement, ce qui était stressant pour Patrick depuis le début du match devint excitant. Son esprit était totalement occupé par le moment présent. La pression qui paralyse l'athlète dans un moment d'extrême importance, fût-il le plus expérimenté et le plus doué, vient de la peur de rater. Or, cette peur de rater, comme le résultat de l'enjeu d'ailleurs, n'existe que dans l'avenir et quand le moment présent absorbe totalement l'esprit, le compétiteur ne pense pas à l'avenir. En conséquence, il ne peut ressentir la peur. Il ne pense qu'au jeu lui-même qui devient excitant et stimulant.

Patrick trouva l'état de grâce. Il était invincible, impénétrable, infranchissable, il prévoyait tout, contrôlait tout, était à la fois détendu et agressif, calme et excité. Chaque geste qu'il faisait était le bon, fluide. Il était rapide sans se presser, la rondelle était plus grosse, son but plus petit. Il jouissait.

Les Rangers dominèrent les quatre premières minutes de la prolongation, mais leur domination devint ensuite outrageante. Ils s'installèrent presque à demeure dans la zone d'un Tricolore à bout de forces, sans vouloir en sortir, lançant de tous les angles, de toutes les manières, essayant par tous les moyens de faire dévier leurs lancers, de voiler la vue de Patrick. On avait l'impression d'assister à un exercice à sens unique, une espèce de *Rope-A-Dope* du hockey. L'impatience de la foule et des *Blue Shirts* croissait à chaque arrêt de Patrick.

Après quelque neuf minutes de ce supplice, ce qui devait arriver arriva. Les Canadiens sortirent de leur torpeur, l'espace d'un bref petit instant, comme Muhammad Ali contre George Foreman à Kinshasa, au Zaïre, quelques années plus tôt. Après une mise en jeu en territoire montréalais, la rondelle glissa en sautillant jusqu'à la ligne bleue où Willie Huber, le défenseur des Rangers, au lieu de l'arrêter prudemment avec sa main, tenta un lancer frappé – un *one timer* en langage de hockey. Il rata le disque. McPhee s'en empara, trébucha, se releva de peine et de misère poursuivi par Huber, patina jusqu'à la ligne bleue adverse, remit la rondelle au centre à Claude Lemieux qui, fin seul devant « Beezer », dans une reprise du *Rumble in the Jungle* – il faisait aussi chaud au Madison Square Garden que dans la jungle africaine – mit les Rangers K.-O. avec un tir haut et sec qui passa par-dessus la mitaine de Vanbiesbrouck, à sa gauche. Sans doute médusé, le juge de but mit beaucoup de temps à allumer la lumière rouge pour signaler le but. Mais l'arbitre l'avait bien vu. Tout le monde dans le Garden aussi. Vaincue et soumise, la foule applaudit avec humilité.

Dominés dans le match par 47 lancers à 29 – 13 contre seulement 3 en période supplémentaire –, les Canadiens l'emportaient 4 à 3 et prenaient une insurmontable avance de trois parties à zéro dans la demi-finale.

Un tsunami d'éloges s'abattit sur Patrick, et pas les moindres.

D'abord de ses rivaux.

John Vanbiesbrouck : « Je lève mon chapeau à Roy ! C'est toute une performance qu'il a fournie ce soir. Incroyable ! »

Bob Brooke : « Ce Roy est exceptionnel. Il a inspiré son équipe. »

Ted Sator : « Je suis fier de mon équipe. Elle a tout donné. Roy a été superbe. »

Puis de ses coéquipiers.

Son entraîneur, Jean Perron : « En séries éliminatoires, c'est impossible de gagner si le gardien n'effectue pas les arrêts importants. Patrick Roy a disputé un match formidable. Il a réalisé des arrêts époustouflants. »

Son capitaine, Bob Gainey : « Ce match, on le doit à Patrick Roy. Il a été incroyable depuis le début des séries. Mais ce qu'il a offert en prolongation, je n'avais jamais vu ça de ma vie. »

Mats Naslund : « Ce que Patrick Roy nous a offert ce soir, on ne reverra plus jamais ça. Quelle performance ! Quand je le voyais faire des arrêts miraculeux, je me disais qu'on allait obtenir notre chance. Et bang ! »

Chris Nilan : « Il est tout simplement sensationnel. Patrick a offert une performance étincelante. »

Doug Soetaert, son adjoint qui rongeait son frein sur le banc et son compagnon de chambre : « Il est tout simplement incroyable. »

Et même de vedettes légendaires du hockey qui en avaient vu bien d'autres.

Phil Esposito : « Je n'ai jamais vu un gardien offrir une telle performance en prolongation. Jamais ! »

Jean Béliveau, associé aux Canadiens depuis le début des années cinquante, premier récipiendaire du trophée Conn Smythe en 1965 : « Je tente de me souvenir d'une performance de la sorte de la part d'un gardien de but en prolongation et je n'y parviens pas. Et j'ai pensé aux Glenn Hall, Jacques Plante, Terry Sawchuk, Ken Dryden. Non, je n'y parviens pas. Je n'ai jamais rien vu de tel ! »

Ken Dryden, qui avait lui-même remporté le précieux trophée lors des éliminatoires de 1971 : « C'est une chose d'être jeune et prometteur. Une autre d'être bon. Patrick Roy se rend présentement compte à quel point il est bon. » Puis, pour expliquer à partir de sa propre expérience ce que Patrick devait ressentir, il ajouta, en faisant le rapprochement avec un musicien de jazz : « Il s'agit d'une expérience bêtement énergisante. Tu n'as pas réellement le temps de sentir quoi que ce soit, sauf la sensation de te sentir de mieux en mieux. C'est comme un solo de jazz. Tout à coup, la cadence s'élève, de plus en plus, et tu peux presque deviner ce qui s'en vient. Tu ne sais pas à l'avance où tes doigts vont se poser, mais en écoutant bien, en étant attentif, tu sais quoi faire pour toucher la bonne note. Tu sais aussi que tout peut s'écrouler d'un moment à l'autre. Mais cela n'arrivera pas. Tu le sens. »

Patrick vivait les plus beaux moments de sa carrière : « Dans la dernière série, j'ai appris de Mike Liut jusqu'à quel point un gardien peut garder une équipe en vie, faire la différence. Quand tu te sens bien, tu as l'impression de pouvoir tout arrêter. J'ai joué le match de ma vie et nous avons gagné. Dans les rangs juniors, j'étais habitué à ce genre de bombardement mais on perdait toujours. Ce soir, nous avons gagné. Je suis heureux. »

Cette nuit-là, le téléphone sonna vers 2 heures du matin. C'était Patrick. Il revenait d'un dîner d'équipe. Il avait besoin de partager ses émotions pour les exorciser :

— Et puis ? demanda-t-il.

— C'était extraordinaire, t'as joué un grand match ! Es-tu fatigué ?

— Je l'étais tantôt, là ça va.

— Penses-tu pouvoir t'endormir ?

— Ça devrait, j'ai l'habitude de bien dormir.

— De toute façon, tu as une journée complète pour récupérer avant le prochain match. Cette nuit, c'est le temps de célébrer. Savoure ton triomphe, saute en l'air, marche sur les murs si tu le peux ; tu es sur un *high*, et c'est bien normal.

Mais demain, il va falloir que tu t'efforces de tout mettre ça derrière, de tout oublier, de revenir sur terre et de remettre tes émotions au neutre avant la prochaine rencontre.

— Je sais, t'inquiète pas.

Je n'étais pas inquiet. Patrick a toujours eu cette capacité étonnante de maîtriser ses émotions sous pression. Alors que d'autres se répètent, sans toujours y parvenir, qu'ils doivent se calmer et concentrer leur attention sur ce qu'il y a à faire, lui le fait. C'est crucial pour un gardien. Les joueurs peuvent s'appuyer sur une poussée d'adrénaline pour se motiver, mais le gardien, dont la qualité du rendement repose à la base sur une technique impeccable, a tout intérêt à demeurer en parfaite maîtrise de lui-même.

Sa performance de la veille me réjouissait au plus haut point, mais curieusement, je n'en étais pas surpris. Quand il jouait dans le hockey mineur, il lui était déjà arrivé d'atteindre de hauts niveaux d'intensité. Dans de telles circonstances, il était quasi imbattable. Je le savais capable d'une telle performance sous pression. Ce qui m'étonnait bien davantage, c'était sa régularité, sa constance, cette capacité de demeurer aussi solide pendant treize parties d'affilée.

Un spécialiste en psychologie sportive m'avait mentionné qu'un athlète ne pouvait atteindre un sommet psychologique plus que trois fois durant une saison. Patrick devait en être à son troisième sommet maintenant, le premier alors qu'il avait dû se surpasser pour faire l'équipe lors du camp d'entraînement, et le second pour demeurer avec le club quand on avait parlé de l'envoyer à Sherbrooke en cours de saison.

Le lendemain après-midi, on put apercevoir Patrick dans le hall de son hôtel du New Jersey, en tenue estivale, relax, les cheveux en broussaille, les yeux bouffis, à peine ouverts, le teint blafard, les écouteurs de son baladeur autour du cou, un roman à la main, *La Dernière Énigme*, d'Agatha Christie. Aussitôt qu'ils l'eurent repéré, les journalistes l'entourèrent :

— Qu'est-ce que ça prend à un jeune de vingt ans pour garder les deux pieds sur terre avec autant d'attention ?

— Des coéquipiers compréhensifs, des entraîneurs qui ne cessent de t'encourager, de bons parents qui te soutiennent et un bon agent, répondit le héros du jour.

Un vieux couple d'Américains passait tout près. La dame s'arrêta, hésita, se demanda qui ça pouvait être, s'approcha pour voir s'il ne s'agissait pas d'une superstar hollywoodienne, ou encore d'une vedette de son feuilleton télévisé préféré. Ne reconnaissant personne dans ce visage d'ado, elle se retira, perplexe, et dut presser le pas pour rejoindre son mari qui ne s'était pas attardé à la scène, n'ayant rien à en cirer.

Patrick, lui, se précipita dans l'autre direction pour sauter dans l'autobus de l'équipe qui conduisait les Glorieux au Garden. Il voulait revoir le match de la veille sur vidéo, non pas pour s'extasier de ses nombreux arrêts, mais au contraire pour analyser les erreurs qu'il avait commises : « J'en ai fait, des bévues. Quelques sorties n'étaient pas à point. Je n'ai pas bien couvert les angles sur certains tirs. Mais c'est ça, le sport. Mes coéquipiers, dans une certaine mesure, m'ont sorti du trou en effectuant trois ralliements au cours de la rencontre. N'eût été de ces trois ralliements, il n'y aurait pas eu de prolongation. »

Le lendemain, tout était à recommencer. Les entraîneurs des Rangers tentèrent de minimiser les commentaires de Jack Birch à propos de sa supposée mauvaise technique, sentant que ce n'était pas de cette manière qu'ils arriveraient à l'intimider : « Roy livre la marchandise. Il deviendra un grand gardien. Quand nous affirmons qu'il n'est pas parfait sur le plan de la technique, nous voulons dire qu'il tente des choses qu'un vétéran gardien ne fait pas. Comme placer la rondelle pour ses défenseurs, par exemple. Nous tentons de tirer profit de cette lacune. »

Ce que ces entraîneurs ne réalisaient pas encore, c'est que Patrick, avec le concours de François Allaire, était à inventer un nouveau style, celui qu'emprunteraient presque tous les nouveaux gardiens de la génération suivante. Jamais ils n'avaient vu un gardien patiner avec des patins aux lames aussi tranchantes. Jamais ils n'avaient vu un gardien se déplacer autant et aussi rapidement pour faire face à la rondelle. Jamais ils n'avaient vu un gardien se jeter par terre si souvent pour faire les arrêts. Ces façons de faire échappaient à leur credo. Pour eux, c'étaient des failles. Ils ne comprenaient pas.

L'élimination des Rangers ne fut plus qu'une formalité. Ils eurent d'abord un dernier sursaut d'énergie lors du quatrième match, à New York, dans une victoire par blanchissage de 2 à 0. Vanbiesbrouck, excellent, venait de prendre sa revanche. Elle fut de courte durée. Le surlendemain, le vendredi 9 mai, au Forum de Montréal, les New-Yorkais s'inclinèrent par le compte de 3 à 1. Leur saison venait de prendre fin.

Du même coup, les Canadiens devenaient les champions de la conférence Prince de Galles. Ce n'était cependant pas ce titre qui retenait l'attention des joueurs du Tricolore, ni l'insignifiant trophée qui l'accompagnait, mais plutôt le droit de disputer l'ultime série, la vraie, la finale de la coupe Stanley, pour la première fois depuis 1979.

∪

La finale ne commencerait pas avant le vendredi suivant, dans six jours, contre le vainqueur de la série entre les Flames de Calgary et les Blues de Saint Louis. Perron décida de donner un congé bien mérité à ses joueurs. Ils pourraient s'évader d'Alcatraz pour le week-end et ne reprendre l'entraînement que le lundi. Un changement d'air leur ferait du bien, eux qui guerroyaient depuis plus d'un mois.

Patrick vint à Québec voir sa famille et ses amis. Ce n'est pas au Centre des loisirs Saint-Sacrement qu'on le retrouva cette fois – il avait vieilli – mais dans un bar à la mode de la Grande-Allée. Là, il ne tarda pas à constater que sa notoriété croissante lui donnait des pouvoirs d'attraction et de séduction qu'il n'avait jamais éprouvés auparavant. Les chuchotements se répandaient dès qu'il apparaissait. Tout le monde le reconnaissait. Les gars le félicitaient, cherchaient à lui parler, à lui taper sur l'épaule. Les filles, plus discrètes, le zieutaient à distance. Il le sentait. Il éprouvait la sensation de l'enfant qui, subitement, peut s'emparer de tout ce qu'il veut dans le magasin.

Ses yeux croisèrent le regard bleu et envoûtant de Sophie, une belle grande fille aux cheveux de miel. Il chavira, happé dans un tourbillon de désirs, d'ivresse et de volupté. Il ne voyait plus qu'elle, comme à New York, à peine quelques jours plus tôt – ou peut-être étaient-ce quelques mois, il ne savait plus trop –, où il ne voyait que la rondelle.

Mais l'objet de cette nouvelle fixation ne lui voulait que du bien et il n'y aurait personne pour siffler la fin de l'engagement. Il était envoûté, envahi par une flamme qui lui brûlait les sens. Il avait contracté la fièvre du printemps, un terrible virus, plus dévastateur que celui de n'importe quelle grippe, quand les seules flammes qui auraient dû occuper son esprit étaient à Calgary, sur le point de consumer les Blues, dans l'autre demi-finale pour le championnat de la conférence Clarence Campbell. Il ne pensait plus à « Charlotte ».

Le lundi, l'éden fit place au Forum où l'entraînement reprenait. Patrick y était. Son esprit, pas tout à fait encore. Les Flames, vainqueurs des Blues, avaient terminé au sixième rang du classement général, un échelon plus haut que les Canadiens. Ainsi, le premier match aurait lieu à Calgary, loin de toute distraction. Question de s'habituer au décalage horaire et à l'altitude, l'équipe arriverait à Calgary quelques jours à l'avance.

La plupart des experts favorisaient les nouveaux Canadiens pour l'emporter dans cette finale. Ils formaient désormais une équipe redoutable, sans distinction entre recrues et vétérans. Que des joueurs. De valeureux guerriers. On s'interrogeait cependant sur l'effet de ce long repos de six jours avant d'aborder la finale.

J'eus l'occasion de me rendre compte de cette chimie qui unissait les joueurs. Patrick était presque toujours le dernier à sortir du vestiaire, même dans les rangs mineurs, et nous devions l'attendre des moments qui nous paraissaient parfois interminables après chaque match. Je m'étais avancé près du sacro-saint vestiaire de la Sainte Flanelle au terme de la série contre les Rangers. C'était la fête. À distance, je surveillais Patrick qui répondait aux questions des journalistes. Avisant ma présence, plusieurs joueurs, surtout des vétérans, vinrent me donner une chaleureuse poignée de main. Bobby Smith, en particulier, me dit des mots qui me touchèrent : « Monsieur Roy, vous devez être le seul homme sur la terre plus fier de votre fils que nous le sommes. Quel sang-froid, quelle maturité ! » Ça venait du cœur et semblait représenter ce que la plupart de ses coéquipiers pensaient. Ce n'était pas un témoignage feint puisque je venais d'entendre le grand joueur de centre dire la même chose devant les reporters, ajoutant que le gardien de but, impeccable match après match depuis le début des séries, s'avérait la principale raison de la poussée inattendue de l'équipe jusqu'à la finale de la coupe Stanley.

C'était la première fois que deux gardiens recrues s'affrontaient en finale de la coupe Stanley depuis 1945, quand Frank McCool, des Maple Leafs de Toronto, avait fait face à Harry Lumley, des Red Wings de Detroit. À vingt-trois ans, Mike Vernon avait trois ans de plus que Patrick, mais le dossier de ce dernier lui conférait un certain avantage avec ses 47 parties en saison régulière, contre seulement 18 pour son opposant.

Le premier match de la série se joua dans les premiers instants de la troisième période, où les Flames marquèrent à deux reprises en soixante-dix-neuf secondes ; ils l'emportèrent par le compte de 5 à 2. Leurs joueurs étaient gros et forts, et les Jim Peplinski, Joel Otto, Jimmy Macoun, Tim Hunter et Nick Fotiu – ce dernier était un ancien champion des *Golden Gloves* dans la région de New York – ne s'étaient pas gênés pour brasser la cage de plusieurs porte-couleurs des Canadiens. Mais les Flames avaient d'autres atouts, comme la vitesse de Lanny McDonald et de Joe Mullen, les mains rapides de Dan Quinn et de John Tonelli, ainsi que le travail acharné d'un Doug Risebrough. Et que dire du lancer du défenseur Al MacInnis, un des meilleurs de la ligue ! Néanmoins, Patrick n'afficha pas toute l'intensité et la combativité auxquelles il nous avait habitués dans les séries précédentes. Le reste de ses coéquipiers non plus. La période d'inaction et le manque de compétition les avaient ramollis davantage que les mises en échec de leurs rivaux. Pour la première fois depuis le début des éliminatoires, Patrick concédait plus de trois buts dans une partie – le cinquième fut réussi dans un filet désert.

À la fin du premier engagement, Peplinski avait marqué le second filet des Flames, celui qui leur donnait une avance de 2 à 1 dans le match, un but important donc, après avoir touché la rondelle avec un bâton qui semblait plus haut que la hauteur des épaules – la hauteur permise à l'époque, car de nos jours on s'en remet à la hauteur du but, ce qui est beaucoup plus pratique. Mais Peplinski était grand et l'arbitre Kerry Fraser accorda le but controversé après avoir discuté avec ses deux juges de ligne, Ron Finn et Ray Scapinello.

Malgré l'importance de l'enjeu et l'ambiguïté de la situation – on était tout de même en finale de la coupe Stanley –, Fraser ne daigna pas consulter la reprise vidéo. Patrick était furieux. Il frappa un des juges de ligne à la jambe avec son bâton et bouscula légèrement l'autre. À bout de patience, il avait perdu sa belle concentration. Mais grâce à la générosité de Scapinello, il s'en tira avec une punition d'inconduite de 10 minutes pour avoir légèrement frappé Finn. Scapinello choisit d'ignorer le geste de Patrick à ses dépens, mais s'il avait appliqué l'article 67 du règlement à la lettre, le gardien-vedette des Canadiens aurait été passible d'une suspension automatique d'au moins trois matchs, et le vice-président de la ligue, Brian O'Neill, aurait pu l'allonger jusqu'à dix parties. Patrick venait de frôler la catastrophe. La générosité des officiels était-elle liée à leur incertitude quant à la validité du but de Peplinski ? On ne le saura jamais. Mais cela n'excuse pas le geste de Patrick qui aurait pu mettre son équipe en difficulté. On se souviendra que, quatre ans plus tôt, il avait écopé d'une suspension de cinq parties, ramenée ensuite à trois matchs après appel, pour une infraction bien moins grave, quand les Gouverneurs de Sainte-Foy disputaient le championnat de la Ligue midget « AAA » aux Lions du Lac-Saint-Louis.

Quant au but lui-même, Guy Carbonneau était juste aux côtés de Peplinski quand celui-ci avait fait dévier la rondelle : « Le but aurait dû être refusé. J'étais placé pour tout voir. Il y avait pourtant trois officiels sur la glace, et s'ils n'ont rien vu, ils auraient dû regarder la reprise. Nous étions en bonne position jusque-là et ce but a tout changé. »

Quoi qu'il en soit, les Flames de l'entraîneur Bob Johnson menaient par une victoire à zéro. Étaient-ils trop forts pour les Canadiens ? Ou bien ceux-ci avaient-ils été ankylosés par un congé trop long ?

Pour briser la concentration de Patrick, Johnson se livra au jeu habituel de l'intimidation. En plus de mentionner que le gardien du Tricolore n'avait pas été aussi solide que les gardiens des équipes auxquels les Flames avaient fait face précédemment et qu'il aurait dû écoper d'une suspension pour ses gestes à l'endroit des deux juges de ligne, il raconta qu'il avait étudié son style avec attention : « J'ai consacré beaucoup de temps à l'observer. Les vidéos des rencontres m'ont appris certaines choses à son sujet », déclara-t-il sans préciser de quoi il s'agissait. Dans les médias, le lendemain, on pouvait lire à la une d'un quotidien de Calgary que les Flames avaient élucidé le mystère Patrick Roy. « Je n'ai pas lu les journaux aujourd'hui, mais veux-tu bien me dire quel mystère ils ont élucidé ? demanda ce dernier. Ils n'ont rien élucidé du tout et rien découvert. Je vais leur montrer de quel bois je me chauffe. Je vais leur prouver bien des choses. » Patrick était piqué au vif.

Il tint parole. Ses coéquipiers aussi, dans une victoire durement arrachée où le compte était toujours à égalité 2 à 2 après le temps réglementaire. Compte tenu du jeu serré, on s'attendait à ce que les deux équipes aient du mal à trancher le débat en prolongation. Mais dès la mise en jeu, McPhee récupéra une rondelle sautillante en zone neutre, s'amena à toute vitesse dans le territoire des Flames, feignit de lancer, ce qui attira le défenseur adverse et le gardien de son côté, et passa à Skrudland qui n'eut qu'à rediriger la rondelle dans le filet. Un but dramatique qui sidéra la foule. Tout cela n'avait pris que neuf secondes. La partie était terminée, les Flames avaient perdu. Mike Vernon avait néanmoins excellé, son équipe ayant été déclassée 35 à 22 dans le nombre des lancers au but.

Les Canadiens revenaient donc à Montréal avec l'avantage de la glace, la série étant égale, une partie de chaque côté. Le Tricolore avait retrouvé son aplomb, son rythme. Mais Mike Vernon serait un obstacle difficile à franchir et Patrick devrait être encore plus solide que lui pour que les Canadiens aient une chance de victoire. Or, son flirt avec Sophie m'inquiétait. Il aurait été trop bête qu'une aventure pareille vînt déranger le gardien dont la plus parfaite concentration était requise pour permettre à l'équipe de hockey la plus prestigieuse au monde de triompher et de remporter sa vingt-troisième coupe Stanley. L'énorme importance que prennent les gardiens de but durant les séries de fin de saison rend les équipes singulièrement dépendantes de leur rendement. J'informai Pierre Lacroix de la situation en lui demandant de garder l'œil ouvert. Il n'y eut pas de conséquences.

Bien que les deux formations fussent dirigées par des entraîneurs issus des rangs universitaires, elles pratiquaient un style de jeu où, avec la complicité de l'arbitrage, l'accrochage et l'obstruction dominaient. Les joueurs n'avaient pas beaucoup d'espace sur la glace. « Si tu ne gagnes pas dans cette ligue, tu es un homme mort. Je ne suis pas ici pour changer les règlements », lança Jean Perron, qui avouait ne pas raffoler outre mesure de ce genre de hockey.

Aussi la troisième rencontre annonçait-elle un duel serré de gardiens et un pointage bas. Ce ne fut pas le cas. Sauf au début où Patrick dut stopper, en moins de six minutes, une dizaine de lancers des Flames qui avaient amorcé le match avec beaucoup d'intensité et de combativité. Mais après cette entrée en matière, les deux équipes marquèrent pas moins de six buts, quatre par les Canadiens dès la fin du premier engagement, trois de ceux-ci en moins de soixante-huit secondes. C'en était fait de Mike Vernon, qu'on remplaça par le vétéran Réjean Lemelin. C'en était fait aussi des Flames, qui furent battus 5 à 3, malgré l'introduction dans leur alignement du jeune Brett Hull, le fils du légendaire Bobby.

Vernon revint pour le quatrième match et se reprit de belle façon, n'accordant qu'un seul but. Mais Patrick fit encore mieux, obtenant son premier blanchissage en séries éliminatoires. Bien fier, il lança : « J'ai toujours rêvé de gagner un match 1 à 0. C'est la première fois que cela survient. » Quant à Claude Lemieux, ce fut encore lui qui marqua le but, son quatrième effort gagnant des séries. Il expliqua : « Pour mon filet, je m'étais improvisé défenseur parce que Chris Chelios s'était aventuré en attaque. Au centre de leur ligne bleue, je bloquais le milieu de la patinoire. Leur défenseur a précipité une passe aveugle que leur centre n'a jamais prévue. Je me suis interposé et j'ai avancé. J'ai confiance en mon lancer frappé. Dès que j'ai entrepris mon élan arrière, Mike Vernon s'est jeté sur la patinoire. J'ai visé entre ses jambières et j'ai atteint la cible. »

Le match se termina dans un fouillis disgracieux après que les joueurs des deux équipes eurent sauté sur la patinoire. Des porte-couleurs des Flames, frustrés, s'en prirent à des joueurs du Tricolore. La mêlée, pendant laquelle plusieurs bagarres éclatèrent, dura une bonne dizaine de minutes, le temps de jeu de la moitié d'une période normale. Les messages étaient lancés pour le match suivant à Calgary, le cinquième de la série. Les Canadiens, en avance par trois parties à une, feraient mieux d'être prêts.

Entre-temps, on commençait déjà à spéculer sur le gagnant du trophée Conn Smythe. Patrick était perçu comme le favori, mais ce n'était pas ce qui occupait ses pensées : « Ce serait la cerise sur le *sundae* mais je n'y pense pas. Ce qui me préoccupe, c'est la coupe Stanley. C'est ça le plus important. Match après match, les défenseurs écartent la circulation devant le filet. Quand on parle du Conn Smythe, on devrait parler de trophée d'équipe. Tout le monde y contribue. Si le Canadien ne s'était pas rendu jusqu'ici, je ne serais pas en lice pour le Conn Smythe. »

Il avait raison. N'eût été Bob Gainey qui, deux mois plus tôt, sur un ton qui ne souffrait pas de réplique, avait mis un terme aux jérémiades de plusieurs de ses coéquipiers qui se servaient de Patrick comme excuse pour ne pas gagner des matchs, n'eût été l'arrivée de Claude Lemieux qui avec sa fougue énergisante avait revivifié des vétérans engourdis dans la routine, n'eût été le méthodique et efficace jeu défensif des Carbonneau, Robinson et Green, n'eût été l'excellence offensive des Naslund, Smith et Gingras, le travail de bûcheurs des Skrudland, McPhee, Lalor, Nilan, Ludwig et Chelios qui, match après match, avaient patiné la rage au cœur et s'étaient sacrifiés pour l'équipe, n'eût été le cran et le flair de Jean Perron qui au plus fort de la tourmente avait persisté, envers et contre plusieurs, à imposer un nombre sans précédent de recrues dans la formation régulière, les Canadiens ne se seraient jamais rendus là où ils étaient maintenant : à une victoire de la coupe Stanley.

Rappelant aussi comment le hasard pouvait parfois être déterminant – on l'avait vu l'année précédente à Sherbrooke –, Patrick ajouta : « On oublie encore que Doug Soetaert jouait de l'excellent hockey quand il a été blessé dans ce match contre les Kings à Los Angeles. À ce moment, j'éprouvais des difficultés, mais c'est après ça qu'on m'a confié le poste de gardien numéro un et qu'on a décidé de me préparer pour les séries. J'ai eu le temps de me conditionner mentalement pour relever un tel défi. Je me disais que si j'avais réussi à Sherbrooke la saison dernière, je pouvais en faire autant ici. »

Jean Perron acquiesça : « J'ai hésité longuement avant de lui confier le but pour les séries. Il avait gagné des parties importantes sur la route en saison régulière, mais il n'avait aucune expérience des éliminatoires. D'autre part, ai-je vraiment eu le choix ? Parfois, le destin décide à votre place. Ni Penney ni Soetaert n'étaient en parfaite santé ; je devais donc faire confiance à Roy. »

Les deux premières périodes du cinquième match firent place à du jeu rude. Curieusement, Bob Johnson choisit de jouer la carte de l'intimidation. Il s'entêta à utiliser régulièrement un trio formé de Sheehy, Hunter et Fotiu, avec pour résultat que les Canadiens obtinrent plusieurs chances de marquer quand ces trois matamores se trouvaient ensemble sur la glace. Après 40 minutes de jeu, ils menaient par 2 à 1.

Le troisième engagement se poursuivait de la même façon quand Green et Smith marquèrent tour à tour à seulement dix-neuf secondes d'intervalle. Subitement, le Tricolore menait par 4 à 1. Puis Bosek réduisit l'écart à 4 à 2, alors qu'il ne restait qu'un peu plus de trois minutes à jouer.

On connaît la suite. Les Canadiens remportèrent leur vingt-troisième coupe Stanley et devinrent, par la même occasion, l'organisation la plus primée du sport professionnel, devançant les Yankees de New York qui avaient gagné jusque-là la Série mondiale de baseball à vingt-deux reprises.

De son côté, Patrick devint le plus jeune hockeyeur à mériter le trophée Conn Smythe, succédant chez les gardiens à Roger Crozier (1966), Glenn Hall (1968), Ken Dryden (1971), Bernard Parent (1974 et 1975) et Billy Smith (1983).

16

LE DÉFILÉ

Tandis que Patrick survolait les plaines de la Saskatchewan et du Manitoba, entouré de sourires accrochés aux visages de tous les passagers, même ceux qui avaient choisi de dormir, Barbara, Alexandra, Sophie et moi arrivâmes à Montréal chez Pierre Lacroix. Il était 3 h 30 du matin.

Nous ne disposions que de quelques minutes de repos avant de repartir, vers 5 heures, pour aller accueillir Patrick à l'aéroport de Dorval. Nous n'étions pas les seuls. Plusieurs milliers de partisans s'étaient aussi donné rendez-vous pour y acclamer « leur » équipe, les champions de la coupe Stanley.

Le temps était gris, le brouillard épais. L'avion dut survoler le secteur de l'aéroport pendant plus d'une trentaine de minutes à la recherche d'une percée dans le crachin. Bien au-dessus de leurs affaires – et des nuages –, les joueurs assistaient au plus beau lever de soleil de leur vie. Pendant ce temps, leurs partisans patientaient dans la grisaille. Parmi eux se retrouvaient sans doute quelques-uns des fêtards qui avaient saccagé et pillé les boutiques de la rue Sainte-Catherine la veille. Mais cette fois, la police avait prévu le coup. Plusieurs policiers de la Gendarmerie royale du Canada et de l'escouade antiémeute de la Communauté urbaine de Montréal, armés de matraques et protégés par des casques à visière, avaient été dépêchés sur les lieux.

« Il ne devrait pas y avoir de problèmes », annonça enfin le pilote avant d'amorcer sa descente. Il dut cependant s'y prendre à deux reprises pour finalement poser l'appareil sur le tarmac.

Nous marchions à la suite de Pierre Lacroix, tentant de nous frayer un chemin à travers cette foule dense et excitée. C'était avant les rénovations du terminal, et tout le monde tentait de s'introduire, en se bousculant, dans la salle d'attente au plafond bas qui était devenue bien trop exiguë. Difficilement, l'agent de Patrick parvint à un poste de contrôle qu'il franchit pour accéder à la salle où les membres des familles des joueurs devaient les y attendre. Il était suivi de Barbara, d'Alexandra et de Sophie. Ralenti par quelques partisans fébriles et anxieux, je me présentai devant l'agent de sécurité avec quelques secondes de retard. Celui-ci me toisa agressivement :

— On ne passe pas !

— Écoutez, je fais partie du groupe de Pierre Lacroix qui vient juste de me devancer.

— Seulement les familles des joueurs sont admises.

— Bien alors !… Je suis le père de Patrick Roy.

— Et moi, le fils de Napoléon ! riposta-t-il du tac au tac, fier de son coup. Allez, circulez !

Pendant que je fouillais dans mes poches à la recherche de mon permis de conduire pour au moins montrer à l'agent que mon nom de famille était bien Roy, espérant ainsi créer un doute dans son esprit et amadouer son intransigeance, Pierre Lacroix, se rendant compte que je ne le suivais plus, avait rebroussé chemin. « Vous pouvez le laisser passer, c'est le père de Patrick Roy ! »

La métamorphose fut complète. J'eus beau lui répéter que ce n'était rien, qu'il n'avait pas à s'en faire, qu'il ne pouvait pas savoir et qu'il n'avait fait que son travail, l'agent me poursuivit dans le corridor sur plus d'une trentaine de mètres, tournant autour de moi comme un gentil papillon, se confondant en excuses.

Les joueurs firent enfin leur apparition et traversèrent de peine et de misère cet essaim de monde, protégés par la police, armée et casquée, qui avait formé un cordon autour d'eux. Mais l'exiguïté des lieux et la proximité des partisans n'empêchaient pas ceux-ci de toucher aux joueurs, de leur passer la main dans les cheveux, et même de les serrer par le cou, comme s'ils étaient de proches parents ou des amis. Nous redoutions que Patrick ait des problèmes. Il souffrait légèrement de claustrophobie et pouvait éprouver une sensation d'étouffement susceptible de se transformer en panique quand il se trouvait prisonnier d'un environnement fermé. Pierre Lacroix avait donc demandé aux policiers de lui accorder une attention particulière.

Sorti du terminal, c'est au pas de course qu'il franchit la distance jusqu'à la voiture, la chemise tirée hors de son pantalon et la cravate tout de travers, encadré d'un côté par un agent et de l'autre par un journaliste qui peinait à le suivre en lui tenant un micro sous le nez. Nous l'avions suivi jusqu'à la voiture. Il s'assit sur le siège du passager, sa sœur sur ses genoux. J'étais derrière avec Barbara et Sophie, Lacroix était au volant. En peu de temps, des centaines de partisans se massèrent autour de l'Audi, tel un essaim grouillant d'ouvrières dans une ruche. Poussés par-derrière, les plus près étaient écrasés contre la voiture et se débattaient en tapant contre le capot ou les vitres. Nous nous sentions comme dans une chaloupe ballottée par une mer agitée. Rien de bien rassurant.

Avisant le danger, des agents parvinrent à nous tirer d'embarras en nous frayant un chemin, et c'est ainsi que nous pûmes rentrer chez les Lacroix où nous attendait une équipe de reportage du *Point*, animé par un jeune Simon Durivage avide de recueillir les premières impressions de Patrick et de sa famille.

Il était difficile pour Patrick de réaliser pleinement ce qui lui arrivait. Il avait mis une douzaine d'années pour gagner une première coupe, à Sherbrooke, puis dès l'année suivante, en voici déjà une deuxième. Et pas n'importe laquelle. La plus prestigieuse, la plus convoitée, la plus importante, celle dont tous les hockeyeurs rêvent. Il venait à peine de tremper ses lèvres dans le champagne de la coupe Calder, le premier grand événement de sa vie de hockeyeur, que déjà il savourait celui de la coupe Stanley. Difficile dans ces circonstances d'apprécier avec justesse l'ampleur de l'accomplissement. Les sensations de l'année précédente étaient encore trop vives pour être submergées aussi rapidement et aussi complètement par de nouvelles émotions, quelque grandiose que fût le nouvel exploit auquel elles se rattachaient.

En serait-ce ainsi chez les professionnels ? Chaque printemps amènerait le champagne plutôt que la bière ? Bien sûr que non ! Plusieurs vedettes légendaires, admises au Temple de la renommée du hockey, ne sont jamais parvenues à gagner une seule coupe Stanley de toute leur carrière. Patrick le savait bien. Mais, pour l'instant, cette idée était abstraite, difficile à saisir.

En soirée, tous les joueurs et leurs familles furent conviés à un grand banquet à l'hôtel Reine Élizabeth, question de fraterniser une dernière fois avant les vacances estivales. À la télé, on annonça que le traditionnel défilé de la coupe Stanley dans les rues de Montréal s'ébranlerait à 11 heures le lendemain, à l'Hôtel de ville. De toutes les villes de la LNH, il n'y a probablement qu'à Montréal où l'on puisse parler de défilé « traditionnel » de la coupe Stanley, car quelques équipes ne l'ont même jamais gagnée. En 1986, une organisation établie comme les Rangers de New York n'avait pas gagné un seul championnat au cours des quarante années précédentes.

À l'heure convenue, les joueurs, sous les acclamations de milliers de chauds partisans, descendirent de l'autobus et gravirent les marches de l'Hôtel de ville pour aller signer le livre d'or de la métropole, en présence de dignitaires. Tous arboraient une tenue estivale, chemise à manches courtes et pantalon léger, et plusieurs portaient la casquette des

Canadiens qu'on leur avait remise pour se protéger du soleil qui plomberait toute la journée.

Après les discours d'usage des dirigeants de l'équipe et du capitaine Bob Gainey, celui-ci ressortit de l'Hôtel de ville levant à bout de bras la coupe Stanley, suivi de Patrick qui portait fièrement le trophée Conn Smythe, aidé de Doug Soetaert. Les plus chanceux, comme Gainey, Robinson et Mario Tremblay, prirent place sur un char où on avait disposé les trophées. Ils seraient ainsi mieux protégés des abus de partisans trop entreprenants. Les autres s'assirent sur le coffre arrière de voitures décapotables dont le toit avait évidemment été baissé pour l'occasion.

C'est de cette façon que le cortège s'engouffra dans cette foule frénétique, estimée à près d'un million de personnes par le journal *La Presse*, soit à peu près le tiers de toute la population de la région montréalaise. Les organisateurs n'avaient pas prévu un rassemblement d'une telle ampleur, et les joueurs s'apprêtaient à vivre un bain de foule – de bière, de boissons gazeuses, d'eau, d'accolades et de confettis – aussi périlleux que sans précédent. Une déclaration d'amour orgiaque et sans interruption qui s'échelonnerait sur plus de sept kilomètres, pendant plus de cinq heures, d'abord vers l'est, de l'Hôtel de ville jusqu'à l'avenue De Lorimier, puis tout le long de la rue Sainte-Catherine jusqu'au Forum, où un spectacle d'artistes québécois, avec Céline Dion, Yvon Deschamps, Claude Dubois, Pierre Lalonde et Martine Saint-Clair, attendait les joueurs et leurs partisans, moyennant un prix d'entrée de deux dollars, qui seraient versés à une œuvre de charité.

Il fallait voir cette masse mouvante de fiers partisans, sous les confettis et les feuilles de papier lancés du haut des édifices qui tombaient sur eux comme une neige abondante de janvier, prendre d'assaut les voitures pour toucher à « leurs » joueurs, leur lancer de la bière, se faire asperger de champagne en retour, grimper sur le capot, s'asseoir à côté d'eux sur le coffre, leur serrer la main, les prendre par le cou, les embrasser, faire un bout de chemin à leurs côtés pour, l'espace d'un instant, rêver d'être à leur place, dans la peau de Glorieux. D'autres, pour être bien certains de tout voir – ou d'être vus – avaient grimpé aux lampadaires ou s'étaient suspendus tout en haut des feux de circulation aux intersections.

À perte de vue, ce n'était qu'une mer de monde venue livrer une vibrante déclaration d'amour, qui reposait d'abord et avant tout sur une identification irrésistible des Montréalais à leur équipe. Il est vrai que Serge Savard avait vu à ce qu'il y ait jusqu'à huit joueurs québécois francophones dans l'édition 1985-1986 des Canadiens. Parmi eux, Lemieux, Carbonneau, Gingras, Richer et Patrick avaient joué un rôle de premier plan dans la conquête de la coupe. Jamais aussi la direction de l'équipe n'avait été autant québécoise francophone, à partir du président Ronald Corey jusqu'à François Allaire, en passant par Jean Perron, Jacques Laperrière, Jacques Lemaire, André Boudrias et Claude Ruel. Il est vrai aussi que les Montréalais attendaient le retour de la coupe depuis plus de sept ans, eux qui avaient été habitués à en fêter plusieurs d'affilée – en moyenne, les Canadiens en avaient gagné une tous les deux ans au cours des trois décennies précédentes –, et que celle-ci leur était tombée dans les bras de façon tout à fait inattendue.

C'était beau, c'était émouvant. Du jamais vu. Au plus fort de la fête, alors que plusieurs pancartes affichant le mot « incROYable » étaient brandies dans la foule, Patrick, tel un animateur, avec toute son insouciance d'adolescent, invitait les partisans à manifester encore davantage. Torse nu, il leur lançait des baisers, montait debout sur le coffre arrière de la voiture, tenant le Conn Smythe au bout de ses bras, hurlait sa joie, affichait un fanion à l'effigie des Canadiens, exhibait ses muscles chétifs en prenant la pose d'un culturiste, alimentait la passion des Montréalais et leur faisait vibrer le cœur, non sans courir un certain risque. Heureusement, on ne lui avait arraché que sa chemise.

De retour au Forum, quelque cinq heures plus tard, plusieurs porte-couleurs des Canadiens avaient mal aux mains à force d'en avoir serré tellement d'autres, ou aux épaules à force d'avoir reçu toutes ces tapes amicales. Certains arboraient une chemise ou un t-shirt taché de sang – certains partisans, plus entreprenants et moins délicats, étaient allés jusqu'à se battre avec leurs voisins pour s'approcher des joueurs des Glorieux.

Gaston Gingras fut le premier à se présenter au Forum, ayant abandonné le cortège quelques coins de rue plus tôt pour observer l'événement de l'extérieur, dans la foule. Épuisé, il s'assit à sa place habituelle dans le vestiaire. Les dernières années avaient été difficiles pour lui. Échangé par les Canadiens aux Maple Leafs de Toronto à la fin de 1982, il n'avait pu se faire justice et était revenu à Montréal en 1985 pour être aussitôt envoyé à Sherbrooke dans la Ligue américaine. Maintenant, il venait de jouer un rôle important dans la conquête de. la coupe Stanley en marquant des buts importants.

Plus tôt dans la journée, à l'Hôtel de ville, Patrick l'avait pris à part pour lui dire toute son admiration : « Tu m'as servi d'inspiration. Je connais le cheminement de ta carrière et je sais désormais qu'on peut toujours revenir d'une défaite, d'un échec ou d'une déception. Tu n'as jamais lâché. Tu as du courage, du cran, et tu viens de gagner deux coupes d'affilée. Pour les jeunes joueurs comme moi, tu es un exemple à suivre. » Gingras en avait eu les larmes aux yeux. Mais là, dans la quiétude du vestiaire, avant que les autres le rejoignent, sensible, il éclata : « J'ai vécu des moments éprouvants », dit-il d'abord. Puis, après un long silence, il déballa avec peine, étouffé par les sanglots : « Pendant la parade, Patrick est venu me voir. Il m'a dit que, sans moi, il n'aurait pas réussi cette année. Patrick, c'est un maudit bon gars. Excusez-moi, s'interrompit-il pour tenter de reprendre ses sens. J'ai pas l'habitude de me laisser aller comme ça. Mais là, je commence à réaliser c'est quoi le championnat de la coupe Stanley. Je n'avais pas encore compris l'intensité de la sensation. On dirait que je viens de la découvrir d'un seul coup. »

Il n'était pas le seul à se laisser aller aux débordements, à ne plus essayer de contenir ses émotions. C'était la journée des Glorieux. Tous les excès et toutes les pitreries leur étaient permis. Ils étaient tous abasourdis, renversés par l'ampleur de la fête et l'hommage délirant que les amateurs leur rendaient. Un à un, ils rentraient au Forum épuisés, brûlés par le soleil, ivres de sensations fortes, quand ce n'était pas de bière ou de champagne, des confettis pleins les cheveux, la chemise tout de travers, trempée – quand ils la portaient encore –, planant sur un *high* jamais éprouvé auparavant. En voyant son fils assommé par le soleil et la bière, la mère de Chris Chelios lui épongea le visage et ne put réprimer, d'un air coquin : « Il y a des fois, mon gars, où je déteste être ta mère ! »

À l'intérieur du Forum, c'était un joyeux happening. Après quelques chansons des artistes, la foule se mit à scander *Go Habs go !* en attendant la présentation de ses favoris par Claude Mouton, encadré de l'humoriste Yvon Deschamps et du chanteur Pierre Lalonde.

Patrick fit une entrée spectaculaire. Avec toute l'exubérance de ses vingt ans, il sautait et dansait en tenant le Conn Smythe au-dessus de sa tête devant un public qui lui rendait bien son débordement d'enthousiasme. C'est probablement la seule fois dans sa vie où Céline Dion s'est fait voler la vedette sur une scène. Barbara ne put s'empêcher de dire : « Sur la glace, Patrick affiche beaucoup de maturité, mais à l'extérieur de la patinoire, il est encore un enfant. Je pense qu'il va vraiment réaliser ce qui lui est arrivé quand il va trouver le temps de s'asseoir, dans quelques semaines. » Quand Bob Gainey fit son entrée avec la coupe Stanley, ce fut le délire. Il leva le précieux trophée vers les bannières qui décorent fièrement les combles du Forum, là où celle de 1985-1986 serait bientôt ajoutée, et des milliers de bras, de cannettes et de bouteilles de bière se levèrent vers celles-ci à leur tour.

À la fin de la fête, Chris Nilan, emporté par ce doux vent de folie, prit le micro et fit chanter la foule : « *NA-NA-NA-NA ! NA-NA-NA-NA ! EH-EH-EH, GOODBYE !...* »

Patrick était maintenant une vedette. Pas encore une supervedette, mais une vedette. On le reconnaissait dans la rue, on lui adressait la parole quand il faisait son épicerie, on lui demandait un autographe pendant qu'il était attablé au restaurant. Il entrait dans ce cercle restreint et infiniment privilégié des gens qui peuvent faire le bonheur des autres par un simple geste, comme un sourire, un clin d'œil, une poignée de main, une dédicace signée sur un bout de papier.

Il passa un bel été, mais un été fort occupé. Pierre Lacroix recevait des demandes de toutes parts. Les organisateurs d'événements sportifs et sociaux se l'arrachaient pour en faire leur parrain d'honneur, on le réclamait pour des œuvres de charité, des banquets, des réceptions, des tournois de golf, des émissions de télé et de radio. Sans compter l'inévitable visite au premier ministre du Canada Brian Mulroney.

La revue *Sport* lui épargna cependant un déplacement. Ses dirigeants avaient pris l'habitude d'inviter annuellement le gagnant du trophée Conn Smythe à New York, de le convier à une grande réception en présence des journalistes dans un hôtel chic de la « Grosse Pomme » et de lui remettre les clés d'une voiture neuve. C'est ainsi que Wayne Gretzky avait été accueilli l'année précédente et Mark Messier avant lui. Pour des raisons obscures, les responsables de *Sport* décidèrent de faire relâche cette année-là. Peut-être que Patrick n'était pas un choix qui leur plaisait.

Fin juillet, j'accompagnai Patrick à Roberval, où on lui avait confié la présidence d'honneur de la Traversée internationale du lac Saint-Jean à la nage. Nous étions partis de Bonaventure où nous avions séjourné quelques jours en famille et avions choisi de prendre le traversier de Rivière-du-Loup à Saint-Siméon. Quelqu'un ayant rapporté au capitaine que Patrick était à bord, il nous fit passer dans un salon particulier et nous fit visiter son bateau de fond en comble.

Le lendemain matin, nous étions conviés au petit déjeuner réunissant les organisateurs de la prestigieuse traversée. Le repas était présidé par Benoît Bouchard, député de Roberval et ministre fédéral de l'Emploi et de l'Immigration dans le cabinet conservateur de Brian Mulroney. Cela me faisait tout drôle de voir mon fils au milieu de cet entourage. Disons qu'il était davantage sur mon terrain que sur le sien – j'avais notamment été sous-ministre au ministère du Tourisme qui versait des subventions à la Traversée. Mais on n'en avait que pour Patrick, ce jeune héros de vingt ans qui arrêtait les rondelles. Je ne pus faire autrement que m'interroger sur l'importance démesurée que l'on accorde à ceux qui ont atteint le statut de vedette dans notre société et sur ce qu'on exige d'eux.

Cette importance déborde largement le cadre sportif ou artistique. Dans le milieu financier, la Banque Canadienne Impériale de Commerce lança une vaste campagne publicitaire et fit de Patrick son ambassadeur. Pour la première fois, celui-ci enregistra, en français et en anglais, plusieurs annonces commerciales destinées à la télévision. La banque voyait en Patrick un véhicule capable d'attirer une clientèle plus jeune.

Même les politiciens du plus haut niveau n'étaient pas insensibles à ses exploits. Le 27 mai, trois jours seulement après la finale de la coupe Stanley, se tenait l'importante rencontre annuelle Québec-New York, présidée conjointement par le premier ministre du Québec Robert Bourassa et le gouverneur de l'État de New York Mario Cuomo. La rencontre eut lieu dans l'impressionnante salle du Conseil des ministres à Québec. Tous les ministres du cabinet Bourassa et tous les commissaires new-yorkais qui avaient des dossiers à discuter étaient présents, de même que quelques-uns de leurs fonctionnaires. Nous étions une trentaine autour de la table ronde.

À cette époque, j'étais à négocier la première entente de réciprocité du Québec avec l'État de New York en matière d'infractions au Code de la sécurité routière. Marc-Yvan Côté, alors ministre québécois des Transports, m'avait demandé de l'accompagner, et en raison de sa faible connaissance de l'anglais, de faire rapport sur l'état d'avancement des travaux.

Dans une ambiance plutôt solennelle et un peu guindée, les ministres et commissaires firent le point à tour de rôle sur la progression des dossiers qui les concernaient. Arrivé à mon tour, Mario Cuomo m'interrompit subitement et lança : « Monsieur Roy, laissez-moi vous dire une chose. Votre fils est peut-être venu battre mes Rangers, mais il ne viendra pas battre mes Mets. »

Il fallait être amateur de hockey pour saisir ce qu'il voulait dire, ce qui n'était pas le cas de la majorité au sein de cet auditoire plutôt sérieux. Il fallait aussi savoir que Mario Cuomo, en plus d'être une personnalité politique influente aux États-Unis, était un ardent amateur de sports, particulièrement de baseball auquel il avait joué dans des circuits professionnels mineurs dans sa prime jeunesse. Autour de la table, plusieurs se regardaient, médusés, se demandant ce qui se passait. Certains purent croire que le gouverneur et moi étions de vieux potes qui se connaissaient depuis longtemps. Soudainement, on me donnait de l'importance du simple fait que j'étais le père de celui qui avait réalisé quelque chose d'important.

Le culte de la vedette exerce un attrait tellement considérable dans notre société qu'il assassine la personnalité des gens composant l'entourage du personnage adulé. Alexandra et Stéphane Roy n'existaient plus. Ils ne seraient désormais que la sœur et le frère de Patrick Roy. De même, Barbara et Michel Roy ne seraient désormais que la mère et le père de Patrick Roy. On ne reconnaîtrait ces derniers que pour leur contribution génétique à la Ligue nationale de hockey. Ils n'existeraient plus que par personnalité interposée.

Quant à Patrick, il n'avait jamais envisagé le statut de vedette comme un objectif à atteindre. Il n'exerçait aucun contrôle sur les effets secondaires de sa réussite. Il n'avait jamais voulu que jouer au hockey et gagner des parties.

Il demeurait un jeune homme tout simple qui conservait d'étroites relations avec sa famille. En février 1986, j'avais invité Pierre Jolin, un avocat de Québec, à assister à un match au Forum. Jolin était un ami de longue date, un ami de collège. À l'issue de la partie, nous étions allés manger avec Patrick au Jardin de Paris, sur la rue Sainte-Catherine, un restaurant où quelques joueurs des Canadiens aimaient bien se retrouver après leur soirée de travail. Barbara, Stéphane et Alexandra étaient également présents.

Vingt ans plus tard, à l'occasion d'une rencontre, Jolin m'étonna parce qu'il semblait se rappeler cette soirée dans ses moindres détails. Mais ce n'était pas du match qu'il se souvenait.

« Le premier élément qui m'avait beaucoup impressionné, raconte-t-il, fut de voir l'attitude de Patrick envers sa petite sœur, de quelque neuf ans sa cadette, une attitude marquée par la tendresse, l'amitié et le rapprochement. Il lui parlait comme un grand frère qui s'était ennuyé. Il s'informait de choses personnelles, comment ça allait à l'école, comment elle s'amusait, qui étaient ses amis, comme s'il voulait s'assurer que tout se passait bien pour elle, comme s'il voulait la protéger. On voyait alors un type très différent du gardien de but que les images des médias nous renvoyaient et que l'on croyait connaître.

« La qualité de sa relation avec toi était également impressionnante par la manière dont il t'interpellait. Il recherchait beaucoup ton avis sur la façon dont il faisait les choses, sur la glace comme dans sa vie personnelle. Il avait besoin d'un appui dans sa conviction, d'une caution quant à sa façon de se comporter, de penser, de se conduire. Ce qui m'avait surpris, c'est qu'il te posait des questions sur le jeu de hockey lui-même que, j'en suis convaincu, il ne posait même pas à son entraîneur. Tu étais sa personne de référence.

« J'ai vu dans son comportement beaucoup d'admiration, comme un enfant doit normalement en avoir pour ses parents, mais c'était encore plus étonnant dans son cas, étant donné son statut d'athlète de haut niveau dans un sport qui n'est pas spécialement reconnu pour favoriser les élans de tendresse et de sensibilité.

« Il me semblait tenir aux liens familiaux, lesquels étaient empreints de simplicité, de valeurs profondément humaines, et il m'apparaissait être bien dans sa peau, pas torturé, pas hanté par la gloire, et très loin de l'appât du gain matériel. Tout cela m'avait beaucoup surpris et surtout beaucoup plu parce que, comme il commençait déjà à être connu, à devenir une vedette, il avait tout ce qu'il fallait pour se montrer affranchi de sa famille, surtout au vu et au su de tout le monde dans un lieu public.

« Après la partie, il s'était excusé auprès de journalistes en leur expliquant qu'il avait un souper avec ses parents. Il ne cherchait manifestement pas davantage d'attention de la presse à qui il préférait le temps passé avec sa famille. On ne s'attend pas à ça très souvent de la part d'un joueur de hockey. Pour moi, tout cela était très révélateur, contrastait avec ce que j'avais pu m'imaginer et venait bouleverser mes schèmes de valeur. »

Jolin avait vu l'homme derrière le personnage.

L'été suivant, Patrick croisa une belle blonde aux yeux bleus qui lui rappelait la chanteuse pop Olivia Newton-John dont il était amoureux. Michèle Piuze ne chantait pas, elle jouait à la balle molle. Mais Limoilou était plus près que Melbourne. Il fut conquis.

17

LE RESSAC

« **Deux trophées et une saison ne font pas une carrière**. »
Patrick avait raison.

Bertrand Raymond avait recensé, dans une chronique du
Journal de Montréal, un certain nombre de gardiens de but
qui avaient flanché sous la pression après avoir connu une
gloire instantanée, à la suite de performances hors de
l'ordinaire dans des moments de grande tension. Il mentionnait
notamment Jim Craig, qui avait conduit la formation du
regretté Herb Brooks, l'équipe nationale des États-Unis, à la
médaille d'or aux Jeux olympiques de Lake Placid en 1980,
après avoir renversé les puissants Soviétiques. Après ce « miracle
sur glace », l'entrée dans la LNH de celui qui était devenu un
héros national avait été saluée de manière spectaculaire par la
presse américaine comme un événement d'une importance
considérable. Or, Craig ne put jamais s'y imposer, après des
essais à Atlanta, à Boston et au Minnesota.

Il y avait eu Don Beaupré, dont on disait qu'il deviendrait
une grande étoile de la Ligue nationale. Après un départ canon
avec les North Stars du Minnesota, il dut rouler sa bosse dans
les mineures les trois années suivantes avant de revenir
dans la grande ligue.

Et Andy Moog, que l'on retourna à Wichita après qu'il
eut éliminé les Canadiens en trois parties consécutives avec
les Oilers d'Edmonton en 1981. Et Mike Moffat, et Cleon
Daskalakis, qui n'arrivèrent pas à demeurer dans la Ligue
nationale après avoir fait des entrées spectaculaires durant les
séries de fin de saison avec les Bruins de Boston en 1982 et
1985 respectivement.

La première année, tout est nouveau, tout est beau pour un
gardien. Il a tout à gagner. Rien à perdre. Puis, l'année suivante,

ses adversaires l'ont étudié. Ils le connaissent mieux, surtout ses faiblesses qu'ils chercheront à exploiter. Le jeune cerbère découvre alors la peur de l'échec. Soudain, le doute s'installe. Le doute, c'est le plus grand ennemi du gardien. Celui qui le fige, qui lui fait perdre une fraction de seconde quand vient le temps de réagir. Celui qui peut faire la différence entre la réussite et l'échec.

À Montréal, à cause de la tradition gagnante à laquelle les amateurs avaient été habitués, à cause de l'aura d'excellence qui entourait ce temple du hockey que représentait le Forum, il y avait cette pression qui pesait d'abord sur l'équipe tout entière : l'obligation de gagner. Toujours.

En outre, les vingt-trois victoires des Canadiens en coupe Stanley avaient généralement été accompagnées de prouesses légendaires de leurs gardiens de but : Georges Vézina, lors des conquêtes de 1916 et 1924 ; George Hainsworth, en 1930 et 1931 ; Bill Durnan, en 1944 et 1946 ; Jacques Plante, artisan des grandes victoires des années cinquante et que l'on considérait à juste titre comme l'un des deux meilleurs gardiens de toute l'histoire de la Ligue nationale avec Terry Sawchuk ; Lorne « Gump » Worsley, dans les années soixante ; et enfin Ken Dryden, lors de la dernière dynastie montréalaise des années soixante-dix. Patrick s'inscrivait donc dans une lignée de gardiens excessivement prestigieux.

Mais à l'encontre de ces grandes figures, il y avait aussi les autres, ceux qui avaient excellé à un moment ou à un autre mais qui avaient dû, après une période qu'ils avaient jugée eux-mêmes trop brève, céder leur poste à meilleur qu'eux : Gerry McNeil, dont la carrière fut coincée entre celles de Bill Durnan et de Jacques Plante ; Charlie Hodge et Rogatien Vachon, entre Lorne Worsley et Ken Dryden ; et Steve Penney, qui avait étourdi les Nordiques durant les séries de 1984, mais qui n'avait pu maintenir la cadence par la suite. Et on ne parle pas des Wayne Thomas, Michel Plasse, Phil Myre, Michel « Bunny » Larocque, Denis Herron, Richard Sévigny et Rick Wamsley.

De retour au camp d'entraînement en prévision de la saison 1986-1987, Patrick avait deux lourds défis à relever. D'abord, prouver que son rendement dans les séries n'était pas un accident de parcours, démontrer qu'il était un vrai bon gardien et pas juste un feu de broutilles qui s'était élevé à un niveau extrême sous la force du vent des séries éliminatoires. Autrement dit, décider, consciemment ou inconsciemment, sur quelle liste il ajouterait son nom. Était-il un digne successeur des Durnan, des Plante, des Dryden, ou sombrerait-il dans l'oubli après quelques années avec les Myre, les Larocque, les Penney? Ensuite, à vingt ans, il devait contribuer à ce que la tradition gagnante de la plus prestigieuse équipe de toute l'histoire de la Ligue nationale se poursuive, mais alors dans des conditions beaucoup plus difficiles que celles qu'avaient connues ses légendaires prédécesseurs.

Ces deux défis, il devait les relever dans un contexte où ses performances du printemps précédent avaient créé à son endroit des attentes démesurées. Pierre Lacroix flairait bien le danger : « Comment pourrait-il être meilleur que durant les séries? C'est impossible. Vu de cet angle, il décevra les gens, la presse, et il me décevra moi aussi. »

Patrick aussi le réalisait. Dès le début du camp d'entraînement, chaque jour il demandait à François Allaire de rester sur la glace environ une heure après le départ de tous les autres. Il voulait améliorer son anticipation du jeu et augmenter la rapidité de ses déplacements latéraux. « Cette saison, je veux améliorer mon rendement soir après soir, être plus constant, connaître moins de mauvais matchs. J'ai connu du succès l'an dernier, mais ce n'est pas une raison pour cesser de travailler. Je veux que ça se poursuive. »

Se voulant rassurant à l'endroit de ceux qui prétendaient qu'il aurait à subir une pression énorme, il expliqua : « Ce ne sera pas le cas, simplement parce que le hockey est un sport collectif. Mes performances sont le reflet du travail de l'équipe, autant dans la victoire que dans la défaite. Nous devrons nous souvenir des circonstances dans lesquelles nous avons réussi nos exploits. Nos ennuis de fin de calendrier, on ne les a pas réglés individuellement. Si on a gagné, c'est à cause de notre esprit d'équipe. On a tous tiré dans la même direction en même temps. » Et, levant les yeux vers la nouvelle bannière suspendue dans les hauteurs du Forum, il ajouta : « Ce que nous avons accompli la saison dernière ne pourra jamais nous être enlevé. C'est à nous pour le reste de notre vie. »

⌣

Comme le voulait la coutume, l'état-major des Canadiens procéda à une évaluation de l'équipe au cours de l'été 1986. Chez les gardiens de but, Soetaert étant parti à New York comme agent libre, il devint clair que Patrick serait maintenant le premier gardien et que Penney serait son adjoint. Savard demanda à Perron de joindre ce dernier : « Écoute Jean, maintenant que Patrick est ton gardien numéro un, il faut que tu mettes ça clair avec Penney et qu'il accepte d'être le numéro deux. Il faut régler ça. »

À peine quelques heures plus tard, Penney se présentait dans le bureau de Perron, qui l'informa de la conclusion à laquelle en étaient arrivés les dirigeants de l'équipe. Penney, d'un ton légèrement indolent, répondit qu'il partait en vacances et que ce n'était pas avec lui, mais plutôt avec son agent que cette affaire devait se discuter. Perron en informa Savard. Irrité par cette attitude, celui-ci contacta sur-le-champ son bon ami, John Ferguson, des Jets de Winnipeg, à qui il échangea Penney et les droits sur un illustre inconnu (Jan Ingman) en retour de Brian Hayward. L'affaire était réglée.

Hayward était un bon gardien, plus fiable que Penney, plus solide que Soetaert, au dire de François Allaire. Diplômé en administration des affaires de l'Université Cornell, il avait été acquis par les Jets en 1982, après avoir mérité un poste sur la première équipe d'étoiles de la NCAA, l'association de sport interuniversitaire aux États-Unis.

Il avait fait quelques stages à Sherbrooke dans la Ligue américaine entre 1982 et 1986. C'est là qu'Allaire l'avait connu. Pendant cette période, il avait aussi joué plus de 165 matchs pour les Jets de la Ligue nationale, maintenant une moyenne cumulative de 3,94 buts alloués par partie. Les deux années précédant son arrivée à Montréal, il avait été abondamment utilisé, ayant disputé 61 et 52 matchs respectivement. Hayward allait passer les quatre saisons suivantes à Montréal à titre d'adjoint de Patrick.

⌣

À l'automne 1986, Michèle Piuze emménagea avec Patrick à Montréal. Ils allaient se fiancer le Noël suivant, pendant la messe de minuit, à Saint-Ferréol-les-Neiges, en banlieue de Québec. Ils habitèrent d'abord à Rosemont, dans le triplex de Lucien Deblois, puis l'année suivante, ils déménagèrent à l'île Bizard où Patrick s'était fait construire sa première maison dans un nouveau lotissement. Une certaine forme de routine s'installa au rythme du calendrier de l'équipe. Les entraînements, les matchs, les voyages à l'étranger.

Patrick amorça la saison avec un nouveau masque dont il avait fait rallonger la mentonnière afin d'être mieux protégé contre les lancers à la gorge. Le moulage de cette nouvelle armure n'avait pas été une sinécure. On lui avait enduit le visage d'une espèce de pâte afin de fabriquer un moule qui en épouserait fidèlement tous les contours. Il ne pouvait respirer que par une paille qu'on lui avait introduite dans la bouche. Souffrant d'une légère claustrophobie, la panique s'empara de lui au bout d'une vingtaine de minutes, et il arracha le moule avant que celui-ci ait eu le temps de durcir complètement. On dut faire preuve d'ingéniosité pour compléter le travail, ce qui fut fait.

Michel et Patrick Lefebvre, le père et le fils, les artisans qui fabriquaient le masque de Patrick et qui, plus tard, allaient fabriquer ses jambières, firent peindre le masque aux couleurs des Canadiens, dont le rouge éclatant était harmonieusement enjolivé de lignes bleues et blanches. L'artiste y avait apposé le numéro 33 de Patrick, le logo de l'équipe et le nom « Roy », qui se profilait de chaque côté de la tête en caractères stylisés.

Ce masque prenait presque l'allure d'un symbole, comme si c'était le dernier boulon qui venait fixer Patrick à l'équipe de façon permanente.

Fait de kevlar et de fibre de verre, il était d'une lourdeur étonnante, assez pour justifier ces mouvements de tête que Patrick répétait constamment pendant les arrêts de jeu et qui suscitèrent maintes interrogations. Il faut comprendre qu'avec la chaleur des amphithéâtres de la Ligue nationale et l'effort qu'il devait fournir, la sueur lui perlait sur tout le visage, lui coulait jusqu'au menton et occasionnait des frottements désagréables de la paroi intérieure du masque sur la peau. C'était là la source principale de ce dodelinement bizarre, à laquelle s'ajoutait aussi un peu de mimétisme – Daniel Bouchard faisait de même – et de nervosité.

Sous la gouverne de Jean Perron jusqu'au printemps 1988, on ne peut pas dire que Patrick bénéficia de tous les égards normalement réservés au gardien numéro un d'une équipe. À peine disputa-t-il une dizaine de matchs de plus que Hayward en saison régulière. On lui en fit commencer quarante-cinq, alors que les cerbères qui avaient le statut de premier gardien dans le circuit en jouaient régulièrement soixante et plus. Il était l'un des deux portiers des Canadiens et devait partager les responsabilités avec son adjoint. Sachant que Patrick carburait aux défis et qu'il anticipait ces moments chargés de tension et de pression, cette situation n'avait rien pour le motiver. Par contre, avec la présence de François Allaire, même épisodique durant la saison 1986-1987, il progressa de façon constante. Ironiquement, bien qu'il eût fait la preuve lors de la conquête héroïque de 1986 qu'il était à son meilleur sous pression, c'est en séries éliminatoires qu'il éprouva le plus de problèmes.

Pourtant, ça s'annonçait plutôt bien. Au printemps 1987, comme l'année précédente, les Canadiens firent face aux Bruins de Boston en première ronde, mais dans une série quatre de sept cette fois. Les Glorieux disposèrent de leurs coriaces adversaires en quatre parties d'affilée. Patrick fut solide du début à la fin.

La ronde suivante les opposa aux Nordiques, leurs grands rivaux, pour la plus grande joie des amateurs de hockey du Québec tout entier. Le premier match eut lieu au Forum de Montréal et se solda par une humiliante défaite de 7 à 5 de l'équipe locale. Les joueurs des Canadiens n'avaient pas semblé bien préparés pour ce match, et Patrick non plus. En vingt-cinq matchs d'affilée en séries de la coupe Stanley, c'était sa première mauvaise performance. C'est lui qui accorda les sept buts des Nordiques, et il ne fut pas à son meilleur – ni chanceux – sur quelques-uns d'entre eux. À 7:21 de la troisième période, une rondelle le déjoua après avoir ricoché deux fois sur des joueurs différents. Perron le remplaça par Hayward.

Comme au printemps précédent, les porte-couleurs des Canadiens étaient en retraite fermée à l'« Alcatraz », l'hôtel Sheraton de l'île Charron. Au lendemain de la déconfiture aux mains des Nordiques, Patrick jouait au ping-pong dans la salle de séjour de l'hôtel avec un de ses coéquipiers pendant que d'autres s'amusaient avec des jeux vidéo. Soudain, Brian Hayward fit son entrée, l'air triomphant et affichant son plus beau sourire. Il annonça que c'était lui qui commencerait le match du lendemain dans le but.

Patrick s'empressa de terminer sa partie de ping-pong et monta à sa chambre pour appeler son agent et confident.

— Pierre, c'est Patrick.

— Salut! Comment ça va aujourd'hui?

— Pas fort. C'est Hayward qui prend le match demain. C'est la première fois depuis que je suis à Montréal qu'on me met de côté dans les séries. Pourtant, avant le dernier match, j'en ai joué vingt-quatre d'affilée sans qu'on ait quoi que ce soit à me reprocher. J'comprends pas.

— Perron t'a-t-il parlé?

— Non, pas un mot.

— Bien, écoute, appelle-le et essaie de le rencontrer. Demande-lui des explications.

Patrick frappa à la porte de Perron. Celui-ci lui ouvrit et l'invita à entrer. L'entraîneur était justement en train de visionner des séquences du dernier match. « Monsieur Perron, lui dit Patrick, j'aimerais avoir une autre chance de jouer contre les Nordiques. Il me semble que je mérite ça. Si ça ne va pas, eh bien!... vous pourrez me laisser sur le banc. » Perron le regarda droit dans les yeux et lui lança : « L'an passé je n'avais pas le choix; cette année je l'ai. J'y vais avec Hayward. »

Sidéré, Patrick tourna les talons et sortit. L'entraîneur qui avait été largement récompensé de lui avoir donné sa première chance dans la Ligue nationale et qui croyait tellement en ses moyens lui refusait maintenant cette seconde chance de se reprendre contre les Nordiques à la suite d'une seule mauvaise sortie. Perron doutait. Frustré, Patrick retourna à sa chambre en se disant : « Tabarnak! Jamais j'pourrai *goaler* à nouveau pour ce gars-là! »

Avec Hayward dans le but, les Canadiens perdirent également le second match par le compte serré de 2 à 1, puis la série se transporta à Québec où Perron décida de continuer avec celui-ci. De fait, Hayward fut utilisé dans tous les autres matchs de cette série, qui se rendit à la limite et que le Tricolore remporta de peine et de misère en sept affrontements.

En demi-finale, les Canadiens faisaient maintenant face aux Flyers de Philadelphie de l'entraîneur Mike Keenan. Perron avait initialement l'intention d'y aller avec Patrick, mais comme Hayward lui semblait *hot* – il avait bien travaillé contre les Nordiques –, il changea son plan. Il continua avec Hayward.

Les Flyers en avance par deux parties à une, Perron décida soudainement de faire appel à Patrick, question de changer le *momentum*, comme il disait. On était le 10 mai 1987 et Patrick n'avait pas joué un seul match depuis le 20 avril.

Sans être mauvais, il ne brilla pas de tous ses feux lors des deux premières périodes et les Flyers se donnèrent une avance de 3 à 2. Mais quand ils marquèrent de nouveau après seulement quatorze secondes de jeu en début de troisième, Perron le remplaça aussitôt par Hayward. On venait de voir Patrick dans le but pour la dernière fois cette saison-là. Un peu plus d'une minute après que Hayward eut remplacé Patrick, les Flyers marquèrent un autre but, s'envolant vers une victoire plutôt facile de 6 à 3. Deux matchs plus tard, ils éliminaient les Canadiens par quatre parties à deux.

De son propre aveu, Jean Perron avait commis une faute importante en retirant Patrick de la série contre les Nordiques. « J'ai fait une erreur d'entraîneur. Je n'aurais jamais dû faire ça. Dans les séries, tu vis avec ton gardien numéro un et tu restes avec lui contre vents et marées. Ce fut mon erreur. »

Quant à Patrick, à vingt et un ans, il était toujours en phase d'apprentissage, non seulement au point de vue de sa technique mais aussi de ses comportements et attitudes dans diverses situations. On appelle cela prendre de l'expérience. Aujourd'hui, avec le recul, il se reproche d'avoir agi comme il l'a fait alors : « Perron pensait peut-être qu'il pouvait m'être difficile de jouer dans ma ville natale contre les Nordiques, que j'y avais trop d'amis et que cela pouvait me distraire. Ce n'était pas le cas, mais c'était son droit comme entraîneur de le penser. J'aurais dû travailler davantage lors des entraînements et mieux me préparer mentalement à donner une performance exceptionnelle sitôt qu'il aurait fait appel à mes services, et ainsi lui montrer qu'il avait eu tort de me retirer de la série. J'ai mal réagi. En faisant la tête et en boudant, je lui ai donné raison. »

À la fin de l'été, en août, Équipe Canada tint son camp d'entraînement à Montréal en prévision du tournoi de la Coupe Canada. Patrick fut invité à y participer.

Il savait bien que les dés étaient pipés et que Grant Fuhr, des Oilers d'Edmonton, les plus récents champions de la coupe Stanley, garderait tous les matchs du tournoi. Fuhr était, parmi les gardiens, celui qui avait le plus d'expérience des rencontres internationales et il jouissait d'une solide réputation dans la LNH. Ron Hextall serait son premier adjoint. Mike Keenan, l'entraîneur-chef d'Équipe Canada, pilotait aussi les Flyers de Philadelphie, l'équipe de Hextall, et il présentait déjà celui-ci comme le meilleur gardien de la Ligue nationale. De plus, Alan Eagleson, qui se défendait bien d'être en conflit d'intérêts malgré ses fonctions cumulées de directeur de l'Association des joueurs de la LNH, d'organisateur de la Coupe Canada, de membre de Sport Canada et d'agent négociateur de plusieurs joueurs, représentait aussi les intérêts de... Hextall. Quant à Kelly Hrudey, alors avec les Islanders de New York, il serait le troisième gardien. Keenan se gardait bien de le dire, mais Patrick n'était invité que parce que le camp se tenait à Montréal, qu'on avait besoin d'un quatrième gardien pour les matchs hors concours et les entraînements, et qu'il en coûterait moins cher de faire appel à un cerbère qui habitait la ville. Quant à la sélection finale, son idée était déjà faite.

Cependant, fidèle à son habitude, Patrick était intérieurement et secrètement habité par l'idée que de bonnes performances de sa part pourraient convaincre les dirigeants de l'équipe de retenir sa candidature, au moins comme adjoint. Après tout, il n'avait pas à rougir de sa feuille de route. Des quatre candidats en lice, il était le seul à avoir affiché une moyenne de buts alloués inférieure à 3,00 la saison précédente (Roy 2,93 – Hextall 3,00 – Hrudey 3,30 – Fuhr 3,44). Bien sûr, Hextall était le plus récent récipiendaire du Conn Smythe, mais Patrick aussi l'avait remporté, deux saisons plus tôt, en menant par surcroît son équipe aux ultimes honneurs, ce qu'Hextall n'avait pu réussir.

À l'ouverture du camp, le 4 août, Patrick confia : « Grant Fuhr est mon choix, mais Hextall est comme moi. Il n'a pas d'expérience au niveau international. Les entraînements et les matchs d'exhibition devraient déterminer les trois gardiens qui resteront. Un seul devra retourner chez lui avec son petit bonheur. » Il commençait déjà à appliquer la pression sur ses adversaires. Il allait connaître un très bon camp.

Après une dizaine de jours de mise en forme et d'affrontements intra-équipe, le 14 août, Patrick garda le but dans la première d'une série de quatre rencontres préparatoires contre la formation des États-Unis, à Ottawa. Il reçut 40 lancers, mena Équipe Canada à une victoire de 3 à 2 et fut choisi le joueur par excellence du match.

Trois jours plus tard, ce fut au tour de Kelly Hrudey d'affronter cette même équipe, qu'il blanchit par le compte de 3 à 0, après n'avoir reçu que 17 lancers cependant. Curieusement, Hrudey avait déjà fait peindre son masque aux couleurs d'Équipe Canada. Peut-être savait-il quelque chose que les autres ignoraient?

Puis Grant Fuhr remporta une victoire peu convaincante de 7 à 6, et Hextall en fit autant dans un gain de 11 à 2 où les Américains furent dominés par 47 à 22 au chapitre des lancers.

Le 21 août, après ces quatre rencontres, c'étaient les performances de Patrick et de Hrudey qui retenaient l'attention. Pas tout à fait ce qu'avait espéré Keenan. Venait ensuite un match contre les Soviétiques. Ce devait être le tour de Patrick, mais Keenan désigna plutôt Hextall pour entreprendre un second match de suite, en souhaitant que celui-ci puisse se justifier.

Ce fut un désastre. Une défaite de 9 à 4 où Hextall, atroce, fut faible sur cinq buts. De fait, jusque-là, Hextall était le gardien qui avait connu le plus de difficultés au camp d'entraînement, sans compter cet incident au cours duquel il avait cassé le bras de Sylvain Turgeon, son coéquipier, d'un violent coup de bâton, après que celui-ci l'eut légèrement bousculé en tentant de récupérer une rondelle restée accrochée à ses patins lors d'un exercice.

Le lendemain, 23 août, Keenan annonçait que Patrick était retranché. La décision, apparemment, avait été prise par un comité de six personnes dont Perron et Savard faisaient partie.

Ces deux derniers avaient appuyé Patrick, mais c'était un comité fantoche. Keenan décidait tout. C'était lui l'entraîneur-chef, et personne n'aurait osé le contredire et l'indisposer, dans l'intérêt du bon fonctionnement de l'équipe.

Cet aboutissement laissa un goût de cendre dans la bouche de Patrick, par rapport à la formation d'équipes dites nationales. Lui revint en mémoire son élimination de l'équipe canadienne junior quelques années plus tôt. Non pas qu'il contestait le choix de Craig Billington. Il était le premier à reconnaître que Billington lui avait été supérieur lors des essais, mais il savait qu'on l'avait éliminé avant qu'il brouille les cartes et que sa présence n'était pas souhaitée par les dirigeants de l'équipe, peu importent leurs raisons. Le même scénario se répétait trois ans plus tard. On ne l'avait éprouvé que dans un seul match préparatoire où il avait excellé. Avant qu'il récidive, on l'avait promptement éliminé.

Il avait aussi, bien frais en mémoire, l'expérience que venait de vivre son frère Stéphane, plus tôt dans l'année, au championnat mondial junior. Un des jours les plus sombres, les plus tristes, les plus indignes, les plus honteux de toute l'histoire des compétitions internationales de hockey.

Le dimanche 4 janvier 1987, Équipe Canada junior, dont Stéphane faisait partie, affrontait les représentants de l'URSS à Piestany, en Tchécoslovaquie. Un match sans signification pour les jeunes Soviétiques, qui n'avaient pas connu un bon tournoi et qui n'avaient aucune chance de remporter une médaille. Il en était tout autrement pour les porte-couleurs de l'équipe canadienne. Avant même ce match ultime, ils étaient déjà assurés d'une médaille de bronze. Mais une simple victoire leur vaudrait la médaille d'argent, alors qu'une victoire par la marge de cinq buts leur rapporterait l'or.

Dès les premiers instants de la rencontre, il fut évident que les Soviétiques s'étaient donné une mission particulière. Contrairement à leurs habitudes, ils s'en prirent physiquement aux Canadiens et les provoquèrent en les dardant de leurs bâtons, leur administrant coups de bâton, coups de poing et coups de coude au visage, tout cela sous le regard incompétent et apathique d'un arbitre norvégien, Hans-Ivar Ronning, qui, dépassé par les événements, perdit le contrôle du match dès la première période.

À 13 :53 de la deuxième période, les Canadiens menaient déjà par deux buts, en route vers la médaille d'argent et bien confiants de pouvoir remporter l'or.

Mais ce qui devait arriver arriva.

Une escarmouche, en apparence inoffensive, s'amorça près du filet soviétique. Comme les arbitres ne maîtrisaient pas la situation, plusieurs joueurs laissèrent tomber les gants. Soudain, un ou deux Soviétiques quittèrent leur banc pour se mêler à la bagarre. Il n'en fallut pas plus pour que les deux bancs se vident. Stéphane agrippa un adversaire par le chandail, mais aussitôt un autre lui sauta dans le dos et se joignit à son coéquipier pour lui administrer une volée de coups de poing pendant la longue minute que dura l'empoignade.

Désemparés, les arbitres et juges de ligne quittèrent la patinoire, laissant les joueurs livrés à eux-mêmes se tabasser à qui mieux mieux. Puis, dans un geste incompréhensible, quelqu'un éteignit les lumières. Après quelques minutes de ce spectacle aussi étonnant que bouleversant, dans la demi-obscurité, les joueurs, épuisés, se retirèrent à leur vestiaire. Sur-le-champ, le président de la Fédération internationale de hockey sur glace, Gunther Sabetzki, disqualifia les deux équipes. Les Finlandais gagnaient la médaille d'or ; les Canadiens, rien.

C'était avant l'effondrement de l'Union soviétique, et le bloc de l'Est était très influent au sein de la Fédération internationale de hockey sur glace. Pat Burns était alors l'adjoint de Bert Templeton qui dirigeait l'équipe canadienne. De retour à Mirabel, les traits tirés, l'ancien policier confia les lourds soupçons qu'il nourrissait. « Il y a bien des choses bizarres qui se sont passées et que nous ne pouvons pas expliquer. Avant le match, l'arbitre russe, qui avait officié durant notre match contre la Suède, était en grande conversation avec l'instructeur Vasiliev [de l'équipe soviétique].

2

LES CANADIENS

(© Pierre Vidricaire, *Le Journal de Montréal*.)

Au plus fort du défilé de la coupe Stanley de 1986, près d'un million de partisans font à « leurs » Canadiens une déclaration d'amour orgiaque et sans interruption qui s'échelonne sur plus de sept kilomètres dans les rues de Montréal, pendant plus de cinq heures. Torse nu, tel un animateur, avec toute son insouciance d'adolescent, Patrick leur envoie des baisers, hurle sa joie, exhibe ses muscles chétifs en prenant la pose d'un culturiste et fait vibrer le cœur des Montréalais.

(© Pierre McCann, *La Presse*.)

Brian Hayward et Patrick, la « Cadillac » et la « Ferrari ».
Le meilleur duo de gardiens de but de la LNH de
1986 à 1990.

Lors de la première partie des séries de 1986, Louis Sleigher,
des Bruins de Boston, se rue vicieusement sur Patrick, qui en
perd son masque.

De 1985 à 1995, François Allaire et Patrick transforment le Forum en un véritable laboratoire de recherche pour améliorer l'art de garder le but. Ce qui se passe à Montréal est unique dans toute la LNH, unique au monde. On innove, on invente de nouvelles manières de faire les choses et on perfectionne le prototype qui va servir de modèle à la prochaine génération des meilleurs gardiens de but de toute l'histoire du hockey.

Patrick adore jouer
pour Pat Burns. Ce que
Burns exige des joueurs
est clair et simple, mais
gare à celui qui ne
respecte pas la consigne.
Sous la direction de
Burns, de 1988 à 1992,
Patrick connaît sa
meilleure séquence de
quatre saisons d'affilée
à Montréal. Il rem-
porte, durant cette
période, le trophée
Vézina à trois reprises à
titre de meilleur
gardien de la ligue.

(© Bernard Brault, *La Presse*.)

Si Patrick et Jacques
Demers sont si souvent
sur la même longueur
d'onde, c'est que les
deux ne recherchent
qu'une chose : l'intérêt
de l'équipe. Demers
fait confiance à Patrick,
et ce dernier ne laissera
jamais tomber
son entraîneur,
à aucun prix.

(© Bernard Brault, *La Presse*.)

Au printemps 1993, Patrick transporte fièrement celle que personne n'attendait plus
à Montréal et qu'il baptise la « coupe de la reconnaissance », sous les regards de Lyle
Odelein, du capitaine Kirk Muller et de John LeClair.

Le 7 juin, durant la série
finale de 1993, Patrick lance
à Tomas Sandstrom, des
Kings de Los Angeles, un
clin d'œil qui fera le tour de
l'Amérique du Nord, grâce à
la vigilance du réalisateur de
télévision Jacques Primeau.

Le samedi 29 octobre 1994, pendant le *lock-out* de la LNH, Patrick forme un trio à l'attaque avec son frère Stéphane et son père Michel, au sein de la formation des Chicago Masters que ce dernier a emmenée à Montréal.

En septembre 1993, Patrick et Serge Savard apposent leur signature sur un contrat de seize millions de dollars. Pour la première fois de l'histoire, un gardien de but se situe parmi les joueurs les mieux rémunérés de la Ligue nationale de hockey. À l'arrière, on voit Pierre Lacroix, l'agent négociateur de Patrick.

Patrick avec sa sœur
Alexandra et son
frère Stéphane.

(Collection de Barbara Miller-Roy.)

À la fin des années 1980, la grande popularité de Patrick attire de bons
et jeunes athlètes vers le poste de gardien de but. On voit ici le gardien
de but des Ducks d'Anaheim, champions de la coupe Stanley de 2007,
Jean-Sébastien Giguère, alors âgé de onze ans, poser fièrement avec
son modèle.

Le mercredi 6 décembre 1995, brisé et amaigri, Patrick prend place dans le
Learjet nolisé par Pierre Lacroix, à destination de Denver, Colorado. « On va
regretter ce geste-là ! » titre la chronique de Bertrand Raymond, le lendemain,
dans *Le Journal de Montréal*.

On ne comprenait pas ce qu'ils se disaient mais ça nous a paru suspect. Puis, à un moment donné, le grand bonze du hockey en Union soviétique, Anatoli Tarasov, est sorti du vestiaire de l'équipe junior. Vasiliev nous a alors semblé très agressif. Il parlait très fort. Tous les Soviétiques nous ont semblé plus agressifs qu'à l'habitude, eux qui sont généralement assez calmes. » Il était assez évident que les Canadiens avaient été agressés volontairement.

Burns poursuivit : « Ce qui est le plus injuste, c'est qu'on a condamné les deux équipes également. Les dirigeants du tournoi n'ont jamais tenu compte des commentaires de l'arbitre – il avait avoué que les Soviétiques étaient les grands responsables de la bagarre. Tout ce qu'ils voulaient, c'était que l'on quitte la Tchécoslovaquie le plus vite possible. Comme si nous étions les seuls coupables. Ça, c'est injuste. »

Au lieu d'une médaille accrochée à leur veston, les joueurs canadiens revenaient dans leur pays le visage plein d'ecchymoses et l'âme en charpie. Bien sûr qu'ils auraient aimé rapporter une médaille, mais pas au point de laisser cinq des leurs se faire massacrer par toute l'équipe soviétique !

Cette suite d'événements n'avait rien pour induire chez Patrick un intérêt pour le hockey international.

◡

Les négociations entre deux parties obéissent toujours aux mêmes règles. L'une veut payer le moins possible alors que l'autre veut obtenir le plus possible. L'entente que Patrick avait signée à l'été 1984 avec les Canadiens venait maintenant à échéance, trois ans plus tard. Les pourparlers s'amorçaient.

La stratégie de Pierre Lacroix était la suivante : « Mon argumentation sera uniquement basée sur ce que Patrick a réalisé depuis qu'il appartient à l'organisation. Il a fait sensation durant les séries de la coupe Calder, dans la Ligue américaine, et il a répété le même exploit à ses premières séries de la coupe Stanley. Ce sont des performances qui ne peuvent pas être effacées. »

Que Patrick ait été mis sur la touche lors des séries précédentes ne semblait pas affecter sa position. « Après qu'il eut battu les Bruins en quatre parties consécutives, poursuivit Lacroix, on a décidé d'apporter un changement. À compter de ce moment, Patrick n'était plus maître de sa destinée. Le Canadien a pris une décision d'entreprise et je la respecte. Par la suite, on l'a retourné dans la mêlée alors qu'il avait le moral dans les talons. Si les choses n'ont pas fonctionné, ce n'est pas mon problème. »

Quant à Serge Savard, il faisait valoir que tous les gardiens qui étaient passés par Montréal avaient connu du succès et que plusieurs avaient remporté les trophées Vézina ou Jennings. Autrement dit, ce n'était pas le gardien qui faisait la différence, autant que la puissance de l'équipe ou le style de jeu hermétique en défensive. « Il y a plusieurs façons d'évaluer une situation, expliqua le directeur général. Je n'ai jamais cherché à rabaisser un joueur pour mieux négocier un contrat, mais il est nécessaire de prendre en considération le style d'une équipe quand on évalue le rendement d'un individu. Patrick Roy est un gars d'avenir, mais il est d'abord un joueur parmi tous ceux que nous possédons. »

Si l'argument de Savard pouvait se justifier dans les années soixante ou soixante-dix où les équipes des Canadiens, avantagées par les règles de la sélection des joueurs, s'étaient érigées en véritables superpuissances du hockey, il ne tenait plus dans les années quatre-vingt. Les propos de Savard illustrent bien aussi qu'à cette époque, la rémunération des gardiens de but dans la Ligue nationale n'était pas encore à la hauteur de l'influence que ces derniers pouvaient exercer sur une équipe, surtout lors des séries éliminatoires. Néanmoins, malgré ce contexte, on peut affirmer que Serge Savard a toujours rémunéré Patrick de manière juste et équitable.

Les deux parties s'entendirent à la fin de septembre. Résultat : un pacte d'une saison avec une année d'option qui vaudrait à Patrick un salaire de base de 150 000 dollars pour la saison 1987-1988 et de 175 000 dollars pour la suivante, l'année facultative. À cela viendraient s'ajouter une somme de 250 000 dollars à payer en différé sur une période de cinq ans entre 1992 et 1997, de même que diverses primes au rendement dont chacune ne dépasserait pas 10 000 dollars, à l'exception d'une seule ; une somme de 100 000 dollars lui serait versée si jamais il remportait le trophée Vézina, remis au meilleur gardien de la ligue selon le vote des directeurs généraux des équipes.

⏝

À l'automne 1987, François Allaire eut une décision professionnelle importante à prendre. Pierre Creamer, qui venait d'être nommé entraîneur à Pittsburgh, demanda aux Canadiens la permission de faire une proposition à Allaire pour qu'il le suive chez les Penguins. Maintenant conscient de toute l'importance que représentait la présence d'un spécialiste des gardiens pour son organisation, Savard refusa. Il offrit plutôt à Allaire un contrat de deux ans à Montréal.

Le choix était déchirant pour celui-ci. D'une part, il avait l'impression de tourner le dos à Creamer avec qui il travaillait depuis cinq ans et qui lui avait donné sa première chance dans le hockey professionnel. Qui plus est, c'était encore à cause de Creamer – sa demande avait agi comme déclencheur – que Savard lui proposait maintenant de faire le saut à Montréal. D'autre part, il avait bien examiné la situation des gardiens à Pittsburgh et à Montréal. Patrick était déjà très bon, mais à ses yeux, ce n'était qu'une question de temps avant qu'il devienne « TRÈS TRÈS bon ». Il voyait l'occasion unique de travailler à plein temps non seulement avec un gardien qui nourrissait un farouche désir d'améliorer constamment sa technique, mais aussi avec un athlète qui possédait ce qu'Allaire appelait l'intelligence sportive.

Allaire l'avait vu en 1985 à Sherbrooke quand, à dix-neuf ans, Patrick avait été lancé dans la mêlée pour la première fois, lors de la première ronde des séries éliminatoires. Patrick ne s'était pas juste contenté de faire les arrêts, mais il avait tenté par tous les moyens de faire prendre des punitions aux joueurs adverses pour donner une chance à son équipe de combler l'écart dans le pointage.

Allaire l'avait vu dans la série de 1986 contre les Rangers où, après un arrêt de jeu, Patrick avait enlevé son masque et s'était mis à l'examiner attentivement. L'arbitre s'était approché de lui :

— As-tu un problème ?

Patrick levait maintenant le masque au bout de ses bras pour l'examiner à contre-jour devant les puissants projecteurs.

— Je ne sais pas, fit-il, on dirait qu'il y a quelque chose dans mon champ de vision, peut-être un cheveu, je n'arrive pas à le trouver.

— Montre voir.

Et voilà qu'à son tour l'arbitre leva le masque dans les airs et le tourna dans tous les sens en essayant de trouver le cheveu en question. Après plusieurs secondes de ce manège, n'ayant rien trouvé, il remit le masque à Patrick en lui demandant de le revêtir pour que le jeu se poursuive. Après l'avoir examiné de nouveau et pris une gorgée d'eau à même la bouteille fixée sur son but, Patrick le fit glisser sur sa tête, non sans afficher un petit sourire en coin à l'intention de Craig Ludwig, son défenseur. Évidemment, il n'y avait jamais eu de cheveu, mais près de deux minutes s'étaient écoulées au cours desquelles l'ardeur des Rangers avait refroidi d'autant de degrés.

Allaire l'avait vu durant la même série quand Patrick était tombé à genoux, en douleur, après avoir été atteint par un projectile lancé des gradins, pour se relever quelques secondes plus tard et poursuivre la rencontre. « J'ai été touché par une boule de papier, raconta Patrick plus tard à ses coéquipiers. Ça ne m'a pas fait mal du tout. Je voulais donner un peu de répit à Guy Carbonneau, qui est notre meilleur joueur en désavantage numérique et qui était sur la glace depuis longtemps. »

Allaire l'avait vu à Montréal, au cours de la troisième période d'un match exténuant, quand Patrick était allé parler à quelques reprises à un spectateur le long de la baie vitrée pendant les arrêts de jeu. Après le match, Allaire lui avait demandé :

— Dis donc, qu'est-ce que tu faisais dans le coin de la patinoire, était-ce quelqu'un que tu connaissais ?

— Non, non, j'étais épuisé et je demandais à un spectateur de lancer des pièces de monnaie près de mon but afin que l'arbitre arrête le jeu et fasse nettoyer la glace.

Allaire choisit Montréal.

Son arrivée à Montréal, sur une base permanente, aida beaucoup Patrick. Elle lui permit de mieux se préparer pour tous les matchs de la saison régulière, où, contrairement aux séries éliminatoires, les adversaires ne sont pas les mêmes d'une partie à l'autre. Il arrive même parfois qu'un gardien ait à affronter deux équipes différentes en une période de vingt-quatre heures.

Allaire était celui qui décortiquait le jeu de l'adversaire sur vidéo et veillait à préparer Patrick, comme le ferait l'entraîneur d'un boxeur en prévision d'un combat. Il lui indiquait, par exemple, les modèles de jeux de l'adversaire lors des entrées de zone ou lors des avantages numériques, ses forces, ses faiblesses, les joueurs qui possédaient les meilleurs lancers, où ils aimaient les diriger, ceux qui préféraient passer, dribbler, contrôler la rondelle, déjouer. De même, l'entraînement d'avant-match servait à simuler les situations de jeu de l'adversaire afin que Patrick les mémorise.

Selon Allaire, Patrick était une véritable « éponge » : « Il absorbait tout ce qu'on lui proposait s'il jugeait que ce serait bon pour lui. On identifiait un problème sur vidéo, on discutait diverses façons de le contrer et, quand il se sentait confortable avec une façon de faire, il l'essayait à l'entraînement à quelques reprises. Dès le lendemain, il pouvait la mettre en pratique dans le match comme s'il l'avait toujours fait. Il était incroyable ; il pouvait s'ajuster à une vitesse étonnante. »

À titre d'exemple, toutes les équipes de la ligue éprouvaient de la difficulté à stopper les frères Stastny, des Nordiques, quand ils jouaient en avantage numérique. Du coin de la patinoire, Peter, sans même regarder, passait la rondelle à Anton, bien placé dans l'enclave, et ce dernier tirait au but. Les frangins avaient compté quantité de buts de cette manière.

Après avoir visionné ce jeu plusieurs fois, Allaire et Patrick imaginèrent une façon de l'enrayer. Aussitôt que la rondelle serait dans le coin, Patrick placerait la palette de son bâton perpendiculairement à la ligne de son but et tournerait sa mitaine vers le passeur, en position de gober le disque. Cela lui permettrait d'exercer une pression sur lui et de couper la passe vers l'enclave. Ils répétèrent cette manœuvre à plusieurs reprises lors des entraînements avec des joueurs réservistes. Dans un match ultérieur contre les Nordiques, cette tactique s'avéra efficace.

Aujourd'hui, la plupart des gardiens de la Ligue nationale ont adopté cette position lorsque la rondelle est dans le coin de la patinoire, mais à l'époque, personne ne le faisait encore. C'est de cette manière que le duo Allaire-Roy travailla durant les huit années suivantes à Montréal. Le défi d'Allaire était d'imaginer et de proposer des solutions aux problèmes décelés ; celui de Patrick, de les mettre en application.

Pendant ce temps, Stéphane, blessé à l'aine à son troisième camp d'entraînement avec les North Stars du Minnesota, n'avait pas réussi à convaincre Herb Brooks, leur nouvel entraîneur, de le garder. Il avait été choisi au cinquante et unième rang (même rang que Patrick) lors de l'encan amateur de 1985. Il se retrouvait maintenant avec le club-école des North Stars, les Wings de Kalamazoo, dans la Ligue internationale.

Le 19 octobre, les Canadiens recevaient justement la visite des North Stars, au Forum de Montréal. En troisième période, Warren Babe asséna deux coups de bâton à Rick Green dans la zone du Tricolore et osa ensuite passer dans le territoire réservé à Patrick devant son but. Furieux parce qu'il avait frappé Green – mais il en avait aussi contre les North Stars qui avaient rejeté son frère et fait une place à Babe –, Patrick lui asséna à son tour un coup de bâton derrière les jambes. Babe quitta la patinoire de peine et de misère.

Après de vives protestations de Herb Brooks, l'arbitre, qui n'avait pas vu l'incident, décerna une punition de cinq minutes à Patrick pour avoir cinglé. Mais à l'issue du match, les North Stars déposèrent une plainte auprès de la Ligue nationale pour l'infraction commise par Patrick, arguant qu'il s'agissait d'un geste similaire à celui que Ron Hextall avait commis à l'endroit de Kent Nilsson, des Oilers d'Edmonton, lors de la série finale du printemps précédent. Hextall avait écopé d'une suspension de huit matchs.

Sans doute dans l'intention d'influencer la décision de Brian O'Neill, le vice-président exécutif de la LNH qui était chargé des mesures disciplinaires, Brooks déclara que la ligue n'agirait pas : « Comme d'habitude, O'Neill a envoyé le dossier sur le bureau de John Zeigler, le président. Ce dernier va mettre sa cravate jaune, et ça va finir là. » Il ajouta : « Je vais personnellement m'assurer que l'on coupe le cou de Patrick Roy. »

O'Neill rencontra les officiels du match et demanda à visionner l'incident sur bande vidéo. Mais comme John Kordic et Richard Zemlak avaient engagé le combat au moment même où Patrick avait frappé Babe, l'incident avait échappé aux caméras de télévision et personne n'en avait été témoin. Patrick, accompagné de Jacques Lemaire, dut comparaître devant le vice-président, qui se sentait obligé d'être sévère quand bien même sa décision ne reposerait que sur des on-dit. « Je ne peux laisser passer un tel incident sans réagir, déclara-t-il. » Brooks et Babe se plaignirent. Patrick admit avoir frappé Babe, mais pas violemment. La décision tomba : Patrick était suspendu pour huit matchs. Ce fut là la seule suspension que Patrick se vit infliger de toute sa carrière dans la Ligue nationale.

Quelques jours plus tard, Warren Babe fut renvoyé aux Wings de Kalamazoo. Le hasard, qui fait parfois curieusement les choses, lui attribua l'emplacement voisin de Stéphane dans le vestiaire. Au cours des années qui suivirent, Babe passa le plus clair de son temps à Kalamazoo, ne jouant qu'un total de vingt et un matchs dans la LNH.

Quant à Stéphane, il revint dans la Ligue nationale pour y disputer une douzaine de matchs au début de 1988, arborant le chandail numéro 10 des North Stars. Il marqua son seul et unique but dans la Ligue nationale le 28 février, sur une passe de Bob Rouse. Sa victime fut Robert Sauvé, qui était alors le gardien de but des Devils du New Jersey. Ironie du sort, Sauvé est celui-là même qui, quelques années plus tard, prit les commandes du groupe Jandec et succéda à Pierre Lacroix comme agent négociateur de Patrick.

Avec la complicité de François Allaire, les statistiques de Patrick s'améliorèrent de façon constante en saison régulière. Sa moyenne de buts alloués par partie passa de 3,35 à sa première année à 2,93 l'année suivante, puis à 2,90 en 1987-1988. Trois années de suite, le duo Roy/Hayward remporta le trophée William M. Jennings pour avoir accordé le moins de buts de tous les duos de gardiens de la Ligue nationale.

Au cours de la même période, son pourcentage d'efficacité s'éleva de 87,5 à 90,0, ce qui signifie que, sur dix tirs contre lui, il en stoppait neuf en moyenne. C'était la barre qui séparait les très bons gardiens des bons. Du même coup, les Canadiens connurent également une excellente saison 1987-1988, terminant au deuxième rang du classement général avec 103 points, deux seulement derrière les Flames de Calgary, leurs grands rivaux de la finale de 1986 qui, depuis quelques années, s'établissaient comme une puissance de la ligue, en saison régulière du moins.

L'incident Warren Babe n'eut pas d'effet fâcheux sur la saison de Patrick. Pour la première fois, il fut élu sur l'une des deux équipes d'étoiles de la LNH, la deuxième, et put prendre part au prestigieux match des étoiles, tenu à Saint Louis, Missouri, en février, en compagnie de deux coéquipiers,

Larry Robinson et Mats Naslund. Il était impressionné de se retrouver au sein de la même confrérie que les Mario Lemieux, Wayne Gretzky, Denis Potvin, Raymond Bourque et Grant Fuhr. Il était satisfait aussi, car non seulement parvenait-il à se maintenir dans la LNH, mais il faisait désormais partie de son élite. Lentement, il apposait son nom sur la liste où se trouvaient ceux des plus prestigieux.

À cette occasion, la conférence Prince de Galles, regroupant principalement les équipes de l'est du continent et dont Lemieux était le capitaine, l'emporta par le compte de 6 à 5 sur la conférence Clarence Campbell qui réunissait les équipes de l'Ouest, avec Gretzky comme capitaine. Lemieux fut la grande vedette de cette rencontre, participant à tous les buts de son équipe, en marquant quatre et en se faisant le complice de deux autres, établissant ainsi un nouveau record de six points dans ce genre de rencontre. Naslund, qui jouait sur le même trio que Lemieux, fut pour sa part crédité de cinq passes. Quant à Patrick, venu en relève de Ron Hextall, le gardien partant, il fut crédité de la victoire puisque le compte était à égalité quand il se présenta devant le filet et qu'il y était toujours au moment du but gagnant de Lemieux en prolongation.

C'est dans les séries éliminatoires que la sauce se gâta. Encore une fois. En première ronde, les Canadiens rencontraient les Whalers de Hartford contre qui ils devaient disputer les quatre premiers matchs en cinq soirs seulement, y compris le voyage de Montréal à Hartford le troisième jour. Le Tricolore remporta les trois premières rencontres, avec Patrick dans le but, mais s'inclina par le compte de 7 à 5 au quatrième match, déclassé par 43 lancers à 30.

Perron douta, une fois de plus. Comme il l'avait fait le printemps précédent à la moindre défaillance de Patrick, il le remplaça par Hayward pour le reste de la série, que les Canadiens remportèrent finalement par quatre parties à deux.

Les Bruins de Boston étaient les adversaires à la ronde suivante. Ayant terminé au deuxième rang de la division Adams, à neuf points des Canadiens, les Bruins constituaient certes une bonne équipe, mais les Glorieux étaient favoris pour les supplanter. Sur papier. Sur la glace, ce fut une autre histoire.

Perron décida de commencer le premier match avec Hayward dans le but, reléguant Patrick au rôle d'auxiliaire. À mi-chemin en troisième période, il remplaça cependant Hayward qui avait déjà accordé 4 buts en seulement 14 lancers. Mais il était trop tard. Les Bruins gagnèrent la première partie au compte de 4 à 3.

L'entraîneur des Canadiens revint avec Patrick dans le but pour le second match. Mais pour lui aussi il était trop tard. Son rythme était brisé. Jamais il ne put prendre son envol pour pénétrer dans sa bulle et atteindre, comme en 1986, un niveau de quasi-invincibilité, cette espèce d'état de grâce qui lui aurait permis de tout prévoir, de tout arrêter et de décourager l'adversaire.

À la place, ce sont les joueurs des Canadiens qui semblaient démoralisés, et ce jeu de yo-yo avec les gardiens n'avait rien pour leur remonter le moral. Rien en tout cas pour les inspirer, pour leur transmettre cette confiance et cet enthousiasme si indispensables à la victoire en séries éliminatoires. Ils avaient perdu l'envie de se battre. Les Bruins remportèrent tous les matchs suivants, alors que les Canadiens n'inscrivirent que deux maigres buts. Quel désastre pour les Glorieux! Ne compter que deux maigres buts en trois parties, en séries éliminatoires par surcroît. De plus, c'était la première fois en dix-neuf tentatives que les Bruins éliminaient les Canadiens en séries éliminatoires.

Les jours de Perron aussi étaient comptés.

⌣

Le départ de Perron eut lieu dans des circonstances dignes des meilleures aventures d'Hercule Poirot. En vacances à la

Guadeloupe avec sa femme, c'est son fils aîné de seize ans qui, en pleurs, l'appela pour l'informer que, le mardi 10 mai, Mario Tremblay avait annoncé à *La Soirée du hockey* son congédiement prochain. Perron n'en croyait rien puisqu'il était en renégociation de contrat avec Serge Savard.

Le lendemain, il appela Savard qui lui dit de ne pas s'en faire, de continuer à se reposer et à s'amuser, et qu'il le rencontrerait à son retour. Mais la rumeur faisait beaucoup de bruit, et Savard, à Chicoutimi pour assister aux matchs de la coupe Memorial avec son état-major, André Boudrias, Jacques Lemaire et Pat Burns, fut assiégé par les journalistes. Il nia tout. Pourtant, il avait été aperçu en tête-à-tête avec Burns dans une section discrète d'un restaurant de la ville. Les deux auraient bien pu discuter de l'avenir des joueurs des Canadiens de Sherbrooke, dont Burns était l'entraîneur, mais alors pourquoi Boudrias n'aurait-il pas été présent, lui qui en était le directeur général ?

Ce n'était un secret pour personne que le manque de poigne de Perron sur les joueurs inquiétait Savard au plus haut point. La veille du premier match de la série contre les Bruins à Montréal, trois joueurs, Chelios, Corson et Svoboda, s'étaient « évadés d'Alcatraz » et avaient été surpris aux petites heures du matin en état d'ébriété avancée, deux jeunes femmes à leurs côtés, après que le véhicule que l'une d'elles conduisait eut embouti un lampadaire à Boucherville. Eux s'étaient fait prendre, mais étaient-ils les seuls à avoir échappé à la surveillance de Perron ? Et il y avait cette indifférence, ce manque flagrant d'ardeur et de combativité que les porte-couleurs de la Sainte Flanelle avaient affiché et qui leur avait valu d'être éliminés par une équipe plus faible. Burns, justement, à titre d'ancien policier, avait la réputation d'exercer un contrôle sévère de tous les instants sur ses troupes. Quelle coïncidence !

Pendant ce temps, deux journalistes de stations radiophoniques différentes de Montréal, à l'insu l'un de l'autre, s'étaient rendus à la Guadeloupe pour recueillir des commentaires de Perron. Danièle Rainville, de CKAC – l'autre était Jean Gagnon, de CJMS –, se présenta au club Med. On lui dit que c'était complet. Mais tenace, avant de se trouver une chambre ailleurs, elle s'avança vers la discothèque d'où s'échappait une musique disco endiablée. Elle repéra Perron et sa femme. Alors qu'elle s'approchait, Perron, surpris, l'aperçut et lui demanda : « Mais qu'est-ce que tu fais ici ? » Sans lui donner le temps de répondre, la femme de Perron entraîna son mari vers la piste de danse. La journaliste attendit le retour du couple, mais un agent de sécurité vint la cueillir pour l'aviser qu'elle n'avait rien à faire sur les lieux. Du lendemain jusqu'à la fin de la semaine, Perron demeura introuvable.

Le lundi suivant, à son retour à Montréal, Perron rencontra Savard. À l'issue de la rencontre qui dura deux bonnes heures, il annonça sa démission, expliquant qu'il ne pouvait plus endurer une telle pression et qu'il ne pouvait pas davantage l'imposer aux membres de sa famille.

Quelques semaines plus tard, après moult spéculations dans les médias, Savard présenta le nouvel entraîneur des Canadiens : Pat Burns.

18

LA REVANCHE DU GUERRIER

À son arrivée chez les Canadiens, Pat Burns pouvait compter sur le meilleur duo de gardiens de but de toute la ligue avec Patrick et Brian Hayward. Par analogie avec le monde de l'automobile, François Allaire comparait Patrick à une Ferrari et Hayward à une Cadillac. Il disait : « Si tu veux avoir du *fun*, t'amuser, et puis *flyer*, tu prends la Ferrari ; mais si tu veux une bonne *ride* bien tranquille et confortable, tu prends la Cadillac. » Cette métaphore colorée décrivait bien l'approche des entraîneurs quant à l'utilisation de leurs gardiens.

Cette approche engendra une rivalité féroce entre Hayward et Patrick, une rivalité dont l'équipe profitait. Patrick, on s'en doute bien, tenait à son poste de gardien numéro un ; il aurait voulu être utilisé dans une soixantaine de matchs au cours d'une saison ; on ne lui en faisait commencer que quarante-cinq. Tout aussi combatif, Hayward croyait qu'il pourrait être le numéro un si on lui en donnait la chance. Utilisé dans trente-cinq rencontres, il aurait voulu voir plus d'action, convaincu qu'il pouvait en faire davantage. Il était vraisemblablement le meilleur « deuxième » gardien de la ligue, mais il aurait voulu être « premier » gardien.

Avec Patrick, il ne le pouvait pas. D'abord, les statistiques démontraient que celui-ci était plus efficace que Hayward. Dans la LNH, on n'a commencé à tenir compte du pourcentage d'efficacité – arrêts effectués par lancers reçus – des gardiens de but qu'au début des années quatre-vingt. Or, pour peu que les statistiques quant au nombre de lancers reçus aient été fiables, aucun gardien de but, avant Patrick, n'avait réussi à se hisser au-dessus de la barre des 90,0 % de façon constante. Quelques-uns, que l'on peut compter sur les doigts d'une seule main, avaient réussi l'exploit, mais de façon isolée, sans pouvoir le rééditer. Lors de la saison 1987-1988, Patrick fut le seul à atteindre ce plateau, mais il fut surtout le premier à se maintenir au-dessus de ce niveau chacune des années qui suivirent. Durant les quatre saisons qu'il passa sous la direction de Burns, son pourcentage d'efficacité oscilla entre 90,6 et 91,4 % (sur 100 lancers reçus, il en stoppait plus de 90). Cette barre de 90,0 % était en quelque sorte un seuil psychologique à atteindre pour les gardiens, tout comme l'avait été la barre du mille en moins de quatre minutes en course à pied, que l'Anglais Roger Bannister avait réussi à franchir en 1954. Il faudra attendre jusqu'au milieu des années quatre-vingt-dix pour voir les meilleurs gardiens dépasser ce seuil de façon régulière.

Ensuite, Hayward avait recours à un style approprié à son gabarit et à ses limites athlétiques. Il ne pouvait pas intégrer la technique préconisée par François Allaire dans sa totalité. Mais il demeurait un excellent gardien et jouait un rôle important dans les succès défensifs de l'équipe et l'accumulation des trophées Jennings. C'est en régime de croisière qu'on pouvait apprécier Hayward, alors qu'il offrait un rendement confortable et sécuritaire, tout en maintenant d'excellentes performances. En situation extrême cependant, lorsque les deux voitures devaient être poussées à fond, la Cadillac ne pouvait atteindre les vitesses de pointe de la Ferrari. Aussi, lorsque l'équipe avait un défi exigeant à relever, on se tournait vers Patrick. Les deux cerbères se complétaient bien.

Burns et Allaire savaient bien que ce mariage de raison ne pourrait durer éternellement, surtout que Hayward et Patrick, qui partageaient la même chambre sur la route, se livraient une espèce de guerre larvée. Mais les entraîneurs avaient décidé de tirer profit de cette situation le plus longtemps possible et de ne franchir le pont qu'une fois rendus à la rivière.

⌣

Patrick a adoré jouer pour Burns. Sous sa direction, de 1988-1989 à 1991-1992, il aligna sa meilleure séquence de quatre saisons d'affilée à Montréal. En quatre ans, il remporta le trophée Vézina à trois reprises, élu le meilleur gardien de la ligue par l'ensemble des directeurs généraux des équipes. Il l'aurait vraisemblablement gagné une quatrième année, n'eût été les blessures qui l'affectèrent durant la saison 1990-1991. Au cours de cette période, il mérita aussi, deux fois chacun, les trophées Jennings, pour avoir conservé la meilleure moyenne de buts alloués par partie, et Trico, pour avoir affiché le meilleur pourcentage d'efficacité. Le Trico aurait dû lui être remis une troisième année où il était encore en tête pour le pourcentage d'efficacité, mais la ligue supprima cet honneur.

Burns en imposait. Derrière une abondante moustache, il avait l'air bourru, intransigeant, plutôt renfermé et distant. Il ne laissait rien passer, surtout qu'il avait pour principal mandat de mettre de l'ordre. Cette priorité lui avait à la fois été commandée par le directeur général et suggérée par les vétérans de l'équipe tels Smith, Walter, Robinson, Gainey et Green, des gagneurs qui déploraient le manque de discipline au sein du groupe et avaient souffert de son laisser-aller. Dans le vestiaire, Burns était intimidant. Ce qu'il exigeait des joueurs était clair et simple. Mais gare à celui qui ne respectait pas la consigne. Il avait davantage recours au bâton qu'à la carotte. C'était « crois ou meurs » !

Il était né dans le quartier Saint-Henri, dans la partie sud-ouest de Montréal, à deux pas du centre-ville, un quartier ouvrier qui avait la réputation d'être dur et qui montrait des statistiques peu reluisantes au chapitre de la délinquance et de la criminalité. Un quartier au visage balafré par les voies de chemin de fer qui l'échancrent comme de longues cicatrices, et ficelé par les autoroutes qui le surplombent et qu'empruntent, soir et matin, une cohorte de banlieusards à l'aise qui posent sur lui leur regard distrait et altier.

Mais c'est aussi un quartier qui a procuré au Québec des figures remarquables. Au monde du jazz, il a donné les célèbres pianistes Oscar Peterson et Oliver Jones, de même que le contrebassiste Charles Biddle. Des personnalités comme l'humoriste Yvon Deschamps et l'auteure Lise Payette y ont aussi vécu l'essentiel de leur jeunesse. C'est aussi en s'inspirant de la vie des gens du quartier Saint-Henri que Gabrielle Roy écrivit en 1945 son premier roman, *Bonheur d'occasion*.

Au décès de son père, Burns déménagea avec sa mère à Gatineau, dans l'Outaouais, où il joua son hockey mineur, fréquenta l'école et, à dix-neuf ans, entra dans les cadets de la police à Ottawa, alors que l'on cherchait des candidats qui pouvaient parler français pour surveiller le secteur du Marché By. Ce fut le début d'une carrière de dix-sept ans dans les services policiers, laquelle le ramena à Gatineau deux ans plus tard, au service de la Ville, où il s'inscrivit dans une ligue senior de hockey.

De fil en aiguille, il devint entraîneur dans le hockey mineur, sur des patinoires extérieures, et fit la rencontre de plusieurs bons jeunes joueurs de la région, ce qui lui valut d'attirer l'attention des Olympiques de Hull de la LHJMQ, qui lui offrirent un emploi de recruteur à temps partiel. Puis, lorsque Michel Morin devint l'entraîneur des Olympiques au début des années quatre-vingt – celui-là même qui avait enseigné les premiers rudiments du hockey à Patrick et à Stéphane à l'École permanente de hockey de Sillery en 1974 –, il invita Burns à se joindre à lui comme adjoint, toujours à temps partiel.

En 1984, Burns succéda à Morin et dirigea l'équipe tout en conservant son emploi au Service de la police de Gatineau pendant le jour. L'année suivante, lorsque Wayne Gretzky se porta acquéreur des Olympiques, il intervint personnellement auprès de la Ville de Gatineau pour que Burns obtienne un congé sans solde et pilote son équipe à plein temps. Gretzky voyait déjà en Burns le potentiel pour diriger une équipe de la LNH un jour. L'avenir allait lui donner raison.

Dès la première saison de cette association avec Gretzky, les Olympiques, qui comptaient plusieurs bons joueurs, dont Luc Robitaille, se rendirent jusqu'en finale de la coupe Memorial contre les Platers de Guelph, dirigés alors par Jacques Martin, dont la candidature d'entraîneur, on s'en souviendra, avait été rejetée par les Bisons de Granby quelque quatre ans plus tôt.

Puis, après une année avec Équipe Canada junior à titre d'adjoint de Bert Templeton auprès de qui il vécut le cauchemar de Piestany contre les Soviétiques au championnat mondial junior, Burns fut convié par Serge Savard qui lui offrit la direction des Canadiens de Sherbrooke dans la Ligue américaine.

⌣

L'arrivée de Burns à Montréal eut un effet sur l'équipe dès la première année, je dirais, surtout la première année. Les Canadiens, en 1988-1989, terminèrent au second rang du classement général avec un impressionnant total de 115 points, deux seulement derrière les Flames de Calgary qui avaient connu une saison phénoménale.

Ce fut également une saison extraordinaire pour Patrick, qui compila une fiche de 33 victoires, 3 parties nulles et seulement 5 défaites, pour une moyenne de 2,47 buts alloués par partie et un pourcentage d'efficacité de 90,8. De toute la saison, il ne perdit aucun match au Forum, éclipsant au passage, avec ses 25 victoires, l'ancienne marque de 23 parties sans défaite à domicile établie par Bill Durnan dans les années quarante. Il égala le record de Durnan le 15 mars 1989, la journée même où Jonathan, son premier fils, vit le jour, à 6 h 18 du matin. Patrick avait appelé Burns à peine une heure plus tard pour lui demander d'être exempté de l'entraînement matinal. Il avait cependant insisté pour être devant le but face aux Kings de Los Angeles le soir même.

Enfin, il rafla, cette saison-là, tous les honneurs attribués aux gardiens de but, c'est-à-dire les trophées Vézina, Jennings et Trico, et fut nommé sur la première équipe d'étoiles de la LNH. Une année faste.

Durant les séries d'après-saison, les Canadiens éliminèrent tour à tour les Whalers de Hartford en quatre matchs, les Bruins de Boston en cinq rencontres et les Flyers de Philadelphie en six, pour se présenter en grande finale contre les Flames de Calgary. Après que l'équipe eut pris une avance de trois parties à zéro contre les Whalers, Burns avait utilisé Hayward lors du quatrième match, probablement pour ménager sa bonne humeur, et était revenu avec Patrick dans la série contre les Bruins. Il répéta le même manège contre les Bruins, sauf que Hayward perdit son match. On ne revit plus ce dernier des séries.

Les Flames constituaient une équipe excessivement puissante avec les Joe Mullen, Hakan Loob, Doug Gilmour, Joe Nieuwendyk, Al MacInnis, Gary Suter, Joel Otto, Gary Roberts, Lanny McDonald et l'excellent Mike Vernon dans le but. Les entraîneurs Terry Crisp et Burns ne s'étaient jamais affrontés en séries éliminatoires, mais plusieurs joueurs faisaient partie des éditions des deux équipes de 1986. Ceux des Flames avaient encore sur le cœur la défaite en finale aux mains de ces mêmes Canadiens. De plus, ils étaient, sur papier, supérieurs aux Canadiens, ayant marqué 354 buts en saison, contre 315 pour les Montréalais.

Ils sautèrent sur la patinoire du Saddledome le couteau de la vengeance entre les dents pour entamer la première partie de la série finale. Mais les deux équipes divisèrent les honneurs à Calgary. Une victoire par la marque de 3 à 2 pour les Flames dans le premier match, où Vernon excella, et un gain de 4 à 2 pour les Canadiens dans le second, où Patrick lui donna la réplique.

À Montréal, ce fut le même scénario, les deux équipes gagnant chacune un match. La première rencontre fut un véritable duel de titans. Il fallut attendre jusqu'à la fin de la seconde période de prolongation pour que Ryan Walter tranche le débat avec un but qui donnait la victoire au Tricolore par le compte de 4 à 3. Patrick avait stoppé 34 des 37 lancers qu'il avait reçus. Dans le second match, les Flames dominèrent outrageusement les Canadiens, lançant à 35 reprises contre seulement 19 et l'emportant par le compte de 4 à 2. Leur quatrième but fut marqué dans un filet abandonné à la faveur d'un sixième attaquant. La série était égale, avec deux victoires de chaque côté, et se transportait maintenant à Calgary. Les Flames avaient reconquis l'avantage de la glace et, plus affamés, en profitèrent pour remporter les deux derniers matchs : des victoires de 3 à 2 à Calgary et de 4 à 2 sur la glace du Forum. Les Canadiens avaient échoué. Les Flames avaient pris leur revanche en remportant la première coupe Stanley de leur histoire.

Néanmoins, c'est à Burns qu'on attribua le trophée Jack Adams, parce qu'on l'avait jugé le meilleur entraîneur de la saison. Quant à Patrick, élu le meilleur gardien, on lui remit le trophée Vézina, le premier de sa carrière, ce qui était plutôt surprenant compte tenu qu'il n'avait disputé que 44 matchs, seulement quatre de plus que la moitié des parties jouées par l'équipe. François Allaire explique cette décision étonnante par la constance des performances de Patrick. Cette année-là, aucun des directeurs généraux de la ligue n'avait pu le voir disputer un mauvais match. Il faisait régulièrement partie des trois meilleurs joueurs de son équipe. Plusieurs lui avaient, en conséquence, accordé leur vote.

Avant le début de la saison 1989-1990, le défenseur Rick Green et le capitaine Bob Gainey annoncèrent tous deux leur retraite. Le poste de Gainey fut comblé par deux cocapitaines, Guy Carbonneau et Chris Chelios. Petit à petit, le visage de l'équipe se transformait. Des vétérans partaient, des plus jeunes leur succédaient.

Jusqu'à la fin de janvier 1990, Burns poursuivit le système d'alternance de ses deux gardiens. Hayward montrait alors une fiche négative de 10 victoires contre 12 défaites. De plus, il avait dû être remplacé par Patrick après avoir offert de mauvaises performances à ses deux derniers départs. Patrick avait pour sa part accumulé 17 victoires jusque-là. N'en pouvant plus, il alla voir Burns : « Dis-moi, coach, ça fait quatre ans que j'accepte cette situation sans dire un mot, qu'est-ce que ça prend pour que je joue un plus grand nombre de parties [on se rappellera qu'il avait raflé tous les trophées remis aux gardiens l'année précédente], pour qu'on me confie le nombre de matchs normalement réservés au gardien numéro un d'une équipe ? » Burns fut sensible à sa demande. On ne revit Hayward qu'à quatre reprises jusqu'à la fin de la saison.

Comme ses rapports avec Hayward prenaient l'allure de ceux d'un vieux couple grincheux, Patrick informa Jacques Laperrière, l'adjoint de Burns, qu'il souhaitait partager sa chambre avec un autre coéquipier sur la route. Il se souvenait que Hayward avait tenté de l'intimider à son arrivée en lui précisant qu'il s'amenait à Montréal pour garder plusieurs matchs et être utilisé durant les séries éliminatoires. Hayward avait de l'expérience, il connaissait la *game*, et Patrick n'était alors qu'une verte recrue. Puis, pendant ces années où ils partagèrent la même chambre, Hayward se couchait tôt la veille des matchs où il devait être à l'œuvre le lendemain, et il regardait la télévision jusque tard dans la nuit la veille des matchs de Patrick. Cette attitude avait engendré plus de rivalité que d'amitié et alimenté la guerre froide que les deux hommes se livraient. Ils étaient davantage des compétiteurs que des coéquipiers. Pourtant, en 1990, non seulement Patrick n'était plus une recrue, mais son jeu était passé à un niveau que Hayward n'atteindrait jamais ; l'intimidation ne faisait plus effet. Laperrière désigna Éric Desjardins comme nouveau « coloc » de Patrick sur la route.

Pour une deuxième année de suite, Patrick remporta les trophées Vézina et Trico, et fut nommé sur la première équipe d'étoiles. Il termina la saison avec une fiche de 31 victoires, 16 défaites et 5 matchs nuls, une moyenne de 2,53 buts alloués par partie et un pourcentage d'efficacité de 91,2, le meilleur de la ligue. Il était le premier gardien à gagner le trophée Vézina deux années d'affilée depuis que cet honneur était attribué par le vote des directeurs généraux.

En raison du regroupement des équipes par divisions pour les fins des séries éliminatoires, les Canadiens, bien qu'ayant terminé au quatrième rang du classement général de la ligue en saison régulière, ne bénéficièrent de l'avantage de la glace dans aucune des deux séries qu'ils disputèrent. Ils éliminèrent d'abord les Sabres de Buffalo en six matchs, pour s'incliner, à la ronde suivante, devant les Bruins de Boston en autant de parties.

⌣

On aimait faire grand cas des préparatifs d'avant-match de Patrick. Il commençait toujours par le côté gauche pour revêtir une pièce d'équipement, il jonglait avec une rondelle dans le vestiaire, il visualisait son but après l'interprétation des hymnes nationaux. On disait que c'était de la superstition, que les gardiens avaient toujours été des êtres à part. Mais il y avait plus que ça. Surtout plus que ça. Tous ces gestes s'inscrivaient dans un rituel qui lui permettait d'oublier la pression, le stress, les distractions, de bloquer les pensées négatives et d'entrer dans une espèce de « zone de confort » avant la compétition. Toujours les mêmes, il les répétait machinalement, sans avoir à y penser. Et le temps passait, ces longues minutes de fébrilité qui précèdent le match où il n'y a plus de temps pour se reposer mais où il y en a trop pour faire ce qui reste à faire, jusqu'à la mise en jeu initiale. Il se sentait alors en sécurité, comme une locomotive sur ses rails. Il n'avait pas à chercher quoi que ce soit autour. Il n'avait qu'à suivre les sillons tracés d'avance, des milliers de fois, jusqu'au début du match. Il était en terrain connu, chez lui, dans ses affaires. Il se sentait bien. Il entrait dans sa bulle.

Et il était loin d'être le seul à avoir son rituel. Outre les manies individuelles des autres joueurs, toute l'équipe avait le sien quand venait le moment de sauter sur la patinoire et tout juste avant d'entreprendre le match. Sitôt après les dernières recommandations de l'entraîneur, à peine trois minutes avant le début de la rencontre, il fallait voir les joueurs, en uniforme, s'aligner à la sortie du vestiaire. Toujours le même rang, au début de chaque partie comme au début de chaque période. Rien n'était improvisé. Comme un match avant le match.

Carbonneau et Green se tenaient côte à côte devant la sortie. Puis leurs gants s'entrechoquaient dans un *high five*. Robinson passait devant Carbonneau et s'engageait le premier dans le couloir, devant Patrick et Skrudland. Skrudland donnait ensuite deux coups de bâton sur les jambières de Patrick, puis deux autres sur celles de Hayward. Patrick s'engageait à son tour dans le couloir et croisait de nouveau Robinson, qui l'attendait dans une encoignure pour lui céder le passage et témoigner son soutien à tous ses coéquipiers qui le suivaient. Hayward était derrière Patrick, puis Walter, Desjardins, Keane et tous les autres, toujours selon l'ordre préétabli qui les conduisait jusqu'à la patinoire. Carbonneau et Green étaient demeurés de chaque côté de la sortie du vestiaire et, de leur gant respectif, encourageaient leurs coéquipiers au passage. Enfin Chelios s'amenait, avec un peu de retard, pour être aussitôt doublé par Gainey qui sortait avant lui. Puis Chelios et Corson se livraient à leur propre rituel sophistiqué d'encouragements mutuels composé d'une série de *high five* et de coups de bâton. Corson devançait ensuite Chelios qui se faufilait immédiatement derrière. Carbonneau attendait que Naslund passe devant lui avant de lui emboîter le pas, suivi de Green et, finalement, de Ludwig qui sortait toujours le dernier.

C'était un rituel certes un peu étrange, mais réglé comme une messe, il était rassembleur et invitait à la solidarité, à l'entraide. Il semblait essentiel à la tranquillité d'esprit dans un tel moment de tension. Et qui peut avancer qu'il ne contribuait pas à la victoire? La marge qui la sépare de la défaite est tellement mince! À ce niveau de compétition, la moindre petite différence dans la préparation, dans la routine, dans l'émotion peut, à la fin, faire une énorme différence.

Ce n'est pas tout. Sur la patinoire, après la séance d'échauffement, juste avant l'interprétation des hymnes nationaux, le cérémonial se poursuivait. Les joueurs se rassemblaient autour du but de Patrick, mais pas n'importe comment. Ludwig et Carbonneau venaient se poster à sa droite, comme des sentinelles, tandis que Robinson faisait de même à sa gauche et que les autres joueurs, tour à tour, venaient frapper de leur bâton les jambières du gardien dans un geste d'encouragement. Naslund leur faisait face à cinq mètres, semblant les observer, directement devant Patrick. Venant de la gauche, Chelios et Corson transmettaient leurs vœux à Ludwig, Carbonneau, Patrick et Robinson. Celui-ci attendait alors que Green le frappe de l'épaule par-derrière. C'était le signal du dénouement. *Ite missa est.* Robinson passait ensuite devant Patrick, frappait ses jambières pour l'encourager, faisait de même auprès de Carbonneau et de Ludwig, suivi de Green, et se dirigeait ensuite vers Naslund, toujours immobile devant, et leurs deux gants de la main gauche se touchaient. Presto, Naslund détalait, s'avançait et frappait de son bâton le bloqueur de Patrick. S'approchait ensuite Ludwig qui, à l'aide d'un grand moulinet, donnait un vigoureux coup de bâton sur les jambières de Patrick, suivi du capitaine Carbonneau qui faisait de même mais ajoutait trois autres touches du bâton, à la mitaine – « Charlotte » –, à l'épaule gauche et à la tête.

C'était un rituel collectif dont le scénario était réglé au quart de tour, comme l'entrée en scène d'artistes. Chacun avait un rôle à y jouer, mais chacun devait aussi respecter le rôle joué par l'autre, au risque de tout faire dérailler. « Personne ne s'est enfargé ; on devrait connaître un bon match. » On était prêts pour l'interprétation des hymnes nationaux. Au son des dernières mesures, Patrick patinait jusqu'à la ligne bleue, se tournait vers son filet, se livrait à son exercice de visualisation, revenait à toute vitesse vers son but, bifurquait brusquement à gauche, vers le coin de la patinoire, et revenait prendre sa place devant le but. On pouvait commencer.

Tout ce qui suivait était beaucoup moins prévisible. On ne contrôlait pas tout le scénario à venir ; il faudrait composer avec l'adversaire, qui avait aussi le sien.

Pendant les pauses publicitaires ou à la fin de chaque période, quand il pouvait s'amener au banc, Patrick se gardait bien de patiner sur les lignes rouge et bleue. Il les enjambait. Il avait pris cette habitude machinalement et ne voulait plus s'en départir, pour garder la chance de son côté.

Un jour que les Canadiens se produisaient sur une patinoire étrangère, Patrick constata, lors du retour au vestiaire après la première période, que la rondelle avec laquelle il jonglait avait disparu. Inquiet, il lança au préposé à l'équipement : « Pierre ! Où est passée ma rondelle ? »

Pierre Gervais, qui saisissait bien la gravité de la situation, devina ce qui s'était passé. Il est de coutume, dans la LNH, que l'équipe d'accueil mette un employé à la disposition du club visiteur pour assister le préposé à l'équipement. Gervais accourut vers cet employé.

— Dis donc, as-tu vu une rondelle par terre, dans le coin de la chambre ?

— Euh ! Oui… il y en avait une sur le plancher.

— Où est-elle ? Qu'en as-tu fait ?

— Je l'ai donné à un ami qui est venu voir le match. Pourquoi ? Est-ce si important ?

— Peux-tu le retrouver ? Il nous faut cette rondelle avant le début de la deuxième période.

L'employé dut croire que Gervais était cinglé. Les équipes apportent des dizaines de rondelles. Pourquoi celle-là ?

Habituellement, le préposé à l'équipement des Canadiens avisait les employés des patinoires étrangères de ne pas toucher à l'objet fétiche. Cette fois, Gervais avait oublié. Heureusement, quelques minutes plus tard, après une balade dans les gradins, l'employé revint avec la précieuse rondelle, que Gervais lui échangea contre une autre, plus anonyme. Le rituel était sauf. La victoire aussi… peut-être.

Puisqu'il est question de cérémonial, c'est le 9 juin 1990 que la messe du mariage de Patrick et de Michèle Piuze fut célébrée à l'église du Saint-Sacrement, à Québec. Après une réception au Château Bonne Entente de Sainte-Foy, les deux s'envolèrent pour Hawaï en voyage de noces.

◡

Comme Mats Naslund avait décidé de poursuivre sa carrière en Europe, les Canadiens, avant le début de la saison 1990-1991, sacrifièrent Chris Chelios en l'échangeant contre l'avant Denis Savard, des Blackhawks de Chicago. L'équipe se défendait bien défensivement, mais depuis deux ans, elle éprouvait des difficultés en offensive. On estimait que la venue de Savard donnerait un bon coup de main aux Stéphane Richer, Shayne Corson et Russ Courtnall pour marquer davantage de buts. On nota aussi les départs des vétérans Bobby Smith et Craig Ludwig, de même que ceux de Claude Lemieux, échangé aux Devils du New Jersey contre Sylvain Turgeon.

Cette année-là, à l'invitation de la Ligue nationale qui voulait promouvoir le hockey à l'étranger, les Canadiens acceptèrent de tenir une partie de leur camp d'entraînement en Union soviétique. Cent vingt-huit personnes étaient du voyage, dont le cuisinier du restaurant du Forum, *La Mise au jeu*, pour se prémunir contre la bouffe des restaurants russes qui n'avaient pas la meilleure des réputations. On avait également pris soin d'apporter les réserves d'eau et d'aliments pour suffire aux besoins de l'équipe.

Les joueurs s'envolèrent d'abord vers la Suède le 4 septembre, en prévision d'un premier match à Stockholm le 10. Leurs femmes les rejoindraient dans cette ville la veille du match et les six jours d'intervalle serviraient de préparation à l'équipe. Puis on jouerait ensuite un match tous les deux jours derrière le Rideau de fer. Le 12 à Leningrad, le 14 à Riga, et les 16 et 18 à Moscou où, pour ce qu'on pourrait appeler l'apogée du voyage, les attendaient le Dynamo de Moscou et l'équipe de l'Armée rouge respectivement.

On ne peut pas dire que l'expédition fut un grand succès, du moins en matière de hockey. Les joueurs des Glorieux n'en étaient qu'à l'étape de mise en forme ; leur synchronisme n'était pas encore à point, leur condition physique non plus. Mais comment faire comprendre cela à des formations qui s'entraînent déjà depuis des semaines et qui ne vivent que pour le moment de prendre la mesure, devant leurs propres partisans, de l'équipe la plus prestigieuse au monde ? Cela représentait beaucoup de pression à cette étape du camp d'entraînement. Les derniers matchs, contre le Dynamo de Moscou et l'Armée rouge, donnèrent lieu à des débordements, furent marqués par la frustration, et ponctués de bagarres et de coups salauds. Rien qui ressemble à une amicale partie d'exhibition. Rien pour redorer l'image des hockeyeurs canadiens, même si leurs adversaires tenaient le plus souvent le rôle de provocateurs. Rien non plus pour rappeler aux joueurs des Canadiens qu'ils visitaient la deuxième puissance du monde en hockey, la patrie des Vadislav Tretiak et Valeri Kharlamov qui, en 1972, avaient stupéfié le monde en donnant une impressionnante démonstration de leur savoir-faire contre les meilleurs joueurs du Canada.

La partie touristique du périple ne fut pas appréciée de la même façon par tout le monde. Bien sûr, elle permit au groupe de visiter des villes typiques et des endroits mondialement célèbres comme le Kremlin, la place Rouge, l'église Basile-le-Bienheureux et le mausolée de Lénine, mais l'Union soviétique en était à son champ du cygne, à quinze mois à peine de sa dissolution qui allait mettre fin à soixante-quatorze ans de régime communiste. Ses difficultés économiques étaient évidentes, et la pauvreté qui s'affichait ouvertement, dans une ville comme Leningrad, pour ne prendre que cet exemple, en mit plusieurs mal à l'aise. La politique économique de l'URSS était en pleine mutation et commençait à s'ouvrir aux investissements étrangers. À preuve, ce restaurant McDonald's, un des symboles les plus flamboyants du capitalisme américain, installé depuis quelques mois au parc Gorky, qui servait des milliers de repas par jour. Mais pas question pour les joueurs des Canadiens et leurs compagnes de faire le pied de grue parmi cette file de Moscovites, longue de deux cents mètres, qui attendaient leur « Big Mac » devant l'établissement.

Après deux semaines, tout le monde en avait assez et Burns l'exprima publiquement. « Il n'y a pas de gars plus calme et plus patient que Patrick Roy. Or, quand Patrick dit qu'il en a assez, je pense qu'il est temps de rentrer », déclara-t-il.

Le 3 octobre, quelques jours avant que débute la saison, Patrick, dont le contrat était en renégociation, devint le plus haut salarié de tous les gardiens de but de la LNH et le joueur le mieux rémunéré de toute l'histoire des Canadiens de Montréal. En vertu de cette nouvelle entente de trois ans assortie d'une année d'option, on lui verserait 780 000 dollars les deux premières années et 1 040 000 dollars la troisième. À ces montants s'ajoutaient de généreuses primes selon la performance. On était bien loin de Leningrad.

Brian Hayward comprit alors qu'il ne serait plus à Montréal très longtemps. Il avait demandé à son entraîneur de jouer au moins la moitié des matchs de l'équipe. Comme Burns ne pouvait lui donner cette assurance, il décida de faire la grève et de rester chez lui à l'Île-des-Sœurs. On était le 8 octobre et la saison n'était vieille que de deux matchs. Hayward prétendait avoir obtenu l'assurance qu'il serait traité d'égal à égal avec Patrick lorsqu'il avait signé un nouveau pacte de deux ans au cours de l'été et que « des promesses avaient été brisées ».

On était rendu à la rivière.

Hayward fut d'abord suspendu sans salaire pour ensuite être échangé aux North Stars du Minnesota, un mois plus tard, en retour du défenseur Jayson More. Il avait décidé de sacrifier le rôle de meilleur deuxième gardien de la ligue et toute la reconnaissance que lui apportait ce statut chez les Canadiens pour tenter sa chance comme premier gardien ailleurs. Affligé de maux de dos, il ne parvint jamais à atteindre son objectif, ni au Minnesota, ni à San Jose où il se retrouva la saison suivante, quand les Sharks firent leur entrée dans la

LNH. Il n'avait plus les capacités physiques pour assumer le rôle exigeant de premier gardien.

L'ironie du sort voulut que les blessures attendent le départ de Hayward pour s'en prendre à Patrick. Même si les gardiens ont à subir des bombardements quotidiens de rondelles durant les parties ou les entraînements, il est assez rare qu'ils soient sérieusement blessés. Ils sont souvent victimes d'ecchymoses, bien sûr, quand des rondelles se faufilent dans des endroits plus vulnérables, mais généralement, leur lourd équipement les protège adéquatement contre des blessures sérieuses. La saison 1990-1991 fut cependant celle où, de toute sa carrière, Patrick dut s'absenter le plus souvent pour cause de blessures. Il rata d'abord neuf parties après que, le 12 décembre, Petr Svoboda et Wendel Clark lui furent tombés sur le genou gauche; diagnostic : ligaments étirés. Puis, le 27 janvier, ce fut au tour de Graeme Townshend, un ailier droit des Bruins, de tomber de tous ses 102 kilos sur sa cheville gauche, après avoir été bousculé par Donald Dufresne. Un ligament céda et Patrick dut rester inactif pendant quatorze parties. Il eut ainsi tout le loisir de vivre pleinement la naissance de son deuxième fils, Frédérick, né le 26 février. Enfin, il se blessa de nouveau à la même cheville, le 16 mars suivant, ce qui lui fit rater deux autres matchs. Les gardiens André Racicot et Jean-Claude Bergeron se relayèrent pour assurer la relève pendant les quelque 25 rencontres qu'il rata.

Cette absence prolongée l'a peut-être privé d'un autre trophée Vézina, car il ne put remporter plus que 25 victoires. Mais il se reprit dès l'année suivante, lors de la saison 1991-1992, avec 36 gains, une moyenne de 2,36 buts alloués par partie et un pourcentage d'efficacité de 91,4. En plus de son troisième trophée Vézina, il remporta aussi le Jennings et fut élu sur la première équipe d'étoiles. Il termina au second rang, derrière Mark Messier, des Rangers de New York, dans la course au prestigieux trophée Hart, remis au joueur jugé le plus utile à son équipe en saison régulière. Enfin, il affichait le meilleur pourcentage d'efficacité de la ligue, étant le seul gardien, encore une fois, au-dessus de la barre des 90,0 %.

Dans les séries d'après-saison, les Canadiens éliminèrent d'abord les Sabres de Buffalo en six parties pour ensuite perdre en sept matchs contre les Bruins de Boston. Ceux-ci gagnèrent l'ultime affrontement de la série par le compte de 2 à 1, au Garden de Boston.

Cette année-là, Bob Gainey, à sa première année comme entraîneur des North Stars du Minnesota, conduisit son équipe en grande finale de la coupe Stanley contre les Penguins de Pittsburgh.

La seule chose que Patrick reprochait à Burns, c'était sa crainte apparente que les joueurs abusent de lui. Aussi, tout au long du calendrier de 80 matchs, les congés étaient rares et les entraînements très intenses, si bien qu'en fin de saison les joueurs n'avaient plus beaucoup de carburant dans le réservoir. Mais il adorait l'éthique de travail de Burns, la discipline qu'il imposait, la simplicité et la clarté de son système de jeu, lequel était surtout axé sur une défensive étanche. Ces qualités ont d'ailleurs permis à l'ancien policier de connaître une superbe carrière : il a remporté le trophée Jack Adams à trois reprises, avec trois équipes différentes, à titre de meilleur entraîneur de l'année.

Sous son air sévère, Burns savait s'amuser à l'occasion. Jacques Laperrière, son adjoint, était reconnu comme le champion joueur de tours dans l'équipe. Il lui arrivait, par exemple, d'enduire de vaseline le combiné du téléphone de Burns. Immanquablement, celui-ci se graissait tout le côté du visage en répondant à un appel. Pour remettre à Laperrière la monnaie de sa pièce, il fit venir, des services policiers où il avait encore des contacts avec d'anciens collègues, une espèce de poudre que les enquêteurs utilisaient pour démasquer les faux monnayeurs ou les trafiquants de drogue au moment d'opérations d'échange d'argent. On disait qu'elle avait des propriétés ultraviolettes, si bien qu'elle était invisible à l'œil nu lorsque saupoudrée sur un billet de banque, par exemple.

Mais aussitôt qu'elle était en contact avec un corps chaud ou humide, telle une main moite, elle se transformait en un liquide violet qui imprimait alors des taches excessivement difficiles à récurer.

Laperrière se fit prendre quand Burns en saupoudra le combiné de son téléphone. Il en eut la bouche toute bleue. Ayant trouvé le résultat très efficace, il proposa à l'entraîneur d'en répandre à l'intérieur du masque de Patrick avant un entraînement. Burns acquiesça, surtout qu'il soupçonnait Patrick ou un de ses coéquipiers d'avoir coupé le bout de ses chaussettes. Il était passé tout droit en les revêtant. « Vous voulez la guerre ? Très bien ! » s'était-il dit. Mais il connaissait bien les effets de ce produit. « Lappy, mets-en pas trop, ça tache en sacrifice, cette poudre-là ! » Mais « Lappy » ne voulait rien savoir. Il ne voulait surtout pas rater son coup. Il fut généreux.

À l'entraînement, Patrick s'échauffait et la sueur commençait à couler sous son masque. Comme il avait l'habitude de transpirer abondamment, il ne constata pas tout de suite que sa sudation n'avait pas la même couleur que de coutume. C'est quand il vint au banc et qu'il enleva son masque pour se désaltérer que Pierre Gervais, qui ne savait rien du complot, vit les grandes coulisses violacées qui lui recouvraient le visage. Un monstre.

On le conduisit à la salle du soigneur où on se mit à deux, pendant une bonne heure de frottage, à l'aide de toutes sortes de produits, du savon à la térébenthine en passant par l'alcool et le peroxyde, pour réussir, à peu près, à le nettoyer. Comme les soupçons de Patrick se portèrent immédiatement sur Laperrière, qui était toujours sur la glace en survêtement d'exercice, il entra dans son bureau et coupa les deux jambes de son pantalon de complet. Burns s'en était bien tiré.

Mais il n'allait pas s'en tirer aussi bien lors de la saison 1991-1992. Son système de jeu, hermétique en défensive, ne générait ni beaucoup d'attaques ni beaucoup d'occasions pour les partisans de se lever de leur siège. Ceux-ci commençaient à s'impatienter devant un spectacle souvent trop terne et ennuyant. Même si les Canadiens terminèrent le calendrier régulier au cinquième rang du classement général, ils ne se classaient qu'en quatorzième place – sur vingt-deux équipes – pour le nombre de buts marqués. Ses meilleurs buteurs, cette année-là, furent Kirk Muller (36), obtenu en début de saison des Devils du New Jersey avec le gardien Roland Melanson, en retour de Stéphane Richer et de Tom Chorske, Denis Savard (28), Stephan Lebeau (27), Brent Gilchrist (23) et Gilbert Dionne (21). De plus, l'équipe venait de perdre ses deux dernières séries contre les Bruins. L'hypothèque commençait à peser lourd.

Les journalistes aussi avaient des reproches à faire à l'entraîneur. Burns paraissait de plus en plus impatient lors de ses points de presse, surtout quand l'équipe traversait une mauvaise passe. C'était visiblement par obligation qu'il se présentait devant les médias, ce qui l'accablait de plus en plus.

La première ronde des séries éliminatoires de 1992 opposa les Canadiens aux Whalers de Hartford. Le Tricolore en sortit vainqueur, par la peau des dents, à la faveur d'un but de Russ Courtnall, marqué en deuxième période de prolongation lors du septième et ultime match. Dans l'autre série de la division Adams, les Bruins de Boston causèrent une certaine surprise en éliminant les Sabres de Buffalo. Pour une troisième année de suite, les Canadiens se frotteraient donc aux Bruins de l'entraîneur Rick Bowness, en ronde quart de finale, eux qui les avaient expulsés des séries les deux années précédentes.

Patrick entama bien mal cette série. Il connut un match pitoyable, accordant pas moins de trois mauvais buts dans une défaite de 6 à 4. Il est bien difficile d'expliquer sa performance ce soir-là. Il semblait qu'une autre force que la sienne lui dictait ses gestes. Il était tendu et stressé. Voilà le gagnant du trophée Vézina pour une troisième fois en quatre ans, celui qui s'est hissé au sommet, au rang de meilleur gardien de la ligue, qui se bat contre la rondelle comme s'il avait oublié tout ce qu'il pouvait faire, comme si ce qui était là hier n'y était plus aujourd'hui. Il avait perdu ses repères. Il se battait dans la noirceur.

Mais sous les puissants projecteurs du Forum, il ne pouvait pas se cacher. Ce n'est pas aux trophées Vézina que la foule pensait mais aux dernières défaites successives dans les séries d'après-saison contre ces mêmes Bruins, au jeu de Patrick qui, étonnamment, avait connu des hauts et des bas dans les dernières séries, alors qu'il affichait pourtant tellement de constance en saison régulière, au but qu'il avait accordé à Cam Neely sur un lancer de la ligne bleue et qui avait mis les joueurs des Canadiens prématurément en vacances le printemps précédent. Et Robinson qui n'était pas là pour lui rappeler : « *No more bad goals!* »

Il était le joueur le mieux payé de l'équipe, son pilier, sa grande vedette, celui sur lequel on comptait pour faire la différence et vaincre l'adversaire. Comme il l'avait fait en 1986. On savait bien que ce n'était pas cette offensive timide et anémique qui procurerait la victoire aux Glorieux. Mais c'est justement parce que les attentes étaient démesurées que sa marge de manœuvre était inexistante. Il ne pouvait s'autoriser la moindre erreur sans qu'elle ait un impact déterminant sur l'issue du match. Ce soir-là, il s'en autorisa trois. Trois de trop.

En fin de seconde période, Denis Savard marqua un but qui redonna espoir aux partisans. Le compte était alors de 4 à 3 en faveur des Bruins. Mais à peine quelques secondes plus tard, Reggie Leach laissa partir un faible lancer du cercle de la mise en jeu, dans le territoire des Canadiens. Patrick fut déjoué à sa droite, après avoir esquissé un geste tardif, crispé et maladroit qui ne lui était pas coutumier. Il n'était que l'ombre de lui-même. En dérision, une partie de la foule se mit à scander « Ra-ci-cot! Ra-ci-cot! », réclamant de Burns qu'il remplace Patrick par son adjoint André Racicot. Après que la sirène eut annoncé la fin de la période, Patrick fut copieusement hué quand il retourna, piteux, au vestiaire.

Ce que foule veut, Dieu le veut! C'est Racicot qui amorça le troisième engagement devant le but. Je dis « amorça » parce qu'il n'y fut que cinquante-deux secondes. Têtu, Burns suivait son plan et il n'était pas question qu'il se laisse intimider. D'abord, il voulait signifier à la foule que c'était lui l'entraîneur, que Patrick était toujours « son homme » et qu'il le soutenait advienne que pourra. Ensuite, les Bruins avaient commencé la période en avantage numérique et, menaçants, ils bourdonnaient continuellement dans le territoire du Tricolore. Comme l'écart n'était que de deux buts, Burns n'était pas encore prêt à jeter l'éponge et il se souvenait que jouer au yo-yo avec les gardiens n'était pas la meilleure stratégie en séries. Rien de pire pour semer le doute chez les joueurs et surtout chez celui qui devait être là mais qui n'y était pas. Burns attendit que l'arbitre sifflât le premier arrêt de jeu pour renvoyer Patrick dans la mêlée. Le moment était mal choisi. Racicot venait de réaliser son premier arrêt. Un beau. C'est donc au son de quelques huées de désapprobation que Patrick reprit sa place devant le filet, mais aussi sous les applaudissements de ses coéquipiers qui s'étaient levés au banc pour lui témoigner leur solidarité. La pression sur lui était énorme.

Il n'y était que depuis quelques secondes quand il se surpassa et fit un arrêt aussi miraculeux que chanceux sur un retour de lancer de Joé Juneau. Heureusement. La foule se calma. La partie se termina sans histoire. Chaque équipe ayant marqué une fois lors du dernier engagement, Boston repartit avec la victoire. Mais à la fin du match, Patrick était durement secoué. Il n'arrivait pas à comprendre ce qui lui était arrivé. Pourquoi il n'avait pu faire le bon geste au bon moment, pourquoi tout lui avait semblé si difficile. Il reçut cependant l'appui de plusieurs coéquipiers, dont celui de Denis Savard. « Nous avons remporté 41 victoires cette saison et Patrick nous en a donné 36, déclara-t-il. Ce qui est arrivé durant le match a été dur pour les joueurs ; ça l'a été encore plus pour lui. Il ne connaîtra pas deux parties comme celle qu'il vient de jouer. Pas lui. Non. Ça, jamais ! »

Effectivement, Patrick retrouva son aplomb. Mais ce ne fut pas suffisant pour stopper l'élan des Bruins. Après avoir gagné le second match en prolongation, le reste de la série ne fut plus qu'une formalité pour les Bostonnais. Ils remportèrent les autres matchs et balayèrent les Canadiens par quatre parties à zéro. Patrick avait été solide, mais on n'avait pas revu le gardien inspiré du printemps 1986. De leur côté, ce ne sont pas tous les joueurs qui avaient affiché la combativité requise pour vaincre une équipe de travailleurs hargneux et acharnés comme les Bruins. Il y avait visiblement un malaise ; l'indifférence et le mécontentement étaient palpables. Burns était critiqué, son poste, remis en question. Il y avait dans l'air une forte ambiance de déjà-vu, celle de la série de 1988, contre ces mêmes Bruins, qui avait abouti au départ de Jean Perron.

Au son de la sirène, Burns savait qu'il venait de diriger les Canadiens pour la dernière fois. Les partisans n'accepteraient pas ces trois défaites en trois ans contre les porte-couleurs de Boston. La direction se devait de faire un ménage important. Et les relations parfois houleuses de Burns avec les médias l'avaient vidé. Il en avait assez. Quelques jours plus tard, on annonça qu'il serait de retour à l'automne, mais ce n'était vraisemblablement que pour calmer le jeu. Avant la fin du mois, Burns remit sa démission après avoir déclaré : « Il y a des joueurs qui m'ont laissé tomber ! »

Quant à Patrick, malgré ces trois décevantes séries contre les Bruins, il était parvenu, pendant ces quatre années où Burns avait été à la barre des Canadiens, à s'établir comme le meilleur gardien de la Ligue nationale en raison de l'excellence et de la constance de ses performances en saison régulière.

19

LA QUÊTE DE LA PERFECTION

Depuis huit ans, inlassablement, Patrick et François Allaire poursuivaient leur quête de la perfection. Celle-ci aurait voulu qu'un gardien n'accorde jamais de but. Ils savaient bien qu'ils ne l'atteindraient pas ; cet idéal impossible n'est pas de ce monde, surtout pas celui du hockey et encore moins celui des gardiens de but. Mais comme chez ces chevaliers du Moyen Âge qui mettaient leur valeur à l'épreuve en cherchant en vain le Saint-Graal, leur démarche devenait plus significative que le but à atteindre. Non seulement leur quête avait-elle fait de Patrick le meilleur gardien de la LNH, mais aussi elle allait révolutionner la façon de garder le but et permettre à cet art de combler le retard qu'il accusait par rapport aux autres positions dans le hockey moderne.

Ils s'étaient éloignés du chemin déjà tout tracé par ceux qui les avaient précédés et avaient exploré un nouveau terrain, de nouveaux espaces, en suivant leur instinct, leur vision. Ils étaient convaincus d'avoir pris la bonne direction. Ils ne s'étaient pas trompés. Dans peu de temps, plusieurs autres marcheraient dans leurs traces.

Le Forum était devenu un véritable laboratoire de recherche pour l'amélioration de l'art de garder le but. De ce point de vue, ce qui se passait à Montréal entre Patrick et François Allaire était unique dans toute la LNH, unique au monde. On allait bien au-delà de ce qui se faisait ailleurs. Non seulement préparait-on les gardiens de l'équipe pour les matchs, mais on innovait, on inventait de nouvelles manières de faire les choses et on perfectionnait le prototype qui allait servir de modèle à la prochaine génération des meilleurs gardiens de but de toute l'histoire du hockey.

Pour qu'un gardien donne un rendement optimal, il lui faut une bonne technique, un équipement adéquat, une confiance inébranlable et une grande motivation. Que ce fût le jour d'un match ou une journée d'entraînement, Patrick avait sa routine, des habitudes auxquelles il ne dérogeait jamais. François Allaire s'inscrivait à l'intérieur de ces horaires établis. Après chaque match, il se tapait deux heures de vidéo pour analyser les séquences de la rencontre où Patrick avait été sollicité. Il lui présentait ensuite, en temps opportun, un montage d'environ cinq minutes selon ce qu'il appelait le concept du « sandwich » : d'abord une entrée en matière où Patrick exécutait de bons gestes ; ensuite la viande, c'est-à-dire ce qu'il devait éviter, changer ou améliorer ; enfin on terminait le visionnage par les séquences qui le montraient à son meilleur, afin de l'inciter à répéter ce qu'il faisait de mieux. C'est ainsi que, match après match, jour après jour, pendant une bonne dizaine d'années, Patrick et Allaire ont passé des milliers d'heures devant des bandes vidéo et sur la patinoire, à perfectionner et à adapter la technique du « papillon » en visant à colmater toutes les brèches, en faisant en sorte qu'elle réponde à toutes les situations réelles et imaginables, en cherchant à atteindre la perfection. Patrick se faisait-il marquer un but d'une nouvelle manière, tout de suite on cherchait la solution pour la neutraliser et on l'expérimentait dès l'entraînement suivant.

À mesure que sa technique évoluait et se perfectionnait, Patrick constatait que de moins en moins de mouvements étaient nécessaires pour arrêter les rondelles. Tout avait l'air plus facile, plus simple, plus fluide. C'était l'efficacité par l'économie de mouvements. En langage de gestion, on aurait dit qu'il devenait plus efficient.

Au début, les analystes et commentateurs des matchs à la télévision interprétèrent le nouvel art de Patrick avec plus ou moins de perspicacité. Comme tout avait l'air plus facile, on en conclut que les lancers qu'il recevait n'étaient pas dangereux.

C'est quand il se faisait prendre hors position et qu'il devait se rattraper par un geste désespéré de la main ou de la jambière qu'on disait qu'il venait de faire un arrêt extraordinaire, alors qu'au fond ce geste était souvent la conséquence d'un déplacement trop lent ou d'une anticipation erronée. Et quand un tir parfait le déjouait alors qu'il était en position de base du « papillon », on disait que c'était un mauvais but et qu'il avait été faible, sans tenir compte du fait que, grâce à cette technique, il faisait bien des arrêts que d'autres gardiens ne faisaient pas, notamment au ras de la glace. Il est vrai que le rendement de Patrick dans les séries de 1986 et son statut de meilleur gardien de la ligue avaient créé une surenchère au chapitre des attentes. Combien de fois n'avons-nous pas entendu un analyste de la télé s'exclamer « Il a paru chancelant sur ce tir » ou « Il a été chanceux d'effectuer cet arrêt » ou « Ce n'est pas le gardien que l'on a connu » ! Même quand il faisait l'arrêt, ce n'était pas suffisant. Il aurait fallu qu'il le fasse comme l'analyste l'aurait souhaité. Néanmoins, il arrêtait de plus en plus de lancers et l'amélioration constante de son pourcentage d'efficacité en témoignait. Non seulement était-il devenu le meilleur gardien de la ligue, mais il était un des seuls à afficher une telle constance dans ses performances, aussi bien durant les matchs que durant les entraînements.

Mais l'équipement ne suivait plus. Les culottes et les jambières avaient initialement été conçues pour protéger un gardien qui se tenait debout. En position de « papillon », elles laissaient toutes sortes d'ouvertures par lesquelles les rondelles pouvaient se faufiler, entre autres entre les jambes (*five hole*). On se mit donc à accorder autant d'importance à l'équipement qu'on en avait accordé à la technique jusque-là. À quoi cela servait-il de faire le bon mouvement si un équipement inadéquat venait tout gâcher ? C'est à partir de cette période que l'équipement du gardien ne se limita plus à le protéger contre l'impact des rondelles ; comme le bâton, il devint un allié, un complice pour les stopper, dans les limites permises par les règlements.

Michel et Patrick Lefebvre, les artisans qui fabriquaient déjà le masque de Patrick, furent mis à contribution pour concevoir des jambières qui tiendraient compte des nouveaux paramètres. Ils réussirent si bien que Patrick porta leurs jambières tout au long de sa carrière, à l'exception de quelques saisons où Koho les fabriqua pour son compte. Quant aux culottes et au plastron qui, de façon régulière, subissaient également des ajustements, c'était Marco Argentino, un spécialiste de la réparation d'équipements de sport dont les Canadiens utilisaient les services, qui s'en chargeait. Il avait appris à modifier les pièces d'équipement des joueurs de manière à leur donner satisfaction. Petit à petit, l'équipement du gardien subit des transformations pour être à la hauteur de la nouvelle technique, et les gardiens qui ont quitté Montréal pour aller jouer ailleurs à cette époque ont exporté ces innovations.

Stephan Lebeau a bien connu Patrick. Il a joué avec lui à Montréal une demi-douzaine de saisons et a partagé la même chambre sur la route pendant une année. Puisant dans ses souvenirs, voici ce qu'il dit de lui aujourd'hui : « Ce qui a caractérisé Patrick, c'est une confiance inébranlable en lui, une confiance que bien peu d'athlètes possèdent, une capacité de ne jamais se mettre en doute, même dans les moments difficiles, de considérer tous les échecs comme des événements temporaires, des accidents de parcours. C'est pour ça qu'il a toujours été capable de tourner la page rapidement après une mauvaise performance et de rebondir rapidement. C'est ce qui fait qu'il a connu autant de succès. » Sans confiance, la pression peut devenir étouffante et paralyser tous les efforts. Avec la confiance, elle devient un stimulant. C'est pourquoi Patrick a toujours eu besoin de cette pression pour donner le meilleur de lui-même.

En avril 1992, au cours d'une entrevue avec Jean-Luc Mongrain, lors de son émission *L'Heure juste*, à Télé-Métropole, une des réponses de Patrick étonna l'animateur. Celui-ci lui avait demandé à qui il en voulait lorsqu'il se faisait marquer un but, qui il blâmait.

— Je ne blâme que moi-même… parce que je suis le dernier rempart.

— Oui, mais vous ne pouvez tout de même pas arrêter tous les lancers?

— Oui. Dans ma tête, c'est ce que je crois.

Voilà comment Patrick pensait. Il était convaincu qu'il pouvait les arrêter tous. Même que parfois… il y arrivait. Ce n'étaitpas de l'arrogance ; c'était de la confiance. Il ne disait pas « je vais tout arrêter », il disait « je crois que je peux tout arrêter ». La nuance est fondamentale. Il visait la perfection, ne l'atteignait que rarement, mais s'en approchait le plus possible.

Au cours des matchs, on l'a souvent vu exécuter des gestes qui ont parfois été assimilés à de l'arrogance. Ce n'était pas le cas. L'arrogance se fonde sur un sentiment de mépris ou le manque de respect. Si Patrick méprisait la défaite, il n'a jamais méprisé aucun de ses adversaires, pour qui il a toujours éprouvé le plus grand respect. Bien sûr, par ses tactiques pour montrer à ses opposants qu'il était en pleine possession de tous ses moyens, au-dessus de ses affaires – même si ce n'était pas toujours le cas –, il pouvait aussi les intimider, les distraire et leur faire perdre leur concentration. C'était le jeu de la compétition. Mais ces gestes, même s'ils ont pu être perçus comme de la provocation de la part de l'adversaire, c'était surtout à ses coéquipiers que Patrick les destinait, pour leur montrer qu'il était en pleine maîtrise de la situation, qu'il était confiant, afin qu'à leur tour ils puissent jouer en toute assurance et avec aplomb.

On a souvent entendu un partisan frustré par l'apathie d'un joueur lancer ce grand cri du cœur : « Maudit pas bon, au salaire qu'on t'paye, tu pourrais t'grouiller le cul ! » Pourtant, la motivation n'a pas grand-chose à voir avec le salaire. C'est un principe de base que les écoles de gestion et les facultés d'administration enseignent à leurs étudiants. Le salaire est un facteur d'hygiène mentale. Un joueur qui gagne quatre millions de dollars par année sera malheureux s'il estime appartenir à la catégorie de ceux qui en font six, alors que celui qui gagne 800 000 dollars sera parfaitement heureux d'être le mieux rémunéré de sa catégorie. La motivation vient d'ailleurs. La preuve? Les séries éliminatoires constituent la période de l'année où les joueurs sont le plus motivés pour gagner. Pourtant, exception faite de quelques primes bien insignifiantes par rapport à leur salaire annuel, ils ne sont pas payés durant cette période. Tout leur salaire leur est versé durant la saison régulière.

La motivation a davantage à voir avec l'idée de réalisation, le désir d'accomplissement qui mène à la valorisation de soi. En retour, ce désir est déclenché par l'estime que l'athlète reçoit de son entourage, principalement de son entraîneur. Au printemps 1986, Jean Perron comptait sur Patrick et le lui avait fait savoir. Il lui avait confié la responsabilité de garder le but pour mener l'équipe à la conquête de la coupe Stanley. Patrick se devait d'être à la hauteur de cette confiance. Il se sentait estimé. Il ne pouvait pas laisser tomber son entraîneur. Il avait des choses à se prouver à lui-même et aux autres. Il se sentait engagé, responsable, il avait un défi personnel à relever. Il était gonflé à bloc. Il devait gagner. Le printemps suivant, le même entraîneur a décidé de partager la responsabilité entre Patrick et son adjoint. L'estime aussi avait été partagée. Du même coup, ce n'était plus le même défi. Le désir d'accomplissement n'était plus sollicité avec la même intensité, et, involontairement, je dirais même à son insu, la motivation de Patrick n'était plus la même.

En saison régulière, lors des années passées à Montréal, ce fut le défi de livrer des performances dont l'excellence était constante et de se hisser au rang du meilleur de la ligue qui motivait Patrick. Il était aussi intense aux entraînements que dans les matchs. Plus tard dans sa carrière, ce fut la chasse aux records des meilleurs de tous les temps qui le stimula.

Au tournant des années quatre-vingt-dix, quand Patrick atteignit le rang de supervedette chez les Canadiens de

Montréal, la clientèle qui se présentait dans les écoles de gardiens de but changea radicalement. Jusque-là, on ne peut pas dire que le rôle de gardien de but était très envié. Être limité à empêcher que des buts soient marqués contre son équipe et ne jamais pouvoir en marquer soi-même ne comportait rien de bien attrayant. Aussi, il était courant chez les jeunes de reléguer devant le but celui qui avait le moins de dispositions athlétiques. Il se retrouvait à cette position parce qu'il était moins grand, moins costaud, moins bon patineur, moins habile.

Mais tout à coup, la grande vedette des Canadiens de Montréal n'était plus un Richard, un Béliveau ou un Lafleur, elle n'était plus un joueur d'avant, un marqueur prolifique, ni un défenseur, mais un gardien de but. C'était nouveau. Un gardien de but qui avait fait une entrée fracassante dans la ligue en défiant le destin dès sa première saison, qui offrait des performances spectaculaires au sein d'une équipe qui lui permettait de se mettre bien en évidence dans une ville où les médias lui donnaient une visibilité sans égal, un gardien de but qui avait établi son propre style, sa marque de commerce, et qui avait mis de côté son masque blanc, ses mitaines et ses jambières de cuir écru pour les remplacer par un équipement flamboyant et plutôt attrayant, entièrement aux couleurs de la Sainte Flanelle.

Du même coup, de bons jeunes athlètes dont les qualités physiques et la taille leur auraient permis de jouer à n'importe quelle position sur une patinoire voulaient être gardiens de but et se présentaient dans les écoles spécialisées à cette fin. Du même coup, la mentalité de leurs parents, pour qui il n'était pas très reluisant jusque-là que leur progéniture veuille garder le but, s'était aussi métamorphosée.

Ainsi naquit la prochaine cuvée de gardiens de but qui ne cessèrent de perfectionner la technique en suivant le chemin que leur avaient tracé Patrick et François Allaire. Pendant près d'une décennie, ils ne cessèrent de prendre toute la place, chez les gardiens, au sein des premières rondes du repêchage amateur et de se tailler un poste dans une équipe de la Ligue nationale.

Bénéficiant d'un équipement qui s'est lui aussi grandement amélioré avec le temps, cette nouvelle génération de gardiens maintient aujourd'hui des pourcentages d'efficacité supérieurs à 92,5, tandis que des centaines d'athlètes dans le monde courent le mille en moins de quatre minutes (40 l'on fait en 2007).

Le plus bel hommage qu'ont pu recevoir Patrick et François Allaire pour leur contribution à l'avancement de l'art de garder le but est survenu en 2004, sans qu'il leur soit spécifiquement destiné. C'était pendant le lock-out, alors que les autorités de la LNH avaient demandé à divers groupes de travail des suggestions pour améliorer le produit de la ligue. Un de ces comités, dont faisait partie Ken Dryden et devant lequel Patrick fut invité à témoigner, avait pour mission de trouver des façons d'augmenter le nombre moyen de buts marqués par partie – c'est-à-dire hausser la moyenne des gardiens de but –, visant par là à offrir un spectacle plus excitant. On a même envisagé, à un certain moment, de redessiner le but en l'agrandissant, de façon à donner plus de chances aux tireurs et à rendre les gardiens plus vulnérables.

Les statistiques montraient que, lors de la saison 2003-2004, juste avant l'interruption des activités de la ligue, 6 342 buts avaient été marqués par les trente équipes, soit une moyenne de 211,4 buts par équipe, alors qu'en 1983-1984, les vingt et une équipes de l'époque en avaient marqué 6 627, soit une moyenne de 315,6 par équipe. En vingt ans, les gardiens de but avaient progressé à ce point.

20

LA COUPE DE LA RECONNAISSANCE

Saint Patrick, manquant de bois pour construire un bateau mais sachant que c'est la foi qui fait flotter, s'était embarqué sur une auge de pierre pour aller évangéliser l'Europe. Jacques Demers, le nouvel entraîneur, vers la fin d'une saison qualifiée tout au plus de bonne pour une organisation comme celle des Canadiens – ils avaient terminé au sixième rang du classement général –, dit à ses joueurs : « Nous allons bouleverser le monde du hockey en gagnant la coupe Stanley. »

La foi, dit-on, peut déplacer des montagnes ; quelques-unes entravaient le chemin des Canadiens au printemps de 1993. Qu'est-ce qui demandait alors le plus de ferveur ? Faire flotter une auge de pierre ou mener le Tricolore à la coupe Stanley ?

Dans la division Patrick se dressaient notamment les champions des deux dernières années, les Penguins de Pittsburgh, avec leurs buteurs prodigieux : Mario Lemieux (69), Kevin Stevens (55) et Rick Tocchet (48), sans compter que Tom Barrasso était loin d'être vilain dans le but. Dans la division Adams, outre les puissants Bruins, il fallait compter avec les Nordiques, une équipe désormais redoutable depuis que le règlement de l'affaire Lindros – Éric Lindros avait refusé de se présenter à Québec après avoir été sélectionné par les Nordiques – avait permis à son président, Marcel Aubut, d'attirer toute une brochette de joueurs talentueux, en plus d'une somme de 15 millions de dollars.

Il y avait aussi le rendement de Patrick qui suscitait des inquiétudes. Excellent en saison régulière, il n'avait jamais répété, en séries éliminatoires, les prouesses qui lui avaient valu le trophée Conn Smythe en 1986. Mais lui ne doutait pas. Cependant, si la première coupe était venue trop tôt pour qu'il la savoure pleinement, il commençait sérieusement à se demander s'il aurait jamais la chance d'en savourer une deuxième.

De plus, la saison que Patrick venait de connaître n'avait pas été sa meilleure. De fait, du point de vue statistique, il affichait ses pires résultats depuis... 1985-1986. Rien pour rassurer les plus fervents croyants... à moins d'être très superstitieux. Comment expliquer cette baisse de régime? Il n'y avait pas une raison en particulier, mais plutôt une foule de petites choses.

D'abord Jacques Demers, fort de deux titres de meilleur entraîneur de l'année et ainsi deux fois lauréat du trophée Jack Adams avec les Red Wings de Detroit, s'était amené à Montréal dans l'intention de diriger une équipe qui donnerait un meilleur spectacle, qui serait plus excitante offensivement. Serge Savard partageait cette vision, et, pour appuyer son nouvel entraîneur, il lui avait fait cadeau de Vincent Damphousse et de Brian Bellows, deux excellents marqueurs, le premier en échange de Shayne Corson, Brent Gilchrist et Vladimir Vujtek, le second en retour de Russ Courtnall. Ces deux additions allaient sans doute stimuler les Muller, Lebeau, Dionne et Denis Savard, et l'équipe allait marquer davantage de buts – elle en inscrivit en fait 59 de plus qu'au cours de la saison précédente. Du coup, l'accent venait de se déplacer. Non pas que la défensive n'avait plus d'importance, bien qu'elle fût plutôt jeune et inexpérimentée, mais l'attaque devenait la priorité.

Ensuite, en tout début de saison, la compagnie Upper Deck avait décidé de faire de Patrick son porte-parole pour la vente des cartes de hockey. L'idée n'était pas mauvaise, surtout que Patrick était reconnu comme un ardent collectionneur de cartes – sa collection en comprend environ 150 000. Mais si l'idée était bonne, le lancement de la campagne publicitaire lui causa des ennuis sérieux et perturba sa saison. Sur sa table à dessin, le concepteur avait imaginé le slogan « Échange Roy », que l'on placarda sur de gigantesques panneaux-réclames dans toute la ville. Ce concept publicitaire eut des effets pervers que ni la compagnie américaine ni Pierre Lacroix n'avaient prévus. Bien sûr, il avait pour but d'inciter les jeunes à s'échanger des cartes... pas Patrick ! Mais la publicité, à force de répétition, a une forte influence sur celui auquel elle s'adresse. Et les médias entrèrent dans la danse avec leurs tribunes téléphoniques, qui pendant des semaines devinrent une véritable thérapie collective.

Il y avait tous ces partisans qui avaient encore de travers dans la gargamelle les défaites en succession contre les Bruins les trois derniers printemps, ceux qui avaient scandé « Ra-ci-cot ! Ra-ci-cot ! » lors des dernières séries, ceux enfin qui en avaient ras le bol du style de jeu défensif et qui pensaient qu'on pourrait obtenir de gros canons offensifs si on échangeait Patrick. Si bien que, le 13 janvier 1993, pas moins de 57 % des répondants à un sondage du *Journal de Montréal* se disaient en faveur d'échanger Patrick. Prenant la défense du gardien, l'éditorialiste sportif de ce quotidien, Bertrand Raymond, écrivit : « Les supporters du Canadien ne mériteraient pas mieux que cela leur arrive. »

Ce n'est pas que les statistiques de Patrick fussent si mauvaises. Curieusement, il était le choix du public pour participer au match des étoiles de la ligue, le 6 février au Forum de Montréal. Mais sa fiche de victoires-défaites-nulles (16-13-5) n'était pas aussi reluisante que celle de son adjoint Racicot (9-2-0) et l'effet de la campagne de publicité venait brouiller le jugement de plusieurs amateurs qui ne tenaient pas compte, par exemple, du fait que Racicot n'était opposé qu'aux équipes les plus faibles contre lesquelles les Canadiens pouvaient obtenir un plus grand nombre de buts. Patrick, comme il se doit, héritait des missions les plus difficiles, et même s'il accordait en moyenne un but de moins par match que son adjoint, l'équipe en marquait aussi un de moins, ce qui explique qu'il encaissait davantage de défaites.

Ses résultats, sans être mauvais, n'étaient pas non plus aussi bons que ceux auxquels il avait habitué les amateurs de hockey. Il le savait. Sans que la situation soit désespérée,

Patrick traversait les moments les plus sombres de sa carrière. Il avait déjà connu des périodes difficiles en séries éliminatoires, mais c'était la première fois qu'il montrait si peu de constance pendant la saison. Même Serge Savard, qui avait assuré de ne pas vouloir l'échanger, refusa de confirmer qu'il ne le ferait jamais. Patrick, qui venait juste d'emménager dans une nouvelle résidence sur l'île Ducharme, à Rosemère, fit ce commentaire : « Je ne demanderai jamais à être échangé. Je n'exigerai jamais qu'on me sorte d'une mauvaise situation. Je vais m'en sortir moi-même. Je veux passer toute ma carrière à Montréal, mais je comprends que mon directeur général n'a pas le choix de s'exprimer de cette façon. [...] Je vis présentement quelque chose de nouveau. C'est un défi que je veux relever. »

De son côté, François Allaire tenta de calmer le jeu. Il précisa que, depuis sept ans, la progression de Patrick avait toujours été constante et que c'était la première fois qu'il connaissait une baisse de régime. « Je connais plusieurs gardiens de la Ligue nationale qui donneraient cher pour ne connaître une période léthargique qu'à tous les sept ans. »

Il reste évident que la campagne de promotion d'Upper Deck et les rumeurs d'échange incessantes qui l'avaient suivie avaient nui aux performances de Patrick et conduit au dérapage d'une majorité de répondants au sondage.

Jacques Demers, qui savait bien qu'il était impensable d'échanger le pilier de son équipe, excédé par ce vent de folie, ramena tout le monde à la réalité en déclarant : « Patrick peut relaxer. Il ne sera pas échangé. »

Enfin, avant le début de la saison, Patrick avait signé une entente avec Koho. Il n'avait jamais été très exigeant pour son équipement. Quand il était à l'aise avec une pièce, il pouvait la garder longtemps. La première année qu'il s'était joint aux Canadiens, il endossait le même attirail disparate qu'il avait à Granby et à Sherbrooke. On pouvait le voir avec son masque blanc, des jambières Jofa (plus tard des Lefebvre), un bloqueur Jofa ou Ferland, une mitaine Cooper et un bâton Sherwood, tous ces morceaux arborant des couleurs ou des teintes différentes. Mais là, Koho s'engageait à lui fournir, rétribution en sus, un tout nouvel équipement, entièrement aux couleurs bleu, blanc et rouge des Canadiens. Cette entente marquait l'aboutissement d'une démarche entreprise par Robert Sauvé, qui conseillait cette entreprise sur le développement de l'équipement pour gardiens de but depuis qu'il avait pris sa retraite comme joueur actif. Il avait recommandé à la compagnie de faire cette proposition à Patrick.

Cela signifiait que Patrick devrait abandonner les jambières que Michel et Patrick Lefebvre lui fabriquaient et qu'il aimait beaucoup. Mais comme il était convaincu que tôt ou tard les Lefebvre se joindraient à Koho, il accepta. Ceux-ci n'étaient cependant pas encore mûrs pour louer leurs services à une grande entreprise; ils préféraient pour l'instant demeurer indépendants, et ce n'est que quelques années plus tard qu'ils s'associèrent à Koho.

Patrick en fut quitte pour passer la saison en portant des jambières dans lesquelles il ne se sentait pas tout à fait à l'aise. Elles étaient trop rigides, restreignaient sa mobilité et affectaient sa position de base en « papillon ».

Il suffit de constater que la différence entre une moyenne médiocre de 3,20 et une excellente moyenne de 2,70 ne tient qu'à un seul but alloué toutes les deux parties pour réaliser à quel point la marge de manœuvre du gardien est mince et une foule de petits détails peut, au bout du compte, faire une différence énorme sur le résultat final. C'était ce qui était arrivé à Patrick lors de la saison 1992-1993.

Après avoir été vaincu à ses cinq dernières sorties du calendrier régulier, Patrick en eut assez. Il était 19 heures lorsqu'il débarqua chez les Lefebvre, accompagné de Pierre Lacroix et de Robert Sauvé. La mission? Vider les jambières Koho de leur contenu et les rebâtir au complet à partir de l'intérieur.

Michel et Patrick Lefebvre travaillèrent toute la nuit. Aux premières lueurs du jour, les jambières étaient prêtes. Sans s'assoupir un seul instant, ils allèrent les livrer à l'île Ducharme. Patrick serra minutieusement les lanières autour de ses jambes, fit quelques pas dans le hall d'entrée de sa résidence qu'il accompagna de quelques exercices d'assouplissement, se tourna vers les Lefebvre et leur lança : « Avec ça, je vais gagner la coupe Stanley. »

Il avait retrouvé la foi.

Les Canadiens, après une fin de saison misérable où ils ne remportèrent que huit de leurs dix-neuf dernières parties, ne purent faire mieux que se classer troisièmes dans la division Adams, derrière les Bruins et les Nordiques. Ce classement leur valait de rencontrer ces derniers en première ronde des séries, et les deux premiers matchs seraient disputés sur la glace du Colisée de Québec.

Ce duel était espéré depuis longtemps par les amateurs, les journalistes des deux villes, et, probablement tout autant, par les propriétaires des médias et les brasseurs de bière, qui feraient des affaires d'or à cette occasion. Déjà six ans s'étaient écoulés depuis que les deux rivaux s'étaient affrontés en séries d'après-saison. La dernière fois, Jean Perron avait regretté d'avoir remplacé Patrick par Brian Hayward devant le but dès la deuxième partie de la série, et ce n'est que par la peau des dents que les Canadiens avaient réussi à disposer de leur coriace adversaire à la limite des sept matchs.

Depuis ce temps, les Nordiques s'étaient complètement transformés, surtout depuis l'échange d'Éric Lindros qui avait amené à Québec des joueurs de talent comme Peter Forsberg, Mike Ricci, Steve Duchesne, le colosse Chris Simon, et les gardiens Ron Hextall et Jocelyn Thibault. Cette fournée de talents était venue rejoindre les Joe Sakic, Mats Sundin, Owen Nolan, Valeri Kamenski, Andrei Kovalenko et le gardien

Stéphane Fiset. Les Fleurdelisés constituaient des adversaires redoutables et leur offensive pouvait être dévastatrice.

Les Canadiens aussi avaient changé. De l'édition 1986-1987, il ne restait plus que Patrick et Guy Carbonneau. Mais l'ascension des Nordiques paraissait plus évidente, et une majorité des amateurs de tout le Québec les favorisait pour l'emporter. Le duel de gardiens entre Patrick et Hextall était également très attendu.

Le soir du premier match, il y avait beaucoup d'électricité dans l'air. Plusieurs partisans de Montréal avaient franchi les quelque deux cent cinquante kilomètres qui séparent les deux villes pour venir appuyer le Tricolore au Colisée. Il faut dire qu'il y avait beaucoup d'animosité entre les chauds supporters des deux équipes et presque autant entre les journalistes sportifs des deux villes. Les entraîneurs-chefs Jacques Demers et Pierre Pagé n'étaient pas les meilleurs amis non plus. Les rues de Québec et les bars étaient déserts. Les citoyens étaient soit au Colisée, soit anxieusement rivés devant leur téléviseur.

Maître Aubut, avec son sens inné du spectacle, avait invité la grande star montréalaise Ginette Reno pour interpréter l'hymne national. Il imitait en cela les Flyers de Philadelphie, à qui l'illustre chanteuse américaine Kate Smith avait servi d'inspiration lors des deux conquêtes de la coupe Stanley de 1974 et 1975. À chaque occasion, elle avait interprété, sur fond de frénésie d'une foule partisane, le *God Bless America* qu'elle avait elle-même rendu célèbre à la fin des années trente, une composition d'Irving Berlin. Les Flyers en avaient fait leur porte-bonheur et avaient recours à ses services chaque fois qu'ils faisaient face à un enjeu important. Avec Kate Smith en lever de rideau, ils avaient maintenu une fiche de 64 victoires, 15 défaites et 3 parties nulles.

En invitant Ginette Reno, drapée dans une somptueuse robe aux couleurs bleu et blanc des Nordiques, ceux-ci faisaient en quelque sorte une espèce de pied de nez aux Canadiens. Non seulement Ginette Reno était-elle Montréalaise, mais à l'époque, elle était la plus grande voix de la chanson de tout le

Québec. Du même coup, les Nordiques se donnaient des airs de vouloir occuper toute la place, de faire vibrer le Québec tout entier et de montrer à tout le monde qu'ils étaient désormais prêts à prendre la succession de la plus glorieuse équipe de hockey de tous les temps. Leurs partisans y croyaient. À n'en pas douter, ce serait l'année des Nordiques, l'année de la vérité, où ils mettraient fin à la domination oppressante de leurs grands rivaux de Montréal, non seulement sur la glace, mais aussi dans le cœur des citoyens. Et leur association avec Ginette Reno serait couronnée du même succès que celui des Flyers avec Kate Smith.

Le résultat des deux premiers matchs sur la glace du Colisée parut leur donner raison. Les Nordiques les remportèrent tous les deux. À la première rencontre, ils infligèrent une défaite crève-cœur aux Canadiens, en prolongation, au compte de 3 à 2, après avoir égalisé avec seulement quarante-sept secondes à écouler au temps réglementaire. Le second affrontement fut moins chaudement disputé. Une victoire au compte de 4 à 1 où Patrick ne fut pas à la hauteur en première période, concédant deux mauvais buts à Scott Young. Il se racheta bien par la suite, mais le mal était fait. Hextall, de son côté, excella.

La série se transportait maintenant à Montréal, mais, menant par deux parties, les Nordiques pavoisaient. Ils étaient à deux victoires d'éliminer les Canadiens, qui n'avaient encore « bouleversé » personne et à qui bien peu d'experts donnaient la moindre chance de faire une remontée. Même au sein de l'équipe, quelques joueurs commençaient à douter.

La pression sur Patrick était énorme. Le lendemain du retour à Montréal, les critiques des amateurs dans les tribunes téléphoniques à la radio, et même dans les quotidiens, se firent cinglantes à son endroit, et plusieurs souhaitaient que Racicot commence le troisième match. Et pour ne rien arranger, Daniel Bouchard, le modèle de ses années de jeunesse, maintenant entraîneur des gardiens de but des Nordiques, déclara publiquement qu'il avait décelé une faille dans le jeu de Patrick.

La veille du troisième affrontement au Forum, une décision importante de Jacques Demers eut toutefois des conséquences déterminantes sur la suite de cette série, et probablement sur tout le reste de la trajectoire des Canadiens cette année-là. Ce fut un premier point tournant. Il fit venir Patrick à son bureau et, posant sur lui des yeux bienveillants, lui renouvela sa plus entière confiance en lui disant : « T'as pas à t'inquiéter, je vais vivre ou je vais mourir avec toi. » Aussitôt Patrick s'était senti grandir, bardé de confiance. Demers venait de lui donner l'occasion de montrer son caractère, et Patrick n'avait désormais qu'une seule motivation : donner raison à son entraîneur, ne pas le laisser tomber, à n'importe quel prix. Et il n'avait plus à se soucier de son poste, seulement arrêter la rondelle. Il serait le seul responsable pour protéger le filet de l'équipe.

Patrick allait retrouver l'état de grâce du printemps 1986. Il sentait l'excitation grouiller en lui, le stress paralysant faisait place à l'ivresse du défi. Si Bouchard avait vraiment découvert une faiblesse dans son armure, il aurait mieux fait de garder l'information pour lui. Comme cela était arrivé aux représentants des médias new-yorkais en 1986, la tactique douteuse risquait de se retourner contre son équipe.

C'est le feu dans les yeux qu'il s'adressa à ses coéquipiers à la réunion d'avant-match pour leur transmettre sa confiance renouvelée et toute son énergie : « Écoutez, les gars, on ne peut pas continuer à regarder patiner les Nordiques comme ça… ! À force de trop les respecter, on finit par les laisser jouer à leur guise… ! Leurs défenseurs ne sont pas les plus forts de la ligue, commençons par les brasser un peu, on peut les battre si on s'y met. Il suffit d'y croire ! »

Le jour du match, Jacques Demers et Serge Savard firent quelques observations qui ravivèrent leur espoir. Peut-être avaient-ils eux aussi trouvé une faille, mais chez les Nordiques. Les surveillant à l'entraînement du matin, Demers nota que plusieurs joueurs avaient l'air d'être au-dessus de leurs affaires, comme s'ils n'avaient pas le plus grand respect pour leur rival, comme si la série était déjà terminée pour eux. Plus tard, dès son arrivée durant l'après-midi, Pierre Pagé, avec un étonnant mépris, sous prétexte qu'il ne voulait rien savoir des politesses de l'adversaire, balança boissons et victuailles hors du petit salon d'accueil que l'organisation des Canadiens avait mis à sa disposition et à celle des invités de son équipe. Savard n'en revenait tout simplement pas. C'était une tradition chez les Canadiens, depuis des lustres, d'offrir cette gracieuseté à toutes les équipes qui les affrontaient en séries. Évidemment, ces observations constituèrent l'essentiel des messages de motivation que Savard et Demers adressèrent aux joueurs juste avant qu'ils sautent sur la patinoire du Forum.

Les deux matchs à Montréal furent une partie de bras de fer entre Patrick et Hextall. Les deux gardiens furent excellents et la compétition entre les deux équipes, très vive. Mais les Canadiens, plus combatifs, sortirent victorieux à chaque occasion ; en prolongation par le compte de 2 à 1 dans le premier affrontement, et au pointage de 3 à 2 dans le second.

Avec deux victoires de chaque côté, on était maintenant face à une nouvelle série, où les matchs alterneraient entre les deux villes. Les Nordiques étaient toujours favoris, mais la pression était maintenant sur eux et la peur de perdre commençait à les hanter. Une défaite au Colisée lors du cinquième match les mettrait dans le pétrin. Et ils ne pouvaient espérer l'emporter avec leur talent seul ; il leur faudrait travailler d'arrache-pied et souffrir pour venir à bout des Canadiens. Ceux-ci s'étaient refait une confiance et sentaient qu'ils pouvaient désormais vaincre leur puissant rival. Après tout, avec 102 points en saison régulière, ils n'avaient terminé que deux points derrière les Nordiques au classement final.

Ce ne fut pas Ginette Reno qui interpréta l'hymne national au Colisée à l'ouverture du cinquième match... peut-être un premier relâchement de la part des Nordiques. Les spectateurs furent aussi moins hargneux en début de rencontre. Au premier match, ils avaient hué les joueurs des Canadiens chaque fois qu'ils touchaient à la rondelle, jusqu'à ce que Gilbert Dionne les refroidisse avec un but après cinq minutes de jeu.

De nouveau, ce fut le Tricolore qui marqua le premier but et prit les devants en première période. Au deuxième engagement, dès la mise en jeu initiale, les Nordiques menèrent une charge furieuse. S'approchant du but des Canadiens, Mike Hough laissa partir un dur boulet qui atteignit Patrick à l'épaule droite, près du cou. Il s'écroula en se tordant, terrassé par la douleur. S'étant frayé un chemin entre deux pièces d'équipement, le tir l'avait frappé de plein fouet à la clavicule. Il resta étendu sur la glace jusqu'à ce que Gaétan Lefebvre, le soigneur, vienne lui prodiguer ses soins. Puis il se releva péniblement et patina lentement autour de son filet, espérant ainsi chasser la douleur. Il décida de rester au jeu.

À peine quatre-vingt-dix secondes plus tard, Andrei Kovalenko s'approcha à son tour, contourna le but du Tricolore, revint devant et glissa la rondelle à la droite du gardien, côté bâton. La période n'était vieille que de 1 min 46 s et le compte était maintenant égal, un but de chaque côté. Patrick n'avait pu réagir. Son bras ne bougeait plus. C'était de la folie de poursuivre et ça ne servait pas les meilleurs intérêts de l'équipe. Il quitta la rencontre. André Racicot prit place devant le filet et Patrick disparut sous les gradins pour se diriger vers le vestiaire. Le jeu reprit.

Pierre Lacroix était assis dans la cinquième rangée, près de la glace. Il sentit quelqu'un le toucher à l'épaule. Il se retourna. « Monsieur Lacroix, veuillez me suivre s'il vous plaît, on vous demande au vestiaire des Canadiens. » Plutôt inquiet, Lacroix emboîta le pas au gardien de sécurité. Après une promenade dans les catacombes du Colisée, ils parvinrent à une porte devant laquelle se tenait un homme qui les attendait.

— Bonjour, monsieur Lacroix, je suis le docteur Eric Lenczner.

— Docteur.

— Monsieur Lacroix, j'ai fait une injection de lidocaïne dans l'épaule de Patrick il y a quelques minutes. Malheureusement, il ne semble pas que l'analgésique ait agi. Il a une sérieuse contusion et il ne peut bouger son bras que très difficilement. Il voudrait que je lui en administre une autre dose, mais je trouve cela risqué, surtout sans avoir un diagnostic plus complet de sa blessure. Du point de vue de ma responsabilité professionnelle, je ne peux pas faire ça.

— Attendez, je vais lui parler. Il est là?

— Oui.

Lacroix poussa la porte du vestiaire et vit Patrick qui était assis sur une banquette et se tenait l'épaule.

— Salut! Comment te sens-tu?

Mais Patrick n'avait pas de temps pour les révérences. Il fulminait, rouge comme un piment.

— Écoute, Pierre, il faut que je retourne dans le but. Nous allons gagner *ç'game-là*, j'te l'dis. Il m'a piqué au mauvais endroit, il faut qu'il recommence mais il ne veut pas. Il faut qu'il me plante son aiguille juste à l'endroit où j'ai reçu la rondelle, qu'il me pique dans la douleur. J'suis certain que ça va marcher.

— Je comprends, Patrick, mais c'est une décision sérieuse et le médecin ne peut pas prendre cette responsabilité; il ne veut pas la prendre.

Mais Patrick l'implorait.

— Dis-lui qu'il me gèle; j'vais gagner la *game*, j'te l'dis!

Lacroix rejoignit le médecin dans le couloir.

— Doc, faites ce qu'il veut, vous ne serez pas embêté du point de vue de la responsabilité.

Quand les deux équipes se retirèrent à leur vestiaire après la deuxième période, le compte était égal 3 à 3.

Patrick était prêt à retourner au front. Lacroix avoua qu'en vingt ans de carrière comme agent de joueurs, jamais il n'avait eu à faire face à une telle situation, ni à une telle détermination d'un athlète.

Au début du troisième engagement, les porte-couleurs des Nordiques durent sentir leurs patins s'alourdir en voyant Patrick devant son filet. Mais ils n'avaient plus le choix. Ils ne pouvaient se permettre de perdre ce match à domicile pour ensuite faire face à l'élimination à Montréal. Ils devaient se battre avec l'énergie du désespoir. Ce qu'ils firent.

Après trois périodes complètes, c'était toujours l'impasse : 4 à 4. Mais les Fleurdelisés avaient lancé à 41 reprises contre le filet du Tricolore, contre 28 pour celui-ci. Et c'est au chapitre des chances réelles de marquer que l'écart était le plus imposant : 25 contre 7 en faveur des Nordiques.

Après 8 min 17 s de prolongation, les Fleurdelisés avaient déjà lancé à cinq reprises sur le filet de Patrick quand les Canadiens décochèrent leur premier lancer, un tir bien anodin de Kirk Muller, d'une dizaine de mètres, qui trouva le moyen de se faufiler entre les patins d'un Hextall maladroit. Les Nordiques étaient battus. Il était temps. La douleur refaisait lentement surface à la clavicule de Patrick. Hextall s'était effondré. Patrick fut proclamé la première étoile du match.

Lors de son point de presse, Jacques Demers commenta : « Je vais vous dire franchement... ce soir, n'eût été de Patrick, on se serait fait battre solidement. Les Nordiques nous ont continuellement dominés. Il faut être honnête, les Nordiques ont mieux joué que nous ce soir. »

Mais les commentaires les plus surprenants vinrent du journaliste sportif et animateur de radio le plus connu de la Vieille Capitale, doublé d'un grand supporter des Nordiques, Marc Simoneau : « L'histoire de cette série, c'est Patrick Roy. Le Canadien ne se serait jamais rendu en surtemps sans lui. Je pense que le Tricolore a gagné la série ce soir avec Patrick et que ça va se terminer au Forum mercredi. »

Simoneau disait vrai. Quoi de plus démoralisant, pour une équipe partie favorite, que de donner le meilleur d'elle-même et de dominer outrageusement l'adversaire pour, au bout du compte, perdre. Les Nordiques ne purent jamais retrouver l'énergie nécessaire pour renverser la vapeur. Ils s'avouèrent vaincus par le compte de 6 à 2 dès le match suivant au Forum. Une cuisante défaite pour eux.

À la fin du match, interrogé sur la patinoire par Camille Dubé, de Radio-Canada, appuyé sur son but sous les

hurlements et les acclamations de la foule, Patrick déclara :
« Le grand joueur de cette série-là était derrière le banc. C'est
Jacques Demers. » Il reconnaissait ainsi toute l'efficacité des
méthodes de motivation, tous ces menus détails auxquels
Demers avait eu recours pour bien préparer sa formation et
lui donner la confiance qui lui permettrait de battre son grand
rival de Québec.

⌣

Dans l'autre série de la division Adams, les Sabres de
Buffalo causèrent une surprise en éliminant les Bruins
de Boston, qui avaient terminé 23 points en avant d'eux au
classement général. Une première montagne venait d'être
enlevée du chemin des Canadiens ; ils n'auraient pas à affronter
les Bostonnais une quatrième année de suite. C'est dire aussi
que les deux équipes de tête de la division Adams avaient été
éliminées par celles qui les suivaient au classement.

Bien qu'ils fissent face au meilleur duo de gardiens de
but de la ligue en Grant Fuhr et Dominik Hasek – celui-ci
avait été échangé à Buffalo par les Blackhawks de Chicago
– et à de bons attaquants comme Alexander Mogilny, Pat
LaFontaine et Dale Hawerchuk, les Canadiens balayèrent
les Sabres en quatre parties d'affilée, mais quatre parties où,
chaque fois, l'adversaire domina dans le chiffre des lancers.
Fait inusité, les quatre rencontres se terminèrent toutes par un
pointage identique de 4 à 3, trois d'entre elles en prolongation.
Patrick l'avait emporté sur Fuhr.

Pendant ce temps, dans la division Patrick, les Penguins
de Pittsburgh, doubles champions en titre, éprouvaient plus de
difficultés que prévu contre les coriaces Islanders de New York,
malgré leurs grandes vedettes Mario Lemieux et Jaromir Jagr.
La série était à égalité, chaque équipe ayant remporté deux
victoires. Les Canadiens prendraient la mesure des gagnants
pour leur disputer la finale de la conférence Prince de Galles,
la demi-finale de la coupe Stanley.

Comme les joueurs du Tricolore étaient cloîtrés à l'Auberge des Gouverneurs du centre-ville de Montréal depuis le début des séries, Demers profita de cette pause pour leur permettre de passer quelque temps avec leurs familles. De retour à l'hôtel après quelques jours, c'est en groupe qu'ils regardèrent le match final de la division Patrick et assistèrent au déplacement d'une énorme montagne : les Penguins, malgré une saison extraordinaire de 119 points, baissèrent pavillon devant les Islanders du vénérable entraîneur Al Arbour et leurs maigres 87 points. Une ouverture se dégageait pour une participation à la grande finale. Ils étaient désormais transportés par l'espoir.

Bien reposés, les Canadiens profitèrent de la fatigue accumulée par les Islanders dans leur longue série contre les Penguins pour s'emparer d'une confortable avance de trois parties à zéro. Jusque-là, depuis que Demers avait fait venir Patrick dans son bureau pour lui témoigner sa confiance après le second match contre les Nordiques, alors que le gardien traversait une période difficile, l'équipe avait remporté onze victoires consécutives, dont sept en prolongation. Les deux marques constituaient un nouveau record de la Ligue nationale. Les joueurs s'étaient véritablement emparés du flambeau que les bras meurtris des générations antérieures leur avaient tendu. Toute l'équipe était en mission.

Après une défaite sans conséquences à Long Island, les Canadiens scellèrent l'issue de cette série dès la rencontre suivante au Forum de Montréal. Eux que bien peu d'experts attendaient aussi tard en mai étaient de la grande finale.

Les Canadiens ressemblaient de plus en plus aux Glorieux des belles années. La rencontre en grande finale entre les Canadiens et les Kings de Los Angeles, en cette année du centième anniversaire de la coupe Stanley, était digne d'un véritable scénario de cinéma. La formation la plus titrée et la plus prestigieuse de ce centenaire, à quatre victoires de remporter une vingt-quatrième coupe, et pour l'en empêcher,

Wayne Gretzky, le marqueur le plus prolifique de tous les temps et le meilleur ambassadeur du hockey aux États-Unis, tout cela dans un contexte où, pour une fois, toute l'attention des amateurs de sports de L. A. était tournée vers le hockey. Partout dans la ville on voyait le logo des Kings, dans les vitrines des magasins, dans les restaurants, sur les casquettes, les t-shirts, les survêtements, etc.

Et Gretzky était loin d'être seul pour contrecarrer les plans des Glorieux. L'entraîneur Barry Melrose pouvait miser sur plusieurs marqueurs de qualité comme Luc Robitaille, Jari Kurri et Tony Granato, de solides défenseurs comme Rob Blake et Marty McSorley – il avait affronté Patrick avec les Skipjacks de Baltimore dans leur série contre les Canadiens de Sherbrooke –, et un excellent gardien en Kelly Hrudey.

Comme les Canadiens avaient liquidé leur adversaire plus promptement, ils n'avaient pas disputé de match depuis plus d'une semaine. Les Kings, eux, avaient bénéficié d'un congé de deux jours après être venus à bout des Maple Leafs de Toronto et de leur nouvel entraîneur Pat Burns, dans une véritable guerre de tranchées qui s'était rendue à la limite. Deux jours de repos, juste ce qu'il faut.

Juste ce qu'il faut pour surprendre le Tricolore par le compte de 4 à 1 en lever de rideau. Gretzky fut la grande vedette de cette première rencontre à Montréal. Avec un but et trois passes, il participa à tous les buts de son équipe. Même qu'il poussa le zèle jusqu'à marquer celui des Canadiens, lorsqu'en voulant intercepter une passe d'Ed Ronan il fit dévier la rondelle derrière son propre gardien.

Les Kings s'emparaient ainsi de l'avantage de la patinoire.

⌣

Aussitôt le match terminé, Patrick prit le chemin de l'hôpital du Lakeshore pour, à son tour, assister à un spectacle grandiose : la naissance de sa fille. Ce fut pour lui une heureuse surprise d'accueillir une fille, après ses deux garçons, selon le même scénario que la génération précédente chez les Roy.

La naissance, prévue pour le 10 juin, avait été devancée, surtout par crainte que l'enfant naisse pendant que Patrick serait en Californie. Ce 2 juin, donc, à 7 h 50, Patrick put embrasser Jana pour la première fois.

Vers 9 heures, après une nuit blanche, la tête tout ébouriffée et le teint livide, il était attablé dans un restaurant, devant une assiette d'œufs et de saucisses. Des clients l'interrogèrent : « Qu'est-ce qui s'est passé hier soir, penses-tu que vous allez vous en sortir ? » Patrick était à bien des lieues de ces préoccupations. Ce qui venait de se passer dans sa vie occupait, sur le coup, tellement plus de place ! Pourquoi ne demandaient-ils pas si l'enfant et la mère se portaient bien ? Ils ne pouvaient pas savoir. Il répondit machinalement.

Dès le lendemain, Patrick était d'attaque. Il rejoignit ses coéquipiers qui étaient à visionner le premier match sur vidéo. Il distribua à chacun une carte qu'il avait fait imprimer et plastifier et sur laquelle on pouvait lire : « Le vrai gagneur ne s'attache pas tant au succès qu'à la grande, à l'ultime victoire. Tout le reste n'est que futilité verbeuse. »

Après la séance de visionnage, Carbonneau frappa à la porte de Demers pour lui faire une suggestion. À la première rencontre, Demers avait opposé le trio de Muller à celui de Gretzky, l'offensive contre l'offensive, avec le résultat que l'on sait. Mais Gretzky n'était pas un adversaire comme un autre et Carbonneau avait son idée là-dessus. « Écoute, Jacques, toute ma carrière j'ai surveillé de bons joueurs. Pour moi, Gretzky représente le plus beau défi de ma carrière, surtout en pleine finale de la coupe Stanley. Ce n'est pas une question d'ego, je suis certain de pouvoir faire le travail et de mieux aider mon équipe à gagner de cette façon. » Demers, toujours à l'écoute de ses joueurs et ouvert aux bonnes idées, pour autant qu'elles visent le meilleur intérêt de l'équipe, acquiesça. « Carbo » surveillerait Gretzky.

Il le surveilla si bien que Gretzky n'obtint qu'un maigre petit lancer au but au cours du deuxième match. Il fallut cependant un coup de théâtre au Tricolore pour remporter la victoire. Et Carbonneau n'y fut pas étranger non plus. Il avait observé, tout en surveillant de près « La Merveille », que Robitaille et McSorley se servaient de bâtons dont la lame était passablement courbée, peut-être même au-delà de ce que le règlement permettait. Au début de la troisième période, au moment où les Kings venaient d'obtenir une priorité de deux hommes à la suite de punitions infligées aux Canadiens, Carbonneau en informa son entraîneur au cas où celui-ci souhaiterait ramener l'écart à un seul homme. Mais Demers préféra attendre.

En fin de match, Carbonneau remarqua que Robitaille, par prudence, avait changé de bâton. Mais pas McSorley. De nouveau il refila l'information à l'entraîneur. Comme les Kings étaient en avant au compte de 2 à 1, qu'il ne restait que 1 min 45 s à jouer, qu'il serait désastreux de se présenter à Los Angeles avec un recul de deux parties, Demers joua le tout pour le tout. Profitant de l'arrêt de jeu, il demanda à l'arbitre Kerry Fraser de mesurer le bâton de McSorley. L'enjeu était de taille, et on pouvait le sentir dans les regards crispés de Serge Savard et de son état-major sur la passerelle, les Lemaire, Vadnais, Boudrias et Allaire. Demers jouait gros. Si le bâton était réglementaire, c'était aux Canadiens que l'on décernerait la punition, ce qui anéantirait pratiquement toutes chances de remontée dans la partie… et probablement aussi dans la série.

Le bâton fut déclaré non conforme par près d'un centimètre. L'arbitre infligea une punition aux Kings, et Demers retira Patrick au bénéfice d'un joueur d'avant, pour se donner un avantage de six joueurs contre quatre, à l'exclusion des gardiens. Le jeu reprit et, trente-deux secondes plus tard, le défenseur Éric Desjardins égalisa à l'aide d'un lancer de la pointe, son deuxième but de la rencontre. On allait en prolongation. Les Canadiens avaient, jusque-là dans les séries, remporté sept victoires d'affilée dans ces circonstances. Les joueurs étaient confiants.

Cinquante et une secondes de jeu plus tard, Desjardins, encore lui, marqua son troisième but, qui assurait la victoire à son équipe. Un huitième gain de suite en prolongation et la série était maintenant égale, une victoire de chaque côté. Les Kings prétendirent que les fantômes du Forum avaient fait pencher la balance en faveur des Canadiens. Mais ce soir-là, les fantômes avaient pour noms Carbonneau, Desjardins et Demers. La première étoile du match fut décernée à Éric Desjardins. Ayant compté tous les buts de son équipe, il la méritait bien. Mais n'eût été la présence d'esprit de Carbonneau et l'audace de Demers, il n'aurait jamais eu la chance de compter les deux derniers.

Le jet-set de Hollywood, avec ses stars, était rassemblé au Great Western Forum, comme un soir de première. Ces vedettes venaient vivre le rêve californien du hockey en appuyant leurs Kings, qui participaient à une première finale de la coupe Stanley en vingt-six ans d'existence. Ne manquait que le tapis rouge de la Soirée des oscars. On pouvait notamment voir l'ancien président des États-Unis et héros de westerns Ronald Reagan et sa femme Nancy, Sylvester Stallone, Sheena Easton, Michelle Pfeiffer, James Wood, le regretté John Candy, Heather Locklear, Nicolas Cage, Goldie Hawn, dont le conjoint, Kurt Russell, allait plus tard personnifier Herb Brooks dans le film intitulé *Miracle on Ice*, et Susan Sarandon. Pendant que Céline Dion se produisait à Paris, son conjoint et impresario René Angelil était présent au match avec des amis et portait bravement le chandail des Canadiens. Parmi les personnalités sportives, on pouvait entre autres remarquer André Agassi, Reggie Jackson, Magic Johnson et Craig Stadler.

Jacques Demers fut copieusement hué quand l'annonceur local le présenta à la foule partisane. On ne lui pardonnait pas sa manœuvre des derniers instants du second match à Montréal que l'on n'hésitait pas à qualifier de tricherie.

Demers reçut cependant un appui de taille quand Tommy Lasorda, le gérant des Dodgers de Los Angeles et ancien lanceur des Royaux de Montréal dans les années cinquante, déclara publiquement qu'il aurait fait de même s'il avait soupçonné un joueur adverse d'avoir frappé un coup de circuit avec un bâton non réglementaire.

Les deux équipes offrirent du jeu robuste, parfois même sournois, mais rapide et excitant, dans les deux matchs à Los Angeles. Les deux gardiens excellèrent et Patrick mérita la première étoile lors de la deuxième partie. Les duels furent à ce point serrés qu'à chaque occasion on dut encore aller en prolongation pour faire un maître. Mais le scénario n'avait pas été écrit par les cinéastes de Hollywood, et Wayne Gretzky ne surgit point, au dernier moment, pour délivrer de ses liens l'héroïne attachée sur la voie ferrée. Les deux fois, ce fut un but de John LeClair qui donna la victoire aux Canadiens, leur neuvième et dixième d'affilée en prolongation, par des comptes de 4 à 3 et 3 à 2 respectivement.

Jacques Laperrière, qui avait parfois des réparties étonnantes dira plus tard : « Ce record de dix victoires consécutives en prolongation ne sera jamais battu parce qu'aucune autre équipe qui gagnera la coupe ne sera en aucun cas assez mauvaise pour devoir aller dix fois en prolongation. »

Au cours du second match, alors qu'il ne restait qu'une minute de temps réglementaire à jouer, Patrick adressa à Tomas Sandstrom, à travers le grillage de son masque et sous l'objectif de la caméra braqué droit sur lui, le clin d'œil le plus long et le plus médiatisé – on le montre encore aujourd'hui – de toute l'histoire du hockey. Sandstrom, depuis le début de la série, avait lancé à 18 reprises sans pouvoir marquer, sept fois dans cette dernière partie seulement. Frustré, il s'était appliqué à déranger Patrick par des petits coups de bâton ici et là au cours des matchs. Dans l'histoire du clin d'œil, Patrick venait de stopper un lancer de Luc Robitaille et mettait tout le poids de « Charlotte » sur la rondelle pour l'immobiliser lorsque Sandstrom vint picosser avec son bâton pour tenter de la déloger de dessous la mitaine. L'arbitre arrêta le jeu et

Sandstrom décrivit un cercle pour repasser devant Patrick avec un air de défi, un peu à la manière d'un vautour qui tourne autour de sa proie. C'est ce moment de grande intensité que choisit Patrick pour le regarder droit dans les yeux et lui adresser ce clin d'œil irrésistible, accompagné d'un petit sourire railleur avec l'air de vouloir dire : « Je suis en plein contrôle, essaie tant que tu veux, y a rien à faire. » Tout ce qu'il faut pour exacerber la frustration de l'autre et le décourager. Un réalisateur de télévision perspicace et un caméraman un peu chanceux immortalisèrent le geste qui n'avait duré que l'instant... d'un clin d'œil. De quoi démoraliser les Kings au grand complet juste avant la prolongation.

Stephan Lebeau se rappelle les instants qui suivirent dans le vestiaire de l'équipe : « Juste avant le surtemps, l'intensité était si lourde qu'on aurait pu y toucher. Chacun était dans sa bulle, mais celle de Patrick, on pouvait quasiment la voir autour de lui. Ce jour-là, j'étais juste à ses côtés dans la chambre des joueurs. Lorsqu'il s'est levé pour la période de surtemps, je l'ai entendu murmurer entre les dents : "Marquez un but, je m'occupe du reste." C'était bref. C'était tout. Et ça n'avait pas été dit sur un ton de bravade ou d'insolence. C'était presque un murmure, un grognement de détermination. Mais comme il régnait un silence absolu dans le vestiaire, tout le monde l'avait entendu. Et tout le monde avait compris. On était désormais invincibles. » John LeClair marqua son but à 14 :37. Les Canadiens menaient la série par trois parties à une.

Les Kings se présentèrent à Montréal faisant face à l'élimination, là même où, il y a moins d'une semaine, ils étaient venus tellement près, n'eût été un bâton non réglementaire par moins d'un centimètre, de s'emparer d'une avance insurmontable.

Déjà, en cet après-midi du mercredi 9 juin, il y avait foule autour du Forum. Et quand la foule de Montréal flaire le parfum de la victoire... De fait, les Kings ne furent jamais dans le match. Tel un rouleau compresseur, les Canadiens se donnèrent une avance de 3 à 1 au cours des deux premières périodes. Puis, à 12 :06 du troisième engagement, Paul Di Pietro, qui n'avait marqué que quatre buts durant toute la saison régulière, enfila son huitième des séries éliminatoires. Ça devenait une avance insurmontable. La foule se leva debout et se mit à chanter, à crier et à hurler : « *NA-NA-NA-NA! NA-NA-NA-NA!...* »

Plus le match avançait, plus l'ambiance devenait euphorique au banc des Canadiens. Les Glorieux sentaient leur invincibilité. Plus personne ne pouvait leur toucher. Par respect pour l'adversaire, et peut-être aussi pour ne pas provoquer la fatalité, ils s'efforçaient de cacher toute manifestation de réjouissance. Mais ils savaient. Il restait encore huit minutes à jouer et ils savaient qu'ils avaient gagné. Quelle sensation incroyable ! Se savoir invincible et pressentir la victoire pendant qu'elle se produit, avant que tout soit fini, pendant que le jeu se déroule toujours. Il était déjà arrivé à Patrick, sous l'hypnose de la compétition, de se sentir invincible, de flirter avec l'état de grâce. Mais là, tous les joueurs se sentaient invincibles. Ils ne pouvaient plus perdre. ... « *HEY-HEY-HEY, GOODBYE!...* »

L'apothéose se concrétisa quand Darryl Sydor, le défenseur des Kings, expédia la rondelle dans la foule au son de la sirène finale. Il était le dernier joueur à y toucher en cette saison 1992-1993. C'était à la fois un geste gracieux et un acte d'abandon qui marquait la fin des hostilités. Les Canadiens venaient de remporter la vingt-quatrième coupe Stanley de leur glorieuse histoire. Joueurs et entraîneurs sautèrent sur la patinoire pour se congratuler et donner libre cours à leurs émotions.

La partie était terminée depuis plusieurs minutes et les spectateurs demeuraient debout, vissés devant leur siège, qui à applaudir, qui à hurler, qui à siffler, comme pour prolonger le plus possible ce moment de bonheur. Sur la glace, le nouveau commissaire de la Ligue nationale, Gary Bettman, confirma que Patrick avait été le joueur par excellence des séries en lui remettant le trophée Conn Smythe. Avec ses 16 victoires, dont 10 gains successifs en prolongation, contre seulement

4 défaites, il avait eu le meilleur, tour à tour, sur Hextall, Fuhr et Hrudey, les trois qui l'avaient devancé lors du choix d'Équipe Canada 1987. Fait inusité, il avait joué les vingt parties des séries éliminatoires avec le même bâton... par superstition. Après chaque match, il le remettait à Pierre Gervais, qui en prenait un soin jaloux et le remisait dans un endroit secret pour que personne ne soit tenté de le jeter au rebut. Lors des dernières parties, il enrubannait lui-même le bâton avec de la fibre de verre pour ne pas qu'il s'effrite. C'était devenu à ce point important pour lui.

Avec une moyenne de 2,13 buts par partie et un pourcentage d'efficacité de 92,9, Patrick avait été jugé le joueur le plus utile à son équipe. Le plus utile parmi plusieurs autres, car tout le monde s'était surpassé au sein de cette formation sous-estimée. Jacques Demers était celui qui avait soudé les liens entre tous et les avaient convaincus qu'ils formaient une grande famille capable des plus grandes choses. Ainsi, même ceux dont le rendement avait déçu durant la saison régulière avaient su se surpasser durant les séries. « Nous allons bouleverser le monde du hockey... », avait-il dit. C'était fait.

Pendant le tour d'honneur, Patrick s'approcha d'une caméra et, tenant bien haut la coupe, hurla « *I'm going to Disneyland!* », pour satisfaire aux exigences d'une publicité originale de cette destination touristique, consistant à saisir sur le vif l'intention de voyage des gagnants de trophées individuels dans différents sports. Puis suivirent les joyeuses libations dans le vestiaire où chacun s'aspergeait copieusement de champagne, entrecoupées d'entrevues avec les journalistes.

Le vendredi eut lieu le défilé des champions sur la rue Sherbrooke, du parc Lafontaine à la rue Guy. Ce fut un énorme succès. Des vingt-huit joueurs utilisés par Demers lors des séries, quatorze, dont le capitaine Carbonneau, étaient des Québécois francophones, comme l'étaient aussi le président Corey, le directeur général Savard et l'entraîneur Demers, à qui on reconnaissait d'emblée une part déterminante des succès de la formation. Les partisans montréalais se reconnaissaient dans cette équipe dont les grandes vedettes avaient pour noms

Carbonneau, Damphousse, Desjardins, Roy et Denis Savard. Il faut ici saluer la perspicacité de Serge Savard qui, à talent égal, s'était toujours fait un point d'honneur de sélectionner des Québécois. D'abord, c'était bon pour la popularité du Tricolore, surtout qu'à l'époque l'équipe montréalaise était aiguillonnée par la présence des Nordiques. Ensuite, Savard avait la conviction qu'un joueur qui passait l'été au Québec, après la saison, se sentait davantage responsable des résultats de l'équipe.

Quelques jours plus tard, Patrick organisa une somptueuse réception à sa résidence pour tous ses coéquipiers et leurs conjointes. Une somme de 25 000 dollars était rattachée à l'attribution du trophée Conn Smythe, et comme il s'agissait d'un honneur individuel, l'argent avait été remis à Patrick. Mais celui-ci ne l'entendait pas ainsi. Pour lui, tous ses coéquipiers méritaient une part de ce trophée. C'est pourquoi il utilisa cette somme de façon que tout le monde en profite. C'est au cours de cette fête qu'on dévissa la base de la coupe Stanley et que quelques-uns d'entre nous gravèrent leurs initiales à l'intérieur du trophée, en espérant qu'il s'agissait bien de l'original et non d'une réplique.

Mais par-delà les trophées, les récompenses et les gratifications de toutes sortes, après une saison difficile ponctuée de hauts et de bas où plusieurs amateurs avaient réclamé son départ de Montréal, Patrick avait reconquis la confiance du monde du hockey, qui s'accordait maintenant pour le reconnaître à sa juste valeur.

21

CINQ JOURS EN AVRIL

Avant que la saison 1993-1994 débute, Patrick signa un fabuleux contrat qui lui rapporterait 16 millions de dollars sur une période de quatre ans. Il avait fait évoluer la technique et l'équipement des gardiens, c'était maintenant au tour de la rémunération. Pour la première fois de l'histoire, un gardien de but se trouvait parmi les joueurs les mieux payés de la Ligue nationale. Depuis longtemps, on admettait toute l'importance que représentait le gardien pour une équipe, mais on hésitait à joindre le geste à la parole quand venait le moment de fixer ses émoluments. Cette situation allait maintenant se redresser.

Avec cette deuxième coupe Stanley et ce deuxième trophée Conn Smythe, Patrick passait du rang de vedette à celui de supervedette, rejoignant le club choyé et excessivement privilégié de ceux qu'on admire, qu'on idolâtre, qu'on cherche à imiter, que l'on voit plus grands que nature et dont on épie les moindres faits et gestes.

La gloire et l'argent allaient-elles le changer ? Pas le moins du monde. Il ne jouait au hockey ni pour l'une ni pour l'autre. La passion de la victoire et l'amour du jeu demeuraient toujours sa seule source de motivation. « Les événements ont fait en sorte que le hockey devienne à la fois un *business* et mon gagne-pain, soutenait-il, mais j'aime ce sport à la folie et je le pratiquerais quand même si ce n'était pas le cas. » Pierre Lacroix m'avait d'ailleurs confié que cette passion devenait parfois un obstacle dans un contexte de négociation de contrat. Dans le dernier droit, quand les deux parties raffermissaient leurs positions, Patrick était toujours tenté de céder, tellement le jeu avait plus d'importance pour lui.

Sous le couvert de l'athlète mature ou de l'homme d'affaires qui gérait sagement ses biens, il demeurait un gamin dans l'âme. Dans le sous-sol de sa nouvelle résidence, pour jouer avec ses enfants et leurs amis, il avait fait aménager une patinoire de douze mètres sur dix, avec un tapis de *dekhockey* pour que tout ce qui sert de rondelle puisse y glisser. Tout y était : la rampe blanche avec son rebord rouge, les cercles de mise en jeu, les buts aux extrémités avec leur rectangle de protection du gardien, les bancs des joueurs, même les bancs de pénalité. Sur les murs, Patrick avait accroché sa collection de chandails portés par des joueurs prestigieux comme Larry Robinson, Chris Chelios et Raymond Bourque, ou des bâtons utilisés par Mario Lemieux ou Wayne Gretzky pour ne nommer que ceux-là. Il y rangeait également son impressionnante collection de cartes, de même que les répliques de ses trophées. C'était un véritable panthéon miniature du hockey. Il expliqua : « C'est un endroit qui me permet de me détendre. Je pense au hockey, mais ça me permet aussi de le faire en m'amusant avec mes enfants. »

Avec ses amis et coéquipiers, Patrick demeurait d'une simplicité désarmante. Stephan Lebeau qui, cette année-là, partageait sa chambre d'hôtel quand l'équipe voyageait à l'extérieur, se souvient de cette période :

« Sur la route, c'était un gars tranquille. Il aimait que l'on se fasse monter nos repas à la chambre et que l'on discute du match que l'on allait jouer le lendemain ou de celui que l'on venait de disputer, en regardant la télévision. Dans les moments plus difficiles, après une défaite, il était constamment en questionnement sur ce qui ne marchait pas et il aimait proposer des solutions dont on pouvait discuter de long en large.

« On ne sortait pas souvent, mais quand on le faisait, le jour c'était pour aller magasiner dans un centre commercial, et le soir pour accompagner à l'occasion des coéquipiers dans des bars de danseuses où il ne se passait jamais rien. C'était une affaire de gars, et une fois rendus, on parlait de hockey de toute façon ; mais c'était un des rares endroits publics où on pouvait le faire sans être dérangés. »

Lebeau a également levé le voile sur le leadership que Patrick exerçait dans le vestiaire : « On a souvent entendu dire que Patrick parlait beaucoup et souvent dans la chambre des joueurs. Rien n'est plus faux. Il n'avait pas besoin de parler. Il était si intense qu'on avait juste à le regarder et on comprenait, rien qu'à le voir. Je n'ai jamais vu jouer Maurice Richard, mais j'ai vu le film sur sa vie. On peut dire que Patrick exerçait le même genre de leadership, le même genre d'influence sur l'équipe.

« Oh ! Il lui est arrivé de me brasser aussi. J'étais dans une léthargie, de même que toute l'équipe, depuis quelques matchs. Il ne grimpa pas sur la table pour faire un discours enflammé devant tout le monde ; ce n'est pas comme ça que ça se passait. Il s'est approché de moi alors que je m'apprêtais à m'habiller pour le match et il m'a dit discrètement : "Bobo", on a besoin de toi ce soir, il serait temps que tu te réveilles. Ce ne fut pas plus long que ça. Ce fut direct, mais bref.

« J'ai compté deux buts, ce soir-là. »

Jusqu'au milieu des années quatre-vingt-dix, Patrick répondait lui-même aux centaines de lettres que lui faisaient parvenir les amateurs. Lebeau l'aidait parfois dans cette tâche.

« Il recevait tellement de lettres, se rappelle Lebeau, que souvent, à bord de l'avion, je l'aidais à insérer dans des enveloppes des photos autographiées et à les adresser. Contrairement à ce que plusieurs pensent, il était toujours très accessible. Quand on sortait de l'autobus, les amateurs l'attendaient, et il pouvait passer plusieurs minutes à signer des autographes ou à se faire photographier avec certains d'entre eux. Mais il y en avait trop et il ne pouvait évidemment pas les satisfaire tous. »

Patrick se faisait un plaisir de combler les désirs des enfants. Mais ce qui l'horripilait, c'était la manœuvre de ceux qui étaient en service commandé par un adulte, lequel revendait ensuite les cartes, une fois autographiées, pour en tirer beaucoup plus d'argent. Il y en avait dans chaque ville qu'il visitait, y compris Montréal. Il finissait, à force de revoir ces mêmes visages, par les reconnaître.

Sa notoriété grandissante lui permit de signer une entente de quatre ans pour la promotion des produits Gatorade. On le vit notamment partager une annonce télévisée avec Michael Jordan, largement diffusée lors de la retransmission des matchs des séries éliminatoires du printemps 1993.

Cette notoriété lui permettait désormais de faire des gestes humanitaires d'importance. Par exemple, il s'associa aux Restaurants McDonald et à Gillette Canada afin que l'on puisse ajouter une quinzaine de chambres au Manoir Ronald McDonald de l'hôpital Sainte-Justine et permettre à cet établissement d'accueillir davantage de parents d'enfants traités pour une maladie grave.

Sur le plan statistique, la saison 1993-1994 fut l'une de ses meilleures. Trente-cinq victoires, dont sept blanchissages, une moyenne de 2,50 et un pourcentage d'efficacité de 91,8. Avec lui devant le filet, le Tricolore présenta une fiche de 35 victoires, 17 défaites et 11 nulles. Sans lui, seulement 6 victoires, 12 défaites et 3 nulles. Une saison à la hauteur de son salaire.

Carbonneau aussi connut une bonne saison. Malheureusement, on ne peut en dire autant du reste de l'équipe. Trop de joueurs se laissaient encore porter sur le nuage de la coupe Stanley. Trop de joueurs pensaient qu'ils pouvaient être meilleurs qu'ils étaient. Ils semblaient avoir oublié que ce n'était pas le talent, mais le travail qui leur avait mérité les grands honneurs le printemps précédent. Parmi ceux qui avaient joué un rôle de premier plan lors de ces séries, et qui décevaient maintenant, on peut mentionner Gilbert Dionne, Paul Di Pietro, John LeClair et Stephan Lebeau. Malgré les encouragements de Patrick, Lebeau ne put survivre à l'impatience de Savard qui, le 20 février, l'échangea aux Mighty Ducks d'Anaheim contre le gardien Ron Tugnutt. Les gardiens André Racicot et Les Kuntar n'allaient nulle part, et le directeur général voulait doter Patrick d'un bon adjoint.

Sans ardeur au travail, les Canadiens formaient une équipe médiocre. Aussi, connurent-ils une saison en dents de scie. Un très mauvais début, une série de 11 victoires d'affilée de la mi-février à la mi-mars où ils eurent à nouveau l'air d'un club champion, puis une fin de calendrier minable où ils ne remportèrent que trois victoires dans les douze derniers matchs, dont une humiliante défaite de 9 à 0 aux mains des Red Wings, à Detroit, en toute fin de rideau. Ce qui fit dire à Jacques Demers : « Quand Patrick Roy n'a pas la première étoile du match, l'équipe ne gagne pas. »

Le Tricolore amorça les séries de fin de saison de la même façon qu'il avait joué en saison régulière, c'est-à-dire sans conviction. Demers voulut, pour motiver sa troupe, appliquer la recette qui lui avait valu tellement de succès le printemps précédent. Il exigeait d'eux combativité, intensité et unité. Mais la formule apparaissait maintenant usée. L'esprit d'équipe était moins bon, et il y avait trop de joueurs qui manquaient de caractère, trop de têtes enflées et quelques pommes pourries dans l'équipe qui contribuaient à semer la discorde. Chacun faisait sa petite affaire sans trop parler aux autres. Les défenseurs, entre autres, se comportaient comme si « l'homme de quatre millions » devait porter toute la charge.

Ils jouèrent mollement lors du premier affrontement à Boston, le samedi 16 avril. Mathieu Schneider fut particulièrement nonchalant. Mario Tremblay, alors analyste à la télévision de Radio-Canada, fit le commentaire suivant après la deuxième période : « Patrick Roy ne mérite pas le mauvais rendement que les joueurs offrent devant lui ce soir. Ils lui en doivent une. Il faut qu'ils se prennent en main et lui viennent en aide. » De fait, Patrick excella lors de ce premier match, alors que Jon Casey, son opposant, fut plutôt chancelant. Mais les porte-couleurs de la Sainte Flanelle ne purent tirer avantage de cette défaillance, se donnant peu de chances de marquer. Les Bruins l'emportèrent par le pointage de 3 à 2.

Le second match, deux jours plus tard, se termina aussi par le compte de 3 à 2, mais cette fois à l'avantage des Canadiens, grâce à la performance de Patrick, en pleine possession de ses moyens. Il se surpassa, stoppant 40 des 42 lancers que les Bruins dirigèrent contre lui. Les Canadiens, pour leur part, lancèrent à 24 reprises. On lui décerna la première étoile du match et, grâce à son efficacité, le Tricolore put rentrer à Montréal avec une série à égalité.

À la toute fin de la rencontre, lors d'une mêlée devant son filet, Patrick avait asséné un coup de pied à Glen Wesley qui lui tenait le bâton entre les jambes. Les Bruins n'avaient pas apprécié ce geste et avaient répliqué en affirmant qu'ils allaient s'occuper de lui lors du prochain affrontement. Ce n'était pas la première fois qu'une équipe tentait d'intimider Patrick. Il rentra à Montréal, ce lundi soir, sans être inquiété.

Les cinq jours qui suivirent furent dignes d'un scénario surréaliste où il est à se demander si un auteur de fiction aurait pu aller aussi loin tout en demeurant crédible. Voyons le déroulement des événements.

Le mardi 19, le troisième match n'étant prévu que pour le jeudi, tous les joueurs sont en congé. Patrick est au téléphone ; son fils Jonathan lui donne, pour jouer, un coup au bas ventre. Patrick ressent une douleur, mais n'en fait pas de cas, convaincu que ce n'est que passager. Le soir, la douleur s'intensifie au point où il a du mal à boucler sa ceinture. Il en parle au docteur Alban Perrier chez qui il est invité à souper avec sa femme.

LE MERCREDI 20, au début de l'après-midi, Patrick se rend au Forum avec Vincent Damphousse pour participer à la séance d'entraînement. La douleur persiste. Il confie au soigneur Gaétan Lefebvre :

— « Gates », j'ai tellement mal au ventre, je ne pense pas être en mesure de porter ma coquille.

— Attends, je vais appeler le docteur Kinnear.

Le docteur Doug G. Kinnear, attaché à l'hôpital Général de Montréal, traite les joueurs des Canadiens depuis plus de trente-deux ans. Dès que Lefebvre lui a fait une description des symptômes, il insiste pour que Patrick le consulte immédiatement.

Après examen par les docteurs Kinnear et Brown, le diagnostic tombe : Patrick fait une crise d'appendicite, c'est-à-dire qu'il souffre d'une inflammation aiguë de l'appendice. Il n'y a aucun rapport avec le coup accidentel que lui a donné Jonathan la veille. Ce n'est qu'une coïncidence. Mais la situation n'est pas réjouissante. Patrick peut contrer bien des attaques, mais pas celle-là. Il pleure de frustration : « Les Bruins m'ont menacé, ils sont censés s'occuper de moi, je voudrais tellement pouvoir répondre à leur provocation ! »

Dans les cas d'appendicite, les médecins prescrivent habituellement l'ablation de l'appendice. Mais même par laparoscopie, cela signifierait une absence du jeu d'au moins deux semaines, dans la meilleure des hypothèses. Patrick ne veut rien entendre de cette avenue. Il demande aux médecins s'il y a un autre moyen qui lui permettrait de revenir au jeu pendant la série contre les Bruins.

Il y en a un, mais il n'offre qu'une chance sur deux de réussir. Il consiste à traiter l'inflammation au moyen d'antibiotiques assez puissants pour la supprimer. Ce traitement comporte aussi un risque. Si la médication n'agit pas, l'appendice peut alors se perforer et rejeter le pus qu'il contient dans l'abdomen. Le mal dégénère alors en péritonite et le patient peut mourir empoisonné s'il n'est pas traité dans les jours qui suivent.

Mais Patrick étant sous surveillance médicale constante, cette éventualité ne risque pas de se produire. Et comme il veut absolument revenir au jeu, il est prêt à courir le risque.

On le garde donc à l'hôpital, où on lui fait passer une échographie pour mesurer l'étendue de l'inflammation. On lui administre ensuite, par perfusion, des antibiotiques et du sérum. Ayant momentanément perdu l'appétit, il ne peut plus s'alimenter par la bouche. On attendra jusqu'à vendredi matin pour voir l'effet de la médication. Si elle n'agit pas, on devra procéder à une chirurgie. D'ici là, Patrick demeure hospitalisé.

LE JEUDI 21, au cours de l'avant-midi, Patrick s'échappe quelques instants de l'hôpital. Il veut se rendre au Forum afin de rencontrer ses coéquipiers avant l'entraînement du matin pour les inciter à remporter le match en soirée en dépit de son absence. « Ce fut bref et émotif, confirme Vincent Damphousse, car il était en beau fusil de rater un match pour cette raison. Patrick ne parle pas souvent, mais quand il le fait, tout le monde écoute. »

Patrick s'entretient aussi quelques instants avec Demers, qui s'inquiète de la santé de l'homme bien davantage que de celle du joueur. « J'ai réalisé tout ce que cet homme-là représentait pour moi, mentionnera l'entraîneur plus tard. Les gens font souvent allusion au fait que j'aime mon gardien, mais quand j'ai appris la nouvelle, j'ai compris toute la place que Roy occupe dans ma carrière, et, j'oserais dire, dans ma vie. » Demers communique avec l'hôpital Général pour s'assurer qu'un agent de sécurité soit placé devant la porte de la chambre de Patrick de façon qu'il puisse se reposer dans les meilleures conditions possible.

En après-midi, devant une salle bondée de journalistes et de caméras, Savard dévoile le mal dont Patrick souffre. Tous se tournent vers Demers avec l'air de vouloir dire : « Vous pouvez oublier la coupe cette année, monsieur Demers ! »

Jusqu'à la dernière minute, le directeur général des Bruins Harry Sinden et son entraîneur Brian Sutter croient à un canular, à une manœuvre des Canadiens pour bousiller leur plan de match. Juste avant le début de celui-ci, Sinden dit encore : « Attendez avant de dire que Roy ne sera pas là. Il reste encore quinze minutes. » Il se méfie des « fantômes » du Forum. Mais Jacques Demers ne se serait jamais servi de Patrick pour en faire le complice d'une stratégie au goût aussi douteux.

À l'hôpital Général, la consigne de protection est tellement bien suivie que tout visiteur doit présenter une carte d'identité avec photo et laisser son téléphone cellulaire à la porte de la chambre, dont on a pris soin de retirer l'appareil téléphonique, avant d'y pénétrer.

Le soir, couché sur son lit d'hôpital, une aiguille plantée dans le bras pour à la fois l'alimenter et essayer d'enrayer l'inflammation, dans la hantise d'avoir à subir une chirurgie, Patrick regarde le match à la télévision. Dès la première période, il est évident que ses coéquipiers abdiquent trop facilement. Ils perdent finalement au compte de 6 à 3, avec Ron Tugnutt dans le but. Patrick pleure... de rage et de frustration. Il ne s'endure plus. Chaque fois qu'il voit un médecin, il l'implore : « Donnez-moi assez d'antibiotiques, il faut que je joue samedi ! »

Le vendredi 22, une nouvelle échographie révèle que l'appendice est encore enflé mais que l'infection qui l'entourait a pratiquement disparu. Les antibiotiques font leur travail. Il y a maintenant de fortes chances que Patrick évite, à court terme, l'opération. La décision finale sera prise le lendemain matin quand on aura procédé à une nouvelle évaluation de sa condition. D'ici là, il demeure alité et continuera de recevoir des antibiotiques par voie intraveineuse. Il a faim et peut maintenant absorber du solide. Pour qu'il reprenne des forces plus rapidement – il n'est alimenté qu'au sérum depuis deux jours –, on ne lui sert pas les plats habituels de l'hôpital. Au dîner, on lui fait venir du poulet, son mets préféré, de *Laurier Bar-B-Q*. Le soir, c'est *Da Vinci* qui lui apporte une soupe minestrone et un spaghetti *bolognese*. Il mange tout.

Le samedi 23, tôt le matin, toujours alité, il dispute une partie de golf électronique avec son ami et agent Pierre

Lacroix, Voici comment Bertrand Raymond relate la scène, le lendemain, dans *Le Journal de Montréal* :

> Après dix-sept trous, les deux sont à égalité. Le dix-huitième trou, une normale trois de 245 verges, représentait un défi comme Roy les aime. L'appareil lui indiquait qu'il avait le vent dans le dos. Le gardien a regardé son agent, a souri légèrement et a choisi un bois 3.
> Bang ! Trou d'un coup. Partie terminée.

Un peu après 9 heures, le médecin et les infirmiers arrivent. C'est le grand moment. Tout va se jouer dans les heures qui suivent. Pierre Lacroix assiste alors à une séquence d'événements qui dépassent l'entendement.

« Ils sont venus le chercher à sa chambre et ont roulé son lit jusqu'à l'ascenseur, avec la bouteille d'antibiotiques toujours reliée à son bras, raconte-t-il. On est ensuite descendu en bas où une ambulance l'attendait. Gaétan Lefebvre s'est joint à nous. On a glissé le lit dans l'ambulance et nous sommes montés à bord. Une nuée de journalistes et des caméras surveillaient toutes les portes, sauf l'entrée de la morgue. C'est par là que nous sommes sortis. Ensuite, on s'est engagé sur la rue Atwater, jusqu'au Forum. L'ambulance est entrée dans le garage dont la porte était surveillée par des policiers. Le véhicule s'est approché le plus près possible du corridor qui mène au vestiaire de l'équipe. Corey et Savard avaient pris soin de déplacer leurs voitures pour faire de la place. On a retiré l'aiguille du bras de Patrick, le libérant de sa bouteille d'antibiotiques, et il s'est rendu à la chambre des joueurs pour revêtir son équipement. »

À 10 h 20 exactement, Patrick met le pied sur la patinoire. Tout de suite, les appareils photo et les caméras de télévision se mettent en marche. Quelques joueurs des Bruins s'amènent pour leur entraînement, lequel suivra celui des Canadiens. Ils s'attardent un peu pour observer la scène. Patrick fait quelques tours de patinoire avec ses coéquipiers pour s'échauffer. Puis il prend place devant son filet.

Le docteur Kinnear s'installe derrière la baie vitrée pour ne rien manquer du comportement de son patient. Le chirurgien en chef de l'hôpital Général, le docteur David Mulder, est à ses côtés. Pendant qu'ils analysent attentivement les réactions de Patrick, ils répondent à quelques questions de journalistes un peu sceptiques.

— N'est-il pas un peu risqué de laisser un athlète hospitalisé depuis trois jours, n'ayant absorbé du solide que la veille, sauter sur la patinoire quelques minutes après sa sortie de l'hôpital?

— Sans doute un peu, répond Mulder.

— Ce qui m'étonne, reprend Kinnear qui ne semble pas partager cette inquiétude, c'est la rapidité avec laquelle il s'est remis sur pied. Une chose est sûre, le malaise est presque totalement disparu. Patrick a pris deux repas hier. Les tests sanguins ne révèlent rien d'anormal. Il continuera à prendre des antibiotiques pendant cinq à sept jours. L'absorption de ces médicaments ne lui causera pas d'effets secondaires. Il pourrait ressentir de la douleur dans le feu de l'action ou après les matchs ou les entraînements, mais il n'y a aucun danger. Sa jeunesse et sa forme physique l'aideront.

Les effets secondaires. C'était surtout à ça que Mulder et Kinnear étaient attentifs, si Patrick se sentait assez fort, si ses réflexes étaient aussi bien aiguisés que de coutume. À le regarder s'entraîner, bien malin celui qui aurait pu voir une différence avec le joueur intense auquel on était habitué. Les médecins lui avaient recommandé de « pousser » le plus qu'il pouvait afin que le test soit concluant.

Patrick s'entraîne de la sorte pendant un bon trente minutes, après quoi il sort comme il est entré, le casque sur la tête, sans parler à personne. Sa préparation pour le match est commencée. Il retourne à l'hôpital pour recevoir une autre dose d'antibiotiques et discuter de la décision finale avec les médecins. S'il ne ressent pas de douleur, celle-ci lui appartient.

Le soir, la télédiffusion du quatrième match s'ouvre sur une déclaration de Kinnear : « On a répété le test d'ultrasons ce matin, l'appendice est désenflé, il ne fait pas de température, les prises de sang sont normales, il prend des antibiotiques encore. D'un point de vue médical, il peut jouer. Alors, ce sera une décision entre lui et son entraîneur. »

Puis la caméra se tourne vers Jean Pagé, le commentateur de *La Soirée du hockey*, qui s'est installé juste à côté de la porte par laquelle les joueurs feront leur entrée sur la glace, de façon à être le premier à voir qui de Patrick ou de Tugnutt sortira devant l'autre.

« Il y a quelques instants, annonce Pagé, Patrick Roy par ticipait à la séance d'échauffement d'avant-match. Il est sorti comme une véritable fusée du vestiaire du Canadien. Mais on n'a encore aucune confirmation s'il va, oui ou non, participer à ce quatrième match de la série entre les Bruins de Boston et les Canadiens.

« Bienvenue à *La Soirée du hockey Molson* à l'antenne de Radio-Canada. Eh bien! Comme les quelque 18 000 personnes ici dans le Forum de Montréal, nous sommes dans l'attente pour savoir qui va sortir le premier de la porte du vestiaire du Canadien de Montréal ce soir... Et voilà! Il s'en vient, c'est Patrick Roy, c'est lui qui va garder les buts! Écoutez l'ovation que le public lui réserve, une ovation debout pour le gardien... Quelle ovation et quelle ambiance pour le gardien Patrick Roy! »

La grande question est maintenant de savoir comment Patrick se comportera. Aura-t-il assez d'énergie pour tenir soixante minutes? Ses jambes, alitées depuis trois jours, le porteront-elles pendant trois périodes? Le docteur Kinnear soupèse : « Disons qu'il serait préférable qu'il ait une soirée facile. Ses chances seraient meilleures s'il n'était pas bombardé de 40 lancers. » Comme on lui rapporte ces mots, Jacques Demers approuve et réplique : « Je m'en charge. »

Quelqu'un n'a certainement pas compris le message de Demers car les Canadiens ne décochent que 15 lancers sur le filet des Bruins, alors que ceux-ci lancent à 41 reprises. Sauf que Patrick bloque 39 de ces 41 tirs, et les Canadiens l'emportent tout de même au compte de 5 à 2. On lui décerne la première étoile du match et il reçoit une autre ovation debout quand il vient faire son tour de piste. La partie de golf du matin était donc un heureux présage. Il avait toujours le vent dans le dos.

De son propre aveu, il a cependant frappé le mur en deuxième période. Il présentait alors un visage marqué par l'épuisement en soulevant son masque pour boire un peu d'eau. « Mais le but de Carbonneau, en fin de période, m'a donné un regain d'énergie. J'étais prêt pour disputer ce match depuis vendredi soir à l'hôpital », précise-t-il. D'un lit d'hôpital à la victoire en séries éliminatoires. Du jamais vu !

À la télévision de Radio-Canada, Mario Tremblay ne peut que lancer : « Il faut avoir énormément de respect pour ce genre d'athlète. Non seulement Roy est-il talentueux mais c'est un homme courageux. Il a quand même été alité trois jours à l'hôpital, et pour qu'il insiste ce soir pour revenir devant le but, il faut qu'il fasse partie de cette race d'hommes courageux, comme Bob Gainey qui avait joué dans les séries en dépit d'une épaule disloquée. »

La série était maintenant égale, deux victoires de chaque côté.

◡

Cet épisode provoqua les commentaires du docteur Michel Talbot, président de l'Association des chirurgiens du Québec, qui accusa publiquement les médecins des Canadiens de pratiquer une médecine de brousse. Il mentionna les risques d'un appendice refroidi et d'un danger de rechute avec des conséquences sérieuses. Patrick fit de son côté une déclaration officielle avant de passer à des choses qu'il jugeait plus sérieuses : « Je n'accorde pas tellement d'importance à toutes ces remarques parce que j'ai été vu et soigné par les meilleurs médecins de Montréal, les docteurs Mulder, Kinnear et Brown. »

Le docteur Mulder, reconnu comme un médecin conservateur et prudent, tint lui aussi à faire une mise au point : « Tous les patients représentent des cas individuels. Les médecins qui se prononcent [dans les médias] sur le cas de Roy ne l'ont pas examiné, à ce que je sache. Patrick a été tenu au courant du traitement dans ses moindres détails. Il ne pouvait pas y avoir de description plus honnête sur son cas que celle faite par le docteur Kinnear en conférence de presse. La médecine a changé. Il y a trois ans, on n'utilisait pas l'ultrason pour les cas du même genre. Il aurait fallu opérer. »

Pas moins de quatre médecins spécialistes s'étaient prononcés sur le cas de Patrick avant de lui donner le feu vert.

⌣

Le lundi matin 25 avril, jour du cinquième match, Patrick, dans les gradins du Boston Garden, lisait une déclaration de la veille de l'entraîneur des Bruins, Brian Sutter : « Roy a besoin d'être bon, disait-il, parce que nous allons être meilleurs. » Patrick prit un crayon feutre, encercla la déclaration et, sans dire un mot, plaça le journal local à la vue d'un journaliste qui assistait à l'entraînement des Bruins.

Par mesure de prudence, toute l'équipe médicale des Canadiens avait fait le voyage à Boston : les docteurs David Mulder, Doug Kinnear, Éric Lenzner et Claude Clément. De la façon dont les Canadiens jouèrent ce soir-là, on aurait peut-être mieux fait de demander aux médecins de chausser les patins. Les Bruins dominèrent outrageusement cette rencontre, bombardant Patrick de plus de 61 lancers. Mais une fois de plus, ce fut encore lui qui eut le dessus. Il en stoppa 59 et Kirk Muller mit fin au supplice en marquant le troisième but des Canadiens à 17 :18 en prolongation.

Le Tricolore l'avait donc emporté à ses deux derniers matchs et revenait à Montréal en avant dans la série par trois victoires contre deux. Il avait cependant concédé 102 lancers aux Bruins contre 51. « Les joueurs ne semblent plus s'en remettre qu'à Patrick Roy », titra *Le Journal de Montréal* le lendemain. Même Derek Sanderson, un ancien des Bruins devenu commentateur à la radio, lui rendit hommage : « Patrick est l'un des rares athlètes à qui le public ne reproche pas de toucher un salaire de quatre millions de dollars par saison. Il est honnête. Avec lui, on est certain d'avoir un spectacle. »

Pour sa part, le *Boston Globe* écrivit que Patrick était entré dans la légende du Garden en ajoutant son nom au groupe sélect des Milt Schmidt, Rocky Marciano, Gordie Howe, John F. Kennedy, Bill Russell, les Beatles, Bobby Orr, Bob Cousy, Wilt Chamberlain, Frank Sinatra, Wayne Gretzky, Larry Bird et Michael Jordan, qui avaient tous écrit une page de l'histoire de ce vieil amphithéâtre, pouvait-on lire.

Quand on lui demanda de comparer sa performance de la veille avec le troisième affrontement contre les Rangers de New York lors des séries de 1986, alors qu'il avait sidéré la foule du Madison Square Garden en finale de la conférence Prince de Galles, Patrick révéla que le match de Boston était le meilleur match de sa carrière, du point de vue technique : « À New York, j'étais une recrue et je me fiais presque exclusivement à mes réflexes. Maintenant, quand les gens disent, après m'avoir vu dans un match, que tout avait l'air facile, c'est que j'ai bien effectué mon travail. Quand tu ne joues pas pendant quatre ou cinq jours, l'important est de revenir à la base. Pour moi, la base c'est ma technique. J'essaie d'être parfait en autant que faire se peut. »

Tout avait beau avoir l'air facile, il n'en demeurait pas moins que recevoir autant de lancers dans des matchs aussi longs et aussi chaudement disputés, dans des amphithéâtres où la chaleur devenait accablante, épuisait une réserve d'énergie déjà lourdement hypothéquée pour combattre la maladie. Si les joueurs n'appuyaient pas davantage leur gardien, tôt ou tard les Bruins prendraient le dessus.

Or, l'esprit d'équipe ne semblait pas vouloir s'améliorer en dépit des efforts de Patrick. Celui-ci surprit une conversation entre quelques coéquipiers qui prétendaient que le chiffre des lancers à Boston avait été gonflé. Drôle de commentaire dans les circonstances, plus susceptible de décevoir Patrick et d'éroder sa motivation que de l'encourager.

Deux jours plus tard, à Montréal, les Bruins faisaient face à l'élimination. Pour une fois, les Glorieux et Patrick ne purent vaincre la loi de la moyenne. Leur adversaire, plus fort, plus puissant, plus rapide et, surtout, plus déterminé, l'emporta au compte de 3 à 2. « Je déteste me servir du passé pour faire des comparaisons, mais l'an dernier, on n'aurait pas perdu le sixième match d'une série si on l'avait menée après cinq rencontres », analysa Patrick après le match. Il ajouta : « Je ne sais pas si c'est parce qu'on ne veut pas payer le prix, mais on n'a pas la touche magique qui nous habitait l'an dernier. »

La table était mise pour un septième et décisif match à Boston.

Le matin du 29 avril, la plus récente réflexion de Harry Sinden occupait toute la une d'un quotidien de Boston : « *ROY SUCKS !* » Celui-ci ne voulait surtout pas que les Bostonnais voient Patrick comme un héros. Un commerçant de l'endroit fit imprimer la photo du gardien, accompagnée de cette déclaration, sur cinq mille t-shirts. Le soir, il les écoula tous à l'entrée du Garden.

Avant l'ultime rencontre, on ne sentait plus la même conviction chez Patrick. « Il n'y a pas de *feeling* dans le vestiaire, dit-il. On nous a souvent dit que nous étions la pire équipe à avoir remporté la coupe, l'an dernier. Peut-être que cela a fini par taper sur les nerfs de tout le monde. J'espère que je ne suis pas sorti de l'hôpital pour jouer seulement quatre parties ! »

De son côté, François Allaire rageait. « Une des choses que je regrette le plus de toute ma carrière, se souvient-il, c'est de ne pas avoir mieux protégé Patrick à la veille de ce septième match. Tout ne tenait qu'à lui. On sentait que Boston était plus fort que nous, ils nous déclassaient match après match, certains de nos joueurs ne jouaient pas bien, et Patrick était la

Ligue nationale de hockey (AJLNH), on procéda à l'ablation de l'appendice le plus médiatisé de toute l'Amérique du Nord.

seule raison pour laquelle on se retrouvait dans cette septième partie.

« Or, trop de monde lui a parlé au moment où il aurait eu besoin de se concentrer sur sa préparation pour le match. Jacques Demers s'est entretenu avec lui pour le motiver, le président Corey s'est entretenu avec lui pour le motiver, et j'en ai vu plusieurs autres lui parler dans la journée. Dans ma tête, de tous les joueurs, Patrick était celui qui avait le moins besoin qu'on le motive. Lors de la séance d'échauffement d'avant-match, j'ai constaté qu'il n'arrêtait plus rien. Là, j'étais "en crisse". Tellement, que moi, son entraîneur, je ne lui ai pas dit un mot. Trop de monde avait voulu jouer au coach du gardien.

« Cette situation m'a fait vraiment mal parce que je savais que Patrick n'avait pas besoin de ça. Il avait combattu la maladie pour revenir dans la série, il savait ce qu'il faisait. Il n'était peut-être pas cent pour cent à point physiquement, mais mentalement il était *sharp*. Tout ce dont il avait besoin, c'était qu'on le laisse se préparer pour le match. »

Les Canadiens ne furent jamais dans le coup. Après vingt-cinq minutes de jeu, les Bruins s'étaient donné une avance de 4 à 0, en route vers une victoire décisive de 5 à 3. Le Tricolore était éliminé.

Patrick donne aujourd'hui raison à François Allaire. « Mais d'un autre côté, ajoute-t-il, je n'avais plus de jus. Mon réservoir était vide. J'étais allé au bout de mes forces. Je ne suis pas certain que ça aurait changé grand-chose, même si on m'avait laissé tranquille. C'était l'adrénaline qui m'avait tenu dans les quatrième et cinquième matchs. Mais là, j'étais au bout du rouleau, j'étais épuisé, vidé. »

Au cours de l'été, pendant que les négociations en vue d'une nouvelle convention collective piétinaient entre les propriétaires des équipes et l'Association des joueurs de la

22

ENTRACTE

Si, pour la première fois en onze ans, les Canadiens n'avaient pu franchir la première ronde des séries éliminatoires, les Nordiques avaient fait pire encore. Malgré une formation pourvue de bons éléments, ils avaient été exclus du tournoi d'après-saison, n'ayant amassé que 76 points en saison régulière. Aussi, au cours de l'été de 1994, Marcel Aubut congédia Pierre Pagé qui cumulait les postes de directeur général et d'entraîneur. Il fut remplacé par Pierre Lacroix et Marc Crawford. Patrick venait de perdre son agent.

Robert et Daniel Sauvé prirent la relève chez Jandec. Compte tenu de la clause que j'avais fait inscrire à son contrat avec l'entreprise, Patrick pouvait alors se tourner vers la personne de son choix pour le conseiller.

Robert Sauvé avait été le premier client de Pierre Lacroix, celui qui avait fait en sorte que Lacroix embrasse une carrière de conseiller d'athlètes professionnels. Il avait été sélectionné par les Sabres de Buffalo en première ronde du repêchage amateur de 1975. Il avait été gardien de but pendant plus de onze ans dans la Ligue nationale, à Buffalo, Detroit, Chicago et New Jersey, remportant au passage le trophée Vézina en 1979-1980 (avec Don Edwards) et le Jennings en 1984-1985 (avec Tom Barrasso). Son partenaire, Daniel Sauvé, sans aucun lien de parenté avec lui, avait été comptable agréé au sein de la firme de comptables Lanctôt, Lalumière & Sauvé. Les deux étaient associés avec Pierre Lacroix depuis un an. Au départ de celui-ci pour Québec, ils rachetèrent ses parts dans l'entreprise.

Par loyauté, Patrick décida de maintenir son lien d'affaires avec Jandec.

Le 30 septembre, la veille de l'ouverture de la saison 1994-1995, à défaut de pouvoir s'entendre avec l'association représentant ses joueurs, la Ligue nationale de hockey décréta un lock-out. Cet automne-là, Patrick eut beaucoup de temps pour s'amuser avec ses enfants. Il en fut de même jusqu'à la mi-janvier. Un long entracte...

⌣

Patrick prit cependant des dispositions pour se maintenir en forme. Quotidiennement, on pouvait le voir s'entraîner avec certains de ses coéquipiers à l'aréna de Rosemère. Aussi, en novembre, il participa à un tournoi organisé par l'Association des joueurs de la Ligue nationale de hockey, à Toronto, comme porte-couleurs de l'équipe du Québec.

Quelques semaines plus tôt, il avait causé tout un émoi auprès d'un groupe de joueurs de Chicago que j'avais accompagnés à Montréal pour un week-end de hockey. Depuis 1994, j'étais en poste dans cette ville du Midwest américain à titre de délégué du Québec. Comme je pratiquais toujours le hockey dans mes heures de loisir, je m'étais joint à une ligue de hockey récréatif, les Chicago Masters, mise sur pied par Steve Demitro, un ancien joueur des Admirals de Milwaukee, de la Ligue internationale. Ayant appris que Patrick était mon fils, Demitro m'avait demandé s'il me serait possible d'emmener quelques-uns de nos coéquipiers, des passionnés de hockey, jouer au Forum de Montréal avant que ce temple du hockey soit démoli.

J'appelai Serge Savard : « Serge, monte-toi une équipe et je vais venir te rencontrer avec un groupe de Chicago. » L'idée lui avait plu. Comme la LNH était en lock-out, il était disponible, tout comme le Forum et plusieurs anciens joueurs. Le match amical eut lieu à la fin d'octobre.

Savard avait formé une équipe d'anciens professionnels, de joueurs de la Ligue Dépression et de personnalités du milieu du spectacle. Aux Jacques Lemaire, Yvon Lambert, André

Boudrias, lui-même, et son fils Serge jr., se mêlèrent les Guy Cloutier, Robert Charlebois et Jean-Guy Moreau.

Pour renforcer un peu les Masters, j'avais demandé à mon fils Stéphane de se joindre à nous. J'avais aussi invité Patrick, mais celui-ci avait préféré s'abstenir, ne voulant pas mettre les pieds au Forum pendant le conflit de travail.

Mais le lendemain, un autre rendez-vous était prévu pour mes coéquipiers. J'avais invité à Montréal les Anciens As, équipe avec laquelle je jouais avant de quitter Québec pour Chicago. Il ne restait plus d'anciens As depuis longtemps dans cette formation mais elle comptait entre autres un ancien Nordique : Michel Parizeau. La rencontre eut lieu à Brossard, au complexe des Quatre-Glaces. Ce concept, novateur à l'époque, qui comprenait quatre patinoires entourant l'aire de services, avait été conçu et réalisé par Léo Bourgault, mon ami d'enfance de la rue Marguerite-Bourgeois. Celui-ci en était toujours le directeur. Encore une fois, Stéphane s'était joint à nous.

Nous étions à nous préparer dans le vestiaire lorsque Patrick fit son entrée. Il avait emprunté quelques pièces d'équipement de Vincent Damphousse et venait se joindre à nous comme joueur d'avant. Son arrivée provoqua un état d'hébétude chez mes coéquipiers qui ne disposaient que d'une trentaine de minutes pour se secouer avant le début du match. Pas la meilleure façon de se préparer pour une compétition ! Heureusement, ce n'était encore qu'une partie amicale.

Ce jour-là, Patrick forma un trio au centre, avec son père à l'aile gauche et son frère à l'aile droite, me faisant vivre le moment le plus émouvant de ma carrière de « croulant ».

⌣

Le 20 janvier 1995 marqua le retour des activités de la Ligue nationale, regroupées dans un calendrier écourté de quarante-huit matchs pour chaque équipe. Pour les Canadiens, cette saison fut un désastre. À croire que la seule excitation au Forum cette année-là fut la rencontre entre les Masters de Chicago et les anciens des Canadiens.

Patrick explique : « À mon avis, nous avons été l'équipe la plus affectée par le lock-out. D'abord, pour une raison que je ne saurais expliquer, nous obtenions généralement de bien meilleurs résultats contre les équipes de la conférence de l'Ouest. Or, cette année-là, le calendrier écourté nous limita à jouer tous nos matchs à l'intérieur de notre conférence, celle de l'Est.

« Ensuite, l'opinion publique à Montréal était résolument défavorable aux joueurs dans ce conflit. On nous voyait comme des "bébés gâtés" sur qui reposait la responsabilité de cette impasse. Beaucoup de gens ne faisaient pas la distinction entre un lock-out et une grève. Plusieurs de mes coéquipiers étaient très impliqués syndicalement et ils ont été très affectés par cet arrêt de travail. Quand la saison se mit finalement en branle, ils n'avaient pas le cœur à l'ouvrage, ils avaient la tête ailleurs. »

Il est vrai qu'il n'était pas facile d'exiger du simple citoyen qu'il éprouve de la sympathie pour un athlète qui gagne quelques millions de dollars par année et qui cherche, par le biais de son association, à protéger ses acquis ou à améliorer sa situation. Patrick avait en poche un contrat de 16 millions de dollars pour quatre ans alors que Vincent Damphousse avait signé, juste avant le lock-out, un nouveau pacte évalué à 10 millions de dollars, aussi pour quatre ans.

C'était beaucoup d'argent… Daniel Doyle, alors président de l'Association des cardiologues du Québec, déclara publiquement, probablement dans le cadre d'une négociation avec le gouvernement, que Patrick gagnait plus d'argent à lui seul que l'ensemble des cardiologues du Québec. J'aurais préféré qu'il choisisse un autre exemple pour frapper l'imagination – ça ne manquait pas –, mais il n'avait pas tort.

D'un point de vue sociétal, il apparaît en effet immoral de verser quatre millions de dollars par année à quelqu'un simplement pour qu'il arrête des rondelles, alors que d'autres qui occupent des emplois infiniment plus utiles à la société sont bien loin d'une telle rétribution.

Mais nous vivons dans un monde qui récompense mieux que d'autres les chefs des grandes entreprises et ceux qui œuvrent dans le domaine du divertissement, dont le sport professionnel fait partie depuis l'avènement de la télévision.

En cette saison 1994-1995 amputée d'un trimestre, l'équipe connut d'importants bouleversements. Avant même qu'elle débute, Guy Carbonneau fut échangé aux Blues de Saint Louis contre l'obscur attaquant Jim Montgomery. Kirk Muller lui succéda à titre de vingt-deuxième capitaine de l'histoire des Glorieux. Vincent Damphousse, Jean-Jacques Daigneault et Mike Keane furent désignés pour le seconder.

À peine trois semaines après la reprise des activités, irrité par la torpeur dans laquelle s'enlisait son équipe, Serge Savard conclut, le 9 février, une importante transaction avec les Flyers de Philadelphie. Il leur céda Éric Desjardins, son meilleur défenseur, Gilbert Dionne, un attaquant de 20 buts qui n'était pas en très bons termes avec Jacques Demers, et John LeClair, qui avait le talent d'un marqueur de 50 buts mais dont les efforts parcimonieux le restreignaient à une vingtaine. En retour, il obtenait Mark Recchi, un ailier droit qui venait de connaître quatre saisons consécutives de 40 buts. Deux mois plus tard, le directeur général réussit un autre grand coup en ravissant Pierre Turgeon et Vladimir Malakhov aux Islanders de New York contre Kirk Muller qui n'avançait plus, Craig Darby qui n'allait nulle part, et Mathieu Schneider qui faisait de moins en moins l'unanimité à Montréal.

Un soir, à Philadelphie, Patrick avait eu maille à partir avec ce dernier durant un entracte entre deux périodes, lors d'une dégelée de 8 à 4 aux mains des Flyers. L'attitude de Schneider, un défenseur, déplaisait à plusieurs porte-couleurs de la formation. Il cherchait à obtenir un nouveau contrat et se moquait éperdument des plans de jeu défensifs de l'équipe.

Il prenait souvent des risques qui mettaient Patrick et ses coéquipiers dans le pétrin. Il faisait tout pour accumuler le plus grand nombre de points possible, convaincu que c'était la meilleure façon d'amener Savard à délier les cordons de sa bourse. Mais ce n'était pas tellement ce que Patrick avait à lui reprocher. Il lui en voulait plutôt d'avoir laissé tomber l'équipe lors de son élimination du printemps précédent contre les Bruins, en jouant mollement ou en refusant tout simplement de jouer alors qu'il n'était que légèrement blessé. C'est quand Patrick accusa Schneider d'avoir adopté ce comportement pour ne pas hypothéquer ses négociations en vue de l'obtention d'un nouveau pacte que les deux en étaient venus aux coups.

Aujourd'hui, avec le recul, Patrick se reproche d'avoir été un peu trop direct avec ses coéquipiers à cette époque : « J'aurais dû agir de façon différente, tenir des propos plus généraux plutôt que m'adresser directement à des individus. J.-J. Daigneault m'en avait fait la remarque. Il avait raison. J'ai appris de ces expériences. »

Par sa dernière transaction, non seulement Savard réglait le cas Schneider, mais il mettait la main sur un joueur de grand talent, un fier compétiteur et un prolifique marqueur en la personne de Pierre Turgeon. Après le départ de Kirk Muller, Mike Keane, un vrai joueur de caractère et un rassembleur populaire auprès de ses coéquipiers, hérita du rôle de capitaine.

Malgré ces nombreux changements, les Canadiens ratèrent les séries éliminatoires pour la première fois en vingt-cinq ans, ne remportant que trois de leurs vingt-quatre matchs à l'étranger. Pour Patrick, ce fut la seule saison de sa carrière où il montra une fiche négative : 20 défaites contre 17 victoires et 6 verdicts nuls. Malgré tout, sa moyenne de buts alloués et son pourcentage d'efficacité, à 2,97 et 90,6 respectivement, n'étaient pas mauvais. Mais dans l'ensemble, une saison à oublier.

Pour les Nordiques, ce fut le drame, même s'ils étaient devenus une puissance dans la ligue après avoir terminé la saison régulière au deuxième rang du classement général sous la direction du duo Lacroix-Crawford. Durant le conflit de travail, les propriétaires d'équipes n'étaient pas parvenus à convaincre les joueurs d'accepter un plafond salarial. Au rythme où les salaires évoluaient, un petit marché comme la ville de Québec n'avait tout simplement plus la taille, ni la capacité financière, pour soutenir une équipe dans la Ligue nationale. À l'été de 1995, à la grande consternation des Québécois, l'équipe émigra à Denver, au Colorado, et devint l'Avalanche.

23

LA RUPTURE

« *We have to play toast to toast with the Maple Leafs!* »
Il voulait dire *toe to toe*, mais il avait dit *toes to toes*, et avec
son fort accent de Bleuet, ça s'entendait comme *toast to
toast*. Patrick avait la tête baissée, s'efforçant de retenir son
fou rire.

Il se souvenait de sa première année chez les Canadiens,
alors qu'il partageait une chambre avec Mario Tremblay
lorsque l'équipe était en voyage. Il était une recrue, l'autre,
un vétéran. Il ne parlait pas beaucoup anglais et Tremblay se
moquait parfois de lui. Rien de bien méchant, c'était juste
drôle. Là, c'était Tremblay qui faisait son premier discours
dans le vestiaire des joueurs après avoir été présenté à la
presse quelques minutes plus tôt comme le nouvel entraîneur
des Canadiens. Les rôles étaient inversés : Tremblay était
maintenant la recrue, comme entraîneur, et Patrick était le
vétéran gardien qui avait, entre autres, grandement aidé son
équipe à remporter deux coupes Stanley.

Du coin de l'œil, Patrick aperçut Mike Keane à ses côtés.
Ce dernier, un rouquin, avait la tête grosse comme une
citrouille et le visage écarlate. Il se mordait les lèvres si fort
pour ne pas éclater de rire que Patrick crut discerner un mince
filet de sang s'échapper de la commissure de sa lèvre. Il n'en
pouvait plus. Il éclata.

Tremblay interrompit son laïus et vint directement à lui :

— Qu'est-ce qu'il y a de drôle ?

— C'est rien contre toi, Mario, c'est juste ta façon de
t'exprimer... rien contre toi.

— Qu'est-ce que tu trouves drôle, « s'tie » ? Penses-tu que
c'est une « ostie de joke icitte » ?

Les rapports entre les deux hommes étaient bien mal amorcés. Rien de bien méchant, mais ce n'était plus drôle.

⌣

Depuis plusieurs mois, Serge Savard concoctait une mégatransaction qui, selon lui, allait faire des Canadiens un aspirant sérieux à l'obtention d'une vingt-cinquième coupe Stanley. Avec la venue de Recchi, Turgeon et Malakhov, il voyait son équipe à deux joueurs près d'une équipe championne. À plusieurs reprises il s'était entretenu avec son homologue Pierre Lacroix, mais sans que les deux hommes mentionnent des noms de joueurs. Comme souvent entre négociateurs d'expérience, chacun essayait de mesurer l'intérêt de l'autre en feignant l'indifférence. Cependant, chacun des deux était convaincu que l'autre possédait la pièce manquante qui pourrait conduire son équipe aux grands honneurs. Lacroix visait Patrick ; Savard, Owen Nolan.

Dès qu'ils auraient l'assurance réciproque que ces deux joueurs n'étaient pas intouchables, il y aurait possibilité de transaction. Les autres joueurs impliqués dans la négociation ne joueraient qu'un rôle secondaire et n'empêcheraient pas la conclusion d'une entente, pour autant que Savard obtienne un gardien de but capable de succéder à Patrick, en attendant que le prometteur José Théodore soit prêt. Le gardien qu'il voulait était Stéphane Fiset.

Or, Patrick avait maintenant trente ans et son rendement de la saison précédente incitait Savard à penser que ses meilleures années étaient peut-être derrière lui. Quant à Nolan, vingt-trois ans, l'Avalanche regorgeait de joueurs de son calibre.

Au début d'octobre 1995, les deux directeurs généraux étaient sur le point de s'entendre. On approchait du but. Pierre Lacroix savait que les rumeurs se répandraient aussitôt que lui et Savard se mettraient à mentionner des noms et à évoquer les possibilités, chacun avec ses principaux lieutenants. Aussi téléphona-t-il à Savard pour conclure l'entente au plus tôt.

Les Canadiens commencèrent bien mal la saison 1995-1996.

D'abord, elle débuta dans la controverse lorsque Mike Keane fut présenté à la presse à titre de vingt-troisième capitaine de l'équipe. Le lendemain, en réponse à une question de Mathias Brunet, de *La Presse*, Keane déclara maladroitement qu'il n'avait pas l'intention d'apprendre le français : « Pourquoi apprendre le français ? Je ne suis pas un porte-parole. Je ne fais que la liaison entre les joueurs et la direction. Tout le monde ici parle anglais. Je ne sens pas le besoin d'apprendre le français. » Il avait employé le terme « ici » en faisant référence au vestiaire de l'équipe et à ses habitudes de travail. Mais cela n'était pas clair et « ici » pouvait tout aussi bien vouloir dire « ici, au Québec ». Or, le Québec était à cette époque en pleine campagne référendaire sur son avenir politique, et Bernard Landry, lui, voyait un problème. Landry – premier ministre du Québec de 2001 à 2003 – était alors ministre des Affaires internationales. Il rabroua publiquement les dirigeants du club en ces termes : « Ce n'est pas au capitaine que je fais des reproches, c'est à la direction du Canadien qui n'a pas compris, comme personne corporative, qu'elle a le devoir d'inciter ceux qui viennent ici à parler la langue du lieu. »

Ensuite, le Tricolore essuya des défaites à ses quatre premiers matchs de la saison, ne marquant que 4 buts et en concédant 20 à ses adversaires. L'équipe qui avait raté les séries éliminatoires le printemps précédent tardait drôlement à s'amender. Son attaque, qui possédait tous les ingrédients pour être redoutable, demeurait anémique. Un seul but par match en moyenne. Les méthodes de motivation de Demers ne suffisaient plus.

La foule du Forum s'impatientait et c'est surtout Patrick qui écopait. On l'applaudissait de plus en plus souvent en dérision à la suite d'un arrêt facile. Il avait beau redoubler d'ardeur durant les entraînements, quittant la glace après tous les autres pour donner l'exemple, les résultats ne venaient pas. Il fit alors une déclaration que l'on pourrait qualifier de prémonitoire au *Journal de Montréal* – nous n'étions qu'à la mi-octobre : « Je peux vivre avec la critique et je vais me battre comme un chien pour m'en sortir. J'ai cependant hâte de voir ce qui va se passer quand on va se débarrasser de moi. Qui va-t-on blâmer ? Mon successeur ? L'entraîneur ?... »

Le comportement des amateurs nous ramenait deux ans en arrière, alors qu'un certain nombre d'entre eux avait favorablement accueilli l'idée d'échanger Patrick. La conquête de la coupe de 1993, quelques mois plus tard, avait repoussé à plus tard cette velléité.

Enfin, la transaction qu'avait effectuée Savard avec les Flyers de Philadelphie, un an plus tôt, tournait à l'avantage de ceux-ci, surtout parce que John LeClair choisit ce moment pour débourrer et devenir, aux côtés d'Eric Lindros, un compteur prolifique qui, pour mal faire, emplissait le filet des Canadiens chaque fois que les deux équipes se croisaient.

Le 17 octobre 1995, en début d'après-midi, Savard fut convoqué au bureau du président Ronald Corey. Sans autre cérémonie, celui-ci lui annonça sèchement qu'il le congédiait, de même que ses principaux conseillers, André Boudrias et Carol Vadnais. Corey reprochait à Savard de consacrer trop de temps à ses affaires personnelles au détriment des intérêts de l'équipe. L'entraîneur Jacques Demers et son second, Charles Thiffault, étaient également relevés de leurs fonctions et occuperaient désormais des postes moins en évidence au sein de l'organisation. Seuls les anciens joueurs Jacques Laperrière, adjoint à l'entraîneur, et Steve Shutt, conseiller, conservaient leurs postes.

Savard n'avait jamais venu venir ce congédiement. À l'exception de deux saisons à Winnipeg au début des années quatre-vingt, il avait passé sa vie au service des Canadiens. Comme joueur, il avait gagné huit coupes Stanley avec cette équipe et il était membre de l'organisation depuis l'âge de quinze ans, depuis ses années d'âge junior. Comme directeur général, depuis plus de treize ans, il avait remporté deux autres coupes et sa formation avait perdu en grande finale une fois. Un bilan enviable. Les assises solides qu'il était convaincu d'avoir au sein de la brasserie Molson, propriétaire des Canadiens à l'époque, le mettaient, pensait-il, à l'abri d'un limogeage.

Il est bien difficile de comprendre pourquoi le renvoi de Savard s'est fait si brutalement. Corey avait ses raisons de vouloir le remplacer. Soit. Mais pourquoi ne pas avoir eu l'élégance de lui laisser le fardeau de la décision ? Il y a des tas de raisons que Savard aurait pu invoquer, y compris des raisons personnelles, et la séparation aurait pu se faire en douceur. Tout le monde aurait compris. Mais on ne lui a jamais donné la chance de sauver la face. C'est en paria qu'il quitta l'organisation pour laquelle il s'était dévoué pendant plus de trente-deux ans et à laquelle il était encore tellement attaché.

Savard était à peine sorti du bureau de Corey, s'affairant à emballer ses dossiers personnels dans des boîtes, lorsque le téléphone sonna. C'était sa ligne personnelle :

— Allô ! Serge ?

— Oui, c'est moi.

— C'est Pierre. Dis, on aurait peut-être intérêt à finaliser notre transaction avant que les rumeurs commencent à circuler !

— Peut-être, mais il va falloir que tu la finalises avec quelqu'un d'autre. Corey vient de me jeter dehors.

Lacroix en resta bouche bée. Il attendrait la suite des événements.

Ces « événements » se poursuivirent quatre jours plus tard, à la faveur d'une conférence de presse où le président Corey présenta le nouveau directeur général, Réjean Houle, le nouvel entraîneur, Mario Tremblay et son adjoint, Yvan Cournoyer.

La nouvelle avait de quoi étonner. « Je suis allé prendre une douche, une bonne douche froide pour voir si j'étais bien réveillé », laissa tomber Patrick en réagissant sur le vif.

Il ne fut pas le seul à se montrer sceptique. Red Fisher, du journal *The Gazette*, qui en avait pourtant vu bien d'autres, aurait pour sa part préféré ne pas être réveillé. Se penchant vers un collègue, il lui glissa à l'oreille : « Dis-moi que je rêve ! »

Quant à Réjean Tremblay de *La Presse*, il écrivit dans sa chronique :

> Ça fait cinq heures que je sais que Réjean Houle est le nouveau directeur général, j'essaie de comprendre la logique de tous ces chambardements et je n'y arrive pas.
>
> Peanut, directeur général du Canadien ? Alors qu'il vient de passer dix ans à vendre de la bière !
>
> [...] Mais je sais qu'un homme aussi expérimenté que Serge Savard est remplacé depuis hier par un directeur des communications chez Molson qui n'a jamais géré autre chose dans la vie qu'une équipe de balle molle.

Justement, Patrick se souvenait de ce voyage de balle molle des Canadiens à Gatineau. « Au retour, raconte-t-il, l'autobus a connu des ennuis mécaniques. La pompe à diesel était défectueuse et il fallait que quelqu'un la tienne continuellement. Houle s'est porté volontaire. Mais aussitôt qu'il la lâchait, en raison de la fatigue ou pour toute autre raison, l'autobus s'immobilisait. Il était tard, nous étions tous éreintés, et la plupart des joueurs qui essayaient de dormir s'écriaient alors : "Peanut, tabarnak, tiens-la, la crisse de pompe !" »

C'étaient les rênes du Club de hockey Canadien que Houle tenait maintenant. Tous savaient qu'il était un homme généreux, chaleureux, intelligent et travailleur. Une bonne nature. Mais la plupart hésitaient à lui reconnaître la carrure, l'envergure et la crédibilité pour chausser les souliers de Serge Savard et tenir tête à des homologues coriaces et, surtout, expérimentés.

Quant à Mario Tremblay, il venait de passer les dix dernières années derrière un micro et en était à ses toutes premières armes derrière le banc d'une équipe. Or, ce n'est pas avoir une très haute considération du métier d'entraîneur que de croire qu'on puisse s'improviser tel derrière le banc d'une équipe, sans préparation.

Depuis la Série du siècle de 1972, le hockey nord-américain avait évolué. Peut-être encore trop lentement au goût de certains, mais évolué quand même. Un certain nombre de spécialistes en éducation physique avaient choisi le hockey comme sujet de thèse de doctorat. On peut penser aux Georges Larivière, Gaston Marcotte, Christian Pelchat ou Charles Thiffault. À travers la Fédération québécoise de hockey sur glace, une partie de leurs connaissances a eu une influence sur l'évolution de l'enseignement de ce sport, notamment dans la formation des entraîneurs du hockey mineur. Aussi, on peut dire que c'est surtout par la base que cette évolution s'est faite, car le hockey professionnel opposait encore beaucoup de résistance à ces universitaires et à leurs théories.

Par exemple, pour être derrière le banc d'une équipe pee-wee, un entraîneur devait avoir suivi une formation théorique et un stage de la FQHG. Pour être entraîneur dans la Ligue nationale, rien. Aucune formation requise. Il suffisait seulement que le directeur général soit convaincu d'avoir trouvé « son homme ». Or, le métier d'entraîneur aussi avait évolué. Il ne suffisait plus d'être un « motivateur », un meneur de claque ou un ouvreur de portes.

C'est un métier très exigeant. L'entraîneur doit avoir assez de connaissances en hockey pour arrêter des stratégies de jeu, offensives, défensives, à forces égales, en avantage numérique, en désavantage numérique. Pendant un match, il doit être constamment aux aguets pour déceler rapidement les changements de tactique de l'adversaire et les contrer efficacement. Il doit diriger et appliquer un programme d'entraînement pour s'assurer que ses joueurs soient dans la meilleure condition physique possible. Il doit être un bon meneur d'hommes, exercer un ascendant sur ses joueurs, être crédible, savoir où il va et avoir la capacité de les convaincre de le suivre dans cette voie, être un fin psychologue pour tirer le maximum d'effort de chacun. Il doit être un bon communicateur pour expliquer et justifier ses décisions aux médias presque tous les jours. De toutes les villes de la LNH, Montréal est probablement l'endroit le plus exigeant pour exercer ce métier, compte tenu du haut degré d'attention que les journalistes sportifs et les amateurs accordent au hockey professionnel.

Dans le passé, des entraîneurs comme Michel Bergeron avec les Nordiques et Jacques Demers avec les Canadiens, conscients de leurs lacunes techniques, s'étaient sagement entourés d'un spécialiste de la trempe de Charles Thiffault pour combler leurs carences.

Or, avant d'annoncer la nomination de Mario Tremblay au poste d'entraîneur, on avait justement écarté Thiffault du rôle d'adjoint. Tremblay avait décidé de le remplacer par Yvan Cournoyer, avec lequel il se sentait à l'aise, un ancien joueur qui avait le même profil que lui, les mêmes connaissances, les mêmes attitudes, mais aussi les mêmes limites et les mêmes déficiences. Et pas davantage d'expérience d'entraîneur, si ce n'est auprès des Roadrunners, une équipe de *roller hockey*.

Un directeur général sans aucune expérience avait retenu les services d'un entraîneur sans expérience qui avait à son tour choisi un adjoint sans expérience. Tous avaient de grandes qualités, tous avaient le « CH » tatoué sur le cœur, tous étaient passionnés, avaient connu des carrières de joueur où ils avaient démontré beaucoup de cœur, de caractère, de cran et de détermination, mais aucun n'avait la connaissance et l'expérience de la tâche à laquelle il s'attaquait. C'était comme se lancer, avec beaucoup de cœur et de caractère, du haut d'une pente de ski de calibre expert sans avoir jamais chaussé de skis auparavant. À court terme, les joueurs réagissent normalement bien à un changement d'entraîneur. Ça les stimule. Mais à moyen terme, le trio d'anciens coéquipiers se dirigeait tout droit dans le mur, surtout que, pour masquer son inexpérience, Temblay débarqua dans le vestiaire des joueurs en affichant un air intransigeant.

Ce dernier décida de rencontrer tous les joueurs individuellement. Une belle initiative. Quand vint le tour de Patrick, celui-ci en profita pour s'excuser de n'avoir pu retenir son fou rire lors de la première rencontre de l'entraîneur avec ses joueurs : « Excuse-moi, Mario, pour samedi, c'était pas ce que tu disais qui était drôle. C'était juste la manière dont ton anglais sortait. Je voulais pas rire de toi devant les gars. »

Mais Tremblay ne saisit pas la main que Patrick lui tendait. Contrairement à Demers et à Burns avant lui, il ne comprenait pas que, dans l'intérêt de l'équipe, il avait avantage à faire de Patrick son allié. Il répliqua froidement : « C'est correct. Contente-toi juste de *goaler* maintenant. »

Dans les quelque six semaines qui suivirent, Tremblay lui chercha noise chaque fois que l'occasion se présentait. Patrick se rappelle : « Je ne sais pas pourquoi, mais en partant, je dois te dire qu'il me cherchait. Ça ne m'empêchait cependant pas de bien performer et de faire ce que j'avais à faire. Je n'ai jamais voulu entrer dans ce jeu-là, nulle part où je suis passé. Je n'ai jamais demandé de faveurs particulières, je n'ai jamais voulu en obtenir. Je voulais juste gagner. »

Et comment! En quinze départs sous la gouverne de Tremblay, Patrick signa douze gains, ne perdant qu'à deux reprises, deux fois par la marge d'un seul but. Un match se termina par un verdict nul, à Denver, contre l'Avalanche du Colorado et le gardien Jocelyn Thibault. Patrick avait décidé de faire son chemin sans jeter d'huile sur le feu ni regimber. Mais plusieurs choses, insignifiantes pour la plupart, l'agaçaient. Quelques-unes d'entre elles ont été racontées par le journaliste Mathias Brunet dans la biographie non autorisée de Mario Tremblay, intitulée *Le Bagarreur*.

Depuis son arrivée avec les Canadiens en 1985, Patrick avait l'habitude de se rendre au Forum tôt avant les entraînements et les matchs et de s'arrêter à la clinique médicale de Gaétan Lefebvre, le soigneur. Il en profitait alors pour parler hockey avec ses coéquipiers qui y recevaient des soins. Il préférait cet endroit tranquille au vestiaire des joueurs où une musique rock abrutissante faisait vibrer les murs. Un jour, quelle ne fut pas sa surprise de voir une affiche collée au mur : *Interdit aux joueurs non blessés de demeurer dans la clinique!* On l'informe que c'est Tremblay qui l'a fait installer. Patrick l'enlève. Quelques instants plus tard, l'entraîneur s'amène dans la pièce et voit l'affiche par terre :

— Qui a fait ça? demande-t-il en connaissant d'avance la réponse.

— C'est moi, lui répond Patrick. Ça fait dix ans que je viens ici et je vais encore revenir. C'est vraiment du *stuff* de junior ç't'affaire-là…

Tremblay tourne les talons, furieux.

Une autre anecdote nous amène à Edmonton. Les Glorieux venaient de gagner trois matchs consécutifs sur la route, contre les Flames de Calgary, les Canucks de Vancouver et les Oilers. Patrick avait mérité la première étoile à deux occasions et une fois la deuxième.

Après avoir repoussé 42 des 43 lancers des Oilers et avoir ainsi mené son équipe à la victoire, Patrick s'était rendu prendre une bière au bar de l'hôtel en compagnie de Pierre Turgeon, son compagnon de chambre, comme il le faisait jadis avec Stephan Lebeau. Il était environ minuit et la plupart des autres joueurs étaient partis fêter dans des discothèques ou dans des clubs de danseuses. Brunet raconte la scène :

Roy sirote sa bière en discutant tranquillement avec Turgeon et trois journalistes de Montréal quand Mario Tremblay fait irruption dans le bar presque désert. Il s'approche de son gardien.

— Vous n'avez pas le droit d'être ici! Tu connais le règlement, « Casseau ».

Depuis l'arrivée de Bob Berry, en 1983, il est en effet interdit aux joueurs du Canadien de fréquenter les bars de l'hôtel [où l'équipe loge]. Jacques Demers faisait une exception pour Roy, qui n'appréciait pas les bains de foule dans les discothèques.

— Écoute Mario, lui répond Roy, on prend juste une bière. J'ai pas le goût de sortir. C'est tranquille ici. J'veux juste relaxer. On vient d'en gagner trois en ligne.

— J'ai dit non, dans votre chambre !

Roy ne bronche pas. Tremblay va s'asseoir plus loin. Le 33 commande une autre bière...

Mario bout.

Quinze minutes plus tard, l'entraîneur interpelle son gardien.

— Viens-t-en icitte tout de suite !

Roy, d'un pas nonchalant, comme un élève qui se fait gronder, se rend vers son entraîneur.

— J'vous ai dit d'aller dans votre chambre !!!

Turgeon et Roy se regardent et montent finalement dans leur chambre.

Un ancien entraîneur à qui je racontais l'incident m'a expliqué :

« Plusieurs entraîneurs, dans un passé pas si lointain, traitaient leurs joueurs comme du bétail, comme des esclaves. Ils exigeaient de leurs joueurs qu'ils aient du cran et du caractère, mais dès que ces attributs se manifestaient à leurs dépens, ils leur tapaient dessus. Mario, notamment, avait beaucoup souffert de la domination de Scotty Bowman. Il était maintenant en position de commande et il cherchait à reproduire le modèle qu'il avait connu, sans tenir compte de l'évolution qui s'était produite depuis que les joueurs étaient représentés par une association. Le cliché veut que les joueurs soient moins dociles depuis qu'ils gagnent beaucoup d'argent. Mais l'argent n'a rien à y voir. Ce sont tout simplement des êtres humains qui veulent être traités comme des êtres humains.

« Le règlement instauré sous Bob Berry avait du sens. Comment imaginer la moitié des joueurs en train de prendre un coup au bar de l'hôtel en présence des journalistes qui suivent l'équipe, sans compter les curieux qui se seraient sûrement attardés. Ça aurait pu dégénérer en une situation impossible à contrôler. Mais un pilote d'expérience, qui a confiance en ses moyens, sait faire preuve de discernement et de jugement dans l'application d'un règlement. Là, Patrick et Turgeon étaient seuls avec trois journalistes et il n'y avait personne d'autre dans le bar. Ils discutaient paisiblement. De toute évidence, Tremblay aurait dû faire preuve de tolérance. Il en aurait tiré des bénéfices. À la place, par crainte de voir son autorité défiée, il a fait passer son orgueil personnel avant les intérêts de l'équipe. »

La croyance populaire veut qu'un différend irréconciliable entre Mario Tremblay et Patrick ait été à l'origine du départ de celui-ci de Montréal. Mais François Allaire ne partage pas cette opinion. Bien sûr, le conflit larvé entre Patrick et son entraîneur n'a pas aidé. Après un certain temps, les deux ne se parlaient plus que par médias interposés, même lorsque Tremblay voulait lui annoncer qu'il confiait le match suivant au gardien auxiliaire. Mais c'était vivable, ça ne nuisait pas au rendement de Patrick, et les deux voulaient tellement gagner que, tôt ou tard, avec un peu de bonne volonté, ils auraient pu se réconcilier.

Il a fallu un déclencheur.

Mario Tremblay en avait gros sur le cœur contre Scotty Bowman. Il avait subi la tyrannie de celui-ci à ses cinq premières saisons dans la Ligue nationale, quand Bowman était l'entraîneur des Canadiens. Puis Bowman avait quitté l'organisation pour d'autres cieux. Mais Tremblay lui en voulait encore. Pendant les dix ans qu'il venait de passer au sein des médias, pas une seule fois avait-il interviewé Bowman lorsque celui-ci s'amenait à Montréal avec une équipe adverse. Quand il le croisait, à peine saluait-il celui qui en était à sa vingt-quatrième saison comme entraîneur.

Le mardi 28 novembre 1995, les Canadiens faisaient justement face aux Wings à Detroit. Fort de ses seize matchs derrière le banc du Tricolore et de ses douze victoires, Tremblay vit l'occasion de régler de vieux comptes. C'était le temps de montrer à son tortionnaire de jadis que lui, le « p'tit gars d'Alma », avait fait du chemin depuis ce temps. La veille de la rencontre, le lundi, guidé par son inexpérience et son orgueil, il se vida le cœur auprès de Mario Leclerc, du *Journal de Montréal*. « Il était constamment sur mon dos, confia-t-il en parlant de Bowman. Il me demandait ce que je faisais avec l'équipe, disait que je ne savais pas patiner ni lancer. Il menaçait constamment de m'envoyer dans les ligues mineures. [...] Je rentrais chez moi en braillant et en rageant. À cause de lui, j'ai failli tout abandonner. [...] Le temps a permis d'oublier un peu mais pas complètement. [...] Si on gagne [demain] je vais être content en "tabarnak" ! »

Dans le même numéro du *Journal*, Yvan Cournoyer, pas plus prudent, en remettait : « Ce que je lui reprochais le plus [à Bowman], c'était son manque d'honnêteté. [...] Je n'ai pas l'intention de lui parler, avant, pendant ou après le match. Il est possible qu'on soit obligés de le faire, dépendamment de ce qui surviendra au cours de la rencontre, mais si on lui parle, ça m'étonnerait que ce soit pour lui souhaiter Joyeux Noël ! »

Le soir même, Marc de Foy, un collègue de Leclerc au *Journal*, appela Bowman à Detroit pour le mettre au courant des déclarations de Tremblay et de Cournoyer, et recueillir ses commentaires. Bowman ne broncha pas. Il se contenta de dire bien calmement : « Je suis sûr que Mario comprend aujourd'hui. Si j'ai été dur avec lui, c'est que la situation l'exigeait. Il y a une raison à tout. Quand on travaille dans le domaine du *coaching*, on ne peut pas dire au public tout ce qui se passe dans le vestiaire. Les médias ne peuvent pas tout savoir. »

Le lendemain, les Wings triomphèrent des Canadiens par le compte de 3 à 2. Une défaite plus qu'honorable, compte tenu que le match avait lieu à l'étranger contre la meilleure équipe de la ligue. Mercredi matin, le 29 novembre, *Le Journal de Montréal* titrait à la une : « BOWMAN A LE DERNIER MOT. »

C'était bien mal connaître Scotty Bowman. Celui-ci savait que les deux équipes croiseraient à nouveau le fer aussi tôt que le samedi suivant, mais au Forum de Montréal cette fois. Foi de William Scott Bowman, c'est devant leurs propres partisans que ces deux blancs-becs suffisants expieraient leur insolence. Toute l'organisation des Canadiens risquait d'écoper au passage, mais qu'importe! Bowman ne lui devait rien. Ne l'avait-elle pas laissé tomber en 1978 quand Sam Pollock avait nommé Irving Grundman au poste de directeur général à sa place, alors qu'il croyait mériter le poste après avoir remporté quatre coupes Stanley consécutives? Il avait dû s'exiler à Buffalo pour assumer les responsabilités qui lui revenaient.

Et Bowman avait tout l'arsenal voulu pour assouvir sa vengeance. Une équipe ultra-puissante qui avait jusque-là marqué une moyenne de 4,28 buts par match et qui allait terminer la saison 1995-1996 avec 131 points, 24 de plus que les Flyers de Philadelphie, son plus proche poursuivant, et 41 de plus que les Canadiens qui n'allaient pas connaître une si mauvaise saison avec 90 points. Il misait sur une attaque dévastatrice avec Sergei Federov, Steve Yzerman, Vyacheslav Kozlov, Igor Larionov, Keith Primeau et Dino Ciccarelli; sur la meilleure défensive de la ligue avec Paul Coffey, Nicklas Lidstrom, Viacheslav Fetisov et Vladimir Konstantinov; sur un but bien étanche avec Chris Osgood et Mike Vernon. C'est ainsi bardé et déterminé que Bowman s'amena au Forum de Montréal ce samedi 2 décembre 1995.

À Montréal, Robert Sauvé, un peu fatigué, décida de s'accorder une soirée de congé et de ne pas se rendre au Forum, probablement pour la seule fois de l'année. Il regarderait le match, confortablement installé chez lui, devant son téléviseur.

Pour une rare fois, François Allaire non plus n'était pas au Forum. Il s'était rendu à Fredericton pour évaluer la progression des jeunes gardiens de l'organisation. À l'heure de la rencontre, lui et Ron Wilson, un adjoint à l'entraîneur du club-école, prirent place devant le petit écran. Il raconte aujourd'hui, à sa manière, ce qu'il a vu :

« Ce soir-là, Scotty Bowman avait décidé qu'il réglait ses comptes avec Tremblay et Cournoyer sur la glace. Il avait deux unités très fortes : les Russes que l'on appelait le *Russian Five Unit* et le trio d'Yzerman. Et là, ça a commencé : les Russes, puis Yzerman, brièvement le troisième trio, à nouveau les Russes, suivis encore d'Yzerman, ainsi de suite. Un jeu de puissance, les Russes… Yzerman. Bowman a joué presque essentiellement à deux trios pendant tout le match, sans dérougir.

« Bowman n'avait aucunement l'intention de stopper la machine. Ça attaquait à cent milles à l'heure, ça entrait de partout. Et c'est Patrick qui faisait les frais de cet ouragan, en réplique au défoulement médiatique de Tremblay et Cournoyer. Le Canadien était débordé. Le pointage a commencé à monter, 5-1, 6-1, 7-1. Pour une raison ou une autre, Tremblay a décidé de garder Patrick dans le match. Pourquoi ? Pour prouver qu'il était le *boss* ? Peut-être. Mais l'allure du match était due aux attaques médiatiques de Tremblay et Cournoyer. N'eût été de ces déclarations dans les jours précédents, je ne pense pas que Bowman aurait joué à deux trios contre le Canadien. À 5-1, il aurait levé le pied, il aurait fait reposer ses Russes. Mais là, ce furent soixante minutes *non stop*. »

Le matin de ce match, quand Patrick quitta son domicile pour participer à l'exercice matinal de l'équipe, Jonathan et Frédérick lui remirent, à l'intention de Mario Tremblay, un pog sur lequel ils avaient dessiné le visage de l'entraîneur. Quand Patrick le lui donna, à son arrivée au Forum, Tremblay fut agréablement surpris : « Je vais le garder dans ma poche ce soir, ce sera mon porte-bonheur. » Par l'entremise de ce pog, Patrick lui tendait la main. Encore une fois.

Le soir, quelques minutes avant la période d'échauffement, Tremblay fulminait dans le vestiaire. Vincent Damphousse n'était pas encore arrivé. Il était tombé endormi chez lui en après-midi et ne s'était pas réveillé à temps. Or, Damphousse était un joueur important dans l'équipe, un de ses meilleurs marqueurs, et on avait besoin de lui, particulièrement dans les matchs comme celui contre Detroit.

Damphousse se pointa dans le vestiaire moins de dix minutes avant le début de l'échauffement. Tremblay lui donna une petite tape dans le dos. « *Let's go Vinny*, dépêche-toi, c'est une grosse *game* ce soir ! »

Patrick était profondément irrité. Damphousse venait à peine de se réveiller et de se lever ; comment pourrait-il donner son meilleur rendement ? Patrick avait Tremblay sur le dos depuis des semaines, sous prétexte que les joueurs devaient tous être traités de la même façon. Si lui s'était présenté en retard pour l'échauffement, quel sort Tremblay lui aurait-il réservé ? Il n'en peut plus. Il n'aurait peut-être pas dû, mais il s'approche de Tremblay et lui dit :

— Mario, on joue contre Detroit, si Damphousse s'était appelé Yves Sarault [un joueur de quatrième trio], y s'habillerait-tu ce soir ?

— Même chose. Ce sont des choses qui peuvent arriver, lui répond sèchement Tremblay.

Avant le match, on présenta des anciennes étoiles des deux équipes. Marcel Pronovost et Mickey Redmond pour les Wings, Bernard « Boom Boom » Geoffrion et Maurice Richard pour les Canadiens. Le « Rocket » reçut une ovation de plusieurs minutes.

Puis l'ouragan commença. Après la première période, Detroit menait déjà par le compte de 5 à 1. Patrick n'avait quoi que ce soit à se reprocher sur aucun des buts. Trois avaient été marqués en avantage numérique, dont un avec l'avantage de deux hommes en fin de période, après que Patrice Brisebois eut écopé d'une punition majeure de cinq minutes et d'une inconduite de partie, alors qu'un de ses coéquipiers était déjà au banc des punitions. Tous les buts avaient résulté de belles pièces de jeu qui n'avaient donné aucune chance à Patrick.

Ça aurait sans doute été un bon moment pour changer de gardien. S'il avait été sur les lieux, c'est ce que François Allaire aurait recommandé. Mais il n'y était pas et Tremblay croyait encore aux chances de son équipe de remonter la côte. On ne reprochera certainement pas à un entraîneur recrue de souffrir d'un abus de confiance. Surtout que, dans la pire des hypothèses, il fallait limiter les dégâts de l'humiliation dont le processus était déjà commencé, en plein samedi soir au Forum.

La deuxième période s'amorça alors qu'il restait encore 2 min 39 s à la pénalité de Brisebois. Detroit avait donc encore l'avantage d'un homme et sut en profiter. Kozlov, laissé sans surveillance devant le filet, marqua son troisième but, sur une passe savante de Larionov.

C'était 6 à 1. À la place de Tremblay, Bowman n'aurait jamais attendu plus longtemps pour faire le changement de gardien : « J'attendais généralement après le cinquième but, tout dépendant de la partie et du pointage », dira plus tard Bowman, lorsque interrogé sur sa stratégie dans de telles circonstances. Au sujet du match lui-même, il ajoutera : « Nous maîtrisions presque toujours la rondelle. Cette performance a été l'une des meilleures de mon association [de neuf ans] avec les Wings. »

Ceux-ci étaient décidément trop forts ce soir-là. La défensive du Tricolore coulait de partout et le match était hors de portée. Malgré cela, Tremblay ne retira pas Patrick.

C'est ce qui prépara le coup de théâtre qui allait suivre. À 4 :33, le jeune Mathieu Dandonneau s'échappe fin seul devant Patrick. Il rate son lancer, mais la rondelle reste accrochée à son équipement. Il poursuit sa course et le disque pénètre dans le but. But chanceux, mais c'est maintenant 7 à 1. Steve Shutt, de la passerelle, les écouteurs sur les oreilles, crie à Yvan Cournoyer, derrière le banc aux côtés de Tremblay : « Il faut retirer Patrick du jeu dès maintenant. »

Patrick jette un regard désespéré vers le banc. Rien. Il voit Cournoyer qui parle à Tremblay. Celui-ci ne bouge pas.

Environ deux minutes après le but, Federov laisse partir un boulet de la ligne bleue que Patrick bloque facilement. Une partie de la foule l'applaudit, en dérision. Exaspéré et sans défense, Patrick lève les bras au ciel en signe de dépit.

Le match ressemble à une rencontre entre l'équipe de l'Armée rouge et les Canadiens de Fredericton de la Ligue américaine, mais c'est Patrick qui écope. Il regarde de nouveau vers le banc. Tremblay ne bouge toujours pas. Le jeu se poursuit. Chaque fois qu'il réalise un arrêt, on se moque de lui en l'applaudissant.

Pour la première fois, Bowman envoie son quatrième trio dans la mêlée. Brièvement. Keith Primeau sert une belle passe à Greg Johnson, lui aussi posté seul devant le but. C'est 8 à 1.

Patrick ne regarde même plus vers l'entraîneur. Il a compris ce qu'on lui inflige. On l'a abandonné. Il secoue la tête, dégoûté et découragé. Au banc, Tremblay, qui commence à penser que le supplice a assez duré, demande au gardien auxiliaire Pat Jablonski de se préparer. Lentement. Très lentement. Tellement lentement en fait, que, près de deux minutes plus tard, Federov a le temps de marquer encore d'un tir à bout portant à partir de l'enclave. Le neuvième but contre Patrick. On ne peut lui en reprocher aucun, sauf peut-être sur l'échappée de Dandonneau où il a joué de malchance. Jablonski s'amène enfin pour le remplacer.

Patrick appuie son bâton sur le mur du couloir, et remet son masque et ses mitaines à Pierre Gervais. Il passe devant Tremblay pour aller s'asseoir sur le tabouret du gardien auxiliaire, une façon, une fois de plus, de lui tendre la main. Il se serait au moins attendu à un geste de sympathie de sa part, comme les entraîneurs le font toujours lorsqu'ils retirent un gardien d'un match. Il aurait souhaité un signe d'encouragement, n'importe lequel ; une petite tape dans le dos, comme celle que Tremblay avait donnée à Damphousse avant le match, aurait suffi. Rien.

Patrick comprend que ça n'a plus de sens. Ça ne peut continuer dans ces conditions-là. Il se retourne et repasse devant Tremblay. Toujours rien. Non seulement Tremblay ne bouge pas, mais il reste les bras croisés, le menton relevé, l'air altier et le regard méprisant. Patrick comprend. C'est la fin. Il le sait. Il dira plus tard : « Si j'avais senti un petit mot de réconfort de Mario Tremblay, si j'avais senti qu'il voulait m'aider, je ne serais pas allé voir Ronald Corey. Ça a été le déclic dans ma tête. » Il s'approche de Ronald Corey, assis derrière le banc, et lui dit : « Je viens de jouer mon dernier match avec les Canadiens. » Il repasse devant Tremblay, qui n'a pas changé d'air, et lui envoie, en s'assoyant sur le banc : « T'as compris ! »

Après la deuxième période, « Bob » Sauvé compose le numéro du cellulaire de Gaétan Lefebvre, le soigneur.

— Gaétan, peux-tu me passer Patrick ?

— Attends.

Lefebvre entre dans le vestiaire et tend l'appareil à Patrick.

— Sauvé veut te parler.

— Allô !

— Patrick, c'est Bob. À la fin du match, habille-toi en vitesse, dis pas un mot à personne et viens me rejoindre à la porte arrière. J'y serai stationné.

— OK.

Tremblay fait alors son entrée dans le vestiaire et va directement s'en prendre à son gardien :

— Qu'est-ce que t'as dit à Corey ?

— Écoute, Mario, on en reparlera après la *game*.

— *Fuckin' right you fuckin' asshole !!!*

Patrick se lève.

— Ça suffit, tu viendras pas me traiter de « trou de cul » dans cette chambre !

Tremblay tourne les talons et sort du vestiaire.

Detroit l'emporta 11 à 1.

⌣

Le match terminé, Sauvé cueillit Patrick. Les deux hommes discutèrent une bonne partie de la nuit, puis Sauvé reconduisit Patrick chez lui. Le lendemain matin, après une trop courte nuit, les deux se retrouvèrent chez Sauvé pour poursuivre la réflexion et examiner toutes les avenues possibles. L'agent voulait surtout vérifier si le différend avec Tremblay était irréparable.

Ils ressassèrent tous les événements des dernières semaines, l'attitude intransigeante de Tremblay à l'endroit de Patrick, même pour des insignifiances, son comportement de « p'tit boss », sa façon de lui lancer des « garnottes » tout près de la tête lors des entraînements, son entêtement à vouloir le remettre à sa place et à le « casser », comme le faisait jadis Bowman avec ses joueurs, surtout les « plombiers » et les recrues. Mais tout cela était réparable. Patrick dit même aujourd'hui : « Je ne peux pas dire que l'attitude de Mario me dérangeait beaucoup. Ça ne m'empêchait pas de bien faire ma job. Il aurait fini par m'apprécier parce que l'équipe aurait gagné. Il aurait fini par m'aimer. »

Restait l'humiliation de la veille devant un million et demi de téléspectateurs, et ses conséquences. Continuerait-on à le ridiculiser et à le conspuer à la moindre faiblesse ? Tremblay aurait-il la sagesse de mettre un peu d'eau dans son vin et de le traiter d'une manière plus humaine ? Pourrait-il passer l'éponge sur le fait que Patrick s'était adressé directement au président de l'équipe devant ce même million et demi de téléspectateurs ? Pourrait-il accepter que son autorité en soit ainsi écorchée ? Et Corey, qui avait feint après le match de ne pas avoir compris ce que Patrick lui avait dit, où en était-il ? Il était le seul qui, en faisant preuve de diligence et d'un peu de diplomatie, pouvait recoller les morceaux du vase brisé. Patrick et Sauvé convinrent de prendre contact avec Réjean Houle pour connaître la position des Canadiens. Houle les convoqua à son bureau en milieu d'après-midi.

D'entrée, le directeur général leur annonça de façon ferme : « C'est une situation sans retour, nous allons procéder à un échange. » Autant Patrick que Sauvé perçurent que

Houle était malheureux et tourmenté ; il avait la larme à l'œil. Visiblement, il était l'exécuteur de la volonté de quelqu'un d'autre. Aujourd'hui, avec le recul, Patrick pense que « Réjean Houle était vraiment une bonne personne, peut-être trop pour faire ce métier-là. S'il avait su tenir tête à son entraîneur, il aurait eu davantage de succès à ce poste. Je ne peux pas lui en vouloir. Il m'aimait bien et c'était une personne excessivement généreuse. »

Alors, de qui était-ce la volonté ? Si Mario Tremblay avait voulu garder Patrick à Montréal, il lui aurait été facile de convaincre ses supérieurs. Si Ronald Corey avait voulu garder Patrick à Montréal, il lui aurait été facile d'intervenir et de convaincre ceux qu'il venait de nommer. Mais pour que cette volonté existe, il aurait fallu que l'intérêt de l'équipe passe avant l'ego de chacun. Patrick se serait rallié et on serait reparti sur de nouvelles bases.

La volonté n'y était pas.

Ce début de saison comportait une triple rupture pour les Canadiens. D'abord avec Savard, maintenant avec Patrick et, bientôt, avec la victoire…

24

UNE GUERRE D'IMAGE

Derrière un visage frondeur, prêt à relever tous les défis, Patrick est une personne sensible qui, en public, n'a jamais aimé laisser paraître ses émotions ou ses sentiments. Mais cette rupture avec les Canadiens l'affectait profondément.

Il venait de vivre les dix années les plus intenses de sa vie au sein d'une organisation à laquelle il était très attaché. Pendant cette décennie, il avait été soumis à une pression constante. Match après match, il n'avait jamais eu le droit d'être un gardien ordinaire s'il voulait que son équipe gagne. Il s'était battu « comme un chien » pour tenir le flambeau de l'organisation bien haut, et maintenant, non seulement avait-il les bras meurtris mais le cœur aussi. Meurtri parce que cette organisation qu'il aimait tant ne le respectait plus. À son tour, on le chassait comme un paria, comme Serge Savard avant lui... et comme Guy Lafleur avant Savard. Pourtant, il avait été le seul gardien de but, depuis Georges Vézina, à jouer dix saisons complètes à Montréal, ville reconnue par plusieurs spécialistes comme la plus exigeante de toutes pour les gardiens de but. Il était le gardien ayant joué le plus grand nombre de matchs dans l'uniforme des Canadiens, dans toute l'histoire de cette glorieuse équipe. Il en a totalisé 665, contre 646 pour Jacques Plante, 509 pour Ken Dryden et 367 pour Georges Vézina.

Le journaliste Bertrand Raymond adressa une question au président Ronald Corey, qui avait pourtant manifesté sa volonté de voir plus d'anciens des Canadiens dans l'entourage du Forum : « Dites-moi, à quoi ça sert d'ouvrir la porte toute grande aux anciens joueurs si on la claque en pleine face des plus grands ? »

Dans les jours qui suivirent, Patrick vécut un deuil. Il a beaucoup pleuré, à la maison, seul dans sa voiture et avec « Bob » Sauvé, dans les bureaux de Jandec. Il regardait sa maison, fraîchement construite qu'il venait tout juste d'aménager à son goût, il parcourait le quartier et s'arrêtait à celles de ses voisins, Pierre Turgeon, Mike Bossy, qu'il devrait quitter, et celles encore des parents d'enfants qui venaient jouer avec Jonathan et Frédérick. Il devait tourner la page, lui et toute sa famille, pour une destination qu'il ne connaissait pas encore, sur ce qui lui semblait si nouveau mais qui, hélas, appartenait déjà au passé.

Cet épisode malheureux qui le déchirait faisait couler beaucoup de larmes. Beaucoup d'encre aussi. Dès le lendemain, dimanche, la nouvelle occupait toute la place dans tous les médias : journaux, radio, télé. On ne parlait que de ça. Tous les amateurs de sports du Québec étaient sous le choc et avançaient toutes sortes d'hypothèses, des plus raisonnables aux plus ineptes.

Patrick ne prenait pas ses appels, voulant laisser retomber un peu de poussière. Il dit à Bertrand Raymond, qui avait réussi à le joindre : « J'ai besoin d'une période de réflexion. J'ai consacré les dix dernières années de ma vie aux Canadiens. J'ai vraiment tout donné pour cette équipe. Je crois que je mérite une soirée en paix avec ma famille et mes amis. [...] Tout cela n'était pas planifié. Je ne peux pas croire que certaines personnes puissent le penser. Je n'ai pas dormi de la nuit. Je viens de passer une journée difficile. Je trouve ça vraiment dur si tu veux le savoir. Pour l'instant, j'ai besoin de réfléchir. »

Car le lendemain, une grosse journée l'attendait : deux points de presse. L'un heureux et l'autre triste, comme il les qualifia lui-même. La rencontre initiale était la première pelletée de terre symbolisant la mise en œuvre du chantier pour la construction de l'aile Patrick-Roy du Manoir Ronald McDonald. Il joindrait à cette première pelletée de terre un chèque de 500 000 dollars en guise de contribution personnelle à ce projet. Quinze nouvelles chambres pourraient ainsi être ajoutées à l'édifice qui accueillait, depuis 1982, pour la modique somme de dix dollars par nuit, les familles des enfants hospitalisés à l'hôpital Sainte-Justine. Plusieurs entreprises privées, dont Gillette Canada et les Restaurants McDonald, allaient également contribuer au financement des travaux dont le coût total s'élèverait à 1,6 million de dollars.

C'est une conversation avec le père d'un enfant malade, pendant la visite annuelle de cet établissement avec ses coéquipiers des Canadiens, qui avait déclenché l'intérêt de Patrick pour ce projet. Le père lui avait dit : « Tu sais, tu es bien chanceux. Ma femme occupait la chambre voisine de celle de la tienne quand ton fils [Jonathan] est né. Depuis, je passe mon temps dans les hôpitaux. » Patrick avait été touché.

Ce matin-là, il craignait que toute l'attention des journalistes se porte sur l'incident du week-end et que l'annonce de ce projet qui lui tenait tant à cœur soit noyée dans le tsunami médiatique qui avait été soulevé. Il n'en fut rien. Au début du point de presse, il demanda aux médias de respecter cette journée spéciale pour les enfants en ne faisant pas allusion au drame personnel qu'il vivait. « Actuellement, il s'agit d'un événement heureux pour moi. Ce soir, ce sera un moment triste », leur dit-il en faisant référence aux explications qu'il fournirait en fin de journée sur les événements du week-end. Son souhait fut respecté.

François Ouimet, de la Fondation des amis de l'enfance, à qui Patrick remit son chèque, commenta : « On ne le réalise peut-être pas, mais Patrick va faire une différence énorme pour des milliers d'enfants au cours des prochaines années. » Car c'est bien parce qu'il s'agissait d'aider des enfants qu'il avait choisi de s'engager dans ce projet, eux qui étaient ses amis, eux qui ne le laissaient pas tomber dans les périodes difficiles, eux qui ne se seraient jamais moqués de lui sur la patinoire du Forum. Il les rassura : « Même en poursuivant ma carrière ailleurs, je ne laisserai jamais tomber une œuvre comme celle-là. »

Cet événement médiatique avait été planifié depuis longtemps, bien avant le 2 décembre. S'il était difficile pour

Patrick de composer avec des émotions aigres-douces, de passer du chaud au froid dans la même journée, il n'en reste pas moins que l'annonce de son engagement dans ce projet était susceptible de créer un mouvement de sympathie dans l'opinion publique à son endroit. Il en aurait bien besoin pour faire face à l'offensive qui s'amorçait.

Il faut rappeler qu'à cette époque Patrick était l'athlète le plus populaire non seulement au Québec, mais dans le Canada tout entier. C'est ce qu'avait révélé un sondage commandé par McDonald's du Canada pour mesurer la popularité de celui auquel la multinationale s'associerait dans le projet du Manoir Ronald McDonald. Patrick s'était classé bon premier, loin devant Michael Jordan, qui avait terminé second, et Wayne Gretzky.

Les dirigeants des Canadiens n'ignoraient pas cette donnée et, pour ne pas que leur rupture avec Patrick vienne ternir l'image de la Sainte Flanelle, ils allaient sortir l'artillerie lourde. Il était particulièrement important pour eux que, dans l'opinion publique, le départ de Patrick repose entièrement sur ses épaules. Réjean Tremblay, en commentant la préparation du second point de presse de Patrick dans sa chronique du lendemain, expliqua bien de quoi il retournait :

Si vous voulez savoir comment les choses se passent dans l'univers des grands de ce monde, il faut absolument que vous ayez remarqué un grand monsieur, jeune et à lunettes, qui se tenait près de Patrick Roy lors de sa conférence de presse.

C'est M. Paul Wilson, un conseiller en relations publiques de National, la grande firme de communications et de relations publiques. C'est National qui s'occupe des relations publiques de Molson et du Forum. Quand Ronald Corey se prépare à congédier Serge Savard, il appelle Daniel Lamarre, le patron de National, avant même d'annoncer la nouvelle à Savard, afin de savoir comment communiquer la nouvelle aux médias. Savoir quels mots choisir, quels points souligner.

Aussi invraisemblable que ça puisse paraître, c'est National qui a contribué à préparer la conférence de presse de Patrick Roy.

Dans le coin droit, National. Dans le coin gauche, National.
Et que le meilleur gagne.

On peut aisément deviner lequel des deux clients était le plus important pour National. Cependant, « Bob » Sauvé nuança quelque peu ce qui semblait un conflit d'intérêts évident. Sauvé et Patrick avaient travaillé avec Wilson dans le projet du Manoir Ronald McDonald, puisque National avait également les Restaurants McDonald pour client. Sauvé déclara qu'il lui paraissait donc naturel de recourir aux services de Wilson, étant donné que leurs relations étaient très bonnes, mais que la responsabilité de National se résumait à un soutien technique, comme réserver une salle et convoquer les journalistes. Elle ne concernait pas le contenu de l'allocution de Patrick, ni sa stratégie de communication.

Bien. Mais pendant que Daniel Lamarre et toute son équipe de National vérifiaient le mot à mot des déclarations des dirigeants des Canadiens, Patrick, dans l'état d'abattement, d'extrême fatigue et de tension où il était, se retrouvait seul pour préparer son texte, avec le concours de ses amis de Jandec et de Lise Végiard, l'adjointe et secrétaire du président. Aucun parmi ceux-ci n'était un spécialiste des communications. Sauvé se souvient de ces moments de forte intensité : « On était dans le bureau, en train de l'aider à écrire son allocution, on n'avait pratiquement pas dormi depuis deux jours et, soudainement, on se mettait tous à brailler comme des bébés. » Patrick explique : « Il nous semblait impossible que dix belles années soient rayées de la sorte… c'était vraiment *tough*. » Il aurait eu avantage à être appuyé par des professionnels de la communication. Les forces n'étaient vraiment pas égales.

Heureusement, lors de son second rendez-vous avec les médias, *La Presse* et *Le Journal de Montréal* avaient désigné leurs deux meilleurs journalistes sportifs pour couvrir l'affaire, deux professionnels influents dont l'intégrité ne saurait être mise en doute, Réjean Tremblay et Bertrand Raymond respectivement.

Patrick s'en tira assez bien, face à une centaine de représentants de la presse. Il laissa parler son cœur, mais un cœur fatigué. Réjean Tremblay décrit la scène le lendemain dans sa chronique :

> C'est un homme épuisé, ébranlé, en peine d'amour, qui a rencontré les journalistes, hier soir, au Sheraton Laval.
>
> Je n'avais jamais vu Patrick Roy dans cet état. Même quand il était descendu de l'hôpital sur une civière pour venir affronter les Bruins de Boston en séries éliminatoires.
>
> L'homme est amaigri, il a le teint verdâtre. Ébranlé, il passe son temps à s'excuser pour les incidents de samedi soir contre les Red Wings de Detroit et à se flageller en public pour se faire pardonner.
>
> J'espère qu'une bonne nuit de sommeil va lui permettre de se « raplomber ». J'espère qu'il va réaliser dès ce matin que le Canadien s'est débarrassé de lui comme d'une vieille chaussette trop sale et trop usée pour que ça vaille la peine de la mettre au lavage.
>
> J'espère que Patrick Roy va rester amoureux du Canadien, mais j'espère qu'il va comprendre qu'il a été abandonné par ceux-là même qu'il a enrichis par ses exploits.
>
> Abandonné par Ronald Corey qui l'a sorti du Forum.
>
> Abandonné par Réjean Houle qui l'a sorti du Forum.
>
> Abandonné par Mario Tremblay qui l'a sorti du Forum.
>
> Jamais, jamais Patrick Roy n'a-t-il eu la plus petite chance de s'expliquer, de s'excuser et de retrouver son poste de gardien de but du Canadien. Quand il est entré dans le bureau de Réjean Houle, le trio qui dirige le hockey chez le Canadien avait déjà pris sa décision. Dehors ce pelé, ce galeux qui a profané l'Organisation.

Patrick avait amorcé son point de presse en disant, la voix brisée par le chagrin et l'émotion : « Je m'excuse auprès des partisans pour le geste que j'ai posé samedi soir en levant les bras. C'était une erreur grave de ma part. J'étais frustré, humilié, mais ce ne sont pas des raisons valables. Je le regrette profondément. Toute ma carrière, j'ai joué avec tout mon cœur et je voudrais que les gens pardonnent ce geste de frustration. »

Il était approprié et digne de sa part de présenter des excuses, surtout à la vaste majorité des partisans, ceux qui ne s'étaient pas moqués de lui. Mais un bon spécialiste des relations publiques lui aurait probablement suggéré d'apporter une nuance. Quand il avait levé les bras, samedi soir, ce n'étaient pas tous les partisans qu'il visait mais essentiellement ceux qui avaient cherché à le tourner en dérision.

Ken Dryden traite de cette question dans son livre intitulé *The Game* (*L'Enjeu* en français) :

> Je suis un professionnel qui fait son possible. Parce qu'il achète un billet qui paie mon salaire, est-ce qu'un amateur se mérite le droit qu'un autre dans la rue n'a pas ? A-t-il le droit de m'insulter comme il le veut, de dire ce qu'il ne me dirait pas nulle part ailleurs ou à n'importe qui d'autre ? Est-ce pour ça que je suis payé ? Pour l'aider à se défouler ? Sans réagir, sans rien dire ?

Il y a une différence entre s'en prendre à la mauvaise qualité du jeu d'un athlète et s'en prendre à l'athlète lui-même. Certains spectateurs, pour qui le hockey est un exutoire, ne font pas la distinction. Ils se vengent, par personne interposée, qui sait, d'un patron, d'un conjoint, d'un enseignant, d'un collègue, d'un ami, par trop autoritaire. Ce patron, ce conjoint, cet enseignant, ce collègue, cet ami, il est là, devant eux. Ils le connaissent bien, ils le voient tous les jours dans les journaux, il vient chez eux par la télé, ils l'appellent par son surnom : « Aïe ! "Casseau" ! T'es pourri ! »

Les larmes aux yeux, Patrick avait poursuivi : « Aujourd'hui, ma carrière prend un nouveau tournant. J'aurais préféré finir autrement à Montréal. Ça sera sûrement la plus grande déception de ma carrière. Je ne voulais pas que ça finisse aussi bêtement. Je me voyais entrer dans le nouveau Forum – devenu le Centre Bell. Je me voyais là pour quelques années encore. C'est surtout ça qui est dur à prendre. » À court terme, les propos de Patrick eurent un effet positif. Mais la riposte ne tarda pas à venir.

Il y eut d'abord cette déclaration de Jean Béliveau, le héros de mon enfance quand il jouait pour les Citadelles de Québec, puis pour les As de la même ville : « Si les huées de la foule l'ont poussé à poser ces gestes-là, je trouve qu'il n'a pas la carapace très épaisse. Ce n'est pas l'étoffe d'un vrai professionnel. [...] Je n'ai aucune sympathie pour lui. » Évidemment, il passait outre à l'humiliation que Tremblay avait fait subir à Patrick et que lui aurait sans doute acceptée... en vrai professionnel. Il faut dire que Béliveau était l'ancien vice-président aux affaires sociales des Canadiens et qu'il était encore fréquemment appelé à représenter l'organisation dans divers événements, destinés notamment à recueillir des fonds pour des œuvres de charité. C'était donc le « gentilhomme de service » de l'organisation qui s'était exprimé, celui qui incarnait la perfection tant sur la patinoire qu'à l'extérieur, celui qui respectait l'autorité en tout temps, celui qui ne se serait jamais révolté, celui qui, six semaines plus tôt, avait déclaré que les nominations de Houle, Tremblay et Cournoyer étaient d'excellentes décisions.

Bertrand Raymond lui répondit dans sa chronique :

J'ai toujours profondément respecté Jean Béliveau. Il sait toute l'estime que je lui porte. Cela dit, pour la première fois, je ne partage pas son opinion. Je préfère l'opinion de Claude Lemieux qui n'en revient pas que le gardien de trente ans ait pu tenir le coup si longtemps sous l'écrasante pression du public, des médias et, disons-le, de ses patrons. Roy était souvent bien seul pour tenir le fort durant toutes ces années, monsieur Béliveau. Une carapace comme la sienne, tous les athlètes en rêvent.

On contacta également Maurice Richard pour obtenir une déclaration. Tout en se disant d'accord avec la direction des Canadiens, celui qui avait jadis eu son lot de démêlés avec l'autorité et qui n'avait jamais été homme à se faire marcher sur les pieds eut la sagesse d'ajouter : « Il y a probablement des choses que l'on ne sait pas... »

Puis ce fut au tour de Guy Lafleur, joint à l'aréna Le Gardeur où il était l'invité d'honneur d'un tournoi provincial bantam-midget. Après avoir qualifié le comportement de Patrick d'impardonnable, d'inadmissible et d'inacceptable, il y alla d'une affirmation pour le moins surprenante : « Avant les grands changements qui ont été apportés par Ronald Corey, c'est Roy qui menait l'équipe. Jacques Demers en a finalement payé le prix. »

Il est vrai que Patrick faisait à l'occasion des suggestions à Demers. Celui-ci se disait ouvert aux opinions de tous ses joueurs, celles de Patrick comme celles de Carbonneau et de tous les autres. Quand il pensait qu'une idée avait du mérite, il l'acceptait. Sinon, il la rejetait. C'est lui qui décidait. Pas Patrick, ni les autres. Si son gardien et lui étaient souvent sur la même longueur d'onde, c'est que les deux ne cherchaient qu'une seule chose : l'intérêt de l'équipe.

Plusieurs années plus tard, Demers a apporté des précisions sur cette relation privilégiée qu'il entretenait avec Patrick : « Contrairement à la croyance populaire, Patrick et moi n'avons jamais été des amis très proches. Nous ne nous sommes jamais visités dans l'intimité de nos résidences. Tout au plus avons-nous joué quatre fois au golf, dont deux avec Serge Savard. Notre relation était basée sur le respect. Il est complètement faux de dire qu'il faisait ses quatre volontés. »

À l'intention de ceux – comme Tremblay et Lafleur – qui croyaient que Patrick choisissait ses occasions de jouer, Demers ajouta :

« Je planifiais un calendrier mensuel pour l'utilisation des gardiens. Ceux qui croient que Patrick Roy choisissait ses matchs le connaissent mal. N'eût été que de lui, il aurait été dans le filet tous les soirs. Mais c'était ma responsabilité de voir à ce qu'il se repose de temps en temps. Je discutais du calendrier avec lui, mais c'est moi qui décidais.

« Quant à la place qu'il occupait dans le vestiaire, que voulez-vous ? Il était la seule supervedette de l'équipe. Qui croyez-vous que les journalistes allaient voir après les entraînements et les matchs? C'est pour ça qu'on entendait parler de lui aussi souvent. Dans le vestiaire, il occupait la place qui lui revenait. C'était un leader. Il subissait une énorme pression à Montréal. Bien des joueurs dans sa position se seraient faits très petits ou, pire, se seraient écrasés. Mais lui, il a choisi d'assumer pleinement son rôle. Il plaçait l'équipe avant n'importe qui et n'importe quoi. C'est la marque des grands champions. »

Il faut se rappeler qu'avant de devenir entraîneur à Montréal, Demers avait vécu plusieurs années aux États-Unis. Il s'était donc imprégné de la mentalité américaine où les supervedettes qui transportent leur équipe jouissent inévitablement d'un statut particulier. Il avait vu comment les Shaquille O'Neal, Barry Bonds, Michael Jordan, Mario Lemieux, Wayne Gretzky et Dan Marino étaient traités. Il avait aussi constaté à quel point ces athlètes en faisaient davantage que leurs coéquipiers pour leur équipe. Il avait importé cette culture à Montréal... où Patrick lui avait permis de remporter une coupe Stanley.

Réjean Tremblay partageait cette approche. Dans un article du 4 décembre 1995, il écrivait :

> Nul n'est plus grand que son équipe ou son sport. Mais Mario Tremblay et Réjean Houle devront apprendre, et très vite, qu'on ne mène pas des pur-sang comme des chevaux de calèche. Les deux ont connu de bonnes carrières comme plombiers de luxe, mais leurs bagues de la coupe Stanley, c'est Guy Lafleur et les autres étoiles des années 1970, et Patrick Roy en 1986, qui les ont gagnées en faisant la différence.

Le journaliste relevait une autre tactique visant à discréditer Patrick. Selon certains, Patrick était un égoïste, un individualiste qui ne pensait qu'à lui-même et faisait passer ses succès personnels avant ceux de l'équipe. Mais Réjean Tremblay avait fait son enquête :

> Hier, des membres de l'Organisation tentaient de faire accroire que Roy n'était peut-être pas très populaire dans le vestiaire et

que bien des joueurs étaient fatigués de son leadership et de sa force de caractère. J'ai posé la question à cinq joueurs, dont un anglophone. Je posais la question sous le sceau de la confidence. Et tous les joueurs ont désiré se prononcer ouvertement devant les caméras de télévision. La réponse est éclatante et vibrante : Patrick Roy était adoré de ses coéquipiers. C'était le genre de gars à aller le premier au combat, c'était le coéquipier parfait pour se porter à la rescousse de l'équipe. Aucune note discordante, ont soutenu les joueurs interrogés.

Voici d'ailleurs ce que quelques-uns pensaient.

Vincent Damphousse : « Patrick était le premier à aller à la guerre pour tous ses coéquipiers. Il n'y a aucun doute, je dis bien aucun doute, que Patrick Roy est un grand joueur d'équipe. Arrêtez-moi ces histoires-là ! »

Pierre Turgeon : « Je ne suis pas d'accord avec ça [que Patrick soit individualiste]. Patrick est un gagnant et il n'aimait tout simplement pas perdre. Dans le vestiaire, c'était un leader incroyable. »

Brian Savage : « Dans mon esprit, Patrick est le plus grand joueur d'équipe que j'aie jamais côtoyé. Il n'avait qu'une chose en tête : gagner. Lorsqu'il gagnait, il était heureux pour lui et pour l'équipe. Il n'a jamais donné l'impression d'être plus important que son équipe. »

Le Journal de Montréal eut recours à la façon peut-être la plus insidieuse pour briser la confiance que les supporters accordaient à Patrick. Il sonda l'opinion de ses lecteurs en publiant la question suivante dans son numéro du 5 décembre 1995 : « L'idée de Patrick Roy de quitter le Canadien était-elle déjà planifiée ? »

C'était insidieux pour trois raisons. D'abord la question, telle que formulée, induisait la réponse. Elle indiquait faussement que c'était l'idée de Patrick de quitter le Tricolore, alors que celui-ci rêvait de terminer sa carrière avec les Canadiens. Ensuite, le simple fait de poser la question était susceptible de créer le doute dans l'esprit des lecteurs. « Se pourrait-il que Patrick Roy soit assez futé pour avoir préparé sa sortie de Montréal ? » pouvaient-ils se demander. Or, on sait bien que ces sondages maison n'ont aucune valeur scientifique parce que l'échantillon n'est pas représentatif de l'ensemble des lecteurs. N'importe qui pouvait composer le numéro de téléphone pour donner son opinion, aussi souvent qu'il le désirait. Mais le risque que certains lecteurs considèrent les réponses à cette question comme aussi significatives que les résultats d'un véritable sondage était très élevé. Les réponses à la question ? Sur 835 appels, plus de 566 réponses furent affirmatives (68 %).

Encore en 2003 et en 2005, des journalistes comme Bernard Brisset (*Le Journal de Montréal*) et Pierre Trudel (*La Presse*), malgré l'évidence, persistaient à écrire que Patrick avait souhaité et orchestré son départ de Montréal. Il est vrai que le premier était vice-président aux communications des Canadiens en 1995. C'était lui qui avait accueilli Réjean Tremblay après le match quand celui-ci s'était rendu en trombe au Forum, sentant que quelque chose de dramatique allait se produire : « Ronald [Corey] m'a dit qu'il n'avait pas entendu ce que Patrick lui avait dit. Il a été trop surpris pour comprendre. Il n'a pas idée de ce qu'a murmuré Patrick », avait déclaré Brisset au journaliste. Le lendemain, Tremblay signala dans sa chronique :

> Ou bien Corey a menti à son vice-président, ou bien Bernard a voulu protéger son « boss » en racontant un mensonge quelconque aux journalistes. Dans les deux cas, ce n'est guère glorieux.

Quant à Trudel, il avait été le complice de Mario Tremblay pendant près de neuf ans à la radio et reconnaissait publiquement son amitié pour lui. Il était bien louable de sa part de vouloir valoriser son ami, mais on peut se demander sur quels fondements reposait l'allégation des deux journalistes, qui n'eut pour effet que de ternir la réputation de Patrick.

De leur côté, les dirigeants de l'organisation n'arrêtèrent pas de marteler dans leurs déclarations qu'ils n'avaient d'autre choix que d'échanger Patrick puisque celui-ci avait dit qu'il avait joué son dernier match à Montréal et que « l'équipe avait toujours passé et passerait toujours avant les individus chez les Canadiens ». Il était important pour eux que le fardeau de son départ repose sur ses épaules.

Il était 3 heures du matin ce mercredi 6 décembre quand le téléphone sonna. Patrick avait eu l'idée de décrocher l'appareil en se couchant, mais il s'était ravisé. Il avait eu le pressentiment que quelque chose d'important se produirait cette nuit-là. C'était Réjean Houle au bout du fil : « Patrick, tu t'en vas au Colorado, avec l'Avalanche. On t'a échangé avec Mike Keane contre Jocelyn Thibault, Martin Rucinsky et Andrei Kovalenko. »

Patrick était soulagé. À leur rencontre du dimanche avec Houle, Patrick et Sauvé n'avaient demandé qu'une seule faveur au directeur général des Canadiens : dans la mesure du possible, que la transaction se fasse avec une équipe compétitive. Houle avait respecté leur vœu. Un geste noble de sa part.

À peine quelques heures plus tard, Pierre Lacroix nolisa un Learjet qui ferait le voyage aller-retour Denver-Montréal-Denver. À l'aller, l'avion transporterait les trois nouveaux porte-couleurs des Canadiens. Après une brève escale à Montréal, le temps d'une conférence de presse à l'aéroport, il ramènerait Patrick et Keane au Colorado.

« ON VA REGRETTER CE GESTE-LÀ ! » C'était le titre qui coiffait la chronique de Bertrand Raymond dans *Le Journal de Montréal* le jeudi matin. L'article était agrémenté d'une photo de Patrick prise au téléobjectif à travers le hublot de l'appareil qui le conduisait à Denver. Le journaliste écrivait :

Beaucoup de boulot attend l'agence National chargée de bien faire paraître une organisation qui a commis bien plus de gaffes qu'elle n'a gagné de coupes Stanley au cours des quinze dernières années. [...]

Roy a fait gagner cette équipe quand elle n'avait pas les ressources pour le faire. Grâce à son talent, à sa présence intimidante devant le filet et à sa tenue exemplaire à l'extérieur de la glace, il a été celui qui a permis à l'organisation de conserver toute sa crédibilité parmi la concurrence. [...]

On vient de remplacer le plus grand leader de la dernière décennie par un jeune homme de bonne famille et par deux « suiveux », deux joueurs qui n'ont aucune idée de la tradition du Canadien. [...]

Patrick, c'est beaucoup plus qu'un « stoppeur de rondelles ». C'est l'ami des enfants et l'idole des vrais amateurs. Pour les gens d'une classe supérieure, il symbolise la réussite personnelle.

Bertrand Raymond avait vu juste en écrivant que son départ serait regretté. Plus d'une décennie plus tard, les Canadiens de Montréal peinaient encore pour se sortir de l'ornière de médiocrité dans laquelle les avaient plongés les bouleversements de la saison 1995-1996.

En octobre 2000, Guy Carbonneau expliquait, dans une entrevue à Mathias Brunet, de *La Presse* : « Je dois le [Patrick] placer au rang des grands leaders, au même titre que Gretzky et Jagr. Il pouvait gagner un match à lui seul, intimider l'adversaire avant un match. [...]

« Vers la fin de sa carrière à Montréal, certains ont laissé sous-entendre qu'il prenait trop de place dans le vestiaire. Mais les leaders, il faut leur laisser de la place sinon le club est dans le trouble. Le Canadien, justement, s'est débarrassé de ses leaders depuis sept ans. Patrick et moi, on se complétait bien. On assumait beaucoup de leadership ensemble. On parlait sans cesse des moyens pour améliorer l'équipe, en tout temps. On tâtait le pouls du club. Ce n'est pas prendre trop de place, c'est assumer un leadership nécessaire. »

Plus tard, Carbonneau devait ajouter : « Patrick et moi discutions beaucoup car nous voyagions ensemble de notre résidence jusqu'au Forum. J'étais le gars qui parlait le plus dans le vestiaire, mais souvent, c'étaient les idées de Patrick que je transmettais. »

Aujourd'hui, quand il se penche sur le travail de ses successeurs, Serge Savard affirme : « Ils ont fait un *deal* complètement différent de ce que j'envisageais. En laissant partir Patrick et Keane, ils ont éliminé tout le caractère du club. Considérant que, plus tard, ils sont allés chercher des joueurs dont je m'étais départi parce qu'ils ne faisaient plus le travail, comme Richer et Corson, je pense qu'ils ont démoli l'équipe. »

À l'occasion du dixième anniversaire de cette mémorable transaction, la pire dans toute l'histoire des Canadiens, on pouvait lire dans *Le Journal de Montréal* :

> Le 6 décembre 1995, le Canadien, à la sauvette et en mode panique, échangeait Patrick Roy et l'attaquant Mike Keane à l'Avalanche du Colorado en retour des attaquants Andrei Kovalenko et Martin Rucinsky ainsi que du gardien Jocelyn Thibault.
>
> S'il faut parfois du temps pour évaluer une transaction de cette envergure, celle-là n'aura pas mis de temps à révéler l'incompétence de la direction du Canadien de l'époque. Pour Roy, le Canadien aura obtenu trois valets.

À Montréal, en dix ans de carrière, jamais on n'a entendu dire que Patrick était un personnage controversé, pas plus qu'au Colorado d'ailleurs, au cours des huit années qui ont suivi. C'est à Montréal, après son départ, qu'on lui a fait cette réputation. Six mois plus tard, dans sa chronique du 4 juin 1996, Bertrand Raymond écrivait :

> Le Forum a ensuite englouti plusieurs milliers de dollars dans une vaste opération de relations publiques visant à se donner

le beau rôle dans « l'affaire Patrick Roy ». Ce fut d'une telle habileté que le gardien de 30 ans n'est plus aujourd'hui qu'un quelconque Glorieux en exil au Colorado.

L'AVALANCHE

(© Tim De Frisco.)

Après une saison pleine de rebondissements, de fortes émotions et de bouleversements, après avoir été chassé de Montréal, dénigré par certains, méprisé par d'autres, Patrick, le 11 juin 1996 aux petites heures du matin, tient à bout de bras la « coupe de la fierté ».

(© Hans Deryk, Presse Canadienne.)

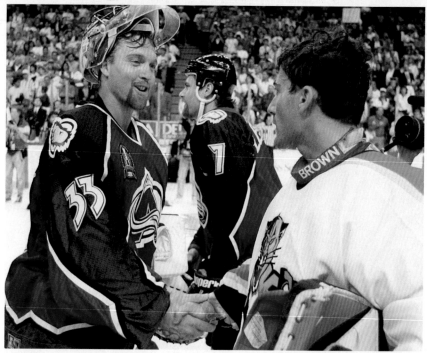

À 1 h 06 du matin, Patrick et John Vanbiesbrouck, des Panthers de la Floride, se serrent la main à l'issue de la finale de 1993. Les deux viennent de livrer l'un des plus impressionnants duels de gardiens de but de toute l'histoire de la Ligue nationale, remporté 1 à 0 par l'Avalanche au terme d'un match qui a duré 104 minutes et 31 secondes.

(© Paul Chiasson, Presse Canadienne.)

Le mardi 17 octobre 2000, au MCI Center de Washington, Patrick est porté en triomphe par ses deux grands amis, Raymond Bourque et Adam Foote. Il vient de remporter sa quatre cent quarante-huitième victoire en saison régulière, ce qui en fait le gardien de but ayant remporté le plus grand nombre de victoires dans l'histoire du hockey.

(© Nick Wass, Presse Canadienne.)

Après avoir établi sa marque historique, Patrick reçoit l'accolade de son père au banc de l'Avalanche, sous les regards de sa sœur Alexandra et de son frère Stéphane dans les gradins.

(© Tim De Frisco.)

Le 20 octobre 2000, au Pepsi Center de Denver, lors de la cérémonie en l'honneur de la quatre cent quarante-huitième victoire de Patrick, le moment le plus touchant survient lorsque Jerry, le fils de Terry Sawchuk, visiblement très ému, lève le bras de Patrick et reconnaît le nouveau tenant du titre que son père détenait depuis 1970.

(© David Zalubowski, Presse Canadienne.)

À deux reprises durant sa carrière, Patrick s'est engagé dans de furieux combats. On le voit ici contre Mike Vernon, des Red Wings de Detroit. En fin de rencontre, comme Vernon venait de remporter sa trois centième victoire en carrière, Patrick fera un geste élégant en laissant glisser la rondelle du match dans sa direction.

(© Tom Pidgeon, Presse Canadienne.)

Le 9 juin 2001, Patrick se serait envolé s'il avait pu. Les joueurs de l'Avalanche viennent d'accomplir leur mission : remporter la coupe Stanley pour Raymond Bourque, celle que Patrick désignera comme la « coupe de l'amitié ».

(© Tim De Frisco.)

En vingt-deux saisons dans la LNH, Raymond Bourque n'a jamais touché à la coupe Stanley. Il s'est déjà trouvé à quelques centimètres de celle-ci, dans certaines occasions spéciales où l'on en faisait la présentation, mais jamais il n'avait voulu y toucher, pour ne pas tenter le mauvais sort. Ce samedi 9 juin 2001, il la soulève enfin avec son ami, le gagnant du trophée Conn Smythe.

(© Ryan Remiorz, Presse Canadienne.)

Gary Bettman présente à Patrick le trophée Conn Smythe, remis au joueur le plus utile à son équipe durant les séries 2001. Du même coup, Patrick devient le tout premier joueur de l'histoire de la Ligue nationale de hockey à recevoir à trois reprises cet honneur. Même de légendaires vedettes comme Wayne Gretzky et Mario Lemieux n'ont pu faire mieux qu'un doublé pendant leur illustre carrière.

(© Tim De Frisco.)

Le 20 janvier 2003, à l'occasion d'un match nul de 1 à 1 contre les Stars de Dallas, Patrick devient le premier gardien de but à avoir joué mille parties en saison régulière. À cette occasion, lors d'une brève cérémonie d'avant-match, Rogatien Vachon, le héros de son enfance, lui remet un bâton de gardien trempé dans de l'argent.

(© Tim De Frisco.)

Le 28 mai 2003, accompagné de Pierre Lacroix, le président de l'Avalanche du Colorado, Patrick annonce avec beaucoup de sérénité qu'il se « retire comme joueur actif de la Ligue nationale de hockey ». Cette retraite met un terme à la longue route que les deux hommes ont parcourue ensemble, depuis 1983.

(© Tim De Frisco.)

Le 28 octobre 2003, sous les regards nostalgiques de sa femme, de ses enfants, de Pierre Lacroix et de Stanley Kroenke, le propriétaire de l'Avalanche, Patrick, ovationné par les 18 000 partisans, hisse la bannière qui représente son chandail numéro 33 dans les hauteurs du Pepsi Center.

(© Tim De Frisco.)

25

LA COUPE DE LA FIERTÉ

Tôt ce jeudi matin, Patrick tira les tentures de sa fenêtre. Au lieu du mouvement langoureux de la rivière des Mille-Îles, ce furent les pics agressifs des Rocheuses, les cimes enneigées du Front Range qui s'offrirent à sa vue. Il n'était plus chez lui. Tout lui était étranger.

La réalité le rattrapait. Il était arrivé la veille. En fin de soirée, avec Mike Keane, il avait été présenté aux médias locaux. Le point de presse, un peu à l'improviste, s'était tenu dans le vestiaire de l'Avalanche. Il était assis devant un chandail accroché à un cintre qui affichait le numéro 33, mais les couleurs ne lui étaient pas familières. Pourtant, c'était son nom qui figurait au-dessus du 33. L'Avalanche était bien sa nouvelle équipe. Ça faisait tout drôle. Il lui faudrait s'habituer. Il avait enfilé le chandail pour les photographes.

Il avait dit aux journalistes : « J'ai aidé les Canadiens à se mériter deux coupes Stanley et quand on en gagne une, on en veut davantage. C'est ce que je suis venu faire ici : aider cette équipe à gagner la coupe Stanley. » Déjà, devant les médias, il commençait à redevenir lui-même. On avait reconnu celui qui se lançait publiquement des défis et qui, ensuite, devait en assumer les conséquences. C'est ce que Mike Keane lui avait conseillé dans l'avion : « Reste toi-même, et les gens du Colorado vont t'adorer. »

C'était tellement plus enivrant qu'à Montréal où, ces derniers mois, dans un climat d'extrême tension, on ne visait qu'à jouer pour une moyenne de 0,500 et à « faire » les séries éliminatoires. Patrick et Keane n'étaient pas juste à Denver pour jouer au hockey. Ils étaient en mission pour la conquête de la coupe Stanley. Pierre Lacroix exultait. Bien avant que les partisans de Denver sachent comment prononcer Roy correctement, Lacroix savait ce que ce nom signifierait pour son équipe. Il savait qu'il s'appropriait un guerrier qui pourrait faire d'une bonne équipe la meilleure équipe.

Mais pour l'instant, tout paraissait si étrange à Patrick. C'était la première fois de sa vie qu'il mettait les pieds dans cette ville. La première fois de sa vie qu'il passait d'une équipe à une autre en cours de saison. Même chez les juniors, il n'avait pas vécu une telle expérience. Il avait hâte de renouer avec un vestiaire de hockey. Là, il se sentirait davantage chez lui. À peu de choses près, tous les vestiaires de joueurs se ressemblent. Il retrouverait des odeurs, une ambiance, une fébrilité, des gestes et des objets qui lui étaient familiers. Des visages aussi, ceux de ses nouveaux coéquipiers, ses adversaires d'hier chez les Nordiques déménagés à Denver au cours de l'été. En fait, Denver était l'endroit le plus près de Québec où il pouvait aboutir en quittant Montréal, car jamais les Canadiens ne l'auraient échangé aux Nordiques quand ils jouaient dans la même division.

Au petit déjeuner, à la salle à manger de l'hôtel, il feuilleta distraitement les journaux. Il n'était question que de son arrivée à Denver. Sa photo, avec Keane en arrière-plan, remplissait la première page du *Rocky Mountain News*, qui consacrait pas moins de six pages à l'événement. Son chroniqueur, Bob Kravitz, écrivait : « En l'espace de six mois seulement, l'Avalanche s'est établie comme l'organisation la plus créative et la plus audacieuse en ville. Elle est aussi en excellente position pour fournir à Denver son premier véritable championnat de l'histoire. » Le *Denver Post* faisait aussi grand état de l'échange, avec texte et photo à la une.

Patrick remonta à sa chambre. En traversant le lobby, il fut étonné que des passants le saluent et lui souhaitent la bienvenue. Plusieurs employés de l'hôtel avaient fait de même précédemment. Il alluma la télé. Son arrivée au Colorado faisait la principale manchette de tous les bulletins de nouvelles.

À 9 heures, Claude Lemieux vint les cueillir à l'hôtel, lui et Mike Keane. Avec eux, Patrick était en pays de connaissance. Celui qu'on surnommait « Pepe » était passé à l'Avalanche au cours de l'été, en provenance du New Jersey, échangé contre Wendel Clark. Il allait leur servir de guide. Il les conduisit au Family Sports Center, à Centennial en banlieue, où l'Avalanche s'entraînait. Chemin faisant, il leur parla de la ville, des partisans, de l'organisation, et il leur vanta la beauté de l'environnement.

Plusieurs journalistes attendaient Patrick à l'aréna. C'était du jamais vu pour les autres porte-couleurs de l'Avalanche, alors que l'attention des médias de Denver était habituellement retenue par les Nuggets (basketball), les Broncos (football) ou les Rockies (baseball). Les choses s'étaient passées tellement vite pour Patrick depuis le samedi précédent que ses idées tardaient à le rejoindre. Appelé à dire ce qu'il pensait de sa nouvelle équipe, il commit un lapsus qui fit rigoler les représentants des médias : « Très bonne équipe, dit-il, elle est première de sa conférence… Euh !… Nous sommes premiers de notre conférence.

« C'est beaucoup plus relaxe ici, confia-t-il à Mathias Brunet, de *La Presse*. Il y a moins de tension. La philosophie diffère. On retrouve trois autres équipes de sports professionnels. Le quart-arrière des Broncos, John Elway, est la grande vedette de la ville. Ça va faire changement ! On m'a dit qu'il possède cinq concessions d'automobiles. Je vais peut-être aller le voir pour me procurer une voiture… »

Pendant que sa femme visitait la ville avec un agent immobilier, à la recherche d'un nouveau foyer, Patrick mit le pied sur la glace pour la première fois à Denver. Marc Crawford, son nouvel entraîneur, lui serra la main. Crawford était natif de Belleville, en Ontario. Patrick se souvenait bien de lui, la « petite peste » de l'Express de Fredericton que les joueurs des Canadiens de Sherbrooke détestaient tant lors des séries de la coupe Calder au printemps 1985.

Puis d'autres visages vinrent vers lui, ses anciens ennemis : Joe Sakic, le capitaine de l'Avalanche, le gardien Stéphane

Fiset qui lui parla des rebonds de la rondelle sur la baie vitrée, Adam Foote qui allait devenir son compagnon de chambre sur la route, Peter Forsberg, Valeri Kamensky, Chris Simon, Mike Ricci, Sandis Ozolinsh que Pierre Lacroix venait d'obtenir des Sharks de San Jose en échange d'Owen Nolan, et tous les autres. Parmi ses anciens coéquipiers, outre Mike Keane et Claude Lemieux, il retrouvait le défenseur Sylvain Lefebvre qui avait passé trois saisons à Montréal, de 1989 à 1992.

Bien qu'il fût dans un état d'extrême fatigue et amaigri – il avait bien peu dormi au cours des cinq derniers jours et avait perdu pas moins de cinq kilos –, il fut décidé qu'il affronterait les Oilers d'Edmonton le soir même, à l'aréna McNichols, le domicile de l'Avalanche.

En après-midi, il tenta de reprendre son rituel d'avant-match. Mais le sommeil ne venait pas. Trop d'adrénaline, de fébrilité et de pensées qui se bousculaient dans sa tête. Même chose le soir. Bien sûr, le vestiaire constituait un environnement familier, mais sa place n'était plus la même, Pierre Gervais n'y était plus pour lui préparer ses bâtons, lui remettre sa rondelle fétiche avec laquelle il jonglait dans les minutes précédant le début de la rencontre, la disposer dans le coin du vestiaire lorsqu'il se levait pour se diriger vers la patinoire. Il prit conscience qu'il avait acquis à Montréal tellement d'habitudes ancrées dans sa préparation d'avant-match que d'en être privé le contrariait davantage que de revêtir un nouveau chandail. Le rituel était brisé. Il ne retrouvait plus la « zone de confort » dans laquelle il avait l'habitude de se préparer en ne pensant à rien. Il ne retrouvait plus ses assises. Il décida que le moment était venu de rompre avec la plupart de ces habitudes et d'envisager sa préparation autrement.

Contre les Oilers, ce ne fut pas un grand duel. Il fallait s'y attendre. Une défaite de 5 à 3. Patrick accorda 4 buts sur 30 tirs, le cinquième ayant été marqué en fin de partie après que l'Avalanche eut retiré son gardien à la faveur d'un sixième attaquant.

Après le match, l'épuisement et le stress le rattrapèrent. La tête lui tournait dans le vestiaire. Ne pouvant rien manger, il rentra aussitôt à l'hôtel. Il s'écrasa sur son lit mais ne ferma pratiquement pas l'œil de la nuit. Il passa des heures dans la salle de bain à vomir. Puis il fut assailli par des frissons et des crises de larmes qu'il n'arrivait pas à maîtriser. Le lendemain, dans l'avion amenant l'équipe vers Ottawa, de nouveau il ne put retenir ses sanglots. Il se sentait encore étranger à tout ce qui se passait autour de lui. Comme une recrue. Tous ses coéquipiers avaient leur place à bord de l'avion. Lui devait maintenant faire la sienne. Il repartait de zéro. Comme il l'avait dit si bien lui-même : « On n'efface pas dix ans de sa vie du jour au lendemain. »

Le samedi, c'est Stéphane Fiset qui garda le but contre les Sénateurs. On réserva le match suivant à Patrick contre les Maple Leafs, à Toronto, le lundi 11 décembre. Se sentant beaucoup mieux, il stoppa 30 tirs et fut brillant dans une victoire de 5 à 1, sa première dans l'uniforme de l'Avalanche. Lentement, il tournait la page sur Montréal.

Il essuya cependant des revers à ses deux matchs suivants. Voyant qu'il en arrachait, Bob Sauvé inscrivit sur son bloqueur : « *Be a Warrior* ». Patrick allait conserver cette inscription jusqu'à la fin de sa carrière. De même, il prit l'habitude d'inscrire le nom de ses trois enfants sur son bâton avant chaque match, afin qu'ils lui servent d'inspiration. Ce signe d'attachement familial n'est pas sans rappeler l'anecdote où Maurice Richard confia à son entraîneur Dick Irvin que de porter le chandail numéro 9 l'inspirerait parce que son premier-né pesait neuf livres (quatre kilos) à sa naissance ; Irvin avait acquiescé à la demande du « Rocket ».

Patrick était conscient que sa venue à Denver constituait une transaction de première importance pour l'Avalanche et il ne voulait surtout pas décevoir son ami Pierre Lacroix. Celui-ci sentit qu'il se mettait trop de pression sur les épaules pour rien. Lacroix avait un avantage sur le directeur général de n'importe quelle autre équipe qui aurait pu obtenir Patrick à la suite d'une transaction. Ayant été son agent pendant plus d'une décennie, il le connaissait bien. Après une défaite contre les Canucks de Vancouver à l'aréna McNichols, il offrit de le reconduire à la maison et, pendant le trajet, en profita pour lui parler :

« Écoute, Patrick, t'es pas à Montréal ici. Il n'y a personne qui va te demander l'impossible. Essaie d'avoir du plaisir à jouer, amuse-toi. Peu importe ce qui va arriver, je vais toujours avoir la même appréciation de qui tu es, de qui tu as été et de ce que tu peux faire. Il n'y a qu'une seule personne qui peut te mettre assez de pression que ça en devienne invivable : toi-même. Tu t'en mets trop sur les épaules. Ce n'est pas nécessaire. La pression de gagner, c'est une chose, mais la pression de ne pas décevoir quelqu'un que tu apprécies, c'est tout autre chose. »

Patrick n'était pas habitué à ce genre de *pep talk*. Généralement, c'était plutôt le contraire qu'on exigeait de lui. Les paroles de Lacroix lui firent le plus grand bien. Mais le tournant de cette saison vint plus tard, le 22 mars, à l'occasion d'une visite à Detroit. Depuis son arrivée avec l'Avalanche, Patrick avait affronté les Red Wings à deux reprises, qui s'étaient soldées par autant de défaites, 3 à 2 et 4 à 2.

Ce soir-là, il était à faire des étirements sur la glace durant la période d'échauffement quand Sakic se tourna vers lui :

— C'est pour des matchs comme celui-là qu'on est allé te chercher !

— Ouais ! Mais c'est lors de matchs comme celui-là qu'il faut que tu te démarques toi aussi, lui répondit Patrick.

Le résultat fut désastreux. Une cuisante défaite de 7 à 0 aux mains de l'équipe que l'Avalanche devait battre dans les séries éliminatoires si elle voulait faire un bon bout de chemin. Tout le monde avait affreusement mal joué, tellement que le lendemain, les joueurs sentirent le besoin de faire une réunion d'équipe.

Patrick se souvient : « On avait de bons vétérans dans la formation. Troy Murray et Dave Hannan s'étaient levés et avaient parlé. Ce fut excellent. Par la suite, on s'est vraiment mis à bien jouer. »

∪

Auparavant, le 5 février, il y avait eu ce premier affrontement, au Colorado, contre les Canadiens. Les retrouvailles. La veille, dès l'arrivée du Tricolore, en après-midi, Patrick et sa femme avaient invité Pierre Turgeon à souper à la maison. D'autres joueurs, anciens coéquipiers, avaient également prévu fraterniser. Ayant eu vent de la chose, Mario Tremblay décida de contrer ces débordements de politesse en convoquant un souper d'équipe dans un restaurant de la ville. Inutile de dire que Patrick était furieux.

Des représentants des médias de Montréal, où cette rencontre prenait l'allure d'un événement, étaient arrivés à Denver plusieurs jours à l'avance. Après la première période du match, on diffusa à la télévision une entrevue préenregistrée avec Pierre Houde, qui demandait à Patrick si toute cette attention avait pu déranger sa préparation pour la partie : « Pas du tout, avait-il répondu, il m'a fait plaisir de renouer avec les journalistes du Québec. Je dois avouer qu'à Montréal, j'ai été très bien traité par les médias. Alors, ça n'a pas été difficile pour moi de les revoir à nouveau. »

Il est courant chez les joueurs de la Ligue nationale, là où l'argent est moins un problème que dans d'autres milieux, que l'un mette un montant à l'enjeu pour ses coéquipiers lorsqu'il tient particulièrement à la victoire de son équipe, pour une raison ou une autre. On utilise ensuite cette somme pour se payer un repas de groupe dans un bon restaurant lorsque l'équipe est dans une ville étrangère ; s'il y a un solde, il est versé à un organisme de charité. La veille de l'affrontement contre les Canadiens, Patrick avait affiché au tableau qu'il était disposé à partager un montant de 4 000 dollars advenant la victoire de l'équipe. Avec les 1 000 dollars de Mike Keane et quelques autres mises, la cagnotte atteignait la somme de 6 000 dollars.

Les donateurs auraient tout aussi bien pu remettre cet argent dans leur poche, car même si l'Avalanche l'emporta au compte de 4 à 2, le match fut tout à l'avantage des Canadiens, qui lancèrent à 39 reprises et obtinrent 28 chances de marquer, contre 30 lancers et 21 chances de marquer pour leur adversaire. Mais Patrick fut intraitable : brillant, il stoppa 37 tirs. Il tenta même de marquer en fin de rencontre en lançant vers le but du Tricolore après que Jocelyn Thibault eut été retiré pour ajouter un sixième attaquant. Ç'aurait évidemment été l'insulte suprême s'il avait réussi, mais il rata son lancer.

À l'issue de la rencontre, alors que ses coéquipiers l'entouraient pour le féliciter, Curtis Leschyshyn, son défenseur, lui remit la rondelle du match. Apercevant du coin de l'œil Mario Tremblay qui traversait la patinoire pour se rendre au vestiaire, Patrick, les événements de décembre et le souper de la veille avorté en tête, fit rouler la rondelle vers son ex-entraîneur.

Ce fut un geste spontané, instinctif, irréfléchi, le genre de geste que des adversaires font sur la patinoire et qui s'inscrit dans le jeu de l'intimidation. Mais à l'endroit d'un entraîneur adverse, quand la partie est terminée, fût-il Mario Tremblay, c'est le genre de geste qu'on peut qualifier d'arrogant parce que fondé sur le mépris. Patrick le reconnut : « Pour être honnête, j'ai été un peu arrogant. Mais j'étais tellement heureux ! » Toujours avec les Canadiens, François Allaire, qui a souvent une manière particulière de résumer les choses, observa : « Malheureusement pour nous, c'est après la partie que Patrick a connu son seul mauvais moment. »

Dans la culture du sport professionnel américain, ce geste aurait été considéré comme bien anodin et serait passé inaperçu. Mais à Montréal, le berceau du hockey, là où les joueurs apprennent très tôt à démontrer le plus grand respect pour l'autorité et la Sainte Flanelle, ce comportement fut perçu comme répréhensible. Une caméra ne manqua pas de figer la scène, et on en fit tout un plat dans la métropole ; à la télévision, à la radio, dans les tribunes téléphoniques.

Tremblay devint la victime et regagna la sympathie des partisans montréalais.

Après le match, comme les Canadiens passaient la nuit à Denver, Patrick put enfin casser la croûte avec son ami Turgeon, contre qui il avait effectué ses meilleurs arrêts, le frustrant à quatre ou cinq reprises.

L'Avalanche amorça les séries d'après-saison contre les Canucks de Vancouver, qui avaient terminé 25 points derrière au classement général. Ce qui inquiétait Patrick, c'était cette culture d'équipe perdante dans laquelle sa nouvelle organisation s'était enlisée à ses dernières années à Québec. Les Nordiques n'avaient pas franchi la première ronde des séries éliminatoires depuis 1987, et le capitaine Joe Sakic n'était jamais allé au-delà de cette étape de toute sa carrière dans la LNH. Pourtant, l'Avalanche avait le potentiel pour aller loin. Patrick voulait bien l'aider à sortir de son ornière, mais il ne se sentait pas encore à son mieux. Il était inquiet.

Les deux équipes s'échangèrent la politesse dans les deux premiers affrontements au Colorado. Patrick n'était pas satisfait de son rendement. Il éprouvait des problèmes à fixer son attention sur le jeu pendant tout le temps que duraient les matchs. Il se surprenait à surveiller le tableau qui indiquait les résultats des parties à l'étranger pour voir comment les Canadiens s'en tiraient dans leur série contre les Rangers de New York.

La veille de la troisième rencontre à Vancouver, il m'appela pour en discuter. Je ne savais trop que lui dire pour l'aider, mais comme il s'agissait d'un problème d'attention, je lui suggérai de ne pas quitter la rondelle des yeux aussitôt qu'elle serait en jeu et de la suivre même en territoire adverse. S'il y arrivait, je pensais que cette attention soutenue empêcherait ses pensées de vagabonder.

Au troisième match, il ne concéda aucun but aux Canucks, aidant ainsi son équipe à les blanchir par le compte de 4 à 0 devant leurs partisans. Le lendemain matin, il m'appela à Chicago, tout enthousiaste : « Aïe, p'pa! Ç'a marché! » L'Avalanche élimina ensuite les Canucks en six parties. Patrick était soulagé, mais il estime ne pas avoir été un gros facteur dans cette victoire, lui qui avait plutôt l'habitude de faire la différence en séries.

Pour la série suivante, le hasard faisant bien les choses, l'Avalanche était opposée aux Blackhawks de Chicago. Cela me permit de voir Patrick à quelques reprises, soit qu'il vienne souper à la maison ou que je l'accompagne au petit déjeuner à l'hôtel Drake, où les joueurs logeaient. Patrick était plus détendu. La première ronde franchie, il savait que l'équipe prendrait confiance en ses moyens et que son jeu s'élèverait à mesure que les séries progresseraient. Il le faudrait; les Blackhawks représentaient un test sérieux.

Les deux formations, à peu près de forces égales, s'amenèrent à Chicago après avoir divisé les honneurs lors des deux premières rencontres à Denver. Ce fut une série chaudement disputée où pas moins de quatre matchs nécessitèrent une prolongation, pour un total de 76 minutes et 26 secondes. Les Blackhawks étaient solides, dans le but avec Ed Belfour, à la défense avec Chris Chelios et Gary Suter, et à l'avant avec d'habiles marqueurs comme Jeremy Roenick, Tony Amonte, Bernie Nicholls et Éric Dazé.

À Chicago, les deux équipes gagnèrent également une rencontre chacune, les deux en prolongation, la seconde se terminant en troisième période supplémentaire. Lors de la première période de cette prolongation, Jeremy Roenick trouva le moyen de s'échapper seul jusqu'au filet de l'Avalanche. Il aurait pu mettre fin au match. Mais accroché par-derrière par Sandis Ozolinsh, il ne put faire de jeu ou tenter un tir. Aucune punition ne fut décernée, alors que l'arbitre aurait même pu accorder un lancer de punition au flamboyant centre des Hawks. Ce jeu et l'apathie de l'arbitre provoquèrent une joute verbale entre les deux vedettes, un dialogue d'intimidation « PR » vs « JR » par intervieweur interposé :

— Il savait que j'attendais son tir de la droite. Je ne pense pas qu'il m'aurait battu, déclara Patrick.

— L'arbitre aurait dû m'accorder un lancer de pénalité, il n'y a aucun doute là-dessus, répliqua Roenick. J'aime la déclaration de Patrick selon laquelle il m'aurait stoppé. Je me demande bien où il était lors de la troisième partie [Roenick avait habilement déjoué Patrick à la suite d'une échappée]. Je l'avais tellement déculotté qu'il était probablement encore à chercher sa coquille dans les gradins du United Center.

À un journaliste qui lui demandait de commenter la dernière remarque de Roenick, Patrick répliqua en souriant : « Je n'ai pas vraiment entendu ce que Jeremy a dit parce que je m'étais bouché les oreilles avec mes deux bagues de la coupe Stanley. » Cette répartie de Patrick fit le tour de l'Amérique du Nord dans les médias. Il avoua plus tard que c'était Mike Keane qui la lui avait soufflée à l'oreille.

Chicago ne gagna aucun autre match de la série, l'Avalanche en remportant les honneurs par quatre parties à deux. À l'issue du dernier affrontement, les journalistes surveillaient avidement ce que Patrick et Roenick se diraient en se serrant la main : « Il m'a dit qu'il me respectait et je lui ai retourné la pareille, raconta Patrick. Vous savez, notre confrontation ne se limitait qu'à des mots. Cela fait partie du jeu. Il a très bien joué dans cette série. Jeremy est un grand compétiteur. »

Six jours plus tard, l'Avalanche amorçait, à Detroit, la finale de la conférence de l'Ouest contre les puissants Red Wings. En saison régulière, ceux-ci avaient laissé leurs plus proches poursuivants loin derrière – 27 points dans le cas de l'Avalanche qui avait terminé au troisième rang – et, en cinq affrontements contre eux, Patrick n'avait encore récolté aucune victoire. Son bilan incluait deux cuisantes défaites, aussi bien dans l'uniforme des Canadiens que dans celui de l'Avalanche. Malgré ces sombres statistiques, Patrick demeurait confiant. Il se souvenait que deux victoires des Wings contre l'Avalanche n'avaient été acquises que par la différence d'un seul but. C'est là-dessus qu'il échafauderait sa confiance. Il y avait bien eu cette dégelée de 7 à 0, mais l'équipe s'était bien redressée depuis.

Barry Melrose, l'ancien entraîneur des Kings de Los Angeles, connaissait bien Patrick pour avoir perdu la finale de 1993 aux mains des Canadiens. Maintenant commentateur au réseau ESPN, il déclara : « C'est vrai que Patrick n'a pas connu une bonne saison contre Detroit. Mais on est dans les séries maintenant, on va voir un Patrick Roy bien différent, une équipe de l'Avalanche bien différente aussi, plus confiante. Et ce que j'aime de Patrick, c'est qu'il n'accorde pas de mauvais buts en séries. Cela peut faire la différence. Il sait qu'il n'a pas bien joué contre Detroit cette année, et des représentants des médias vont le lui rappeler tous les soirs. Il va se servir de cela pour se motiver ; c'est comme ça que cet homme fonctionne. Plus le défi est grand, meilleur il devient. »

Et comme l'écrivait le journaliste Randy Holtz dans un article de fond pour le *Rockey Mountain News*, il y a son jeu, mais il y a aussi son charisme, cette vertu humaine obscure, une espèce de présence occulte et indéfinissable qu'il exerce, qui tire ses coéquipiers vers le sommet, qui leur fait croire en leurs moyens tout en les amenant à fournir cet effort indispensable à la victoire :

> Quand Patrick Roy pénètre dans une pièce, les yeux se tournent vers lui et le suivent. C'est une attitude presque royale, un comportement qui invite au calme, à la maîtrise de soi, et inspire la confiance.

Un vent nouveau semblait souffler en effet. À la surprise générale, l'Avalanche remporta le premier match, à Detroit, par la marque de 3 à 2, une victoire durement acquise en prolongation. « Si les Wings avaient joué comme ils jouent maintenant, déclara Patrick à l'issue de la rencontre, je ne pense pas que, le 2 décembre dernier à Montréal, ils nous [les Canadiens] auraient devancés 9 à 1 en deuxième période. Je ne crois pas qu'ils jouent dans ces séries comme ils le souhaiteraient. Quant à nous [l'Avalanche], nous jouons présentement notre meilleur hockey de l'année. Nous croyons avoir de bonnes chances de les battre et nous devrons le leur montrer dès demain après-midi lors du second affrontement. »

Comme il l'avait si souvent fait en séries, Patrick venait de se lancer un défi. Et comme il l'avait si souvent fait en séries, il le releva avec succès en bloquant les 35 tirs que les Wings dirigèrent vers son filet dans le second match, menant l'Avalanche à une victoire par blanchissage au compte de 3 à 0. Detroit, au grand dam de Scotty Bowman, était désormais dans une fâcheuse position.

À Denver, ce sont cependant les Wings qui refroidirent l'ardeur des partisans de l'équipe locale, surprenant celle-ci par la marque de 6 à 4. Patrick avoua à Brian Engblom, un ancien défenseur des Canadiens, aussi commentateur à ESPN, qu'il avait éprouvé de la difficulté à se préparer pour cette rencontre. Pour une raison inexplicable, il se sentait trop détendu et son attention au jeu n'avait pas été constante, avec pour résultat qu'il n'avait pas connu un très grand match. Mais il se reprit dès la rencontre suivante, bloquant 29 tirs dans une victoire de 4 à 2. Tirant de l'arrière par trois parties à une, les Wings étaient maintenant acculés au mur.

Comme prévu, les Wings l'emportèrent à Detroit, mais ne purent résister à la dernière poussée de l'Avalanche à Denver, deux jours plus tard. Les puissants Red Wings, ceux-là même qui avaient provoqué l'exil de Patrick vers le Colorado, étaient éliminés. Celui-ci avait gagné le duel des gardiens contre son adversaire Chris Osgood, pourtant excellent.

Patrick est certain d'avoir entendu Scotty Bowman soupirer lors d'une entrevue ultérieure : « Si j'avais su… »

Pendant ce temps, dans la conférence de l'Est, les Panthers de la Floride, à l'encontre de toute logique, réussirent à se débarrasser des Flyers de Philadelphie, qui avaient terminé au deuxième rang du classement général, puis des puissants Penguins de Pittsburgh, malgré la présence de Mario Lemieux et de Jaromir Jagr. Le succès des Panthers, dès lors considérés comme une équipe cendrillon, reposait essentiellement sur les épaules d'un entraîneur, Doug MacLean, habile à diriger ses joueurs, et d'un gardien de but très solide et expérimenté, John Vanbiesbrouck. On se souviendra de la guerre de tranchées que s'étaient livrée Patrick et Vanbiesbrouck dans les séries de 1986, alors que ce dernier jouait pour les Rangers de New York. C'était à lui que les Flyers et les Penguins s'étaient butés en quart et en demi-finale de 1996, sans pouvoir résoudre l'énigme.

On retrouvait donc, en finale de la coupe Stanley, deux équipes représentant des villes qui, le moins que l'on puisse dire, n'avaient pas une grande tradition de hockey. L'Avalanche en était à sa toute première année à Denver – les Rockies y avaient évolué sans grand succès de 1976 à 1982 – et les Panthers se produisaient dans un climat qui n'aurait jamais donné naissance à un sport d'hiver comme le hockey.

Néanmoins, en raison de l'importance de l'événement, et aussi de la présence de nombreux joueurs européens au sein des deux formations, la série finale serait télédiffusée dans pas moins de 140 pays autour du globe. Même que des équipes de commentateurs du Japon, de la Suède, de la Finlande, de la Norvège, de la Russie et de l'Allemagne seraient sur place pour décrire l'action et la transmettre en direct dans leurs pays respectifs, en plein milieu de la nuit.

Aux États-Unis, même si la finale pourrait être vue à la télévision, 16 000 supporters de l'Avalanche s'entasseraient à l'aréna McNichols, devant un écran géant, pour ne rien manquer des matchs disputés à Miami. Plus près de nous, au Canada, personne ne manifesterait plus de fébrilité que les amateurs de hockey de la ville de Québec, qui, avec beaucoup de nostalgie, de tristesse, et peut-être aussi un peu de frustration, seraient attentifs aux moindres progrès de leurs anciens Nordiques bien-aimés.

Cette série ultime aurait pu être baptisée la « finale des rats », au grand déplaisir des autorités de la Ligue nationale. Ce petit mammifère repoussant était en effet devenu le talisman des Panthers au tout début de la saison, par suite d'un événement fortuit. Juste avant le match inaugural contre les Flames de Calgary, un rat de bonne taille et à longue queue avait semé la terreur dans le vestiaire des Panthers à l'aréna de Miami. N'écoutant que son courage, alors que ses coéquipiers criaient et sautaient partout, l'assistant capitaine Scott Mellanby avait fracassé le crâne de l'intrus avec un bâton de hockey. Ensuite, il avait marqué deux buts dans une victoire de 4 à 3 contre les Flames.

Deux matchs plus tard, deux rats en plastique caoutchouté avaient été lancés sur la patinoire par des partisans à la suite d'une autre victoire des Panthers. Puis vingt-cinq… Puis cinquante… Puis cent. Dans la série contre les Penguins, la patrouille des ratiers, mise sur pied pour recueillir les muridés en caoutchouc lancés après chacun des buts des Floridiens, estima que deux mille rats avaient été projetés sur la glace, en moyenne, à chaque match. Quelques commerçants qui voyaient là une bonne occasion d'affaires, comme la boutique *Annie's Costumes and Magic*, en avaient commandé des milliers pour la grande finale.

Ce fut de fait l'élément le plus spectaculaire de cette finale, l'Avalanche ne faisant qu'une bouchée des Panthers en quatre parties successives. Dans la première période du match inaugural à Denver, Patrick dut tenir le fort pendant que ses coéquipiers se dérouillaient les jambes à la suite d'un congé de six jours après l'élimination de Detroit. Mais l'Avalanche finit par se mettre en marche et remporta deux victoires à domicile par les marques de 3 à 1 et 8 à 1. Le spectacle se déplaçait maintenant dans la ratière de Miami.

Avant le troisième match, Patrick déclara : « Si les Panthers comptent, je ne me cacherai pas dans mon but comme les autres gardiens le font pour se protéger. J'ai trop de fierté pour me cacher dans mon filet. Si je donne un but, je vais faire face aux rats. » C'était sa façon de se punir s'il accordait un but ; sa façon de se motiver aussi.

Il fut victime de deux buts, dans la seule première période, et des centaines de rats s'abattirent sur lui. Il blanchit les Panthers dans les deux périodes suivantes, tenant ainsi les rats à distance. Plus important, l'Avalanche l'emporta 3 à 2 et n'était plus qu'à une victoire de la coupe.

J'ai écrit plus haut que cette détestable habitude de lancer des rats en caoutchouc avait été l'élément le plus spectaculaire de cette finale. Ce n'est pas vrai. Le plus cocasse peut-être, mais pas le plus spectaculaire. D'ailleurs, Gary Bettman, le commissaire de la ligue, avait déjà annoncé que cette pratique serait interdite dès l'année suivante. Le ramassage des bestioles sur la surface glacée augmentait inconsidérément la durée du spectacle.

Non. L'événement le plus spectaculaire fut ce magistral affrontement que se livrèrent Patrick et Vanbiesbrouck dans le quatrième match. Ce fut l'un des plus impressionnants duels de gardiens de but de toute l'histoire de la Ligue nationale.

Patrick n'attendrait pas que le plan de Bettman soit mis en œuvre. Il avait décidé qu'on ne verrait plus de rats du tout. Comment comptait-il s'y prendre ? C'était tout simple : il fermerait la porte aux Panthers. Il ne leur accorderait aucun but. Ainsi leurs partisans garderaient-ils leurs rongeurs en caoutchouc pour eux.

À *La Soirée du hockey* de Radio-Canada, l'animateur Jean Pagé amorça l'émission en ces termes :

« C'est la saison des ouragans ici à Miami, mais la seule chose que les Panthers de la Floride ne veulent pas, c'est d'être éliminés en quatre matchs par la tornade de l'Avalanche du Colorado. Pour eux, c'est une question de fierté, c'est une question d'honneur. Ils veulent gagner le match de ce soir. C'est ce que nous verrons dans quelques instants avec la présentation de ce quatrième match de la série finale de la coupe Stanley. Cependant, en face des joueurs des Panthers de la Floride, il y a cette merveilleuse machine de hockey, menée par un athlète exceptionnel, le gardien Patrick Roy. Il est venu dans notre studio vers 18 h 30 pour jaser de choses et d'autres, pour passer le temps, pour se détendre, et, croyez-moi, il avait du feu dans les yeux. Ça pourrait fort bien se terminer dès ce soir. »

Facile à dire, mais Vanbiesbrouck et ses coéquipiers étaient tenaces et ils n'allaient pas abdiquer sans une lutte acharnée.

Après trois périodes réglementaires de vingt minutes, le compte était 0 à 0. Après quatre périodes, encore 0 à 0. Après cinq périodes, toujours 0 à 0. Ce n'est qu'après 4 min 31 s de jeu en sixième période, à 1 h 06 du matin, que le défenseur Uwe Krupp trancha le débat à l'aide d'un lancer de la ligne bleue que Vanbiesbrouck ne put parer. Tous les habitants de Cologne, ville natale de l'Allemand, durent bondir hors de leur lit ou renverser leur café. C'était le cinquante-sixième lancer que l'Avalanche dirigeait contre Vanbiesbrouck. De son côté, Patrick avait stoppé les 63 tirs des Panthers, un exploit qui n'était pas sans rappeler ses prouesses du troisième match de la série demi-finale de 1986 contre les Rangers, face à ce même Vanbiesbrouck. En outre, il avait blanchi ses adversaires dans les huit dernières périodes, pendant exactement 152 minutes et 12 secondes, réalisant 88 arrêts consécutifs.

N'en pouvant plus et sachant qu'ils ne leur seraient plus d'aucune utilité, les 14 703 spectateurs lancèrent leurs dernières bestioles. Ce qui n'empêcha pas Patrick et Mike Keane d'amorcer les célébrations en se donnant une émouvante étreinte. Les deux revenaient de loin. « On s'est regardés et on n'a rien dit, se rappelle Keane. Il n'y avait rien à dire. Patrick a travaillé tellement fort pour en arriver là. C'est ce qu'on voulait faire, lui et moi, dès le moment où nous avons quitté Montréal. À nos yeux, cette coupe est belle comme ce n'est pas possible. »

Quand ils se serrèrent la main, Patrick et Vanbiesbrouck n'échangèrent pas beaucoup plus. « Il n'y avait pas grand-chose à dire, raconta le gardien des Panthers. Il avait hâte de mettre la main sur la coupe, et moi, je ne voulais que partir de là. »

Ensuite, c'est sur une surface glacée partiellement débarrassée de ses rats en caoutchouc que Gary Bettman remit au capitaine Joe Sakic les deux plus prestigieux trophées des séries éliminatoires de la Ligue nationale : le Conn Smythe et la coupe Stanley.

Le lendemain, dans sa chronique, Bertrand Raymond écrivait :

> Roy n'a plus rien à prouver. Durant les quatre séries disputées par les Panthers, le gardien de l'Avalanche est le seul mur qu'ils aient frappé. La Floride est entrée dans cette finale avec le meilleur gardien des trois premières séries. Rapidement, ses joueurs en ont découvert un meilleur. Roy les a limités à quatre buts en quatre soirs.
> Et durant le dernier match, il a fait durer le plaisir au maximum. Il a forcé Ronald, « Peanut » et le Bleuet à veiller tard, histoire de leur rappeler le genre de bagarreur qu'ils ont laissé partir.

Pour Patrick, c'était une grande victoire. Après une saison pleine de rebondissements, de fortes émotions et de bouleversements, après avoir été chassé de Montréal, dénigré par certains, méprisé par d'autres, il venait de remporter sa troisième coupe Stanley. Pour lui, c'était la « coupe de la fierté ». La tenant à bout de bras, le visage emperlé de sueur, il s'était écrié : « En ce moment, je pense à tous ceux qui ne m'ont pas laissé tomber ! »

26

LA CONQUÊTE DE L'OUEST

En soulevant la coupe Stanley, tous les anciens Nordiques de l'Avalanche ne purent s'empêcher d'avoir une pensée pour les amateurs de hockey de la ville de Québec. Uwe Krupp, le compteur du dernier but, se fit le porte-parole de ses coéquipiers et leur rendit un vibrant hommage au cours d'une entrevue à *La Soirée du hockey,* sur les ondes de Radio-Canada. D'une manière aussi éloquente qu'émouvante, il remercia spontanément les partisans de la Vieille Capitale de leur appui pendant de si nombreuses années et leur laissa savoir que les joueurs de l'Avalanche ne les avaient pas oubliés.

Les Nordiques avaient fait leur entrée dans la Ligue nationale lors de la saison 1979-1980, après avoir passé sept ans dans la défunte Association mondiale de hockey. C'était l'équipe que Patrick admirait et appuyait quand il était adolescent. Les Fleurdelisés connurent des succès précoces grâce au rapt des frères Peter et Anton Stastny qu'ils étaient allés enlever en Tchécoslovaquie, sous le nez des agents du KGB ; c'est à la suite de ce véritable épisode de série noire que Gilles Léger, le bras droit du président Marcel Aubut, avait hérité du surnom de « Colombo ». Avec Marian, l'aîné des Stastny qui avait rejoint ses deux frères dix mois plus tard, et d'autres joueurs de talent comme Réal Cloutier, Michel Goulet, Marc Tardif et Jacques Richard, des joueurs au caractère affirmé comme Dale Hunter, Wilfrid Paiement et Mario Marois, un excellent gardien de but en Daniel Bouchard et quelques autres bons éléments en défensive, les Nordiques atteignirent, en 1982, la demi-finale des séries éliminatoires de la LNH, ayant culbuté au passage les orgueilleux Canadiens de Montréal.

Mais quelques années plus tard, au moment où Patrick amorçait sa carrière avec le Tricolore, les vedettes des Nordiques se faisaient vieillissantes et l'équipe connut un terrible passage à vide de quatre années de suite, de 1988-1989 à 1991-1992, terminant chaque fois au dernier rang du classement général de la ligue. Inutile de décrire la déception des partisans de Québec durant cette période. Ces piètres classements successifs permirent néanmoins aux Fleurdelisés de se reconstruire par des choix judicieux à la sélection des joueurs amateurs : ils mirent la main sur de futures grandes vedettes comme Joe Sakic, Mats Sundin, Peter Forsberg, Owen Nolan, Valery Kamensky, Adam Deadmarsh, Adam Foote et quelques autres.

Cette longue période de sacrifices sembla enfin rapporter des dividendes au terme de la saison 1994-1995, la saison du lock-out, quand les Nordiques terminèrent au deuxième rang du classement général. Cependant, comme nous l'avons vu, ce n'est pas au sein du club de la Vieille Capitale que les nouvelles vedettes finirent par éclore, mais au Colorado, sous les couleurs de l'Avalanche. Et, comble de frustration pour les amateurs de Québec, c'est dans l'année qui suivit immédiatement le départ de leur équipe que cette éclosion se produisit. C'est à cela que Uwe Krupp faisait allusion quand il rendit hommage aux amateurs de hockey de Québec.

Il n'est cependant pas banal de constater que, plus d'une décennie après sa transplantation sous le chandail de l'Avalanche, c'est toujours le cœur des Nordiques qui anime cette organisation et fait vibrer ses supporters de Denver, puisque l'on retrouve les mêmes Québécois francophones à sa tête : Pierre Lacroix, président; François Giguère, vice-président exécutif et directeur général; Jean Martineau, vice-président aux communications et aux opérations d'affaires; Michel Goulet, adjoint du directeur général; Jacques Cloutier, entraîneur adjoint.

Et c'est cette organisation qui a donné au Colorado le premier championnat majeur de son histoire, tous sports professionnels confondus. Ses amateurs de sport étaient conquis. Selon l'estimation de la police de Denver, plus de 450 000 d'entre eux se déplacèrent, le lendemain du retour de leurs héros, pour les acclamer alors qu'ils défilaient dans les rues de la ville. Aucun autre événement n'avait attiré autant de monde auparavant, qu'il s'agisse du défilé des Broncos après leur défaite en finale du Super Bowl de football en janvier 1987 (100 000) ou de la messe célébrée par le pape Jean-Paul II en août 1993 (375 000).

L'exploit de l'Avalanche dut fouetter les Broncos puisque ces derniers remportèrent plus tard le Super Bowl deux années de suite, en 1998 et 1999, juste avant que John Elway prenne sa retraite.

À l'été de 1996, Patrick présenta, au club Summerlea de Montréal, la deuxième édition de son tournoi de golf pour compléter le financement de l'agrandissement de l'aile Patrick-Roy du Manoir Ronald McDonald, laquelle devait être inaugurée au mois de septembre suivant. Plusieurs vedettes du hockey et du golf participèrent à ce tournoi, dont Fred Couples, avec qui Patrick se lia d'amitié.

De Denver, Patrick continuait à faire des dons en argent pour soutenir certaines causes qui lui tenaient à cœur. Par exemple, il commandita pendant quatre ans, à raison de 10 000 dollars par année, Dean Bergeron, un athlète en fauteuil roulant qui parvint notamment à établir un record du monde au 400 mètres lors de Jeux paralympiques. Patrick versa également plusieurs dizaines de milliers de dollars à la Fondation Cardinal-Villeneuve et à la Fondation canadienne du rein. Enfin, à Parker où il habitait, son appui financier rendit possible l'aménagement d'un parc pour enfants.

Cet été-là, Patrick fit un saut à Québec pour y présenter la coupe Stanley à un groupe d'amis. Il refusa cependant d'inviter les journalistes à cette présentation, ce qui lui valut plusieurs critiques négatives de leur part. Il craignait qu'une couverture de presse importante exacerbe la frustration et l'amertume qu'il avait décelées chez un très grand nombre de partisans des défunts Nordiques. Il craignait aussi que son initiative soit perçue comme une provocation, surtout que ces amateurs l'avaient considéré comme l'ennemi à abattre pendant tellement d'années quand il jouait pour les Canadiens.

Puisqu'il y avait toujours sa résidence, c'est à Montréal qu'il passa la majeure partie de ses deux mois de vacances. Mais il sentait qu'il n'avait plus beaucoup de liens avec cette ville. Son emploi l'amenait dorénavant à Denver dix mois par année et ses racines profondes étaient toujours à Québec.

Et il pensait beaucoup à Québec. C'était sa ville natale, là où se trouvaient toujours ses amis d'enfance, la ville à laquelle il était resté attaché malgré les dix ans passés à Montréal. Il ne l'avouait pas encore, pas plus à lui-même qu'à d'autres, mais c'est là qu'il envisageait de s'établir au terme de sa carrière.

Déjà il songeait à s'associer à une équipe de hockey junior. Il ne savait pas comment, où, ni à quel titre, mais l'idée germait dans sa tête. Il s'en ouvrit à un de ses partenaires de golf, un dentiste de Québec, Julien Gagnon. Celui-ci connaissait bien Jacques Tanguay, le vice-président d'Ameublement Tanguay, la plus grosse entreprise de détail dans le domaine du meuble au Québec. Tanguay et son père Maurice, férus de sport, exploitaient, entre autres, une équipe de la LHJMQ à Rimouski, l'Océanic.

Gagnon organisa une partie de golf au club de Rosemère dont Patrick était membre. Il y convia son confrère dentiste, Gilles Rompré, de même que Jacques Tanguay, dans le but bien avoué que celui-ci rencontre Patrick. Le courant passa immédiatement entre ces deux derniers. Plusieurs intérêts communs les rapprochaient : ils étaient tous deux passionnés de sport, de hockey en particulier ; ils étaient attachés à la ville de Québec qui, croyaient-ils, devait demeurer la plaque tournante du hockey junior au Québec ; ils désiraient s'engager dans leur communauté en aidant des jeunes à se développer. C'est à ce genre d'engagement que Patrick voulait se consacrer une fois sa carrière de joueur terminée.

Cette ronde de golf allait précipiter les choses.

Depuis quelques années, le hockey junior battait de l'aile dans la région de Québec. Sa seule équipe, les Harfangs, installée à Beauport, une ville de banlieue, éprouvait de sérieuses difficultés financières et il était même question que la franchise soit transférée aux États-Unis.

À peine quelques semaines après la partie de golf de Rosemère, le directeur général des Harfangs, Raymond Bolduc, sollicita une rencontre avec Maurice Tanguay pour lui expliquer l'état précaire dans lequel se trouvait son équipe et lui demander de l'aide. La famille Tanguay décida alors que Jacques se retirerait de l'Océanic de Rimouski pour tenter de sauver la franchise de Beauport.

Presque simultanément, Patrick, qui avait ses antennes à Québec et suivait assidûment l'évolution du hockey junior, téléphona à Tanguay :

— Jacques, j'ai entendu dire que les Harfangs ne volaient plus très haut et qu'il pourrait se passer quelque chose bientôt.

— Oui, Patrick, je suis au courant. Je travaille sur le dossier depuis quelque temps et j'examine présentement les modalités qui permettraient à des gens comme nous d'acheter la franchise et de la garder dans la région de Québec. Dis-moi, cela t'intéresserait-il d'investir avec moi ?

— Tout de suite! lui répondit Patrick sans aucune hésitation.

— Alors nous sommes désormais partenaires. Écoute, j'ai un autre ami à Québec, Michel Cadrin, qui a bien réussi en affaires, qui est aussi un passionné de hockey et qui serait sûrement disposé à investir dans l'aventure. Accepterais-tu que je l'invite à se joindre à nous ?

— Bien sûr! Avec plaisir!

Patrick ajouta cependant :

— Tu comprendras que, pendant quelques années encore, ce n'est qu'à distance que je pourrai m'impliquer dans l'équipe. Mais quand ma carrière de gardien de but sera terminée, il me fera plaisir de venir m'en occuper à Québec.

Tout de suite après cette conversation, Tanguay contacta son ami Cadrin, un homme d'affaires prospère, avantageusement connu dans la Vieille Capitale. Comme dans le cas de Patrick, son idée était déjà faite au sujet d'un éventuel engagement dans le hockey junior et il n'eut besoin d'aucune période de réflexion additionnelle pour donner son adhésion.

C'est de cette manière, aussi simple que directe, que naquit l'association entre les trois partenaires. Pour une somme de 750 000 dollars investie à parts égales, ils allaient devenir propriétaires de la franchise de Beauport et la transférer à Québec. Ils allaient de la sorte faire revivre les Remparts, l'équipe des glorieuses années du hockey junior à Québec, quand Guy Lafleur remplissait le Colisée au début des années soixante-dix.

La transaction fut conclue le 23 décembre 1996. Aussitôt, Patrick, de Denver, contacta Raymond Bolduc et l'entraîneur de la formation, Guy Chouinard, pour leur demander de lui faire parvenir les vidéos des entraînements et des parties afin de se faire une idée des ressources de l'équipe. Il fit de même avec Benoît Fortier, l'entraîneur des gardiens de but. Il demanda aussi qu'on lui transmette les vidéos de matchs de la Ligue midget « AAA » afin de se familiariser avec le bassin de recrutement des équipes juniors. Presque tous les jours, pendant les années qu'il passa à Denver, il communiqua avec l'un ou l'autre des membres de l'organisation afin de suivre l'évolution de l'équipe régulièrement. Il voulait tout connaître, tout savoir. Il arrivait même, lors de conférences téléphoniques avec Bolduc et Chouinard, que les trois visionnent simultanément, à Québec et à Denver, la cassette vidéo d'un match, et que Patrick leur fasse part, au fur et à mesure, de ses commentaires et de ses conseils. Il avait des renseignements exhaustifs sur toutes les équipes de la ligue et était bien au courant des forces et faiblesses de chacun des joueurs des Harfangs/Remparts. Il suivait leur évolution sur un immense tableau qu'il avait fait installer dans son bureau, à Denver, et qu'il mettait à jour sur une base presque quotidienne.

Même s'il pensait souvent à Québec, c'est au Colorado que se dessinait son avenir immédiat, pour quelques années encore, surtout que le succès remporté lors des séries de 1996 lui avait valu d'apposer sa signature au bas d'une toute nouvelle entente, échelonnée sur trois ans, qui allait lui rapporter plus de 14 millions de dollars en devises américaines.

⌣

À 1 609 mètres d'altitude (exactement 5 280 pieds, c'est-à-dire un mille en mesure impériale), Denver a hérité du surnom de *Mile-High City*. S'étalant au pied des montagnes Rocheuses, avec ses deux cents parcs municipaux, c'est un véritable paradis pour les adeptes de sports de plein air. Des stations touristiques comme Aspen, Vail et Colorado Springs, à proximité, constituent de véritables terrains de jeu naturels en n'importe quelle saison.

Denver est la seule grande ville du centre-ouest des États-Unis, à mi-chemin entre les gros centres urbains du Midwest, comme Chicago et Detroit, et ceux de la côte Ouest, comme Los Angeles. Cette situation lui vaut d'être le centre commercial et financier le plus important de la région des Rocheuses. Elle constitue une agglomération prospère de près de trois millions de résidents, si on inclut sa région métropolitaine qui englobe les villes d'Aurora et de Boulder.

Il n'est pas étonnant que son centre-ville, qu'on appelle le *Central Business District* avec sa forêt de gratte-ciel qui a surgi en moins de quinze ans, respire la prospérité et l'opulence, puisque c'est la poursuite de la richesse qui est à l'origine de la fondation de Denver en 1858. Alors que son territoire était principalement occupé par des Amérindiens Arapahos, Cheyennes, Comanches et Kiowas, la découverte de gisements au confluent de la rivière South Platte et du Cherry Creek entraîna une importante ruée vers l'or. Des colonies s'établirent sur les lieux et devinrent le point de ravitaillement en matériel de prospection. Sous l'effet d'une immigration croissante, ces colonies se regroupèrent bientôt pour donner naissance à la ville de Denver, baptisée ainsi en l'honneur du gouverneur territorial du Kansas, James W. Denver. Le 1er août 1876, Denver devint la capitale du Colorado, qui faisait alors son entrée dans l'Union des États américains.

La population de Denver est friande de sports professionnels, mais peut-être un peu moins de compétitions olympiques. Le Comité international olympique choisit Denver pour organiser les Jeux olympiques d'hiver de 1976, l'année du centenaire de la ville, mais ses habitants refusèrent que le conseil municipal engage des fonds publics pour éponger un déficit anticipé. Denver devint ainsi la seule ville dans toute l'histoire olympique à refuser d'organiser des Jeux après avoir été désignée pour les accueillir.

Patrick n'eut pas trop de mal à s'adapter à son milieu d'adoption. Durant la saison, l'équipe de hockey était sa famille; le vestiaire des joueurs, son port d'attache. Quotidiennement, la routine était sensiblement la même qu'à Montréal. Des séances d'entraînement le matin, des matchs le soir, des voyages à l'étranger. Il ne lui restait qu'à troquer le club de Rosemère pour celui de Castle Pines pour ses rondes de golf. Il n'y perdait pas au change.

À son arrivée au Colorado, il pouvait aller au centre commercial, à l'épicerie, au restaurant ou dans n'importe quel autre lieu public sans qu'on l'aborde. Mais cet anonymat ne dura pas longtemps. Après la coupe de 1996, il redevint à Denver la supervedette qu'il avait été à Montréal et on commença à lui accorder la même attention.

Les amateurs de hockey étaient derrière lui. La foule de l'aréna McNichols était particulièrement chaleureuse et enthousiaste. Elle allait au hockey pour le spectacle. Toujours derrière son équipe, même s'il lui arrivait à l'occasion de montrer son mécontentement à la suite d'un mauvais jeu, elle ne s'en prenait jamais aux joueurs. Elle ne se moquait jamais d'eux. Pas d'applaudissements de dérision. Seulement pour encourager.

Chez les autres membres de la famille par contre, l'effort d'adaptation fut plus important. De nouveaux amis, de nouveaux voisins, de nouvelles écoles et, surtout, une nouvelle langue qu'ils ne maîtrisaient pas. Heureusement, les Roy emménagèrent en même temps que Mike Keane dans des résidences voisines, dans la banlieue de Parker où résidaient déjà Jean Martineau, Jacques Cloutier et Sylvain Lefebvre. Les quatre enfants de ce dernier, entre autres, venaient fréquemment jouer avec Jana, Jonathan et Frédérick. Pour faciliter l'adaptation de leurs enfants, le couple retint les services d'une enseignante, Suzan Butcher, qui leur donna des cours privés d'anglais à la maison pendant quelques années et leur apportait un soutien inestimable quand venait le temps de faire leurs devoirs. Ces mesures leur permirent de devenir fonctionnels assez rapidement et de bien se débrouiller autant à l'école que dans les ligues de hockey où les deux garçons s'engagèrent.

Le massacre à l'école secondaire de Columbine, le 20 avril 1999, vint perturber la quiétude de la famille et bouleversa longtemps toute la communauté de Denver. Eric Harris et Dylan Klebold, les deux jeunes tueurs, eurent le temps, avant de se donner la mort, d'assassiner douze de leurs confrères, d'en blesser vingt-quatre autres et de tuer un professeur.

Cette tuerie déclencha un débat presque permanent aux États-Unis sur le contrôle des armes à feu. Les discussions qui s'ensuivirent englobèrent également la violence à la télévision, au cinéma, sur Internet, dans les jeux vidéo, de même que celle propagée par certains genres musicaux.

Patrick fut particulièrement bouleversé quand, avec ses coéquipiers de l'Avalanche, il rendit visite à des victimes du carnage à l'hôpital pour les réconforter. Chacun ne pouvait s'empêcher de réaliser que ses propres enfants auraient pu se trouver parmi elles.

443

C'est Adam Foote, un robuste défenseur, qui fut désigné pour partager une chambre avec Patrick sur la route. Cette cohabitation allait durer plus de huit ans, plus longtemps que celle de bien des couples modernes considérés au départ comme inséparables. Au début, les sentiments de Foote étaient mitigés. Plus jeune que Patrick de quelque six ans, il avait admiré le jeu du gardien-vedette à la télévision bien avant d'atteindre lui-même la Ligue nationale. Et puis, les gardiens avaient la réputation d'être de si curieux personnages ! Tout cela l'intimidait un peu.

Dès leur premier séjour à l'étranger, la veille de la rencontre du 11 décembre 1996 contre Toronto, la glace fut brisée. Après le repas en équipe, Foote, pas très à l'aise dans la chambre avec Patrick et ne sachant trop comment se comporter ni que faire, s'étendit sur son lit. Patrick l'interpella : « Hé, *kid*, viens un peu ici ! »

Surpris, mais avec tout le respect qu'il vouait au vétéran, Foote s'approcha. Patrick, se penchant au-dessus du bahut sur lequel il avait disposé un bloc de papier, commença : « Regarde, voici comment il faut jouer un deux contre un… OK ? Tu me laisses m'occuper du lancer et tu t'assures qu'il ne puisse pas y avoir de passe… »

Quelques années plus tard, Foote révéla ce qui lui était venu à l'esprit à cet instant : « Oh God ! avait-il pensé, j'ai fait une erreur dans une telle situation lors de ses débuts contre Edmonton et ça nous a coûté un but. La saison va être longue ! Il faut que je sorte d'ici. »

Il s'apprêtait à sortir de la chambre quand Patrick l'interpella de nouveau :

— Hé ! Où vas-tu, « Footer » ?

— Euh !… Je vais aller faire un tour au centre commercial, faire un peu de magasinage de Noël avec les gars…

— Hé ! Hé ! Attends un peu !

Patrick lui tendit quelques billets.

— Peux-tu m'acheter quelques paires de bobettes ?

— Euh… ! Bien oui… Mais… quelle sorte veux-tu ?

— Comme les tiens, « Footer », ça va être parfait.

Foote avait du mal à le croire. Il partageait pour la première fois une chambre avec Patrick Roy, dont la réputation l'intimidait et qu'il connaissait à peine, et voilà qu'il devait maintenant lui acheter des sous-vêtements.

Après son magasinage, Foote s'apprêtait à revenir à l'hôtel avec deux de ses coéquipiers quand il réalisa qu'il avait oublié le service que Patrick lui avait demandé. Il leur dit :

— Attendez-moi quelques instants, j'ai oublié quelque chose. Tenez mes sacs, je reviens tout de suite.

Au retour, ses coéquipiers lui demandèrent :

— « Footer », qu'est-ce que tu tiens dans ce sac ?

— Oh ! Ce n'est rien, rien de bien important...

Mais ils se faisaient insistants.

— Bien voyons, « Footer », qu'est-ce que c'est ?

Foote, le visage empourpré, finit par avouer :

— Des bobettes... Ne le dites pas aux autres, mais « Patty » [c'était le surnom que les anglophones donnaient à Patrick] m'a demandé de lui acheter des bobettes.

Les trois s'esclaffèrent :

— Il est vraiment bizarre ; les gardiens sont réellement des êtres à part.

Le lendemain, après la victoire contre les Maple Leafs, la première de Patrick dans l'uniforme de l'Avalanche, les joueurs étaient à se rhabiller dans le vestiaire quand Foote jeta un regard furtif en direction de Patrick. Ce dernier lui répliqua par un clin d'œil. « Je n'ai jamais pu comprendre la signification de ce clin d'œil, dira Foote plus tard. Était-ce parce que j'avais bien joué les deux contre un ou parce que Patrick était content de ses bobettes ? »

Plus le temps passait, plus Foote était à l'aise avec Patrick et plus il trouvait qu'il n'était pas si mal, après tout, pour un gardien.

Une règle non écrite chez les joueurs de hockey veut que, en voyage, le plus ancien des compagnons de chambre ait le contrôle de la télécommande de la télévision. La seule façon pour Foote de regarder ses émissions préférées était de provoquer une guerre d'oreillers et de la gagner, ce qu'il réussissait plus souvent qu'à son tour. Une telle victoire lui donnait droit au contrôle du précieux bidule. Mais là, les séries de 1996 commençaient et Mike Keane avait avisé Foote que les choses changeraient un peu pendant les séries. Patrick serait plus absent et plus distant, son attention serait davantage monopolisée par les matchs à venir.

Par délicatesse, et pour laisser Patrick regarder en paix un vieil épisode de *Murder She Wrote*, Foote alla jouer aux cartes avec quelques coéquipiers dans la salle de séjour de l'hôtel. Au retour, il ouvrit discrètement et sans bruit la porte de la chambre. Il resta figé par le spectacle qui s'offrit à lui. Patrick était debout sur le lit et simulait des arrêts en s'accroupissant en « papillon », d'un côté puis de l'autre, puis il se relevait en s'écriant, comme il le faisait vingt ans plus tôt dans le corridor du « 1330 » : « Et Roy fait l'arrêt, un autre arrêt de Roy, FORMIDABLE ! **ÉPOUSTOUFLANT !!!** »

Percevant enfin la présence de Foote, il s'arrêta net, embarrassé :

— Oh ! Allô, « Footer » ! Comment ça va ?

Foote n'en croyait pas ses yeux.

— « Patty », veux-tu bien me dire ce que tu fais là ?

— Je me prépare pour les séries, répliqua Patrick.

Au début de la saison 1996-1997, quand Patrick se présenta au camp d'entraînement, un nouveau gardien auxiliaire l'attendait : Craig Billington. Pierre Lacroix avait exaucé le vœu de Stéphane Fiset, qui ne voulait pas être confiné à un rôle d'adjoint, et il l'avait échangé aux Kings de Los Angeles en retour de son propre fils Éric, un robuste ailier droit.

Billington était ce même gardien qui avait supplanté Patrick au camp de sélection d'Équipe Canada junior en décembre 1984, à Belleville, en Ontario. Il avait aussi été choisi vingt-huit rangs avant Patrick au repêchage amateur de cette année-là, par les Devils du New Jersey. Les deux gardiens n'avaient cependant pas suivi le même chemin par la suite.

Pendant que Patrick passait les dix années suivantes avec François Allaire comme entraîneur personnel et que les deux transformaient le Forum en un véritable laboratoire pour gardiens de but, Billington faisait la navette entre le New Jersey et son club école de la Ligue américaine. Après huit ans dans cette organisation, à peine semblait-il s'être taillé une place régulière dans le club de la LNH qu'il était cédé aux Sénateurs d'Ottawa, où il ne resta que deux ans avant d'être à nouveau muté, à Boston cette fois. Il passa deux ans avec les Bruins qui ne l'utilisèrent que dans trente-cinq parties.

À l'été 1996, sa carrière était, à toutes fins utiles, terminée. Il était sans contrat et se trouvait dans la pénible obligation d'offrir, sans grande conviction, ses services à l'équipe qui voudrait bien de lui. C'est alors que Pierre Lacroix, à la recherche d'un gardien auxiliaire pour remplacer Fiset, le recruta lors du repêchage des agents libres.

Billington était emballé. Alors qu'il se voyait croupir dans la Ligue internationale à un salaire des ligues mineures, voilà qu'une des meilleures organisations de la Ligue nationale lui offrait une seconde chance. De plus, il aurait l'occasion de travailler avec celui qu'il considérait comme « le meilleur gardien de but de la profession, celui qui l'avait révolutionnée ». Quand les dirigeants de l'Avalanche lui firent savoir qu'ils allaient s'occuper de sa réservation d'avion qui l'amènerait à Denver, il s'empressa de leur dire : « Laissez faire l'avion ! Je saute dans ma voiture et j'arrive. »

Cela marqua le début d'une association de trois ans, peut-être la plus harmonieuse que l'on puisse envisager entre un gardien numéro un et son adjoint. Les deux ne visaient que le succès de l'équipe et leurs objectifs personnels étaient complémentaires. Billington en était à une étape de sa carrière où il avait renoncé à l'ambition d'être un gardien partant. Il était parfaitement heureux de tenir le rôle de second, de se contenter d'une vingtaine de départs par saison, de soutenir

Patrick autant qu'il le pouvait et d'être prêt chaque fois qu'on aurait recours à ses services.

Avec tout ce qu'il avait lu et entendu sur Patrick, il nourrissait cependant quelques appréhensions avant de le revoir. Celles-ci s'estompèrent rapidement : « Patrick, plus que tout autre hockeyeur, portait sur ses épaules la responsabilité des résultats de l'équipe. En conséquence, il avait la réputation d'être exigeant et parfois même dur envers ses coéquipiers. J'ai eu tôt fait de me rendre compte que cela n'était pas vrai du tout. Il était très facile pour celui qui se présentait à l'aréna et donnait son cent pour cent à chaque entraînement, à chaque partie, comme Patrick le faisait lui-même, de très bien s'entendre avec lui. Et ce n'était pas nécessaire d'être le meilleur de l'équipe ; je n'étais moi-même qu'un "col bleu" du hockey. S'il sentait que ce que tu faisais te passionnait et que tu y mettais tout ton cœur, tu n'avais jamais de problèmes avec lui. Mais gare à celui qui faisait semblant ! Il ne supportait pas les tricheurs. Et il avait tellement raison. »

Ils étaient tous les deux passionnés par leur métier et attachaient beaucoup d'importance à chaque menu détail. Depuis l'âge de quinze ans, Billington dirigeait avec son père une école estivale de gardiens de but, en Ontario. Sa technique était sûre, mais, à l'encontre de Patrick, il s'en tenait au style traditionnel « debout » et n'avait pas exploré d'autres manières de faire, avec pour résultat qu'il avait de la difficulté avec les lancers au ras de la glace qui frôlaient les poteaux.

Ayant un sens aigu de l'observation et de l'analyse, il ne fut pas long à vouloir emprunter au style de Patrick. Celui-ci lui ouvrit sa « bible », notamment pour l'aider à éliminer les buts qu'il accordait trop souvent sur des lancers bas.

« Un jour qu'on travaillait à améliorer mes déplacements latéraux pour mieux couvrir le bas du filet, se souvient Billington, Patrick me fit une démonstration en appuyant une jambe sur la glace et en se laissant glisser d'un côté à l'autre du but, à genoux, pour faire face au tir, alors que j'avais plutôt recours à la traditionnelle glissade de côté, les deux jambes collées l'une contre l'autre.

« Lui faisait ça tout naturellement, avec facilité, en me disant : "Tu vois, t'as juste à faire comme ça." La belle affaire ! À la première tentative, je ne pus garder l'équilibre et tombai vers l'avant. Bien que je fusse déjà un gardien d'expérience, il me fallut un an, en m'entraînant tous les jours, pour que mon corps puisse effectuer ce mouvement avec une certaine aisance, et une autre année pour que mon esprit soit capable de reconnaître d'instinct les situations où il fallait y avoir recours. Ce n'est probablement qu'à la troisième année où je peux vraiment dire que cette manœuvre fut intégrée à mon arsenal de base et que je pus l'exécuter sans avoir à y penser. »

Ce qui a le plus frappé Billington chez Patrick, c'était à quel point sa passion dévorante pour le métier allait de pair avec son esprit analytique dans la recherche de la perfection technique, avec un constant souci de précision et d'efficacité : « Ce n'était pas un travail pour lui, c'était une façon de vivre. C'était sa vie, il n'existait rien d'autre. Tout tournait autour du hockey, et je respectais ça. Une situation de jeu survenait-elle lors d'un match, Patrick la repérait sur vidéo, décidait du correctif à apporter, répétait le nouveau mouvement à quelques reprises à l'entraînement suivant, et tout était réglé. Il pouvait intégrer en une seule session d'entraînement des ajustements qui me prenaient des semaines à perfectionner.

« Puis il y avait ce sens de l'observation que possédait Patrick, allié à une mémoire photographique et une capacité de traiter l'information à la vitesse d'un ordinateur. Un jour que j'avais gagné un match par 2 à 1, Patrick me fit remarquer, à propos du but que j'avais accordé :

— Te souviens-tu de ce jeu, quand l'ailier est venu vers toi et que tu es demeuré au fond de ton but, anticipant une passe ?

— Oui, je m'en souviens. Qu'est-ce qui est arrivé ? Je me suis fait avoir...

— As-tu remarqué que c'était un ailier qui ne patinait pas sur son côté naturel, un ailier droit qui débordait par la gauche ?

— Écoute, "Patty", je me souviens du gars qui a lancé la rondelle, c'est tout ce que je me rappelle…

— Avant qu'il fasse son lancer, as-tu remarqué la position de ses mains sur son bâton ? C'est sûr qu'il n'allait pas passer. Il allait lancer de la droite.

— "Patty", je n'ai rien vu de tout ça. Je ne sais pas de quoi tu parles. Tout ce que j'ai vu, c'est le gars qui m'a surpris en lançant… »

Un soir en voyage, alors qu'Adam Foote soignait une blessure, on assigna exceptionnellement la même chambre aux deux gardiens. « Il nous arrivait souvent, raconte Billington, d'avoir des conversations interminables et passionnées sur le hockey, dans le vestiaire, au restaurant ou à bord de l'avion, mais cette nuit-là, dans la chambre, nous avons discuté jusqu'aux petites heures du matin. Il était très tard quand nous avons éteint les lumières… 4 h 30, au moins. Et Patrick était à l'œuvre le soir même. Après le match, il me dit : "Tu sais quoi, 'Biller' ? J'adore parler de hockey avec toi, mais on ne partagera plus jamais la même chambre. C'est bien trop épuisant !" »

Les deux coéquipiers s'encourageaient l'un l'autre. « Garder le but requiert tellement de force mentale et psychique, rappelle Billington. Je crois que le respect que l'on se vouait mutuellement alimentait notre confiance et nous rendait tous les deux meilleurs. »

Il est évident que Billington a beaucoup progressé durant cette période. Son jeu passa à un autre niveau. Lui dont la carrière était pratiquement sans avenir à l'été de 1996 s'améliora à un point tel qu'il demeura dans la Ligue nationale sept autres années – trois ans à Denver et quatre ans avec les Capitals de Washington – comme gardien substitut, un des meilleurs pour s'acquitter de cette tâche ingrate. Il reconnaît que Patrick lui a beaucoup apporté : « J'apprécie énormément l'aide que Patrick m'a donnée, comme gardien de but, bien sûr, mais aussi comme personne. Il a cru en moi, il m'a fait confiance, il a respecté mes idées et mes opinions, et cela représente encore davantage pour moi que tout ce qu'il a pu me montrer sur la glace. La plupart des gens ne savent vraiment pas qui il est. »

Mais Patrick aussi a bénéficié de l'encouragement et des conseils de Billington. Au Colorado, c'était Jacques Cloutier, un ancien cerbère qui avait roulé sa bosse une douzaine d'années dans la Ligue nationale, notamment avec les Nordiques, qui était l'entraîneur des gardiens de but. Il est évident que son rôle auprès de Patrick ne pouvait pas être le même que celui que François Allaire avait joué à Montréal. Patrick était maintenant un gardien chevronné qui savait ce qu'il devait faire. Il avait donné à Cloutier et à Billington des indications sur les mauvais plis qu'il pouvait prendre à l'occasion – se jeter trop tôt sur la glace en « papillon », se tenir trop profondément devant son filet, etc. – et avait demandé à ceux-ci de l'aviser, le cas échéant. Ainsi, pendant les trois années que Billington passa à Denver, la chimie positive et harmonieuse qui s'installa au sein de ce trio fut en grande partie responsable du haut niveau de rendement que les deux gardiens réussirent à maintenir.

Le 30 janvier 1997, le journaliste Mark Kiszla, du *Denver Post*, écrivait :

Qui est le meilleur athlète professionnel à avoir jamais revêtu l'uniforme d'une équipe de Denver ?
La réponse est évidente.
Mais ce n'est pas John Elway.
Choisissez n'importe qui à avoir marqué un touché pour les Broncos, un panier pour les Nuggets, ou frappé un coup de circuit pour les Rockies.
Aucun d'eux n'a l'envergure du gardien de but de l'Avalanche, Patrick Roy.

Choisissez n'importe quelle supervedette de notre époque : Michael Jordan… Steffi Graf… Carl Lewis. Aucun d'entre eux n'a l'indomptable aura de Roy.

Je n'ai jamais été en présence d'un athlète aussi culotté, aussi confiant, aussi fier, un aussi « imbattable enfant de chienne » que Roy.

Kiszla terminait son article de la façon suivante :

Ce n'est pas insulter le duc de Denver [Elway] d'affirmer que le quart-arrière des Broncos cède le pas à Roy. Cela confirme plutôt l'énorme chance qu'a le Colorado d'avoir reçu « saint » Patrick en cadeau.

Ici, maintenant, nous pouvons voir à l'œuvre le plus grand gardien qui ait jamais existé.

27

DUEL À NAGANO

Avant son départ pour Nagano, au Japon, Patrick avait enregistré avec Éric Desjardins, son coéquipier d'Équipe Canada, deux messages publicitaires télévisés visant à promouvoir, en collaboration avec Esso, la vente de verres ornés du symbole officiel des Jeux olympiques. Ces annonces, dont les scénarios étaient plutôt amusants, furent diffusées pendant toute la période olympique.

L'une d'elles montrait Desjardins et Patrick, l'oreille collée contre le mur du vestiaire voisin, essayant d'écouter l'entraîneur de l'équipe adverse qui livrait à ses joueurs sa stratégie pour la rencontre.

— C'est le coach des Suédois? demande Patrick.

— Pour moi, il est en train d'expliquer le plan de match, répond Desjardins.

Patrick, qui tient dans ses mains un des verres olympiques, le place soudain contre le mur et y appuie l'oreille. Desjardins lui demande alors, anxieux :

— Pis, t'entends-tu quelque chose? Qu'est-ce qu'ils disent?

— J'sais pas, répond Patrick, j'parle pas le suédois!

Dans l'autre annonce, on voit Patrick remettre à Desjardins quelques aliments qu'ils emporteront en voyage :

— Le saucisson, le pain...

Puis, au moment où Patrick s'apprête à servir un verre de jus à Desjardins, celui-ci l'arrête.

— Woah! Woah! Woah! La glace?

— De la glace, mon Éric, autant que t'en veux! Autant que t'en veux, mon Éric!

La caméra recule et on voit les deux joueurs assis en plein centre d'une grande patinoire.

Patrick n'allait cependant pas à Nagano pour s'amuser. Il s'y rendait pour gagner. Il voulait racheter ses mésaventures précédentes en hockey international : son rendez-vous raté avec Équipe Canada junior en 1984, son acte de présence à Montréal, au camp de sélection en prévision du tournoi de Coupe Canada 1987. Et puis, comme il le disait lui-même en souriant : « Ajouter une médaille d'or à mes trois coupes Stanley, ça serait pas mal ! » Le destin lui avait jusque-là refusé de se mesurer en compétition internationale. En 1998, le vent allait peut-être tourner, pensait-il. Plusieurs conditions semblaient l'indiquer. Cette fois, c'était Marc Crawford, son entraîneur chez l'Avalanche, qui dirigeait les destinées d'Équipe Canada. Patrick se sentait en confiance. Puis, pour la première fois de son histoire, la Ligue nationale faisait une pause dans son calendrier pour permettre à ses joueurs de participer aux Jeux olympiques. Ainsi, les meilleurs joueurs canadiens, tous de la LNH, y seraient. Sur papier, une équipe redoutable.

Mais la compétition était relevée. Les États-Unis avec Mike Richter, Brett Hull et John LeClair, la Suède avec Mats Sundin, Niklas Lidstrom et Peter Forsberg, la République tchèque avec Jaromir Jagr et Dominik Hasek constituaient des adversaires puissants qui avaient tout autant de chances de l'emporter. Hasek, en particulier, le gardien de but des Sabres de Buffalo, avait cette capacité, comme Patrick d'ailleurs, de gagner des matchs à lui seul, à un point tel qu'à Buffalo on l'avait surnommé le « *Dominator* ». Certains se moquaient de sa technique en disant qu'il pratiquait le « style libre », mais c'est grâce à ce style qu'il venait tout juste de remporter, l'année précédente, son deuxième trophée Vézina pour avoir été élu meilleur gardien de la ligue, de même que le trophée Hart en tant que joueur le plus utile à son équipe en saison régulière.

Le Canada n'aurait certes pas la tâche facile. D'abord, des joueurs qui patinent ensemble sur la même glace, si bons soient-ils, ne forment pas automatiquement une équipe. Et Crawford ne disposait que de quelques jours pour faire prendre la mayonnaise au sein de ce groupe de vedettes. Quelques jours aussi pour faire accepter à certains d'entre eux que leur temps de glace ne serait pas celui auquel ils étaient accoutumés. Quelques jours enfin pour les habituer à jouer sur une patinoire de dimensions olympiques, plus grande que celles en usage dans la Ligue nationale. De ce point de vue, les équipes d'outre-Atlantique avaient un léger avantage. Quelques-uns de leurs joueurs jouaient aussi dans la LNH, mais elles présentaient des grappes de joueurs qui se connaissaient bien et avaient l'habitude de jouer ensemble sur de telles surfaces.

Ensuite, il fallait que ces Canadiens, élevés dans la culture de la LNH, se convainquent qu'il s'agissait d'un tournoi pas comme les autres, d'une compétition d'importance, à ne pas confondre avec une série de matchs hors concours.

Enfin, on avait décidé qu'il était temps de changer la garde et de faire souffler sur Équipe Canada un vent de jeunesse et de renouveau. Ainsi, même s'il en faisait toujours partie, ce ne serait pas Wayne Gretzky qui en serait le capitaine et le principal porte-parole, mais Eric Lindros. Or, celui-ci aurait à chausser de bien grands souliers, et plusieurs doutaient qu'il aurait assez de maturité et d'ascendant sur le groupe pour jouer ce rôle important de rassembleur. Mais Bobby Clarke était le directeur général de l'équipe et il occupait le même poste avec les Flyers de Philadelphie, l'équipe de Lindros.

À l'issue du dernier match du calendrier de la LNH avant la pause olympique, après une victoire de l'Avalanche, justement contre les Flyers, le samedi 7 février, Crawford informa Patrick qu'il lui ferait confiance pour tout le tournoi comme gardien numéro un. Martin Brodeur et Curtis Joseph seraient ses adjoints. Bien sûr, Crawford était à l'aise avec Patrick et, connaissant la capacité de celui-ci d'élever son jeu dans les moments de tension ultime, cette décision ne serait contestée par personne, y compris Martin Brodeur lui-même.

« Patrick a toujours été mon idole. Je ne peux faire autrement que d'être content pour lui. Je vais l'aider du mieux que je vais le pouvoir », affirma Brodeur bien sincèrement.

Patrick était conscient de l'enjeu : « C'est un honneur, déclara-t-il, mais en même temps, c'est une responsabilité importante. » Puis il eut quelques bons mots pour Brodeur : « Je sais que c'est décevant pour Martin Brodeur, mais notre situation est différente. Moi, c'est ma dernière chance de participer aux Jeux olympiques. Lui, il n'a que 24 ans et il va être à son sommet pour les Jeux de Salt Lake City. » Deux jours plus tard, un lundi, tous les joueurs d'Équipe Canada arrivèrent à Nagano.

Avec ses 375 000 habitants, Nagano est située au centre de l'île de Honshu qui s'étend obliquement du nord au sud, à peu près à la même hauteur que Tokyo, mais à l'extrémité ouest de l'île. Elle est l'une des principales villes de la région du Tosan, ensemble de hauts massifs dépassant les 3 000 mètres d'altitude, surnommés les Alpes japonaises.

Même si sa fondation remonte aussi loin qu'au XIIe siècle, toute l'infrastructure de Nagano est ultramoderne, de ses hôtels à ses moyens de transport, en passant par les immeubles de son centre-ville. Les joueurs furent évidemment logés au Village olympique. Patrick y apprécia tout de suite l'ambiance et le confort. Il occupait un appartement de trois chambres dont l'une était utilisée par Rob Blake, une autre par Adam Foote et Chris Pronger, et il partageait la troisième avec Éric Desjardins.

Le soir, il marcha dans le village et vint passer du temps au pavillon du Canada à bavarder avec des athlètes d'autres disciplines, comme la biathlète Myriam Bédard, le skieur acrobatique Jean-Luc Brassard et le patineur Marc Gagnon.

Il ne restait que quatre jours aux joueurs pour se remettre du décalage horaire, se familiariser avec leur nouvel environnement de travail et, surtout, former une équipe avant d'affronter la Biélorussie dans leur premier match, le vendredi 13 février.

À la conférence de presse initiale d'Équipe Canada, trois joueurs vinrent rencontrer les journalistes : Eric Lindros, Raymond Bourque et Patrick. Les membres des médias auraient certes préféré rencontrer Wayne Gretzky, mais celui-ci était demeuré dans l'ombre pour ne pas nuire au leadership que tentait d'établir Lindros au sein de l'équipe. Cependant, dès que le signal des entrevues privées fut donné, les journalistes se précipitèrent vers Gretzky.

Celui-ci, avec sa participation à trois éditions de Coupe Canada, à une Coupe du monde et à Rendez-Vous 87, était incontestablement la grande vedette du hockey des Jeux, celui que l'on voulait acclamer et, j'ajouterais même, le leader naturel de son équipe. Mais un leader que l'on s'efforçait de tenir à l'écart.

⌣

La plupart des joueurs avaient convié, à leurs frais, des membres de leur famille pour les soutenir dans leur marche vers la victoire, bien sûr, mais surtout pour leur permettre de vivre cette expérience unique que constitue un rassemblement olympique. Outre sa femme, Patrick avait invité le plus vieux de ses enfants, Jonathan, ses parents, sa sœur et son frère, ainsi qu'une de ses belles-sœurs.

Ceux-ci s'ajoutaient aux nombreux visiteurs, venant de tous les coins du monde et de tous les milieux, que les Jeux d'hiver de la XVIIIe olympiade avaient attirés. La tenue de Jeux olympiques dans l'Empire du Soleil levant était plus que séduisante, surtout pour des Occidentaux peu familiers avec cette grande civilisation qui nous a fait connaître les shoguns, les samouraïs, les ninjas, les geishas, les temples bouddhistes, les jardins zen, les kimonos, les sushis, les tempuras et le saké.

C'était la troisième fois que les Japonais accueillaient des Jeux olympiques. En 1964, Tokyo avait été l'hôte des Jeux d'été, la première manifestation importante d'ouverture sur le monde du Japon depuis sa reddition à la fin de la Deuxième

Guerre mondiale. En 1972, ce fut au tour de Sapporo de recevoir les Jeux d'hiver, qui, pour la première fois de leur histoire, eurent lieu à l'extérieur de l'Amérique du Nord ou de l'Europe. Maintenant, c'était Nagano où, autre première, le nombre de participants dépassait les 2 000 athlètes.

À Narita, l'aéroport international de Tokyo, il fallait faire la file pas moins d'une heure avant de franchir le poste de contrôle de l'immigration, en raison du grand nombre de voyageurs qui arrivaient en même temps par différents vols. Ceux-ci pouvaient toujours se consoler, pour patienter, en jetant des regards furtifs et discrets en direction de célébrités comme Cindy Crawford, le célèbre mannequin, qui comptait parmi les passagers en provenance de New York.

Avec les membres des familles de quelques joueurs des équipes canadienne et américaine, je montai à bord d'un autobus nolisé en direction de Karuizawa. J'avais quitté mon domicile à 6 heures du matin, le samedi 14 février. Après vingt-six heures de vol, et compte tenu du décalage horaire, il était 22 h 30, le dimanche soir 15, quand l'autobus me déposa à l'hôtel Asama.

Patrick avait choisi de loger les membres de sa famille à Karuizawa, d'abord un centre de villégiature d'été, parmi les plus élégants et les plus recherchés du Japon. Dans les montagnes, à soixante-cinq kilomètres à l'est de Nagano, quelques établissements de Karuizawa demeuraient ouverts tout l'hiver pour accueillir la clientèle de son centre de ski. L'hôtel Asama, où je partageais une chambre avec mon fils Stéphane, est situé dans les montagnes et offre un panorama imprenable sur les pics enneigés environnants. Entre autres, de sa spectaculaire salle à manger, dotée de trois parois de verre de plus de six mètres de haut, on pouvait admirer, au-delà du parcours de golf dont on devinait le tracé sous la neige, le mont Asama, un volcan d'une altitude de 2 560 mètres qui est entré en éruption une cinquantaine de fois dans son histoire et dont la dernière montée de lave ne remontait qu'à une quinzaine d'années.

De Karuizawa, un train à grande vitesse, le Asama 519, ne mit que vingt-cinq minutes, le lendemain, pour nous amener, Stéphane et moi, en plein cœur de Nagano. De la gare, nous aurions pu prendre un autobus qui nous aurait conduits en un rien de temps à l'aréna, mais le soleil, qui brillait en cette journée de février sous une confortable température de cinq degrés Celsius, nous invita à nous y rendre à pied.

Ce fut une marche plutôt agréable dans les rues de la ville, bordées de petites boutiques de toutes sortes. Il était amusant d'entendre cette musique qu'émettaient les feux de circulation aux intersections pendant tout le temps qu'il était permis aux piétons de traverser en toute sécurité. Un nombre étonnant de bicyclettes étaient garées le long des trottoirs, mais le détail qui nous impressionna le plus tient davantage au fait qu'elles n'étaient ni cadenassées ni enchaînées, sans que quiconque s'en inquiète. Cela en dit long sur la probité des Japonais.

Une vingtaine de minutes plus tard, nous étions devant l'aréna Big Hat où la rencontre opposant le Canada aux États-Unis débuterait dans quelques instants.

Au cours du week-end, le Canada avait disputé deux matchs : une victoire sans éclat de 5 à 0 contre la Biélorussie et une autre de 3 à 2 contre les Suédois. Ceux-ci avaient causé une certaine surprise en battant les Américains en match d'ouverture et représentaient donc une opposition majeure. Le Canada domina la deuxième période pour se donner une avance de 3 à 1, mais les Suédois revinrent en force au troisième tiers, tirant à 16 reprises contre le filet de Patrick, qui dut multiplier les prouesses pour tenir le coup pendant que son équipe ne dirigeait que quatre lancers contre le but adverse.

Le duel Canada-USA, lui, était attendu avec impatience par les amateurs de hockey depuis la victoire américaine contre l'équipe canadienne en finale de la Coupe du monde de 1996. Mais un autre motif attisait l'intérêt des partisans canadiens : juste avant la pause olympique, l'Américain Gary Suter, alors défenseur chez les Blackhawks de Chicago, avait asséné un violent double-échec en plein visage du Canadien Paul Kariya, des Mighty Ducks d'Anaheim, un des plus habiles marqueurs de la Ligue nationale. Suter avait écopé d'une suspension pour son geste vicieux mais comme le Comité olympique américain ne l'avait pas reconduite, il pouvait défendre les couleurs des États-Unis, tandis que Kariya, victime d'une commotion cérébrale à la suite de cette agression, se trouvait dans l'incapacité de représenter son pays. La formation des États-Unis, championne de la dernière Coupe du monde, était constituée de joueurs de la LNH, à l'instar de celle du Canada. Tout le monde se connaissait donc très bien sur la patinoire.

Cela faisait par ailleurs tout drôle de voir ces joueurs professionnels, les meilleurs au monde, se produire dans un aréna dont la capacité maximale ne dépassait pas les 10 000 spectateurs. Cette ambiance n'était pas sans me rappeler le dernier tournoi à la ronde auquel Patrick avait participé pour le championnat canadien de hockey midget, celui de la coupe Air Canada, à Victoria, seize ans plus tôt. L'enjeu n'était évidemment pas le même, mais pour les parents, quelle que soit l'importance de l'enjeu, l'excitation et l'énervement sont toujours les mêmes. Plus particulièrement pour les parents d'un gardien de but, il y a toujours cette hantise qu'un moment d'inattention coûte le but qui pourrait changer une victoire en défaite.

Heureusement, ce ne fut pas le cas contre les Américains. Le moment-clé du match survint en première période lorsque les États-Unis bénéficièrent d'un avantage de deux joueurs pendant plus d'une minute et quarante secondes sans pouvoir tromper la vigilance de Patrick. Au total, celui-ci fit face à 31 lancers contre 25 pour Richter, et sa performance fut soulignée dans le compte rendu de la Presse Canadienne :

Le Canada est demeuré invaincu à Nagano en prenant une revanche de 4 à 1 sur l'équipe américaine qui l'avait battu en

Coupe du monde, mais il peut dire merci à Patrick Roy. [...]
Le résultat aurait pu être différent si Patrick Roy n'avait pas été
aussi solide...

Dave King, ancien entraîneur d'Équipe Canada qui
signait une chronique dans *La Presse* pendant la durée des
Jeux, écrivit :

> Cette victoire du Canada sur les USA, hier, va laisser des traces
> et Patrick Roy en est l'artisan principal.
> Il a fait plus que tenir les siens dans le match. Il a semé un doute
> durable dans l'esprit des Américains comme dans celui de tous
> les adversaires possibles du Canada. Roy excelle à ce jeu-là.
> C'est ce qu'il fait dans la LNH. Chaque fois qu'une équipe doit
> affronter l'Avalanche, c'est à Roy que l'on pense d'abord.

L'entraîneur des Américains et son joueur étoile, Pat
LaFontaine, reconnurent également le travail de Patrick en
affirmant tous les deux qu'il avait fait la différence dans ce
match et qu'il avait été remarquable.

Cette victoire était importante pour le Canada puisqu'elle
lui permettait maintenant d'affronter le Kazakhstan, une proie
facile selon les experts, à son premier match de la ronde des
médailles, c'est-à-dire en quart de finale du tournoi.

Après le match, Patrick et Raymond Bourque, de même
que les invités de celui-ci, sa femme, son fils et son frère, nous
accompagnèrent à Karuizawa pour souper et se détendre en
notre compagnie le reste de la soirée. Patrick passa beaucoup
de temps avec Bourque à Nagano. Au fil des ans, les deux
s'étaient souvent croisés dans les matchs d'étoiles de la LNH,
mais là, on sentait qu'une amitié profonde se nouait.

Le grand hall de la gare de Nagano avait l'allure d'une
grande place publique de centre commercial. Juché sur une
scène, un jeune musicien interprétait des pièces de Jimmy
Smith en imitant le son de son célèbre Hammond B-3. Des
travailleurs se dirigeaient à la hâte vers le quai pour retourner

chez eux après leur journée de travail. Certains tenaient des petits sacs et rapportaient des achats faits en ville. D'autres, moins pressés, se massaient autour de la scène ou s'appuyaient contre la rampe des escaliers qui menaient à la mezzanine pour écouter les accords de l'homme-orchestre.

Il fallait voir Patrick quand il traversa le hall. Des badauds, femmes et hommes, l'arrêtaient et lui demandaient, toujours poliment, de se laisser photographier avec eux. Par groupes de deux, trois ou quatre, ils repartaient après lui avoir serré la main et en le saluant de la tête, le visage éclairé d'un large sourire, leurs petits yeux tout plissés.

Nous passâmes une belle soirée à l'hôtel Asama, une belle soirée en famille. L'expérience allait se répéter à deux autres reprises durant la semaine.

Le massacre annoncé n'eut pas lieu. Le brio du gardien Vitaly Yeremeyev limita les dégâts pour son équipe et le Kazakhstan ne fut éliminé que par le compte de 4 à 1 aux mains de Canadiens qui avaient semblé par ailleurs avoir bien du mal à marquer des buts. Par cette victoire, le Canada se retrouvait en demi-finale contre la République tchèque, laquelle, de son côté, avait mis fin aux espoirs des États-Unis.

Cette demi-finale soulevait le plus grand intérêt en République tchèque où le vendredi, dès 6 h 45 du matin, les supporters seraient installés devant leur poste de télévision pour suivre l'action en direct. Le gagnant de ce match serait assuré d'au moins une médaille d'argent avec une chance de décrocher l'or, alors que le perdant devrait lutter contre les perdants de l'autre demi-finale pour la médaille de bronze.

Dans le but, Patrick allait retrouver son grand rival de la Ligue nationale, Dominik Hasek. « C'est sûr que je m'attends à ce que Hasek dispute un gros match, confia-t-il au journaliste Bertrand Raymond. C'est donc doublement important pour moi d'être à la hauteur. Même s'il ne faut jamais perdre de vue que c'est un sport d'équipe, il est de notre responsabilité d'effectuer les arrêts-clés, Hasek et moi. »

Ce duel entre les deux gardiens qui dominaient leur sport excitait les passions. Petr Svoboda, le défenseur tchèque et ancien coéquipier de Patrick chez les Canadiens, maintenant avec les Flyers de Philadelphie, se montra exubérant devant Réjean Tremblay après que son équipe eut éliminé les Américains : « Ça va être écœurant ! Patrick Roy contre Dominik Hasek, les deux meilleurs gardiens de but au monde. Patrick, qui est très technique, qui a toujours la bonne position devant le but, et Dominik, qui est toujours tout croche mais qui arrête toutes les rondelles. C'est écœurant, c'est pas croyable ! » insistait Svoboda.

Il avait raison pour Hasek. François Allaire était d'avis que le Tchèque était toujours en excellente position sur le premier lancer, mais que, sur les retours, ça pouvait ressembler à une exhibition de *break dancing*. Hasek faisait cependant les arrêts et, dans un tournoi de courte durée mais à forte intensité comme les Olympiques, un bon gardien en pleine possession de ses moyens peut faire d'une équipe moyenne une équipe championne.

Martin Rucinsky, un autre Tchèque qui avait abouti à Montréal dans l'échange qui avait envoyé Patrick à Denver, rayonnait lui aussi : « C'est la plus grosse victoire de notre pays depuis qu'on a battu les Soviétiques après le printemps de Prague en 1968 », déclara-t-il en parlant du gain des Tchèques aux dépens des États-Unis. Puis il ajouta : « Ça fait drôle, Patrick Roy contre Dominik Hasek aux Jeux olympiques. Le meilleur contre le meilleur ! »

Avant ce match, depuis le début du tournoi, Patrick n'avait accordé que 4 buts sur 95 tirs, pour une moyenne d'efficacité de 95,8 %, alors que Hasek avait été déjoué 5 fois en 110 tentatives, pour une moyenne de 95,4 %.

Patrick voulait gagner ; il en avait du feu dans les yeux. Mais l'ambiance des Jeux olympiques n'est pas celle des séries de la coupe Stanley, auxquelles tous les professionnels canadiens se préparent depuis le début de saison. Regroupés en peu de temps, les porte-couleurs d'Équipe Canada, aussi professionnels puissent-ils être, sauraient-ils puiser assez profondément au fond d'eux-mêmes la motivation et les ressources suffisantes pour gagner un match critique ? Surtout qu'ils auraient à se défendre sans les services de Joe Sakic, qui s'était infligé une blessure ligamentaire à un genou dans le match contre le Kazakhstan.

Les amateurs qui pressentaient un duel entre deux grands gardiens durent attendre la deuxième période pour être comblés. En première, les Canadiens semblaient amorphes et laissèrent les Tchèques dominer le jeu, avec pour résultat que peu de tirs furent dirigés vers les gardiens. Chacun étudiait l'autre.

L'analyste à la télévision de Radio-Canada, Gérard Gagnon, estima que le Canada, l'équipe favorite et la plus forte sur papier, aurait dû sortir son arsenal dès le début de la rencontre pour prendre le contrôle du match. À jouer sur les talons, elle faisait le jeu des Tchèques, qui avaient tout intérêt à gagner du temps et à attendre que le doute d'abord, puis la nervosité ensuite s'installent chez leur puissant adversaire. Gagnon imputait ce manque d'intensité au fait que Marc Crawford avait régulièrement recours à quatre trios, ce qui empêchait les vedettes de l'équipe, habituées à beaucoup plus de temps de glace au sein de leurs formations habituelles, de se mettre en marche résolument. En d'autres termes, on ne suivait pas le scénario de l'annonce publicitaire de Desjardins et Patrick. Les joueurs n'avaient pas autant de glace qu'ils en voulaient. Pas suffisamment, en tout cas, pour se sentir engagés dans le match dès le départ.

Du côté des Tchèques, c'était tout le contraire. Jaromir Jagr, par exemple, le meilleur joueur de la Ligue nationale – et de l'équipe tchèque, il va sans dire –, était utilisé à outrance. Il jouait régulièrement sur deux trios, parfois trois, et c'est lui qui menait le jeu à chacune de ses présences sur la patinoire. Martin Rucinsky aussi était régulièrement utilisé sur deux trios. Selon les analystes, l'entraîneur du Canada aurait dû réagir et adapter sa stratégie de façon que ses joueurs se sentent davantage dans le coup.

Au retour du vestiaire par contre, les deux équipes ouvrirent le jeu et le duel de gardiens attendu s'amorça. Au deuxième tiers-temps, Patrick bloqua 14 tirs et Hasek 11, personne ne réussissant à marquer. Ce n'est qu'à mi-chemin en troisième période que Patrick céda, le premier. Le défenseur Jiri Slegr s'avança de la ligne bleue jusqu'au début du cercle de mise en jeu dans la zone du Canada et laissa partir un violent tir que Patrick ne vit pas venir en raison de la circulation très dense devant lui. Les Tchèques prenaient les devants.

Mais quelques minutes plus tard, en toute fin de période, ce fut au tour de Hasek d'être déjoué par un lancer de Trevor Linden à partir de l'enclave. Le temps réglementaire de soixante minutes expira donc sans qu'aucune des deux équipes n'ait pu faire un maître. C'était l'impasse 1 à 1. Patrick avait bloqué 27 lancers, Hasek 20. Il n'est pas normal qu'une équipe de la puissance du Canada, jouant contre un adversaire qui lui était inférieur, ait été limitée à seulement 20 tirs. Ou bien les Tchèques avaient été extraordinaires en défensive, ou bien les Canadiens avaient manqué de cohésion en attaque. Ivan Hlinka, l'entraîneur des Tchèques, risquera une réponse à cette question après la rencontre en déclarant tout simplement : « Le Canada n'a plus d'attaque… »

Cependant, durant la période de prolongation de dix minutes, le Canada montra les dents, lançant à cinq reprises contre une. Mais encore une fois, les deux gardiens bloquèrent tout.

Selon le règlement olympique, on aurait alors recours à la fusillade pour déterminer le vainqueur. Cinq joueurs de chaque formation tenteraient de déjouer le gardien adverse et l'équipe ayant réussi le plus grand nombre de buts sortirait gagnante. Cette façon de faire avantageait nettement les Européens, plus habitués à ce genre d'exercice. Dans la culture du hockey nord-américain, on devait lutter âprement pendant plus de deux mois et remporter quatre victoires dans quatre séries consécutives contre des équipes différentes, après une saison éreintante de quatre-vingt-deux matchs, pour atteindre les grands honneurs. Et encore là, certaines victoires pouvaient exiger de multiples périodes de prolongation. Là, aux Jeux olympiques, alors que les dirigeants de l'équipe canadienne avaient à convaincre leurs joueurs de l'importance de l'enjeu, une des deux équipes serait éliminée de la course aux médailles d'or et d'argent à la suite d'une simple fusillade, mécanisme auquel on n'avait pas encore recours dans la Ligue nationale.

Les entraîneurs Marc Crawford, du Canada, et Ivan Hlinka, de la République tchèque, devaient fournir à l'arbitre la liste des joueurs désignés pour la fusillade et l'ordre selon lequel ils s'exécuteraient.

Hlinka fut le premier à remettre la sienne (le chiffre entre parenthèses indique le nombre de buts marqués lors de la saison précédant les Jeux) :

1. Robert Reichel (16)
2. Martin Rucinsky (28)
3. Pavel Patera (19)
4. Jaromir Jagr (47)
5. Vladimir Ruzicka (22)

De son côté, Crawford conféra longuement avec ses deux adjoints Andy Murray et Wayne Cashman avant d'arrêter les noms suivants :

1. Theoren Fleury (29)
2. Raymond Bourque (19)
3. Joe Nieuwendyk (30)
4. Eric Lindros (32)
5. Brendan Shanahan (47)

C'est là que l'absence de Paul Kariya faisait mal à l'équipe. Et comme Joe Sakic, blessé, était aussi sur la touche, le Canada était privé de deux marqueurs de 50 buts par saison.

Dans les circonstances, l'analyste Gérard Gagnon s'expliquait fort mal, et il n'était pas le seul, que le nom de Gretzky ne figure pas sur la liste des francs-tireurs du Canada.

D'accord, celui-ci avait ralenti avec l'âge, mais un joueur qui avait jusque-là marqué au cours de sa carrière plus de 862 buts en saison régulière et 122 autres en séries éliminatoires savait certainement comment s'y prendre, seul avec un gardien, d'autant plus qu'il avait toujours été l'homme des grandes occasions. Il était gonflé à bloc, sachant qu'il s'agissait de son unique chance d'ajouter une médaille olympique à son impressionnant palmarès.

Il fut écarté, comme il l'avait été à la conférence de presse.

La République tchèque ayant gagné le tirage au sort, leur capitaine, Vladimir Ruzicka, choisit de laisser le Canada amorcer la fusillade. Immédiatement les Tchèques, plus expérimentés dans ce genre de jeu, firent la chaîne sur le banc des joueurs en s'enlaçant par les épaules dans un geste de solidarité.

Fleury fut le premier à s'exécuter : un lancer haut à la gauche de Hasek que celui-ci stoppa Sakic, assis dans les gradins avec les directeurs de l'équipe, crut percevoir une faille dans le jeu de Hasek sur cette séquence. Il avait vu le gardien tchèque s'avancer trop rapidement vers le tireur, puis reculer pour couvrir l'angle à mesure que l'attaquant avançait. Saisissant son cellulaire, il tenta d'aviser les entraîneurs au banc qu'il fallait foncer vers Hasek à vive allure, puis freiner en arrivant près de lui pour le déstabiliser, l'espace d'un instant. Personne ne répondit. Les entraîneurs avaient laissé tomber leurs écouteurs.

Ce fut au tour de Robert Reichel de s'avancer vers Patrick. Le Tchèque fit une feinte et décocha un lancer parfait qui toucha l'intérieur du poteau droit, juste là où il fallait pour que la rondelle dévie dans le filet. Ce n'était qu'une question de millimètres, mais ce fut tout ce dont les Tchèques eurent besoin pour remporter la victoire.

Aucun des autres Canadiens ni des autres Tchèques ne réussit à déjouer Hasek ou Patrick. Lindros tira bien sur le poteau lui aussi, mais du mauvais côté de celui-ci, par quelques millimètres, ce qui fit ricocher la rondelle vers l'extérieur du but au lieu d'y pénétrer. Jagr fit de même. Shanahan fut le dernier tireur du Canada, celui qui devait assumer seul l'énorme pression de sauver son équipe en s'élançant vers Hasek. Cette pression le fit s'avancer trop près du gardien tchèque; il ne lui restait plus d'angle pour effectuer un bon tir. Le Canada avait épuisé toutes ses munitions. Les joueurs sautèrent sur la patinoire pour consoler Shanahan. Tous, sauf Gretzky qui demeura assis au banc de longues secondes, dépité, avant de rejoindre les autres.

À toutes fins utiles, le tournoi était terminé pour le Canada. Pour Patrick aussi. Celui-ci ne désirait qu'une seule chose : gagner. Pour lui, le gagnant était celui qui remportait la médaille d'or. L'argent récompensait le premier des perdants; le bronze, le second. Équipe Canada et Patrick avaient perdu. Hasek avait gagné le duel des gardiens, par quelques millimètres. C'est parfois tout l'écart qu'il faut pour départager le gagnant du perdant.

Dans sa chronique, Dave King écrivit :

> On avait douté de leur habileté [les Tchèques] en défensive, on avait dit que Hasek se devait absolument de multiplier les miracles, on avait eu tort. Collectivement, leur défensive a été brillante.
>
> C'est Patrick Roy, au contraire, qui a dû se surpasser dans ce match. J'espère qu'on ne lui tiendra pas rigueur de ce but en fusillade. Des deux gardiens, si brillant Hasek ait-il été, c'est Roy qui a été le meilleur. Sans lui, il n'y aurait pas eu de fusillade, le Canada aurait été sorti du match depuis longtemps.

Les Tchèques poursuivirent ensuite leur marche victorieuse et triomphèrent des Russes en grande finale, par le compte de 1 à 0, pour remporter la médaille d'or.

Il fallait voir les mines déconfites de tout le monde après le match. Dans la salle qui nous était réservée, le père de Gretzky, Walter, se promenait de long en large, les mains dans les poches. De temps en temps il s'arrêtait, jetait un regard sombre vers son fils, haussait les épaules et repartait. Celui-ci était totalement atterré : « Quand j'ai perdu la coupe Stanley la première fois, je savais que j'aurais une autre chance de la gagner... » Par cette simple phrase, il résumait tout le désarroi qu'il ressentait. Il poursuivit : « C'est très dur à avaler quand tu ne perds aucun match et que tu dois quand même retourner à la maison sans être de la finale. » Il faisait allusion au fait que le Canada n'avait perdu aucune rencontre du tournoi, si l'on excepte la fusillade, alors que, de leur côté, les Tchèques avaient été battus par les Russes en ronde préliminaire avant de prendre leur revanche en finale. Il termina en ajoutant : « Je ne me suis pas souvent senti comme cela. C'est le pire sentiment au monde. Cette défaite-là est tellement déprimante ! » Il venait de rater la seule chance de sa vie d'être sacré champion olympique.

Patrick, qui rencontra les médias après avoir été choisi pour passer le test antidopage, était lui aussi amèrement déçu : « Je n'invoquerai pas d'excuses. Nous avons perdu, c'est tout. Nous avons offert un effort maximum, mais les Tchèques ont très bien joué. Nous étions venus pour l'or, juste pour l'or, ajouta-t-il. Le bronze n'a pas le même sens pour moi, ce n'est pas le devoir accompli. »

Plusieurs analystes, dont Bertrand Raymond, soulignèrent certaines faiblesses de l'équipe canadienne :

Dans un réservoir comme la Ligue nationale, on a manqué de mains habiles à l'heure de la fusillade. Incroyable ! Impensable !
Quand on est obligé de faire appel à Theoren Fleury, quand on désigne un défenseur (Raymond Bourque) pour se présenter seul devant Hasek, quand on mise tout sur Eric Lindros qui n'a pas les mains les plus agiles et quand on doit compter sur un joueur comme Brendan Shanahan pour effectuer le dernier lancer en espérant sauver son honneur, c'est une indication qu'on ne possédait pas tous les outils pour cette situation sans lendemain.

L'article du journaliste se poursuivait sur la manière dont les joueurs avaient été sélectionnés pour la fusillade :

> Les entraîneurs semblaient confus au moment de choisir leurs tireurs. Pourtant, c'est une liste qui aurait dû être dressée avant de quitter le Canada.
>
> À qui doit-on l'incompréhensible décision de garder sur le banc pour le face-à-face contre Hasek deux joueurs, Gretzky et Yzerman, qui ont compté près de 1 500 buts dans la Ligue nationale ?

Le match pour la médaille de bronze entre le Canada et la Finlande ne fut qu'une formalité. Dans leur tête, les Canadiens voulaient bien gagner. Mais c'est le cœur qui n'en fit qu'à sa tête. Le Canada fut vaincu 3 à 2 par des Finlandais plus opportunistes et, surtout, plus déterminés.

Pas d'or, pas d'argent, pas de bronze, juste une poignée de *pin's*. Les joueurs canadiens rentrèrent bredouilles de Nagano avec quelques souvenirs d'une terre qu'ils avaient trouvée par ailleurs fort accueillante.

Mais une fois de plus, même si Patrick s'était investi de toutes ses forces, le sort lui avait encore refusé le moindre succès en hockey international. Pour lui, il ne faisait plus aucun doute maintenant que son destin ne se trouvait que dans la Ligue nationale où il ambitionnait de battre quelques records.

28

LE MEILLEUR ET LE PIRE

Patrick est né sous le signe de la Balance. Mais cela ne veut pas dire que les plateaux du bonheur et du malheur ont toujours été en équilibre. Ils ont eu leurs hauts et leurs bas.

Le 24 avril 1997, à l'occasion d'un blanchissage de 7 à 0 aux dépens des Blackhawks de Chicago, Patrick devint le gardien de but ayant remporté le plus grand nombre de victoires en séries éliminatoires. Avec ce quatre-vingt-neuvième gain, il surpassait la marque établie précédemment par Billy Smith, des Islanders de New York.

Dès lors, il se mit à la poursuite des records des plus grands gardiens. Il voulait devenir le meilleur de tous les temps, celui qui a remporté le plus grand nombre de victoires, aussi bien en séries de fin de saison qu'en saison régulière. Il ambitionnait aussi de franchir le cap des 1 000 parties jouées en saison régulière. Cette barrière, qu'il serait le premier gardien à franchir, représentait à ses yeux le fruit de cette constance dans l'excellence de son rendement qu'il avait cherché à maintenir tout au long de sa carrière, match après match, depuis le tout premier.

Le chiffre qu'il avait maintenant dans sa mire était 447, soit le nombre de victoires remportées par Terry Sawchuk en saison régulière. S'il maintenait la cadence et évitait les blessures, il avait de fortes chances d'atteindre cette marque vers la fin de la saison 1999-2000 ou au début de la suivante. Mais son approche ne changeait pas : « Je ne veux pas penser à gagner des parties pour m'approcher du record, disait-il. Je veux continuer à remporter des victoires pour l'équipe. Le reste ira de soi. »

Au fil des ans, une farouche rivalité, on pourrait même dire une certaine animosité, s'était développée entre les Red Wings de Detroit et l'Avalanche. Durant les séries éliminatoires de 1996, Claude Lemieux servit une vicieuse charge contre la rampe à Kris Draper, le blessant sérieusement au visage. Quelque dix mois plus tard, le 26 mars 1997, à l'occasion du premier voyage de Lemieux à l'aréna Joe Louis de Detroit depuis son assaut contre Draper, le robuste Darren McCarthy voulut venger son coéquipier. Au centre de la patinoire, il s'en prit à Lemieux qui refusa le combat. En langage de hockey, celui-ci fit la « poule ». Il se recroquevilla sur la glace, en position de fœtus, se protégeant la tête avec ses gants, tandis que McCarthy le martelait de coups de poing.

Voyant son coéquipier en fâcheuse posture, Patrick quitta son filet à vive allure pour lui venir en aide. Arrivé sur les lieux du combat, Brendan Shanahan s'interposa pour l'empêcher de s'approcher de McCarthy, et les deux croulèrent sur la glace. Pendant ce temps, le gardien des Wings, Mike Vernon, qui avait vu Patrick sortir de son but, vint se mêler aux autres et engagea un furieux combat contre son rival. D'autres escarmouches éclatèrent plus tard, si bien que plus de dix-huit pénalités majeures furent décernées au cours de la rencontre. Appelé à expliquer son implication dans un combat, Patrick déclara : « Le hockey est un sport d'équipe, et chaque fois qu'un coéquipier est dans une position difficile, tu dois t'organiser pour l'aider. »

Les Wings remportèrent une victoire de 6 à 5, après avoir dominé 47 à 19 au chapitre des tirs au but. Et le filet gagnant fut marqué en prolongation par… McCarthy. Comme il s'agissait de la trois centième victoire de Vernon, Patrick fit un geste élégant en fin de rencontre, faisant glisser vers lui la rondelle en guise d'hommage.

Avec le recul, Patrick est aujourd'hui d'avis que cette rencontre a laissé des traces que les joueurs de l'Avalanche mirent beaucoup de temps à effacer : « Je pense que ce fameux match à Detroit a constitué un point tournant dans notre rivalité avec les Wings. À la suite de ces incidents, leurs joueurs se sont rapprochés, alors que, de notre côté, nous avons mal géré nos émotions. On aurait dit que, lors des rencontres subséquentes entre les deux équipes, notre attention était davantage retenue par les à-côtés du match plutôt que par le déroulement du jeu lui-même. Le souvenir de cet événement est devenu comme une espèce de distraction, une frustration, et c'est, je pense, ce qui nous a valu de perdre contre eux en demi-finale des séries éliminatoires de 1997, alors qu'on avait terminé premiers au classement général de la saison régulière avec 107 points. »

Patrick se laissa lui aussi entraîner dans cette escalade de violence lorsque, l'année suivante, le 1er avril 1998, l'Avalanche rendit de nouveau visite aux Wings à Detroit. Ceux-ci menaient par 2 à 0 avec 7 min 11 s à écouler dans le match lorsqu'une escarmouche éclata le long de la rampe entre Warren Rychel et Bob Rouse. D'autres joueurs s'en mêlèrent et Patrick décida, à tort ou à raison, qu'il était temps pour lui de faire un geste d'éclat de nature à resserrer les liens entre ses coéquipiers contre leurs sempiternels rivaux.

Pendant que les bagarres se poursuivaient, il enleva bien calmement ses mitaines et son masque, comme s'il considérait l'acte qu'il s'apprêtait à commettre comme un mal nécessaire, les déposa sur le dessus de son filet et patina jusqu'au centre de la patinoire où il invita au combat le gardien des Wings, Chris Osgood. Cette initiative me surprit. Plus jeune, il lui était bien arrivé, comme à plusieurs, d'être impliqué dans une ou deux escarmouches à l'école, mais ce n'était pas lui qui les avait provoquées. Il n'était pas du genre à chercher la bagarre, mais il ne la refusait pas si on lui marchait sur les pieds.

Il admet aujourd'hui qu'il a outrepassé ses responsabilités de leader en agissant de la sorte, surtout qu'il n'en avait pas personnellement contre Osgood. Mais sur le coup, il pensait bien faire et espérait, de cette manière, changer l'esprit dans lequel son équipe abordait les matchs contre les Wings depuis l'incident Lemieux-McCarthy.

Même s'il reconnaît que le moyen auquel il a eu recours n'était pas le bon, la réflexion qui s'imposa subséquemment aux joueurs de l'Avalanche contribua à replacer l'équipe sur la bonne voie. « C'est là qu'on a réalisé qu'on était allés trop loin et qu'on avait mal réagi, suite à la vengeance de McCarthy sur Lemieux, raconte Patrick. On répliquait aux Wings selon la loi du talion et ce n'était vraiment pas la façon de faire. À partir de ce constat, on a décidé qu'on avait intérêt à s'en tenir au hockey contre eux, et c'est d'ailleurs à partir de ce moment qu'on a recommencé à les battre. Selon moi, c'est aussi ce qui a fait que Claude Lemieux devait partir, ce qui fut fait à l'automne de 1999. »

Patrick a toujours aimé se fier à son instinct et, la plupart du temps, son intuition lui a été de bon conseil. Dans le cas contraire, il était confiant d'avoir les ressources pour en surmonter les conséquences.

On se souviendra de la chronique d'astrologie du journal *La Presse* qui, le jour de la naissance de Patrick, disait qu'il serait doté d'une nature ardente l'exposant à de multiples aventures, qu'il s'y complairait, comme dans son milieu naturel, mais qu'il saurait toujours retomber sur ses pieds…

Lors des séries éliminatoires de 1998, l'Avalanche fut vaincue en première ronde par les Oilers d'Edmonton, qui l'emportèrent par quatre parties contre trois. Cet échec, allié à la déconfiture d'Équipe Canada à Nagano, valut à Marc Crawford d'être relevé de ses fonctions d'entraîneur à Denver. Il fut remplacé par Bob Hartley le 30 juin 1998.

Hartley, un Franco-Ontarien de Hawksbury, une petite localité ontarienne entre Montréal et Ottawa, avait fait ses classes dans la Ligue américaine entre 1994 et 1998, notamment avec le club-école de l'Avalanche, les Bears de Hershey, qu'il avait menés à la coupe Calder en 1997. Auparavant, il avait dirigé les Voisins de Laval de la LHJMQ de 1991 à 1993 et les avait conduits à la coupe Memorial à sa dernière saison.

À Denver, Hartley se retrouvait derrière le banc d'une équipe de la Ligue nationale pour la première fois de sa carrière, n'ayant jamais servi d'adjoint à un entraîneur-chef à ce niveau. Il devait donc s'adapter. On ne traite pas les joueurs de la Ligue nationale, surtout ses vedettes, comme des apprentis de la Ligue américaine ou des adolescents du hockey junior. Sans exiger de traitement de faveur, les grands joueurs aiment bien sentir qu'on les respecte. Or, Hartley avait la mauvaise habitude de faire des commentaires désobligeants sur le rendement de certains joueurs pendant que ceux-ci étaient sur la glace, au vu et au su de ceux qui se reposaient sur le banc.

Après les matchs, les joueurs s'échangeaient ces remarques :

— Hé! Tu devrais savoir ce que Hartley a dit de toi aujourd'hui.

— Ah oui? C'est rien! Écoute un peu ce qu'il a dit de toi!

Plusieurs, contrariés par ce comportement, s'en ouvrirent à Patrick et lui demandèrent s'il pouvait faire quelque chose. Ils en parlèrent aussi à leur capitaine Joe Sakic. Celui-ci était bien apprécié de ses coéquipiers, mais il était d'un naturel plutôt discret et réservé ; pas le genre à faire des vagues. On savait qu'avec Patrick la méthode serait plus directe et le remède plus radical. Ce dernier leur répondit qu'il attendrait le moment propice pour agir.

Cette occasion se présenta le 21 décembre 1998, à Anaheim. Jusque-là, ni l'Avalanche ni Patrick n'avaient eu un bon début de saison. Mais ce soir-là, ce dernier disputait un excellent match et semblait avoir retrouvé ses moyens. Même s'il avait été sérieusement éprouvé par plusieurs tirs dangereux, les équipes étaient à égalité 2 à 2 vers la fin de la deuxième période. Deux joueurs des Mighty Ducks écopèrent alors d'une punition de deux minutes chacun, à 1 min 24 s d'intervalle.

Question de faire reposer les joueurs qu'il voulait utiliser durant cet avantage numérique, Hartley retira Patrick du but et le remplaça momentanément par Craig Billington au lieu d'avoir recours au temps d'arrêt de trente secondes auquel il avait droit. Or, le règlement veut que le gardien qui est dans le but au moment où son équipe prend les devants dans le match soit crédité de la victoire. À cinq joueurs contre trois, les chances que l'Avalanche brisent l'égalité étaient plus que bonnes. Milan Hejduk marqua donc pendant que Billington était dans le but. Hartley se tourna vers Patrick et lui lança, arborant un large sourire :

— Bonne décision, hein, mon Pat? Bonne décision, hein!

— Bonne décision? Écoute-moi bien, répliqua celui qui n'avait pas du tout envie de rire, si ce n'est pas moi qui mérite cette victoire ce soir, attache ta tuque, je vais te « brasser » après le match comme tu ne le croiras pas!

Après le but de Hejduk, Patrick fut renvoyé dans le but et l'Avalanche remporta le match par 4 à 2. Billington n'avait eu aucun tir à bloquer et n'avait été dans le but que durant 1 min 52 s. Pourtant, c'est lui qui hérita de la victoire, ce qui empêchait Patrick de se rapprocher de son objectif, lui qui avait pourtant stoppé 27 lancers des Mighty Ducks.

Dans la Ligue américaine, personne ne se serait plaint d'une telle décision de l'entraîneur. Mais dans la Ligue nationale, c'était discutable, surtout que Hartley aurait pu avoir recours à un temps d'arrêt plutôt que de rappeler Patrick au banc. Ce dernier prit prétexte de cette décision pour servir la remontrance promise à l'entraîneur recrue.

Il entra en trombe dans le bureau de Hartley et, devant un Pierre Lacroix impassible, saccagea l'équipement vidéo de l'équipe à grands coups de bâton. Lacroix, qui connaissait bien son « moineau », choisit de ne pas intervenir, pendant que Hartley cherchait à se protéger.

Plusieurs joueurs accueillirent favorablement cette saute d'humeur de Patrick, qui amorça ensuite le mois de janvier par une série de 11 victoires consécutives. « Je pense vraiment, opine-t-il aujourd'hui, que cet incident a beaucoup aidé Hartley, car il n'aurait pas duré très longtemps derrière le banc de la manière dont il était parti. Il commença à respecter les joueurs davantage et ceux-ci se remirent à gagner de façon régulière sous sa direction. »

Les médias de Denver ne lui en tinrent pas rigueur non plus. Terry Frei résuma bien l'opinion générale dans le *Denver Post* :

> Le gardien de l'Avalanche, Patrick Roy, ne s'excuse pas de sa quête presque obsessive des records qu'il poursuit, même quand sa passion le fait exploser à la suite de la manœuvre de l'entraîneur qui lui a « volé » une victoire.
>
> On peut facilement réparer ou remplacer l'équipement vidéo. Ses rapports avec l'entraîneur Bob Hartley peuvent aisément se replacer. Mais sa fierté de compétiteur, même si elle comporte un soupçon d'égoïsme, demeure indispensable. Après tout, les objectifs de victoires que Roy poursuit sont directement liés au succès de l'équipe.

C'est plutôt à Montréal qu'on l'écorcha, le traitant d'égoïste, sans vraiment connaître tout le fond de la question. Patrick ne pouvait s'expliquer publiquement. Il lui aurait alors fallu dévoiler les motifs profonds qui justifiaient son geste. Il encaissa.

De son côté, la direction de l'Avalanche passa l'éponge. Pour elle, les performances futures de l'équipe étaient plus importantes que l'affront que Patrick venait d'infliger à son entraîneur. Le mois suivant, Lacroix lui offrit une nouvelle entente pour remplacer le contrat qui venait à terme. Patrick toucherait 5 millions de dollars pour la saison 1998-1999 et 7,5 millions pour chacune des deux saisons subséquentes.

⌣

Ken Dryden a écrit :

Je sais que les joueurs sont meilleurs aujourd'hui, infiniment supérieurs à ceux d'il y a vingt ans. Mais, comparés à ceux de notre mémoire, ils n'ont aucune chance. Rien n'est aussi bon qu'avant, et ne l'a jamais été. « L'âge d'or du sport », l'âge d'or de n'importe quoi, est l'âge de notre enfance. Pour moi, c'étaient les années 1950, et pour ceux des années 1950, c'étaient ceux des années 1930.

Intéressante réflexion, surtout qu'au cours des quelque vingt mois qui suivirent, Patrick surpassa, un à un, tous les héros de ma propre enfance.

D'abord, le 5 février 1999, il franchit une étape importante en devenant le plus jeune gardien de l'histoire à remporter une quatre centième victoire. Le hasard faisant bien les choses, le match eut lieu à l'aréna Joe Louis de Detroit, un lieu plutôt hostile à l'Avalanche, où il brilla dans une victoire de 3 à 1, stoppant 27 lancers.

Puis, le 3 avril 1999, lors de son quatre cent huitième gain, obtenu contre les Oilers d'Edmonton, il doublait Glenn Hall. Celui-ci avait passé dix-huit saisons dans la Ligue nationale, de 1952 à 1971, surtout avec les Blackhawks de Chicago, mais aussi avec les Red Wings de Detroit et les Blues de Saint Louis. Malgré un trac qui le rendait malade, Hall avait réalisé un exploit fabuleux en jouant 552 parties d'affilée à un certain moment de sa carrière.

Patrick termina la saison régulière 1998-1999 à 412 victoires. Durant les matchs d'après-saison, il remporta son centième gain en séries éliminatoires.

Sa résidence de l'île Ducharme ayant été vendue l'année précédente, il vint passer l'été à Québec. Il fit le voyage Denver-Québec avec un ami, dans un pick-up qu'il venait de se procurer, un type de véhicule fort prisé par plusieurs de ses coéquipiers de l'Avalanche.

En août, après avoir profité de son pick-up tout l'été, il lui fallait maintenant retourner à Denver. Pour lui tenir compagnie, j'offris de l'accompagner pour ce périple de quelque trois mille deux cents kilomètres à travers les états du Midwest américain. Nous prîmes trois jours pour nous rendre à destination, nous relayant au volant. Je fus étonné de constater à quel point les gens le reconnaissaient quand nous nous arrêtions pour manger dans le moindre petit bled, de Mississauga, en Ontario, à North Platte, au Nebraska, en passant par Kalamazoo, dans le Michigan.

Patrick me fit passer une semaine inoubliable au Colorado. Nous jouâmes au golf tous les jours, chaque fois dans un nouveau club dont le parcours majestueux et les points de vue spectaculaires n'étaient surpassés que par ceux du lendemain.

L'Avalanche entreprit la saison 1999-2000 dans un tout nouvel amphithéâtre, le Pepsi Center, d'une capacité de 18 007 spectateurs, où l'équipe jouerait à guichets fermés pendant des années.

Patrick dépassa d'abord la marque de 423 victoires de Tony Esposito lors d'un match à Vancouver, le 12 décembre 1999. Esposito, le jeune frère de l'illustre Phil, avait joué treize parties avec les Canadiens de Montréal en 1968, avant d'être recruté au repêchage des agents libres par les Blackhawks de Chicago, où il passa ensuite toute sa carrière avant d'y mettre un terme, quinze ans plus tard, en 1983.

Puis ce fut au tour de Jacques Plante, second derrière Terry Sawchuk avec 434 victoires en saison régulière, de se voir doubler. Si on avait tenu compte des victoires durant les séries éliminatoires, Plante aurait cependant été le meneur avec 505, quatre de mieux que Sawchuk. Quoi qu'il en soit, Patrick dépassa les deux marques de Plante. Il remporta sa cinq cent sixième victoire, saison régulière et séries éliminatoires combinées, le 28 mars 1999 contre les Kings à Los Angeles, et son quatre cent trente-cinquième gain en saison régulière le 4 mars 2000, à Tampa Bay contre le Lightning. En réalisant cet exploit, Patrick ne put réprimer un petit sourire. Il se souvenait que Plante avait déjà dit qu'il ne se rendrait jamais à la Ligue nationale.

En cette fin de saison 1999-2000, la quête de victoires de Patrick s'arrêta à 444. Mais une surprise de taille attendait les joueurs de l'Avalanche à la veille des séries de fin de saison.

‿

Le 6 mars 2000, Pierre Lacroix, comme Jacques Demers sept ans plus tôt, ébranla le monde du hockey en concluant avec les Bruins de Boston une des meilleures transactions de sa carrière de directeur général. Le défenseur Raymond Bourque et le centre Dave Andreychuk passaient à l'Avalanche en retour de Brian Rolston, Martin Grenier, Samuel Pahlsson et un premier choix de repêchage.

Bourque était un défenseur étoile qui avait gagné le trophée James Norris, remis au meilleur défenseur, à cinq reprises et dont les 395 buts le plaçaient au premier rang dans l'histoire de la Ligue nationale parmi les défenseurs. Andreychuk de son côté, un puissant joueur de centre faisant 1,93 mètre et pesant 100 kilos, avait marqué 551 buts au cours de sa carrière jusque-là.

Il est évident que Raymond Bourque était le joueur-clé de cet échange. À trente-neuf ans, il était encore l'un des meilleurs défenseurs de la ligue, ce genre de leader qui peut inspirer ses coéquipiers par une simple lueur dans le regard, par un seul geste, de même que par sa détermination et la qualité de son jeu sur la patinoire. Quand Patrick était arrivé à Denver à la fin de 1995, c'était pour aider l'équipe à remporter l'ultime victoire. C'était la même chose pour Bourque maintenant, sauf que dans son cas, tous les joueurs de l'Avalanche rehausseraient aussi leur jeu pour lui permettre de gagner ce qui lui avait toujours échappé après vingt et un ans dans la Ligue nationale : la coupe Stanley.

L'effet de cette transaction fut instantané. L'Avalanche, qui occupait alors le septième rang dans la conférence de l'Ouest et était loin d'être assurée de participer aux séries, ne perdit que deux des douze derniers matchs de la saison régulière et termina au quatrième rang de sa conférence.

Patrick était heureux. Non seulement son ami devenait un coéquipier, mais il porterait sur ses épaules une partie du leadership nécessaire à l'Avalanche pour atteindre les grands honneurs. « Il a transformé l'ambiance du vestiaire au moment où nous en avions le plus besoin. Il apporte beaucoup d'énergie et de confiance à l'équipe », commenta Patrick.

Le leadership de Bourque se transporta dans les séries éliminatoires. Dans les deux premières rondes, l'Avalanche triompha des Roadrunners de Phoenix et des Red Wings de Detroit, son sempiternel rival, en cinq parties dans les deux cas. Mais en demi-finale contre les Stars de Dallas, elle se heurta à un gardien au sommet de sa forme, Eddie Belfour, et à une équipe d'égale force qui bénéficiait cependant de l'avantage de la glace. Colorado s'inclina par le compte de 3 à 2, à Dallas, dans le septième et décisif match d'une série très chaudement disputée. Bourque devrait attendre pour voir son rêve se réaliser.

⌣

Quand Patrick amorça la saison 2000-2001, il n'était qu'à trois victoires du record de Terry Sawchuk. Je lui signifiai, au cours d'une conversation téléphonique, mon vœu d'être présent lorsqu'il égalerait cette marque. À l'encontre de la majorité des gens, cette partie était pour moi tout aussi importante que celle où il surpasserait le record de Sawchuk. C'étaient la détermination, l'acharnement et la persévérance dont Patrick avait fait preuve pendant toutes ces années pour atteindre ce plateau de 447 victoires que j'admirais, alors qu'un seul autre gain lui suffirait pour battre le record. Quand on demandait à Patrick pourquoi il était si important pour lui d'atteindre et de dépasser cette marque, il répondait : « Parce que quand j'ai commencé, disait-il, je n'avais qu'un objectif et ce n'était pas d'avoir une seule bonne saison. C'était de connaître une carrière où je gagnerais avec constance, tout au long. Et la seule manière de s'approcher de ce record, c'est d'avoir réussi exactement cela. C'est pour ça que c'est si important. »

C'était en 1951 que j'avais entendu parler de Terry Sawchuk pour la première fois. J'avais neuf ans. Mes parents étaient abonnés au magazine *Life*, pourtant pas reconnu pour faire une grande place aux sports, qui avait consacré un article de fond au gardien au style accroupi et spectaculaire. « Quand je m'accroupis, disait Sawchuk, je peux mieux suivre la rondelle entre toutes ces jambes qui passent devant moi. » Âgé de vingt et un ans, il en était à sa première saison complète dans la Ligue nationale et était alors perçu comme l'étoile montante chez les gardiens de but. Plus tard, on l'a considéré comme le plus grand gardien de tous les temps. Il fut le héros de mon enfance chez les cerbères. Et là, Patrick n'était qu'à trois victoires de le rejoindre dans le livre des records.

Sawchuk, surnommé « Uke » parce que ses parents étaient ukrainiens, avait joué vingt et une saisons dans la Ligue nationale, de 1949 à 1970, et remporté le trophée Vézina à quatre reprises. Il s'était rendu célèbre avec les Red Wings de Detroit avec lesquels il avait gagné quatre coupes Stanley. Il en avait remporté une autre en 1967 avec les Maple Leafs de Toronto. Il avait aussi joué brièvement avec les Bruins de Boston, les Kings de Los Angeles et les Rangers de New York, où il avait terminé sa carrière en 1970, après avoir réalisé 103 blanchissages en saison régulière, un record encore inégalé aujourd'hui. La même année, il mourut tragiquement à la suite d'une altercation avec son coéquipier Ron Stewart, avec qui il louait une maison à Long Island.

C'est le samedi 14 octobre 2000, au Pepsi Center, à l'occasion d'une victoire de 3 à 1 contre les Blue Jackets de Columbus, que Patrick rejoignit Sawchuk dans le *Livre des records*. Dans les jours qui avaient précédé, il s'était efforcé d'en apprendre le plus possible sur le légendaire gardien en consultant sa biographie publiée sous la plume de David Dupuis en 1998. C'était sa manière de lui rendre hommage. Jusque-là, seule sa collection de cartes de hockey lui avait appris ce qu'il savait sur Sawchuk. « Il n'a pas eu une vie facile en dehors de la patinoire, commenta Patrick, mais il semblait aimer le hockey et nous avons cela en commun. »

Tout de suite après la partie, j'allai féliciter Patrick. Nous étions tous les deux debout, l'un à côté de l'autre, juste avant qu'il entre dans la salle où il allait donner son point de presse.

Soudain il retira le chandail qu'il avait porté durant le match et me le remit. Ce geste me secoua. Il me semblait que chacune des fibres de ce chandail, tout comme la boule d'émotion qui m'était montée dans la gorge à Sherbrooke quinze ans auparavant, contenait tous ces départs pour la patinoire dans la noirceur des petits matins, toutes ces années où ma vie sociale s'était résumée à fréquenter les arénas, ces espoirs, ces déceptions, ces frustrations et ces angoisses qui furent mon lot tout au long de sa carrière, mais aussi ces grandes satisfactions et ces excitations que comporte le cheminement d'un gardien de but pour un père. J'étais profondément ému. Pour moi, ce geste signifiait que Patrick reconnaissait tout cela et l'appréciait.

Au cours de son point de presse, Patrick fit valoir qu'il ressentait une certaine nostalgie après avoir égalé la marque de Sawchuk. « Chaque fois que quelqu'un s'approche d'un record, dit-il, cela remet en mémoire aux uns et fait connaître aux autres les faits et gestes de la personne qui l'a établi. C'est la beauté de la chose. Sawchuk a été un grand athlète et un grand compétiteur, il a été un passionné de hockey et un modèle pour les gardiens de but parce qu'il a placé la barre plus haut pour nous tous. J'espère faire la même chose pour ceux qui suivront. »

Il serait futile de comparer Patrick avec Sawchuk. Ils n'avaient pas le même comportement en dehors de la patinoire et ont joué à des époques bien différentes. Mais au moment où ils avaient compilé le même nombre de victoires, leurs moyennes de buts alloués par partie étaient elles aussi presque à égalité, celle de Sawchuk à 2,51 et celle de Patrick à 2,55. Compte tenu du grand nombre de chiffres et de variables dont il faut tenir compte dans une telle équation, il est surprenant d'en arriver à des résultats presque identiques.

Le lendemain, dimanche, j'accompagnai Patrick et Jonathan aux petites heures du matin. Jonathan participait à un tournoi de hockey à Fort Collins, à environ quatre-vingt-dix minutes de route de Denver. C'était maintenant au tour de Patrick de vivre avec ses enfants l'expérience que j'avais connue jadis avec lui et Stéphane. De quoi me rendre nostalgique aussi.

C'est là, à l'aréna de Fort Collins, que le père d'un des coéquipiers de Jonathan me prit à part :

— Monsieur Roy, il faut que je vous dise quelque chose au sujet de votre fils, entama-t-il sur le ton de la confidence. J'ai une grande fille qui, au début de la saison, a abordé Patrick pour lui demander un autographe. Elle lui a dit qu'elle était honorée de faire sa connaissance. Savez-vous ce que Patrick lui a répondu?

— ...

— Il lui a dit que c'était plutôt lui qui était honoré de faire sa connaissance, car, sans des personnes comme elles, il ne serait pas là où il est aujourd'hui. Monsieur Roy, vous pouvez être fier de votre fils!

Ces propos me touchèrent.

L'Avalanche devait rendre visite aux Capitals de Washington le mardi suivant et aux Blue Jackets de Columbus le lendemain. Comme il y avait de fortes chances que Patrick éclipse le record de Sawchuk dans l'un de ces deux matchs, c'est avec générosité et compréhension que Pierre Lacroix m'invita à accompagner l'équipe pendant tout le voyage.

Les « Avs » parcouraient plus de kilomètres par saison que n'importe quelle autre formation. Par souci de confort et d'efficacité, la direction nolisait pour le transport de l'équipe deux types d'appareil, un Boeing 737 ou un 757, dont l'intérieur avait été modifié pour que tous les passagers puissent avoir plus d'espace et jouir d'un confort de première classe. Le personnel de direction occupait généralement la partie avant de l'appareil, venaient ensuite les dormeurs, puis, tout au fond, les joueurs de cartes. Ce fut pour moi une expérience inoubliable. Je fus traité comme un joueur de l'Avalanche. J'avais ma place à bord de l'avion, à côté de Patrick, entre les directeurs et les dormeurs, également à bord de l'autobus, et une chambre m'était réservée à l'hôtel.

Inutile de dire que depuis le samedi précédent, l'attention des médias sportifs de toute l'Amérique du Nord était centrée sur Patrick. On allait être présent à chaque match pour ne rien manquer de l'événement qui allait faire de lui le gardien au plus grand nombre de victoires durant sa carrière. Dès son arrivée à Washington, les caméras le suivirent partout : à sa descente de l'avion, dans l'autobus, à son arrivée au MCI Center, dans le couloir sous les gradins quand il se rendit au vestiaire, pendant ses exercices d'avant-match sur la bicyclette stationnaire, et même lorsqu'il reçut un massage pour assouplir ses quadriceps et revêtit son uniforme en prévision du match. Patrick souhaitait mettre cet exploit derrière lui le plus rapidement possible pour ensuite se consacrer entièrement à l'objectif suivant : gagner une coupe Stanley pour Raymond Bourque.

J'ai regardé presque tout le match avec Pierre Lacroix, de la loge qui lui était réservée dans les hauteurs de l'amphithéâtre. Tout était en place. Gary Bettman, le commissaire de la Ligue nationale, et ses adjoints avaient prévu un scénario pour la cérémonie qui aurait lieu advenant une victoire de l'Avalanche. Patrick avait invité sa famille, sauf ses enfants qui étaient demeurés à Denver, et quelques amis.

Ce fut un match serré et excitant. Les joueurs de l'Avalanche étaient véritablement en mission pour Patrick et tenaient absolument à triompher. Ils amorcèrent le match en force, marquant à deux reprises en première période. Mais en deuxième, ce fut au tour des Capitals de marquer deux buts pour égaliser. Avant le début de la troisième période, l'ailier gauche Dave Reid prit la parole dans le vestiaire pour stimuler ses coéquipiers. Cependant, Peter Bondra, l'ailier droit des Capitals, avait d'autres projets. Dès les premiers instants du troisième tiers, il s'échappa et déjoua Patrick à l'aide d'une feinte habile pour marquer son deuxième but de la rencontre et donner les devants 3 à 2 à son équipe. Mais Sakic parvint à niveler de nouveau le pointage quelques minutes plus tard. À cinq secondes de la fin du temps réglementaire, Jan Boulis laissa partir un dur lancer que Patrick, la vue voilée, ne vit jamais venir, mais comme il était en bonne position et au bon endroit, il bloqua le tir. « Je n'ai jamais vu la rondelle, admit-il plus tard. Elle a frappé ma jambière et a dévié vers l'extérieur. C'est là que je me suis mis à croire que les chances étaient peut-être de mon côté. » C'est ainsi que se termina la troisième période, au compte de 3 à 3. On allait en prolongation.

Pierre Lacroix n'en pouvait plus. Il m'invita à le suivre sous les gradins où nous nous installâmes dans une salle, à deux pas du couloir qui menait les joueurs de l'Avalanche à la patinoire. Il n'y avait dans cette salle qu'un moniteur de télévision nous permettant de suivre le match et quelques chaises droites.

La prolongation commença avec quatre joueurs de chaque côté. Mais quand Richard Zednik écopa d'une punition majeure pour avoir servi un double échec au visage d'Adam Foote, Bob Hartley y alla pour l'assaut final. Il envoya ses gros canons dans la mêlée : Joe Sakic, Peter Forsberg et Milan Hejduk à l'avant, et Raymond Bourque à la défense.

Un peu plus de deux minutes de jeu s'étaient écoulées quand Hejduk et Bourque entreprirent de s'échanger la rondelle dans la zone de Washington. Soudain, ce dernier décocha un dur boulet de la ligne bleue. La rondelle prit une trajectoire qui passait un peu à côté de la cible, mais au passage, Peter Forsberg la fit dévier. Le disque se faufila derrière Olaf Kolzig, le gardien des « Caps », exactement à 2 :37 de la supplémentaire. Du même coup, le nom de Terry Sawchuk venait de glisser au deuxième rang des gardiens ayant remporté le plus grand nombre de victoires durant leur carrière. Patrick était désormais seul au sommet.

Dès que la rondelle eut glissé dans le but, Patrick sortit de son filet en bondissant – il se serait envolé s'il avait pu. Ses coéquipiers se ruèrent sur lui pour le féliciter pendant que Raymond Bourque, avec une présence d'esprit fort à propos, récupérait la rondelle historique pour la lui remettre. Dans les gradins, leurs épouses, Michèle et Christiane, s'embrassaient en sautillant, tandis que les quelque 13 335 spectateurs qui les entouraient se levaient pour ovationner le héros du jour, faisant preuve de courtoisie malgré la défaite de leur équipe. Se libérant momentanément de ses coéquipiers, qui allèrent se coiffer d'une casquette marine sur laquelle on avait brodé *Roy, Avalanche #33, all-time goaltender wins*, Patrick donna sur place une entrevue pour la télévision, en relevant le masque protecteur sur le dessus de sa tête.

Pendant cette entrevue, les porte-couleurs de l'Avalanche, de même que les spectateurs, dont certains arboraient le chandail de Patrick ou agitaient des affiches portant son nom, parurent bien s'amuser en regardant sur l'écran géant du tableau indicateur une vidéo préparée par la direction de la LNH. Pour l'essentiel, on pouvait y voir des extraits de la carrière de Patrick, de ses plus fameux arrêts jusqu'aux célébrations où il tenait la coupe Stanley à bout de bras, en passant par le clin d'œil de 1993 à Tomas Sandstrom. La vidéo montrait aussi en pleine action quelques-uns des plus célèbres gardiens de but à l'avoir précédé, tels Terry Sawchuk, Jacques Plante, Glenn Hall, Ken Dryden, Billy Smith, Lorne Worsley, Gerry Cheevers et Bernard Parent. Enfin, la foule réagit quand elle vit et entendit les témoignages de félicitations qu'adressaient à Patrick des personnalités célèbres comme les animateurs de télévision Alex Trebek et Denis Leary, des personnages de la lutte professionnelle comme Steve Austin, ou de légendaires vedettes du hockey comme Tony Esposito et Gordie Howe.

Aussitôt le but gagnant compté, Pierre Lacroix sortit au pas de course de la salle où nous avions regardé le match et s'engagea dans le couloir menant à la patinoire. Je le suivis et me retrouvai sur le banc de l'Avalanche, à côté de Bob Hartley et de ses adjoints Bryan Trottier et Jacques Cloutier.

Après les entrevues et la présentation de cette vidéo, Patrick s'approcha du banc de son équipe et remit son bâton, son masque et ses mitaines au préposé à l'équipement, Wayne Fleming. M'ayant aperçu du coin de l'œil, il vint vers moi. Je lui serrai la main et nous nous fîmes l'accolade. Puis Patrick retourna vers son but où l'attendaient Gary Bettman et Tony Esposito. Le commissaire lui remit une paire de ciseaux pour qu'il commence à couper le filet, destiné à être envoyé au Temple de la renommée du hockey à Toronto.

Après que Patrick eut échangé quelques commentaires avec Esposito, Raymond Bourque et Adam Foote le hissèrent sur leurs épaules pour le conduire triomphalement vers le couloir menant au vestiaire de l'équipe, ce qui fit dire à Bourque : « J'ai déjà vu des entraîneurs transportés sur les épaules des joueurs. Mais un gardien ?… Heureusement qu'on n'a pas eu à faire le tour de la patinoire ! » Il faisait évidemment allusion au poids du lourd équipement.

Au vestiaire, Patrick attendit ses coéquipiers dans l'embrasure de la porte pour les remercier au fur et à mesure qu'ils entraient, un à un, d'une franche poignée de main et d'un large sourire. Si on dit qu'une image vaut mille mots, il y a parfois des mots qui valent mille images. Quand arriva le tour de Bob Hartley, l'échange fut aussi bref qu'avec les autres. Mais il fut chaleureux et chargé de signification.

— Merci, Bob, lui dit sincèrement Patrick.

— Bon travail, Pat, lui répondit discrètement Hartley.

Ce fut tout. Au fil du temps, les deux avaient appris à bien se connaître et à s'apprécier.

Après une bonne douche, Patrick se rendit à la salle de presse. Nous, les membres de sa famille et ses amis, au nombre desquels se trouvait Fred Couples qui avait fait le voyage à Washington pour ne rien manquer de cet exploit, pûmes surveiller sa rencontre avec les journalistes sur un moniteur de télévision à partir d'un local qui nous avait été réservé.

Au cours de son point de presse, Patrick remercia sa famille, tous ceux qui l'avaient appuyé dans sa carrière, ainsi que ses coéquipiers, félicitant particulièrement ceux-ci d'avoir gardé leur attention sur le match et d'avoir si bien joué en dépit de la présence de caméras dans le vestiaire de l'équipe et de toutes les autres distractions inusitées. « Honnêtement, fit-il en plaisantant, je voulais savourer ce moment le plus possible, mais je voulais aussi que ça se termine au plus tôt pour ne pas que ma famille et mes amis aient à me suivre partout à travers l'Amérique du Nord. »

Il répondait aux questions des journalistes lorsqu'un appel téléphonique interrompit les échanges. C'était Jean Chrétien, premier ministre du Canada, qui l'appelait pour le féliciter. Après ce coup de fil, Patrick termina le point de presse en expliquant que la poursuite de la coupe Stanley demeurait son principal objectif, même si l'étape qu'il venait de franchir représentait l'effort de toute une carrière : « Il y a un joueur dans notre équipe [Raymond Bourque] qui, après vingt-deux ans dans la Ligue nationale, mérite de gagner une coupe Stanley et nous allons essayer de lui en procurer une cette année. »

Les joueurs de l'Avalanche étaient tous heureux d'avoir été associés à cet exploit et plusieurs l'exprimèrent aux représentants des médias.

« C'est phénoménal ce qui vient de se produire, dit Raymond Bourque. Je connaissais Patrick avant d'être échangé à Denver, mais je ne réalisais pas tout ce qu'il faisait sur une base quotidienne pour bien se préparer pour les matchs, tout le travail qu'il investissait pour être le meilleur, autant dans les parties que dans les entraînements. Il regarde des vidéos, il étudie sa technique, il fait continuellement des ajustements. J'admire sa façon de travailler et c'est pourquoi, avec son talent, il ne peut faire autrement que connaître le succès. »

Craig Billington, qui était maintenant l'adjoint de Kolzig dans le but des Capitals, remerciait les dieux du hockey d'avoir choisi Washington comme théâtre de cet exploit historique et de lui avoir permis d'en être le témoin. « Il y a différentes façons de mesurer le rendement des gardiens, mais fondamentalement, nous sommes payés pour gagner. Et nous n'allons durer que si nous gagnons. Or, Patrick est le gardien qui a gagné le plus souvent dans toute l'histoire du hockey et celle-ci remonte à plus de cent ans. Pour atteindre ce résultat, il a fallu qu'il offre des performances constantes, partie après partie. Pour moi, c'est cela qui est son plus grand accomplissement. Certains gardiens ont fait cela pendant une saison, peut-être deux, ou pendant une partie de leur carrière, mais lui, il l'a fait soir après soir pendant tellement d'années ! »

Pour Peter Forsberg, Patrick était simplement le meilleur gardien au monde. « Patrick est reconnu pour être le meilleur gardien dans les séries éliminatoires, rappela-t-il. Mais maintenant, il est aussi le détenteur du record du plus grand nombre de victoires en saison régulière. Il est incroyable et cela ne pouvait arriver à une meilleure personne. Nous sommes tous très contents pour lui. »

Même Peter Jennings, le célèbre chef d'antenne du réseau américain ABC, lui rendit hommage en présentant, en fin de soirée, un bref reportage sur sa carrière au cours de son émission *World News Tonight*. C'est à cette émission que Patrick révéla que bien souvent il ne voyait pas venir les rondelles qu'il arrêtait : « Compte tenu de la vitesse du jeu et de la rapidité des lancers, c'est davantage une question d'anticipation et de position », déclara-t-il notamment.

Il est délicat de comparer des gardiens de but ayant joué à des époques différentes. Les stratégies de jeu, les techniques, les équipements, de même que la vitesse d'exécution et la force des tirs des joueurs ont bien changé. On notera cependant qu'en dépit d'un calendrier où ses prédécesseurs jouaient un nombre moindre de parties, Patrick a atteint le nombre de victoires de Glenn Hall, Tony Esposito, Jacques Plante et Terry Sawchuk en jouant respectivement 131, 85, 9 et 123 parties de moins que ceux-ci. Si on combine les saisons régulières et les séries éliminatoires, Plante a remporté ses 505 victoires en 949 parties, alors que Patrick en a eu besoin de 929 pour réussir l'exploit.

Après une escale à Columbus le lendemain, où David Aebischer, le nouvel adjoint de Patrick, remporta la première victoire de sa carrière dans la LNH, un gain de 5 à 1 contre les Blue Jackets, l'Avalanche rentra à Denver où une fête mémorable, comme seul Pierre Lacroix peut les organiser, attendait le héros du jour.

⌣

C'est le vendredi 20 octobre, juste avant un match contre les Panthers de la Floride que l'exploit de Patrick fut célébré au Pepsi Center. Une fête grandiose et impressionnante. Ce fut profondément émouvant de ressentir toute l'appréciation que les 18 000 spectateurs et les nombreux dignitaires présents témoignèrent à Patrick ce soir-là.

On éteignit tout d'abord toutes les lumières pour que les spectateurs puissent mieux voir une vidéo des meilleurs moments de la carrière de Patrick, présentée sur l'écran géant familièrement appelé *jumbotron*. Puis la voix grave de l'annonceur maison retentit avec force et fit vibrer tout l'amphithéâtre : « *Ladies and gentlemen, the winningest goaltender in the history of the NHL, NUMBER THIRTY THREE, PATRICK ROY!!!* »

Sous l'ovation de la foule et des joueurs des deux équipes, restés dans le noir, et au son des trompettes de la victoire, Patrick apparut dans un coin de la patinoire et les projecteurs restèrent braqués sur lui pendant qu'il faisait un tour d'honneur pour venir se poster près de son but. L'ovation dura encore plusieurs minutes. Patrick, visiblement gêné par une telle démonstration d'amour, ne savait trop que faire, saluant de la tête et parfois de la main.

Lorsqu'on ralluma les lumières, il sembla chercher ses enfants dans la foule. On présenta sa femme, Michèle, qui vint le rejoindre. Puis Jana, Frédérick et Jonathan firent leur apparition dans une voiturette de golf personnalisée, un cadeau qu'ils lui offraient avec leur mère. Patrick ne s'y attendait pas. Pendant qu'il s'entretenait avec les invités de marque sous les gradins, on lui avait dit, sur un ton laconique, que ses enfants occuperaient un bon siège parmi la foule. Pierre Lacroix lui avait joué un tour. Il savait que de ne pas avoir ses enfants près de lui irriterait Patrick et le rendrait maussade. Ainsi, la surprise de les voir arriver sur la patinoire n'en serait que plus grande. Lacroix avait vu juste.

Ensuite ses parents, de même que sa sœur et son frère défilèrent à leur tour et vinrent le rejoindre. À partir de ce moment, ce fut un déferlement de cadeaux – je n'oserais pas dire une avalanche –, plus prestigieux et plus étonnants les uns que les autres, qui s'abattirent sur lui.

Scott Mellanby, le capitaine des Panthers de la Floride, lui offrit un vase en cristal au nom de son équipe.

Guy Lafleur, représentant les Canadiens de Montréal, lui remit une assiette en argent sur laquelle était gravée l'inscription suivante : *Félicitations à Patrick Roy, le gardien de but le plus victorieux de l'histoire du hockey.*

Wellington Webb, le maire de Denver, s'amena ensuite et demanda que l'on regarde vers le *jumbotron.* On y projeta des images qui faisaient voir des employés de la ville affairés à installer une affiche le long du boulevard Auroria, une bretelle d'accès entre l'autoroute et le Pepsi Center, qui s'appellerait jusqu'à la fin de la saison, le boulevard Patrick-Roy. De même le maire annonça que sa ville proclamait officiellement cette journée la « journée Patrick-Roy ».

Bill Owens, le gouverneur de l'État du Colorado, remit à Patrick le drapeau qui flottait au mât du Capitole la journée où il avait remporté son historique victoire ; il lui offrit également une proclamation officielle désignant la période du 20 au 26 octobre « semaine Patrick-Roy » dans tout le Colorado.

Joe Sakic, le capitaine de l'Avalanche, dévoila une peinture, une immense fresque de l'artiste Samantha Wendell. Ce tableau, qui lui était offert par ses coéquipiers, le représentait dans l'uniforme de l'Avalanche. Mais de chaque côté, on pouvait voir son visage portant les masques de chacune des deux équipes qu'il avait représentées dans la Ligue nationale.

Le commissaire Gary Bettman, accompagné du fils de Terry Sawchuk, Jerry, se présenta ensuite. « Patrick, dit Bettman, vous avez mérité une place spéciale dans l'histoire du hockey, et pour cela nous voulons vous offrir un cadeau très spécial. Il s'agit d'un de vos bâtons, trempé dans l'argent, et, en reconnaissance de vos habitudes d'avant-match et du père attentionné que vous êtes, nous avons pris soin d'y graver le nom de vos trois enfants. »

Le moment le plus touchant de cette cérémonie survint lorsque Jerry Sawchuk, lui-même visiblement très ému, enlaça Patrick et lui souleva le bras pour montrer qu'il reconnaissait en lui le nouveau champion.

Sawchuk ne savait pas trop à quoi s'attendre quand il avait rencontré Patrick plus tôt en cette matinée du 20 octobre. Inconditionnel partisan des Red Wings, il était dans la foule qui, quelque deux ans plus tôt, avait scandé « Frappe-le, "Ozzie"! Frappe-le! » au moment du combat que Patrick avait livré à Osgood à l'aréna Joe Louis de Detroit. Mais il ne tarda pas à se rendre compte que Patrick était bien différent du personnage qu'il avait vu se battre au centre de la patinoire. Le courant passa bien entre les deux. Au sortir de sa rencontre, Sawchuk déclara : « Je mentirais si je vous disais que je ne suis pas un peu triste que le record de mon père ait été effacé. Mais la vie continue et si quelqu'un devait le battre, ma famille et moi sommes contents que ce soit Patrick qui l'ait fait. Quel fantastique gentleman! »

Après Bettman et Sawchuk, Pierre Lacroix offrit une broche sertie de diamants à la femme de Patrick et des anneaux d'or aux enfants.

Enfin, Stan Kroenke, le propriétaire de l'équipe, dévoila un bronze grandeur nature, une œuvre des sculpteurs Lee West et Christopher Powell, représentant Patrick dans l'uniforme de l'Avalanche, le masque relevé sur sa tête, avec « Charlotte » à ses côtés.

Malgré tous ces hommages et la démonstration exceptionnelle d'appréciation dont il avait été l'objet, Patrick n'était pas encore tout à fait rassasié. Il lui fallait autre chose. Une autre victoire, bien sûr. Il fut satisfait, par le compte de 5 à 1, après avoir stoppé 24 tirs des Panthers.

Patrick n'avait jamais cherché à devenir célèbre. Il l'était devenu. Il était désormais une supervedette, pas seulement au Québec ou au Colorado, mais dans toute l'Amérique du Nord. Du même coup, il rejoignait un cercle de personnalités que la notoriété rend vulnérables parce qu'elles sont désormais vues à travers un prisme déformant, celui de la subjectivité et du préjugé. Le prisme de certains représentants des médias pour qui la moindre apparence de faux pas ou d'écart de conduite devient une condamnation grave et sans appel, tout ça pour faire vendre des journaux ou augmenter des cotes d'écoute. Le prisme de l'adepte des tribunes téléphoniques ou des lettres ouvertes aux journaux qui n'attend que le moment de se venger de celui dont le quotidien lui apparaît plus excitant que le sien.

Dans certains cas, la plainte déposée pour une supposée agression peut constituer elle-même l'agression, le moyen d'attirer les regards et de partager, l'espace d'un instant, l'attention de celui que l'on envie, ou encore de lui arracher quelques dollars par un règlement à l'amiable que l'exaspération l'amènera à verser.

Petit à petit, ce prisme déformant s'agrandit à l'infini, attirant quantité de gens, tels ces soi-disant psys ou autres « logues » de formation douteuse qui, insidieusement, ajoutent leurs théories à ce qu'ils ne connaissent pas et échafaudent des fabulations que plusieurs lecteurs ou auditeurs finiront par confondre avec la réalité. C'est à partir de ces rêves éveillés que des jugements prennent forme et que, parfois, ceux que l'on perçoit comme les malotrus peuvent en réalité être les vraies victimes.

Cela ne veut pas dire que les superstars sont exemptes d'écarts de conduite et qu'il ne leur arrive pas, comme à bien du monde, de commettre des erreurs. Cela veut tout simplement dire que, plus que tout le monde, elles sont susceptibles d'être victimes de préjugés et d'en subir les conséquences. Le destin de Patrick se chargerait d'accréditer cette théorie à quelques reprises.

Le lendemain des célébrations au Pepsi Center, le samedi 21 octobre, nous allâmes manger à l'une des meilleures tables de Denver, où un salon privé nous avait été réservé. Patrick était entouré des gens qu'il aimait : les membres de sa famille ; ses vieux amis, comme Sylvain « Ti-Pote » Doyon et ses parents, Yvette et Guy, ainsi que Claude et Nathalie Lefebvre ; des amis plus récents comme Raymond et Christiane Bourque ; enfin ses représentants, Robert et Daniel Sauvé, accompagnés de leurs conjointes. Après ces semaines de tension, c'était l'heure de desserrer le nœud de cravate et de laisser retomber la pression, de se détendre avec les proches.

Les plats étaient exquis et les divins cépages répandaient leur nectar avec générosité. Vers 23 heures, je profitai du départ de Barbara, d'Alexandra et de Stéphane pour leur demander de me déposer chez Patrick, où je montai me coucher à l'étage. Faute de place pour tout le monde, eux logeaient à l'hôtel Monaco, au centre-ville.

Le repas au restaurant se poursuivait entre-temps. Les fêtards se racontèrent de nombreuses anecdotes et s'amusèrent beaucoup. Après le vin, ils passèrent aux digestifs – certains firent cul sec à maintes reprises avec des *shooters* – jusque vers 2 heures, sauf ceux qui, comme Patrick, devaient conduire un véhicule pour rentrer chez eux. Ces derniers ralentirent leur consommation d'alcool. Puis tous prirent congé.

C'est sur le chemin du retour que tout a commencé. Ou plutôt, que rien n'a commencé, parce qu'en réalité il s'est passé bien peu de choses. Tel un vieux couple, ils se disputèrent tout le long du trajet, la discussion bifurquant sur la famille de Patrick. À la maison, celui-ci marcha quelques minutes à l'extérieur en espérant que les esprits se calment et que Michèle se mette au lit avant qu'il entre à son tour. Il n'en fut rien. L'altercation se poursuivit, les critiques fusant de part et d'autre.

Je fus éveillé par les éclats de voix. Ma montre indiquait 2 h 20. Je prêtai l'oreille. Michèle et Patrick s'enguirlandaient à tue-tête. Soudain, j'entendis un craquement sec. Quelques instants plus tard, Michèle fit irruption dans ma chambre et alluma le plafonnier. Je me redressai dans mon lit.

— Monsieur Roy, me lança-t-elle d'un ton rageur, vous avez gagné!

— Pardon? dis-je, ne comprenant pas trop où elle voulait en venir.

— Vous avez gagné. Vous pouvez le garder, votre fils!

— Ben voyons, Michèle, qu'est-ce que tu dis là? Qu'est-ce qui se passe?

— Vous pouvez le garder, votre fils! répéta-t-elle.

Puis, me pointant du doigt, elle ajouta, avant de quitter la chambre :

— Vous allez vous habiller et sortir d'ici!

Je croyais rêver. Mais la lumière crue du plafonnier me ramena vite à la réalité. J'essayai de rassembler mes vêtements… et mes idées. Il est vrai que nos relations – Barbara et moi – avec Michèle n'avaient jamais été très chaleureuses, mais elles n'étaient pas mauvaises non plus et il me semblait que les choses allaient plutôt en s'améliorant.

Je descendis au salon. Patrick, calme, était écrasé dans un fauteuil. Déjà un agent de police se tenait près de lui. Un autre agent, une femme, s'entretenait avec Michèle dans la salle à manger.

— Qu'est-ce qui se passe? demandai-je à Patrick.

— Elle a appelé le 911. C'est fini, me dit-il d'une voix éteinte et à peine audible.

À cet instant, je sentis qu'un lien de confiance venait de se briser. Pourtant, il ne s'était rien passé d'autre qu'une simple dispute verbale où personne n'avait été menacé, ni agressé physiquement. Une banalité, en somme, chez un couple qui vivait ensemble depuis quatorze ans. Mais, bien que le combiné eût été raccroché sans qu'un seul mot ne fût mentionné, un appel avait été fait au service 911 et Patrick avait violemment poussé une porte, dont l'installation n'était pas encore complétée, de sorte qu'une charnière avait cédé. La fatigue et l'alcool avaient causé le dérapage.

La loi est très stricte dans l'État du Colorado relativement aux appels où il y a apparence de « dispute conjugale ». Il est obligatoire pour les agents de procéder à l'arrestation de la personne qu'ils estiment responsable du désordre et de la mettre en état d'arrestation. Or, en dépit des protestations de Michèle et de Patrick, celui-ci se retrouva dans une cellule d'un poste de police pour n'être relâché qu'à 5 heures du matin, moyennant un cautionnement de 750 dollars.

L'affaire prit des mois à se régler, jusqu'à ce que le procureur de l'État retire son accusation de méfait criminel. Des mois qui furent profondément éprouvants pour Patrick, pour Michèle, pour leurs enfants et pour toute la famille.

29

LA COUPE DE L'AMITIÉ

Durant leur séjour au Japon, alors qu'ils voyageaient à bord d'un train à grande vitesse quelque part entre Nagano et Karuizawa, Patrick dit à Raymond Bourque : « Ça serait bien si on pouvait jouer tous les deux dans la même équipe d'ici la fin de notre carrière. » Trois ans plus tard, grâce à la perspicacité de Pierre Lacroix et à la compréhension de Harry Sinden, le directeur général des Bruins de Boston, ce vœu était devenu réalité.

Patrick et Bourque étaient maintenant de bons amis. Ils jouaient souvent au golf ensemble, mangeaient au restaurant, se visitaient fréquemment avec leurs femmes et leurs enfants, et voyageaient dans la même voiture pour se rendre aux parties et aux entraînements. Bourque avait une bonne influence sur Patrick. Il était l'image même de la confiance tranquille et de la stabilité. S'il avait été un arbre, il aurait été un chêne. Patrick n'aurait jamais pu être un arbre. Non qu'il ne fût pas confiant ni solide, mais il avait trop la bougeotte pour prendre racine. Il s'apparentait davantage au « papillon ».

Tous les joueurs de l'Avalanche étaient désormais en mission : gagner la coupe Stanley pour Raymond Bourque. Ils n'en faisaient pas mystère. Bourque non plus. Celui-ci offrit une casquette à chacun de ses coéquipiers sur laquelle on pouvait lire : « *Mission 16W* » (W pour victoires) ; il faut en effet 16 victoires en séries pour remporter la coupe. « J'ai eu une belle carrière à Boston, dit-il, mais le prix ultime, et ce pourquoi nous jouons, c'est la coupe Stanley, et quand on regarde l'équipe que nous avons ici, avec un bon mélange de jeunes joueurs de talent et de vétérans, nous avons de bonnes chances d'atteindre notre but. C'est très excitant ; il y a peu de chances comme celle-là qui se présentent. Il faut la saisir quand elle passe. »

Né à Saint-Laurent, en banlieue de Montréal, c'est avec force que Raymond Bourque avait entrepris sa carrière chez les Bruins de Boston en 1979-1980, remportant le trophée Calder remis au joueur jugé la meilleure recrue et, fait inusité, méritant dès sa première saison un poste dans la première équipe d'étoiles de la LNH. Il devait passer les vingt et une années suivantes avec les Bruins dont il fut le capitaine pendant plus de quatorze ans. Durant cette période, il fut nommé sur la première équipe d'étoiles de la LNH à douze reprises et six fois sur la deuxième. En 2001, avec l'Avalanche du Colorado, il fut élu une treizième fois sur la première équipe d'étoiles. Il était alors devenu le meilleur pointeur de toute l'histoire de la ligue chez les défenseurs, tant pour les buts et les assistances que pour le total des points. Au passage, il avait remporté le trophée James Norris, remis au meilleur défenseur, à cinq reprises. Seuls Doug Harvey et Bobby Orr le devançaient à ce chapitre.

Malgré tous ces honneurs témoignant d'une carrière hors du commun, il n'avait jamais gagné la coupe Stanley, s'en approchant cependant en 1988 et en 1990, quand les Bruins s'étaient inclinés en finale contre les Oilers d'Edmonton.

Cette fameuse coupe était donc le seul objectif que les joueurs de l'Avalanche avaient en tête. Pour eux, c'était « maintenant ou jamais ». Toute l'organisation avait pris cet engagement, du préposé à l'équipement jusqu'au président, en passant par le soigneur et l'entraîneur.

Un défi comme Patrick les aime.

Tous se souvenaient des deux printemps précédents où les Stars les avaient battus dans un septième et décisif match, à Dallas. Plusieurs spécialistes de cet endroit avaient prétendu qu'Eddie Belfour, le gardien des Stars, avait été plus fort que Patrick. Il est vrai qu'Eddie « The Eagle » avait eu d'excellentes séries, mais ce n'était pas la seule explication. Les Stars, une équipe de même force que l'Avalanche, avaient bénéficié de l'avantage de la glace à chaque occasion et, dans une septième rencontre, quand la foule appuie l'équipe locale, cela peut faire une énorme différence. Forts de ces expériences, les « Avs » feraient cette fois tout en leur pouvoir pour terminer la saison régulière le plus haut possible au classement général afin d'être avantagés en séries. Ils ne voulaient absolument pas que Bourque rate cette ultime chance de gagner le précieux trophée.

Ils firent si bien qu'ils terminèrent bons premiers, à 118 points, sept de mieux que leurs plus proches poursuivants, les Devils du New Jersey et les Red Wings de Detroit, ex æquo au second rang. Patrick connut sa première et seule saison de 40 victoires de toute sa carrière, n'encaissant que 13 défaites.

En deuxième demie de saison, le 13 février 2001, l'Avalanche avait rendez-vous à Montréal. C'était la première visite de Patrick dans cette ville depuis qu'il avait battu le record de Sawchuk, et comme il avait remporté 289 de ses 448 victoires dans l'uniforme du Tricolore, l'organisation des Canadiens avait décidé de lui rendre hommage avant la rencontre, lors d'une brève cérémonie au centre de la glace.

Depuis son fracassant départ de Montréal en 1995, il était venu y jouer à quatre reprises, mais jamais un événement particulier ne l'avait mis en évidence. Cette fois, ce serait différent et il s'inquiétait de la réaction de la foule. Il craignait qu'elle lui eût imputé toute la responsabilité de sa rupture avec les Canadiens et qu'elle ne lui ait pas pardonné. De même, les plaies de sa dispute conjugale de l'automne précédent n'étaient pas encore refermées. La vaste médiatisation de cet incident, accompagnée de toutes sortes d'interprétations, de supputations et de suppositions, lui avait causé du tort et l'avait rendu irascible. Quelques jours auparavant, il m'en avait glissé un mot au téléphone. Pour apaiser ses craintes, je lui avais cité cet extrait de *La Plaisanterie* de Milan Kundera :

> Tout sera oublié et rien ne sera réparé. Le rôle de la réparation
> (et par la vengeance et par le pardon) sera tenu par l'oubli.

Personne ne réparera les torts commis, mais tous les torts seront oubliés.

Comme il s'agissait d'une affaire personnelle, il avait fait savoir qu'il apprécierait que les journalistes évitent d'aborder, pendant son séjour à Montréal, la question de sa chicane de ménage. Avant son départ de Denver, il avait accordé, au téléphone, une longue entrevue à Bertrand Raymond, du *Journal de Montréal*. Dès son arrivée à l'aéroport de Mirabel, il fut accueilli par les caméras. Le lendemain, soit le matin du match, il fut interviewé à la télévision de TQS par Michel Villeneuve. Faisant fi de la consigne, celui-ci insista pour que Patrick l'entretienne des événements de la nuit du 21 octobre. Il n'en fallait pas plus pour mettre Patrick de fort mauvaise humeur. Et quand il vit le titre de l'article du *Journal de Montréal*, intitulé « Quand on oublie, on pardonne », les nerfs déjà à fleur de peau, il éclata. Ce fut Bertrand Raymond qui écopa. Patrick semonça de façon virulente le chroniqueur, membre du Temple de la renommée du hockey, qui, de surcroît, avait toujours été des plus corrects avec lui.

Pourtant, Raymond n'y était pour rien. Son article, plutôt élogieux, ne faisait référence qu'aux relations de Patrick avec le public montréalais. Il avait parfaitement bien respecté ce qui avait été convenu. Patrick en avait néanmoins contre le titre qui coiffait l'article, lequel, selon lui, prêtait à confusion. On pouvait l'interpréter comme une allusion à ses démêlés avec sa conjointe. Le rapprochement était en effet possible, mais ce titre était tiré de ses propres commentaires : « Les gens ont passé l'éponge là-dessus [son départ de Montréal] et j'en ai fait autant, avait-il déclaré. Parfois, le public ne pardonne pas nécessairement, mais il oublie. Or, quand on oublie, on pardonne toujours plus facilement. » C'était ce dernier bout de phrase qui était de trop et qui avait allumé une mèche déjà bien écourtée.

Les appréhensions de Patrick n'étaient pas fondées. La foule l'accueillit chaleureusement. Elle se souvenait des coupes de 1986 et de 1993 où il avait joué un rôle déterminant. Patrick fut visiblement touché. Au cours d'une cérémonie sobre précédant le match, ses anciens coéquipiers Patrice Brisebois, Benoît Brunet et Guy Carbonneau lui offrirent une toile de l'artiste-peintre Michel Lapensée le montrant à différentes étapes de sa carrière dans l'uniforme des Canadiens. Avant de prendre place devant son filet pour le début de la rencontre, Patrick salua le public de la main à quelques occasions. La réconciliation avait eu lieu.

Réalisant qu'il y était allé un peu fort en s'en prenant à Raymond, Patrick l'appela deux jours plus tard pour s'excuser. L'Avalanche était alors à Ottawa où elle faisait escale pour une rencontre contre les Sénateurs.

⌣

À la veille des séries, la plupart des experts favorisaient l'Avalanche et les Devils du New Jersey comme finalistes. Selon son habitude à chaque mois de mars, Pierre Lacroix était allé chercher du renfort. Il avait acquis les services de l'excellent défenseur offensif Rob Blake et du centre Steve Reinprecht, des Kings de Los Angeles, en retour de l'ailier droit Adam Deadmarsh et de l'arrière Aaron Miller. Comme dans les meilleures années des Canadiens qui comptaient sur leur *Big Three* à la défense avec Serge Savard, Guy Lapointe et Larry Robinson, l'Avalanche avait maintenant le sien composé de Raymond Bourque, Rob Blake et Adam Foote. L'Avalanche était une équipe sans faiblesses, avec de la profondeur à toutes les positions. En plus de son *Big Three* en défensive, elle représentait une puissance offensive avec Joe Sakic, Peter Forsberg, Milan Hejduk, Alex Tanguay et Chris Drury. Le directeur général Lacroix avait fait sa part. Il appartenait désormais à l'entraîneur Hartley et aux joueurs de faire leur bout de chemin.

Dès la première ronde, il semblait bien que l'Avalanche était sur la bonne voie… Elle élimina les Canucks de Vancouver en cinq parties. Une simple formalité. Les adversaires suivants étaient les Kings de Los Angeles, qui avaient causé une certaine surprise en se débarrassant des puissants Red Wings de Detroit. Mais quand on examinait attentivement la formation des Kings, la surprise était moins grande. Ils étaient solides dans le but avec Félix « The Cat » Potvin, qui avait le vent dans les voiles après avoir connu une grosse série contre Detroit. En cas de défaillance, Potvin était bien appuyé par Stéphane Fiset. Pour le reste, c'était une équipe bien équilibrée : de bons marqueurs comme Luc Robitaille et Zigmund Palffy, et de bons défenseurs comme Mathieu Schneider et Aaron Miller. Surtout, les Kings avaient, en la personne d'Andy Murray, un entraîneur qui savait tirer le maximum de rendement des ressources mises à sa disposition.

Les « Avs » ne tardèrent pas à s'en rendre compte. Dès la première rencontre à Denver, ils subirent une défaite en prolongation au compte de 4 à 3. C'est à partir de ce match que, contre toute attente, cette série devint un duel de gardiens entre Potvin et Patrick.

Critiqué par les partisans lors du premier match au Pepsi Center, Patrick, comme il l'avait si souvent fait après une performance moyenne, rebondit avec un jeu blanc de 2 à 0 dès le match suivant. Du même coup, il éclipsait la marque de 15 jeux blancs en séries éliminatoires établie par Clint Benedict, qui avait porté les couleurs des Maroons de Montréal et des Sénateurs d'Ottawa entre 1914 et 1928. « Je ne savais pas avant le tour éliminatoire précédent que j'étais près du record, commenta Patrick. Je veux gagner la coupe avant tout. Je tâche de ne pas m'ajouter de pression et j'évite de lire les journaux. »

Après une victoire de 4 à 3 à la première rencontre à Los Angeles, Patrick revint avec un autre blanchissage au match suivant, cette fois par le compte de 3 à 0. Sa solide performance permit ainsi à l'Avalanche de prendre les devants trois parties à une dans la série, et Bob Hartley ne tarissait pas d'éloges à l'endroit de son gardien : « Incroyable, tout simplement incroyable ! s'émerveillait-il. Patrick a offert une performance que peu de gardiens peuvent égaler dans cette ligue. Sans lui, nous aurions pu retourner à l'hôtel après la première période. »

Patrick, lui, se montrait prudent : « Nous allons devoir bien jouer, affirma-t-il, car ces gars-là ne vont pas abandonner. Nous allons devoir tout donner pour l'emporter. Les Kings ne nous feront pas de cadeaux. »

Oh que non ! Profitant d'une blessure à l'épaule qui devait faire rater trois matchs à Joe Sakic, Félix Potvin se montra intraitable au cours des deux affrontements suivants, blanchissant à son tour l'Avalanche par des comptes identiques de 1 à 0. Patrick excella aussi, bloquant respectivement 25 et 31 lancers, mais ses coéquipiers ne parvinrent pas à lui donner un seul but.

À la veille de l'ultime match de la série, rien n'était joué. La meilleure équipe de la ligue en saison régulière faisait face à l'élimination contre une formation que personne n'attendait si tard en mai. Pire, sa puissante attaque venait d'être blanchie deux parties de suite. Trois maigres buts en avantage numérique depuis le début de cette série, même avec Blake ou Bourque au point d'appui, et avec Forsberg et Hejduk à l'avant. De quoi s'inquiéter !

Lacroix jouait gros. Avait-il concocté toutes ces transactions en vain ? Au total, il avait sacrifié neuf joueurs d'avenir et deux choix de première ronde, en plus de faire grimper sa masse salariale à 56 millions de dollars, pour se doter d'une formation capable, pensait-il, de mettre la main sur la coupe à court terme. En cas d'échec, les médias de Denver le « lapideraient » sur la place publique.

L'honneur fut sauf, cette fois, grâce à une victoire finale de 5 à 1. Les efforts en saison régulière rapportaient ainsi leurs dividendes, le septième match ayant eu lieu au Pepsi Center. Cependant, une fort mauvaise nouvelle attendait les partisans de l'Avalanche. Après la victoire, Peter Forsberg se sentit mal, souffrant de crampes abdominales. Il fut transporté à l'hôpital, où les tests révélèrent des dommages et des saignements internes. On dut procéder d'urgence à l'ablation de la rate. Le Suédois ne jouerait plus du reste des séries, ce qui affaiblissait significativement une offensive qui en avait déjà passablement arraché contre les Kings.

La finale de l'Ouest opposa l'Avalanche aux Blues de Saint Louis, qui avaient écarté les Stars de Dallas. Dans l'Est, ce furent les Devils du New Jersey, qui venaient de disposer des Maple Leafs de Toronto en sept matchs, contre les Penguins de Pittsburgh.

Malgré l'absence de Forsberg, malgré l'avantage des Blues dans le nombre de tirs au but, malgré des rencontres au pointage serré – trois d'entre elles nécessitèrent du temps supplémentaire –, l'Avalanche triompha des Blues en cinq matchs.

L'Avalanche approchait du but qu'elle s'était fixé en début de saison. Raymond Bourque aussi : « En accédant à la finale, déclara-t-il lors du point de presse d'après-match, on se donne une chance de gagner la coupe. L'an dernier, on n'avait pas atteint cette étape, mais cette année, je sens que l'équipe est prête. Personnellement, je n'ai pas réussi à me rendre aussi loin depuis onze ans, et les deux fois que ça s'est produit [avec les Bruins], on n'était même pas venus près de l'emporter. Maintenant, je sais que ce n'est pas seulement une question d'être de la finale. C'est une question d'être compétitif, de gagner des matchs de hockey, et c'est ce que je veux faire à partir de maintenant. » Le capitaine Sakic déclara de son côté : « Ça n'a pas été facile. On a perdu Peter Forsberg, mais Patrick Roy nous a amenés où on en est. »

Dans la finale de l'autre association, les Devils éliminèrent les Penguins, également en cinq parties. La logique était respectée. Les deux meilleures équipes de la saison régulière allaient se mesurer en finale de la coupe Stanley. Détail intéressant, des quatre équipes que l'Avalanche dut affronter durant ces séries, trois faisaient confiance à un gardien de but québécois : Dan Cloutier à Vancouver, Félix Potvin à Los Angeles et Martin Brodeur au New Jersey.

Cette finale de la coupe Stanley serait suivie comme jamais au Québec, non pas parce que l'Avalanche incarnait les anciens Nordiques, mais plutôt parce que les Québécois voulaient qu'une injustice soit réparée. Pour ceux-ci, le fait que Raymond Bourque ait joué vingt-deux saisons dans la Ligue nationale, ait fait partie d'équipes d'étoiles à dix-neuf reprises et ait gagné le trophée James Norris cinq fois sans gagner la coupe constituait une injustice. La plupart des amateurs de hockey du Québec seraient derrière lui. Derrière Patrick aussi, pour qu'il aide son ami à obtenir réparation.

Le duel de gardiens de but qui s'annonçait entre deux Québécois soulevait également les passions. Patrick s'était hissé au sommet de sa profession, mais on se demandait si Martin Brodeur, le plus logique aspirant au trône, était prêt à y accéder. L'adjoint de Brodeur n'était nul autre que John Vanbiesbrouck, celui-là même auquel Patrick avait été opposé lors des séries de 1986, contre les Rangers de New York, et de 1996, contre les Panthers de la Floride.

Question d'ajouter un peu plus de pression sur les épaules de son adversaire, Brodeur déclara, à l'aube de la finale : « On va affronter le meilleur gardien des séries. Il jouit d'une grande réputation. L'affronter sera certainement intéressant. C'est évident qu'il sera difficile à déjouer. Mais nous sommes en finale et nous sommes tous enthousiastes à l'idée de jouer contre une grande équipe et un grand gardien. » Mais Patrick avait déjà prouvé par le passé, à maintes reprises, que la pression ne le paralysait pas, surtout dans les moments cruciaux. Il abordait cette finale avec la meilleure moyenne de tous les gardiens de la ligue, à 1,74, alors que celle de Brodeur s'établissait à 1,82.

Les Québécois se souvenaient aussi du fameux *Big Three*, composé de Robinson, Savard et Lapointe, qui avait excité leurs passions dans les années soixante-dix, et auquel on comparait maintenant le trio défensif de l'Avalanche formé de Bourque, Blake et Foote. Sauf que Larry Robinson, authentique membre du *Big Three* des Canadiens, était maintenant dans l'autre camp à titre d'entraîneur-chef des Devils. Quand on lui demanda de commenter cette comparaison, Bourque, flatté, esquissa un petit sourire : « Écoutez, j'ai grandi à Montréal en regardant jouer ces trois grands joueurs. Quand je pense à eux et à leur époque, un seul mot me vient à l'esprit et c'est celui de "domination". Ces trois joueurs dominaient à leur niveau et leur équipe remportait coupe après coupe. C'était une très grande époque. »

Mais les Devils étaient loin de se résumer à un bon gardien et à un illustre entraîneur. Ils étaient connus pour pratiquer un jeu défensif hermétique avec des arrières comme Brian Rafalski, Scott Niedermayer et Scott Stevens, et des avants qui se faisaient un point d'honneur de venir leur prêter main-forte comme Patrick Elias, Alexander Mogilny, Petr Sykora, Scott Gomez, Jason Arnott et Bobby Holik. C'était une formation redoutable, difficile à vaincre.

Bien que l'on s'attendît à du jeu serré et à ce que peu de buts soient comptés lors du match initial, Patrick éclipsa son aspirant rival en bloquant les 25 lancers des Devils dans une surprenante victoire de 5 à 0. Satisfait de son rendement, il fallait le voir sur la patinoire, à l'issue du match, saluer Jana de sa grosse mitaine, alors que la fillette, dans les gradins, soufflait dans le creux de sa main pour lui envoyer un baiser.

Patrick n'était qu'à 16 minutes et 10 secondes de battre un record vieux de soixante-quinze ans, établi lui aussi par Clint Benedict en 1925-1926. Benedict avait blanchi ses adversaires pendant 229 minutes et 22 secondes consécutives dans des matchs de finale. Pour sa part, Patrick n'avait pas été déjoué dans une ultime série depuis que Rob Niedermayer avait marqué contre lui en première période (à 11:19) de la troisième partie de la finale de 1996 opposant l'Avalanche aux Panthers de la Floride.

C'est toutefois Raymond Bourque qui recevait la majeure partie de l'attention. Une station de radio de Boston (WAAF) avait même réservé un panneau-réclame à Denver sur lequel on pouvait lire : « *Ray, win the cup for... Boston !* » Cette publicité agaçait un peu le défenseur : « Je suis ici pour jouer et gagner, dit-il. C'est une belle histoire, mais d'ici à ce qu'elle se concrétise, il y a du travail à faire. Entre-temps, ça commence à me rendre fou de voir ma face partout! »

Patrick rata le record de Benedict par 1 minute et 41 secondes quand, au second match, Bob Corkum le déjoua à 14 :29 de la première période. Jusque-là, le gardien de l'Avalanche avait blanchi ses adversaires en finale de la coupe Stanley pendant 227 minutes et 41 secondes consécutives. Les Devils marquèrent un second but en première période et ce fut suffisant pour qu'ils prennent la mesure de l'équipe locale par le compte de 2 à 1, lui ravissant de la sorte l'avantage de la glace pour laquelle elle avait bataillé toute l'année. La série se déplaçait maintenant à East Rutherford, au New Jersey, pour les deux rencontres suivantes.

Au troisième match, alors qu'il ne restait qu'une vingtaine de secondes à la deuxième période et que le compte était égal 1 à 1, Patrick fit une sortie à sa gauche pour aller récupérer une rondelle libre le long de la rampe. Mais il n'avait pas vu Patrick Elias qui s'amenait en trombe et qui parvint à l'objet de convoitise en même temps que lui. À une douzaine de mètres de son but, Patrick était en difficulté. Elias s'empara du disque et parvint à tirer vers le filet abandonné, mais heureusement pour Patrick, la rondelle s'arrêta sur le poteau de la cage et Rob Blake la récupéra aussitôt. « Mon cœur arrêta de battre! » confia plus tard l'entraîneur Hartley.

Ce n'était pas la première fois que Patrick faisait une sortie du genre. On le lui reprochait souvent, mais ça faisait partie des risques calculés qu'il s'autorisait. Il le faisait d'abord parce qu'il aimait ça, et il va sans dire que ces sorties ajoutaient du piquant au spectacle ; il faut admettre que Patrick n'a jamais été ennuyant à regarder jouer. Mais il y avait plus. Ces sorties évitaient à ses défenseurs – eux ne s'en plaignaient pas – de sévères mises en échec par-derrière. C'était aussi une façon pour Patrick de se sentir plus présent au jeu et d'apporter une contribution additionnelle à l'équipe. Le nombre de fois où il s'était fait prendre en sortant de son but lui avait valu la réputation d'être plutôt moyen pour contrôler la rondelle avec son bâton. La réalité, c'est qu'il se brûlait plus souvent que les autres parce qu'il jouait plus souvent avec le feu, plus souvent que n'importe quel autre gardien dans la ligue.

Cette fois-là, il s'en tira bien malgré ce qu'on avait pu percevoir comme une erreur grave de sa part. Il le savait. Au son de la sirène annonçant la fin de la période, furieux contre lui-même, il poussa son but hors de ses amarres.

En troisième période, l'Avalanche parvint à ajouter deux autres buts, assurant sa victoire et reprenant ainsi l'avantage de la glace. Les deux équipes s'échangeaient cet avantage un peu comme des joueurs de tennis qui s'échangent les bris de service. Le second but, le but gagnant, fut l'œuvre de Raymond Bourque, résultat d'un foudroyant lancer qui passa par-dessus l'épaule de Brodeur.

Au deuxième entracte, Bourque avait prédit qu'il ferait la différence dans ce match : « C'est vrai que j'ai dit ça, avoua le vétéran de quarante ans, mais qu'avais-je à perdre ? J'espérais seulement que ça fonctionne ! Chose certaine, c'est assurément le but le plus important de toute ma carrière. »

Le quatrième match fut tout à l'avantage des Devils, qui dominèrent le jeu outrageusement, dirigeant 35 tirs vers le but de Patrick, alors que l'Avalanche n'en réussit que 12 contre Brodeur. Malgré tout, à douze minutes de la fin du match, l'Avalanche menait par 2 à 1. Patrick avait alors stoppé 25 tirs, contre seulement 9 par Brodeur. La rondelle fut projetée dans la zone de l'Avalanche, contourna le coin de la patinoire et glissa le long de la rampe en direction du but de Patrick. Celui-ci quitta son filet pour la récupérer et la passer à un coéquipier. Il avait déjà fait ce geste peut-être quinze fois depuis le début du match et à plusieurs milliers de reprises durant sa carrière. C'était un jeu de routine. Mais cette fois, juste avant de saisir le disque, il leva un peu la tête pour voir comment le jeu se dessinait devant lui. La rondelle lui parvint du côté du revers et sautilla sur son bâton. Il jongla quelque peu avec elle et en perdit le contrôle. Une malchance autant qu'une bévue. C'est

Jay Pandolfo qui la récupéra et la passa à Scott Gomez, posté seul devant un filet déserté. Puis, alors qu'il ne restait qu'un peu plus de deux minutes à jouer, les Devils marquèrent de nouveau et ravirent la victoire par le compte de 3 à 2. La série était maintenant égale : deux parties de chaque côté.

Plusieurs commentateurs, journalistes et analystes firent leurs choux gras de la maladresse de Patrick, certains lui imputant même la responsabilité de la défaite. Compte tenu de la domination des Devils dans ce quatrième match, son entraîneur et plusieurs de ses coéquipiers vinrent à sa rescousse par des déclarations qui replaçaient les choses dans un contexte plus équitable. « Les Devils l'auraient facilement emporté sans Patrick, expliqua notamment Rob Blake. Il a repoussé un barrage de tirs de tous les angles. Ceux qui veulent lui jeter le blâme devraient analyser l'ensemble du match. » Malgré cette mésaventure, il n'en restait pas moins que l'Avalanche était toujours en bonne posture. Elle bénéficiait de l'avantage de la glace dans ce qui devenait maintenant une série deux de trois.

Rien n'était cependant acquis, puisque Martin Brodeur choisit le cinquième match pour livrer sa meilleure performance des séries, tandis que son équipe continuait à dominer le jeu. Les Devils surprirent l'Avalanche devant ses partisans, l'emportant par 4 à 1. La douche écossaise. L'Avalanche, qui avait paru jusque-là en bon contrôle de la situation dans cette finale, se trouvait soudainement au bord du gouffre. Il ne lui restait aucune marge de manœuvre, et la rencontre suivante, la sixième, allait se jouer devant la foule hostile du Continental Airlines Arena d'East Rutherford, le domicile des Devils. Une seule victoire était nécessaire à ces derniers pour anéantir le rêve de toute une carrière, celui de Raymond Bourque, et l'objectif ultime de ses coéquipiers. Bourque serait-il condamné à prendre sa retraite avec le titre du meilleur joueur à n'avoir jamais gagné la coupe Stanley ? Serait-il à tout jamais perçu comme un perdant incapable de réaliser son rêve ? Venait-il de bousiller sa dernière chance en vingt-deux saisons d'inscrire son nom sur le « calice » d'argent ?

Et Patrick ? Aurait-il à porter, le reste de ses jours, l'odieux de cet échec à cause de son impair du quatrième match ? On pointait du doigt cette « gaffe » comme point tournant en faveur des Devils, alléguant même qu'elle avait sonné le réveil des champions en titre. Le défi qui se présentait maintenant était à la mesure des capacités des deux valeureux guerriers, qui auraient besoin de toute l'énergie de leur profonde amitié, et de beaucoup de chance, pour le relever. Chose certaine, de tels gladiateurs n'allaient pas baisser les bras si près du but.

C'est Patrick qui prit les choses en main au sixième match. Il s'imposa telle une forteresse infranchissable, comme il l'avait fait à quelques reprises par le passé dans de pareils moments désespérés. Non seulement, par son brio, procura-t-il la victoire à son équipe aux dépens d'un adversaire qui jouait à domicile, mais il le fit par blanchissage en stoppant les 24 lancers que les Devils essayèrent d'enfiler dans son filet, tandis que ses coéquipiers réussissaient à marquer 4 buts contre Brodeur sur 18 tirs. Patrick était celui qui rendait nécessaire la présentation d'un ultime match au Pepsi Center de Denver, celui par qui les chances de Raymond Bourque demeuraient toujours bien vivantes. Du même coup, tous ceux qui l'avaient décrié une semaine plus tôt se rangeaient maintenant derrière lui et l'acclamaient.

Juste avant le match décisif, Raymond Bourque confia, lors d'une entrevue télévisée : « J'ai toujours trouvé difficile de regarder un septième match de finale parce qu'à la fin, quelqu'un lèverait la coupe au bout de ses bras. Je pensais alors "Hé ! Dire que ça fait si longtemps que je joue et que je n'ai jamais eu l'occasion de faire ce geste !" Après la présentation, j'allais marcher dans le voisinage et plusieurs choses me revenaient en mémoire. Je réalisais aussi que le temps se faisait pressant et que je me trouvais de plus en plus en situation d'urgence pour atteindre mon but. Ce soir, une occasion se présente et c'est maintenant qu'il faut la saisir. C'est peut-être la dernière. Allons-y ! »

Bourque n'avait jamais touché à la coupe. Il s'était déjà trouvé à quelques centimètres de celle-ci, dans certaines occasions spéciales où on en faisait la présentation, et jamais il n'avait voulu y toucher. Il n'en était pas question ; comme s'il ne s'autorisait pas ce privilège avant de l'avoir dûment mérité ; comme si cela pouvait lui porter malchance. À la veille de l'affrontement décisif, il n'avait jamais été à la fois aussi près et aussi loin de son but. Il suffisait de triompher des Devils dans ce seul match et le tour était joué. Mais c'était plus facile à dire qu'à faire. Patrick le savait bien : « Nous nous sommes donné une chance de soulever la coupe en remportant un match sans lendemain au New Jersey, mais la dernière victoire reste la plus difficile à récolter. »

Au dire même de la presse locale, on allait assister au plus grand événement sportif à avoir jamais été présenté à Denver. Dans le stationnement du Pepsi Center, des revendeurs offraient des billets à 3 000 dollars la paire. Plus d'une centaine de journalistes étaient sur les lieux pour décrire et analyser l'action. Il y avait de l'électricité dans l'air. Pendant les exercices d'échauffement d'avant-match, pendant que plusieurs de ses coéquipiers patinaient en rond pour se délier les jambes, on put voir Patrick méditer de longues secondes devant le banc de son équipe, fixant du regard une rondelle, avant de prendre son tour devant le filet pour y essuyer les tirs d'exercice. Au bout d'une vingtaine de minutes, les deux équipes se retirèrent à leur vestiaire, Bourque étant le dernier à quitter la patinoire.

Une fois les 18 000 partisans assis, et juste avant que les joueurs sautent sur la glace, on éteignit les lumières. Seuls des projecteurs de couleur balayaient la foule et la surface glacée, ajoutant à l'atmosphère de drame et de tension. Des hauteurs de l'amphithéâtre, on fit descendre, retenue par des câbles, une espèce de structure en forme d'igloo pouvant aussi représenter la lettre « A », que l'on plaça juste devant la porte menant à la patinoire. Un à un les joueurs de l'Avalanche, sous les cris et les applaudissements de la foule, donnaient l'impression de sortir de cet igloo en mettant le patin sur la glace. Et comme s'il n'y avait pas encore assez de bruit, toute cette mise en scène se déroulait au son d'une musique à rendre dingue n'importe quel habitué de musique *heavy metal*.

En fait, tous ces préparatifs, et le suspense entretenu par toutes les analyses, hypothèses et probabilités quant au résultat furent plus excitants que le match lui-même. Celui-ci prit une tournure inattendue en début de deuxième période, comme s'il n'était plus qu'une formalité à remplir pour déterminer un gagnant. Jusque-là, pendant tout le temps où les deux équipes avaient joué de prudence et où l'issue de la rencontre ne s'était pas esquissée, l'angoisse et la fébrilité avaient tenaillé les spectateurs. Mais dès que l'Avalanche se fut emparée d'une avance de trois buts, alors qu'on n'avait joué que six minutes dans la période médiane, les Devils, surtout reconnus pour leur habileté à protéger une avance, furent forcés de jouer du hockey de rattrapage et semblèrent moins à l'aise. La victoire de l'Avalanche se dessinait inexorablement. Alex Tanguay avait marqué deux buts en plus de servir une passe sur celui de Joe Sakic. Avant la fin de la période, Petr Sykora, le centre des Devils, avait réduit l'écart à 3 à 1.

À la troisième reprise, les Devils eurent beau y mettre toute l'énergie du désespoir, ils se butèrent sur un Patrick intraitable. Alex Tanguay, avec deux buts et une passe, fut l'un des deux héros du match, Patrick fut l'autre, n'ayant cédé qu'une seule fois sur les 26 lancers des Devils.

Bourque passa les quatre-vingt-dix dernières secondes de jeu sur la patinoire, car l'entraîneur voulait lui faire savourer pleinement chaque instant qui restait. Mais pour le principal intéressé, le moment était lourd et bouleversant. Il sentait une pression lui peser sur la poitrine, et il s'efforçait de refouler ses larmes et de maîtriser ses émotions du mieux qu'il pouvait. À la fin, ce n'est qu'avec beaucoup de difficulté qu'il parvenait à respirer. Il n'avait jamais éprouvé une telle sensation de toute sa vie. À treize secondes de la fin, derrière une image embuée de l'arbitre qui s'apprêtait à faire une mise en jeu dans la zone de l'Avalanche, plié en deux, épuisé, il dut se parler intérieurement pour ne pas s'effondrer complètement : « Allez, se dit-il, retiens-toi encore un peu ; il ne reste que quelques secondes ! » Au son de la sirène, il fut le premier à se jeter dans les bras de Patrick, suivi de tous ses coéquipiers qui avaient quitté le banc de l'équipe.

Rien ne ressemble plus au délire collectif qui suit la conquête d'une coupe Stanley que le délire collectif qui suit la conquête d'une autre coupe Stanley. Pour Patrick, c'était la quatrième en quinze ans. Mais la sensation était la même. Indescriptible. Tous les joueurs s'enlaçaient et se félicitaient. Bourque, en particulier, visiblement très ému, serrait longuement dans ses bras chacun de ses camarades de combat. C'était le moment culminant de sa vie de joueur de hockey, la récompense suprême, attendue depuis si longtemps.

Pendant que Pierre Lacroix s'amenait au banc de son équipe pour féliciter ses entraîneurs, recevant au passage les compliments de Larry Robinson, lequel enlaça aussi Bob Hartley, pendant que Raymond Bourque, ivre de joie, était hissé sur les épaules de ses coéquipiers Adam Foote et Dave Reid, pendant que Hartley étreignait longuement Patrick dans un moment particulièrement touchant, pendant que Frédérick et Jonathan s'amenaient à leur tour sur la glace pour féliciter leur père, et après que les joueurs des deux équipes eurent échangé la traditionnelle poignée de main, le commissaire Gary Bettman se présenta au centre de la patinoire avec le trophée Conn Smythe.

Bettman annonça : « Le gagnant du trophée Conn Smythe... pour la troisième fois... – à cet instant la foule réagit, saisissant bien de qui il s'agissait – PATRICK ROY !!! » Plus tôt dans la série, à l'occasion d'une entrevue au réseau anglais de Radio-Canada, l'ancien commentateur Dick Irvin avait relevé une donnée intéressante : « Si Patrick gagne la coupe cette année, avait-il dit, il se sera passé quinze ans depuis sa première conquête en 1986. Le seul autre gardien qui me vient à l'esprit pour avoir réalisé un tel exploit est Terry Sawchuk, une première fois avec Detroit en 1952 et une dernière fois avec Toronto en 1967. Je pense qu'on peut placer le nom de Patrick avec celui de Sawchuk et de tous ces grands du hockey », avait-il ajouté.

Maintenant, non seulement s'était-il passé quinze ans depuis sa première conquête de la coupe, mais il s'était également passé quinze ans depuis sa première conquête du trophée Conn Smythe. Du même coup, Patrick devenait le tout premier joueur de l'histoire de la Ligue nationale à mériter à trois reprises cet honneur décerné au joueur par excellence des séries éliminatoires. Même de légendaires vedettes comme Wayne Gretzky et Mario Lemieux n'ont pu faire mieux qu'un doublé pendant leur illustre carrière. Patrick a gagné la coupe Stanley et le trophée Conn Smythe dans trois décennies différentes : en 1986, en 1993, en 1996 (la coupe seulement) et en 2001. Une marque de constance et de durabilité.

Patrick souleva le trophée dans les airs pour le montrer à la foule et aux caméras, et il le reposa aussitôt sur la table. Il était heureux et fier d'avoir de nouveau gagné le Conn Smythe, mais c'était un honneur individuel, et ce qui importait davantage pour lui, c'était de savoir que son ami Raymond Bourque aurait son nom gravé sur la coupe Stanley. « C'est agréable, dit-il, mais la sensation est encore plus forte de voir un gars comme Raymond soulever la coupe. Il manquait un nom sur ce grand et beau trophée, celui de Raymond. »

Pendant que des animateurs réalisaient des entrevues en direct sur la patinoire, deux représentants de la LNH apportèrent la coupe Stanley et la déposèrent sur une table au centre de la glace. Gary Bettman s'amena et prononça un petit laïus de circonstance avant d'appeler Joe Sakic pour lui remettre la coupe.

La tradition veut que, lorsque le capitaine de l'équipe victorieuse reçoit la coupe Stanley, celui-ci amorce un tour d'honneur de la patinoire avant de la remettre à ses coéquipiers. Mais depuis le début de la saison, aussi loin qu'au camp d'entraînement, Joe Sakic avait prévu un autre scénario.

Aussitôt qu'il eut pris possession du trophée, il fit une petite pause pour laisser le temps aux photographes de prendre un cliché et il le passa aussitôt à Raymond Bourque. Celui-ci, qui touchait enfin à la coupe, ne se fit pas prier pour la soulever, la tenir de longs instants au bout de ses bras et l'embrasser à plusieurs reprises avant d'effectuer lui-même le tour d'honneur devant une foule en pâmoison, dans laquelle se trouvait toute sa famille, y compris sa mère et son père.

Bourque remit ensuite la coupe à un coéquipier pour qu'il la soulève à son tour, et il en fut ainsi pendant de longues minutes, chaque joueur, à tour de rôle, savourant ses instants de gloire. Au moment où l'on croyait que cet épisode de réjouissances était terminé, Bourque revint à la charge, s'empara de nouveau de la coupe, comme s'il ne voulait plus s'en départir, et fit encore le tour de la patinoire sous les applaudissements nourris des spectateurs toujours présents.

Les joueurs et les entraîneurs se regroupèrent ensuite au centre de la glace pour une photo de groupe. Pendant que le photographe réglait son objectif, les haut-parleurs de l'amphithéâtre entonnèrent, comme à Sherbrooke seize ans plus tôt, le désormais célèbre hymne aux vainqueurs de Queen :

We are the Champions my friend
And we'll keep on fighting till the end
We are the Champions, we are the Champions...

Cette musique qui emplissait l'enceinte tout entière tira des larmes à plusieurs de ces valeureux gladiateurs, qui se pressaient autour de Patrick et de Bourque tenant la coupe Stanley. On prit ensuite une photo de ce dernier derrière la coupe avec son fils Christopher qui ne put s'empêcher de lancer : « C'est la plus belle chose qui nous soit arrivée ! »

Plus tard, Bourque se présenta au point de presse d'après-match accompagné de sa femme, Christiane, et de ses trois enfants, Melissa, Christopher et Ryan. « Ce fut un très gros sacrifice pour nous de quitter Boston l'an passé, dit-il, mais ça en a valu la peine. Nous sommes venus ici pour remporter la coupe Stanley et maintenant c'est fait. Je ne peux m'empêcher d'avoir une pensée pour Harry Sinden qui m'a permis de vivre cela, et j'aimerais partager cette coupe avec tous les joueurs avec qui j'ai joué dans le passé et tous les partisans de Boston qui m'ont soutenu pendant toutes ces années. »

Pierre Lacroix avait gagné son pari. Son équipe s'était rendue jusqu'au bout pour la seconde fois. Raymond Bourque avait finalement sa coupe Stanley. On ne pourrait plus le regarder en pensant : « C'est un bon joueur, mais... » Après avoir vécu une dure saison sur le plan personnel, une autre année marquée de hauts et de bas, Patrick mettait la main sur une quatrième coupe et un troisième trophée Conn Smythe. Il avait éclipsé le principal aspirant à son titre de meilleur gardien de but avec une moyenne, dans les quatre séries éliminatoires, de 1,70 et un pourcentage d'efficacité de 93,4, contre 2,07 et 89,8 pour Martin Brodeur.

On ne reverrait jamais plus Raymond Bourque sur une patinoire, mais cette dernière conquête avec Patrick avait scellé une amitié pour la vie.

30

SATISFECIT

Patrick ouvrit les yeux. Il était seul. Les tentures de sa chambre étaient fermées. Il avait bien dormi, mais il ressentait encore de la fatigue. La veille, il avait joué au Minnesota. Une défaite de 3 à 2 en prolongation. Le Wild et l'Avalanche étaient maintenant à égalité, trois victoires de chaque côté, et le match décisif de cette première ronde des séries éliminatoires de 2003 se jouait en soirée au Pepsi Center.

Il sentait que l'équipe n'était pas affamée. Pas assez en tout cas pour gagner. Il fallait que quelqu'un se lève dans le vestiaire et brasse un peu la « cage » pour réveiller quelques mollassons. C'est lui qui devait le faire. Il le savait. Mais il n'en avait plus envie. Il ne trouvait plus la force de se battre. Lui non plus n'était plus affamé.

En cours de saison, il avait appelé Raymond Bourque. Il avait besoin d'un conseil.

— Dis donc, Raymond, comment sait-on que le moment de la retraite est arrivé ?

— T'inquiète pas, Pat, quand le moment sera arrivé, tu vas t'en rendre compte.

Soudain, il sentit sa gorge se nouer. Ses yeux s'embuèrent. Dans le clair-obscur, il ferma les paupières. Les larmes coulèrent sur ses joues. Comme un flash, les grands moments de sa carrière défilèrent dans sa tête.

Le moment était venu.

Après la conquête de la coupe Stanley avec Bourque, Patrick atteignit, un à un, tous les objectifs qui lui importaient.

Le 26 décembre 2001, à la faveur d'un blanchissage de 2 à 0 contre Ed Belfour et les Stars de Dallas, après avoir stoppé 31 lancers contre 15 pour le gardien des Stars, Patrick devint le premier gardien de but de l'histoire à remporter 500 victoires. C'était un beau cadeau de Noël qu'il s'offrait. « Il est le meilleur gardien au monde, le meilleur de tous les temps, commenta le défenseur Rob Blake après le match. C'est ce que signifie cette cinq centième victoire. C'est un honneur de jouer avec lui. »

Un jour, cette marque de Patrick du plus grand nombre de victoires en saison régulière sera dépassée – cela est vraisemblable surtout depuis que l'instauration de la fusillade a éliminé les parties nulles. Cependant, jamais un autre gardien que lui ne pourra revendiquer l'honneur d'avoir été le premier à gagner 500 parties. À côté du nom de Maurice Richard, qui fut le premier à compter 50 buts en une saison et 500 buts dans une carrière, le sien restera gravé à tout jamais dans le livre des records de la Ligue nationale de hockey. On ne pourra jamais enlever à ces deux Québécois l'honneur d'avoir été les premiers à établir ces marques prestigieuses. Seulement pour ça, ils font partie à tout jamais des plus grands de leur sport.

Patrick se souvient d'une anecdote amusante entourant cette mémorable étape. La direction de l'Avalanche lui avait permis d'emmener Frédérick, qui avait dix ans, dans ce voyage – un beau cadeau pour lui aussi – où l'équipe jouerait deux matchs en deux soirs, à Dallas et à Chicago. Partie de Denver le matin, l'Avalanche avait affronté les Stars le soir même et s'était envolée vers Chicago immédiatement après le match. Frédérick avait hâte de partager la chambre avec Adam Foote – qui aimait parfois le taquiner – et son père pour aider celui-ci à gagner la guerre des oreillers.

Dès leur arrivée à Chicago, en pleine nuit, Patrick et Frédérick s'inscrivirent à l'hôtel et se hâtèrent de monter à la chambre pour se cacher dans le placard et faire sursauter Foote quand il entrerait. Le temps passa. Pas de Foote. Tout à coup le téléphone cellulaire de Patrick sonna :

— Patrick, c'est « Footer ».

— « Footer » ? Où es-tu, lui demanda Patrick ?

— Moi ? Je suis dans la chambre, et toi, où es-tu ?

— Bien non, tu ne peux pas être dans la chambre, c'est moi qui suis dans la chambre. Qu'est-ce qui se passe ?

— Je te dis que je suis dans la chambre, répliqua Foote, je suis caché dans le placard et je t'attends !

Étant donné la présence de Frédérick, le responsable de l'organisation des voyages avait pris l'initiative, à l'insu de Foote et de Patrick, de placer ceux-ci dans des chambres distinctes, avec pour résultat que chacun d'eux s'était inutilement caché dans le placard pour surprendre l'autre.

Un peu plus tôt dans la saison, le 6 novembre, Patrick et l'Avalanche étaient venus jouer un match à Montréal contre les Canadiens. À cette occasion, l'animateur Michel Beaudry m'avait invité à travailler comme analyste entre les périodes, surtout pour parler du travail des gardiens de but. J'avais eu de quoi me mettre sous la dent, puisque les deux gardiens, José Théodore et Patrick, furent choisis comme les deux premières étoiles au terme d'un match nul de 1 à 1.

Immédiatement après la prolongation, on me demanda d'interviewer mon fils sur le bord de la rampe avant qu'il regagne le vestiaire. Comme j'avais préalablement consulté le calendrier de la LNH pour le reste de la saison et que je savais que l'Avalanche ne reviendrait pas à Montréal de toute la saison suivante, je pus annoncer une primeur à laquelle personne, pas même Patrick, n'avait pensé.

Après quelques questions et réponses de routine, au moment où l'entrevue allait se terminer, je posai à Patrick « la question qui tue » :

— Est-ce que c'était ton dernier match à Montréal ?

— Bien, je ne sais pas... hésita Patrick qui n'avait pas songé à cette possibilité. C'est difficile de répondre à cette question.

— Compte tenu du calendrier, vous ne viendrez pas à Montréal la saison prochaine, lui révélai-je alors.

— Ah oui ? Eh bien, si l'Avalanche ne vient pas à Montréal l'an prochain, c'était mon dernier match ici !

Au début de 2002, Hockey Canada invita Patrick à se joindre à l'équipe qui représenterait le pays aux Jeux olympiques d'hiver à Salt Lake City, en Utah. Mais Patrick n'avait jamais connu de succès sur la scène du hockey international, et la représentation de son pays à Nagano, à laquelle il s'était consacré entièrement et avec enthousiasme, s'était révélée une expérience dont il ne gardait pas un bon souvenir. Il était revenu du Japon fermement convaincu que son destin ne passait pas par la compétition internationale.

Par ailleurs, Patrick avait de plus en plus d'intérêts qui l'attiraient en dehors du hockey professionnel, comme son investissement dans l'équipe junior des Remparts de Québec, sans compter l'éducation et le développement de ses enfants. Son fils Jonathan participait justement pour la deuxième fois au Tournoi international de hockey pee-wee de Québec, comme gardien de but de l'équipe de Littleton, et Patrick ne voulait rien manquer de cet événement. Il suivait très attentivement l'évolution de Jonathan et de Frédérick au hockey à Denver ; c'était devenu une partie importante de sa vie. Se présentait maintenant la dernière occasion où il pourrait voir Jonathan à l'œuvre au tournoi de Québec, cette manifestation d'envergure majeure à laquelle il avait lui-même participé enfant. La relâche dans le calendrier de la Ligue nationale pendant la période olympique lui fournissait cette chance unique et il ne voulait pas la rater.

Il appela Wayne Gretzky, le directeur général d'Équipe Canada, pour lui dire qu'il déclinait l'invitation. La conversation fut très cordiale et Gretzky comprit d'emblée les raisons que Patrick invoquait. Cette décision, qui n'avait pas été facile à prendre mais que Patrick avait longuement mûrie, suscita pourtant incompréhension et mécontentement chez plusieurs amateurs canadiens. S'il avait pris prétexte d'une blessure que la pause olympique aurait aidé à guérir, il n'aurait pas été autant critiqué. Mais il n'était pas dans sa nature de recourir à des faux-fuyants.

Bien sûr, si le Canada avait été à court de gardiens, il aurait accepté de représenter son pays une nouvelle fois. Mais il y avait Martin Brodeur, qui accordait beaucoup d'importance aux compétitions olympiques et qui avait accepté de bonne grâce de se contenter du rôle d'adjoint à Nagano où il n'avait pas joué une seule seconde. On sait que Denis Brodeur, le père de Martin, était revenu de Cortina d'Ampezzo, en Italie, avec une médaille de bronze à titre de gardien de but de l'équipe de hockey canadienne en 1956 ; or, il souhaitait ardemment que son fils participe à son tour aux Jeux d'hiver. Patrick savait que Brodeur était prêt et serait motivé.

Et puis, il y avait les Curtis Joseph, Sean Burke, José Théodore, Roberto Luongo, etc. Ce n'est pas comme si le Canada était dépourvu de candidats de talent à cette position.

Tous ceux qui s'expliquèrent mal sa décision l'auraient comprise d'un seul coup s'ils avaient vu à quel point Patrick, de passage à Québec, rayonnait de joie sur la glace où il dirigeait l'entraînement des jeunes pee-wees de Denver. Il avait loué une des deux patinoires de l'aréna de Sainte-Foy, là même où il avait amorcé sa propre ascension vingt ans plus tôt, afin de préparer l'équipe pour le tournoi. Il semblait avoir redécouvert le vrai sens du hockey, le vrai goût de jouer. Il s'amusait comme s'il était encore lui-même un pee-wee.

Il connut en 2001-2002 ce qu'il considéra comme la meilleure saison de sa carrière avec une moyenne de 1,94 et un pourcentage d'efficacité de 92,5. Il mérita le trophée Jennings pour avoir été le gardien qui avait accordé le moins de buts de toute la ligue. Il fut, cette année-là, la principale raison pour laquelle l'Avalanche termina au premier rang de sa division, en dépit de l'absence de Peter Forsberg et des départs de Raymond Bourque, Dave Reid et John Klemm. Adam Foote, Milan Hejduk et Alex Tanguay s'étaient également absentés pendant de longues périodes au cours de la saison en raison de blessures.

Nommé une quatrième fois sur la première équipe d'étoiles, Patrick pensait avoir de bonnes chances de mettre la main sur les trophées Hart et Vézina. Malheureusement pour lui, les journalistes qui votaient pour le récipiendaire du trophée Hart, remis au joueur qu'ils jugeaient le plus utile à son équipe, et les directeurs généraux des équipes qui déterminaient lequel des gardiens de but avait connu la meilleure saison arrêtèrent majoritairement leur choix sur José Théodore, des Canadiens de Montréal. Même si la moyenne de buts accordés par partie de Théodore, à 2,11, était moins éclatante que celle de Patrick, il avait connu une excellente saison et c'était grâce à ses prouesses dans le but que le Tricolore s'était taillé une place dans les séries éliminatoires.

Patrick fut néanmoins très déçu que ces trophées lui échappent – surtout le Hart qu'il n'avait jamais gagné –, après avoir connu la meilleure saison de sa carrière et avoir permis à son équipe de terminer au premier rang de sa division.

Les séries d'après-saison furent également décevantes pour l'Avalanche. L'équipe se rendit en demi-finale, mais le chemin fut long et difficile. Elle eut raison des Kings de Los Angeles et des Sharks de San Jose dans les deux premières rondes, mais ces séries nécessitèrent toutes deux la limite des sept parties.

Patrick connut probablement le moment le plus embarrassant de toute sa carrière sur une patinoire, au Pepsi Center, au sixième match de la série demi-finale contre les Red Wings de Detroit. Après avoir exécuté un arrêt miraculeux de la mitaine – et un peu chanceux – contre Brendan Shanahan qui avait lancé de l'enclave à bout portant, il leva « Charlotte » bien haut dans les airs pour montrer à ses adversaires, mais surtout à l'arbitre, que celle-ci était en possession de la rondelle, un peu comme le font les joueurs de baseball qui captent des ballons près des clôtures du champ extérieur. Mais l'arbitre et Shanahan remarquèrent tous deux quelque chose que Patrick n'avait pas encore vu : « Charlotte » avait desserré son étreinte – peut-être victime elle aussi de l'usure du temps – et la rondelle était tombée, à l'insu de Patrick, juste à ses pieds. Shanahan, qui avait poursuivi son élan, n'eut qu'à la pousser dans le but. Detroit gagna ce match au compte de 2 à 0, et la série était égale.

L'Avalanche perdit, à Detroit, l'ultime match de cette demi-finale, une humiliante défaite de 7 à 0, puis vit les Wings remporter ensuite la coupe Stanley en défaisant facilement les Hurricanes de la Caroline par quatre parties à une en grande finale.

Cette mauvaise fin de série coûta probablement son poste à Bob Hartley, qui fut remplacé en décembre de la saison suivante par son assistant, Tony Granato, un ancien joueur qui avait passé plus de treize saisons dans la Ligue nationale avec les Rangers de New York, les Kings de Los Angeles et les Sharks de San Jose.

Pendant l'été, Patrick songea sérieusement à la retraite. Mais en raison de l'excellente saison qu'il venait de connaître, il décida d'en jouer une autre pour voir si celle-ci serait aussi bonne, pour voir aussi jusqu'où il pourrait aller. Convaincu que ce serait sa dernière saison, il garda juste une petite porte légèrement entrouverte au cas où un événement fortuit le ferait changer d'idée.

La campagne 2002-2003 était la deuxième année d'un contrat de trois ans qu'il avait signé après la plus récente conquête de la coupe et qui lui rapportait 8,5 millions de dollars en devises américaines par saison, soit environ 12 millions de dollars canadiens.

Il prit cependant conscience qu'il ne pouvait plus faire aussi bien certaines petites choses. Il s'en étonna pour la première fois. Sa vaste expérience et, surtout, son excellente technique compensaient cependant cette diminution de ses capacités physiques. « Je n'étais pas le plus rapide, se souvient-il, ni le plus fort ou le plus en forme, je n'avais pas nécessairement le meilleur "papillon", mais ce que j'avais, mieux que tout autre, c'était cette faculté d'anticiper le jeu, d'être au bon endroit avant même que la rondelle y arrive. J'analysais le jeu, de même que la stratégie et les tactiques des adversaires avec beaucoup de minutie. »

Il sentait aussi qu'il composait de moins en moins bien avec la critique quand les choses n'allaient pas à son goût. Il était d'humeur changeante. « J'avais trente-sept ans et on s'attendait à ce que je joue comme un gardien de vingt-cinq ans, se rappelle-t-il. Cela me frustrait. »

Il faut dire que le poste de gardien de but au sein d'une équipe est le plus exigeant qui soit en compétition. Un jour que je consultais un magazine à bord d'un avion, je tombai sur un article qui identifiait les trois positions les plus stressantes dans le monde du sport des équipes professionnelles. L'auteur mentionnait le lanceur de relève au baseball qui arrive en toute fin de partie alors qu'il y a des coureurs sur les sentiers et dont la victoire de l'équipe dépend de sa capacité à retirer le prochain frappeur; le botteur de placement au football qui, lui aussi, peut faire la différence entre la victoire et la défaite par un simple botté de quelques dizaines de verges; et le gardien de but au hockey dont la moindre erreur peut être fatale à son équipe.

Il est vrai que les deux premiers doivent s'exécuter devant des milliers de spectateurs nerveux et anxieux qui sanctionneront sur-le-champ leur performance en cas d'échec, mais ce dont l'article ne tenait pas compte, c'est que le lanceur et le botteur ne ressentent la pression que pendant les quelques secondes où ils sont présents au jeu, alors que les gardiens de but ont à subir cette même pression pendant tout le temps que dure la partie, près d'une centaine de fois par année si on inclut les matchs hors concours et les séries éliminatoires.

Il en résulte un stress constant, match après match, année après année. À la longue, cette tension use et c'est ce que Patrick ressentait maintenant. La fatigue mentale l'avait gagné. Il avait perdu de son enthousiasme et de sa fougue. Tout au long de sa carrière, cette motivation de gagner ne l'avait jamais quitté un seul instant, ce désir de faire tout ce qu'il faut pour triompher ne l'avait jamais abandonné. Pour la première fois de sa vie, il n'avait plus le goût de recevoir des lancers qui laissent des ecchymoses sur les bras et les épaules. Il n'avait plus envie de faire face à des centaines de rondelles propulsées à cent cinquante kilomètres à l'heure durant les entraînements. Se rendre à l'aréna lui demandait de plus en plus d'effort. Il lui fallait désormais une bonne quinzaine de minutes d'échauffement pour se sentir pleinement d'aplomb dans les exercices. Il n'avait plus envie de souffrir. C'est à ce moment qu'il avait consulté Raymond Bourque.

Le 20 janvier 2003, à l'occasion d'un match nul de 1 à 1 contre les Stars de Dallas, Patrick devint le premier gardien de but à avoir joué 1 000 parties en saison régulière. À cette occasion, lors d'une brève cérémonie d'avant-match, Jim Gregory, vice-président aux opérations de la LNH, lui offrit une œuvre en cristal pour commémorer l'exploit. Puis la direction de l'Avalanche lui fit remettre par Rogatien Vachon, le héros de son enfance, un bâton de gardien trempé dans l'argent.

Après l'affrontement, Marty Turco, le gardien adverse, salua Patrick en soulevant son masque. « Je ne suis pas certain de bien comprendre ce que veut dire jouer 1 000 parties, commenta Turco, qui en était à son quatre-vingt-dix-septième match. Cet homme n'a pas juste joué 1 000 parties ordinaires, il a livré 1 000 des meilleures parties à avoir été jouées par un gardien de but », ajouta-t-il avec admiration dans le regard.

Son nouvel entraîneur, Tony Granato, se souvenait pour sa part de la finale de 1993 qui l'avait opposé à Patrick, alors qu'il jouait lui-même pour les Kings de Los Angeles. « On discutait toute la journée – entre joueurs – de la façon dont il faudrait s'y prendre pour le déjouer, dit-il. Psychologiquement, il nous amenait à essayer des choses qu'on n'était peut-être pas en mesure d'exécuter. C'était là son grand avantage. »

Patrick était particulièrement fier de cette nouvelle marque. À l'aube de sa carrière avec les Canadiens, une annexe à son premier contrat, daté de juillet 1984, prévoyait un bonus de 5 000 dollars s'il jouait au moins 40 parties. « Au début, dit-il, mon unique but était de me tailler une place dans cette ligue. Ensuite, ç'a été de survivre, puis d'offrir un rendement d'une qualité constante et de m'appliquer avec intensité et persévérance, aussi bien dans les entraînements que lors des matchs. » Cette millième partie constituait un témoignage éloquent d'une pleine réussite à cet égard.

Il remporta 35 victoires et ne subit que 15 défaites durant cette dernière saison. Il joua sa dernière partie en saison régulière le 6 avril 2003, un gain de 5 à 2 aux dépens des Blues de Saint Louis. C'était son mille vingt-neuvième match, en même temps que sa cinq cent cinquante et unième victoire.

Au début de la première ronde des séries de 2003, l'Avalanche s'empara d'une avance de trois victoires à une contre le Wild du Minnesota. Du même coup, Patrick atteignit le chiffre de 151 victoires en séries éliminatoires, un record qui n'est pas à la veille d'être battu. Mais l'équipe connut la défaite dans les deux matchs suivants par un pointage identique de 3 à 2, si bien que la série était maintenant égale, trois victoires de chaque côté.

⌣

Ce mardi 22 avril 2003, après sa sieste habituelle de l'après-midi, Patrick roulait sur le boulevard Santa Fe en direction du Pepsi Center. Il était maintenant sûr de sa décision. Ce serait sa dernière saison. Malgré cela, c'est au match qu'il pensait d'abord. Que fallait-il faire pour le gagner? Il ne trouva pas. L'Avalanche dut s'avouer vaincue, encore une fois par la marque de 3 à 2, en prolongation. Le Wild avait été plus déterminé et plus affamé.

Tandis que les joueurs se serraient la main au centre de la patinoire, mon regard se figea sur Cliff Ronning au moment où il recevait les félicitations de Patrick. Je le revoyais, avec ses longs cheveux blonds, sur la passerelle du traversier qui nous ramenait de Victoria à Vancouver vingt et un ans plus tôt. Avec son équipe de Burnaby, il venait de mettre un terme à la carrière de Patrick dans la division midget en éliminant les Gouverneurs de Sainte-Foy en finale de la coupe Air Canada. Maintenant, avec le Wild, il venait de mettre un terme à la carrière de Patrick dans la Ligue nationale de hockey en éliminant l'Avalanche.

Après le match, Patrick se défit lentement de son équipement de gardien et prit une douche, comme d'habitude. Mais avant de quitter le Pepsi Center, il rassembla tous ses effets personnels. Il enleva même la plaque qui portait son nom et qui identifiait son casier. Il emporta tout. C'était fini.

Dans les jours qui suivirent, Pierre Lacroix l'invita à sa maison de Las Vegas pour sonder ses intentions :

— Ta décision est prise, hein ?

— Oui, répondit simplement Patrick.

— Peux-tu te donner encore quelques jours de réflexion, au moins jusqu'à la fin de mai, avant de la rendre définitive ?

Patrick acquiesça.

Un mois plus tard, rien n'avait changé. On arrêta la date de la conférence de presse au 28 mai 2003, le lendemain de la présentation du premier match de la coupe Stanley, où deux successeurs de la lignée de Patrick s'affrontaient : Martin Brodeur, des Devils du New Jersey, et Jean-Sébastien Giguère, des Mighty Ducks d'Anaheim.

« Pierre, membres des médias, chers partisans qui m'avez soutenu et avez suivi ma carrière, je suis ici aujourd'hui pour annoncer officiellement ma décision de me retirer à titre de joueur actif de la Ligue nationale de hockey. »

C'est par ces paroles que Patrick, entouré de sa femme, de Pierre Lacroix et de son agent Robert Sauvé, amorça sa conférence de presse. Jana, Jonathan et Frédérick étaient assis au premier rang d'une salle bondée de journalistes. La conférence se tenait à Denver, mais était retransmise par satellite dans plusieurs pays du monde qui pouvaient la diffuser selon leur volonté. C'était le cas à Montréal où, en plus, les journalistes avaient été conviés dans un salon de l'hôtel Marriott Château Champlain. Non seulement y avait-on installé un écran géant pour pouvoir suivre l'événement en direct, mais on avait pris les dispositions techniques pour que les journalistes, à partir de Montréal, puissent poser directement des questions à Patrick.

« Je quitte avec le sentiment d'avoir fait tout ce qui était en mon pouvoir pour être le meilleur de ma profession, poursuivit celui-ci. J'ai réalisé un grand rêve en jouant au hockey pour deux organisations exceptionnelles : une qui possède une grande histoire et une autre qui a établi une tradition gagnante en très peu de temps. Je me souviendrai de plusieurs bons moments, tant à Montréal qu'à Denver. La passion et le respect que j'ai voués au hockey m'ont guidé admirablement tout au long de ma carrière. À mes parents et à tous ceux qui m'ont aidé, je dis merci. »

C'est avec beaucoup de sérénité que Patrick fit ces déclarations. Pas de pleurs. Pas de sanglots. Il était satisfait du chemin qu'il avait parcouru. Il avait tout donné pendant dix-huit ans dans la Ligue nationale. Il était allé au bout de ses capacités. Il avait atteint ses limites. Il n'aurait pu faire davantage. On avait l'habitude de voir les athlètes craquer sous le poids de l'émotion dans de telles circonstances. Pas Patrick. Ce moment était pour lui un délestage de cette pression constante qu'il portait depuis le début de sa carrière, depuis près de trente ans. Son cheminement était fait et il était rendu au-delà de ce point de presse, comme si, dans sa tête, il appartenait déjà au passé.

La décision de prendre sa retraite était la sienne. Seulement la sienne. Pierre Lacroix, son directeur général, aurait aimé qu'il poursuive, mais il respectait la volonté de son employé. Comme il avait toujours fait quand il était son agent.

Lacroix fut le seul à verser des larmes. Les deux hommes avaient fait une longue route ensemble. Depuis 1983, ils avaient vécu plusieurs grands moments. « Pierre a peut-être vécu ces moments d'une manière plus intense que moi, expliqua Patrick. Au cœur de l'action, tu n'es pas toujours conscient de ce qui se passe autour. »

Personne n'avait poussé Patrick à la retraite, sinon le guerrier en lui qui lui disait qu'il n'avait plus les outils pour être le meilleur. Selon plusieurs spécialistes, il aurait pu continuer encore quelques années en se maintenant parmi les quatre ou cinq meilleurs gardiens de la ligue. Mais Patrick ne voulait pas être parmi les quatre ou cinq meilleurs. Il voulait être LE meilleur.

Ce n'était plus possible.

Il tournait sereinement la page et revenait vivre à Québec, dans cette ville à laquelle il était demeuré attaché. Il entreprenait un nouveau défi qu'il trouvait excitant et stimulant : diriger les Remparts de Québec dont il était l'un des propriétaires. Ce n'était pas une question d'argent. En retranchant le million de dollars que l'Avalanche devait lui verser en cas de retraite avant la fin de son contrat, Patrick laissait 7,5 millions de dollars sur la table – plus de 10 millions en devises canadiennes de l'époque – pour venir diriger la destinée d'une équipe junior.

« L'argent n'a jamais influencé mon attitude, confia-t-il à Bertrand Raymond. Je n'ai jamais essayé d'en donner plus sur la glace parce que j'en étais à la dernière année de mon contrat. Je me foutais bien de ça. Ce n'est pas mon contrat qui m'amenait à l'aréna. Rester dans le hockey pour empocher mon salaire, ce n'est pas moi. Toucher mon argent et faire semblant, non merci ! »

Plusieurs stations de télévision diffusèrent une émission spéciale à l'occasion de la retraite de Patrick, dont le réseau de l'information de Radio-Canada (RDI) qui lui consacra plus de deux heures et demie d'antenne. La conférence de presse fut évidemment diffusée intégralement, et on put revoir un montage des moments les plus importants de sa carrière. Les commentaires des journalistes et des analystes de hockey s'entremêlaient avec ceux de personnalités qui avaient bien connu Patrick.

Encore une fois, au cours de ces discussions, on confondit combativité avec arrogance, confiance en soi, détermination et entêtement avec présomption et suffisance, fierté avec ostentation. Il est vrai que la ligne de démarcation est parfois bien mince entre ces qualités et ces défauts, et qu'elle ne tient bien souvent qu'au respect qui marque les relations interpersonnelles. Patrick avait parfois eu recours à des attitudes intimidantes pour essayer d'affaiblir mentalement ses adversaires et donner à ses coéquipiers un avantage dans la compétition, mais il les avait toujours respectés. Ceux qui ont dit de lui qu'il était arrogant, suffisant, hautain, qu'il avait un ego démesuré n'avaient pas saisi que la combativité, la détermination, l'entêtement, la confiance en soi et la fierté étaient les principaux ingrédients de la recette de son succès.

Ces traits de caractère nous valurent d'ailleurs le moment le plus léger et le plus amusant de cette conférence de presse. Alors que tout le monde semblait plus tendu que Patrick, un journaliste lui demanda :

— Quel est le joueur que tu craignais le plus en échappée ?

— J'ai toujours eu beaucoup de respect pour les joueurs, répondit Patrick, mais j'avais aussi beaucoup de confiance en ma capacité de les arrêter. Il n'y en avait aucun.

Cette répartie fit s'esclaffer la salle. Puis, jetant un regard complice en direction de Joe Sakic et Mike Keane, Patrick poursuivit avec un petit sourire espiègle :

— Vous voyez, il y a des choses comme ça qui ne changent pas.

Parmi les personnalités qui livrèrent des témoignages au cours de l'émission, il y eut des artistes comme Daniel Boucher, l'auteur, compositeur et interprète : « C'est un des meilleurs, c'est pas compliqué, dit-il. C'est un des meilleurs et c'est aussi un de ceux qui a la tête la plus dure. Ça adonne de même. C'est un gars qui a toujours su ce qu'il voulait, comme Guy Lafleur, comme Félix Leclerc. C'est un autre grand Québécois. »

On laissa le mot de la fin à Richard Garneau, le digne successeur de René Lecavalier, qu'on avait pu voir et entendre pendant des années à *La Soirée du hockey* de Radio-Canada : « J'ai vu plusieurs athlètes, tout au long de ma carrière, qui possédaient ce désir de vaincre ou ce qu'on appelle cette espèce d'"'instinct du tueur". Maurice Richard avait "l'instinct du tueur", Rocky Marciano, à la boxe, avait "l'instinct du tueur". Mais j'en ai rarement vu un comme Patrick Roy. Dans son cas, c'était évident, il n'avait qu'une ligne de conduite qu'il a toujours suivie et n'en a jamais dérogé. C'est pourquoi, à mon avis, Patrick a été le plus grand gardien de toute l'histoire. »

Le 28 octobre 2003, l'Avalanche du Colorado retira le chandail de Patrick au cours d'une brève, mais grandiose et poignante cérémonie devant une foule délirante. Encore une fois, Stanley Kroenke, le propriétaire de l'équipe, et Pierre Lacroix remirent des présents à Patrick ainsi qu'à sa famille, dont une superbe et immense peinture représentant un paysage typique du Colorado.

Mais c'est l'ovation debout que Patrick reçut des 18 000 partisans du Pepsi Center pendant d'interminables minutes, un témoignage d'amour à en donner la chair de poule, qui fut le moment le plus impressionnant. Dans son complet marine, debout sur le tapis rouge que l'on avait déroulé sur la surface glacée, Patrick, touché par une telle démonstration d'affection, répondait à la foule par des signes de la tête et en la saluant de la main.

Il prit ensuite la parole, mais les spectateurs l'interrompaient par leurs applaudissements et leurs cris chaque fois qu'il les remerciait de leur appui et de l'accueil chaleureux qu'ils lui avaient réservé pendant ces huit dernières années à Denver.

Il évoqua brièvement les quelque trente ans qui s'étaient écoulés depuis la première fois qu'il avait chaussé les patins, son arrivée à Denver avec sa famille qui ne parlait pas l'anglais, les craintes qu'il avait ressenties de ne pouvoir répondre aux attentes élevées des amateurs de hockey du Colorado. Il ne manqua pas de remercier son ami et coéquipier Adam Foote avec qui il avait partagé une chambre sur la route pendant les huit dernières années et qui lui avait servi de professeur d'anglais.

Il prononça ensuite quelques mots en français. L'auditoire l'écouta avec respect, dans le plus grand silence. Revenant à l'anglais, il conclut : « Porter l'uniforme de l'Avalanche, derrière un groupe de joueurs qui ne se satisfaisait jamais de rien de moins que la victoire, fut pour moi une grande satisfaction et un grand honneur. Merci du plus profond de mon cœur. »

Puis, avec l'aide de sa femme et de ses trois enfants, Patrick dévoila la bannière aux couleurs de son chandail qui portait son nom et le numéro 33. Elle rejoindrait celle de Raymond Bourque, dont le chandail avait été retiré l'année précédente. Ainsi les deux joueurs et amis se tiendraient compagnie à tout jamais.

À l'instant où l'on hissait le chandail de Patrick dans les hauteurs du Pepsi Center, le monde du hockey saluait, de l'avis de plusieurs, le meilleur gardien de but de toute son histoire, celui qui avait révolutionné l'art de garder le but et lui avait donné ses lettres de noblesse.

Un jour, pas si lointain, le chandail bleu, blanc, rouge numéro 33 ira rejoindre ceux de Morenz, Vézina, Richard, Plante, Béliveau, Lafleur, Dryden, et des autres immortels de cette glorieuse équipe, dans les combles de l'amphithéâtre qui abrite le Club de hockey Canadien.

Ce jour-là, le guerrier sera rentré de son exil.

ÉPILOGUE

Patrick revint à Québec diriger les Remparts de la LHJMQ à titre de vice-président aux opérations de hockey et directeur général. Pour ne pas perdre complètement le contact avec la patinoire, il se fit aussi la main en pilotant les Seigneurs de Beaubourg, l'équipe bantam qui comptait dans ses rangs son fils Frédérick. Il adorait travailler avec les jeunes et les faire profiter de ses connaissances et de son expérience.

Patrick renoua avec ses anciens amis, comme Claude Lefebvre, qu'il invita à le rejoindre à Beaubourg à titre d'entraîneur adjoint. Lefebvre appréciait son amitié avec Patrick. La profondeur de cette relation lui avait permis de résister à l'usure du temps. « Je souhaite à tout le monde de vivre une amitié comme la nôtre, confia Lefebvre à Albert Ladouceur au cours d'un entretien au *Journal de Québec*. C'est un bien précieux. Nous aurions pu nous perdre en cours de route. Nous avons joué pour des équipes différentes dans le hockey junior, et pendant que Patrick connaissait la gloire à Montréal, j'ai joué en Europe pendant huit saisons. » Lefebvre terminait l'entretien en faisant remarquer que Patrick était toujours demeuré la personne simple qu'il avait connue jadis. « Il y a toujours un adolescent qui se cache en lui, concluait-il. C'est pourquoi le hockey l'amuse toujours autant. »

Après deux ans passés « au deuxième étage » du Colisée, à la direction des Remparts, Patrick sentit le besoin de se rapprocher de la patinoire, et la fièvre de la compétition ressurgit en lui. Se sachant prêt, grâce à son expérience derrière le banc de Beaubourg, il décida de succéder lui-même à son entraîneur, le 29 septembre 2005, alors que l'équipe connaissait un mauvais début de saison. Il plongea dans ce nouveau rôle avec toute la fougue, la passion et la détermination qu'on lui connaît, si bien que, dès sa première saison derrière le banc, les Remparts gagnèrent la coupe Memorial, attribuée à la meilleure équipe de hockey junior au Canada. L'équipe de Québec n'avait pas gagné ce championnat depuis 1971, quand Guy Lafleur était de la formation.

Dans ce tournoi tenu à Moncton, Patrick, l'entraîneur, puisa dans toute sa vaste expérience des courses au championnat pour mener sa troupe aux grands honneurs. Pendant toute la durée du tournoi, il ne cessa de déranger l'adversaire par ses déclarations, si bien que toute l'attention se tourna vers lui et que ses joueurs purent travailler en toute quiétude.

Le guerrier regroupa ses joueurs, il leur montra comment il fallait s'y prendre pour gagner. L'enseignement venait d'un grand maître en cette matière. Il joua avec les nerfs de Ted Nolan, l'entraîneur des Wildcats de Moncton, et occupa l'esprit de leurs porte-couleurs, eux qui avaient une équipe supérieure aux Remparts. Du même coup, il fut le meilleur vendeur du tournoi, qui souleva un intérêt sans précédent à la grandeur du pays. Quotidiennement, le public avait hâte de savoir quelle surprise l'entraîneur des Remparts lui réservait.

Une fois que tout fut terminé, le guerrier s'effaça. Il laissa toute la place à ses joueurs. Il leur rendit hommage dans les entrevues. Il resta dans l'ombre au banquet donné en leur honneur. Il ne voulait rien leur enlever. C'était la victoire qu'il voulait. Rien d'autre.

Patrick n'a jamais aimé parler de lui-même. Il n'a jamais aimé non plus que les autres parlent de lui. Il n'a jamais voulu que jouer au hockey et gagner des matchs. Il se considère choyé d'avoir pu faire ce qu'il aimait pour gagner sa vie. Ou gagner, point. Je pense qu'il ne saisit pas encore pleinement les motifs qui poussent les autres à lui manifester autant d'attention, à accorder autant d'importance à ce qu'il fait et à ce qu'il dit. En fait, les autres lui accordent beaucoup plus d'importance qu'il s'en accorde lui-même. Il ne s'arrête pas au passé. Il va de l'avant, toujours à cent à l'heure.

C'est pourquoi il a fallu que Serge Savard, Pierre Lacroix, et même le président des Canadiens, Pierre Boivin, interviennent pour qu'il se décide à assister à la cérémonie de son intronisation au Temple de la renommée du hockey à Toronto. Il hésitait parce qu'il ne voulait pas manquer un match derrière le banc de ses Remparts. Patrick peut être à ce point buté quand des événements le contraignent à dévier du chemin qu'il s'est tracé.

Mais l'intronisation au panthéon du hockey n'est pas un événement comme un autre. C'est la reconnaissance ultime de l'excellence qui a marqué toute une carrière, en même temps que la consécration de la place qu'occupera éternellement, parmi ses pairs, celui que l'on intronise.

En ce lundi 13 novembre 2006, trois autres personnalités marquantes du monde du hockey firent leur entrée au Temple de la renommée : Harley Hotchkiss, copropriétaire des Flames de Calgary ; Dick Duff, ancien porte-couleurs des Maple Leafs de Toronto et des Canadiens de Montréal dans les années soixante ; et Herb Brooks, à titre posthume, qui avait dirigé un groupe de collégiens représentant les États-Unis aux Jeux olympiques d'hiver de Lake Placid en 1980 et les avait conduits à une victoire miracle contre l'Union soviétique et à la médaille d'or.

La cérémonie était assortie de trois jours de célébrations : il y eut d'abord un match, le samedi soir entre les Leafs et les Canadiens, puis la Classique des légendes, le lendemain dimanche, une partie mettant aux prises les anciennes vedettes de la Ligue nationale ; l'intronisation elle-même eut lieu le lundi soir, précédée de plusieurs activités et rencontres au cours de la journée. À chacun de ces événements, on présentait les nouveaux « immortels » et on leur remettait, un après l'autre, les souvenirs d'usage : la plaque qui immortaliserait leurs exploits au panthéon, un veston, une bague, etc.

Ce n'est qu'une fois sur place que Patrick se rendit compte de l'envergure de cette manifestation. « Je réalise maintenant à quel point l'intronisation au Temple de la renommée est un événement important, dit-il. En voyant comment Larry Robinson, Peter Stastny, Michel Goulet, Billy Smith et Brian Trottier sont fiers d'y avoir été admis, ça m'a ouvert les yeux. » Il devint plus détendu et se mit à apprécier quelques bons moments. « J'ai beaucoup aimé, confiera-t-il plus tard, ces soirées où on se réunissait entre amis, avec Pierre Lacroix, Raymond Bourque, Jacques Tanguay, mon père et d'autres, dans un petit salon près du lobby de l'hôtel et où on pouvait passer des heures à nous rappeler des souvenirs. »

Les journalistes avaient eu vent que Patrick allait prononcer les trois quarts de son discours d'acceptation en français. C'était audacieux et inhabituel dans un milieu où la langue de travail est l'anglais. Et en plein cœur du Canada anglais par surcroît, à Toronto, siège du fameux Temple de la renommée du hockey. Interrogé sur ce qui l'amenait à agir ainsi, Patrick répondit : « Je ne veux pas faire de politique, mais c'est tout simplement naturel pour moi de prononcer mon discours de cette façon. Les gens savent très bien que je suis un Québécois et que je suis fier de l'être. C'est normal que je m'exprime dans ma langue. C'est comme ça. »

À peine deux heures avant le début de la cérémonie, il m'appela à ma chambre. Son discours l'inquiétait, mais ce n'était pas parce qu'il était surtout écrit en français :

— Hé p'pa ! Je viens de relire mon texte ; ça n'a pas de bon sens, il est bien trop long !

— Attends, j'arrive.

Je montai à sa chambre et lui demandai de le relire lentement et posément. Les organisateurs lui avaient suggéré une allocution d'environ cinq minutes et elle en faisait plus de six. Mais il déclamait son texte d'une manière touchante ; on sentait que ça venait de lui, il s'exprimait avec son cœur et il aurait été bien dommage de couper quoi que ce soit dans ces propos.

Je tentai de le rassurer en lui faisant valoir que cette cérémonie avait pour but de célébrer l'excellence de sa carrière, qu'il l'avait pleinement méritée, que c'était un moment qui lui appartenait et qu'il pouvait prendre tout le temps qu'il voulait.

Il accepta mes arguments, mais ce n'est vraiment qu'au moment où il se rendit compte que les autres qui le précédaient derrière le lutrin dépassaient largement les cinq minutes qu'il fut complètement rassuré. Et c'est avec toute l'assurance qu'on lui connaît qu'il livra son discours d'acceptation devant un vaste auditoire, ses trois enfants, les membres de sa famille et les caméras de télévision.

Mesdames et messieurs,

Chers amis du hockey,

Bonsoir,

Je voudrais tout d'abord remercier les membres du comité de sélection de me faire un si grand hommage.

Je profite aussi de l'occasion pour féliciter mes confrères Dick Duff, Herb Brooks et Harley Hotchkiss qui sont intronisés ce soir.

Alors qu'il n'y a pas si longtemps, je chaussais les patins pour jouer mon premier match de hockey dans la Ligue nationale de hockey, je réalise, ce soir, tout le chemin parcouru.

Un chemin rempli de défis, d'efforts et de persévérance, mais aussi de profondes amitiés, de camaraderie, de solidarité et d'entraide.

Un parcours surtout teinté d'une passion et d'une soif de victoire qui m'animent encore aujourd'hui.

Mon passage dans la Ligue nationale au sein du Canadien de Montréal et de l'Avalanche du Colorado est rempli de souvenirs et d'émotions.

My first memory goes back to when I was about eight years old, when my parents brought me to the arena for the first time.

It was then that I started believing in my dream : becoming a professional goaltender in the National Hockey League.

C'est à ce moment que j'ai décidé de m'y consacrer entièrement, en m'inspirant de modèles comme Daniel Bouchard et Rogatien Vachon, et en y mettant tout mon cœur, toute ma rigueur et toute ma passion.

J'ai rêvé de cette ligue réservée à l'élite.
J'ai rêvé de faire partie des étoiles et des gagnants.
J'ai rêvé de pouvoir y jouer avec les plus grands.
J'ai rêvé de voir mon talent, ma fougue et ma soif de vaincre
faire vibrer les partisans.

*Today, when I look back, I feel very lucky to have been a part of the
National Hockey League and to have played in the best possible
conditions on teams such as the Canadiens and the Avalanche.*

*I sure do remember the pain, the sacrifices, the discipline and
the efforts.*
*But I also remember the partnerships, the friendships and, mostly,
this awesome feeling of being part of a team.*

Je me rappelle ce que notre soif de gagner nous permet de
réaliser.
La sensation de se retrouver au sein d'un groupe de gars qui
s'est donné comme mission de gagner la coupe Stanley.

Hockey taught me discipline.
*It also taught me to believe in my dreams, to go for it and to never
give up.*

*Tonight, I feel very lucky to have been supported by many people
who have believed in me, and I would like to take a few moments
to thank them.*

N'eût été ma mère et mon père qui ont cru en moi et qui
m'ont donné tout le support nécessaire pour donner vie à mes
ambitions;
N'eût été mes enfants Jana, Jonathan, Frédérick, ainsi que leur
mère, qui m'ont donné toute la liberté nécessaire pour mener
à bien ma destinée;
N'eût été mes agents, Robert Sauvé, Pierre Lacroix, et leurs
précieux conseils tout au long de ma carrière avec le Canadien
de Montréal, puis avec l'Avalanche du Colorado;
N'eût été tous mes coéquipiers, leur soutien et leur confiance;

N'eût été mes adversaires qui m'ont amené à me surpasser;

N'eût été mes entraîneurs qui m'ont appris la persévérance, la constance, et qui ont su cultiver et mettre à profit mon désir de gagner;

N'eût été les nombreux et fidèles amateurs qui appuient et qui adorent le hockey;

N'eût été le hockey lui-même, le sport le plus excitant au monde;

Jamais je n'aurais pu connaître un cheminement aussi valorisant, un destin aussi exaltant qui est l'objet de tant d'hommages en cette soirée qui restera mémorable pour moi.

Thanks to Adam Foote, my friend, my room-mate during eight years and, probably, my best English teacher!

Merci à Raymond Bourque qui m'a inspiré et qui nous a tous poussés à nous dépasser pour remporter la coupe Stanley en 2001.

Merci à Mike Keane et à Pierre Turgeon avec qui j'ai développé de grandes amitiés.

Je suis également fier, et je voudrais le souligner, de la présence ici ce soir de ma sœur Alexandra et de mon frère Stéphane.

On m'a souvent dit que j'étais un excessif et que j'avais la tête bien dure.

Aujourd'hui, avec le recul, je pense plutôt que j'étais, et que je serai toujours, un passionné, un « guerrier » avide de nouveaux défis.

Et puis, pour devenir champion, ne faut-il pas sortir du rang?

On a aussi dit que j'étais un précurseur du style « papillon ». En réalité, ce style existait déjà, mais c'est avec la vision et le travail inlassable de François Allaire que j'ai pu en perfectionner la technique.

Aujourd'hui, je suis particulièrement fier de voir la relève s'en inspirer et de laisser derrière un legs pour les futures générations.

À tous ces jeunes qui rêvent, en ce moment même, de faire un jour partie de la Ligue nationale de hockey, je veux profiter de l'occasion pour vous inviter à croire en vous, à persévérer, à faire fi de la pression et à vous surpasser.

Nobody will become a champion without efforts.
Nobody will become a winner without discipline, faith and passion.

Chaque jour, je vois des jeunes qui ont, tout comme moi, le feu sacré et un profond respect pour le hockey.
Ce soir, je voudrais que vous ne reteniez qu'un seul mot, celui qui a guidé mon parcours et qui m'a fait chausser les patins chaque matin :

PERSÉVÉRANCE

Il n'en tient qu'à vous de tirer le meilleur profit de la passion qui vous habite et de la transformer en une expérience inoubliable teintée de réussites, de défis, d'amitiés et de leçons de vie ! […]

REMERCIEMENTS

J'exprime ma profonde gratitude à tous ceux qui m'ont apporté leur aide pour mener à bien cet ouvrage, tous ceux qui par leurs informations, leurs témoignages, leurs avis, leurs encouragements, ont permis à ce livre d'exister.

François Allaire, Donald Beauchamp, Lise Beaulne, Craig Billington, André Blanchet, Mélanie Bouchard, Nicole Bouchard, Pat Burns, Claude Carrier, Robert « Bob » Chevalier, Tim De Frisco, Jacques Demers, Fred Dixon, Sylvain Doyon, Robert Fiset, Patsy Fisher, Julien Gagnon, Pierre Gervais, Andrea Gordon, Luc Grenier, Pierre Jolin, Pierre Lacroix, Georges Larivière, Stephan Lebeau, Gaétan Lefebvre, Michel Lefebvre, Patrick Lefebvre, Jean-Louis Létourneau, Christine Marchand, Jean Martineau, Barbara Miller-Roy, Pierre Mourey, Jacques Naud, Jean Perron, Normand Pruneau, Bertrand Raymond, Alexandra Roy, Gaétan Roy, Stéphane Roy, Daniel Sauvé, Robert « Bob » Sauvé, Serge Savard, Huguette Scallon, Serge St-Michel, Jacques Tanguay, Réjean Tremblay, Yolande Tremblay, Danièle Viger, Damen Zier, et tous ces dévoués membres de l'équipe des Éditions Libre Expression.

Je voudrais remercier tout particulièrement, dans l'ordre chronologique où leur soutien s'est manifesté :

Me Daniel Payette, pour m'avoir introduit aux Éditions Libre Expression ;

André Bastien, mon éditeur, pour sa confiance et ses judicieux conseils ;

Paul Ohl qui, au nom d'une amitié de quarante ans, a accepté de me servir de guide pour cette traversée du désert et, sans jamais avoir à me tenir la main, m'indiquer discrètement le chemin à suivre pour éviter les dunes de sable et repérer les oasis;

Monique Lallier, ma première lectrice, pour ses commentaires avisés de femme étrangère à la culture du hockey;

Romy Snauwaert, conseillère à l'édition, de même que Denis Poulet et Yvan Dupuis, correcteurs, pour leur compétence et leur minutie.

Enfin, un remerciement tout spécial à mon fils, Patrick, pour avoir vécu cette fabuleuse histoire et m'avoir autorisé à la raconter.

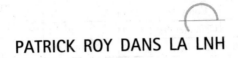

PATRICK ROY DANS LA LNH

Honneurs et trophées

Coupes Stanley (4) : 1986, 1993, 1996, 2001.

Trophée Conn Smythe (3) : 1986, 1993, 2001.

Trophée Vézina (3) : 1988-1989, 1989-1990, 1991-1992.

Trophée William M. Jennings (5) : 1986-1987, 1987-1988, 1988-1989, 1991-1992, 2001-2002.

Trophée Trico (3) : 1988-1989, 1989-1990.

Équipe d'étoiles des recrues : 1985-1986.

Première équipe d'étoiles (4) : 1988-1989, 1989-1990, 1991-1992, 2001-2002.

Deuxième équipe d'étoiles (2) : 1987-1988, 1990-1991.

Participations au match des étoiles (11) : 1988, 1990, 1991, 1992, 1993, 1994, 1997, 1998, 2001, 2002, 2003.

Saison régulière

Saison	Équipe	PJ	V	D	N	LR	BA	Moy.	%	Bl.
1984-1985	Canadiens	1	1	0	0	2	0	0,00	100,0	0
1985-1986	Canadiens	47	23	18	3	1 185	148	3,35	87,5	1
1986-1987	Canadiens	46	22	16	6	1 210	131	2,93	89,2	1
1987-1988	Canadiens	45	23	12	9	1 248	125	2,90	90,0	3
1988-1989	Canadiens	48	33	5	6	1 228	113	2,47	90,8	4
1989-1990	Canadiens	54	31	16	5	1 524	134	2,53	91,2	3
1990-1991	Canadiens	48	25	15	6	1 362	128	2,71	90,6	1
1991-1992	Canadiens	67	36	22	8	1 806	155	2,36	91,4	5
1992-1993	Canadiens	62	31	25	5	1 814	192	3,20	89,4	2
1993-1994	Canadiens	68	35	17	11	1 956	161	2,50	91,8	7
1994-1995	Canadiens	43	17	20	6	1 357	127	2,97	90,6	1
1995-1996	Canadiens	22	12	9	1	667	62	2,95	90,7	1
Total	Canadiens	551	289	175	66	15 359	1 476	2,68	90,4	29
1995-1996	Avalanche	39	22	15	1	1 130	103	2,68	90,9	1
1996-1997	Avalanche	62	38	15	7	1 861	143	2,32	92,3	7
1997-1998	Avalanche	65	31	19	13	1 825	153	2,39	91,6	4
1998-1999	Avalanche	61	32	19	8	1 673	139	2,29	91,7	5
1999-2000	Avalanche	63	32	21	8	1 640	141	2,28	91,4	2
2000-2001	Avalanche	62	40	13	7	1 513	132	2,21	91,3	4
2001-2002	Avalanche	63	32	23	8	1 629	122	1,94	92,5	9
2002-2003	Avalanche	63	35	15	13	1 723	137	2,18	92,0	5
Total	Avalanche	478	262	140	65	12 994	1 070	2,27	91,7	36
Total Canadiens/Avalanche		1 029	551	315	131	28 353	2 546	2,54	91,0	66

Séries éliminatoires

Saison	Équipe	PJ	V	D	LR	BA	Moy.	%	Bl.
1985-1986	Canadiens	20	15	5	506	39	1,92	92,3	1
1986-1987	Canadiens	6	4	2	173	22	4,00	87,3	0
1987-1988	Canadiens	8	3	4	218	24	3,35	89,0	0
1988-1989	Canadiens	19	13	6	528	42	2,09	92,0	2
1989-1990	Canadiens	11	5	6	292	26	2,43	91,1	1
1990-1991	Canadiens	13	7	5	394	40	3,06	89,8	0
1991-1992	Canadiens	11	4	7	312	30	2,62	90,4	1
1992-1993	Canadiens	20	16	4	647	46	2,13	92,9	0
1993-1994	Canadiens	6	3	3	228	16	2,57	93,0	0
1994-1995	Canadiens	-	-	-	-	-	-	-	-
Total	Canadiens	114	70	42	3 298	285	2,46	91,4	5
1995-1996	Avalanche	22	16	6	649	51	2,10	92,1	3
1996-1997	Avalanche	17	10	7	559	38	2,21	93,2	3
1997-1998	Avalanche	7	3	4	191	18	2,52	90,6	0
1998-1999	Avalanche	19	11	8	650	52	2,66	92,0	1
1999-2000	Avalanche	17	11	6	431	31	1,79	92,8	3
2000-2001	Avalanche	23	16	7	622	41	1,70	93,4	4
2001-2002	Avalanche	21	11	10	572	52	2,51	90,9	3
2002-2003	Avalanche	7	3	4	177	16	2,27	91,0	1
Total	Avalanche	133	81	52	3 851	299	2,18	92,2	18
Total Canadiens/Avalanche		247	151	94	7149	584	2,30	91,8	23

Saison régulière et séries éliminatoires combinées

	PJ	V	D	N	LR	BA	Moy.	%	Bl.
1984 à 2003	1 276	702	409	131	35 502	3 130	2,49	91,2	89

PJ : parties jouées.
V : victoires.
D : défaites.
N : parties nulles.

LR : lancers reçus.
BA : buts alloués.

Moy. : moyenne de buts alloués par période de 60 minutes.
% : pourcentage d'efficacité (nombre d'arrêts par 100 lancers).

BL. : blanchissages.

TABLE DES MATIÈRES

Cet ouvrage a été composé en Electra LH 12,75/14
et achevé d'imprimer en octobre 2007 sur les presses de
Quebecor World Saint-Romuald, Canada.

Imprimé sur du papier Quebecor Enviro 100 % postconsommation,
traité sans chlore, accrédité Éco-Logo et fait à partir de biogaz.

certifié   procédé   100 % post-   archives   énergie
          sans   consommation   permanentes   biogaz
          chlore